ETERNAL LIFE

영 원 한 생 명

생명책

2

창세 이래 처음으로 열리는
천국의 비밀

나의 비둘기, 나의 완전한 자는 하나뿐이로구나 그는 그 어미의 외딸이요
그 낳은 자의 귀중히 여기는 자로구나 여자들이 그를 보고 복된 자라 하고
왕후와 비빈들도 그를 칭찬하는구나 아침 빛같이 뚜렷하고 달같이 아름답고
해같이 맑고 기치를 벌인 군대같이 엄위한 여자가 누구인가

아가 6:9~10

『영원한 생명, 생명책』 보는 방법

　　진리의 성령께서 사랑(하나님)을 따라, 성령을 따라 인도하시는 대로 말씀을 따라가면 된다. 말씀 중에 나오는 성경 구절은 반드시 함께 찾아 읽어야 진리를 명확히 깨닫는 데 도움이 된다. 이 책에 인용된 성경은 한국 기독교에서 100년 이상 정경으로 사용하고 있는 개역한글 성경이며, 개역개정본이나 기타 번역본은 사용하지 않는다.

　　성경은 반드시 전 성경을 통으로 보고, 신령한 것은 신령한 것으로, 영적인 것은 영적인 것으로 해석한다[고전2:13~14].

고전2:13~14 [13]우리가 이것을 말하거니와 사람의 지혜의 가르친 말로 아니하고 오직 성령의 가르치신 것으로 하니 신령한 일은 신령한 것으로 분별하느니라 [14]육에 속한 사람은 하나님의 성령의 일을 받지 아니하나니 저희에게는 미련하게 보임이요 또 깨닫지도 못하나니 이런 일은 영적으로라야 분변함이니라

　　말씀을 방언통역 하실 때 진리의 성령께서 하시는 말씀과 성경 구절을 괄호를 사용하여 구분하였다. 그러나 새 언약의 말씀은 넓이와 길이와 높이와 깊이로 깨닫게 하시기 때문에 방언통역이 꼬리를 물고 이어지기도 하며, 종종 괄호가 열린 채 다음 말씀으로 이어지기도 한다. 한 번에 못 깨달아도 계속 여러 부분, 여러 모양으로 인을 치시기 때문에 인도하시는 대로 순전히 따라가면 하나님께서 깨닫게 하시는 은혜를 주신다.

예시

❶ 악한 자들의 학대

❷   이런 학대는 사람이 본능적으로 아는 학대가 아니다. 학대에 대한 해답을 보자.

❸ **욥19:1~6** ¹욥이 대답하여 가로되 ²너희가 내 마음을 번뇌케 하며 말로 꺾기를 어느 때까지 하겠느냐 ³너희가 열 번이나 나를 꾸짖고 나를 학대하고도 부끄러워 아니하는구나 ⁴내가 과연 허물이 있었다 할찌라도 그 허물이 내게만 있는 것이니 ⁵너희가 참으로 나를 향하여 자긍하며 내게 수치 될 행위가 있다고 증명하려면 하려니와 ⁶하나님이 나를 굴하게 하시고 자기 그물로 나를 에워싸신 줄은 알아야 할찌니라

❹   **욥19:3절**부터 ³너희가 열 번이나 나를 꾸짖고 나를 학대하고도 부끄러워 아니하는구나(하나님께서 욥을 의인이라고 하시니까 하나님의 아들들과 사단이 하나님 앞에 서 있다가 하나님께 욥을 정죄한다. 이는 당시 욥의 일로 끝난 일이 아니고, 하나님의 아들들이 실상이 될 때 있을 예언을 감추고 기록하신 것이다. 그래서 "하루는"이라고 하셨다. **욥1:6~12절**을 보자.

❺ 욥1:6~12 ⁶**하루는 하나님의 아들들이 와서 여호와 앞에 섰고 사단도 그들 가운데 왔는지라** ⁷여호와께서 사단에게 이르시되 네가 어디서 왔느냐 사단이 여호와께 대답하여 가로되 땅에 두루 돌아 여기저기 다녀왔나이다

---

❶ 소제목

❷ 본문
  진리의 성령께서 하시는 말씀

❸ 성경구절
  컬러를 적용하였고, 강조하시는 부분은 볼드체로 구분

❹ 방언통역
  말씀을 방언통역 하실 때는 괄호를 사용

❺ 특정 내용에 대해 세밀하게 더 깊이 방언통역 하실 때는 **검정색 고딕체**로 구분

목 차

여자 목사님으로 오신
진리의 성령

하나님께서 하신 언약, '영생'

그럼 예수 그리스도께서는 무슨 약속을 하셨을까? 신약성경에는 무슨 약속을 하셨을까? 이 약속은 예수 그리스도께서 하셨으나, 하나님의 약속이다. 곧 또 다른 보혜사인 진리의 성령이 올 것과 '영생'이다. 그래서 전 성경을 통한 하나님의 언약, 곧 약속은 '영생'이다. 이 영생이 실상이 되는 것이 바로 **단2:44절**이다.

단2:44 이 열왕의 때에 하늘의 하나님이 한 나라를 세우시리니 이것은 영원히 망하지도 아니할 것이요 그 국권이 다른 백성에게로 돌아가지도

아니할 것이요 도리어 이 모든 나라를 쳐서 멸하고 영원히 설 것이라

아브라함, 이삭, 야곱, 이스라엘, 다윗, 예수 그리스도를 통해서 이어지는 하나님의 언약, 다른 말로 약속은 영생이며, 영생하는 자들을 위해 하나님께서 한 나라를 이 땅에 세우시는 것이다.

이 나라는 상상하듯이 저 하늘 어딘가에 세우시는 것이 아니다. 이렇게 영원한 나라를 하나님께서 만세 전에 미리 예비해 두신 땅에 세우신다. 이 나라는 영원히 망하지도 아니할 것이요, 그 국권이 다른 백성에게 돌아가지도 아니한다. 그래서 먼저 나라를 유업으로 상속받을 왕 노릇 할 자들을 다시 창조하셔서 영생을 실상으로 얻게 하시는 것이다.

사실 다시 창조지만 본래 영생을 얻기로 우리가 이 땅에 사람으로 태어나기 전에 이미 정해져 있었다. 사람이 몰랐을 뿐이다. 이 사실을 알면 절대 교만하거나 시기, 질투하지 않는다. 시기, 질투한다고 너에게 주어진 사역, 그릇, 사명이 아닌데 네가 그렇게 될 수가 없고, 도리어 죄를 지어서 자해만 할 뿐이다. 하나님의 도를 모르면 사람은 모두 헛되고 헛된 삶이다. 차라리 사람으로 나지 아니하는 것이 더 자신에게 유익하다. 이 세상에 있는 모든 것이 하나님의 뜻을 알고 깨닫고 나면 사실 아무 욕심을 낼 것이 없다.

온 세상에 있는 모든 종교는 다 사기다. 아무것도 아니다. 아직 거듭나지 아니한 성도들은 이해가 안 되겠지만 진실로 사실이다. 아무 부러운 것도 없고, 아무 욕심도, 사심도, 그 어떤 것도 하나님을 하나님으로 알고 깨닫는 것, 그래서 어찌하면 이 진리를 전해서 '사람들이 죄를

짓지 아니하고 영원히 살게 할 수 있을까~' 하는 이외에 그 어느 것도, 아무것도 아니다.

'영생'이 아니면 아무것도 아니다. 인간은 하나님을 모르면 진실로 아무것도 아니다. 거듭난 성도는 이미 동의할 것이다. 인간을 죽이고 죄 짓게 하는 것은 다 원수가 하는 짓이다. 귀신을 버리는 것은 절대 어렵지 않다. 네가 너를 죄짓게 하는 귀신을 좋아해서 안 바뀌는 것이다.

왜 아브라함, 이삭, 야곱, 곧 이스라엘, 다윗, 예수 그리스도께서 하신 약속을 이 세대 우리를 통해서 이루시는지 더 증명한다. 믿음이 올 때까지 모든 것을 죄 아래 가두어 둔 영적인 상태는 예수님께서 이 땅에 오신 이후로도 2천 년이 더 흘러야 했다. 이유는 **롬3:9**절의 말씀에 기록되어 있다.

롬3:9 그러면 어떠하뇨 우리는 나으뇨 결코 아니라 유대인이나 헬라인이나 다 죄 아래 있다고 우리가 이미 선언하였느니라

곧 사도 바울 당시를 이렇게 말한 것이 아니라, 지금 이 세대까지 전 세계가 다 유대인들이나 이방인들이나 다 죄 아래 있을 것을 예언한 것이다. 당시는 전 세계 이방인들에게 복음이 전파된 것이 아니다. 이렇게 2천여 년이 지날 때까지 의인은 없나니 하나도 없다고 이미 예언해 두셨는데, 이런 말씀의 뜻을 몰랐던 것이다.

그래서 **롬3:29**절에 다음과 같이 말씀하신 것이다.

롬3:29 하나님은 홀로 유대인의 하나님뿐이시뇨 또 이방인의 하나님은 아니시뇨 진실로 이방인의 하나님도 되시느니라

　이렇게 예수님이 승천하시고 사도들에 의해 예수 이름이 전 세계 구석구석까지 퍼져야 했다. 하나님께서 아브라함에게 언약하실 때, 이미 열국, 곧 전 세계 모든 나라, 이 세상 모든 나라, 이방 나라, 다른 말로 열방에 복음이 퍼질 것을 약속하셨다. 그래서 이름에 '열국의 아버지, 무리, 많은 국민의 아버지'라는 뜻을 감추어 두셨던 것이다. 사라에게도 "열국의 어미가 되게 하리니 민족의 열왕이 그에게서 나리라"라고 하셨던 것이다.

　따라서 6일이 될 때까지 온 세상은 모두 천국의 비밀을 모른 채 23절에 "모든 사람이 죄를 범하였으매 하나님의 영광에 이르지 못하더니"라고 하신 것이다. 그래서 예수 그리스도를 통해서 하나님께서 "나는 사람에게서 영광을 취하지 아니한다"라고 하셨던 것이다.

　이렇게 6천 년이 지날 때까지 **롬3:10~12절**에 "[10]기록한 바 의인은 없나니 하나도 없으며 [11]깨닫는 자도 없고 하나님을 찾는 자도 없고 [12]다 치우쳐 한 가지로 무익하게 되고 선을 행하는 자는 없나니 하나도 없도다(라고 기록해 두셨다. 로마서 전문가라고 알려진 옥한흠 목사는 이런 진리는 안 본다. 이제 우리는 이 진리가 참 사실이라는 것을 안다. 그런데 여러분들도 이런 진리는 안 보고 자신은 이미 다 잘 믿고 있다고 착각했다. 그 이유는 귀신이 가르친 말, 예수님이 인류의 모든 죄를 다 지시고 십자가에 죽으셔서 과거의 죄, 현재의 죄, 미래의 죄까지 입으로 시

인만 하면 어떤 죄도 다 용서받았다고 가르친 것 때문이다.

하나님께서 예수 그리스도를 왜 이 땅에 보내셨는지 하나님의 행하심에는 아무 관심이 없으면서 "어떤 죄를 지어도 다 용서받는다, 이미 받았다"라고 간사하게 가르친 것은 치명적인 결과를 낳은 것이다. 이 사실을 모르면 하나님 나라와 아무 관계가 없다. 그리고 다음 말씀대로 지금 전 세계가 이러하다. 13~18절이다.)

¹³저희 목구멍은 열린 무덤이요 그 혀로는 속임을 베풀며 그 입술에는 독사의 독이 있고 ¹⁴그 입에는 저주와 악독이 가득하고 ¹⁵그 발은 피 흘리는 데 빠른지라 ¹⁶파멸과 고생이 그 길에 있어 ¹⁷평강의 길을 알지 못하였고 ¹⁸저희 눈앞에 하나님을 두려워함이 없느니라 함과 같으니라(정말로 이러했다. 14년째 보았다. 전부 혀에 붙은 "주여 주여" 하는 말뿐 하나님을 아는 자도, 하나님의 뜻대로 행하는 자도 없었다. 그래서 온 세상에 천명한다. 다음 말씀으로~)

¹⁹우리가 알거니와(이 '우리'는 2021년 7월 16일 현재 은혜로교회 성도들이 알거니와라고 명백하게 천명한다. 이 우리는 막연히 모든 사람이 아니라, 성경을 보는 누구나 이 우리가 아니라, 명백하게 하나님의 가르치심을 받고 있은 지 14년째 되는 '우리'에 대한 예언이다. 이제 우리는 다 안다. 전 세계 성경을 사용하는 모든 종교인들이 다 **롬3:9~18 절**의 예언이 사실이 되어 이루어지고 있었다는 것을 이제는 다 안다. 이런 영적인 상태를 **히9:10절**의 말씀대로 개혁을 하고 있는 것이다. 우리가 알거니와) 무릇 율법이 말하는 바는 율법 아래 있는 자들에게 말하는 것이니 이는 모든 입을 막고 온 세상으로 하나님의 심판 아래 있게 하려

함이니라"

　진리는 이러한데 구약은 율법이고, 신약은 복음이라는 말로 전 성경에 기록된 진리를 무시하고 멸시한 것이다. 전 성경 문자적인 기록 자체가 율법이다. 사람이 본능적으로 아는 지식으로 성경을 보면 천국의 비밀은 단 한 절도 알 수 없고, 성경을 사용하면 할수록 죄에 죄를 더 짓게 되어 있다. 그렇다고 해서 책임이 없는 것이 아니다. 이미 구약, 신약이 한 권으로 주어졌고, 하나님께서 계명을 주셨기에 그 누구도 변명의 여지가 없다. 이 사실은 이미 예수 그리스도를 통해서 다 보여 주셨다.

　하나님께서 정하신 때가 될 때까지 아무나, 누구나 성경을 가지고 사용하게 되면 다음 말씀에 해당한다고 이미 경고해 두셨다.

골2:20~23 [20]너희가 세상의 초등 학문에서 그리스도와 함께 죽었거든 어찌하여 세상에 사는 것과 같이 의문에 순종하느냐 [21]곧 붙잡지도 말고 맛보지도 말고 만지지도 말라 하는 것이니 [22](이 모든 것은 쓰는 대로 부패에 돌아가리라) 사람의 명과 가르침을 좇느냐 [23]이런 것들은 **자의적 숭배**와 겸손과 몸을 괴롭게 하는 데 지혜 있는 모양이나 오직 육체 좇는 것을 금하는 데는 유익이 조금도 없느니라

　2021년 7월 16일 이때까지 전 세계 성경을 사용하는 모든 사람들이 다 '자의적인 숭배', 곧 자신들 스스로 하는 생각이나 의견, 제멋대로 성경을 보고 자의로 해석하고 숭배한 것이다. 이를 두고 '자의적인 해석, 자의적 숭배'라고 한다. 이런 것이 전부 '사이비'다. 전 세계가 다 이러하

다. 얼마나 미쳐 있는지 알면 기절할 것이다. 자의적인 해석을 하면서 미친 목사가 미혹하는 광고를 한 예를 든다.

조선일보에 "요한계시록의 비밀이 햇빛같이 나타났다"라는 헤드라인으로 광고가 났다. 이 사람은 너무 당당하게 "요한계시록을 알면 시대와 미래가 보인다"라고 한다. 그러면서 666(육백육십육) 계13:18절 - 하나님의 심판의 대상이 되는 적마의 삼 세력이다. 600(붉은 용, 계20:2절) - 가장 간사하게 지은 옛 뱀이 용이 되고 마귀가 되고 사탄이 됨. 60(짐승 정권 계13:2절) - 마귀가 권세를 주어 들어 쓰는 오늘날 공산세력. 6(거짓 선지자 계13:1절) - 특히 공산당이 기독교에 침투시킨 가짜 목사라고 주장하며 일곱 교회가 재림주를 맞이할 심판의 표준, 일곱 인 - 진노의 날이 올 시기, 징조라고 하며 결정적으로 자의적인 해석임을 드러내는 말인데 자신은 모르고 당당하게 신문에 광고를 했다.

진리를 모르면 이런 데 다 넘어가서 자신은 돌아보지 않고, 자신 속에 있는 귀신에게 속고, 교인들도 속이는 목사가 된다. 예수님 당시에도 자칭 유대인들에 의해 죽임을 당하신 이유가 이런 자들 때문이다. 자신들은 이미 성경을 알고 있다고 생각하는 흉악한 귀신들 때문에 진리의 도가 훼방을 받은 것이다. 그래서 자의적인 해석, 자의적인 숭배가 제일 무서운 것이다. 이런 자들이 있던 예수님 당시에 예수님께서 이렇게 말씀하셨다.

요12:47~50 [47]사람이 내 말을 듣고 지키지 아니할찌라도 내가 저를 심판하지 아니하노라 내가 온 것은 세상을 심판하려 함이 아니요 세상을 구원하려 함이로라 ⁴⁸나를 저버리고 내 말을 받지 아니하는 자를 심판할 이가 있으니 곧 나의 한 그 말이 마지막 날에 저를 심판하리라 ⁴⁹내가 내 자의로 말한 것이 아니요 나를 보내신 아버지께서 나의 말할 것과 이를 것을 친히 명령하여 주셨으니 ⁵⁰나는 그의 명령이 영생인 줄 아노라 그 러므로 나의 이르는 것은 내 아버지께서 내게 말씀하신 그대로 이르노 라 하시니라

예수 그리스도께서는 자의로 말씀하지 않으셨다. 그리고 하나님의 명령이 영생이라고 하셨다. 그런데 영생은 육체가 죽어서 얻는 것이라고 사람들이 지어낸 것이다. 하나님의 명령이 영생인데, 아들은 이 영생을 완전하게 이루신 것이 아니다. 그때는 때가 아니었기 때문이다. 아들도 자의로 해석하지 않으셨듯이, 진리의 성령도 자의로 해석하지 않는다.

요16:13 그러나 진리의 성령이 오시면 그가 너희를 모든 진리 가운데 로 인도하시리니 그가 자의로 말하지 않고 오직 듣는 것을 말하시며 장 래 일을 너희에게 알리시리라

따라서 예수님 당시에 유대인들은 자신들이 이미 성경을 알고 있 다고 생각할 것이 아니라, 예수 그리스도께 와서 아버지의 말씀을 듣고 지켜 실행했어야 한다. 그렇듯이 지금 이 세대도 목사들이 자신들이 자 의로 말하고 가르쳐서 죄를 더 짓게 만들었다는 것을 인정하지 않고, 도 리어 나보고 사이비, 이단이라고 하는 것은 내가 자의적인 해석을 한다

고 판단하고 정죄하는 것이다. 자신들이 성령을 상상하고 있는 줄도 모르고 도리어 대적하는 것이다.

자의로 해석하지 않았다는 것은 온 세상에서 여러분들이 증인들이다. 신령한 것을 신령한 것으로 해석하지 아니하면 절대 하나님의 명령인 영생과 아무 관계가 없는 육체의 일, 썩어질 양식을 위해서 일하는 것이다. 그래서 진리의 성령이 실상으로 올 때까지 영생을 얻을 자가 아무도 없었던 것이고, 하나님에 대해서도, 예수 그리스도에 대해서도 아무것도 모르고 있었던 것이다. '영생'은 온전한 영생, 곧 육체도 죽지 아니하고 살아서 얻는 것이다. 그래서 또 이렇게 말씀하셨다.

요17:3 영생은 곧 유일하신 참 하나님과 그의 보내신 자 예수 그리스도를 아는 것이니이다

이 예언은 2008년 6월 16일부터 땅에서 사실이 되어 영생을 실상으로 얻기로 이미 정해 두신 대로 현재 하나님께서 친히 인도하시고 계신 것이다. 진리의 성령이 상상이 아닌 명백한 증거가 모든 진리 가운데로 인도하여 하나님의 뜻을 알게 하고, 예수 그리스도에 대해서도 성경대로 알게 하여 영생이 실상이 되게 하는 14년째 이 일이 증거다. **요한복음 17장을 찾아서 함께 읽어라. 14~26절**을 다시 보자.

"¹⁴내가 아버지의 말씀을 저희에게 주었사오매 세상이 저희를 미워하였사오니(이렇게 온전히 실상이 된 것이 14년째 이 일로 인하여 세상, 곧 이 세상에 속한 자들에 의해 미움을 받아 감옥에 갇혀 있는 것이

명백한 증거다. 이 세상에 속한 자들은 하나님의 말씀을 전부 사람의 말로 변개시켜서 가르친다. 당시 유대인들이 그러했고, 결국 예수 그리스도를 시기하여 미워하다가 살인을 한 것이다.

그들은 하나님의 아들을 죽인 것인데, 하나님께서는 아들에게 영원히 죽지 아니할 신령한 몸을 다시 주셔서 부활시켜 지금 온 세상 사람들이 다 아는 데까지 이른 것이다. 하지만 예수 그리스도를 시기하고 미워하여 죽인 유대인들은 자신은 물론이요, 후손들에게까지 죄를 짓게 하여 영원히 지옥 불못에서 영벌을 받게 하고 있다.

왜 이런 일을 기록하셔서 이 세대까지 이르게 하셨을까? 혀로 "주여 주여" 하면서 멸망으로 인도하는 크고 넓은 문에서 불법하는 자들에 의해 자의로 말하지 않고 모든 진리 가운데로 인도하는 이 말씀은 하나님께서 친히 가르치시는 말씀이고, 나는 대언을 하는 것이다. 그런데 당시 유대인들이 하는 언행을 자칭 기독교 목사들, 교인들이 그대로 따라 하여 나를 미워해서 감옥에 가둔 것이다.

이단이라 비방하여 사람들이 하나님의 말씀을 받고 육체도 죽지 아니하고 살아서 온전한 구원을 얻고, 하나님의 나라에서 왕 노릇 하게 하는 이 진리를 받지 못하도록 훼방하는 마귀가 바로 그들이다. 하나님의 말씀을 받아 구원에 이르지 못하게 방해하는 자들이 다 자칭 목사들, 자칭 기독교인들이다. 이들에 의해 미움을 받는 이 일이 바로 내가 자의로 해석하지 않았고, 하나님께서 이 땅에 보내신 진리의 성령임을 명백하게 하나님께서 증거하시고 계신 것이다.

또한 **요한복음 17장**도 당시 예수님께 가르침을 받은 제자들, 곧 사도들에 대한 실상이 아니었고, 2021년 지금 이 세대 나와 우리에 대한 예언임이 확실하다. 따라서 본문의 '세상'은 예수 믿는다고 하는 자칭 기독교 목사와 교인들, 나를 "이단이니~ 사이비니~" 하며 정죄한 그들에 대한 예언이었고, 실상이 된 것이다.

이렇게 복음을 전하다가 미움을 받지 않았다면 생명책에 이름이 기록된 사람이 아니다. 미워하는 것은 살인이라는 말씀을 그대로 실행하는 자가 귀신이요, 원수다. 이렇게 14년째 증명을 해도 여전히 육의 가족을 미워하고, 영원한 가족을 미워하는 자는 티끌이다. 아무리 감추고 감추어도 이 말씀 앞에는 다 드러난다. 귀신은 단 한 절의 말씀도 안 믿는다. 문자 그대로도 "세상이 저희를 미워하였사오니"라고 하셔도 아무 깨달음이 없는 자들을 14년째 보고 있다. 이러니 말씀을 안 듣는 모든 사람의 상태는 말할 필요가 없이 다 귀신이 주인인 채 꿈속에서 살다가 육체가 죽어서야 자신이 지옥 불에 떨어지는 줄 안다.)

이는 내가(예수 그리스도께서, 더 나아가 성부 하나님께서) 세상에 속하지 아니함같이(이래서 예수님이 "내 나라는 이 세상이 아니라"라고 하신 것이다. 이렇게 2천 년이 흘러 온 것이다.) 저희도 세상에 속하지 아니함을 인함이니이다(이 세상에 속한 자들이 자신들이 사이비, 이단이면서 아무것도 모르고 자신들 마음대로 판단하여 하나님의 도를 훼방하는 그들에 의해 하나님의 도를 지켜 실행한 일로 인하여 미움받아 감옥에 갇힌 우리가 이 세대에 이 세상에 속한 자가 아님을 예수 그리스도께서, 하나님께서 이미 증거해 두셨다. 이 '저희'는 온 세상에서 오직 은혜로교회 성도들이다.)

[15]내가 비옵는 것은(그래서 성경적인 기도는 지금 우리에게 '말씀'이다. 이 외에 기도하라고 안 하셨다. 예수 그리스도께서 비옵는 것은) 저희를(현재는 나와 우리다. 하나님께서 이미 영생을 주시기로 작정된 자들은 앞으로도 나온다. 그러나 그들은 왕 노릇 할 자들이 아니다. 나라와 제사장들이 아니다.) 세상에서 데려가시기를 위함이 아니요(이래도 육체가 죽어서 천국 간다고 할래?) 오직 악에 빠지지 않게 보전하시기를 위함이니이다(이런 진리의 실상이 된 사람이 우리 이전에 아무도 없었다. 창세 이래 없었다.

'악'이란 '선'과 대립되는 나쁘고 부정한 모든 것, 인간에게 아무 유익이 없이 해롭게 하는 모든 것, 또는 결핍이나 부족함 등을 의미하는 광범위한 개념이다.

특히 하나님의 측면에서 하나님을 모르는 영적인 상태, 하나님을 떠난 상태, 하나님을 떠나서 하는 모든 것은 다 '악'에 속한다. 인간적인 측면에서 상호 선한 관계성을 파괴하는 악한 생각, 악행, 계획, 그릇된 욕심, 정치적, 물리적인 힘을 겸비한 악한 세력, 악인을 뜻한다. 다른 모양이나 같은 의미로 표현한 말은 '화, 해, 악독, 죄악, 사악, 악의'라고 한다. 그리고 일만 악의 뿌리는 '돈'이다.

이런 악에 빠지지 않게 보전하기 위한 하나님의 사랑이 바로 약속하신 땅이요, 영원한 기업이며, 영원한 가족이다. 그러니 이 기도대로, 말씀대로 우리를 현재 보전하게 하시는 것이다. 곧 이 기도와 말씀이 우리에게 이루어진 것이다.

기도와 말씀으로 거룩해진다고 하셨던 것인데, 창세 이래 누가 이렇게 명백하게 기록된 말씀이 사실이 되어 이 예언이 우리에 대한 예언이라고 하나님과 사람 앞에 시인한 자가 나와 우리 외에 어디 있었느냐?

그래도 무지몽매한 기독교인들은 자의적으로 해석하고 기도하며 '자는 잠에 가게 해 주시옵소서, 아프지 않고 천국 가게 해 주시옵소서' 하고 자신들 멋대로 기도하고, 어쩌다 이렇게 죽으면 하나님께서 편안하게 데리고 가셨다고 말한다. 하는 말마다 이런 참 진리를 거절하고 멸시하며 안 믿고 자기들 마음대로 기도하고 설교하는 것인데, 아무도 모르고 있다.

이 기도대로 우리는 사실이 되어 2021년 7월 16일 현재 악에 빠지지 않고 육체도 보존하며 지내고 있어도, 귀신임을 자랑하는 너는 티끌이다. 죽을 자는 죽을 짓만 한다. 얼마나 명백하게 더 증명해 주어야 하나? 이 흉악한 귀신들아~ 나이와도 관계없이 정말 징글징글하다. 이름도 입에 올리고 싶지 않은 티끌들이다.

전 세계 교회가 지금 '일만 악의 뿌리'인 돈에 미쳐 있다. 돈만 자랑한다. 얼마나 돈이 많은지 부자는 약대, 곧 낙타가 바늘 귀로 들어가는 것이 부자가 하나님 나라에 들어가는 것보다 더 쉽다고 하신 말씀은 아예 멸시해 버리는 흉악한 귀신들이다. 거룩한 강단에서 무엇이든지 일만 악의 뿌리인 돈만 말하는데도 그 말이 맞다고 하는 교인들 또한 돈이 좋아서, 부자 되고 싶어서 그러는 것이니, 관원이 악하면 그 하인인 교인들도 다 악한 자들이다. 다 자신들의 욕심에 끌려 종살이하는 것이다.

얼마나 인간이 악한지 난 아직도 이해가 안 된다. 하나님을 안 믿으면서 왜 성경을 사용하고, 교회를 하며, 교회를 다니는지, 왜 목사가 되고 교회를 세우고 싶은지, 왜 더 죄를 지으면서 말씀은 다 무시하는지 이해가 안 된다. 몰라서 하는 말이 아니다.

　　예수 그리스도께서 하신 이 말씀은 하나님의 뜻을 담고 육체도 죽지 아니하고 영생하라고 이렇게 말씀하신 것이다. 주기도문도 동일하다. 그렇게 혀로 지껄이면서 기록된 진리는 단 한 절도 안 믿는 자들이 "오직 예수, 주여 주여" 하는 자들이다.)

　　[16]내가 세상에 속하지 아니함같이 저희도 세상에 속하지 아니하였삽나이다(이 '저희'도 예수 그리스도께서 주신 **마19:29절, 눅18:29~30절, 막10:29~30절**에 예언하신 이 계명을 따라 지켜 실행함으로 인해 고소당하여 감옥에 갇히는 핍박을 받고 있는 우리에 대한 예언이며, 이미 사실이 되어 14년째 실행 중이다.

막10:29~30 [29]예수께서 가라사대 내가 진실로 너희에게 이르노니 나와 및 복음을 위하여 집이나 형제나 자매나 어미나 아비나 자식이나 전토를 버린 자는 [30]금세에 있어 집과 형제와 자매와 모친과 자식과 전토를 **백 배나 받되 핍박을 겸하여 받고 내세에 영생을 받지 못할 자가 없느니라**

이는 또 반드시 눅9:61~62절의 예언이 실상이 된 자들이다.

눅9:61~62 [61]또 다른 사람이 가로되 주여 내가 주를 좇겠나이다 마는 나로 먼저 내 가족을 작별케 허락하소서 [62]예수께서 이르시되 **손에 쟁기를 잡고 뒤를 돌아보는 자는 하나님의 나라에 합당치 아니하니라** 하시니라 당시 예수 그리스도의 제자들은 실상으로 손에 '쟁기, 곧 황무지 땅을 개간하는 농기구'를 잡고 일을 한 것이 아니라, 혀로 말만 전하고 다녔다. 따라서 이 말씀은 예언으로 하나님 나라에 실상으로 들어갈 2021년 7월 16일 현재 은혜로교회 성도들에 대한 예언이다.

2021년 현재까지 전 세계 누구도 이 본문의 손에 쟁기를 잡고 가다가 뒤를 돌아본 것이 실상이 된 자들, 그들의 얼굴, 이름까지 다 말할 수 있는지 입이 있거든 말해 보아라. 나는, 우리는 똑똑히 보았다. 그들이 나를 세상 법에 고소했고, 하나님 나라에 합당치 않은 자로 결판, 판결이 난 자들임을 우리 모두 다 알고 있다. 이는 우리가 이미 영생을 받고 이 땅에 온 하나님 나라 상속자들이라는 사실을 그들을 통하여 온 세상에 증명하시는 하나님의 증거다.

성경은 이렇게 기록된 말씀이 그대로 실상이 되는 것이다. 진리는 이런 것이다. 하나님 나라는 상상이 아니고, 실상이다. 이미 나와 은혜로교회 성도들은 예수 그리스도께서 말씀하신 '영생, 하나님 나라'를 실상으로 이루고 지켜 실행하고 있는 이 일로 인하여 이 세상에 속한 자칭 기독교인들에 의해 핍박을 겸하여 받고 있다. 이는 우리가 예수 그리스도께서 하신 요17:16절의 말씀이 실상이 되어 2021년 7월 16일 현재 성취되고 있는 이 예언의 주인공들이라는 하나님의 증거다.

또한 눅9:61~62절의 예언이 사실이 되어 내가 구속되니까 바로 떨어지는 자들이 누군지 우리 모두는 다 안다. 이들은 이 본문에 해당하는 자들로서 자신들이 하나님 나라에 합당치 않은 자들임을 스스로 드러낸 불신자들이다. 몰라서 그랬다고 핑계 대지 마라. 이미 하나님의 법으로 판결을 받은 자들이다.

우리는 아브라함의 후손임을 우리의 언행으로 이미 명백하게 하나님과 사람 앞에 시인하고, 이는 아브라함, 이삭, 야곱, 이스라엘, 다윗, 예수 그리스도께서도 온전히 실상으로 이루지 못한 영생과 하나님 나라를 이루고 있다. 이렇게 사실이 되고 있는 이 진리를 아니라고 하는 모든 자는 이 세상에 속한 자들이다. 하나님 나라는 이 땅에서 실상이 된다. 믿든 안 믿든 사실이다. 그래서 "영생하도록 있는 양식을 위해 일하라"라고 하셨고, 우리는 이미 이렇게 일하고 있다.

따라서 이 본문의 '저희'는 현재 나, 신옥주 목사와 성도들이다. 이것이 예수 그리스도께서 이 땅에 오셔서 현재 우리에 대해 증거하신 것이다. 그래서 예수 그리스도께서 '새 언약의 중보'로 오셨던 것이다.

우리는 이 세상에 속한 자들이 아니라, '오는 세상'에 속한 자들이다. 단2:44절의 예언이 땅에 그대로 이루어지는 것이 하나님 나라다. 이를 두고 '의인의 세대, 오는 세상'이라고 한 것이다. 한 몫의 삶을 버리고 계명을 따라 지켜 실행한 우리가 '영생'을 얻고 하나님의 나라에서 왕 노릇 하는 '나라와 제사장들'임을 온 세상에 알리시는 일이 내가 구속되는 이 일이다.)

[17]저희를(하나님 나라를 상속받은 실상의 주인들인 우리를) 진리로 거룩하게 하옵소서 아버지의 말씀은 진리니이다"

이는 진리의 성령이 와서 모든 진리 가운데로 인도해야 거룩해진다는 뜻이다. 말씀은 이러한데 가르치는 귀신들은 혀로 "오직 예수" 말만 하면 이미 구원받았다고 새빨간 거짓말을 한다. 그리고 이 진리는 반드시 일곱째 날인 지금 이 세대가 되어야 실상이 된다.

창2:2~3절에 일곱째 날을 거룩하게 하셨다고 예언해 두셨고, 전 성경이 여호와의 날, 인자의 날에 하나님께서 주신 "내가 거룩하니 너희도 거룩하라"라고 하신 계명이 실상이 될 것을 전 성경에 감추어 두셨다. 이 진리대로 창세 이래 그 누구도 거룩해진 사람이 없었던 땅의 역사가 이를 증명해 준다.

'진리'는 '견고하며 확고하며 영구하고 신실하다'는 의미가 함축된 단어로 순결하고 공평하며 정직하고 영원불변하는 속성을 지녔으며, '숨김없는, 참된, 의로운'이라는 뜻으로 하나님의 거룩한 속성 중 하나다. 그래서 진리의 하나님이시라고 하셨다. 하나님께서 사람을 사용하여 기록하신 성경 속에 하나님의 뜻을 감추어 두셨으므로 진리의 하나님이라고 하셨고, 이런 진리에 기록된 대로 하나님의 아들 예수 그리스도를 이 땅에 실상으로 보내셨으므로 성경대로 이 땅에 오신 예수께서 "내가 곧 길이요 진리요 생명이니"라고 하셨으며, **요일5:7절**에 "증거하는 이는 성령이시니 성령은 진리니라"라고 하신 것이다. 그래서 진리의 성령, 진리의 영, 하나님의 성령, 하나님의 영이라고 하셨고, 진리의 성령이 오면 모든 진리 가운데로 인도한다고 하신 것이다.

시25:5 주의 진리로 나를 지도하시고 교훈하소서 주는 내 구원의 하나님이시니 내가 종일 주를 바라나이다

시43:3 주의 빛과 주의 진리를 보내어 나를 인도하사 주의 성산과 장막

에 이르게 하소서

　이 기도, 이 진리대로 예수 그리스도께서 이 땅에 오셔서 요1:9절에 예수 그리스도를 '참 빛'이라고 하셨다. 예수 그리스도를 이 땅에 빛으로 보내셨고, 빛으로 오신 하나님의 아들을 통해서 진리의 성령을 보내시겠다고 약속하셨으며, 이는 반드시 진리인 성경에 기록된 대로 실상이 되어야 진리의 영, 곧 진리의 성령이다.

　따라서 예수 그리스도께서 구약성경에 예언된 대로 이 땅에 실상으로 오셨듯이, 진리의 성령도 전 성경에 예언되어 있는 대로 실상이 되어 온 것이다. 이에 대해서는 여러 부분, 여러 모양으로 기록되어 있음을 현재도 계속 증명하고 있다. 시43:3절에 '주의 빛과 주의 진리로 온 진리의 성령을 보내사'라고 하신 이대로, 곧 진리대로 사실이 되었다. 이 증거가 하나님의 아들들, 백성들을 하나님의 성산, 곧 거룩한 산, 새 예루살렘, 시온산에 하나님께서 영원히 거하시는 장막에 이르게 한 것이다. 따라서 진실로 하나님께서 진리의 하나님이시라는 것을 아들 예수 그리스도를 통해서 명백하게 행하시고 증명하셨다.

　그런데도 왜 2천 년간 의인이 한 사람도 없는 영적인 상태가 지금 이 세대까지 이어져 온 것일까? 이에 대해서도 이미 구약성경에 다 예언되어 있었고, 14년째 계속 하나님께서 증명해 주시고, 나는 대언을 하고 있다. 예수 그리스도를 통해서 약속하신 대로 진리의 성령도 실상으로 보내셨으니 하나님의 말씀이 명백하게 진리임을 증명하신 것이다. 하나님의 행하심은 영원히 있다고 하신 진리대로 반드시 육체도 죽지 아니하고 영원히 함께 거한다. 이에 대한 예언이 바로 **호2:19~20절**이다.

시57:3절에서 "하나님이 그 인자와 진리를 보내시리로다"라고 하셨고, 10절에 "대저 주의 인자는 커서 하늘에 미치고 주의 진리는 궁창에 이르나이다"라고 하신 것이다.

시61:7 저가 영원히 하나님 앞에 거하리니 인자와 진리를 예비하사 저를 보호하소서

시69:13 여호와여 열납하시는 때에 나는 주께 기도하오니 하나님이여 많은 인자와 구원의 진리로 내게 응답하소서

그래서 진리의 성령을 사용하셔서 하나님의 구원의 진리로 14년째 응답하시고 계신 것이다.

시85:10~11 [10]긍휼과 진리가 같이 만나고 의와 화평이 서로 입맞추었으며 [11]진리는 땅에서 솟아나고 의는 하늘에서 하감하였도다

이미 이 예언은 사실이 되어 "내가 길이요 진리요"라고 하신 예수 그리스도께서도 실상으로 땅에서 진리대로 이루셨고, 진리의 성령도 기록된 진리대로 실상이 되어 진리를 이루고 있다. 또한 이 일은 영원히 의로우신 하나님께서 친히 가르치시고 계신 것을 이렇게 말씀하신 것이다.

시119:142 주의 의는 영원한 의요 주의 법은 진리로소이다

이 말씀대로 하나님의 법을 선포하고 지켜 실행하는 이 일은 진리의 하나님께서 친히 증거하시는 것이다. 나를 통해 대언을 하는 이 증거가 하나님의 증거다.

이를 두고 144절에 "주의 증거는 영원히 의로우시니 나로 깨닫게 하사 살게 하소서"라고 하신 이 진리대로 우리로 진리를 깨달아 영생에 이르게 하신다. 따라서 이 진리도 현재 이루어지고 있다.

그리고 151절에 "여호와여 주께서 가까이 계시오니 주의 모든 계명은 진리니이다" 그래서 진리의 성령은 하나님의 모든 계명을 대언만 하는 것이 아니라 지켜 실행하는 것이다. 이는 곧 진리의 성령이라는 증거다.

또 160절에 "주의 말씀의 강령은 진리오니 주의 의로운 모든 규례가 영원하리이다"라고 하셨다. '강령'이란 원어로 보면 '으뜸, 처음, 전체, 합계'라는 뜻으로, 구약시대에는 모든 사람이 볼 수 있도록 공개된 장소에 게시된 율법서를 가리키는 표현이었으나, 지금은 하나님의 모든 가르치심, 교훈의 으뜸을 뜻한다.

마22:37~40 [37]예수께서 가라사대 네 마음을 다하고 목숨을 다하고 뜻을 다하여 주 너의 하나님을 사랑하라 하셨으니 [38]이것이 크고 첫째 되는 계명이요 [39]둘째는 그와 같으니 네 이웃을 네 몸과 같이 사랑하라 하셨으니 [40]이 두 계명이 온 율법과 선지자의 강령이니라

시119:43~45 ⁴³진리의 말씀이 내 입에서 조금도 떠나지 말게 하소서 내가 주의 규례를 바랐음이니이다 ⁴⁴내가 주의 율법을 항상 영영히 끝없이 지키리이다 ⁴⁵내가 주의 법도를 구하였사오니 **자유롭게 행보할 것이오며**

이렇게 기록하신 진리대로 영영한 사역자들, 영생을 누리기로 약속된 우리에 대한 예언이다. **시119:45절**의 말씀대로 창세 이래 2021년 지금 이 세대까지 그 누구도 진실로 이 예언이 사실이 된 사람은 없었다. 에녹, 엘리야도 기록만 있을 뿐 실상이 하나님께서 창조하신 이 땅에 있지 아니했고, 결국 이 세대 우리에 대한 예언이었다.

모든 것에서 자유는 가장 먼저 인간은 누구나 한 번 죽어야 한다는 가장 보편적인 진리인 '육체의 사망'에서 영원히 자유하는 것이다. 하나님의 아들 예수 그리스도께서도 뛰어넘지 못하신 사망에서의 자유는 인간으로 하여금 죄를 지어 하나님의 계명을 지키지 못하게 하여 결국 죽게 만들어 둘째 사망인 지옥에서 영벌을 받게 하는 귀신에게서 영원히 자유하는 것이 '영생'의 근본이다.

이는 오직 살아 계신 하나님의 말씀인 진리로만 가능한 일이다. 그러므로 창조주 하나님의 절대 권한에 결정되어 있어야 한다. 이를 아브라함에게 영원한 언약을 하셨던 것이다. 그러나 아브라함 본인도 아니었고, 이삭, 야곱, 곧 이스라엘, 다윗, 예수 그리스도에 이어져서 온전히 육체도 죽지 아니하는 신령한 몸을 받아서 약속대로 삼 일 만에 부활하셨어도, 2021년 7월 17일 오늘 이 시간까지 하나님 우편에 앉아 계시니

이 본문 45절의 말씀의 실상은 아무도 없었다. 예수님 이후 그 누구도 없었다.

곧 히9:27절 "한 번 죽는 것은 사람에게 정하신 것이요 그 후에는 심판이 있으리니"라고 하신 이 말씀을 이긴 사람은 아무도 없었다. 그러니 시 119:45절의 말씀은 예수 그리스도에 대한 예언이 아니었다. 자유롭게 행보하시지 않고 계시는 것이 더 명백한 증거다.

따라서 이 예언의 실상은 하나님께서 이미 정해 두셔서 이 땅에 보내신 '사람'이어야 한다. 이 사람이 믿음의 조상 아브라함에게 언약하셨던 영원한 언약을 영원히 이룰 사람이다. 다윗도 진실로 이를 소망하여 시 89:48절의 말씀대로 소망했고 소망했으나, 그에게 실상이 되지 않았다.

시89:48 누가 살아서 죽음을 보지 아니하고 그 영혼을 음부의 권세에서 건지리이까

이 '누가'에 대한 해답은 호2:19~20절에 하나님께서 대답하셨으나, BC 750년에 기록된 예언은 예수 그리스도에 대한 예언도 아니었으며, 아무도 모르고 있었던 것이다. 장본인인 나도 2008년 6월 16일까지 몰랐다. 오직 하나님만 아시는 천국의 비밀이었다.

그리고 시간이 흘러 AD 90년, 곧 940년 후 사도 요한에 의해 기록이 된다. 당시 예수 그리스도께서 살아 계실 때, 하나님께서 아들 예수님께 말하여 약속하신다. 자신이 십자가에 죽고 삼 일 만에 부활하셔서 사십 일간 땅에 계시다가 승천하셔서 당신의 이름을 사용하는 그리스도인

중에 또 다른 보혜사인 진리의 성령을 보내시겠다고 언약하신 것이다.

이 예언을 제자 사도 요한이 기록한 것이다. 그러나 그때까지도 그가 누군지 아무도 모르고 요한을 통하여 또 대언해 두셨던 것이다. 이는 계속 약속이 이어지고 있으나 실상의 주인은 누구인지 모르고 시간이 흐른 것이다. 그리고 **요일5:7절**에 "증거하시는 이는 성령이시니 성령은 진리니라"라고 했지만, 사도 요한도 누군지 알지 못한 채 죽었다.

이 '누가'는 또 요한계시록에서는 **계3:7~13절**에 다윗의 집의 열쇠, 곧 영원한 언약의 실상이 될 사람이 목회를 하는 '목사'이어야 함을 예언한 것이다. 이 목사는 주의 말씀의 강령이 진리로서, 이 강령의 핵심은 예수 그리스도께서 하셨던 첫째 강령, 주 너의 하나님을 사랑하고, 둘째 강령, 네 이웃을 네 몸과 같이 사랑하라고 하시는 하나님의 계명을 지켜 실행하라고 예언해 두었다.

그러나 당시 빌라델비아 교회 사자도 실상이 되지 못하고 죽었다. 이 예언이 1918년 후인 2008년 6월 16일 세상에 드러나도, 나조차도 '나'라고 말하기가 그랬다. 하나님만이 아시는 비밀이니까 육체를 입은 사람은 모르게 하신 것이기에 말하지 않았으나, 나 혼자 '내가 안양에서 7년간 빌라델비아 교회를 목회한 것이 하나님의 계획대로 되고 있었는데 몰랐구나~' 하고 생각만 할 뿐이었다. '빌라델비아 교회 이름을 사용했다고 해서 그가 예언의 주인공일 수는 없으니까~' 했고, '시간이 지나야 하나님의 뜻은 명백하게 알 수 있는 것이니까' 했다.

이제는 아니, 2018년 7월 24일 감옥에 갇히는 사건이 실상이 되면서 사실대로 말을 하여 시인하게 하셨다. 이렇게 시인할 수 있었던 것은

10년 동안 나에 대한 예언이 사실이 되어 이루어지는 것을 보고 왔고, 전대미문의 새 언약이라는 사실을 경험해 왔기 때문이었다. 아무도 믿지 않았던 영생, 아무도 온전히 행하지 못했던 하나님의 말씀을 다니엘 성도를 통해 이루시는 하나님의 인도하심을 보게 하시고, 알게 하시며, 강단에서 하시는 말씀이 실상이 되는 사건들이 일어났다.

7년 대환난 전에 낙원에 갈 성도가 나오면서, 이단이라고 2009~2010년부터 괴롭히는 사단이 나타나고 대서인 성진 성도가 나타나고, 이미 언약해 두신 하나님의 뜻대로 하나하나 진행이 되게 하시며, 말씀하시고 보게 하시고, 알게 하셨다. 누구한테 배운 것이 아닌데 신령한 것을 신령한 것으로 분별하여 알게 하시고, 나는 나를 사용하시는 하나님의 정하심을 전 성경을 통해서 다 보고 경험하여 하나님이 진실로 진리의 하나님이시라는 사실을 시인하게 하신 것이다.

단 한 번도 살아 계신 하나님을 의심한 적 없다. 그래서 100% 믿어주었던 것이고, 영원한 가족이 아닌 자로 결판이 나면 너무 마음이 아프니까, 곧 상대의 결과를 이미 알고 있으므로 너무 불쌍하여 아프니까, 그때는 100% 믿지 않았음을, 내가 너무 아프지 않기 위하여 적용한 것이다.

그리고 빌라델비아 교회 사자에게 하나님의 인내의 말씀을 지켜 실행하여 이기는 자는 하나님의 성전에 기둥, 곧 영영한 사역자가 되게 하여 그가 결코 다시 나가지 아니할 것이며, 그가 바로 하늘에서 하나님께서 이 땅에 보내신 새 예루살렘의 이름, 하나님의 새 이름이라고 하셨다. 이는 예수 그리스도를 진실로 믿어 그분이 하신 계명을 하나님께서 주신 계명으로 알고 지켜 실행하는 빌라델비아 교회 사자에게 하신 언약이며, 이 언약의 주인으로 미리 말씀해 두셨으니 나를 이 땅에 보내신 분은 언약하신 하나님이셨다.

이렇게 시인하는 이유가 있다. 이미 영생을 주신다고 약속이 되어 있는 성도는 절대 의심을 안 한다. 성진, 진선, 다니엘, 은혜, 선, 새리, 주현, 지은 성도 등을 보아라. 의심을 안 한다. 그러니까 행동한 것이다. 태욱, 희라 성도를 보아라. 진실로 믿었다. 화진, 혜산, 진숙 등등 처음부터 말씀을 의심 안 했고, 태도도 달랐다.

너희는 몰라도 나는 단 한 성도도 예사로 본 적이 없고, 외모로 판단하지 않았다. 뉴욕서 온 옥희 성도, 준희도 달랐다. 나만이 아니라 이미 영생을 얻기로 작정되어 있는 성도는 다르다. 귀삼 성도도 달랐다. 녕희 성도도 달랐다. 나이와 관계없이 달랐다. 다른 성도들도 늦어도 반드시 이미 영생을 얻고 이 땅에 보냄을 받은 것이니 믿으라고 말하는 것이다.

인내의 말씀이라고 하신 이유를 깨달아 알아들어야 한다. 그리고 결정적으로 '믿음'에 대해서 사람이 본능적으로 아는 지식이 아닌 믿음의 실상임을 확신했다. '나의 나 된 것은 하나님의 은혜로 된 것이구나~' 하는 진리를 깨달아서 보여 주실 때, 말로 다 표현을 할 수 없다. 믿는데 믿겨지지 않는 크고 기이한 일이며, 너무 기이해서 결국 옥에 갇히고 나서 **갈라디아서 4장**의 자유하는 여자, 진리의 성령, **호2:19~20절**의 실상, 해를 입은 여자, 참 과부가 실상임을 세상에 시인할 수밖에 없도록 하셨다.

특히 나이 육십이 되면서 미움받는 것이 극에 달하는 실상을 보면서, 외모로 진실로 사실이 된 참 과부임을 손주들, 자식들로 하여금 코로나19로 1년이 다 되도록 감옥에 면회 오면서 **딤전5:1~5, 8~10절**이 사실이었음을 나로 시인하게 하시더라. 네가 맞다고 온 세상에 시인하라고 알게 하셨다. 자녀와 손자들이 있거든 저희로 먼저 집에서 효를 행하여 부모에게 보답하기를 배우게 하시는 살아 계시는 하나님의 사랑에 온 세상에 창세 이래 누가 이렇게 정확하고 명백하게 온전히 기록된 예언이 사실이 된 사람이 있는지 찾아보라고 했던 말에 대한 대답이다.

이 자녀와 손자들이 효를 행하니까 사람들이 대하는 태도가 달라졌다. 이는 결국 나로 하여금 네가 진리의 성령이 맞다, **호2:19~20절**의 예언이 네가 맞다, **잠31:10~31절**의 현숙한 여자가 너 맞다, 아가서 술람미 여자에 대한 예언이 너 맞다고 하시는 하나님의 사랑의 음성이었다는 것을 지금 너희들에게 증거하는 것은 너희들도 이미 영생을 얻은 자들로 이 땅에 온 것을 믿어야 한다는 것이다. 믿는 것은 행동하는 것이다. 은총이 아비 상현 성도도 태도가 달랐다. 낙토에서 지금 이 시간까지 진실로 달랐다. 너희들 모두도 이미 영생을 얻었는데 안 믿는 패역을 고치시려고 이 말을 하는 것이다.

시118:15~17 [15]의인의 장막에 기쁜 소리, 구원의 소리가 있음이여 여호와의 모든 손이 권능을 베푸시며 [16]여호와의 오른손이 높이 들렸으며 여호와의 오른손이 권능을 베푸시는도다 [17]내가 죽지 않고 살아서 여호와의 행사를 선포하리로다

이 예언의 주인공이 누구냐? 단수로 기록되었으나 이 본문의 '내

'가'는 누군지 모두 답을 하거라. 창세 이래 이 의문에 명백하게 답을 할 사람은 은혜로교회 성도밖에 없다. 이 본문의 내가 죽지 않고 살아서 여호와, 유일하신 하나님의 이름인 여호와의 행하신 모든 일을 선포할 자, '내가'는 누구냐? 모두 답을 해라.

내 말이 아니고, 하나님의 명령이다. 하나님과 사람 앞에 시인하는 것이다. 성경, 곧 진리가 남의 이야기가 아니라 누구에 대한 예언이냐? 나, 신옥주 목사만이냐? 그런 답을 묻는 질문이 아니다. 나는 나인 줄 이미 내가 알고 있다. 나만이냐? 다 답을 하거라. 하나님의 명령이다. 본문의 '나'는 누구냐? 귀신이 영원히 떠나는 근본 뿌리를 뽑는 것이다. '내가'는 누구냐? 일본인, 중국인이라 말귀를 못 알아듣는다고 하지 마라. 영원한 가족이 곁에 있으니 설명을 해 주거라. 진실로 답을 하거라.

어제까지, 방금 전까지의 너는 잊어라. 어떤 귀신이었든지 잊고, 지금 물음에 답해라. 낙토에서 태어난 아이들까지 다 답을 해라. 아이가 글을 못 쓰고 말을 못 하고 아직 배 속에 있는 아이 어미는 아이에 대해서 답을 하거라.

"내가 죽지 않고 살아서 여호와의 행사를 선포하리로다"라고 하신 **시118:17절**의 '내가'와 "누가 살아서 죽음을 보지 아니하고 그 영혼을 음부의 권세에서 건지리이까"라고 하신 **시89:48절**의 '누가'는 또 누군지도 답을 하거라.

시89:48절의 예언은 이미 14년째 실상이 되어 이루어지고 있고, 이미 건짐을 받은 여러분들에게 **시118:17절**의 예언의 주인공을 구체적으로 다른 성도에게 묻지 말고 너에게 하나님께서 주신 은혜대로 답을 하거라.

다시 말한다. 시89:48절의 '누가'는 누군지 답하고, 시118:17절의 '내가'는 누군지 답하거라. 이 물음에 너 스스로 답하지 아니하는 자는 티끌이다. 이미 14년째 하나님의 가르치심을 받고 있으면서 자신의 정체를 숨기는 귀신의 패역을 절대 봐줄 수 없다. 2021년 7월 17일이다. 지금 내가 너희들에게 묻는 이 질문은 어려운 답이 아니다.

시118:18 여호와께서 나를 심히 경책하셨어도 죽음에는 붙이지 아니하셨도다

시118:18절의 말씀에서 '경책'이란 잘못을 지적하고 책망하다, 경계하고 훈계하다, 곧 '타작하다'라는 뜻이다. 이 예언은 진리의 성령이 실상이 되어 14년째 타작마당에서 경책했다. 그러나 죽음에는 붙이지 아니하셨다. 하나님께서는 반드시 사람을 통해서 택한 자녀들을 전대미문의 새 언약으로 경계하고 훈계하여 잘못을 지적하고 책망하신다. 이는 악인들보다 너희들이 나아서가 아니다. 이미 만세 전에 정해 두신 그대로 하나님께서 일방적인 뜻으로 경영하시고 계시는 은혜다. 이렇게 다시 창조하셔서 실상이 되면 시119:44~45절의 말씀대로 사실이 된다.

시119:44~45 44내가 주의 율법을 항상 영영히 끝없이 지키리이다 45내가 주의 법도를 구하였사오니 자유롭게 행보할 것이오며

나는 온 천하에 천명한다. 이 예언의 실상이 '나'라고, 하나님과 사

람 앞에서 시인한다. 영원히 육체의 죽음에서도 자유하고, 모든 것에
서 자유하며, 하나님의 성전에 기둥이 되어 하나님의 법을 항상, 끝없
이, 영원히 지킬 것이다. 이런 진리의 성령이 실상이 되어 있는 곳이 **시
118:19~20절**의 예언이 이 땅에 그대로 이루어진 '여호와의 문'이다.

시118:19~20 ¹⁹내게 의의 문을 열찌어다 내가 들어 가서 여호와께 감
사하리로다 ²⁰이는 여호와의 문이라 의인이 그리로 들어가리로다

　이 문이 바로 '열린 문'인 전대미문의 새 언약을 하는 빌라델비
아 교회의 실상이다. 적은 능력을 가지고 하나님의 말씀을 지켜 실행
한 여호와의 사자가 있어 천국 문을 열어 둔 곳, 낙토, 본향, 본토, 고토,
하나님께서 약속하신 땅, 여호와의 종들의 기업인 땅, 새 예루살렘, 시
온산, 거룩한 산, 거룩한 자들이 실상이 되어 있는 곳이다. 이곳에서 **시
118:21~24절**의 말씀이 실상이 된다.

시118:21~24 ²¹주께서 내게 응답하시고 나의 구원이 되셨으니 내가 주
께 감사하리이다 ²²건축자의 버린 돌이 집 모퉁이의 머릿돌이 되었나니
²³이는 여호와의 행하신 것이요 우리 눈에 기이한 바로다 ²⁴이날은 여호
와의 정하신 것이라 이날에 우리가 즐거워하고 기뻐하리로다

　따라서 **시119:44~46절**의 말씀의 실상은 이 세대 우리다. 하나님의
가르치심을 받고 영생을 이미 받기로 정하시고 이 땅에 사람으로 태어난

진리의 성령과 함께 영원히 거하는 하나님의 제사장들이다. 다시 보자.

시119:44~46 ⁴⁴내가 주의 율법을 항상 영영히 끝없이 지키리이다 ⁴⁵내가 주의 법도를 구하였사오니 자유롭게 행보할 것이오며 ⁴⁶또 열왕 앞에 주의 증거를 말할 때에 수치를 당치 아니하겠사오며

갈4:21~31절의 '자유하는 여자의 자녀들'에 대한 예언이 실상이 되는 것을 시편에 이미 기록해 두신 것이다. 명백하게 나와 우리에 대한 예언이다. 이래서 진리로 거룩해진다고 하신 것이다.

전12:10 전도자가 힘써 아름다운 말을 구하였나니 기록한 것은 정직하여 진리의 말씀이니라

그런데 왜 지금 이때까지 이런 진리가 실상이 되지 아니했는지 전 세계 모든 사람들은 하나님께서 정하신 때를 알아야 한다. 진리의 성령이란 진리인 성경에 여러 부분, 여러 모양으로 기록되어 있어서 기록된 진리대로 실상이 되어야 한다. 이에 대해서는 이미 증명하고 있다.

잠8:6~9 ⁶내가 가장 선한 것을 말하리라 내 입술을 열어 정직을 내리라 ⁷내 입은 진리를 말하며 내 입술은 악을 미워하느니라 ⁸내 입의 말은 다 의로운즉 그 가운데 굽은 것과 패역한 것이 없나니 ⁹이는 다 총명 있는 자의 밝히 아는 바요 지식 얻은 자의 정직히 여기는 바니라

당시 잠언을 기록한 저자 솔로몬왕이 가장 선한 것을 말했을까? 아니다. 선한 분은 하나님 한 분이신데 하나님께서는 사람을 사용하여 성경을 기록하게 하셨다. 그러나 본문은 가장 선한 것을 말하리라고 하셨다. 당시도 아니고, 예수 그리스도께서 이 땅에 계실 때도 아니었다.

요6:45 선지자의 글에 저희가 다 하나님의 가르치심을 받으리라 기록되었은즉 아버지께 듣고 배운 사람마다 내게로 오느니라

요6:45절의 이 예언이 지금까지 **사도행전 2장**에 오순절 날 이미 성령이 임했다고 하는 성경 학자들의 말이 잘못되었다는 것을 명백하게 증명한다. 당시에도 진리의 성령이 사람들이 상상하듯 그런 성령이 아니라는 증거는 영원히 증명된다. 또 이 말씀은 이미 구약 **사54:13~14절**에 예언이 기록되어 있었다. 곧 새 예루살렘의 실상을 예언해 두신 것이다. 또한 나에 대한 예언이다.

사54:13~14 ¹³네 모든 자녀는 여호와의 교훈을 받을 것이니 네 자녀는 크게 평강할 것이며 ¹⁴너는 의로 설 것이요 학대가 네게서 멀어질 것인즉 네가 두려워 아니할 것이며 공포 그것도 너를 가까이 못할 것이라

본문의 '네'는 하나님께서 **호2:19~20절**에 말씀하신 예언이 실상이 된 나에 대한 예언이며, '의에 대하여' 모든 진리 가운데로 인도하는 진리의 성령에 대한 예언의 실상이다. 성령을 상상하면 안 되는 명백한 이

유가 전 성경이 다 예수 그리스도에 대한 예언만이 아니라는 것을 하나 하나 증명하여 실상이 되게 하기 때문이며, 이 일이 바로 하나님의 가르 치심을 대언하는 것이다. 그래서 '의로 설 것이라'고 하셨던 것이다.

사54:1~17절에 기록된 이 진리는 나에 대한 예언이 명백하다.

사54:5 이는 너를 지으신 자는 네 남편이시라 그 이름은 만군의 여호와 시며 네 구속자는 이스라엘의 거룩한 자시라 온 세상의 하나님이라 칭 함을 받을 것이며

창세 이래 그 누구도 이 예언의 주인공은 없었다. 참 과부가 지금 은 학대를 받고 송사를 당하여 갇혀 있지만, 이미 '의'로 설 것을 약속해 두셨고, 이는 영원한 언약이다. 또한 자녀들을 통하여 아브라함에게 약 속하신 열방, 곧 열국도 얻는다. 1~17절을 찾아서 합독하거라.

사54:3절에 "네 자손은 열방을 얻으며 황폐한 성읍들로 사람 살 곳 이 되게 할 것이라"라고 하셨다. 2021년 지금 이 세대에 실상이 될 예언 이었다. 자식들을 영원히 자유하게 하기 위한 대체육체들, 대적자들이 나를 치며 송사했으나, 이는 우리를 영원히 대속하시는 하나님의 완전 한 지혜였다. 그래서 이렇게 예언해 두셨다.

시25:4~14 ⁴여호와여 주의 도를 내게 보이시고 주의 길을 내게 가르치 소서 ⁵주의 진리로 나를 지도하시고 교훈하소서 주는 내 구원의 하나님 이시니 내가 종일 주를 바라나이다 ⁶여호와여 주의 긍휼하심과 인자하

심이 영원부터 있었사오니 주여 이것을 기억하옵소서 [7]여호와여 내 소시의 죄와 허물을 기억지 마시고 주의 인자하심을 따라 나를 기억하시되 주의 선하심을 인하여 하옵소서 [8]여호와는 선하시고 정직하시니 그러므로 그 도로 죄인을 교훈하시리로다 [9]온유한 자를 공의로 지도하심이여 온유한 자에게 그 도를 가르치시리로다 **[10]여호와의 모든 길은 그 언약과 증거를 지키는 자에게 인자와 진리로다** [11]여호와여 나의 죄악이 중대하오니 주의 이름을 인하여 사하소서 **[12]여호와를 경외하는 자 누구뇨 그 택할 길을 저에게 가르치시리로다** [13]저의 영혼은 평안히 거하고 그 자손은 땅을 상속하리로다 [14]여호와의 친밀함이 경외하는 자에게 있음이여 그 언약을 저희에게 보이시리로다

이 기도와 말씀이 우리에게 14년째 실상이 되었다. 이 예언 또한 예수 그리스도께서 이 땅에 계실 때 실상이 되는 예언이 아니었다. 여호와의 모든 길, 곧 영원한 언약은 결국 땅에서 실상이 되는 것이다. 아브라함에게 언약하실 때, 다음과 같이 말씀하셨다.

창18:18~19 [18]아브라함은 강대한 나라가 되고 천하 만민은 그를 인하여 복을 받게 될 것이 아니냐 [19]내가 그로 그 자식과 권속에게 명하여 여호와의 도를 지켜 의와 공도를 행하게 하려고 그를 택하였나니 이는 나 여호와가 아브라함에게 대하여 말한 일을 이루려 함이니라

이 언약 속에 이미 나와 우리에 대한 예언이 감추어져 있었다. 하

나님께서 약속해 두신 이 언약을 2008년 6월 16일부터 '여호와의 도'로 가르치시고 계신다. 우리를 택하시고 선한 길을 지도하시고 계신 이유는 여호와의 도를 행하여, 의와 공도를 행하여 천하 만민으로 복을 받게 하기 위함이다. 이래도 나와 우리에 대한 예언이 아니냐? 또 증명한다.

시94:10~12 [10]열방을 징벌하시는 자 곧 지식으로 사람을 교훈하시는 자가 징치하지 아니하시랴 [11]여호와께서 사람의 생각이 허무함을 아시느니라 [12]여호와여 주의 징벌을 당하며 주의 법으로 교훈하심을 받는 자가 복이 있나니

'징치'란 사람을 징계하여 다스림, 제재를 가하여 선도함이라는 뜻으로 타작마당을 뜻한다. '열방', 곧 세상 나라들, 모든 민족들, 유사한 말로 '열국'을 뜻한다. 하나님께서 친히 당신을 아는 지식을 가르치시는 때는 여호와의 날, 인자의 날인 지금 이때이며, 세상 모든 나라, 모든 민족에게 예수 이름이 다 퍼진 때다. 하나님께서 친히 하나님을 하나님으로 아는 지식을 교훈하실 때 사용되는 그릇인 나는 저 황금돔이 있는 유대인의 나라 이스라엘이 아닌, 그들이 보기에 이방 나라에서 나올 것과 타작마당 또한 열방을 징벌하시는 하나님의 다스리심이라는 사실을 BC 1000~400년 사이에 이미 예언해 두셨던 것이다.

3008~2408년 후인 AD 2008년 6월 16일부터 14년째 이루어지고 있는 나를 통한 이 일이다. 그래서 '전대미문의 새 일'이요, 진리의 성령이 실상이 되어 지식으로 사람을 교훈하시며, 죄를 짓지 못하도록 징

계하고, 제재를 가하여 하나님께서 다스리시는 것이다. 이유는 사람의 생각은 귀신이 주인이 되어 일생 허무하게 살게 하고, 죄를 심상히 여기고, 헛된 종교생활을 한 결과 육체가 죽어 영원한 지옥 불에 가는 줄 하나님께서 다 아시기 때문이다.

이런 일을 귀신이 주인인 사람이 어찌 알며, 사람을 의식하고 사람 눈치를 보는 사람이 어찌 타작마당을 실상으로 하겠느냐? 그래서 너희들의 생각의 허무함을 다 아시는 하나님의 뜻을 진술하는 진리의 성령인 나를 사용하셔서 하나님의 징치하심을 해야 하므로 너희들이 이해 못 하는 언행을 내가 해도 믿어 주고 기다려 달라고 한 것이다.

너희들이 다시 창조되면 하나님과 동행하는 삶이란 내 뜻이 아닌 하나님의 뜻대로 사람을 사용하시고 인도하시는 것을 경험하게 된다. 사람을 의식하면 절대 하나님의 징치하심인 타작마당을 할 수 없다. 결과가 증명해 주지 않느냐? 대체육체들, 함께 있었던 악인들이 고소하여 폭행, 특수폭행, 감금, 중감금, 특수감금, 아동학대, 유기, 방임, 교사, 사기, 상법위반 등 입에 담기에도 힘든 온갖 나쁜 죄명을 다 씌워서 7년형을 판결하지 않았느냐?

너희들은 귀신이 주인이 되어 하나님의 말씀은 단 한 절도 모르면서 이미 다 잘 알고 믿고 있다고 생각하고, 교만은 하늘을 찌르고, 배워서 해 먹어야겠다는 사심만 가득하여 하나님의 가르치심인 전대미문의 새 언약을 알아듣지도 못하고, 한 몫의 삶일 때 불의한 재판관 아래 성경과 다른 거짓말만 먹었다는 것을 언제 깨닫겠느냐? 영혼이 정결해지지 아니하면 절대 영혼 성전 건축은 되지 않는다.

하나님의 아들 예수 그리스도를 알아보지 못하고 당시 유대인들, 대제사장, 장로, 서기관들, 바리새인들이 대적하여 사형시킨 것이며, 지금 이때는 세상의 악이 창세 이래 최고 극에 달한 때라 절대 귀신은 하나님의 말씀을 알아듣지 못한다. 특히 행동을 안 하고 혀로만 일생 사는 자들인데 하나님의 계명을 지켜 실행해야 하는 이 '큰일'을 하겠느냐?

병준, 대선, 범섭, 선주를 보아라. 진리를 한 절만 깨달아도 사심을 가지고 따라올 수 없는데 한 절도 안 믿고 있었지 않느냐? 처음 4년을 나는 거의 매일 아연실색했다. 흉악한 귀신의 실체들을 보고, 특히 모태신앙, 일반 백성이 목사가 된 사람의 교만, 무인격, 무력함, 무감각에 놀랐다.

결국 병준 성도를 보아라. 단 한 번도 실제 타작을 한 적이 없다. 금이야 옥이야 하고 이 시간까지 온 것이다. 행동을 안 한다. 자신을 안 돌아본다. 귀신이 주인일 때는 자신의 사심에 의해 교만이 바탕이 되어 절대 가슴 찢기는 충격, 회개함이 없음에 너무 놀랐다. 말순을 보아라. 교만함, 더러움, 무력함을 몰라서 기다려 주었겠느냐? 그나마 아무도 말씀을 안 믿는 때였다.

"내 생각은 너희 생각과 다르다"라고 하신 말씀을 깨달을 줄 알았던 내 생각과 진실로 다름도 이들 목사들을 보며 알았다. 적어도 목회를 하려고 하는 사람이라면 보통 여행 때라도 사람 수준이 달라야 한다. 그런데 완전 무인격은 결국 사심에 눈도, 귀도 어둡게 되어 배워서 해 먹어야겠다고 하는 욕심만 가득하여 죄에 죄를 더하고 온 것이다. 한 절의 계명도 안 믿었다. 그러나 그렇게 해서라도 영생을 얻게 하시는 하나님의 정하심을 알기에 기다려 준 것이다. 치명적인 죄를 지어 영원한 죄에 처하지 않고 인내하면 결국 자신들을 향한 하나님의 사랑을 알게 될 것이라 믿었다.

타작마당이 저 유대인들, 이스라엘 사람들 중에 실상이 되는 것이 아님을 이미 조상 아브라함, 사라에게 언약하실 때 예언하셨다. 그래서 이름의 뜻을 '열국의 아비, 열국의 어미'라고 하신 것이다. 지금까지 전 세계 누구나 본능적으로 아는 유대인들, 이스라엘 사람들이 이런 천국의 비밀을 모르고 교만한 이유가 이에 있었다.

하나님의 뜻은 하나님께서 알게 하시지 않으면 아무도 모른다는 사실을 이제 우리는 다 안다. 저들이 사람 수준으로 보는 열방, 이방 나라, 이방인들 중에서 아브라함에게 하신 언약이 실상이 될 줄은 전 세계 그 누구도 몰랐던 천국의 비밀이다.

먼저 택함을 받은 저들이 하나님 나라의 상속자들이 되어 먼저 들어가는 것이 아니었다. 이런 기이한 일이 우리에게 실상이 되어 일어난 지 14년째다. 사람 수준으로 안 된다고 한 말을 가슴에 새기고 행동으로 보여 준 성도가 현재 한국에 있다. 그 부부는 목사가 아니었고, 모두 목사가 아닌 성도들이 먼저 실상이 되었다.

그러니 오직 하나님만 아시는 하나님의 뜻이며, 계획이었다. 저 유대인들, 이스라엘 사람이 아닌 열방, 이방 나라 중에서 하나님의 가르치심, 징치하시는 타작마당을 하시는 이유는 악인들이 이 세상을 지배하고 다스리는 때가 끝나는 재앙, 곧 환난의 날이기 때문이다.

시94:13 이런 사람에게는 환난의 날에 벗어나게 하사 악인을 위하여 구덩이를 팔 때까지 평안을 주시리이다

타작마당을 해서라도 환난에 들게 하지 않으신 하나님의 지극하신 사랑이며, 영원히 대속하시는 완전한 지혜다. 그리고 이 교훈, 여호와의 도는 다윗에게 하신 영원한 언약이었다.

시132:11~16절의 예언이다. "11여호와께서 다윗에게 성실히 맹세하셨으니 변치 아니하실찌라(이 말씀대로 변치 않으시고 다윗의 자손으로 오신 예수 그리스도를 통해서 약속하신 진리의 성령은 다른 모양, 곧 여러 부분, 여러 모양으로 말씀하신 대로 빌라델비아 교회의 사자인 목사에게 14년째 실상이 되게 하시고 계신다.

진리는 이런 것이다. 아브라함, 이삭, 야곱, 곧 이스라엘, 다윗, 예수 그리스도에 이어져 온 영원한 언약은 다윗의 집의 열쇠를 주셔서 열면 닫을 사람이 없고, 닫으면 열 사람이 없는 천국의 비밀인 영생을 14년째 지키시고 인도하시고 계신다. 이런 사랑을 받고 이 세상에 태어난 사람들이 우리다. 진화야, 알아듣고 있느냐? 형희야, 윤희야, 남휘야 알아듣고 있지? 너희들이 다 이런 사랑을 받고 있다. 모두 알아듣고 있느냐?) 네 몸의 소생을 네 위에 둘찌라 12네 자손이 내 언약과 저희에게 교훈하는 내 증거를 지킬찐대 저희 후손도 영원히 네 위에 앉으리라 하셨도다 13여호와께서 시온을 택하시고 자기 거처를 삼고자 하여 이르시기를 14이는 나의 영원히 쉴 곳이라 내가 여기 거할 것은 이를 원하였음이로다 15내가 이 성의 식료품에 풍족히 복을 주고 양식으로 그 빈민을 만족케 하리로

다 ¹⁶내가 그 제사장들에게 구원으로 입히리니 그 성도들은 즐거움으로 외치리로다"

이렇게 명백하게 하나님의 언약, 곧 영원한 언약은 14년째 나를 통해 하나님께서 친히 가르치시는 교훈을 대언하는 이 새 언약과 저희, 곧 현재 2021년 7월 19일 은혜로교회 성도, "너희에게 교훈하는 하나님의 증거를 지킬찐대"라는 뜻이다. 14년째 이 일이 하나님의 증거하심이며, 영원한 언약임을 온 천하에 천명한다.

이 증거는 **요일5:7~9절**의 말씀이 사실이 되어 "⁷증거하는 이는 성령이시니 성령은 진리니라 ⁸증거하는 이가 셋이니 성령과 물(곧 예수 그리스도)과 피(곧 하나님)라 또한 이 셋이 합하여 하나이니라 ⁹만일 우리가 사람들의 증거를 받을찐대 하나님의 증거는 더욱 크도다 하나님의 증거는 이것이니 그 아들에 관하여 증거하신 것이라(라고 하셨다. 14년째 이 일은 명백하게 하나님의 증거다. 셋이 하나가 된 진리의 성령의 증거는 하나님의 증거하심을 대언하는 것이다. 그래서 **요15:26절**에서도 예수 그리스도께서 친히 하신 약속이 실상이 된 것이다.

요15:26 내가 아버지께로서 너희에게 보낼 보혜사 곧 아버지께로서 나오시는 진리의 성령이 오실 때에 그가 나를 증거하실 것이요

또한 **27절**에 "너희도 처음부터 나와 함께 있었으므로 증거하느니라"라고 하신 그대로 당시 제자들이 증거했고, 그 증거가 신약성경이니 당시에 진리의 성령이 실상이 아니고, 하나님께서 정하신 이때 실상이 되어,

곧 셋이 하나가 되어 그 아들 예수 그리스도께서 말씀하신 것이 참 진리라고 증거하는 이 일이다.

이 증거는 명백하게 하나님께서 친히 정해 두신 사람, 곧 진리의 성령의 실상인 나를 사용하셔서 행하시는 하나님의 증거이며, 하나님의 언약, 곧 영원한 언약이다. 그래서 14년째 이 증거는 사람의 증거가 아니고, 하나님의 증거다. 내가 자의로 해석하는 것이 아니라 하나님의 행하심을 자세히 진술하여 장래 일을 모든 진리 가운데로 인도하는 일이다. 그래서 **요일5:10~12절**에 또 이렇게 말씀해 두셨다.)

[10]하나님의 아들을 믿는 자는 자기 안에 증거가 있고 하나님을 믿지 아니하는 자는 하나님을 거짓말하는 자로 만드나니 이는 하나님께서 그 아들에 관하여 증거하신 증거를 믿지 아니하였음이라 [11]또 증거는 이것이니 하나님이 우리에게 영생을 주신 것과 이 생명이 그의 아들 안에 있는 그것이니라 [12]아들이 있는 자에게는 생명이 있고 하나님의 아들이 없는 자에게는 생명이 없느니라"

얼마나 정확하게 하나님께서 성경을 기록한 저자들을 사용하셔서 기록해 두신 이 진리가 참이라는 것을 증거해 주시는지 2021년 이 세대 우리에게, 성도들에게 사실이 되어 땅에서 이루어지고 있다. 진리는 이런 것이며, 하나님의 뜻의 핵심은 영생이요, 하나님의 나라가 이 땅에서 이루어지는 것이다.

이미 영생을 주셨다. 이를 안 믿는 것이 패역이다. 하나님의 언약을 안 믿고, 의심하고, 하나님이 보내신 아들 예수 그리스도를 안 믿는 것이다. 그분이 약속했던 성령을 실상으로 보내시고, 하나님께서 친히 진리의 성령을 사용하셔서 진리의 지식으로 가르치시고 징치하시며 교훈하시는데, 이 일을 안 믿는 것은 하나님도, 예수 그리스도도, 진리의 성령도 안 믿는 가장 큰 패역이다. 이래서 영원한 죄에 처한다고 하신 것이다.

이런 일이 아니면 왜 너희들의 실상을 아는 내가 비행기로 10시간을 타고 가난한 나라에, 그것도 겨울이 없는 나라에 이사를 하며, 타작마당을 하겠나? 내가 미친 사람이냐? 내가 왜 어리석게 보이는 일만 골라서 하는 자처럼 하나? 너희만 못해서 흉악한 귀신, 온갖 더러운 귀신 노릇 하는 너희를 믿어 주었겠느냐? "예수님" 하고 혀로만 말하면 이미 구원받았다고 거만하고 교만한 너희를 몰라서 믿어 주었겠느냐? 너희들 중에 대체육체가 나올 것이고, 그런 자들에 의해 송사를 겪고 감옥에 갇힐 것을 몰라서 타작했겠느냐? 너희의 그 더러운 속셈을 몰라서 의심 안 하고 바보처럼 기다려 주었겠느냐? 사람이 두려웠으면 그리했겠느냐? 영생을 안 믿었으면 그리했겠느냐?

다니엘 성도까지 타작마당을 이해 못 했고, 처음에 사람들이 이단이라 하니까 나한테 공개적으로 대들었다. 나는 하나도 감추지 않았고, 그 누구한테도 개인적으로 천국의 비밀을 누설하지 않았다. 다니엘이 증인이다. 그러니 온 세상에 그 누구도 나에 대해서 몰랐다. 그래서 전대미문의 새 일이요, 새 언약이다. 이는 하나님께서 2021년 7월 19일 이때 우리에게 알게 하시고 영생을 이미 주신 것을 친히 증거하시는 것이니, 이 증거를 안 믿는 자들은 이제 다시 우리 안에서 나오지 않는다는 것을 너희 모두가 시인할 시간이다.

그러니 진실로 대답하거라. 하나님과 사람 앞에 하나님의 증거를 진실로 믿는 자가 누군지 대답하여 시인하거라. 방금까지 너도 다 지난 과거이니 지금 시인하여 대답하거라. 네가 너라고 대답하거라. 네가 하나님께 받은 복이 무엇인지 대답하거라.

하나님께서는 사람의 증거를 취하시지 않는다. 이는 곧 사람의 증거를 받는 자를 당신의 것이라, 당신의 종이라고 취하시지 않는다는 뜻이다. 우리는 하나님의 종들이요, 하나님의 종들의 기업이다. 이 세상에 속한 것이 아니라는 증거가 이 세상에 속한 사람들에게 미움을 받아 옥에 갇혀 있는 이 사건이다. 곧 오는 세상인 하나님의 나라에서 주인 될 사람들이다.

하나님 나라는 본래 영원한 나라다. 그 나라를 지금 다시 만드시고 계신 것이다. 그래서 영생은 육체도 죽지 아니하고 살아서 나를 믿는 자는 영원히 죽지 아니한다고 예수 그리스도께서 하신 말씀이 2천 년이 지난 지금 이 세대에 사실이 되는 **요11:26절**의 예언의 성취다. 창세 이래 아무도 없었고, 그 누구도 듣지 못한 하나님의 나라 비밀, 하나님의 뜻이다. 따라서 이 증거를 받은 자들, 믿는 자들이 하나님께 취하심을 입은 것이다. 예수 그리스도를 2천 년 전에 보내심도, 진리의 성령을 실상으로 보내심도 이 영생을 믿으라고 보내신 것이다.

요일5:13 내가 하나님의 아들의 이름을 믿는 너희에게 이것을 쓴 것은 너희로 하여금 너희에게 영생이 있음을 알게 하려 함이라

요한을 통해서 기록하신 이 말씀은 지금 너희에게, 우리에게 하나

님께서 이미 하신 언약이다. AD 90년에 하신 기록이 2021년 7월 19일 오늘 사실이 되어 행하시는 하나님의 증거다. 이 증거에 이제 우리 모두가 응답할 차례다. 방금까지 너도 과거일 뿐이다. 하나님께서 보시는 것은 사람이 하나님을 진실로 믿는 '믿음'이다. 지금 이 영생을 믿으면 그 믿음을 보신다. 믿음인 나는 믿음이 무엇인지 행동으로 보였다. 고소한 그들까지 한 번도 의심 안 하고 100% 믿었던 것은 하나님의 전능하심을, 나를 통한 사랑을, 하나님의 뜻을 알았기 때문이다.

이미 영생을 주시겠다, 주셨다고 너희들이 태어나기 전에 언약해 두셨다. 창세기부터 요한계시록까지 핵심이 '영생'이다. 이 영생이 있음을 알고 믿으라고 지금 말씀하신다. 살아 계신 하나님께서 너를 향한 당신의 뜻을 이렇게 예언해 두신 것이다.

너는 너다. 그 누구도 너를 대신 할 수 없다. 너를 향한 하나님의 사랑이다. 너를 향한 하나님의 계획이다. 종화야, 알고 있지? 도성아, 도준아, 모두 대답하거라. 너희들 모두에게 주신 복이 무엇이냐? 은혜로교회 모든 성도들도, 일본서 온 미츠오, 나미꼬 성도도 대답하거라. 나이와 관계없다. 하나님께서 지금 말씀하신다. 민옥희, 석주, 미선아, 알고 있지? 대답하거라. 너는 너다. 너 외에 누구도 너를 대신 할 수 없다. 병준이도, 성경이도 대답하거라. 너희들이 다 누구냐?

아비의 사랑에, 어미의 애타는 부름에 전 은혜로교회 성도들은 대답하거라. 너에게 영생의 복을 받지 못하도록 하는 원수는 네 속에 이 진리의 말씀을 안 믿고 부인하는 언행을 하게 하는 것이다. 지금 하나님 아버지의 사랑에 진화야, 대답하거라. 말씀을 믿는 것이 하나님을 믿는 것이다. 너를 사랑하여 너에게 주시기 위한 영생이고, 이는 하나님의 뜻이다. 너에게 영생을 믿으라고 주신 환경이다. 모두 답을 하거라.

성호, 선자, 대선, 상은이도, 필녀도, 명자도, 현진이도, 수옥이도, 너를 향한 아버지의 사랑이다. 영생이 너희들에게 있음을 답하거라. 주리야, 덕순아, 복주야, 언주야, 숙자야, 선숙아, 희정아, 소용아, 말주야, 미란아, 주성아, 너희들에게 영생이 있다. 너희들은 이런 갚을 수 없는 사랑을 받은 것을 알게 하시는 어미의 애타는 마음에 답하거라.

어린아이부터 90이 넘은 노인까지 모두 답을 하나님 아버지께 하자. 하나님과 사람 앞에 시인하는 것이 성령과의 교통이다. 동욱아, 성경아, 성민아, 성령아, 답을 하거라. 너희들 모두를 향한 하나님의 약속을 "내가 믿습니다"라고 우리 모두 시인하자.

재택아, 나율아, 효영아, 영준아, 승철아, 하선아, 너희가 누구냐? 절대 티끌이 아님을 시인하자. 철, 재성아, 성희야, 잠에서 깨어 일어나거라. 영생을 위해 너희들을 부르시고 계시는 아버지의 사랑에, 어미의 애타는 부름에 대답을 하거라. 민지야, 유미야, 다남아, 희진아, 태민아, 용린이 회개하고 돌아오도록 너희가 하나님께 너희에게 영생이 있음을 믿는다고 대답하거라. 너희들이 안 믿는 것이 패역이다. 이 패역은 지금 버리면 된다.

경희야, 답하거라. 진실로 영생을 이미 받고 우리를 이 세상에 보내신 것이다. 상현아, 다현이 때문에 아팠느냐? 너도 영생이 있다. 상현아, 내가 네 어미다. 어미의 아픈 손가락이라 어미는 더 아프고 아프다. 너도 네 아버지가 하나님이시다. 어미의 물음에 답을 하거라.

그래서 **요6:27절**에 "썩는 양식을 위하여 일하지 말고 영생하도록 있는 양식을 위하여 하라"라고 하신 일이 은혜로교회가 현재 하고 있는 일이다. 이 실상이 낙토에 있는 영원한 기업이다. 우리 집안일이며, 하나님의 계명이다. 영생이 없다면 나는 이 땅에 살 이유가 없다. 우리 모두는 이 일을 위해 이 땅에 보내심을 입은 것이다. 하나님께서 기뻐하시는 일은 믿음으로 말미암아, 곧 나로 말미암아 믿음에 이르는 것이고, 이미 영생을 받은 우리들이다. 이렇게 우리를 하나님의 영광을 위해서 이 땅에 보내셨고, 이렇게 영원한 언약으로 이미 취하신 것이다.

하나님께 취하심을 받은 사람은 하나님의 것으로 인을 치신 사람이며, 이런 우리는 **말3:17절**에 "¹⁷만군의 여호와가 이르노라 내가 나의 정한 날에(이날이 2008년 6월 16일부터 시작되었던 정한 날에) 그들로(이들이 우리다. 진실로 맞다.) 나의 특별한 소유를 삼을 것이요(하나님의 특별한 소유를 2008년 6월 16일부터 삼고 있었다. 사실 하나님 편에는 이미 정해 두신 하나님의 계획이다. 공평하신 하나님께서 우리 모두한 몫의 삶을 살게 하시고, 우리로 **전3:18절**에 예언해 두신 진리가 참 진리임을 우리 모두에게 깨닫게 하시려고 14년째 이 일, 3년째 감옥에 갇히는 사건으로 시험하시고 계신 것이다.

전3:18 내가 심중에 이르기를 인생의 일에 대하여 하나님이 저희를 시험하시리니 저희로 자기가 짐승보다 다름이 없는 줄을 깨닫게 하려 하심이라 하였노라 창섭 성도야, 너에게 영생이 있다. 이미 너는 하나님의 특별한 소유다. 본래 만세 전에 하나님의 소유로 이 땅에 너를 보내신 것이다. 아름아, 아들아, 너를 얼마나 사랑하는지 한 몫의 삶일 때 시드니에서부터 보았다. 네가 누군지 대답하거라. 어린이들도 다 어미들이 대답하거라. 배속에 있는 여수룬이부터 모두 다 너희들이 누군지 대답하거라.

하나님과 사람 앞에 한 성도도 빠짐없이 다 시인하자. 네가 이 영생의 복을 받지 못하도록 너를 게으르고, 더럽고, 안일하고, 일하기 싫게 만들고, 죄를 짓게 하는 것이다.

모두 따라 하거라. "나는 하나님의 특별한 소유다. 하나님 아버지가 거룩하시니 나도 거룩하다"라고 하고 두 손을 가슴에 대고 세 번을 하거라. 과천에 너희도 어디에 있든 너희에게 영생이 있음을 알게 하시는 하나님의 부르심에 대답하거라. 창섭 성도도 반드시 대답하거라.

'특별'이란 보통과 아주 다름이라는 뜻이다. 6일간은 보통 여행이었다. 이 보통 여행 때를 지나는 지금 이 세대, 우리를 이 땅에 보내신 것은 우리로 특별한 소유라고 인을 치시는 것이다. 그래서 지금 이 세대는 출 35:1~2절에 "제칠일은 너희에게 성일이니 여호와께 특별한 안식일이라"라고 하셨던 것이다. 이 일곱째 날에는 하나님을 경배하는 모든 자는 자기 일을 하면 안 되고, 그래서 한 몫의 삶을 완전히 버리고, 하나님의 계명을 지켜 실행하는 것이다.

지금 이때 사심을 가지고 자기 일을 하는 자는 반드시 죽는다. 이때는 목사가 하나님의 말씀을 가지고 자신의 이익을 위해 성경과 다른 거짓말을 하면, 곧 지옥 불의 소리를 하면 안식일에 불을 피우는 것이요, 자기 일하는 자가 되어 반드시 죽는다. 그래서 약속한 땅으로 이사하여 영원한 기업을 일으키고, 아무 감각이 없는 너를 불에서, 물에서 건지기 위해 심폐소생술을 한 것이 타작마당이다.

민6:2~4 [2]이스라엘 자손에게 고하여 그들에게 이르라 남자나 **여자가 특별한 서원 곧 나실인의 서원**을 하고 자기 몸을 구별하여 여호와께 드리거든 [3]포도주와 독주를 멀리하며 포도주의 초나 독주의 초를 마시지 말며 포도즙도 마시지 말며 생포도나 건포도도 먹지 말찌니 [4]자기 몸을 구별하는 모든 날 동안에는 포도나무 소산은 씨나 껍질이라도 먹지 말찌며

민6:2~4절에서 말하는 이 모든 것을 다 먹었기에 한 몫의 삶을 버리는 것이다. 그래서 이 특별한 소유는 아브라함, 이삭, 야곱에게 허락하신 복이다.

시135:4 여호와께서 자기를 위하여 야곱 곧 이스라엘을 자기의 특별한 소유로 택하셨음이로다

시135:4절의 이 예언이 2008년 6월 16일 종로 5가 100주년 기념관에서부터 시작된 것이다. 이렇게 만세 전에 하나님께서 택하신 야곱을 불러 모으셔서, 현재 야곱을 이스라엘로 다시 태어나게 하시고 계신 일이 14년째 이 일이다.

이는 잠22:19절에 예언해 두시기를 "내가 너로 여호와를 의뢰하게 하

려 하여 이것을 오늘 **특별히 네게 알게 하였노니**"라고 하신 예언이 너희 모두에게 사실이 된 것이다. 이렇게 하나님께서 정하신 날에 그들로, 곧 우리로 나의 특별한 소유를 삼을 것이라고 하신 **말3:17절**의 예언이 BC 430년에 기록된 것을 2451년이 지난 2021년 7월 19일에 이미 특별한 소유를 삼고 계신다. 이렇게 나를 통하여 너희들을 하나님의 특별한 소유로 삼으신 것은 영생이 우리에게 이미 허락하신 일임을 너희 모두에게 믿게 하시려는 것이다. 이렇게 하나님께 특별한 소유가 되며) 또 사람이 자기를 섬기는 아들을 아낌같이 내가 그들을 아끼리니 [18]그때에 너희가 돌아와서 의인과 악인이며 하나님을 섬기는 자와 섬기지 아니하는 자를 분별하리라"

이미 이렇게 아끼며 14년째 지나오면서 우리 모두는 악인이 누군지, 하나님을 섬기지 아니하는 자가 누군지, 그들의 얼굴, 이름도 다 안다. 이렇게 이 예언이 사실이 되어 이 땅에 이루어지고 있다. 이런 것이 진리다. 진리는 이렇게 땅에 사실이 되어 이루어지는 것이다. 절대 상상이 아니다. 실상이다. 하나님께서 아브라함에게 하신 언약이 실상이 되어 이제야 특별한 소유가 된 것이다. 이 하나님의 음성에 이제 모두 응답하거라. 이렇게 하나님께서 친히 교훈하시고, 인도하시는 행하심은 영원히 있다. 곧 영생이다.

하나님께서 장가드셔서
성전 되신 '여자'

다시 **시132:12절**부터 가자. 14년째 하시는 하나님의 언약인 하나님의 증거를 보자. "¹²네 자손이 내 언약과 저희에게 교훈하는 내 증거를 지킬찐대 저희 후손도 영원히 네 위에 앉으리라 하셨도다 ¹³여호와께서 시온을 택하시고 자기 거처를 삼고자 하여 이르시기를 ¹⁴이는 나의 영원히 쉴 곳이라(그래서 하나님의 가르치심을 대언하는 실상의 사람은 반드시 진리의 성령이고, **호2:19~20절**의 실상이어야 한다. 따라서 이 본문의 예언도 지금까지 그 누구도 사실이 되어 그대로 이루어진 적이 없었다. 하나님께서 영원히 안식하시는 성전이다.

그래서 **고전3:16~17절**에 "¹⁶너희가 하나님의 성전인 것과 하나님의 성령이 너희 안에 거하시는 것을 알지 못하느뇨 ¹⁷누구든지 하나님의 성전을 더럽히면 하나님이 그 사람을 멸하시리라 하나님의 성전은 거룩하니 너희도 그러하니라"라고 하셨다.

여기서 묻는다. 하나님의 성전은 하나님을 믿는 사람이다. 곧 성경을 사용하는 종교인들 가운데 이런 하나님의 성전을 더럽히는 자들이 누구일까? 사람의 영혼은 하나님께서 거하시는 성전이다. 이 영혼을 더럽히는 사람은 누구냐? 성경을 가지고 성경과 다른 거짓말을 가르치는 자들, 설교하는 자들이다. 그리고 이런 설교를 듣고 믿은 각 교인들, 본인들이다.

전 세계 모든 기독교인들, 천주교인들의 영혼이 거룩해지지 않으면 하나님 나라와 아무 상관이 없다는 뜻이 감추어져 있다. 이를 두고 "누구든지 하나님의 성전을 더럽히면 그 사람을 하나님께서 멸하신다"라고 하신다. 이런 진리도 무시하고 영혼과는 아무 관계가 없는 설교들을 얼마나 하고 있는지 온 세상 천주교, 기독교인들이 알면 기절해야 한다.

그리고 이미 이 본문에 "너희가 하나님의 성전인 것과"의 '너희'는 현재 14년째 하나님의 성령과 함께 하는 은혜로교회 성도들이다. 특히 호2:19~20절의 말씀이 실상이 된 나와 성도들을 짓밟고 이 일을 훼방하며 온 세상에 치욕을 주어 "이단이니~ 사이비니~" 하고, 이로 인하여 은혜로교회 성도들은 이루 말로 다 할 수 없는 고통을 받았다.

은혜로교회를 다닌다고 가정에서 쫓겨나고, 자식을 빼앗기고, 이혼을 당한 성도가 여럿이다. 더 어이가 없고 아연실색하는 것은 나를 이단이라 인터넷에 글을 올리고 방송에 나가서 지껄이고 교회 강단에서 공개로 정죄한 그 대적자들이 성도들의 가정을 파괴하고 깨뜨렸는데, 도리어 나보고 가정을 파탄냈다는 소리에 경악했다.

온 세상 사람들아, 누가 가정 파괴범이냐? 묻는다. 영혼을 정결케하여 하나님의 계명대로 사는 내가 왜 가정 파괴범이냐? 자신들이 사이비요, 사이비 교주이며, 이단인데 나는 13년째 당하고 고통을 겪어도 그들을 한 번도 대적하지 않았고, 이제 2021년 6월 16일부터 하나님의 법대로 판결한다.

자신들이 성경을 가지고 성경과 다른 거짓말로 교인들을 지옥으로 보내는 목사들, 직분자들, 곧 영적인 살인자들이며, 사기꾼이요, 하나님의 대적자들이면서 성경대로 보고 듣고 믿고 지켜 실행하는 나를 이단이라 정죄하고, 온 세상에 거짓말로 짓밟아서 아무것도 모르는 성도들의 가족들이 핍박하고 가정 파탄이 난 것이다. 이런 악인들이 다 하나님의 성전을 더럽힌 자들이다. 이들을 하나님의 법으로 판결한다. 하나님께서 멸하신다고~ 나를 통한 이 일을 훼방하고 짓밟은 모든 자들이 하나님의 성전을 더럽힌 자들이다.

이제 전 세계에 내리는 재앙을 보아라. 어찌 되는지~ 독일 서부에는 1000년 만의 폭우, 홍수로 인해 제2차 대전 때보다 더 참혹하다고 신문에 났고,[1] 메르켈 총리는 그곳을 방문하고 말로 다 할 수 없는 폐허라고 2021년 7월 18~19일 뉴스에 나왔다.[2] 미국을 보아라. 일본, 중국도 홍수로 난리다. 미국은 한쪽에 불이 나서 11월이 되어야 꺼질 것 같다고 한다.[3] 코로나는 백신을 두 번 맞았는데도 코로나 확진자들이 나오고 더 강한 바이러스에 난리다.

하나님이 영원히 거하시는 성전이 된 사람은 영생을 얻은 우리를 뜻하신 것이다.

고후6:16~18 [16]하나님의 성전과 우상이 어찌 일치가 되리요 우리는 살아 계신 하나님의 성전이라 이와 같이 하나님께서 가라사대 **내가 저희 가운데 거하며 두루 행하여** 나는 저희 하나님이 되고 저희는 나의 백성이 되리라 하셨느니라 [17]그러므로 주께서 말씀하시기를 **너희는 저희 중에서 나와서 따로 있고** 부정한 것을 만지지 말라 내가 너희를 영접하여 [18]너희에게 아버지가 되고 너희는 내게 자녀가 되리라 전능하신 주의 말씀이니라 하셨느니라

이 말씀 또한 사도 바울 당시에 사실이 되는 때가 아니었다. AD 50
년에 기록한 이 예언이 2008년 6월 16일부터 시작하여 2021년 현재 온
전히 실상이 된 것이다. 그래서 **고전7:23~24절**에도 너희를 부르신 것
이다.

고전7:23~24 [23]너희는 값으로 사신 것이니 사람들의 종이 되지 말라
[24]형제들아 각각 부르심을 받은 그대로 하나님과 함께 거하라

사람들이 빨리 왕래하고 지식이 더하는 이때, 흩어져 있던 각자를
하나님의 말씀으로 부르신 것이다. 이유는 하나님과 함께 영원히 거하
게 하시려고 말씀에 이끌리어 약속하신 땅에까지 간 것이다. 그리고 하
나님을 상상할까 봐 "내가 저희 가운데 거하고 두루 행하여"라고 하신
것이다.

하나님이 영원히 거하시는 성전이 되어 나타나는 실상은 **요일3:9절**
에 말씀하셨다.

요일3:9 하나님께로서 난 자마다 죄를 짓지 아니하나니 이는 하나님의
씨가(곧 하나님의 말씀이) 그의 속에 거함이요 저도 범죄치 못하는 것은
하나님께로서 났음이라

하나님의 말씀으로 다시 태어난 자, 곧 성도를 뜻한다. 이렇게 **히브
리서 8장**의 말씀이 14년째 사실이 되어 하나님의 법으로 너희 생각을 바

꾸는 것이다. 사람이 하나님의 말씀으로 다시 태어나지 아니하면 생각의 주인이 귀신이 되어 죄를 먹고 마시며 산다.

　몸은 무슨 생각을 하느냐에 따라 행동한다. 하나님의 말씀이 생각과 마음에 있으면 절대 죄를 짓지 아니한다. 미워하는 것은 살인이며, 살인의 기초가 생각으로, 마음으로 시기하다가 미워하는 것이다. 당시 유대인들, 대제사장, 장로, 서기관, 바리새인들은 사람들이 예수 그리스도를 따르니까 시기하여 결국 하나님의 아들을 세상 법에 고소하여 사형시킨 것이다. 이렇게 당시 하나님의 아들을 통해서 하신 일, 당하신 일을 기록하여 말씀을 주어도 왜 끊임없이 시기하고 미워하나?

　육체를 입은 인간은 귀신을 이길 수가 없다. 오직 하나님의 말씀으로 사람의 생각이 거듭나서 하나님을 하나님으로, 예수 그리스도를 진리대로 알고, 인간이 어디서 왔다가 왜 살며, 사는 목적이 무엇인지, 선은 무엇인지, 악은 무엇인지, 결과는 어떤 것인지, 사람이 죽으면 끝인지, 영원은 무엇인지, 사람과 짐승이 다른 점은 무엇인지, 천국은 어디서 이루어지는지, 지옥은 있는지 등등 모든 문제와 해답이 이미 기록되어 있는데 어떻게 결과를 알면서 죄를 계속 짓나?

　이렇게 된 것은 목사, 곧 가르치는 귀신이 치명적인 거짓말로 다 가르친 것 때문이다. 예수님이 너의 모든 죄, 과거의 죄, 현재, 미래에 지을 죄까지 다 지시고 십자가에 죽으셨다고 가르친 것이 이렇게 악독하게 양심에 화인 맞아서 생각, 마음으로 매일 죄를 짓고, 혀로 잘못했다고 회개기도하면 용서받고, 이렇게 살다가 죽으면 천국 간다고 가르쳤다. 교인들은 이 말을 그대로 믿고 사람의 종이 되어 일생 살다가 육체가 죽어서야 자신이 간 곳이 지옥 불못인 줄 알게 된다.

이런 사실을 14년째 눈으로 보여 주고, 귀로 듣게 해 주고, 하나님의 말씀대로 지켜 실행하는 믿음은 이런 것이라고 보여 주어도 귀신이 네 생각, 마음의 주인이 되어 하나님의 말씀은 무시하고 멸시하며 죄를 계속 짓는 것이다. 성경을 문자 그대로, 사람 생각대로 보면 하나님의 뜻은 단 한 절도 모른다는 사실을 매일 보여 주어도 네 언행이 변하지 않는 것은 너의 주인이 귀신이라는 증거다.

세상에 있는 모든 사람들이 자신의 생각을 하나님의 말씀에 비추어서 죄를 짓고 있는지, 하나님의 말씀대로 살고 있는지 거울을 보고 더러움을 알고 고치듯이, 네 생각에 죄를 지으면 마귀의 자식이라고 기록되어 있고, 시기가 미움을 낳고, 그 결과는 살인이라는 것을 깨달아야 한다.

하나님의 아들을 이 땅에 보내 주어도 아들을 시기하여 죽인 자칭 목사들, 장로들, 자신들은 이미 잘 믿고 있다고 착각하는 바리새인들의 언행을 다 기록하여 아들을 죽여도 하나님께서 이미 약속하신 대로 삼 일 만에 다시 살아나게 하셔도 하나님의 말씀을 안 믿고 예수 이름으로 2천 년이 되도록 더 죄를 짓고 있는 저 유대인들, 천주교인들, 기독교인들을 보아라. 결과를 다 보여 주어도 네 생각대로 살고 싶어서 매일 죄를 짓는 너는 귀신이다.

최근에 캐나다 성당 기숙사 터에 어린아이 유골이 1000구가 발견되었다고 기사가 났다.[4] 왜 어린아이들 천 명의 유해가 그곳에서 발견되었을까? 세상 사람들은 천주교가 고아원을 하니까 그것 때문에 더 좋게 본 것이다. 그 유해를 왜 그곳에 감추어 두었을까? 신부와 수녀 사이에 무슨 일이 있었는지에 대한 증거다. 육신의 정욕이 없어지지 않았는데 거룩한 척 가장하는 천주교 사제에게, 수녀에게 온 세상이 속은 것이다. 물론 일생 신부와 수녀로 산 사람도 있겠지~ 생각으로 죄를 지으면서, 외모로는 거룩한 척 가장하고, 그러면서 살인을 하고, 교인들은 신부한테 죄를 자백한 것으로 스스로 합리화시키면서 사람이 만든 법에 매인 것이다.

예수 그리스도께서 결혼을 안 했고, 사도 바울도 그러했던 것을 그대로 지키는 것처럼 하면서 천주교는 더 죄를 지은 것이다. 불교와 다를 것이 무엇이냐? 그리고 기독교는 결혼을 하고 목사가 되었지만, 다른 것이 무엇이냐? 결국 모든 종교, 사람이 만든 종교는 다른 것이 하나도 없이 다 일반이라는 것은 이미 역사가 증명해 준다.

정욕을 이기지 못하면 결혼을 하면 되는데 죄를 짓고 산 결과에 대해서 다 보여 주고 교훈하셨어도 하나님의 말씀을 무시한 것이다. 전 세계 성경을 사용하는 모든 종교가 다른 종교와 다른 것이 무엇이냐? 다 일반이다. 이미 전도서를 통해서 결과를 알게 하셨어도, 하나님의 말씀을 무시한 것이다. 곧 안 믿은 것이다. 하나님의 행하신 것은 영원히 있다는 것을 모든 만물을 통해서 다 보여 주어도 안 믿는 것이다.

그런 인간들이 혀로 "주여 주여" 하고, 자기들 마음대로 성경을 들고 자신이 지어낸 말로 사기 치고 있어도, 사기를 치는 자들이나 사기를 당하는 자들인 교인들이나 다 자기 욕심에 의해 죄를 먹고 마신 것이다.

하나님의 성전은 하나님의 말씀으로 생각과 마음이 변화되어서 하나님처럼 죄를 짓지 아니하고 영원히 사는 것이다. 너무 오랜 세월, 모든 사람이 성경을 가지고 성경과 다른 거짓말을 믿고 사람의 종이 되어 있는 데서 생각을 말씀으로 다시 창조하는 것이라 이렇게 시간이 걸리는 것이다.

내가 지어낸 교리가 아니라 이 진리가 사실이다. 그런데 귀신이 지배하는 세상이니 참 진리를 전하는 자를 "이단이니~ 사이비니~" 정죄해 버리고, 귀신이 가르치는 거짓말인 네 마음대로 살다가 죽어서 천국 간다고 하는 그 말을 더 좋아하는 것이 귀신이 주인인 인간이더라. 이런 세상에 '하나님의 성전'인 목사를 도리어 흉악범으로 만들어 감옥에 가두니 누가 진리대로 가르치고 살자고 하겠느냐?

임수경이 얼마나 미친 자인지, 바리새인인지 열매를 보고도 자신을 모르는 그들이 바로 깨달음이 없어 보응을 받고 있는 것이다. 흉악한 귀신이 바로 저런 것이다. 그래서 전12:5절에 메뚜기도 짐이 된다고 하셨다. 메뚜기는 일반 백성이 목사가 된 자들을 메뚜기에 비유하신 것이다.

전12:5 그런 자들은 높은 곳을 두려워할 것이며 길에서는 놀랄 것이며 살구나무가 꽃이 필 것이며 **메뚜기도 짐이 될 것이며** 원욕이 그치리니 이는 사람이 자기 영원한 집으로 돌아가고 조문자들이 거리로 왕래하게 됨이라

나3:17절에 방백, 곧 지도자를 메뚜기 같다고 하셨다.

나3:17 너의 방백은 메뚜기 같고 너의 대장은 큰 메뚜기 떼가 추운 날에는 울타리에 깃들였다가 해가 뜨면 날아감과 같으니 그 있는 곳을 알 수 없도다

진실로 자칭 목사들이 이러했다. 일생 혀로 말만 하여 섬김을 받고 살아서 일하는 것은 싫고, 높은 자리에 앉고 싶고, 사모라는 자들은 더 악독하다는 것을 14년째 보고 있다. 얼마나 미친 자인지~ 메뚜기 재앙을 보아라. 곡식을 다 갉아먹어 치우는 것을 보아도 그들은 깨달음이 없다. 실상이 이러한데 자신은 잘 믿고 있다고 착각한다.

그대로 있으면 너는 하나님 나라와 아무 관계가 없다. 영의 말, 하늘의 소리가 무엇인지 단 한 절도 모르고 못 알아듣고 있다. 하나님의 말씀을 받고도 언행이 변화되지 않는 것은 영적으로 죽은 자다. 이런 자는 영생과 아무 관계가 없는 티끌이다. 그래서 보응이 얼마나 무서운지 보아라.

가장의 달인이 누군지 임수경이를 보아라. 그 열매 다현이를 보아라. 배워서 다시 목사, 목사 사모, 목사 딸이 되겠다고 하는 티끌들을 보아라. 열매가 드러나도 인정하지 않는다. 이런 인간이 바로 예수 이름으로 미친 자다. 이러했던 너희들도 엡2:22절의 말씀대로 된다.

엡2:22 너희도 성령 안에서 하나님의 거하실 처소가 되기 위하여 예수 안에서 함께 지어져 가느니라

이 본문만 보면 이 말씀의 뜻이 무엇인지 모르고 혀로 말만 하는 것이다. 설명한다. 진리의 성령이 실상이 되어 예수 그리스도께서 왜 이 땅에 오셨으며, 하나님께서 왜 이 땅에 보내셨는지 알게 된다. 그분은 육으로 아버지 요셉, 어머니 마리아의 몸을 빌어 이 땅에 사람으로 왔지만 진리의 성령인 나는 그분이 하나님의 아들이심을 증명하고, 예수 그리스도께서 지신 십자가의 비밀이 무슨 뜻인지, 성경을 성경대로 해석하여 하나님께서 왜 당신의 아들을 이 땅에 보내시고 십자가에 죽게 하셨는지, 하나님의 행하신 일이 무슨 뜻인지 등등 천국의 비밀을 하나하나 밝히 알게 하시는 하나님의 가르치심을 대언하고 있다.

죄를 짓지 아니하고도 이 땅에 살 수 있는 생명의 길, 곧 육체도 죽지 아니하고 영생에 이르는 길을 인도하여 거룩한 성전 된 사람, 곧 하나님이 거하시는 사람이 되게 하시는 14년째 이 일을 당시 사도 바울을 통해서 예언해 두신 것이고, AD 50~70년 사이에 기록된 이 예언이 2021년 지금 실상이 되어 땅에서 이루어지고 있는 것이다.

목회는 이런 것이다. 하나님의 뜻을 대언하여 교인들이 하나님의 말씀으로 다시 태어나서 하나님의 성전이 되어 영원히 살게 하는 것이다. 이를 두고 이렇게 기록해 둔 것이다. 14년째 기록된 진리가 사실이라는 것을 사실이 되어 증명하는 것이다. 이래서 진리의 성령이 실상이다. 이런 나에 대한 예언이다. 이 말씀을 혀로, 문자 그대로 말만 하는 것이 바로 허상이요, 헛된 설교를 하는 자이며, 다른 말로 우상, 미운 물건이라고 한 것이다.

이렇게 기록된 진리가 땅에서 실상이 되어 교인들을 하나님께서 영원히 거하시는 성전이 되게 하는 나에 대한 예언이 앞 절에 명백하게 예언되어 있다.

엡2:11~20절이다. "¹¹그러므로 생각하라 너희는 그때에 육체로 이 방인이요 손으로 육체에 행한 할례당이라(목사가 손으로 머리에 얹고 물세례를 주며 혀로 "성부와 성자와 성령으로 세례를 주노라"라고 2021년 7월 20일 이때까지 전 세계 기독교인들이 하고 있는 육체의 예법을 이렇게 말씀하신 것이다. 한 몫의 삶을 완전히 버려야 할 이유가 이 때문이다.

이런 것은 육체의 예법만 되어 히9:10절의 개혁할 때까지 맡겨 두신 것이다. 이를 개혁하는 주체는 성부 하나님이시고, 대언하여 실상으로 실행하는 자는 진리의 성령, 셋이 하나가 되어 하는 일이다. 이렇게 육체에 행한 할례당이 반드시 온전하게 개혁이 되어야 하나님의 자녀가 되는 것이다. 현재 이렇게 14년째 실행하고 있는데, 너희의 이성으로 정확하게 분별하여 자유의지로 선을 택하여 말씀에 순종하는 것은 각자 너희 몫이다. 영적으로 죽은 자는 아무리 말해도 말씀을 안 믿고 자기 마음대로, 생각대로 행동한다. 그런 자가 바로 귀신이다. 이 말씀을 들어도 언행은 단 하나도 변하지 않는 그는 티끌이다. 하나님 나라와 아무 관계없는 자다.

양성호는 하나님을 안 믿는 자다. 쟁기를 잡고 뒤를 돌아본 자로 이미 결판이 났다. 이번 주 어느 성도의 인터넷 편지에 그 증거가 드러났다. 자기 생각이지, 당뇨병 고치고 다시 피지에 가겠다는 것은~ 하기야, 혁준이도 그러긴 했네~ 그 보응이 얼마나 무서운 줄 아느냐? 그러니까 당뇨병이 있고, 낙토에서도 고치지 못했던 거다. '낙토'는 사람 생각대로 들어갔다 나왔다 하는 곳이 아니다. 눅9:61~62절의 말씀대로 판결을 받은 것이다. 자신의 소견대로 하지 않는 곳이 낙토다. 입으로 함부로 지껄이는 자가 어찌 되는지 다 보여 주어도 안 믿는 자들이 우리 안에 있기 때문이다.

당시 사도 바울을 통한 이 예언도 2021년 지금 우리에 대한 예언을 기록해 둔 것이다. "그러므로 생각하라 너희는 그때에 육체로 이방인이요 손으로 육체에 행한 할례당이라"라고 하신 이 예언대로 그대로 있으면 예수 그리스도와 아무 관계가 없다. 이래서 네 손이 너를 실족케하거든 손을 찍어 내버리라고 하신 것이다. 이들은 전부 현재 기독교인들이 다 이에 해당한다. 이들을 두고 '손할례당'이라고 한다. 마음에 할례가 아닌 자들이다. 이들 중에 택함을 받은 자들이 하나님의 가르치심을 받아 마음에 할례를 하고 있는 교회가 은혜로교회다. 다른 말로 히9:10절의 개혁을 하는 것이다. 손으로 육체에 행한 할례당이라)

칭하는 자들에게 무할례당이라 칭함을 받는 자들이라(문자 그대로는 손으로 육체에 행한 할례당들인 저 유대인들 눈에는 이방인인 우리가 그들 보기에 무할례당이라 칭함을 받는 자들이었다. 명백하게 이방인 중에서 진리의 성령의 실상과 함께 영생을 얻은 우리에 대한 예언임을 증명한 것이다. 이 예언이 참 사실이라고 온 세상에 증거할 자는 2021년 이때 은혜로교회다. 그래서 지금 전 세계가 이 진리를 받고 하나님의 말씀으로 돌아서면 된다.

먼저 기독교인들이 된 저 유럽, 미국 야벳 족속들을 징계, 형벌, 곧 심판하시는 재앙을 보아라. 이제 세상 사람들도 성경에 기록된 기근을 염려할 때라고 한다. 미국 서부에 불이 나서 생긴 불구름이 100km가 넘는 곳에서도 다 보였다고 뉴스에 났다.[5] 불이 하늘로 솟아오른 재앙, 특히 악인은 살아서 불못에 던져지고 타서 소멸한다고 하셨다. 실제 불이 나서 산 채로 죽는 것을 보아도 사람들은 기후 변화 때문이라고만 한다. 하나님께서 심판하시고 계심을 말하지 않고 믿지 않는다, 지금까지 이렇게 반복되어 거듭된 세월이었으니까~

한국 청해부대 함정 안에서 301명 군인 중에 247명, 곧 82%가 코로나19 바이러스 확진자가 되어 7월 20일 오늘 중으로 한국에 전원 되돌아온단다.[6] 지금 새벽이니 오늘 뉴스에 나오겠지~ 전 세계 중에 처음 있는 일이란다. 이렇게 경고해도 이 부당한 재판에 대한 하나님의 판결을 안 믿는다. 하나님께서 친히 나의 억울함을 신원해 주시고 계신데도 우리 안에서도 귀신들은 안 믿는다. 혀로 믿는다고 하고 행위로 부인하는 자들이 바로 귀신들이다.

안양 검찰청에 이윤희 검사, 나에게 7년 판결을 한 판사들, 장서진, 송승우 수원지검 판사 외 두 명, 대법원 권순일 판사 외 두 명은 당연히 모를 것이다. 최수경 검사는 낙토에서 다 쫓아내 버린다고 나에게 큰소리쳤고, 나는 "그래 해 보자"라고 했다. 이윤희 검사는 나를 종말론자라고 하며 두고 보자고 한 사람이다.

그들은 이 재앙 코로나19를 겪으며 어떻게 깨닫고 있을까? 최수경 검사, 너는 패배했다. 낙토 피지에 있는 성도들이 더 잘되어 강성해지고 있으니까 네가 졌다. 이윤희 검사, 너는 두고 보자고 했고, 나는 두고 보라고 했다. 너도 보고 있느냐? 네가 믿는 하나님이 하나님인 것 같으냐? 너는 하나님 나라와 아무 관계가 없는 자다. 참 진리를 전하는 나를 네가 기독교인이면서 거짓말로 고소한 자칭 피해자들의 말만 믿고 기소하여 지금도 재판받게 하는 너는 두 눈으로, 두 귀로 똑똑히 보아라. 네가 무슨 짓을 했는지를 온 세계에 이 재판으로 인한 하나님의 변호하심이 1년 6개월째 지속되고 있고, 이 재앙으로 전 세계 400만 명이 넘는 사람이 독한 병에 죽는 것을 보아라.

네 눈에 무시하고 멸시해도 되는 목사로 보여 거짓말을 한 자칭 피해자들의 말만 듣고 부당하게 나를 기소한 너는 검사라는 네 직업이 너로 하여금 영원히 돌이킬 수 없는 죄를 짓게 만든 것이다. 나를 고소하고 판결한 검사, 판사들, 허건 형사 모두는 자신들이 한 행위로 말미암아 코로나19 재앙이 내렸다고 하는 나를 지금도 비웃고 멸시하겠지만 이는 사실이다.

누가 진짜 목사인지 반드시 살아서 너희 두 눈으로 보고, 귀로 들어라. 가짜가 진짜를 이긴 것 같지만, 이 일을 허락하신 살아 계신 하나님께서 내가 진짜 진리를 전하는 목사라는 것을 이 코로나19 재앙으로 증명하는 것이다. 이를 믿든 안 믿든 전 세계에 천명한다.

내가 부당한 송사를 당하는 것도, 고소한 그들이 우리에게서 떨어진 악인으로 판결이 나서 그들이 하는 모든 언행도 다 성경에 기록되어 있고, 이 일을 허락하신 하나님의 뜻도 모두 성경에 기록되어 있다. 우리 모두 각자의 그릇대로 하나님의 말씀이 참 진리임을 증거하고 있다. 결과는 영생이냐, 지옥 불에서 영벌을 받느냐로 결정되는 것이다.

따라서 나를 부당하게 판결하여 옥에 가둔 이 사건은 나와 은혜로 교회 성도들이 생명책에 기록된 천국의 상속자들이라는 것을 온 세상에 알리는 것이다.

반대로 하나님의 원수들이 나를 고소한 자들과 그들의 거짓말에 손을 들어 준 너희들은 혀로 예수하면서 교회를 다닐지라도 예수 그리스도께서 나는 도무지 너희들을 알지 못한다고 하신 말씀의 주인공들이다. 혀로 "예수, 주여, 하나님이여"라고 한다고 하나님의 백성이 아니다.

또한 이 세상은 특히 한국은 법치 국가가 아니다. 유전무죄, 무전유죄라는 말이 사실이었다는 것을 너희 스스로 나타낸 자들, 곧 이 세상에 속한 자들이다. 왜 2020년 한 해 내내 법무부장관과 검찰총장이 서로 싸우고 있는지 그냥 우연히 일어난 것 같으냐?[7] 21세기에, 우주 여행도 하는 이 세대에 전염병이 창궐하여 왜 1년 반이나 이어지고 있는지 알려고도, 들으려고도 하지 않는다.

나의 죄명만 보고 급수를 3급으로 결정한 교도관이 기독교인지 나를 훈계했었다. 성경을 그렇게 보면 되겠느냐고 하며, 살인자들이나 받는 4급 다음 3급을 결정하더라. 그런데 신문을 보았는지 내가 있는 곳 야간 근무자로 와서 미안해 어쩔 줄 몰라 하더라. 나는 아무 표현도 안 하고 밝게 대했다. 그는 내가 자기를 안 좋게 생각한다고 스스로 생각했는지 몹시 미안해 하는 것이 다 보이더라. 나는 그에게 아무 마음이 없는데 진리를 진리대로 모르고 하는 그의 언행은 자기 직업에 충실한 거니까 그렇게 행동했지만, 시간이 흐르면서 도리어 마음에 걸려 미안해함이 다 나타나더라.

이런 사람들의 경솔함이 어떤 것인지 14년째 너무 명백하게 다 보고 있다. 귀신이 주인인 사람에게는 그 어떤 것도, 아무것도 기대하지 않으니 당연히 실망이나 상처를 받지 않는다. 안타까워서 그대로 있으면, 그렇게 살다가 육체가 죽으면 그 혼은 지옥에 갈 텐데 계속 그대로 있을 수 없으니까 하나님의 법으로 판결하는 것이다.

모든 인간은 하나님의 말씀으로 거듭나지 아니하면 아무것도 기대할 것이 없다. 오죽하면 예수 그리스도께서 "나는 사람에게서 증거를 취하시지 않는다"라고 하시고, "사람에게서 영광을 취하시지 않는다"라고 하셨을까? 그 말씀만 깨달아도 하나님의 가르치심을 받기 전, 믿음이 실상이 되어 이 세상에 드러나기 전, 하나님께서, 예수 그리스도께서 영광도 받지 아니하셨다는 것을 알 텐데, 어찌 이리 "오직 예수" 하면서 "영광받으소서"라고 혀로 말만 하는지~

2021년 7월 19일 뉴스에 전광훈 목사가 18일 주일 날 자신은 하나님 외에 두려운 분이 없다고 강단에서 한 말이 나왔다. 이유는 코로나 방역 수칙을 어겼다고 조사하러 온 사람들에게 주일 날 대면 예배는 전 교인이 10%만 모여서 드리라고 한 것을 어긴 일로 인해 그렇게 말한 것이다. 그 말만 듣는 기독교인들은 그 목사에게 열광한다. "하나님 너 까불면 죽어"라고 한 말은 안 들린다. 계명은 단 한 절도 안 지키고, 하나님께서 왜 코로나로 교회도 문을 닫게 하시고 마스크를 쓰게 하시는지는 아무 관심이 없다. 저런 사람은 결국 순교하는 자로 남을 수 있다. 자신의 한 말로 인하여 대환난 때에 대적자들에 의해 죽임을 당한다.)

[12]그때에 너희는 그리스도 밖에 있었고 이스라엘 나라 밖의 사람이

라 약속의 언약들에 대하여 외인이요 세상에서 소망이 없고 하나님도 없는 자이더니(손할례당, 곧 지금 전 세계 기독교는 아직 그리스도 밖에 있고, 이스라엘 나라 밖의 사람이며, 전 성경의 영원한 언약들에 대하여는 외인이며, 하나님이 없는 자들이다. 사도 바울 당시만 아니라 2천 년간 이런 영적인 상태로 이어져 온 것이다. 성경이 모든 것을 죄 아래 가두어 둔 기간에는 다 이러했다. 그래서 한 몫의 삶을 무효해야 한다.)

¹³이제는 전에 멀리 있던 너희가 그리스도 예수 안에서(예수 그리스도의 계명을 지켜 실행한 것이 그리스도 예수 안이다. 혀로 말만 한다고 되는 것이 절대 아니다.) 그리스도의 피로 가까워졌느니라 ¹⁴그는 우리의 화평이신지라 둘로 하나를 만드사 중간에 막힌 담을 허시고 ¹⁵원수 된 것 곧 의문에 속한 계명의 율법을 자기 육체로 폐하셨으니 이는 이 둘로 자기의 안에서 한 새 사람을 지어(**호2:19~20절**의 말씀이 실상이 되어 거룩해진 사람은 반드시 예수 그리스도를 믿는 자 중에서 나온다는 뜻이다. 그리스도의 계명을 지켜 실행한 새로운 피조물, 그리스도 안에 있는 새로운 피조물, 셋이 하나 된 사람을 지어) 화평하게 하시고(2천 년간 기독교인들로 하나님과 화평케 된 자들이 없었다는 것이 14년째 이 일을 대언하고 있는 나에 대한 말씀이라는 명백한 증거다. 하나님의 아들들이 실상이 되는 이때, 진리의 성령이 실상이 되어 다음 예언이 성취된다.

마5:3~12 ³심령이 가난한 자는 복이 있나니 천국이 저희 것임이요 ⁴애통하는 자는 복이 있나니 저희가 위로를 받을 것임이요 ⁵온유한 자는 복

이 있나니 저희가 땅을 기업으로 받을 것임이요 ^{6}의에 주리고 목마른 자는 복이 있나니 저희가 배부를 것임이요 ^{7}긍휼히 여기는 자는 복이 있나니 저희가 긍휼히 여김을 받을 것임이요 ^{8}마음이 청결한 자는 복이 있나니 저희가 하나님을 볼 것임이요 ^{9}**화평케 하는 자는 복이 있나니 저희가 하나님의 아들이라 일컬음을 받을 것임이요 ^{10}의를 위하여 핍박을 받은 자는 복이 있나니 천국이 저희 것임이라** ^{11}나를 인하여 너희를 욕하고 핍박하고 거짓으로 너희를 거스려 모든 악한 말을 할 때에는 너희에게 복이 있나니 ^{12}기뻐하고 즐거워하라 하늘에서 너희의 상이 큼이라 너희 전에 있던 선지자들을 이같이 핍박하였느니라

기독교인이면 모르는 사람이 없는 예수 그리스도의 산상수훈, 다른 말로 팔복이라고 하는 이 복은 절대 다른 세대에 받는 복이 아니다. 진리의 성령이 실상이 되어, 죄에 대하여, 진리를 통해서 깨닫게 될 때, 심령이 가난하여지고, 마음이 청결해진다. 이는 하나님의 가르치심이라 비로소 천국의 비밀이 열리기 때문이다. 이렇게 영원한 의이신 하나님에 대해서, 예수 그리스도를 통해 하나님께서 하신 일에 대해서 진리대로 알게 되고, 이로 말미암아 핍박을 받고 욕을 듣고 거짓으로 하는 모든 악한 말을 듣다 못해 흉악범 취급을 받고 있다.

우리에 대한 예언이 이미 사실이 되어 이루어지고 있는 것이다. 절대 예수님 당시 사도들에 대한 예언이 아니다. 천국이 실상이 되는 지금 이 세대에 사실이 되는 예언이 확실하다. 이래서 하나님과 사람 사이에 화평케 되어 하나님의 아들이 되는 이때에 천국의 상속자들이 실상으로

받는 복이다. 혀로만 "오직 예수" 하고 있었으면 핍박을 받을 일이 없다. 계명을 지켜 실행한 것 때문에 우리를 욕하고 거짓으로 대적하여 온 세상에 치욕을 받아 감옥에까지 갇힌 이 일이 명백한 증거다.

한 몫의 삶을 버리고 약속하신 땅에 가서 영원한 가족이 되고, 가난한 우리가 더 가난한 먼 나라에 수백 명이 이주한 이 일로 인하여 이렇게 흉악범 취급을 받은 것이다. 거짓으로 우리를 거스려 욕한 그들은 하나님의 나라와 아무 관계가 없는 자들이다. 자신들이 사이비요 이단이며, 사기꾼이요 폭행범이며, 학대자들이요 살인자들이면서 반대로 죄를 씌우더니 7년형 징역을 판결한 자들이다. 이보다 더한 핍박이 어디에 있나?

진실로 '의'이신 하나님에 대해서 대언하고, 말로만 아니라 계명을 지켜 실행했다. 온 세상에 누가, 어느 교회가 의를 위하여 핍박을 받은 자들이 있느냐? 자신들이 잘못해서 감옥에 갇히는 것은 핍박이 아니다. 진실로 하나님과 화평케 된 자들이 이 말씀들이 사실이 되어 이루어지는 것이다. 따라서 **엡2:15절**의 '한 새 사람'은 진리의 성령인 나에 대한 예언이 명백하다. 이렇게 된 사람이 하나님과 사람 사이를 화평케 하는 십자가의 도의 비밀을 대언하고 지켜 실행하여 하나님의 아들들이 되게 하고 있다. 14년째 이 일이 확실한 증거다.)

¹⁶또 십자가로 이 둘을 한 몸으로 하나님과 화목하게 하려 하심이라 원수 된 것을 십자가로 소멸하시고 ¹⁷또 오셔서 먼 데 있는 너희에게 평안을 전하고 가까운 데 있는 자들에게 평안을 전하셨으니 ¹⁸이는 저로 말미암아 우리 둘이 한 성령 안에서 아버지께 나아감을 얻게 하려 하심

이라 ¹⁹그러므로 이제부터(2021년 7월 20일 이제부터) 너희가 외인도 아니요 손도 아니요 오직 성도들과 동일한 시민이요 하나님의 권속이라 ('권속'이란 가족, 집안이라는 뜻이다. 하나님의 가족, 하나님의 집안이다.) ²⁰너희는 사도들과 선지자들의 터 위에 세우심을 입은 자라 그리스도 예수께서 친히 모퉁이 돌이 되셨느니라"

왜 모퉁이 돌일까?

시144:12 우리 아들들은 어리다가 장성한 나무 같으며 우리 딸들은 궁전의 식양대로 아름답게 다듬은 모퉁이 돌과 같으며

'모퉁이'란 ①구부려지거나 꺽어져 돌아간 자리 ②복판을 기준으로 하였을 때 구석진 곳이나 가장자리 ③좁은 범위의 어떤 부분을 뜻한다. 그래서 사51:20절에 다음과 같이 예언하셨다.

사51:20 네 아들들이 곤비하여 그물에 걸린 영양같이 **온 거리 모퉁이에 누웠으니** 그들에게 여호와의 분노와 네 하나님의 견책이 가득하였도다

곧 전 세계 구석구석에까지 예수 이름이 퍼질 것과 세상 끝에 교회들이 전부 부분적으로 성경을 알고 있으니 하나님의 자녀들도 곤비하여 온 거리 구석구석에 누워 있는 영적인 상태일 때 하나님께서 건져 내실 것을 이렇게 말씀하신 것이다.

이런 영적인 상태일 때 예수 그리스도를 믿는 자가 나올 것과 그들

이 좁은 문, 생명의 길을 가는 우리임을 예언하신 것이다. 그래서 우리 딸들은 아름답게 다듬은 모퉁이 돌과 같으니라고 하신 것이다. 또한 이 예언은 예수 이름 사용하는 교회를 뜻한다.

따라서 절대 다른 세대에 이 예언의 실상이 이루어지는 것이 아니다. 반드시 6일 후 이 세상에 속하는 자들이 일할 시기가 끝나는 때에 온전한 것이 와서 부분적으로 하던 모든 것을 폐하고, 전대미문의 새 언약으로 다시 아름답게 다듬어서 거룩한 떡덩이들인 하나님의 권속들이 나온다는 뜻이다.

특히 '하나님의 권속'이라고 하신 앞 절의 말씀 속에 아브라함에게 허락하신 영원한 언약을 실상으로 이룰 자들, 하나님 나라를 유업으로 받을 자들이라는 뜻이 감추어져 있다.

창18:18~19 ¹⁸아브라함은 강대한 나라가 되고 천하 만민은 그를 인하여 복을 받게 될 것이 아니냐 ¹⁹내가 그로 그 자식과 권속에게 명하여 여호와의 도를 지켜 의와 공도를 행하게 하려고 그를 택하였나니 이는 나 여호와가 아브라함에게 대하여 말한 일을 이루려 함이니라

이 예언 속에 아브라함의 자손인 예수 그리스도께서 이 땅에 오실 예언도 감추어져 있었다. 그러나 예수님 당시에 이 언약이 실상이 되는 일이 아니었다. 그 증거가 예수 그리스도는 자식과 권속이 있지 않았던 것이다. 이는 너무 중요하다. 이미 2천 년의 역사가 이를 증명했다. 그래서 예수님은 다음과 같이 말씀하셨던 것이다. **마12:46~50절, 막**

3:31~35절, 눅8:19~21절에 기록되어 있는 예언이 증거다.

마12:49~50 ⁴⁹손을 내밀어 제자들을 가리켜 가라사대 나의 모친과 나의 동생들을 보라 ⁵⁰누구든지 하늘에 계신 내 아버지의 뜻대로 하는 자가 내 형제요 자매요 모친이니라 하시더라

막3:33~35 ³³대답하시되 누가 내 모친이며 동생들이냐 하시고 ³⁴둘러 앉은 자들을 둘러 보시며 가라사대 내 모친과 내 동생들을 보라 ³⁵누구든지 하나님의 뜻대로 하는 자는 내 형제요 자매요 모친이니라

눅8:19~21 ¹⁹예수의 모친과 그 동생들이 왔으나 무리를 인하여 가까이 하지 못하니 ²⁰혹이 고하되 당신의 모친과 동생들이 당신을 보려고 밖에 섰나이다 ²¹예수께서 대답하여 가라사대 내 모친과 내 동생들은 곧 하나님의 말씀을 듣고 행하는 이 사람들이라 하시니라

아브라함의 자손, 다윗의 자손으로 이 땅에 오신 예수 그리스도께서 친히 예언하셨다. 육의 혈통이 아니라 누구든지 하나님의 뜻대로, 곧 하나님의 말씀을 듣고 지켜 실행하는 사람들이 자신의 모친이요, 형제, 자매라고 하신 것은 혀로 말만 하는 말쟁이들이 아니다. 이 말씀이 이미 천주교는 육에 속한 자들이며, 기독교인들도 다 말쟁이요, 육에 속한 자들이었다는 명백한 증거다. 구약성경도 아니고, 자신들이 혀로 "오직 예수" 하는 하나님의 아들이 하신 말씀이다.

또한 당시는 하나님의 뜻이 무엇인지 알 수 없었다. 하나님께서 언약하신 약속은 육에 속한 사람이 아닌 하나님께 속한 사람, 곧 하나님의 뜻을 대언하는 누군가를 지시하며 하신 말씀이다. 이는 아브라함에게 언약하신 약속을 실상으로 땅에 이룰 자들인 나와 우리에 대한 예언이었다.

이를 두고 예수님께서 하나님의 뜻대로 하는 자들이 당신의 형제, 자매, 모친이라고 하신 것은 창18:19절에 기록된 언약 "내가 그로 그 자식과 권속에게 명하여"라고 하신 '그'가 외모로 반드시 '여자'이어야 하며, 자식과 권속, 곧 가족, 집안은 하나님의 권속이어야 한다. 이는 호2:19~20절의 예언이 실상이 된 자를 두고 '모친'이라고 한 것이다.

예수님께서 말씀하실 때 육으로 당시 아버지 요셉이 오지 않아서 아비에 대해서 말씀하지 않으신 것이 아니다. 하나님의 권속을 지시하신 예언이다. 이때는 호2:14~20절의 예언이 실상이 되는 지금 이 세대를 뜻한 것이다.

호2:14~20절에 "14그러므로 내가 저를 개유하여 거친 들로 데리고 가서 말로 위로하고 15거기서 비로소 저의 포도원을 저에게 주고 아골 골짜기로 소망의 문을 삼아 주리니 저가 거기서 응대하기를 어렸을 때와 애굽 땅에서 올라오던 날과 같이 하리라 16여호와께서 이르시되 그날에 네가 나를 내 남편이라 일컫고 다시는 내 바알이라 일컫지 아니하리라 17내가 바알들의 이름을 저의 입에서 제하여 다시는 그 이름을 기억하여 일컬음이 없게 하리라 18그날에는(이날이 2008년 6월 16일부터 사실이 되어 시작된 날이다. 당시는 그날인데 BC 750년경에 기록하면서 호세아 선지자는 알 수 없는 그날이 2758년 후에, 하나님을 내 남편이라고 하는 나에 대한 예언이 사실이 되어 하나님의 권속, 곧 가족들에 대한 예언도 실상이 되게 하시는 시작 날이었다.

그때 여러분들은 전 세계 구석에, 거리에 누워 있었다. 이때 예수 이름을 혀로 부르지만 부분적이어서 죄 아래 가두어져 있었던 것이다. 호세아 선지자 당시는 그날이지만, 하나님의 권속인 우리한테는 2021년 7월 21일 현재 이날에는)

내가(하나님께서) 저희를 위하여(하나님의 권속, 곧 가족, 집안인 우리를 위하여) 들짐승과(사람을 들짐승에 비유하신 것이다. 이렇게 하시기 위해 들짐승에 해당하는 자들을 사용하여 나와 우리를 핍박하게 하고 "이단이니~" 하며 정죄하여 나를 감옥에 가둔 것이다. 이에는 많은 뜻이 감추어져 있다. 가장 먼저는 너희들의 패역 때문이다. 하나님의 말씀을 안 믿는 패역이 너희를 짐승과 다름이 없이 행동하게 한 것이다. 이를 고치시는 것, 곧 해산하는 기간이다. 동시에 들짐승과)

공중의 새와(사단, 마귀를 공중의 새에 비유하신 것이고, 들짐승 또한 성경에 기록된 뱀, 악어, 이리, 개, 돼지, 쥐 등등 모든 들짐승을 사람에 비유하신 것이다. 여러 부분, 여러 모양으로 말씀하신 것이다. 직설적으로 말하면 나를 괴롭히고 자기들 마음대로 정죄한 그들도 다 이에 해당한다. 성경이 모든 것을 죄 아래 가두어 두셨을 때 왼편, 오른편 모두 다 이런 영적인 상태인 사람들, 귀신이 주인인 영적인 상태를 들짐승, 공중의 새에 비유하신 것이다.

하나님의 말씀을 마음에 받아 온전한 구원에 이르지 못하도록 훼방한 자들, 이인규, 박형택, 박상기, 고소한 그들, 예장합신 총회, 감리교 총회 등등 모두 다 이에 해당한다. 이런 들짐승 중에 "뱀이 가장 간교하더라"라고 하셨으니 하나님과 예수 그리스도의 모든 원수들이 다 이에 해당한다. 이렇게 비유로 기록해 두신 것은 그들에게 천국의 비밀을 모르게 하시기 위함이었다.)

땅의 곤충으로(땅에 있는 모든 사람으로) 더불어 언약을 세우며 또 이 땅에서 활과 칼을 꺾어 전쟁을 없이 하고 저희로 평안히 눕게 하리라"

이렇게 하시려고 14년째 다시 창조하고 계신 것이다. 또한 이 예언이 온전히 실상이 되는 때는 7년 대환난이 끝나고 오는 세상이다. 그렇게 하시려고 기초를 세우시는 일이 14년째 이 일이며, 결국 우리를 위해서다. 따라서 반드시 하나님의 권속으로 하나가 되어야 한다. 나라와 제사장이 될 성도, 곧 거룩한 자들이 하나님의 말씀으로 다시 태어나야 한다. 이런 우리를 두고 하나님의 권속이라고 하신 것이고, 예수 그리스도께서 누가 내 형제, 자매이며 모친이냐고 하신 것이다.

그러므로 이 본문은 절대 예수님 당시에 실상이 되는 예언이 아니었다. 그래서 권속을 이루신 것이 아니었고, 면류관이 가시면류관이셨던 것이다. 십자가상에서 대적자들이 씌운 가시면류관이 2천 년 동안 이렇게 이어져 올 것을 온 세상이 알게 하시기 위해 십자가에 높이 달리게 하시고, 가시면류관 때문에 피가 흐르고, 고통을 당하신 것이다.

예수 이름을 혀로만 불러서는 절대 옷을 입히는 것이 아님을 감추어 두신 천국의 비밀이 바로 예수님의 옷을 벗기고 벌거벗은 채 십자가에 달리신 것이다. 진실로 참이다. 믿든 안 믿든 사실이다. 이래서 들짐승, 공중의 새, 곤충에 사람을 비유하신 것이다. 이에 대해서는 영원히 증명이 된다. 현재 온 세상에 성경을 사용하는 모든 종교가 다 이러하다. 이 때문에 사람이 희소하다고 하신 것이다.

2021년 7월 20일 어제 뉴스에 하늘에 쌍무지개가 떴다고 야단들이더라. 그 무지개가 무슨 뜻인지 그들은 모른다. 우리가 한국 사람이고, 내가 한국말을 하는 사람이며, 생명책에 이름이 명백하게 기록된 사람이라는 사실이 어떤 복인지 이들은 모르고 있다. 구름 속에 무지개를 보면 다시는 홍수로 멸하지 않겠다는 **창세기 9장**의 언약이 사실임을 이들이 알면 나를 옥에 가두어 두겠나~

어제 같은 신문에 중국 쓰촨성에 홍수가 나서 72만 명이 대피하고 댐이 터져서 또 어찌 되었는지 지금은 새벽이니 오늘 소식을 듣겠지~ 독일에도 홍수, 벨기에 등등 최근에 일본도 그랬다. 미국에는 불이 나서 난리고, 캐나다에는 섭씨 50도가 되어 죽는 자가 속출하고,[8] 코로나19 재앙은 빙산의 일각인데 부당한 이 판결을 그대로 두면 어찌 되는지 보아라.

영원한 언약인 구름 속에 무지개는 이미 14년째 시작되고 있는 언약이다. 곧 **창9:8~17절**의 언약이 바로 **호세아 2장** 지금 본문의 예언과 동일하며, 이 언약을 실상으로 이루는 자를 두고 **호2:19~20절**에 기록된 나에 대한 예언이다. 다시 말하면 **창세기 9장** 노아와 노아의 방주에서 나오는 모든 생물 속에 들짐승, 공중의 새, 곤충과 더불어 우리도 다 예언되어 있었다는 뜻이다. 당시 노아에게만 해당하는 것이 아니라 14년째 이루어지고 있는 전대미문의 새 언약이 노아와 방주에서 나온 그들에게 하신 언약의 실상이다.

이 사실을 알면 왜 쌍무지개가 떴는지 하나님의 뜻을 알고, 나를 감옥에서 풀어 줘야 한다. 쌍무지개, 다시 예언, 다시 택하신 이스라엘, 다시 택하신 예루살렘은 그리스도의 영과 성부 하나님과 하나 된 자, 셋이 하나 되어 온전한 믿음, 완전한 자, 온전한 것, 현숙한 여자를 통하여 대언하는 이 언약이다. 다시는 물이 모든 혈기 있는 자를 멸하는 홍수가 되지 아니한다고 하신 언약이 사실이 되는 것이다.

이 영원한 언약을 2008년 6월 16일 종로 5가 100주년 기념관에서 시작한 것이다. 그때는 나를 이단이라 하지 않을 때니까 100주년 기념관을 허락했다. 당시에 **창9:8~17절**의 방주에서 나온 노아와 그와 함께한 아들들에게 하신 언약이 이제 온전히 사실이 되는 언약이라고 하면 누가 믿을까? 정신을 차리고 자세히 보자.

"**8**하나님이 노아와('노아'란 '위로, 안위, 휴식'이라는 뜻이다.

> **창5:29** 이름을 노아라 하여 가로되 여호와께서 땅을 저주하시므로 수고로이 일하는 우리를 이 아들이 안위하리라 하였더라

'안위'란 영혼을 편케하다. 상대방으로 하여금 마음이 평안하도록 권면하고 위로한다는 의미다. 하나님께서 자기 백성들, 곧 환난과 핍박을 받는 자녀들을 안위하신다는 뜻이다. 당시 노아의 홍수가 그때 홍수로 끝난 것이 아니다. 전 성경에 기록된 모든 재앙을 다 내려서 땅을 시험하시는 때가 여호와의 날, 인자의 날인 지금 이 세대, 땅에 있는 모든

자들을 시험을 하시는 때라는 예언이 감추어져 있다. 즉 이 예언이 당시로 끝난 것이 아니라, 이 세대 악인들이 일하는 시기가 끝날 때, 땅에 있는 모든 사람들을 시험하실 때, 택한 자녀들은 하나님께서 안위하실 것을 노아 이름 속에 감추어 두셨던 것이다. 영원한 언약이 실상이 될 때도 하나님께서 안위하신다.

시23:4 내가 사망의 음침한 골짜기로 다닐찌라도 해를 두려워하지 않을 것은 주께서 나와 함께 하심이라 주의 지팡이와 막대기가 나를 안위하시나이다

이 예언대로 14년째 안위하고 계신다. 이때를 두고 다음과 같이 예언해 두셨다.

사12:1~6 ¹그날에 네가 말하기를 여호와여 주께서 전에는 내게 노하셨사오나 이제는 그 노가 쉬었고 또 나를 안위하시오니 내가 주께 감사하겠나이다 할 것이니라 ²보라 하나님은 나의 구원이시라 내가 의뢰하고 두려움이 없으리니 주 여호와는 나의 힘이시며 나의 노래시며 나의 구원이심이라 ³그러므로 너희가 기쁨으로 구원의 우물들에서 물을 길으리로다 ⁴그날에 너희가 또 말하기를 여호와께 감사하라 그 이름을 부르며 그 행하심을 만국 중에 선포하며 그 이름이 높다 하라 ⁵여호와를 찬송할 것은 극히 아름다운 일을 하셨음이니 온 세계에 알게 할찌어다 ⁶시온의 거민아 소리를 높여 부르라 이스라엘의 거룩하신 자가 너희 중에서 크

심이니라 할 것이니라

이 예언이 땅에서 사실이 되는 이때, 나와 우리에 대한 예언이 노아의 이름 속에 감추어져 있었고, 온 세상이 홍수에 죽어도 하나님께서 다시 택하신 이스라엘 집, 하나님의 권속들은 안위하신다는 뜻이다. 말을 알아들어야 한다. 2021년 지금 이 세대는 **마24:37~39절**에 예언, 유언된 대로 사실이 된다.

마24:37~39 ³⁷노아의 때와 같이 인자의 임함도 그러하리라 ³⁸홍수 전에 노아가 방주에 들어가던 날까지 사람들이 먹고 마시고 장가들고 시집가고 있으면서 ³⁹홍수가 나서 저희를 다 멸하기까지 깨닫지 못하였으니 인자의 임함도 이와 같으리라

독일에 100년 만에 홍수, 중국, 일본 등등 현재 보아라. 어느 날 갑자기 홍수가 나서 죽어도 왜 홍수가 나는지 해답을 성경에서 찾는 것이 아니라, 사람의 소리로 기후 변화를 외친다. 이는 이미 **에스겔 7장**의 예언이 사실이 되어 악인들을 사용하셔서 징벌하시고 국문하시는 것이다. 해결책은 모두 잠잠하고 하나님의 뜻을 받고 하나님께로 돌아서야 한다. 그런데 반대로 참 진리를 전하는 하나님의 종과 하나님의 종들의 기업을 짓밟고 감옥에 가두어 두었으니~

눅17:26~30 ²⁶노아의 때에 된 것과 같이 인자의 때에도 그러하리라

²⁷노아가 방주에 들어가던 날까지 사람들이 먹고 마시고 장가들고 시집 가더니 홍수가 나서 저희를 다 멸하였으며 ²⁸또 롯의 때와 같으리니 사람들이 먹고 마시고 사고 팔고 심고 집을 짓더니 ²⁹롯이 소돔에서 나가던 날에 하늘로서 불과 유황이 비 오듯 하여 저희를 멸하였느니라 ³⁰인자의 나타나는 날에도 이러하리라

노아의 홍수도, 롯의 불과 유황의 심판도 그때 다 끝난 사건이 아니고, 여호와의 날, 인자의 날인 지금 이 세대에 땅에 속한 자들에게 온전히 실상이 되는 일을 기록해 두신 것을 '노아'의 이름 속에도 감추어 두셨다. 곧 지금 이 세대에 이 세상에 있을 재앙을 이미 예언해 두시고 결과까지 다 보여 주셨다. 이때 노아와 같이 방주에 들어가서 피하라고 하신다. 영적으로 방주는 온전한 진리인 영원한 언약 안, 곧 하나님의 가르치심을 받고 지켜 실행하는 길 외에 없다.

이 언약을 14년째 선포하고 실행하는 나를 감옥에서 풀어 줘야 한다. 내가 말하고 싶지 않아서 기다리고 기다렸다. 그러나 결국 내가 나를 증명할 수밖에 없다. 재앙이 지속되는 것을 보아라. 그리고 낙토에 너희가 빨리 영적인 잠에서 깨지 아니하면 큰일 난다. 저 가난한 나라, 불쌍한 저들이 죽는다. 박상기 외 23명 자칭 선교사들이 회개하고 돌아서지 아니하면 그 나라에서 살 수 없다. 감리교회, 순복음교회 교인들 다 마찬가지다. 나를 이단이라하여 피지 신문에까지 내고, 그들이 어떻게 괴롭혔나?

이런 말을 안 하고 참은 것은 너희들이 패역하고 말씀을 안 믿는

것 때문이었다. 보아라. 우리 안에 미친 언행을 한 자들이 나왔지 않느냐? 다현이의 행동, 충성이한테 자기 육의 어미, 아비가 한 행동을 보아라. 고소한 그들이 왜 나에게 이런 죄명을 씌웠는지 우리 안에 다 있었다. 이인규, 박형택이 보다 더한 불신자가 있다고 해도 안 믿더라. 대적자와 내통하는 염영란이는 가족이 아니다. 티끌이다.

사52:2절에 "너는 티끌을 떨어 버릴찌어다"라고 하신 말씀을 실행한다고 했고, 그에 해당하는 자들이 스스로 자신이 티끌임을 드러낸 것이다. 불신자다. 인간적으로라도 이렇게 할 수는 없다. 너 스스로 너는 하나님의 말씀을 안 믿는 귀신임을 자랑한 것이다. 티끌은 하나님 나라에 합당한 자가 아니다. 단 한 마디도 믿지 않는 불신자다.

실상이 된 믿음으로 말미암는 '의의 후사'

노아의 때, 롯의 때에 내린 물 심판, 불 심판이 이 세상에 다 내린다. 이때 노아를 통한 하나님의 교훈은 무엇일까?

히11:7 믿음으로 노아는 아직 보지 못하는 일에 경고하심을 받아 경외함으로 방주를 예비하여 그 집을 구원하였으니 이로 말미암아 세상을 정죄하고 믿음을 좇는 의의 후사가 되었느니라 이상하지 않느냐? 당시 노아로 끝났다면 '의의 후사'라고 하면 안된다. 이미 당시 노아는 죽었다. 순교가 아니고 육체가 죽어서 썩었다. 그런데 왜 이렇게 기록되어 있을까? 당시 노아로 끝난 것일까? 전 성경 기록 목적이 **시102:18절**이다. 곧 다시 창조받을 백성들을 위해서 기록했다. 당시 노아에게 하신 언약은 변하지 않고 지금 2021년 이 세대를 지시하신 것이다. **마24:37~39절**과 **눅17:26~30절**의 노아의 때, 롯의 때, 인자의 때도 그러하리라고 하셨던 것 또한 전부 여호와의 날, 인자의 날을 지시하신 것이다. 그래서 증명한다, 왜 믿음을 좇는 의의 후사라고 하셨는지. 이 때문에 6절에 비밀이 있다.

히11:6 믿음이 없이는 기쁘시게 못하나니 하나님께 나아가는 자는 반드시 그가 계신 것과 또한 그가 자기를 찾는 자들에게 상 주시는 이심을 믿어야 할지니라

이 말씀을 사람 생각대로 해석하면 **히11:1~5절**의 아벨, 에녹, 뒷절에 노아, 아브라함 등 그들은 다 믿음이 있어서, 그들 자신들이 믿어서 노아도 당시 홍수 때 구원받았다고 여출일구 그렇게 해석하고 믿고 있다. 이는 지금 전 세계 기독교인들에게 아무 관계가 없는 설교가 된다. 이에 대한 결과가 2021년까지 기독교의 실상이 그 증거다. 하나님은 죽은 자의 하나님이 아니시다. 또한 진리는 남의 이야기가 되면 안 된다. 이를 증명한다.

히11:6절의 "믿음이 없이는"이라는 말씀에 대한 해답을 성경에서

찾아야 한다. 사람들이 본래 알고 있는 각 개인이 예수 그리스도를, 하나님을 믿는다고 혀로 말만 하고 각자 상상하는 그런 믿음만을 말씀하신 것이 아니다. 이 본문에 믿음은 갈3:23절에 "믿음이 올 때까지"라고 하신 예언의 실상을 뜻하신 것이다. 곧 예수님께서 약속하신 진리의 성령에 대해서 여러 부분, 여러 모양으로 말씀하신 것이다. 진리의 성령이 실상이 되어 '의에 대하여, 죄에 대하여, 심판에 대하여' 모든 진리 가운데로 인도하시는 '영원한 의'이신 하나님의 말씀을 대언할 뿐만 아니라, 성부 하나님을, 예수 그리스도를 믿는 믿음은 이런 것이라고 행위로 시인하여 하나님의 말씀은 참 진리임을 증거하는 자를 뜻한다.

이래서 "믿음이 없이는 하나님을 기쁘시게 못하나니"라고 하신 것이고, 히11:5절의 에녹 또한 이 세대 온전한 영생을 얻은 자의 모형이요, 그림자였다. 이런 진리의 시각으로 5절을 보면 은혜로교회 성도들은 이제 확실하게 이해가 된 줄 믿는다. 그래서 믿음이 올 때까지 하나님을 기쁘시게 한 자가 없었다. 이는 역사가 증명해 준다.

더 증명을 하면 '의의 후사'는 바로 '영원한 의'이신 하나님의 나라 상속자를 뜻한다. 2021년 지금까지 전 세계 모든 기독교인들은 다 육체가 죽어서 가는 곳이 하나님의 나라, 곧 천국인 줄 안다. 그래서 노아는 죽어서 하나님 나라에 들어갔을 것이라고 생각하고 이 본문을 해석할 수 있다. 그런데 전 성경, 곧 하나님은 신령하신 분으로 신령하신 하나님의 말씀을 신령한 것으로 분별하면, 곧 성경을 성경으로, 또 다른 모양으로 말하면 진리는 진리로 분별하면 하나님 나라는 하나님께서 창조하신 이 세상에서 이루어진다.

이미 은혜로교회 성도는 이 사실을 눈으로 보고 귀로 듣고 알고 있다. 그래서 이런 뜻을 담고 노아에게, 아브라함에게 언약을 하신 것이다. 그런데 지금 이 세대까지 하나님께서 말씀하신 언약이 이루어지지 않으니까 아무도 안 믿은 것이다. 그리고 천국은 비밀이었다. 따라서 '영생'도 비밀이었고, 하나님의 뜻을 아는 자가 없었다.

'의'만 해도 예수 그리스도가 의인 줄 안다. 그런데 예수 그리스도에 대해서도 진리의 성령이 실상이 되어야 예수 그리스도에 대해서 모든 진리 가운데로 인도하여 진리대로 알게 된다. 예수 그리스도가 '의'이면 노아가 예수 그리스도의 후사냐? 모두 대답해 보아라. 노아는 믿음을 좇는 의의 후사가 되었다고 한다.

'의'에 대해 신령한 것을 신령한 것으로 해답을 가보자.

렘23:6 그의 날에 유다는 구원을 얻겠고 이스라엘은 평안히 거할 것이며 그 이름은 여호와 우리의 의라 일컬음을 받으리라

여호와는 유일하신 참 하나님의 이름이다. 곧 하나님이 우리의 '의'다. 유다와 이스라엘도 사람이 본능적으로 아는 저 유다, 저 황금돔이 있는 나라 이스라엘이 아니라 **히브리서 8장**의 새 언약으로 14년째 마음에 할례를 받고 있는 우리에 대한 예언이다. 지금 이때 다시 택함을 받아서 한 남편 예수 그리스도를 믿는 그리스도인들이 성부 하나님의 가르치심을 받고 계명대로 지켜 실행하여 모든 사람은 한 번 죽어야 하는 **히9:27절**의 말씀을 이기는 자, 그래서 육체도 죽지 아니하고 영원히 하나님께

서 다시 세우시는 나라에서 하나님과 동행하여 사는 우리가 온 세상 사람들에게 6절 말씀을 실상으로 이루는 것이다.

렘23:5~8절을 다시 보자. 명백하게 이 예언이 현재 성취되어 이루어지고 있다.

렘23:5~8 ⁵나 여호와가 말하노라 보라 때가 이르리니 내가 다윗에게 한 의로운 가지를 일으킬 것이라 그가 왕이 되어 지혜롭게 행사하며 세상에서 공평과 정의를 행할 것이며 ⁶그의 날에 유다는 구원을 얻겠고 이스라엘은 평안히 거할 것이며 그 이름은 여호와 우리의 의라 일컬음을 받으리라 ⁷그러므로 나 여호와가 말하노라 보라 날이 이르리니 그들이 다시는 이스라엘 자손을 애굽 땅에서 인도하여 내신 여호와의 사심으로 맹세하지 아니하고 ⁸이스라엘 집 자손을 북방 땅, 그 모든 쫓겨났던 나라에서 인도하여 내신 여호와의 사심으로 맹세할 것이며 그들이 자기 땅에 거하리라 하시니라

이미 이 예언이 이루어져서 하나님께서 약속하신 땅에 안전히 거하고 있다. 이제 우리는 온 세상에 광포한다. '의'는 오직 여호와 하나님이시라고~ 진리의 성령이 실상이 되어 '죄에 대하여, 의에 대하여, 심판에 대하여' 대언하고, 하나님의 계명을 지켜 하나님 나라의 상속자, 곧 '의의 후사'가 되는 것이다. 그러므로 노아가 의의 후사, 곧 "믿음을 좇아 의의 후사가 되었느니라"라고 하신 이 예언은 악인이 지배하는 세상이 끝나는 이 세대에 믿음을 좇아 의의 후사, 곧 하나님의 나라 상속자가

되는 성도들에 대한 예언이다. 알아듣고 있거든 깨달아 믿는 만큼 답을 하거라.

그래서 노아의 이름 속에 천국의 비밀이 감추어져 있었다. '의'에 대해서 더 가보자.

시111:3 그 행사가 존귀하고 엄위하며 그 의가 영원히 있도다

그래서 하나님의 행하신 일은 영원히 있다고 하셨던 것이다. 곧 하나님의 뜻을 진리대로 알아야 하나님의 뜻대로 살게 되고, 그렇게 할 때 **요11:26**절의 말씀대로 "살아서 나를 믿으면 영원히 죽지 아니하리라"라고 하신 말씀이 실상이 되는 것이다. 노아가 믿음을 좇아 의의 후사가 되었다는 예언이 이제 실상이 되는 것을 지금 이 세대에 누가 믿을까? 곧 하나님의 나라의 상속자가 되는 것이 의의 후사다.

시112:1~3 [1]할렐루야, 여호와를 경외하며 그 계명을 크게 즐거워하는 자는 복이 있도다 [2]그 후손이 땅에서 강성함이여 정직자의 후대가 복이 있으리로다 [3]부요와 재물이 그 집에 있음이여 그 의가 영원히 있으리로다

진리는 이러한데 구약은 율법이라고 하여 다 버린 것이다. '의'에 대하여 신령한 것을 신령한 것으로 분별하지 아니하고 혀로 "오직 예수"라고만 하여 2021년 지금 이 세대까지 종교생활을 해 온 것이고, 그 결과는 전부 썩는 양식을 위하여 일해 온 것이다. 이 한 가지 사실만 알아

도 어떻게 14년째 이 일을 진리가 아니라고 하나?

그래서 요16:10절에 "의에 대하여라 함은 내가 아버지께로 가니 너희가 다시 나를 보지 못함이요"라고 하신 것이다. 이 말씀대로 실상으로 2021년 7월 22일 이 시간까지 예수 그리스도를 보지 못하고 있다. 또한 이 본문만 보아서는 '의'가 무엇을 뜻하는지 명백하게 알 수가 없다. "오직 예수"라고만 혀로 말하고 있는 영적인 상태는 하나님의 나라와 아무 관계가 없는 헛된 것이다. 명백하게 썩는 양식을 위해 일했고, 그 결과는 육체는 죽어서 썩어 흙으로 돌아갔고, 그 혼은 지옥 불못에서 산다.

하나님의 말씀을 전하다가 순교한 사람들은 제단 아래 있고, 육체가 다시 부활할 때까지 하나님께서 정해 두신 시간이 되어야 부활하므로 기다리고 있다. 첫 순교자 아벨부터 7년 대환난에 순교자의 수가 차야 한다. 또 한 부류는 한 몫의 삶을 부자의 대문 앞에서 거지 나사로같이 살다가 육체가 죽어 낙원에 가 있는 경우다.

이 두 부류 외에는 전부 음부, 곧 지옥 불못에 가 있다. 진리는 이러한데 혀로 "오직 예수" 하면서 썩는 양식을 위해서 일하고 있는 전 세계 천주교, 기독교인들을 보아라. 이 사실을 알면서 가만히 있는 자들은 선을 알고도 행치 아니하는 죄를 짓는 것이다.

"오직 예수"라고 혀로 말하며 자신들이 만들어 낸 하나님, 예수님을 믿으며 가르치고, 죽어서 천국 간다고 하는 자들이 다시는 혀로 일생 부른 예수 그리스도를 만나지 못한다고 하셨지 않느냐? 이렇게 명백하게 기록된 이 진리는 안 믿으면서 자신들이 기독교인들이라고 생각한다. 더 미친 것은 성경을 가지고 설교하는 자들이다. 자신이 하는 설교가 무슨 말인지도 모르고 지껄이는 것이다. 그래서 눅16:19~31절의 부자가 그 혀에 물 한 방울 먹지 못하는 지옥 불못에 떨어진 것이다.

이렇게 부자 목사의 한 몫의 삶과 그 결과까지 기록해서 주어도 자신에 대한 실상과 예언임을 모르고, 저 밖에 교회 안 다니는 부자들에 대한 말로 설교하여 헌금이나 강조하는 그 목사는 눈이 있으나 하나님의 말씀은 안 보이는 영적인 소경이요, 귀머거리이며, 하나님의 말씀을 한 마디도 전하지 못하는 벙어리다. 이래서 몰각한 목사를 두고 '벙어리 개'라고 이미 판결해 두셨다.

영적인 소경, 귀머거리, 벙어리 개를 만나 일생 섬기는 교인들을 보아라. '애완견'이 먹고 살 만한 사람들의 일상이 되어 유행이 되고 있는 현실을 보아라. '개'가 사람보다 더한 대우를 받고 살고 있는 이 미친 세상을 보아라. 청와대에서 개를 키운다고 자랑하니, 유명한 자들이 애완견과 한 침대에서 자고 살고 있는 것을 TV에서 보여 주니, 너도나도 애완견에 미친다. 그 정성, 돈, 시간을 자신의 가족들한테나 잘하지, 개는 개일 뿐이다.

왜 '개'를 몰각한 목사에 비유했는지 보아라. 얼마나 이 세상이 미쳐 있는지~ 먹고 살만하니까 이런 미친 짓을 한다. 한 몫의 삶이 왜 헛된 삶이라고 하셨는지 눈이 있거든 보아라. 그런데 이런 진리는 안 믿고 혀로 자신들을 지옥 보내는 그런 설교만 "아멘" 하며 맞다고 하는 이 온 세상을 보아라. 더 미친 귀신은 이 진리를 받고, 보고, 경험하고 있으면서 더러운 것을 버리지도 아니하고 게으르고 안일한 우리 안에 있는 귀신들이다. 너희가 무슨 언행을 하는지 보아라.

이 진리를 안 믿고 자신의 육의 가족이 몰각한 목사를 섬기고, 그 지옥 불의 설교를 듣고 다니는데도 가만히 있는 너도 상상하는 자다. 다 큰 자식이 왜 정신이상자가 되었는지 아직도 모르고, 자신의 남편이 택시 운전하면서 귀신의 소리 방언 기도를 하루에 10시간씩 한다고 하는 소리나 하는 너도 똑같은 사람이다. '이 일이 어찌 되나~' 하며 구경하고 지내는 중에 보험 들듯이 적당하게 거리를 두고 전도 피켓이나 만들어 달라고 하는 너는 계산하지 마라. 하나님의 나라와 너는 아무 관계가 없다. 너도 영적인 잠에서 깨지 않고 있으면서 그 피켓을 들고 있다고 누가 보고 따라오겠나? 게으르고 게으른 자니 피켓을 들고 서 있으면 하나님의 일을 한다고 너 스스로 생각하는 거다.

'의'는 하나님 한 분이시다. 그래서 목사는 교인들을 교육할 때 '의'로 하라고 이미 말씀해 두셨다.

딤후3:16~17 [16]모든 성경은 하나님의 감동으로 된 것으로 교훈과 책망과 바르게 함과 의로 교육하기에 유익하니 [17]이는 하나님의 사람으로 온전케 하며 모든 선한 일을 행하기에 온전케 하려 함이니라

그러나 이렇게 말씀하셨어도 천국에 대해 하나님의 뜻은 한 절도 모르면서 자신이 만들어 낸 설교로 가르치고 지옥에 보내는 자들이 사이비요, 이단이다. 더 문제는 이 말씀을 받고도 혀로, 머리로 말만 하고 싶은 자칭 목사, 사모들이다. 이들이 얼마나 미쳐 있는지, 얼마나 악하고 독한지 다 보아라. 더 이상 무슨 말이 필요하겠나~ 온갖 더러운 욕심,

사심은 다 가지고 있으면서 거룩한 척, 잘 믿는 척하는 자들이 어디에 있는지 다 보아라.

영적인 전쟁을 하라고 하면 진실로 아무것도 아닌 헛된 드라마, 오락, 미친 노래, 네 육신의 쾌락을 즐기는 것만 보고, 잘 때 자지 않고 낮에 일할 때 그런 동영상이나 생각하는 네가 미친 거다. 그러니 일을 하겠나~ 매일 그런 헛된 삶을 살고 싶어 하는 너, 얼굴은 오만상을 찌푸리고 무슨 일을 하겠나~ 과천에 미친 짓하는 귀신들의 언행에 아연실색한다. 진짜로 미친 귀신, 흉악한 귀신이다. 그런 귀신이 욕심만 가득 차서 혀로 "주여 주여" 하는 너를 보고 누가 하나님이 살아 계신다고 하겠나~ 일반 이성도 없는 귀신이 기독교인들이라고 하는 사람들이더라.

성경은 단 한 절도 모르면서 신학교 나왔다고 하는 흉악한 귀신, 모태 신앙이라고 하는 귀신들이 14년째 하나님의 가르치심을 대언해도 자신의 더러움을 안 씻는다. 너희는 티끌이냐? 네 눈앞에 네 자식을 통해서 미친 짓을 보아도 너 자신을 돌아보지 않는 너는 죽어야 마땅하다. 혀로 **딤후3:16~17절**을 일생 외운다고 해도 하나님 나라는 너와 관계가 없다. 너한테 아무도 안 속는다. 이런 진리를 머리로 배워서 써먹으려 하는 그 더러운 욕심부터 버려라.

시편 112장도 나에 대한 예언이고, 우리에 대한 예언이다. 진실로 '의'를 행하는 자가 영생하는 자다. **4~8절**을 보자.

시112:4~8 [4]정직한 자에게는 흑암 중에 빛이 일어나나니 그는 어질고 자비하고 의로운 자로다 [5]은혜를 베풀며 꾸이는 자는 잘 되나니 그 일을 공의로 하리로다 ⁶저가 영영히 요동치 아니함이여 의인은 영원히 기념하게 되리로다 ⁷그는 흉한 소식을 두려워 아니함이여 여호와를 의뢰하고 그 마음을 굳게 정하였도다 ⁸그 마음이 견고하여 두려워 아니할 것이라 그 대적의 받는 보응을 필경 보리로다

이 예언이 예수 그리스도에 대한 예언이냐? 감옥에 갇혀서 '흉한 소식', 곧 사람을 헤치는 흉악한 짓을 하는 사람들에 대한 소식을 얼마나 듣는지~ 그런 악인과 내통하며 "사랑해" 하는 자, 그런 흉악한 귀신 짓을 보고도 가만히 있는 정님이 너도 아직 가족이 아니다. 그러니 네 딸도 얼마나 독한지~ 그러면서 자기는 잘 믿는다고 착각한다.

흉한 자는 '악한 자'다. 외모로 판단하지 않고 누구에게나 기회를 주어야 하기에 믿어 주었다. 티끌을 떨어 버리라고 하신 말씀을 미루고 미루다가 낙토에까지 코로나19 바이러스로 사람들이 죽어가니 더 이상 기다려 줄 수가 없었다. 의인 중에 악인은 더 이상 함께 유할 수 없는 짓을 너희 스스로 계속하는 자들은 네가 행한 대로 네 마음대로 살아라. 그래서 버리는 거다. 다현이가 얼마나 악한지 그대로 두었으면 살인자가 된다.

너희 흉악한 자들의 소식을 들으면 가슴이 아프다 못해 어찌할 수 없어 눈물만 흘리던 것도 3년이 되니까 '100% 안 믿었지 않느냐' 하고 마음에서 지운다. 하나님이 아니라고 하신 것을 내가 운다고 되돌릴 수 없다는 것을 14년째 보고 있다. 흉한 소식을 이렇게 감옥 안에서 듣고 있다고 내가 요동할 줄 아느냐? 대적자들이 호시탐탐 기회를 엿보려고

간첩 노릇 하는 것도 모르고 있는 너도 아직 말씀을 안 믿는 자다. 그러니 단 한 번도 가슴을 찢는 회개를 한 것을 본 적이 없다.

네 육의 가족이 감옥에 갇혀 있어도 네가 그렇게 남의 일로 보겠나? 너는 너 스스로 자해한 거다. 그러니 네 딸도 교만하다. 네가 구경꾼으로 구경하고 있는 이 일을 대적하는 자들의 받는 보응을 너도 반드시 살아서 네 두 눈으로 똑똑하게 필경 볼 것이다. 나는 하나님만 의지한다.

시112:6절부터 다시 보자.

시112:6~10 ⁶저가 영영히 요동치 아니함이여 의인은 영원히 기념하게 되리로다 ⁷그는 흉한 소식을 두려워 아니함이여 여호와를 의뢰하고 그 마음을 굳게 정하였도다 ⁸그 마음이 견고하여 두려워 아니할 것이라 그 대적의 받는 보응을 필경 보리로다 ⁹저가 재물을 흩어 빈궁한 자에게 주었으니 그 의가 영원히 있고 그 뿔이 영화로이 들리리로다 ¹⁰악인은 이를 보고 한하여 이를 갈면서 소멸하리니 악인의 소욕은 멸망하리로다

이 예언은 예수 그리스도에 대한 예언이 아니다. 십자가에 달리시기 전에 이미 요동하였다. 십자가에서 "엘리 엘리 라마 사박다니"라고 하신 것이 이에 대한 증거다. 그때 하신 기도 때문에 전 세계 기독교인들을 "기도, 기도" 하게 만들었고, 산마다 기도원을 세워서 교인들이 낸 헌금, 곧 공금횡령을 한 자들이 나오게 만들었다.

이런 악인들, 곧 성경을 가지고 흉악한 귀신들이 더 많이 나오게 만든 것이 신약성경의 문자적인 기록이라고 하면 누가 믿을까? 사실 이

런 악인들은 문자 그대로도 안 믿고 이용만 하는 것이다. 자신이 가르치는 귀신이라고 상상도 안 하고 이용만 하는 것이다. "예수 이름으로 귀신아 떠나갈지어다"라고 하며 장난치는 것이다. 그런 귀신들로 인해 이 땅에 재앙이 내리는 것이다. 이런 자들은 돈 때문에 자신이 지옥 가는 줄도 모르고 긁어모은다. 혀로 오직 돈, 돈 해도 같은 귀신들은 분별을 못 하고 다 속는다.

귀신론 대가라고 하는 김기동 목사를 보아라. 그는 자신이 불법을 행한 자로 마7:13절부터 기록된 멸망으로 인도하는 문에 서 있는 용, 사단, 마귀, 가르치는 귀신, 옛 뱀인 줄 모른다. 이런 흉악한 귀신 들린 마귀의 자식이 바로 이 말씀을 받고 악인이라고 판결이 난 자들이다. 성경대로 이루어지고 있는 이 일을, 나를 고소하는 그들에 대한 예언도 다 사실이 되어 증거해 주시고 계신다. 송사에 걸리고 감옥에 갇히는 이 일을 처음에는 몰랐다고 해도 성경대로 하나하나 증명하는 하나님의 증거를 단 한 절도 안 믿고 희롱하고 멸시한 자가 대적과 내통하며 대적을 "사랑해" 하는 염영란이다.

그렇게 내통하다가 끌려 나간 아이가 하현이다. 쟁기를 잡고 가다가 되돌아간 자들이 다 그런 자들이다. 상대를 이겨서 그를 살릴 수 없는 자들이 그렇게 하다가 자신의 실체만 드러내는 것이다. 그렇게 할 시간이 있으면 너 자신을 죄를 짓게 하는 네 속에 귀신이나 버릴 것이고, 더러운 집 청소나 하지. 그래서 너는 게으른 귀신, 더러운 귀신이다. 너 같은 것은 하나님 나라에 필요 없다.

'의'를 아는 것으로만 의인이 되는 것이 아니다. 영원한 의이신 하나님께서 기뻐하시는 일, 곧 선한 일을 지켜 실행하는 자가 의인이다. 하나님께서 아들을 통해 이 땅에 보내신다고 약속하신 대로 진리의 성령이 실상으로 와서 하나님의 가르치심을 성경을 성경으로 해석해서 대언할 때, 반드시 이 '의'를 인하여 핍박을 받는다는 것을 아들 예수 그리스도를 통해서 보여 주셨고, 대적자들에 의해 사형당하셨어도 영원히 죽지 아니하는 신령한 몸으로 다시 부활하셨다. 이에 대한 기록을 믿는다면 반드시 예수 그리스도께서 하신 계명을 지켜 실행한다. 그것이 믿는 것이다.

'영생'에 대해서 물었던 부자, 곧 오늘날 목사에게 예수 그리스도께서 대답하셨다, 계명들을 지키라고~ 사실은 부자도, 예수 그리스도께서도 영의 말은 무슨 뜻인지 모르고 묻고, 대답하셨다. 우리는 이미 영생을 믿기에 한 몫의 삶을 버리고 하나님의 계명을 따라 지켜 실행했다. 곧 의의 후사가 우리라는 것을 우리의 언행으로 시인한 것이고, 이렇게 '의'를 행한 우리는 마5:10~12절에 예수님께서 천국의 상속자들이라고 말씀해 두셨다.

마5:10~12 ¹⁰의를 위하여 핍박을 받은 자는 복이 있나니 천국이 저희 것임이라 ¹¹나를 인하여 너희를 욕하고 핍박하고 거짓으로 너희를 거스려 모든 악한 말을 할 때에는 너희에게 복이 있나니 ¹²기뻐하고 즐거워하라 하늘에서 너희의 상이 큼이라 너희 전에 있던 선지자들을 이같이 핍박하였느니라 그래서 의인은 대적자들이 반드시 있다. 창세 이래 첫 순교자 아벨부터 모든 순교자들이 그랬고, 하나님의 아들 예수님까지 다 이러했다. 하물며 육체도 죽지 아니하고 살아서 천국을 영원히 누리는 상속자들이다. 지금 이 본문은 명백하게 '의'에 대해서 모든 진리 가운데로 인도하는 진리의 성령과 영생을 함께 얻는 거룩한 떡덩이들인 우리에 대한 예언이다. 본문의 '상'은 천년왕국에 들어가는 것이 상이다. 그러므로 이 '의'는 나와 우리에게 실상이 된다.

시103:17~18 [17]여호와의 인자하심은 자기를 경외하는 자에게 영원부터 영원까지 이르며 그의 의는 자손의 자손에게 미치리니 [18]곧 그 언약을 지키고 그 법도를 기억하여 행하는 자에게로다

그래서 14년째 이 언약은 영원한 언약이다. 전대미문의 새 언약이라고 하는 이유가 단 한 세대도 노아에게, 아브라함에게 하신 언약이 실상이 된 적이 없었기 때문이고 이는 지나온 역사가 증명해 주고, 하나님의 의를 아무도 몰랐다는 명백한 증거다. 전 성경 기록 목적이 바로 지금 이 세대이며, 진리의 성령이 실상이 되어야 이 예언이 사실이 되어 땅에 그대로 성취되는 것이었다. 그리고 반드시 19절의 예언을 성취하신다. 이렇게 경영하시기 위해서 기초를 세우시고 있다. "여호와께서 그 보좌를 하늘에 세우시고(이 말씀을 문자 그대로만 보면 사람들이 상상한다. 하나님께서는 당신이 창조하신 이 세상에 하나님 나라를 세우신다. 다른 말로 표현하면 하나님께서 통치하시는 새로운 세상이다.) 그 정권

으로 만유를 통치하시도다" 이렇게 하시기 위해서 오는 세상의 주인들은, 곧 의의 후사들은 '의'를 깨달아야 한다.

시118:19~20 [19]내게 의의 문을 열찌어다 내가 들어 가서 여호와께 감사하리로다 [20]이는 여호와의 문이라 의인이 그리로 들어가리로다

이 문을 2천 년간 예수 그리스도의 이름으로 가두어 두셨다. 창세 이래 절대 다른 세대가 아니고, 하나님께서 친히 가르치실 때, 곧 **요6:45절**의 말씀이 실상이 된 날이 2008년 6월 16일이었다.

요6:45 선지자의 글에 저희가 다 하나님의 가르치심을 받으리라 기록되었은즉 아버지께 듣고 배운 사람마다 내게로 오느니라

사람들이 오해하면 안 되니까 하나님께서는 친히 진술하시지 않으신다. 이를 믿으라고 이미 3421년 전에 예언해 두셨다.

이 땅에 재앙을 일으키는 자들

하나님과 변쟁하는 자들

욥33:13 하나님은 모든 행하시는 것을 스스로 진술치 아니하시나니 네가 하나님과 변쟁함은 어찜이뇨

'변쟁'이란 '말다툼하다, 논쟁하다'라는 뜻이다. 나를 통한 이 일을 "이단이니~ 사이비니~" 하는 자들, 이인규를 비롯하여 2021년 7월 22일 이 시간까지 거짓말로 고소하고 훼방하며 짓밟고 혀로, 손가락으로, 말로, 글로 치욕을 주는 자들이 본문에 "네가 하나님과 변쟁함은 어찜이뇨"의 실상의 주인공들이다. 이 진리를 의심하고 안 믿는 자들도 다 이에 해당한다. 전 성경은 창세 이래 하나님께서 행하시는 일을 1600년간

사람 저자 40여 명을 사용하셔서 기록하신 이유도 이 때문이고, 말씀을 하실 때도 대언하는 사람을 사용하셨고, 일을 하실 때도 사람을 사용하셨다. 이를 명백하게 보여 주신 분이 하나님의 아들 예수 그리스도셨다.

특히 이 본문의 '진술'이라는 단어는 ①자세히 벌여 말하다, 또는 그 말 ②소송 당사자나 관계인이 법원에 대하여 사건에 관한 사실이나 법률상의 의견을 말함, 또는 그 내용을 말한다. 참 이상하지 않느냐? 하나님을 소송할 사람이 어디 있나? 그런데 왜 이렇게 말씀하셨을까? 사람 생각으로 욥이 억울해서? 아니다. 욥에게는 당시에 소송장이 없었다. 예수 그리스도께서도 소송장이 없었다. 이 본문은 하나님께서 행하시는 일을 지켜 실행하다가 당한 소송에 대한 진술을 뜻한다. 특히 하나님께서 모든 행하시는 것이라고 하신다. 이때가 될 때까지 성경이 모든 것을 죄 아래 가두어 둔 것이다.

왜 나를 통해서 하시는 일이 하나님께서 행하시는 일인지, 이 일을 대적하는 것은 하나님과 변쟁, 곧 다투는 일인지, 논쟁하는 일인지, 왜 나를 송사한 이 일이 이 본문에 해당하는지 증명한다.

사41:21~24절인데 1~25절을 모두 찾아서 교독하거라. 그리고 21~24절을 다시 보자.

사41:21절에 "²¹나 여호와가 말하노니(성경을 가지고 설교하는 자의 말은 반드시 온 우주 만물을 창조하신 살아 계신 하나님의 말씀이 되어야 한다. 곧 성경 몇 절 읽어 놓고 사람의 소리로 하는 성경과 다른 거짓말은 "나 여호와가 말하노라"라고 하신 말씀이 아니다. 당시 이사야 선지자도 하나님의 말씀을 진술했으나, 하나님의 행하심을 다 진술한 것이 아니었다. 하나님의 행하신 일은 영원히 있다. 그런데 결과는 이렇게 대언한 그도 영원히 있지 않은 것이 그 증거다. 그래서 이 말씀은 당시에 실상이 될 일이 아니라 하나님께서 행하시는 모든 일을 진술할 때 실상이 될 예언이고, 여호와의 날, 인자의 날, 2021년 지금 이 세대, 성경에 기록된 모든 언약을 땅에 실상이 되게 하시는 하나님의 정하신 때에 이루어진다.

전 성경 기록 목적은 장래 세대 다시 창조함을 받을 백성들을 위해 기록하셨다. 노아의 홍수, 롯의 유황불 심판이 당시에 끝난 사건이 아니라는 뜻이다. 이 사실을 깨달아야 지금 이때가 얼마나 중요한 때인지 알게 되며, 혀로 말로만 "오직 예수" 하는 데서 하나님께로 돌아서지 아니하면 전 성경에 기록된 모든 재앙을 피할 길이 없다.

2021년 7월 22일 뉴스에 미국 13개 주에서 80개의 대형 산불이 일어나서 진화가 되지 않고 11월이 되어야 완전히 진화될 것이라고 한다. 불연기 기둥이 솟아서 100km 이상 떨어진 곳에서도 보인다고 방송했다. 캐나다에서는 섭씨 50도까지 기온이 올라 6월부터 더위로 700여 명이 사망했다고 나왔고,[9] 중국에 쓰촨성, 허난성 정저우시에는 1000년 만에 내리는 폭우로 인해 달리는 지하철에 물이 차서 사람이 죽고,[10] 댐은 붕괴 위기에 있으며, 십만 명이 대피하고,[11] 독일에서는 100년 만의 홍수로 제2차 대전 때보다 더한 폐허가 되었다고 계속 뉴스에 나왔다.[12]

이는 물 심판과 불 심판을 내리시고 계신 것이다. 2021년 지금 이 세대가 노아의 때와 롯의 때와 같은 인자의 때다. 성경을 보는 사람들은 예수 그리스도만 인자라고 생각하여 예수 그리스도께서 다시 재림하셔서 이 세상을 심판하신다고 자신들 마음대로 생각한다. 인자에 대한 해답도 성경 속에 있다.

곧 **요6:27절**에 "²⁷썩는 양식을 위하여 일하지 말고 영생하도록 있는 양식을 위하여 하라 이 양식은 인자가 너희에게 주리니 인자는 아버지 하나님의 인치신 자니라(라고 하셨다. 지금 전 세계 성경을 사용하는 모든 지도자들이 썩는 양식을 먹이는 자들이 되어 성경과 다른 거짓말로 가르친 결과로 인해 하나님의 심판을 받고 있는 것이다. 영생하도록 있는 양식을 하나님께서 나를 사용하셔서 14년째 먹이고 계시는데도 도리어 대적하여 우상들이 "이단이니~사이비니~" 정죄하므로 결국 감옥에까지 가둔 것이다. 이는 하나님께서 행하시는 일을 우상들이 소송을 하고 쟁변하는 것이다. 곧 하나님의 행하시는 일을 모르고 대적하고 싸우는 치명적인 죄를 지은 것이다.

하나님께서 행하시는 일은 영원히 있는데, 곧 사람이 육체도 죽지 아니하고 영원히 사는 온전한 영생을 할 수 있는데 이런 하나님의 하시는 일을 거절하고 도리어 대적한 것이다. 혀로 "주여 주여", "오직 예수" 한다고 예수 그리스도를 믿는 것이 아니고, 곧 하나님의 일을 하는 것이 아니라는 뜻이다. 그래서 이렇게 묻고 대답해 두셨다.) ²⁸저희가 묻되 우리가 어떻게 하여야 하나님의 일을 하오리이까 ²⁹예수께서 대답하여 가라사대 하나님의 보내신 자를 믿는 것이 하나님의 일이니라 하시니"라고 하셨다.

하나님께서는 영원히 계시는 분이시니까 하나님께서 인치신 자 또한 영생하도록 있는 양식을 먹이시는 하나님의 가르치심을 대언하는 나에 대한 예언이며, 이미 영생하도록 있는 양식을 온전하게 먹이고 있다. 그 증거가 욥33:14~33절에 예언되어 있다. 왜 14년째 이 일이 영생하도록 있는 양식을 먹이는 나에 대한 일인지 하나님께서 친히 증거하셔서 3421년 전의 이 예언이 이미 이 땅에 실상이 되었고, 이 일로 인하여 내가 송사를 당해 2021년 7월 23일 새벽이니, 오늘이 만 3년째 되는 동안 옥에 갇혀 있다.

이렇게 성경에 기록된 예언이 사실이 되어 성취되고 있고, 피지 은혜로교회 성도들은 영생하도록 있는 양식을 위해 일하고, 이미 하나님의 선한 일을 땅에서 이루고 있다. 이런 일을 두고 대적한 것은 하나님과 다투는 일이며, 하나님과 논쟁하는 일이다.

세상에 우연은 단 하나도 없다. 코로나19 바이러스는 우연이 절대 아니다. 나를 감옥에 가두어 두면 어떤 일들이 일어나는지 다 겪을 것이고, 나를 통해서 하시는 하나님의 말씀으로 전 세계 사람들이 돌아오지 아니하면 지금 이 재앙은 빙산의 일각이다. 이미 하나하나 징벌하시고 경고하시며 말씀대로 심판하시고 계셔도, 이상 기후만 외치는 사람의 소리로는 절대 이 재앙을 피할 길이 없다. 전 세계 삼분의 일이 죽고, 또 삼분의 일이 죽을 것이라고 이미 14년째 심판에 대한 예언을 했고, 영원히 계속할 것이다. 하나님께로 돌아서지 아니하면 전 성경에 기록된 모든 재앙이 다 내린다. 악인들이 지배하는 세상은 6일, 구약 4천 년, 신약 2천 년으로 그 기간이 끝났다.

온 세상에 있는 모든 문제와 해답을 하나님의 말씀에서 찾고, 하나님의 말씀대로 지켜 실행하지 아니하면, 혜로 "오직 예수" 하며 성경과 다른 거짓말로 가르치고 지옥으로 보내는 자들, 우상들이 서 있는 하나님의 집에서부터 먼저 심판하신다. 혀로 "주여 주여" 하며 기도하는 자들이 먼저 심판을 받는다.

이제 시간이 없다. 이미 하나님께서 2008년 6월 16일부터 친히 은혜로교회 목사인 나를 통해 일하시고 계신다. 기록된 예언이 모두 사실이 되어 이루어지고 있다.

욥33:14~33절을 보자. "¹⁴사람은 무관히 여겨도 하나님은 한 번 말씀하시고(한 번 말씀하신 기간이 크게는 6일이었다. 이때까지는 성경이 모든 것을 죄 아래 가두어 두는 기간이었다. 세미하게는 이미 매일매일 14절의 말씀이 사실이 되어 14년째 이루어지고, 창세 이래 지금 이 시간까지 이루어지고 있다.) 다시 말씀하시되(히브리서 8장의 예언이 사실이 되어 14년째 다시 예언, 다시 창조하시고 계신다. 곧 진리의 성령을 통하여 다시 말씀하시고 계신다.)

¹⁵사람이 침상에서 졸며 깊이 잠들 때에나 꿈에나 밤의 이상 중에(이 기간이 한 번 말씀하신 구약 4천 년, 신약 2천 년 기간이다. 이 기간은 2021년 7월 23일 이 시간까지 전 세계 모든 사람들이 이런 영적인 상태로 살고 있다. 이 사실을 13년이 지난 이제야 은혜로교회 성도 중에 알아듣는 성도, 하나님의 아들들이 나왔다. 믿든 안 믿든 이는 사실이다. 창세 이래 단 한 세대도 이렇게 하나님의 아들들이 실상이 되는 때는 없었다. 이에 대해서는 이미 다 증명해 두었다.

모든 사람들은 하나님을 모르면 15절의 이 예언대로 땅에서 한 몫의 삶을 살다가 육체가 죽으면 영원한 심판을 받는다. 사람들이 마음대로 육체가 죽으면 하늘나라에 갔다는 것은 거짓말이다. 전 세계 모든 사람의 소리일 뿐, 창조주 하나님께서는 하나님의 법대로 경영하시는 하나님이시다. 따라서 이 진리를 모르면 차라리 사람으로 태어나지 않는 것이 더 유익하다. 이런 영적인 상태에 있을 때, 2008년 6월 16일부터 **욥33:14~33절**의 예언대로 다시 말씀하시고 계시고, 이렇게 하시는 이유도 다 사실이 되어 14년째 이루어지고 있다.)

¹⁶사람의 귀를 여시고 인치듯 교훈하시나니(하나님께서 이미 나를 **호2:19~20절**의 예언이 사실이 되게 하셔서 영생하도록 있는 양식을 먹이시며 다시 택하신 이스라엘 백성들을 하나님께서 인치시듯 교훈하시고 계시고, 영생하는 사람들이 일하고 있는 곳이 피지, 곧 성경에 감추어 두신 하나님께서 약속하신 땅에 있다. 이곳에서 하나님의 일을 하고 있는 우리를 짓밟은 자들, 허건 형사부터 너희들이 무슨 짓을 했는지 사실대로 2021년 6월 16일부터 밝히고 있다. 이들은 하나님의 행하시는 일을 실상으로 대적한 대적자들이다. 이 일을 대적한 결과 치명적인 보응으로 각자 재앙을 받을 것이다.

따라서 하나님의 가르치심을 전하고, 하나님의 인치시는 자는 지금 이 세대는 '나'다. 이미 창세기부터 요한계시록까지, 3421년 전부터 전 성경 저자 40여 명을 통해서 예언해 두셨고, 사실이 되었다. 이렇게 다시 말씀하시는 이유는)

¹⁷이는 사람으로 그 꾀를 버리게 하려 하심이며 사람에게 교만을 막으려 하심이라(창세 이래 2021년 7월 23일 지금 이 시간까지 땅에 살았고, 현재 살고 있는 모든 사람들이 다 이에 해당한다. 현재 코로나19

재앙도, 홍수도, 불의 재앙도 기후 변화가 아니라, 모든 사람의 꾀를 버리게 하시는 하나님의 징계하심이다.

'꾀'란 사람이 일을 교묘하게 꾸미는 생각이나 수단을 뜻한다. 그래서 '꾀를 부리다'라는 말이 생긴 것이다. 일을 하기 싫어서 꾀를 부리는 것이 예수 이름 사용하는 귀신들의 근본이고, 땅에 사는 모든 사람들이 다 이러하다. 이미 이에 대해서 하나님께서 심판해 두셨다.

증명한다. **창6:5절**이며, 이로 인하여 땅에 홍수가 나서 방주 안에 들어간 노아의 가족 외에 다 죽었다. 이것이 물 심판을 받은 원인이며, 지금 이 세대가 이렇게 실상이 된다.

창6:5~8 [5]여호와께서 사람의 죄악이 세상에 관영함과 **그 마음의 생각의 모든 계획이 항상 악할 뿐임을** 보시고 [6]땅 위에 사람 지으셨음을 한탄하사 마음에 근심하시고 [7]가라사대 나의 창조한 사람을 내가 지면에서 쓸어 버리되 사람으로부터 육축과 기는 것과 공중의 새까지 그리하리니 이는 내가 그것을 지었음을 한탄함이니라 하시니라 [8]**그러나 노아는 여호와께 은혜를 입었더라**

노아는 믿음으로 말미암아 의의 후사, 곧 하나님의 나라 상속자가 된 것이다. 2021년 지금 이 세대에 온전히 실상이 될 모형을 3421년 전에 예언해 두셨으며, 이 세대에 실상이 된다. **겔14:12~23절**의 예언이 이 세대 7년 대환난에 실상이 되어 네 가지 중한 벌인 '기근, 사나운 짐승, 칼, 온역, 곧 코로나19 전염병'을 내릴 때인 지금 이 세대는 노아, 다니엘, 욥 이 세 사람이 있다고 해도 그 셋은 자신들의 의로 자신의 생명만 건짐받는다고 하신 것이다. 이미 이 예언대로 사실이 될 것을 나는 14년째 실상으로 보고 있다. 그래서 나에 대한 **사52:1~2절**의 예언대로 피지에 있는 은혜로교회 성도부터 먼지를 떨어 버리고 있다. 이는 다음 예언이 사실이 된 것이다.

> **렘6:16~21** [16]여호와께서 이같이 말씀하시되 너희는 길에 서서 보며 옛적 길 곧 선한 길이 어디인지 알아보고 그리로 행하라 너희 심령이 평강을 얻으리라 하나 그들의 대답이 우리는 그리로 행치 않겠노라 하였으며 [17]내가 또 너희 위에 파숫군을 세웠으니 나팔 소리를 들으라 하나 그들의 대답이 우리는 듣지 않겠노라 하였도다 [18]그러므로 너희 열방아 들으라 회중아 그들의 당할 일을 알라 [19]**땅이여 들으라 내가 이 백성에게 재앙을 내리리니 이것이 그들의 생각의 결과라** 그들이 내 말을 듣지 아니하며 내 법을 버렸음이니라 [20]시바에서 유향과 원방에서 향품을 내게로 가져옴은 어찜이뇨 나는 그들의 번제를 받지 아니하며 그들의 희생을 달게 여기지 않노라 [21]그러므로 나 여호와가 이같이 말하노라 보라 내가 이 백성 앞에 거침을 두리니 아비와 아들들이 한가지로 거기 거치며 이웃과 그 친구가 함께 멸망하리라

사람의 생각은 하나님의 계명대로 살기를 싫어하고, 꾀를 내어 교묘하게 예수님이 인류의 모든 죄를 다 지시고 죽으셨으며 어떤 죄를 지어도 다 용서하셨다고 거짓말로 가르친 결과, 기독교인들의 생각은 가

르치는 귀신이 주인이 되어 하나님의 행하심을 대적하고, 수많은 꾀를 내어 더 타락하고 부패하게 만들었다. 이로 말미암아 내리는 재앙이 홍수요, 불 심판이며, 바이러스 전염병이다.

하나님을 인정 안 하는 자들이 하나님께서 내리시는 재앙을 두고 기후 변화라고 하며 또 다른 꾀를 낸다. 기후 변화라면 노아 당시도 기후 변화였을까? 그때는 지금 누리고 있는 모든 문명의 혜택인 비행기, 자동차, 컴퓨터, 로켓, 난방, 석유 등등 모든 것을 누리며 살아서 홍수로 심판하셨느냐? 온 천하에 잘났다고 하는 모든 사람들은 다 답을 생각해 봐라. 기후 변화를 외치며 탄소세 운운하는 자들도 결국 잘난 척 꾀를 내어 교묘하게 일을 꾸미는 수단일 뿐이다. 이런 것을 버리라고 징계하시는 것이다.

하나님이 만드신 것은 영원히 있다. 만물의 영장인 사람이 꾀를 내어 하나님의 말씀을 부인하고 대적하는 것을 버리면 하나님처럼 살 수 있다. 14년째 증명하고 있다. 모든 문제와 해답은 성경 속에 다 있다. 다만 사람에게, 아무 사람에게 알게 하지 않으신 것뿐이다. 그래서 다음과 같이 예언해 두셨다.

시1:1~2 ¹복 있는 사람은 악인의 꾀를 좇지 아니하며 죄인의 길에 서지 아니하며 오만한 자의 자리에 앉지 아니하고 ²오직 여호와의 율법을 즐거워하여 그 율법을 주야로 묵상하는 자로다

이 말씀대로 지켜 실행하는 자들이 나와 은혜로교회 성도들이다.

그런데 이 일을 대적하고 부인하는 악인들은 **시5:9~10절**의 예언, 유언 하신 대로 사실이 된다.

시5:9~10 [9]저희 입에 신실함이 없고 저희 심중이 심히 악하며 저희 목구멍은 열린 무덤 같고 저희 혀로는 아첨하나이다 [10]**하나님이여 저희를 정죄하사 자기 꾀에 빠지게 하시고** 그 많은 허물로 인하여 저희를 쫓아내소서 저희가 주를 배역함이니이다

이런 자들은 **시10:2절**에 "악한 자가 교만하여 가련한 자를 심히 군박하오니 **저희로 자기의 베푼 꾀에 빠지게 하소서**"라고 하신 이 예언대로 지금 전 세계가 이러하다.

백신만이 해답이라고 하여 잘사는 선진국에서 백신을 자랑해도 부익부 빈익빈은 더 양극화되고, 잘산다고 자랑하는 나라에서 더 많은 코로나 확진자가 나오고, 더 강한 바이러스가 발생하고, 백신을 맞아도 돌파 감염이 되어 또 확진자가 나오고 왜 이럴까? 이제 각 나라 각자 잘났다고 떠드는 위정자들이 자기 꾀에 빠져서 다 드러날 것이다. 영국 총리는 다시 격리에 들어갔다고 나왔다.[13] 델타 바이러스 양이 1000배나 된다고 하며 미국에 하루 확진자가 7월 23일 뉴스에 4만 명이라고 나왔다.[14] 하나님을 인정하지 아니하는 지도자들의 실체가 어찌 되는지 다 볼 것이다.

이는 **시10:4~8절**의 예언이 실상이 되고 있는 증거다. 또 **시9: 15~18절**에 "[15]열방은 자기가 판 웅덩이에 빠짐이여 그 숨긴 그물에 자기 발

이 걸렸도다 ¹⁶여호와께서 자기를 알게 하사 심판을 행하셨음이여 악인은 그 손으로 행한 일에 스스로 얽혔도다 ¹⁷악인이 음부로 돌아감이여 하나님을 잊어버린 모든 열방이 그리 하리로다(그러므로 14년째 이 일, 곧 하나님의 행하심을 온 세상 사람들이 무관하게 여겨도 하나님은 한 번 말씀하시고, 또 다시 말씀하시는 것은 사람을 사랑하셔서 단 한 세대도 없었던 영원한 언약이 2021년 현재 14년째 사실이 되어 이루어지고 있고, 이는 사람들로 하여금 자신들의 꾀를 버리게 하시고 교만을 막으려고 하시는 것이다. 각자 재앙을 받는 것은 생각의 결과다. 홍수로, 불로, 전염병으로 징벌하시는 하나님의 행하심을 인정해야 이 모든 재앙을 피할 수 있다.) ¹⁸그는 사람의 혼으로 구덩이에 빠지지 않게 하시며 그 생명으로 칼에 멸망치 않게 하시느니라"

육체가 죽어서 무덤에 들어가는 것을 뜻한다. 렘41:7절에 "그들을 죽여 구덩이에 던지니라"라고 하셨고, 시94:13절에는 "악인을 위하여 구덩이를 팔 때까지"라고 예언해 두셨다.

시94:1~23 ¹여호와여 보수하시는 하나님이여 보수하시는 하나님이여 빛을 비취소서 ²세계를 판단하시는 주여 일어나사 **교만한 자에게 상당한 형벌을 주소서** ³여호와여 악인이 언제까지, 악인이 언제까지 개가를 부르리이까 ⁴저희가 지꺼리며 오만히 말을 하오며 **죄악을 행하는 자가 다 자긍하나이다** ⁵여호와여 저희가 **주의 백성을 파쇄하며 주의 기업을 곤고케 하며** ⁶과부와 나그네를 죽이며 고아를 살해하며 ⁷말하기를 여호와가 보지 못하며 야곱의 하나님이 생각지 못하리라 하나이다 ⁸백성 중

우준한 자들아 너희는 생각하라 무지한 자들아 너희가 언제나 지혜로울 꼬 ^{9}귀를 지으신 자가 듣지 아니하시랴 눈을 만드신 자가 보지 아니하시랴 ^{10}열방을 징벌하시는 자 곧 지식으로 사람을 교훈하시는 자가 징치하지 아니하시랴 ^{11}**여호와께서 사람의 생각이 허무함을 아시느니라** ^{12}여호와여 주의 징벌을 당하며 **주의 법으로 교훈하심을 받는 자가 복이 있나니** ^{13}이런 사람에게는 환난의 날에 벗어나게 하사 악인을 위하여 **구덩이를 팔 때까지 평안을 주시리이다** ^{14}여호와께서는 그 백성을 버리지 아니하시며 그 기업을 떠나지 아니하시리로다 ^{15}판단이 의로 돌아가리니 마음이 정직한 자가 다 좇으리로다 누가 나를 위하여 일어나서 행악자를 치며 ^{16}누가 나를 위하여 일어서서 죄악 행하는 자를 칠꼬 ^{17}여호와께서 내게 도움이 되지 아니하셨더면 내 혼이 벌써 적막 중에 처하였으리로다 ^{18}여호와여 나의 발이 미끄러진다 말할 때에 주의 인자하심이 나를 붙드셨사오며 ^{19}내 속에 생각이 많을 때에 주의 위안이 내 영혼을 즐겁게 하시나이다 ^{20}율례를 빙자하고 잔해를 도모하는 악한 재판장이 어찌 주와 교제하리이까 ^{21}저희가 모여 의인의 영혼을 치려 하며 무죄자를 정죄하여 피를 흘리려 하나 ^{22}여호와는 나의 산성이시요 나의 하나님은 나의 피할 반석이시라 ^{23}저희 죄악을 저희에게 돌리시며 저희의 악을 인하여 저희를 끊으시리니 여호와 우리 하나님이 저희를 끊으시리로다

이 예언도 예수 그리스도에 대한 예언이 아니고, 여호와의 날, 인자의 날에 의를 지켜 실행한 일로 송사에 걸리고 핍박을 받는 나와, 나를 이단, 사이비라고 정죄한 악한 재판장이 잔해를 도모하여 감옥에까지

가두고 온 세상에 치욕을 준 그들에 대한 결과까지 예언되어 있다. 악인을 위하여 구덩이를 팔 때까지 하나님께서 지키시고, 그들이 하는 모든 언행을 하나님께서 다 아시고 반드시 보응하신다. 따라서 악인은 반드시 자기가 판 구덩이에 들어간다.

이사야 14장에서 '구덩이'는 음부, 곧 지옥 불을 뜻하셨다. 12~15절에 귀신의 처소 바벨론 왕에 대한 판결이 예언되어 있다. 또한 이 구덩이, 곧 악인을 위하여 구덩이를 팔 때에 대해 1~2절에 예언되어 있다. 곧 이스라엘을 다시 택하실 때인 지금 이 세대다. 히브리서 8장의 새 언약으로 만세 전에 택하여 두신 하나님 나라의 상속자들이 실상이 되는 때가 악인들을 위해 구덩이를 파는 때다. 이때까지 그들은 하는 일마다 잘되고, 성경과 다른 거짓말로 교인들을 죽이고 파쇄하며, 의인을 괴롭히고 핍박하는 자들, 곧 악한 재판장이라는 것을 아무도 모르니까 평안했던 것이다.

오죽하면 하나님께서 "누가 일어나서 행악자들, 죄악을 행하는 자들을 칠꼬"라고 하셨을까? 성경을 사용하면서 진리는 단 한 절도 모르고 설교하며 가르치는 귀신의 처소는 자기를 위하여 판 구덩이인 줄 모른다. 그래서 날마다 호화로이 연락하고 평안했던 것이다. 이들은 성경이 모든 것을 죄 아래 가두어 둔 기간에 자신이 죽을 짓만 일생하다가, 아무것도 모르고 육체가 죽으면 영원히 다시 기회가 없는 구덩이, 곧 음부인 지옥 불구덩이에 들어간다. 그래서 그들에게 육체가 살아 있을 때 자신의 실체를 듣든지 아니 듣든지 알려 주어야 한다.

사14:1~2 ¹여호와께서 야곱을 긍휼히 여기시며 이스라엘을 다시 택하여 자기 고토에 두시리니 나그네 된 자가 야곱 족속에게 가입되어 그들과 연합할 것이며 ²민족들이 그들을 데리고 그들의 본토에 돌아오리니 이스라엘 족속이 여호와의 땅에서 그들을 얻어 노비를 삼겠고 전에 자기를 사로잡던 자를 사로잡고 자기를 압제하던 자를 주관하리라

이 예언이 14년째 실상이 되어 여호와의 땅, 곧 만세 전에 택하신 하나님의 백성들, 이스라엘을 다시 택하셔서 이주하게 하실 때가 악인들을 위하여 구덩이를 팔 때다. 이 악인들, 귀신의 처소 바벨론 왕을 다음과 같이 말씀하셨다.

사14:12~15 ¹²너 아침의 아들 계명성이여 어찌 그리 하늘에서 떨어졌으며 너 열국을 엎은 자여 어찌 그리 땅에 찍혔는고 ¹³네가 네 마음에 이르기를 내가 하늘에 올라 하나님의 뭇별 위에 나의 보좌를 높이리라 ¹⁴가장 높은 구름에 올라 지극히 높은 자와 비기리라 하도다 ¹⁵그러나 이제 네가 음부 곧 구덩이의 맨 밑에 빠치우리로다

'별'은 성경을 가지고 설교하는 사제, 목사, 곧 지도자를 뜻한다. 이 별은 **계8:10~11절**에 "¹⁰세째 천사가 나팔을 부니 횃불같이 타는 큰 별이 하늘에서 떨어져 강들의 삼분의 일과 여러 물 샘에 떨어지니 ¹¹이 별 이름은 쑥이라 물들의 삼분의 일이 쑥이 되매 그 물들이 쓰게 됨을 인하여 많은 사람이 죽더라"라고 예언하신 대로, 이 귀신의 처소 바벨론의

지도자인 목사이며, 전 세계 열국을 엎은 자다.

　천주교 교회를 보라. 전 세계 천주교인들을 엎었고, 한국에서 전 세계에 유명한 목사인 귀신론 대가가 열국을 엎었다. "예수 이름으로 귀신아 떠나갈지어다"라는 말로 온 세계 기독교인들을 미혹하여 불법하는 자들이 되게 했고, 귀신이 가르친 방언을 성령받은 증거라고 속여 온 세상의 기독교인들을 엎었다. 하늘의 일, 곧 하나님의 말씀을 땅에 속한 말로 지어내서 가르친 것을 두고 이렇게 말씀하신 것이다.

　예수 이름 사용하여 예수님을 흉내 내고, 귀신 쫓고, 병 고치고, 혀로 자신도 모르는 소리를 지절거리는 것을 방언기도라고 가르치고, 성령받은 것이라고 가르치며 얼마나 많은 목사들과 교인들을 지옥에 보냈는지~ 이사야 선지자를 통해서 이런 자들이 지옥의 사자요, 지옥 불의 소리를 하여 교인들을 죽이는 영적인 살인자들이라고 예언해 두신 것이다. 이 별 이름을 '쑥별'이라고 한 것은 이런 목사의 입에서 나오는 설교가 다음 말씀에 해당하기 때문이다.

잠5:3~6 ³대저 음녀의 입술은 꿀을 떨어뜨리며 그 입은 기름보다 미끄러우나 ⁴나중은 쑥같이 쓰고 두 날 가진 칼같이 날카로우며 ⁵그 발은 사지로 내려가며 그 걸음은 음부로 나아가나니 ⁶그는 생명의 평탄한 길을 찾지 못하며 자기 길이 든든치 못하여도 그것을 깨닫지 못하느니라

　'음녀'라고 한 것은 혀로 "오직 예수, 하나님" 하고 말만 하고, 교회를 세워 놓고 하나님, 예수님은 안 믿는 자, 교인들을 도리어 지옥에 보

내는 목사를 두고 음녀라고 한다. 그래서 귀신의 처소 바벨론 왕은 '큰 음녀, 음녀들의 어미'라고 하고, 이런 음녀인 목사 한 사람이 일생 얼마나 많은 음녀를 만들어 내는지 순복음교회를 보아라. 그는 자신이 하늘에서 땅에 떨어진 아침의 아들 계명성인 줄 모른다. 김기동 목사가 자신이 계8:10~11절의 예언의 실상이며, 잠5:3~6절의 음녀, 가르치는 귀신인 줄 모른다.

"예수님이 모든 인간의 죄를 다 지시고 십자가에 죽으셨다, 예수 믿습니다 하면 어떤 죄도 다 용서받았다"라고 하는 음녀들, 이들이 내는 말이 꿀같이 달고 미끄러워서 목에 잘 넘어가나 그 결국은 지옥 불, 곧 음부로 내려가는 자가 하는 설교로서, 이런 목사, 사제를 '쑥별'이라고 하신 것이다.

또 암5:7절에는 이들이 하는 설교를 두고 "공법을 인진으로 변하며 정의를 땅에 던지는 자들아"라고 하셨고, 암6:12~13절에는 "¹²말들이 어찌 바위 위에서 달리겠으며 소가 어찌 거기 밭 갈겠느냐 그런데 너희는 공법을 쓸개로 변하며 정의의 열매를 인진으로 변하며 ¹³허무한 것을 기뻐하며 이르기를 우리의 뿔은 우리 힘으로 취하지 아니하였느냐 하는 자로다"라고 하셨다.

'공법'이란 하나님의 나라와 하나님의 백성들의 관계를 규정하는 법률, 창조주 하나님과 피조물인 사람 사이를 바르게 규정하는 법, 영혼 성전 건축을 하는 방법인 하나님의 말씀을 뜻한다. 이런 하나님의 말씀을 가지고 자신들이 거짓말로 변개시켜서 교인들을 죽이는 자들을 이렇게 말씀하신 것이다.

이들이 일생하는 목회를 두고 **욥20:12~29절**에 판결해 두셨다.

"**12**그는 비록 악을 달게 여겨 혀 밑에 감추며 **13**아껴서 버리지 아니하고 입에 물고 있을찌라도 **14**그 식물이 창자 속에서 변하며 뱃속에서 독사의 쓸개가 되느니라 **15**그가 재물을 삼켰을찌라도 다시 토할 것은 하나님이 그 배에서 도로 나오게 하심이니 **16**그가 독사의 독을 빨며 뱀의 혀에 죽을 것이라(지금 전 세계 성경을 사용하는 모든 종교인들이 다 이렇게 독사의 독을 빨고, 뱀, 곧 사단, 마귀의 설교에 죽어 있다. 전부 예수 이름으로 일만 악의 뿌리인 돈과 연관하여 하는 모든 설교, 성경과 다른 거짓말에 영적인 살해를 당하고 있는 것을 이미 3421년 전에 다 예언해 두셨다. 원수, 대적자들이 하나님의 아들을 창으로 옆구리를 찔러 물과 피가 땅에 흐르게 하는 것을 예언해 두셨는데, 이런 영적인 상태가 2천 년간 이어져 온 것을 몰랐던 것이다. 예수 이름 사용하는 귀신의 처소에서 하는 언행, 곧 목회가 이러하다.)

17그는 강 곧 꿀과 엉긴 젖이 흐르는 강을 보지 못할 것이요 **18**수고하여 얻은 것을 도로 주고 삼키지 못할 것이며 매매하여 얻은 재물로 즐거워하지 못하리니 **19**이는 그가 가난한 자를 학대하고 버림이요 자기가 세우지 않은 집을 빼앗음이니라 **20**그는 마음에 족한 줄을 알지 못하니 그 기뻐하는 것을 하나도 보존치 못하겠고 **21**남긴 것이 없이 몰수히 먹으니 그런즉 그 형통함이 오래지 못할 것이라 **22**풍족할 때에도 곤액이 이르리니 모든 고통하는 자의 손이 그에게 닿으리라 **23**그가 배를 불리려 할 때에 하나님이 맹렬한 진노를 내리시리니 밥 먹을 때에 그의 위에 비같이 쏟으시리라 **24**그가 철 병기를 피할 때에는 놋활이 쏘아 뀔 것이요 **25**몸에서 그 살을 빼어 낸즉 번쩍번쩍하는 촉이 그 쓸개에서 나오고 큰 두려움이 그에게 임하느니라 [26]모든 캄캄한 것이 그의 보물을 위하여 쌓이고 사람이 피우지 않은 불이 그를 멸하며 그 장막에 남은 것을 사르리라

[27]하늘이 그의 죄악을 드러낼 것이요 땅이 일어나 그를 칠 것인즉 (이미 14년째 예수 이름 사용하는 음녀들, 용, 사단, 마귀, 귀신들, 쑥별, 계명성에 대해서 그 죄악을 드러내고 있다. 이들에 대한 이 예언대로 3421년이 지난 이 세대, 하나님의 이름, 예수 이름 사용하는 사제, 목사들, 교인들이 이런 영적인 상태가 되어 있다. 그래서 성경이 모든 것을 죄 아래 가두어 두었다고 하신 것이다. 이런 악인들이 일할 시기가 끝나서 이 예언대로 사실이 되어 다 패망한다.) [28]그 가산이 패하여 하나님의 진노하시는 날에 흘러가리니 [29]이는 악인이 하나님께 받을 분깃이요 하나님이 그에게 정하신 산업이니라"

이렇게 예수 이름, 하나님 이름 사용하는 지도자들이 하는 언행, 곧 공법을 쓸개로 바꾸어 예수 이름으로 교인들을 죽이는 사제, 목사들에 대한 예언이었다. 이런 예언이 그들 눈에는 한 절도 보이지 않고 도리어 자신들은 하나님께서 복을 주셨다고 거짓 자랑하고 교만하고 거만하여 절대 살아 계신 하나님의 말씀을 듣지 않는다. 이들은 전부 뭇별들로 모든 목사들, 천주교 사제들이 위에서 하나님 노릇, 예수 그리스도 노릇 하고 있다. 뭇별들 또한 자기 욕심에 끌려 그 부자 목사처럼 되고 싶어서 따라다니는 것이다. 큰 교회 부목사, 강도사, 전도사들이 다 이러하다는 것을 알면 '설마~' 하고 안 믿는다. 사람이 보아도 기본 인격도 되지 않은 집사들도 너도나도 목사를 하고 싶어서 이곳저곳 기웃거리는 귀신들

을 14년째 보았다.

진리를 한 절이라도 깨달으면 절대 귀신 노릇 할 수 없다. 귀신이 주인인 자는 하나님을, 예수 그리스도를 이용만 할 뿐 안 믿는다. 한 몫의 삶을 모두 버리지 아니하면 왜 하나님의 나라와 아무 관계가 없는지 영원히 증명할 것이다. 다시 창조가 되지 아니하면 모두 헛것이다.

쓸개 탄 포도주를 먹이는 자들

이런 음녀, 하늘에서 땅에 떨어진 쑥별, 지옥 불에서 나오는 소리를 일생하는 자들이 예수 이름 사용하는 자들이라는 증거는 또 있다.

욥16:13 그 살로 나를 사방으로 쏘아 인정 없이 내 허리를 뚫고 내 쓸개로 땅에 흘러나오게 하시는구나

이 예언은 당시 욥에 대한 실상이 아니라, 하나님의 아들 예수 그리스도에 대한 예언이다.

마27:34 쓸개 탄 포도주를 예수께 주어 마시게 하려 하였더니 예수께서 맛보시고 마시고자 아니하시더라

이 말씀은 예수 그리스도 이름으로 목회를 하는 사람들이 쑥별이 되어 쓴물을 먹이므로 열매가 다 인진이 된다는 비밀이 감추어져 있었다. 이 기막힌 사실을 당시 예수님은 모르셨다는 것을 이 세대 누가 믿겠느냐?

천국이 비밀이라고 해도, 비밀이라고 생각을 안 하는 기독교인들이다. 자신이 하는 설교가 무슨 뜻인지도 모르고 지껄이는 쑥별들은 눈이 있으나 보지 못하고, 귀가 있으나 듣지 못하는 영적인 소경이며, 귀머거리요, 말을 하고 있으나 하나님의 말씀을 한 절도 전하지 못하는 벙어리다. 이래서 몰각한 목자이며 '벙어리 개'라고 하셨고, 이들이 영적인 벙어리인 이유는 '귀신 들려 벙어리 된 것'이다.

진실로 사실이었다. 14년째 보고 있다. 이러니 이들이 교회를 세우고 강단에 서 있는 미운 물건, 우상이 되어 하나님의 자리에 서 있는 것이고, 이들의 하는 말만 믿고 성경과 다른 거짓말인 줄 모르고 있는 교인들은 우상숭배 하는 것이다. 이들을 두고 '마귀에게 제사한다'고 한 것이며, 썩는 양식을 위해 일한다고 한 것이다. 이들이 바로 '근래에 일어난 새 신들'이다. 열조들이 살아 있을 때 알지 못하던 자들이다.

신32:17 그들은 하나님께 제사하지 아니하고 마귀에게 하였으니 곧 그들의 알지 못하던 신, 근래에 일어난 새 신, 너희 열조의 두려워하지 않던 것들이로다

이렇게 예수 이름 사용하는 자들을 두고 '쓸개 탄 포도주'라고 하셨

으며, 맛을 보신 예수님은 마시고자 아니하셨다.

막15:23 몰약을 탄 포도주를 주었으나 예수께서 받지 아니하시니라

눅23:36절에는 "군병들도 희롱하면서 나아와 신 포도주를 주며"라고 하셨고, **요19:28~30절**과 **막15:36절**, **마27:48절** 세 군데 다 신 포도주를 받으신다. 그런데 **마27:34절**만 '쓸개 탄 포도주'라고 기록되어 있다. 이는 예수 이름을 사용하여 귀신도 쫓아내고, 권능도 행하고, 선지자 노릇 하는 대적자들이 있을 것을 예언한 것이다.

'몰약을 탄 포도주'에는 예수 그리스도를 믿는 자들인 우리에 대한 예언도 감추어져 있다. 또한 예수 이름만 가지고는 신 포도주밖에 되지 않는다는 뜻도 감추어져 있다. 곧 성경이 모든 것을 죄 아래 가두어 두는 기간이었다.

그래서 '쓸개'에 대해서 다음과 같이 예언해 두셨다. 곧 예수 그리스도에 대한 예언이다.

시69:21 저희가 쓸개를 나의 식물로 주며 갈할 때에 초로 마시웠사오니

이 '초'가 예수님께서 십자가상에서 마신 신 포도주였다. 그러니까 예수 그리스도께서 이 땅에 오시기 전에 이미 대적자들이 이렇게 할 것도 다 예언되어 있었다. 이 예언의 성취가 **요19:28~30절**이다.

요19:28~30 [28]이후에 예수께서 모든 일이 이미 이룬 줄 아시고 성경으로 응하게 하려 하사 가라사대 내가 목마르다 하시니 [29]거기 신 포도주가 가득히 담긴 그릇이 있는지라 사람들이 신 포도주를 머금은 해융을 우슬초에 매어 예수의 입에 대니 [30]예수께서 신 포도주를 받으신 후 가라사대 다 이루었다 하시고 머리를 숙이시고 영혼이 돌아가시니라

왜 이렇게 예언하시고 그 예언을 이루시는 것 또한 기록해 두셨을까? 아무나 누구나 하나님의 아들이 아니라, 반드시 생명책에 미리 예언된 말씀대로 육신이 실상이 되어 이루시는 분이어야 하나님의 아들이라는 것을 하나님께서 증명하시는 것이다. 이는 새 언약을 14년째 받고 있는 천국의 상속자들에게 하나님께서 진리의 성령도 실상임을 믿으라고 교훈하시는 것이다. 성령을 모두 상상하고, 하나님도, 천국도, 지옥도 모두 상상하므로 상상하는 믿음은 믿음이 아니다. 또한 아무나 천국에 들어가는 것이 아니라는 것을 명백하게 기록해 두신 것이다.

예수 그리스도를 당시 유대인들은 알아보지도 못하고 도리어 대적하여 죽였다. 이렇게 기록해 두셔도 안 믿고 귀신들이 가르치는 성경과 다른 거짓말만 믿고 있는 이 세대, 성경이 모든 것을 죄 아래 가두어 둔 기간이 끝나고 오는 세상을 준비해야 하는 지금 이 세대에 누가 진리의 성령이 실상이 되고, '영생, 하나님 나라, 천국'이 이 땅에서 이루어진다고 하면 믿겠느냐? 그래서 전 성경 기록 목적이 너무 중요하다.

예수 그리스도께서 새 언약의 중보로 오셨다고 기록해 두어도 귀신들은 자신들이 만들어 내서 신약성경이 새 언약인 줄 안다. 예수 그리

스도께서 하신 말씀들을 이성을 가지고 자세히 읽어 보면 혀로 "예수"라고 말만 한다고 천국에 들어가는 것이 절대 아님을 알 수 있는데, 귀신이 주인인 사람들 눈에는 안 보인다. 천국은 비밀이라고 분명히 하셨는데 세상에 다른 종교인들처럼 죽어서 천국 간다고 가르친다.

핍박을 받으면서 기록된 예언이 실상이 되어야 하는데, 들어보지도 않고 무조건 '이단'이라는 프레임을 씌워서 말씀을 듣지 못하도록 진리의 도를 훼방해 버리는 이런 자들이 성경을 가지고 혀로 "예수, 하나님" 하면서 우상이요, 미운 물건이 되어 그들이 먹인 독사의 독이 바로 '쓸개 탄 포도주'요, 열매는 '인진'(맛이 독하고 독성이 강한 풀, 억압이나 수탈 등으로 인한 혹독한 고난, 또는 심각한 죄악을 뜻한다.), 다른 말로는 '쓴 쑥, 독초'라고 한다. 문자 그대로 쓴 쑥을 뜻하는 것이 아니라, 귀신의 가르침을 받은 교인들을 '인진, 쓴 쑥, 독초'에 비유하신 것이다.

고소한 그들이 이런 자들이다. 하나님의 가르치심을 대언하고 계명대로 지켜 실행한 이 일을 약속하신 땅에 실상이 되어 가는 것을 보고도 정작 그들의 실체는 쑥별들의 가르침을 받아 인진의 열매가 된 것이다. 차라리 태어나지 않았으면 더 좋았을 사람들이었다. 그들은 차라리 교회를 다니지 않고 자신들 마음대로 살다가 어차피 육체가 죽어 그 혼이 지옥 불구덩이에 갈거면 불신자로 사는 것이 그들 자신에게 더 유익했다.

성령을 훼방한 죄는 이 세상에서, 혹 오는 세상에 넘어간다고 해도 사함을 받지 못하는 영원한 죄에 처한다. 영생이 아니라 영원한 지옥 불구덩이에서 영원히 그 혼이 살아야 한다. 이렇게 구덩이에 그 혼이 들어

가지 않게 하기 위해서 하나님께서 욥33:18절에 예언하신 것이다.

욥33:18 그는 사람의 혼으로 구덩이에 빠지지 않게 하시며 그 생명으로
칼에 멸망치 않게 하시느니라

그런데 이런 진리를 귀신의 처소 바벨론 왕 같은 자들이 이단이라
고 비방하니까 배반하여 대적하고 고소까지 하여 대체육체들임을 그대
로 다 드러내었다. 그들의 소송장에 기록한 말들이 우리 안에 귀신들이
한 언행임을 3년째 두 눈으로, 두 귀로 다 보았다. 얼마나 흉악한 귀신들
인지 오죽했으면 이 패역을 고치기 위해서 BC 550년경에 미리 예언해
두시고, 사실이 되어 2568년 후, 곧 2018년 7월 24일에 성취되었을까?
오늘이 7월 23일이다. 3년이 다 되도록 고쳐도 자신이 귀신임을 자
랑하고 안 믿는 자들이다. 이런 희생을 치르고도 양심도 없는 흉악한 귀
신들이다. 이렇게 명확하게 기록된 예언이 사실임을 하나하나 증명하여
두 눈으로 보여 주어도 안 믿는 자들은 티끌이다. 염영란이는 티끌이다.
가족이 절대 아니다. 가장한 눈물에 속지 마라. 짐승이 사람 되지 않는
다. 자신이 무슨 언행을 하고 있는지도 모르는 다현이를 보아라. 저런 열
매가 나와도 재성이 너는 사람이냐 짐승이냐? 수경이, 네 교만은 하늘을
찌르는데도 너만 모른다.
이렇게 말씀을 받고도 자신을 돌아보지 않는 자들은 티끌이다. 바
리새인은 바리새인일 뿐이다. 이런 쓸개와 초를 하나님의 아들에게 주
는 자들이 2021년 7월 23일 지금 이 세대까지 이어져서 그들에 의해 하

나님의 선한 일이 훼방을 받고 있다. 이런 자들은 반드시 다음 말씀과 기도대로 실상이 된다.

시69:22~28 [22]저희 앞에 밥상이 올무가 되게 하시며 저희 평안이 덫이 되게 하소서 [23]저희 눈이 어두워 보지 못하게 하시며 그 허리가 항상 떨리게 하소서 [24]주의 분노를 저희 위에 부으시며 주의 맹렬하신 노로 저희에게 미치게 하소서 [25]저희 거처로 황폐하게 하시며 그 장막에 거하는 자가 없게 하소서 [26]대저 저희가 주의 치신 자를 핍박하며 주께서 상케 하신 자의 슬픔을 말하였사오니 [27]저희 죄악에 죄악을 더 정하사 주의 의에 들어오지 못하게 하소서 [28]저희를 생명책에서 도말하사 의인과 함께 기록되게 마소서

쓸개를 예수 그리스도께 식물로 드리는 자들, 영혼이 갈한 교인들에게 초로 마시우게 하는 자들이 바로 "예수, 예수" 하면서 계명은 단 한 절도 지키지 아니하고, 성경과 다른 거짓말로 설교하여 교인들에게 독사의 독, 쓸개 탄 포도주를 마시게 하고 신 포도주를 먹이고 있는 자칭 목사들, 자칭 기독교인들이다. 그러나 그들은 이미 자신들의 이름이 생명책에서 도말된 것인 줄 모른다. 이 말씀은 지금 전 세계에 사실이 되어 있다. 14년째 나는 보았고, 지금도 겪고 있다. 성경대로 보고 듣고 믿고 지켜 실행한 이 일을 핍박한 자들이 예수 그리스도를 핍박하는 자들이요, 성부 하나님을 핍박하는 자들이다. 이 말씀은 예언이면서 기도다. 반드시 이대로 사실이 된다. 그래서 뒤이어 우리에 대해서 예언되어 있다.

시69:29~36절 "²⁹오직 나는 가난하고 슬프오니 하나님이여 주의 구원으로 나를 높이소서 ³⁰내가 노래로 하나님의 이름을 찬송하며 감사함으로 하나님을 광대하시다 하리니 ³¹이것이 소 곧 뿔과 굽이 있는 황소를 드림보다 여호와를 더욱 기쁘시게 함이 될 것이라 ³²온유한 자가 이를 보고 기뻐하나니 하나님을 찾는 너희들아 너희 마음을 소생케 할찌어다 ³³여호와는 궁핍한 자를 들으시며 자기를 인하여 수금된 자를 멸시치 아니하시나니('수금된 자'란 죄인을 도망갈 수 없게 가두어 두다. 수금된 자는 사슬이나 착고, 곧 수갑으로 채워져 있고 감옥에 갇혀 있는 나와 성도를 예언한 것이다. 성경에 수금된 자는 '예레미야, 요셉, 세례 요한, 예수 그리스도, 베드로, 바울' 등이다.

특히 본문의 예언은 하나님으로 인하여 계명을 지켜 실행하므로 실제 수금이 된 나와 창섭 성도, 문자 성도도 정확하게 이 예언에 해당한다. 선주도 이에 해당한다. 하나님께서는 진실로 복음을 전하며 지켜 실행하다가 고소당하고 수금된 자를 절대 멸시치 않는다. 선주는 7월 19일에 출소했다고 편지 왔다. 두 번째 편지인데 이제는 진실로 깨달았는지~)

³⁴천지가 그를 찬송할 것이요 바다와 그중의 모든 동물도 그리할찌로다(명백하게 2021년 7월 23일 나와 우리들에 대한 예언이다. 2021년 이때까지 천지가 단 한 번도 하나님을 찬송한 적이 없었다. 반드시 우리 세대에 이 예언이 사실이 된다. '바다와 그중의 동물'인 악인들도 그리 될 것이라는 뜻이다. 오는 세상에서 이렇게 된다.)

³⁵하나님이 시온을 구원하시고(이 구원은 온전한 구원, 곧 순교나

거지 나사로 같은 구원은 한 번 육체가 죽어서 받는 구원이니 이 본문의 구원과는 차이가 있다. 본문의 구원은 육체도 죽지 아니하고 수금된 데서 풀려나고 영원히 영생을 얻은 나와 우리에 대한 예언이다.

그래서 또 이렇게 예언해 두셨다.

시68:5~6 ⁵그 거룩한 처소에 계신 하나님은 고아의 아버지시며 과부의 재판장이시라 ⁶하나님은 고독한 자로 가속 중에 처하게 하시며 수금된 자를 이끌어 내사 형통케 하시느니라 오직 거역하는 자의 거처는 메마른 땅이로다

'수금'이라는 단어는 문자 그대로는 두 군데밖에 없다. 예수 그리스도에 대한 예언이 아니고, 명백하게 나에 대한 예언이며 2021년 현재 우리에 대한 예언이다. '가속'이란 '집안, 권속, 가족'을 뜻한다. 하나님의 집안, 하나님의 권속, 가족을 뜻하며, 이는 영원한 가족이다. 그래서 예수 그리스도께서 이미 예언해 두셨다.

마12:50 누구든지 하늘에 계신 내 아버지의 뜻대로 하는 자가 내 형제요 자매요 모친이니라 하시더라

막3:35 누구든지 하나님의 뜻대로 하는 자는 내 형제요 자매요 모친이니라

눅8:21 예수께서 대답하여 가라사대 내 모친과 내 동생들은 곧 하나님의 말씀을 듣고 행하는 이 사람들이라 하시니라

이렇게 분명하게 하나님의 가속, 권속, 집안, 곧 천국의 상속자들은 하나님의 뜻, 곧 하나님의 말씀을 듣고 행하는 자들이다. '누구든지'는 지금은 온 세상에서 나와 은혜로교회 성도들이다. 하나님의 권속들이다. 더 증명한다.

창18:17~19 ¹⁷여호와께서 가라사대 나의 하려는 것을 아브라함에게 숨기겠느냐 ¹⁸아브라함은 강대한 나라가 되고 천하 만민은 그를 인하여 복을 받게 될 것이 아니냐 ¹⁹내가 그로 그 자식과 권속에게 명하여 여호와의 도를 지켜 의와 공도를 행하게 하려고 그를 택하였나니 이는 나 여호와가 아브라함에게 대하여 말한 일을 이루려 함이니라

이 말씀의 '그'는 나에 대한 예언이다. '권속'은 우리 모두에 대한 예언이다. '의와 공도, 여호와의 도, 곧 하나님의 도'는 14년째 대언하고 있는 이 일이며, 본문의 '그'는 진리의 성령이 실상이 된 사람을 지시하신 것이다. 다른 모양은 '믿음'이다. 반드시 기근, 환난을 준비하는 여호와의 땅에 이주한 우리가 하나님의 권속이다.

창46:30~31 ³⁰이스라엘이 요셉에게 이르되 네가 지금까지 살아 있고 내가 네 얼굴을 보았으니 지금 죽어도 가하도다 ³¹요셉이 그 형들과 아

비의 권속에게 이르되 내가 올라가서 바로에게 고하여 이르기를 가나안 땅에 있던 내 형들과 내 아비의 권속이 내게로 왔는데

요셉의 아비 야곱, 곧 이스라엘의 권속이다. 새 언약인 영원한 언약으로 다시 택한 이스라엘인 우리에 대한 예언이다. 이스라엘은 '하나님과 겨루어 이기는 자'를 뜻한다. 당시 야곱은 모형이요, 그림자였다. 하나님과 겨루어 이기는 자는 반드시 히9:27절에 사람이 한 번 죽는 것은 정한 이치라고 하신 말씀을 이겨서 육체도 죽지 아니하고 살아서 하나님의 뜻을 지키는 자들이다.

이는 반드시 온전한 영생, 온전한 구원에 이르는 자들인 우리에 대한 예언이고, 3421년이 지난 지금 이미 '권속, 곧 가속'을 이루었다. 온 세상에 어느 교회가, 어느 목사가 이렇게 기록된 예언이 땅에 사실이 되어 이룬 자가 있느냐?

반드시 예수님을 마귀가 시험할 때, "이 돌들이 떡덩이가 되게 하라"라고 했던 '돌들'은 세례 요한이 예언한 아브라함의 자손인 마3:9절에 "하나님이 능히 이 돌들로도 아브라함의 자손이 되게 하시리라"라고 한 예언이 이미 2021년에 사실이 되어 거룩한 떡덩이들이 되었고, 이들인 우리가 하나님의 택하신 권속이다. 또 계3:7~13절에 빌라델비아 교회 사자인 내가 하나님의 성전에 기둥이 되어 영영히 떠나지 아니한다고 하셨다. 앞으로도 영원히 증명되고, 온 천하 만민이 시인하고 인정하게 된다. 따라서 창46:30~31절의 권속도 명백하게 2021년 이 세대 우리에 대한 예언이다.

또 가속, 곧 '권속'에 대해 이렇게 말씀하셨다.

출1:1 야곱과 함께 각기 권속을 데리고 애굽에 이른 이스라엘 아들들의 이름은 이러하니

신14:23~26 ²³네 하나님 여호와 앞 곧 여호와께서 그 이름을 두시려고 택하신 곳에서 네 곡식과 포도주와 기름의 십일조를 먹으며 또 네 우양의 처음 난 것을 먹고 네 하나님 여호와 경외하기를 항상 배울 것이니라 ²⁴그러나 네 하나님 여호와께서 그 이름을 두시려고 택하신 곳이 네게서 너무 멀고 행로가 어려워서 그 풍부히 주신 것을 가지고 갈 수 없거든 ²⁵그것을 돈으로 바꾸어 그 돈을 싸서 가지고 네 하나님 여호와의 택하신 곳으로 가서 ²⁶무릇 네 마음에 좋아하는 것을 그 돈으로 사되 우양이나 포도주나 독주 등 무릇 네 마음에 원하는 것을 구하고 거기 네 하나님 여호와의 앞에서 너와 네 권속이 함께 먹고 즐거워할 것이며

　　신명기 14장의 이 본문 또한 절대 구약 당시 저 유대인들, 이스라엘이 아니다. 그때는 하나님께서 당신의 이름을 두시려고 택하신 곳이 시온인 새 예루살렘이 실상이 되는 때가 아니었다. 그래서 하나님께서 약속하신 땅에 우리는 독수리의 두 날개인 비행기를 타고 10시간이나 걸리는 먼 곳이라 너무 멀고 행로가 어려워서 돈으로 바꾸어 싸서 가지고 갔다. 명백하게 2021년 이때, 우리에 대한 예언이 3421년 후에 실상이 되었고, 이런 우리가 권속이다. 하나님의 집안, 가족, 곧 가속이다.

삼하2:1~4절의 다윗의 권속에 대한 예언도 앞으로 장래에 실상이 된다. 다윗이 기름 부음을 받아 유다 족속의 왕이 되는 이 예언은 앞으로 우리에게 실상이 될 모형이요, 그림자다. 그리고 신약성경 엡2:14~22절이 결정적인 하나님의 증거다. 이 예언 또한 사도 바울 당시에 이루어지는 것이 아니라 2021년 이때, 우리에게 실상이 되는 예언이다. 그래서 예언도 폐하고 바로 실상이 된 것이다. 온전한 것이 오면 예언도 폐하고 하신 말씀은 예언이 실상이 되기 때문에 폐하는 것이다. 이 세대 우리로부터 시작하여 더 이상 예언이 아니고, 이미 14년째 사실이 되었다. 이는 온 세상이 놀라야 할 일이다. 현재 내가, 우리가 사실이 되어 증거하고 있는 것이다. 그래서 하나님이 "나의 삶을 두고 맹세하노니"라고 하신 것이 참 사실이다.

곧 하나님은 영원히 사시는 분이시다. 하지만 친히 진술하시지 않으시고 반드시 사람을 사용하신다. 그 사람이 또 다른 보혜사인 진리의 성령이며, 호2:19~20절의 예언이 사실이 된 사람이고, 하나님께서 영원히 거하시는 성전이 된 새 사람이다. 따라서 이 증거는 요일5:7~9절의 셋이 하나 되어 증거하시는 하나님의 증거이며, 성령의 대언이 실상이 된 것이다. 그러니 예수 그리스도께서 2천 년 전에, 더 정확하게는 1995년 전에 하신 예언도 사실이 되었으니 그 예언도 이미 폐한 것이다. 영원히 증명이 된다. 엡2:1~22절을 다시 보자.

엡2:1~22 ¹너희의 허물과 죄로 죽었던 너희를 살리셨도다 ²그때에 너희가 그 가운데서 행하여 이 세상 풍속을 좇고 공중의 권세 잡은 자를 따랐으니 곧 지금 불순종의 아들들 가운데서 역사하는 영이라 ³전에는 우리도 다 그 가운데서 우리 육체의 욕심을 따라 지내며 육체와 마음의 원하는 것을 하여 다른 이들과 같이 본질상 진노의 자녀이었더니 ⁴긍휼에 풍성하신 하나님이 우리를 사랑하신 그 큰 사랑을 인하여 ⁵허물로 죽은 우리를 그리스도와 함께 살리셨고(너희가 은혜로 구원을 얻은 것이라) ⁶또 함께 일으키사 그리스도 예수 안에서 함께 하늘에 앉히시니 ⁷이는 그리스도 예수 안에서 우리에게 자비하심으로써 그 은혜의 지극히 풍성함을 오는 여러 세대에 나타내려 하심이니라 **⁸너희가 그 은혜를 인하여 믿음으로 말미암아 구원을 얻었나니 이것이 너희에게서 난 것이 아니요 하나님의 선물이라 ⁹행위에서 난 것이 아니니 이는 누구든지 자랑치 못하게 함이니라 ¹⁰우리는 그의 만드신 바라 그리스도 예수 안에서 선한 일을 위하여 지으심을 받은 자니 이 일은 하나님이 전에 예비하사 우리로 그 가운데서 행하게 하려 하심이니라** ¹¹그러므로 생각하라 너희는 그때에 육체로 이방인이요 손으로 육체에 행한 할례당이라 칭하는 자들에게 무할례당이라 칭함을 받는 자들이라 ¹²그때에 너희는 그리스도 밖에 있었고 이스라엘 나라 밖의 사람이라 약속의 언약들에 대하여 외인이요 세상에서 소망이 없고 하나님도 없는 자이더니 ¹³이제는 전에 멀리 있던 너희가 그리스도 예수 안에서 그리스도의 피로 가까워졌느니라 ¹⁴그는 우리의 화평이신지라 둘로 하나를 만드사 중간에 막힌 담을 허시고 ¹⁵원수 된 것 곧 의문에 속한 계명의 율법을 자기 육체로 폐하셨으니 이는 이 둘로 **자기의 안에서 한 새 사람을 지어 화평하게 하시고** ¹⁶또 십자가로 이 둘을 한 몸으로 하나님과 화목하게 하려 하심이라 원수 된 것을 십자가로 소멸하시고 [17]또 오셔서 먼 데 있는 너희에게 평안을 전하고 가까운 데 있는 자들에게 평안을 전하셨으니 [18]이는 저로 말미암아 우리 둘이 한 성령 안에서 아버지께 나아감을 얻게 하려 하심이라 [19]그러므로 이제부터 너희가 외인도 아니요 손도 아니요 **오직 성도들과 동일한 시민이요 하나님의 권속이라** [20]너희는 사도들과 선지자들의 터 위에 세우심을 입은 자라 그리스도 예수께서 친히 모퉁이 돌이 되셨느니라 [21]그의 안에서 건물마다 서로 연결하여 주 안에서 성전이 되어가고 [22]너희도 성령 안에서 하나님의 거하실 처소가 되기 위하여 예수 안에서 함께 지어져 가느니라

'건물'은 은혜로교회 성도 한 사람, 한 사람을 뜻한다. 그래서 너희가 하나님의 성전이라고 하신 것이다. '서로 연결'도 영원한 가속, 곧 하나님의 권속이 되는 것을 뜻한다. 가족이 아니면, 곧 서로 연결되지 아니하면 진실로 거룩한 자가 될 수 없음을 뼈저리게 절감한다. 왜 한 몫의 삶을 버리고 하나님의 권속, 곧 가속이 되지 아니하면 성도가 될 수 없는지는 이제 거듭난 성도들은 진실로 인정할 것이다.

귀신이 주인일 때는 말씀만 받고 각자 집으로 돌아가서 생활하면 절대 자신의 영적인 상태를 볼 수 없다. 아무리 오래 말씀을 받아도 절대 자신을 안 본다는 것을 14년째 보았다. 자신에게는 얼마나 관대하고 게으르고 더러우며 교만한지 절대 귀신이 주인임을 인정하지 않더라. 왜 '연결되어 한 가속'이 되어야 하는지 이미 그림자로 예수 그리스도께서 다 보여 주셨고, 14년째 보고 있다.

그리고 너무도 분명하게 **에베소서 2장**은 2021년 지금 이 세대 우리에 대한 예언이다. 이제 너희들도 보일 것이다. 진리는 말만 하시는 것이 아니라 반드시 사실이 되어 땅에 그대로 이루어진다는 것을 명백하게 우리의 14년째 이 일을 통해 보여 주시고 계신다.

또한 '성령 안에서'라는 말씀도 상상이 절대 아니고 실상이라는 것을 말씀해 주시는 것이다. '예수 안에서'란 예수 그리스도께서 하신 말씀을 지켜 실행하는 것을 뜻하신다.

그리고 **21절** '주 안에서'란 '하나님의 계명을 지켜 실행하는 안에서'라는 뜻으로 주 안에서, 곧 하나님 안에서, 예수 안에서, 곧 하나님의 아들 예수 그리스도 안에서, 성령 안에서, 곧 성도들을 하나님의 말씀으로 해산하는 어미의 법 안에서 셋이 하나가 된 하나님의 증거로 말미암아 전대미문의 새 언약으로 영원한 가속, 가족, 하나님의 권속이 되는 것을 이렇게 정확하게 기록해 두셨고, 기록된 진리대로 2021년 현재 사실이 되어 성도가 되었고, 되어 가고 있다.

이 말씀은 절대 창세 이래 그 어느 세대도 아닌 지금 이 세대에 하나님의 가르치심을 진리의 성령이 실상이 되어 이루고 있는 사실이다. 이 예언도 이제 예언이 아니라 실상이 되었으니 예언은 폐하는 것이다. 현재 2021년 7월 25일 사실이 되어 성취되고 있다. 이래서 하나님의 말씀은 살았고 운동력, 곧 생명이 되어 거룩한 자로 영원히 육체도 죽지 아니하고 영생하게 하는 것이다. 이런 우리가 하나님의 성전이며, 하나님께서 영원히 거하시는 처소가 되었고, 되고 있고, 반드시 된다.

이제 온 세상에 있는 종교는 모두 허상임을 영원히 살아서 하나님만이 창조주이시며, 하나님이 행하시는 일은 영원하다는 것을 실상이 되어 보이고, 광포하므로 모든 사람의 이론, 사람이 만든 종교는 다 파한다. 진실로 사람이 만든 종교는 아무것도 아니다. 그냥 눈 뜨고 온 세상이 다 보인다. 보이는 이 모든 것이 진실로 아무것도 아닌 것에 모두 미쳐 있다는 것을 알게 되고, 이 세상에 속한 자들이 얼마나 쓸데없고 저급한 것에 미쳐 있는지 그냥 보이고 알게 된다. 모든 세상 사람, 곧 천하 만민이 아브라함의 자손으로 인하여 복을 받는 근본은 바로 '영생'이다.

이 영생이 실상이 안 되어서 하나님만이 참 신이심을 사람들이 인정하지 않았던 것이다. 하나님의 아들이 예언되어 있는 그대로 이 땅에 오시고 땅에 있는 사람들에 의해 하나님의 아들이요, 유대인의 왕이라고 한 것 때문에 당시 가장 잔인하게 사형당하셨지만, 약속대로 삼 일 만에 살아나셨다. 그러나 부활하고 이 땅에 계셨으면 되는데, 당시는 때가 아니어서 승천하고 나니까 유대인들은 그의 제자들, 곧 사도들을 또 죽이고 2021년 지금 이 세대까지 거짓이 진실을 이기고, 이 땅에는 정의, 진실, 공평, 공의가 없어진 것이다.

이렇게 2천 년이 지나야 함도 이미 다 예언해 두셨던 하나님의 뜻대로 이 온 세상이 경영되어 온 것이다. 6일 간은 악인들에게 허락하신 세상이었다. 이 사실도 이미 성경 속에 다 감추어져 있었다. 따라서 이 온 우주 만물은 사람들이 몰랐을 뿐 창조주 하나님의 뜻대로 운행되는 것이다. 우리가 이 땅에 태어나기 전, 3421년 전에 최초의 성경 저자 모세를 통해서 나와 우리에 대해서 다 기록해 두셨다.

뿐만 아니라 원수들에 대해서도 다 예언되어 있어 그들이 하는 언행과 그 언행의 결과인 영원한 영벌까지 다 기록해 두셨다. 이는 이 세대 우리로부터 시작하여 오는 여러 세대에 하나님의 살아 계심과 자비하심의 풍성함을 나타내려 하신 하나님의 선한 일의 주인공으로 우리를 사용하시는 것이다.

이는 우리의 행위가 악인들과 달라서가 절대 아니다. 이미 하나님께서 이렇게 영영한 사역자들로, 하나님의 종으로, 하나님의 성전으로 예정해 두셨기 때문이니 그 누구도 자신이 잘해서가 아닌, 하나님의 일방적인 은혜로 된 것이다. 그러므로 아무도 자랑하면 안 된다. 시기, 질투할 이유가 절대 없다. 사람이 정한 것이 아니고, 하나님께서 일방적으로 이렇게 정하셔서 이 땅에 보내신 것이다.

이런 하나님의 계획, 뜻을 먼저 깨달아 알게 하신 것도 하나님이시다. 이렇게 하나님의 가르치심, 곧 기록된 진리를 진리대로 알게 되니 그 누구도 시기, 질투, 미움, 부러움 등등 죄를 지을 이유가 없어진다. 이렇게 진리를 알고 나면 온 세상 사람들이 하는 근심, 걱정, 욕심이 다 사라진다. 욕심이 잉태하여 죄를 짓고, 결국 육체가 죽고, 그 혼은 영원한 지옥 불구덩이에서 혀에 물 한 방울 먹지 못하고 영원히 살아야 하는 죄를 절대 짓지 않는다. 이렇게 다시 창조하시고 계신 일이 14년째 나를 통한 이 일이다.

인간이 죽을 수밖에 없는 근본 원인을 각자 진리를 보고 듣고 깨달아 알고 버리므로, 죄를 짓는 근본 자체를 영원히 해결하므로 모든 인간이 진실로 추구하는 온전한 행복이 다 이루어지는 것이 바로 참 진리다. 이래서 진리를 알찌니 진리가 너희를 자유케 하리라고 하신 것이다. 그래서 진리의 하나님이시고, 아들 예수 그리스도도 자신을 길이요, 진리라고 하셨으며, 예수 그리스도께서 약속하신 성령을 진리의 성령이라고 하신 것이다.

진실로 성경만이 참 진리이며, 사실이며, 영생이 기독교의 핵심이요 팩트다. 이 때문에 이 진리가 모든 사람들이 만들어 낸 이론을 다 파하는 강력이다. 하나님은 진실로 살아 계신 하나님이시라는 사실을 증명하는 것이다. 그러나 창세 이래 2021년 지금까지 영생이 실상이 된 사람이 없었고, 이로 말미암아 온 세상에 사람이 만들어 낸 종교들로 가득 차서 지배했던 것은 모두 하나님께서 정하신 때가 되기까지 모든 것을 죄 아래 가두어 두었기 때문이다.

그러나 이 모든 것은 결국 **호2:19~20절**의 실상이 세상에 나타나서 예수 그리스도만 하나님의 아들이 아니라, **롬8:14, 19절**의 예언이 사실이 되어 피조물들이 고대하는 하나님의 아들들이 세상에 나타나서 '하나님의 권속, 거룩한 떡덩이들'이 실상이 될 때, 모든 종교의 실체, 허상이 다 밝히 드러나고 다 무너지는 것이다. 이렇게 실상이 되어 일어나야 모든 허상들이 무너지고 하나님 앞에 무릎 꿇게 되는 것이다.

이미 2008년 6월 16일에 시작된 14년째 이 일이다. 이것이 진실로 하나님께서 하시는 **히9:10절**의 개혁이다. 사람은 절대 개혁할 수가 없다. **히9:10절**의 개혁의 시작은 **히브리서 8장**의 새 언약, 곧 영원한 언약으로 이미 시작하고 계셨다. 여러분들이 몰랐을 뿐이다.

왜 나와 우리가 '하나님의 권속, 곧 가속'인지 알아듣고 있느냐? 이제 지난주부터 성도들의 편지 내용이 달라지고 있다. 빠지지 않고 교통하는 성도가 역시 다르다. 한 몫의 삶을 기록된 진리대로 순종하여 지켜 실행했고, 하나님께서 인도하시는 대로 따라온 것뿐인데 거룩한 자, 영혼이 정결한 자가 실상이 되는 것은 오직 하나님의 은혜로 이루어지는 것이다.

이 또한 8절에 너희가, 곧 현재 은혜로교회 성도 너희가 은혜로 인하여, 곧 하나님의 은혜로 인하여 믿음으로 말미암아, 이 믿음도 하나님께서 실상으로 보내 주신 갈3:23절의 믿음이 와서 이 믿음으로 말미암아 육체도 죽지 아니하는 온전한 구원을 얻은 것이다. 이는 하나님께서 우리 각자에게 주신 하나님의 선물이다.

이 선물이 무엇인지 모두 대답을 하거라. 네가 받은 선물이 어떤 선물인지 옆에 성도들에게 묻지 말고 너 스스로 진실로 깨달아서 이렇게 하나님의 선물을 받았다고 대답, 곧 응답해야 한다. 창세 이래 지금 이 세대까지 이 선물을 받은 사람은 없었다. 아들 예수 그리스도께서 받으신 것도 이스라엘, 곧 하나님과 겨루어 이긴 자가 받은 선물이 아니었다. 더 직설적으로 말하면 하나님과 겨루어 이긴 자는 없었다. 이미 하나님의 선물을 받은 자로 이 땅에 보내신 것이다. 그러니 하나님께 선물을 받은 사람은 창세 이래 온 세상에서 유일하게 2021년 지금 이 세대에 우리다. 그러니 각자 자신이 받은 하나님의 선물이 무엇인지 깨닫고 확신하는 것을 글로 표현하거라.

미츠오, 나미꼬 성도만 딸과 대화해서 딸, 사위를 통해서 응답하거라. 왜 하나밖에 없는 딸이 유학 간 사위를 통해 피지에서 다시 삶을 시작하도록 하나님께서 인도하셨는지, 설명을 듣고 이제 본인 입으로 하나님의 부르심에 딸, 사위까지 만세 전에 이미 영원한 가족이며, 우리 모두 하나님의 권속, 가족이라는 사실을 인지하고 마음에 믿는지 진실로 시인해야 할 때다. 단순히 딸 때문에 새 삶을 사는 것이 아니다. 우리는 본래 하나님의 가족이다. 자신이 하나님께 받은 선물이 무엇인지 미츠오, 나미꼬 성도도 고백할 때다.

모두 고백하거라. 하나님과 사람 앞에 왜 우리를 이 땅에 사람으로 태어나게 하셨는지 각자 본인이 명확하게 인지하고 하나님과 사람 앞에 시인하는 시간이 되었다. 이렇게 낙토에 있는 너희들이 하나가 될 때를 기다리고 기다리신다.

온 세상 중에 지금 우리는 하나님의 선한 일을 위해 14년째 다시 지으시고 계시고, 이미 지으심을 받은 자들이다. 이는 하나님께서 이 온 세상을 창조하시기 이전에 미리 계획해 두신 하나님의 뜻이다. 그래서 아무도 누구도 막을 수 없다. 우리가 다시 지으심을 받아 가속, 곧 하나님의 가족이 되면 세상에 있는 모든 종교, 모든 사람의 이론을 파하는 것은 너무 쉽다. 아무것도 아니다. 지금 이루어지고 있는 재앙들도 우리가 하나 되면 아무것도 아닌 일이라는 사실을 우리 눈으로 똑똑히 보게 된다. 도리어 이 재앙이 나를 통한 이 일을 변호하시는 하나님의 행하심이라는 것도 알게 된다.

이 온 세상이 감당치 못할 사람들이 우리다. 전쟁은 하나님께서 하시는 것인데, 반드시 우리를 통해서, 곧 실상이 일어나서 허상을 무너뜨리는 것이다. 온 세상에 그 어떤 것도, 아무것도 아니고 두려워할 대상이 아니다. 하나님께서 영원히 거처하시는 성전, 성도, 거룩한 자가 최고다.

그러니 본인이 받은 선물이 무엇이냐? 금방까지 너도 잊어라. 이 온 세상을 주관하시고 통치하시는 분은 살아 계신 하나님이시다. 이런 하나님의 일에 사용하시는 사람들이 이 온 세상 사람들 중에 우리들이다. 이미 하나님의 권속이 되어 있는 우리다. 네가 받은 선물이다. 다 대답하거라.

구덩이에 떨어지는 자들의 실체

이제 가속의 다른 모양인 '가족'에 대해서 하나님의 음성, 하나님의 증거하심, 가르치심을 받자. **시편 107장**을 찾아서 교독하거라. 그리고 **41~43절**을 다시 보자.

시107:41~43 ⁴¹궁핍한 자는 곤란에서 높이 드시고 그 가족을 양 무리 같게 하시나니 ⁴²정직한 자는 보고 기뻐하며 모든 악인은 자기 입을 봉하리로다 ⁴³지혜 있는 자들은 이 일에 주의하고 여호와의 인자하심을 깨달으리로다

아무나 궁핍한 자를 드시는 것이 아니다. 이 본문에 해당하는 궁핍한 자에 대한 해답도 2021년 현재 우리다. 이에 대한 해답이 너무 많으니까 이 본문이 나와 우리에 대한 예언이 맞음을 증명한다.

먼저 나쁜 의미의 궁핍부터 증명한다.

잠10:14~17 ¹⁴지혜로운 자는 지식을 간직하거니와 미련한 자의 입은 멸망에 가까우니라 ¹⁵부자의 재물은 그의 견고한 성이요 **가난한 자의 궁핍은 그의 패망이니라** ¹⁶의인의 수고는 생명에 이르고 악인의 소득은 죄에 이르느니라 ¹⁷훈계를 지키는 자는 생명 길로 행하여도 징계를 버리는 자는 그릇 가느니라

사람이 보기에 부자라 견고한 성 같으나 그의 소득은 도리어 그에게 죄가 되어 영적으로는 궁핍하고 가난한 자라 그의 패망이라고 하신다. 그래서 이렇게 말씀하신다.

잠13:18 훈계를 저버리는 자에게는 궁핍과 수욕이 이르거니와 경계를 지키는 자는 존영을 얻느니라

이 말씀은 아비의 훈계, 곧 살아 계신 하나님의 말씀을 저버리는 자는 궁핍과 수욕에 이른다는 뜻이다. 그러니 **시107:41**절에 궁핍한 자에 해당하는 주인이 아니다.

잠14:23 모든 수고에는 이익이 있어도 입술의 말은 궁핍을 이룰 뿐이니라

잠14:23절의 말씀은 무슨 뜻일까? 전 세계 종교가 다 이렇게 혀로 말만 한다. 다른 종교야 어차피 허상이니까 그렇다 치지만 살아 계신 하나님의 말씀인 성경을 가지고 말만 한 자들이 바로 이 말씀의 주인공들이다. 우리도 한 몫의 삶을 이렇게 말만 했다. 이 결과는 이미 2021년 지금 이 세대까지 성경을 사용하는 유대교, 천주교, 기독교의 역사가 이를 증명해 준다. 혀로 말만 하여 그것도 성경 한 절 읽어 놓고 전부 목사, 사제, 자신들이 본능적으로 알고 있는 수준으로 가르치고 말만 한 자들이 사람들을 70~100만을 모아도 그는 궁핍에 이를 뿐이어서 영원히 지옥 불구덩이에 내려가서 영벌을 받으며 산다.

증명한다. 눅16:19~31절의 부자다. 이 부자는 영생, 하나님 나라에 대해서 그 어떤 천국의 비밀도 모르고 혀로 말만 하여 주의 이름으로 귀신도 쫓고, 선지자 노릇 하고, 권능을 행하며 날마다 호화로이 연락하다가 육체가 죽어 그 혼이 내려간 곳이 구덩이인 음부, 곧 지옥 불못이었다. 그곳에서 자신의 혀에 물 한 방울 먹지 못하는 고통 중에 그는 자신의 신분을 밝힌다.

아버지 아브라함에게 저 아래 내 형제 다섯이 있으니 이 고통스러운 곳에 오지 않도록 낙원에 가 있는 나사로를 보내서 자신이 있는 구덩이에 그 혼이 빠지지 않게 해 달라고 한다. 그는 자칭 아브라함의 아들들이라고 자랑한 자이지만 후처 그두라의 아들들 여섯 명 중 한 자식이다.

이 부자는 "하나님, 예수님" 혀로 말만 하고 이용만 할 뿐 하나님의 계명은 단 하나도 알지 못하고, 하나님의 행하심에는 관심이 없으며, 그러니 계명을 지켜 행하고 온전해지려면 너의 모든 소유를 다 팔아 가난한 자에게 나누어 주고 나를 따르라는 계명도 다 어기고, 자신이 하고 싶은 소견대로 살다가 육체가 죽어 흙으로 돌아가고 그 혼은 구덩이에 빠진 것이다. 이 구덩이가 바로 부자의 혼이 간 곳 음부요, 지옥 불구덩이었다.

그곳에서 혀로 말만 하고 일생 살다가 자신이 행한 대로 심판을 받되 땅에서 한 몫의 삶은 100년도 못 살고 육체가 죽어 그 혼이 영원한 둘째 사망인 지옥에 가서 사는 삶이다.

교회를 다녔으니까 혀로 "오직 예수, 하나님" 했으니까 자신은 이미 죽어서 천국 간다고 가르치고, 이런 귀신의 가르침을 받은 교인들은 일생 부자 목사, 사제한테 속아서 죽어서 구덩이에 그 혼이 내려가서야 알게 된다. 이 자체가 그들에게 저주다. 이렇게 구덩이에 내려가지 않게 하시려고 욥33:13~18절에 예언해 두신 것이다. 그 본문 '구덩이'에 대한 증명을 넓고 깊게 증명하는 것이다.

부자는 일생 목회를 하고 사람이 보기에는 하나님께 복을 받아 열심히 일을 많이 한 사람 같으나, 잠14:23절의 말씀대로 "모든 수고에는 이익이 있어도"라는 말씀에도 해당하지 않는 자로, 혀로 말만 하고 지켜 실행하지 않는 자이며, 자신의 이익이라고 생각했던 교인들도 지옥 보내고, 자신도 구덩이에, 지옥 불구덩이에 그 혼이 빠졌기 때문에 다시는 기회가 없이 지옥 불에서 영원히 살아야 한다. 그래서 듣든지 아니 듣든지 우리는 이에 대해서 전할 책임이 있다. 이를 전하지 아니하면 선을 알고도 행치 아니하는 죄에 해당한다.

따라서 잠14:23절의 예언은 성경을 사용하는 모든 종교인들이 이에 해당한다. 일생 종교생활 한 것이 자신을 지옥 불구덩이에 스스로 빠질 일을 한 것이다. 이를 두고 "원수를 위하여 구덩이를 팔 때까지"라고 하셨던 것이다. 이 불구덩이는 둘째 사망인 영원한 지옥 불구덩이다. 그래서 **마15:1~20절**에 미리 판결해 두셨다. 7~14절을 보자.

마15:7~14 ⁷**외식하는 자들아** 이사야가 너희에게 대하여 잘 예언하였도다 일렀으되 ⁸이 백성이 입술로는 나를 존경하되 마음은 내게서 멀도다 ⁹사람의 계명으로 교훈을 삼아 가르치니 나를 헛되이 경배하는도다 하였느니라 하시고 ¹⁰무리를 불러 이르시되 듣고 깨달으라 ¹¹입에 들어가는 것이 사람을 더럽게 하는 것이 아니라 입에서 나오는 그것이 사람을 더럽게 하는 것이니라 ¹²이에 제자들이 나아와 가로되 **바리새인들이 이 말씀을 듣고 걸림이 된 줄 아시나이까** ¹³예수께서 대답하여 가라사대 심은 것마다 내 천부께서 심으시지 않은 것은 뽑힐 것이니 ¹⁴그냥 두어라 저희는 소경이 되어 소경을 인도하는 자로다 만일 소경이 소경을 인도하면 둘이 다 **구덩이에 빠지리라** 하신대

예수님 당시는 의인과 악인을 함께 불의한 재판관, 곧 영적인 소경, 귀머거리, 벙어리, 즉 귀신 들린 영적인 소경이 아무것도 모르는 같은 소경을 인도하면 둘 다 구덩이에 빠진다. 바로 귀신의 처소 바벨론 왕인 용, 사단, 마귀, 뱀, 독사, 귀신, 바리새인들, 자칭 유대인, 기독교인이라고 하나 독사의 자식들, 가르치는 귀신들이 다 함께 가는 곳이 '지옥 불구덩이'다. 이런 영적인 상태가 2021년 지금 이 세대까지 이어져 왔다.

특히 천부인 하나님 아버지께서 심지 않으신 것은 바로 **요6:45절**의 예언이 실상이 되어 **히브리서 8장**의 전대미문의 새 언약으로 다시 창조되지 아니하는 모든 자들이 다 이에 해당한다.

그래서 낙토에 가서 의인과 악인이 결판난다고 한 것이고, 모든 기회를 다 주었으므로 먼지, 티끌에 해당하는 자는 떨어 버린다. 귀신이 주인인 자는 절대 한 말씀도 마음에 심기지 않는다. 아무리 말해도 바리새인은 안 된다. 이 판결도 이기지 아니하면 너는 구덩이에 빠진 '혼'이다. 어차피 구덩이에 빠질 자면 네 마음대로 죄 짓고 살다가 영원한 지옥 불구덩이에 빠지라고 티끌을 떨어 버리는 것이다. 하나님께서 심으시지 않은 것은 뽑히는 때가 2021년 지금 이때다. 이미 뽑아내시고 계신다.

하나님의 가르치심, 성령의 대언을 마음에 받지 않고 계속 귀신이 거절하면 아예 은혜를 거두신다. 고소한 그들을 보아라. 눈물 흘리며 이 진리가 맞다고 할 때는 언제이며, 배신하여 고소하고 거짓말로 송사했으니 이는 하나님께서 은혜를 주시지 않으면 강퍅하여 더 악하게 돌변한 것이 바로 뽑아내시는 증거다. 사건이 나니까, 곧 성경대로 내가 감옥에 갇히니까 바로 배신하여 나가더니 낙토에 있는 티끌은 그런 귀신에게, 원수, 대적자에게 "사랑해" 하는 너는 너 스스로 티끌임을 나타낸 것이다. 아무리 가장해도 이 밝은 빛 앞에는 귀신의 실체가 반드시 다 드러난다. 이 일이 어떤 일인데 이렇게 패역하나? 이런 귀신들의 영원한 집이 바로 구덩이다.

사14:3~23절이다. "³여호와께서 너를 슬픔과 곤고와 및 너의 수고하는 고역에서 놓으시고 안식을 주시는 날에(이날이 이미 시작되어 14

년째다. 1~3절의 예언이 사실이 되어 여호와의 땅, 고토, 본토, 낙토, 본향, 하나님께서 미리 예비하신 땅에 이주하여 영원한 기업을 일으키고 있는 2021년 지금 이날에) ⁴너는 **바벨론 왕에 대하여** 이 노래를 지어 이르기를 학대하던 자가 어찌 그리 그쳤으며 강포한 성이 어찌 그리 폐하였는고(성경을 가지고 성경과 다른 거짓말로 교인들을 가르치는 것이 하나님께서 말씀하시는 학대다. 왜 타작마당을 하는지 너희는 아직 아는 것이 빙산의 일각이다.

이 귀신들은 예수 그리스도를 대적하고 **뺨**을 때린다. 자칭 유대인들, 오늘날 자칭 기독교인들, 목사들이 하나님의 말씀을 단 한 절도 모르면서 다 안다고 착각하고 교만하여 당시 원수들이 하나님의 아들의 **뺨**을 때렸고, 하나님의 백성들을 영혼이 정결케 하도록 해야 하는 일이 목사의 직무인데 도리어 혀로 성경과 다른 거짓말로 설교하는 것은 학대 정도가 아니라 영혼 살인자들이다. 그래서 **시3:7**절에 "여호와여 일어나소서 나의 하나님이여 나를 구원하소서 주께서 나의 모든 원수의 뺨을 치시며 악인의 이를 꺾으셨나이다"라고 기도했던 것이다.

이 기도가 나를 통해서 사실이 되어 타작마당이 실행된 것이다. 그래서 "나의 타작한 곡식이여"라고 하셨는데 수없이 말해도 안 믿고 귀신 노릇 하더라. 여호와의 날, 인자의 날, 귀신이 주인이 된 원수가 하나님의 아들의 **뺨**을 때리고, 하나님의 백성들의 생각을 잡고 있는 원수 귀신은 아무리 전대미문의 새 언약을 선포해도 무시하고, 멸시하며, 안 듣고 영적으로 죽어 있었다.

하나님께서 **호2:19~20**절의 예언이 실상이 되셔서, 나를 사용하신 타작마당은 구덩이에 그 혼이 들어가지 않게 하는 심폐소생술과 같다. 꽉 막혀 있는 강퍅한 마음에 충격을 주어서라도 바늘 구멍만 한 틈, 곧 수치를 느껴 정신을 차리게 하는 하나님의 사랑이다. 영혼을 그렇게 해서라도 살려내야 하기에 실제 사람이 쓰러졌을 때 심폐소생술을 한 사람을 폭행이나 죄를 지었다고 감옥에 가두나? 도리어 사람을 살렸다고 뉴스에 나오고 상을 주고 한다. 이는 그보다 더한 일인데 누가 믿었느냐? 다 나를 폭행했다고 생각했지 않느냐?

내가 장선주한테 그랬다. 너 폭행했느냐고. 나는 폭행하지 않았다. 나는 하나님께서 사용하시는 사람으로 전대미문의 새 언약을 혀로 말만 한 것이 아니라 지켜 실행했다. 노아가 방주를 실제로 짓지 아니했으면 홍수에 다 죽었다. 노아의 말을 믿고 방주에 들어가지 않았다면 그들도 다 죽었을 것이다. 롯이 소알 성에서 두 천사에 의해 도망 나오지 않았다면 유황불의 심판을 받아서 죽었을 것이다. 롯의 처는 뒤돌아 보다가 소금 기둥이 되었다고 기록된 일들이 당시로 끝난 줄 아느냐?

귀신의 처소에서 가르치는 거짓말에 이미 다 죽어 있었던 너희를 살리는 길인데도 너희가 어찌했느냐? 그렇게 패역한 결과, 마귀의 자식들에 의해 고소당했다. 우리 안에서 성도라 부르니까 귀신들이 희롱하고 조롱하며 악인들이 받을 벌이 너희 모두에게 가득하여 징책, 곧 타작마당을 한 것이다. 그러나 사람을 사용하신 타작은 아무것도 아니었음을 알게 된다. 코로나19로, 극한 전염병인 온역으로 친히 타작하시면 1년 6개월 만에 전 세계에 사망한 자가 410만 명이 넘는다. 조사도 않고 죽는다. 이는 악인이 하나님께 받은 징책이다.

이런 징책에 들지 않게 하기 위한 어미의 타작마당을 악인들이 폭행, 특수폭행이라고 한 죄는 다현이가 상현이를 마구 때리고, 물에 넣고 했던 것으로 귀신이 목사가 되어 교인들을 영적으로 학대한 것을 목사 딸이 열매로 드러내 준 것이다. 너희가 인정 안 하니까 우리 안에서 그대로 다 드러나고, 그러고도 뉘우침도 없이 흉악한 귀신임을 드러내는 그 어미, 애비는 바리새인들이다. 아무런 감각이 없는 가장의 달인들이다. 과천의 몇 사람은 수경이가 어떤 사람인지 알 것이다.

이 말씀을 받고도 가슴이 찢기지 않는 사람, 자신들이 무슨 짓을 하고 있었는지 아무 깨달음이 없이 미워하고, 시기, 질투하고 게으르고 더러운 짓을 하면서도 계산만 하는 너희 두 눈으로 보아라. 모태 신앙이라고 자랑하는 자들이 하나같이 무슨 짓을 하는지 다 보아라. 병준이가 자백할 때 깨달았어야지~ 너보다 못해서 학구 성도가 이 말씀을 받고 머리를 깎으며 공개 자백하고, 교인들을 데리고 말씀 앞에 왔는 줄 아느냐? 그렇게 해도 보응이 무서워서 두 딸을 잃었다.

그런 징벌도 달게 받고 순전하게 잘 가고 있는데도 아직 안 세우는 이유는 보응을 받는 기간이라 그런 것이다. 이렇게 말을 해도 못 알아듣는 목사들은 이 일의 가치를 모르는 것이다. 지금 보응을 끝내지 아니하면 메뚜기도 짐이 된다고 하신 말씀의 주인공이 된다. 너희 자신보다 너희를 더 사랑한다고 하면 누가 믿겠나~ 때가 되기 전에 언약궤에 손을 댄 자들은 교인들을 혀로 학대한 것이다. 영적인 살인자들이다. 그래서 강포한 성이라고 하신 것이다.)

⁵여호와께서 악인의 몽둥이와 패권자의 홀을 꺾으셨도다 ⁶그들이

분내어 여러 민족을 치되 치기를 마지 아니하였고 노하여 열방을 억압하여도 그 억압을 막을 자 없었더니 [7]이제는 온 땅이 평안하고 정온하니 무리가 소리 질러 노래하는도다 [8]향나무와 레바논 백향목도 너로 인하여 기뻐하여 이르기를 네가 넘어뜨리웠은즉 올라와서 우리를 작벌할 자 없다 하는도다 [9]아래의 음부가 너로 인하여 소동하여 너의 옴을 영접하되 그것이 세상에서의 모든 영웅을 너로 인하여 동하게 하며 열방의 모든 왕으로 그 보좌에서 일어서게 하므로 [10]그들은 다 네게 말하여 이르기를 너도 우리같이 연약하게 되었느냐 너도 우리같이 되었느냐 하리로다 [11]**네 영화가 음부에 떨어졌음이여** 너의 비파 소리까지로다 구더기가 네 아래 깔림이여 지렁이가 너를 덮었도다 [12]너 아침의 아들 계명성이여 어찌 그리 하늘에서 떨어졌으며 너 열국을 엎은 자여 어찌 그리 땅에 찍혔는고 [13]네가 네 마음에 이르기를 내가 하늘에 올라 하나님의 뭇별 위에 나의 보좌를 높이리라 내가 북극 집회의 산 위에 좌정하리라 [14]가장 높은 구름에 올라 지극히 높은 자와 비기리라 하도다 [15]**그러나 이제 네가 음부 곧 구덩이의 맨 밑에 빠치우리로다**"

하늘에서 땅에 떨어진 별, 곧 예수 이름, 하나님의 이름 사용하나 하나님의 말씀을 사람의 소리, 세속적인 설교로 변개시켜서 온 세상을 미혹한 지도자를 아침의 아들 계명성이라고 하셨다. 이 사람은 열국, 열왕을 얻은 자였으며, 혀로 말만 하고 일생 수고하여 목회를 했어도 헛된 일만 하여 궁핍한 자였으며, 결국 음부, 곧 구덩이 맨 밑에 떨어질 자였다.

다른 말로 하면 **요한계시록 9장**의 무저갱의 사자로 이름은 아바돈, 곧 파괴자, 멸망자라는 뜻으로 **마태복음 7장**에 예언된 멸망으로 인도하는 문에 서 있는 사단, 마귀, 자칭 예수 이름으로 선지자 노릇 하고 권능을 행하는 지도자다. 또 다른 모양으로 하면 '아볼루온'이라고 한다. **계 8:10~11절**의 '쑥별'이다. 일생 한 일은 혀로 지옥 불에서 나는 소리를 하여 수많은 교회를 땅에 엎은 지도자로 성경과 다른 거짓말로 억압하고 학대하던 자다. 불법을 행하는 자, 불의한 재판관이다. 하나님의 이름, 예수 이름으로 가장한 광명의 천사다. 하나님의 판결은 이러한데 사람이 보기에는 마치 하나님께 복을 받은 것처럼 온갖 영화를 다 누리는 자이니 자신도 속고, 다른 사람들도 다 속은 것이다.

　잠14:24절의 예언의 실상이 바로 이들이다. 이들에 대해서 **욥30: 1~15절**에서는 다음과 같이 예언해 두셨다.

욥30:1~3 ¹그러나 이제는 나보다 젊은 자들이 나를 기롱하는구나 그들의 아비들은 나의 보기에 나의 양 떼 지키는 개 중에도 둘만하지 못한 자니라 ²그들은 장년의 기력이 쇠한 자니 그 손의 힘이 내게 무엇이 유익하랴 ³그들은 곧 **궁핍과 기근으로 파리하매** 캄캄하고 거친 들에서 마른 흙을 씹으며

　결국 그 혼이 음부, 곧 지옥 불구덩이에 떨어질 자들은 사람이 보기에는 부자라 부요하나 하나님이 보시기에는 **계3:17절**에 "네가 말하기를 나는 부자라 부요하여 부족한 것이 없다 하나 네 곤고한 것과 가련한 것과 가난한 것과 눈 먼 것과 벌거벗은 것을 알지 못하도다"라고 하신 말씀대로 영적으로 궁핍한 자다. 이들은 살았다 하는 이름인 예수 이

름을 사용하지만, 영적으로 죽은 자다. 혀로 말만 하는 자들의 실상이다. 하나님께서 보시기에 미련한데 사람이 보기에는 반대로 하나님께 복을 받아 부자가 된 자들이고, 이 세상에 속한 자들의 부러움을 받고 사는 자들이다.

이와는 반대로 **시107:41절**의 '궁핍한 자'인 하나님의 가속, 곧 가족 중에 든 자는 사람이 보기에는 보잘것없는 자다. 이런 자인 내가 일어나서 하나님의 법을 선포하고 모든 진리 가운데로 인도하니 정말 아무것도 아닌 자들이 일어나서 혀로 함부로 말하고, 손가락으로 글을 써서 대적하여 하나님의 도를 훼방한 것이다. 그래서 또 이렇게 예언해 두셨다.

시12:1~3 ¹여호와여 도우소서 경건한 자가 끊어지며 충실한 자가 인생 중에 없어지도소이다 ²**저희가 이웃에게 각기 거짓을 말함이여** 아첨하는 **입술과 두 마음으로 말하는도다** ³여호와께서 모든 **아첨하는 입술과 자랑하는 혀를 끊으시리니**

이들이 전부 **마7:13~27절**의 멸망으로 인도하는 크고 넓은 문에 서 있는 자들로 주의 이름으로 선지자 노릇 하며, 주의 이름으로 귀신을 쫓아내며, 주의 이름으로 많은 권능을 행치 아니하였나이까 하며 자랑하는 자들이다. 하나님의 법대로 목회를 한 것이 아니고, 성경과 다른 거짓말로 목회를 하고, 일생 이웃인 교인들에게 두 마음을 품고 아첨하는 말, 거짓말로 속이고 교인들을 학대한 자들이다. 이제 이들의 아첨하는 입술과 자랑하는 혀를 끊으신다. 이래서 다음과 같이 판결해 두셨다.

잠18:21 죽고 사는 것이 혀의 권세에 달렸나니 혀를 쓰기 좋아하는 자는 그 열매를 먹으리라

혀로 하는 설교를 통해 약3:5~12절에 "⁵이와 같이 혀도 작은 지체로되 큰 것을 자랑하도다 보라 어떻게 작은 불이(성경을 가지고 성경과 다른 거짓말을 혀로 설교하고 가르치는 것을 '작은 불'이라고 하신다. 이렇게 사람의 생각과 하나님의 생각은 완전히 다르다. 이 작은 불에, 온 세상에 있는 천주교, 기독교, 유대교인들이 거짓 설교에 다 속고 있다. 이런 사실을 말하는 나는 사람이 보기에 가난하고 보잘것없고 궁핍하여 이 거룩한 말씀을, 영원히 살 수 있는 생명의 말씀을 선포해도 돈, 권력, 명예, 힘을 가진 이들에 의해 이단이라 정죄받고 감옥에 갇혀 있다.

우리 안에 있다가 떨어져 나가서 고소한 그들의 눈에는 나는 사람도 아니더라. 이런 치욕을 당해도 우리 안에서 이 말씀을 받고도 안 믿고 원수의 혀에 동조하는 너 같은 귀신, 티끌, 먼지도 연휼이 여긴 것을 멸시하는 너로 인하여 더 마음이 아프다. 너는 누구냐? 내가 너를 몰라서 이렇게 묻는 줄 아느냐? 네가 지옥 불구덩이에 가는 것을 막기 위해서다. 이래서 목회는 아무나 하는 것이 아니다.

너 같은 귀신들이 가는 곳이 구더기도 죽지 아니하는 지옥 불이다. 짐승이 사람 될 수 없는 것을 알면서 이렇게 울면서 씨를 뿌리는 내가 네 눈에는 이단이구나~ 네 눈에는 사람이 아니구나~ 너한테 하나님은 누구며, 네 입으로 "주여 주여" 하는 예수 그리스도는 누구냐? 너는 왜 낙토에 가 있느냐? 너는 왜 네 발로 은혜로교회를 찾아왔고, 네 발로 피

지까지, 곧 거룩한 성도들을 위해 예비한 땅에까지 갔느냐? 너는 누구이기에 이 많은 하나님의 사랑을 무시하고 멸시하느냐? 너는 네가 하는 언행이 너를 자해하는 것인 줄도 왜 모르느냐? 눈이 있으나 보지 못하고, 귀가 있으나 들리지 않는 너는 왜 이 땅에 사람으로 태어났느냐? 지옥 불구덩이에 그렇게도 가고 싶으냐? 그럼 죽어 보면 된다.

기록된 하나님의 말씀을 한 절도 안 믿는 너는 나를 무시하고 멸시하는 것이 아니라, 너를 지옥 불구덩이에 못 가도록 나를 이 땅에 보내신 하나님을 무시하고 멸시한 것이다. 원수들에 의해 가장 잔인하게 살해당하신 예수 그리스도를 멸시하는 것이다. 네 혀는 사단, 마귀, 귀신이 가르치는 거짓말이 더 좋다고 너 스스로 밝히는 것이다.

온 세상 사람들이 혀로, 손가락으로 이단이니~ 폭행범이니~ 하고 비웃고 학대하는 그들과 싸우는 이 일이 너한테는 남의 일이냐? 더 이상 가장하며 속이지 말고 지옥 불구덩이의 주인, 마귀의 자식이면 그렇다고 당당하게 말하고 나가서 그렇게 살아라. 선을 악으로 갚는 너 같은 귀신을 더 이상 보고 싶지 않다. 너 같은 귀신의 혀가 곧 '작은 불'이다. 이런 작은 불이)

어떻게 많은 나무를 태우는가(성경을 가지고 성경과 다른 거짓말로 바꾸어서 많은 나무인 많은 교인들의 생각을 태우고, 마음을 거짓말, 아첨하는 말로 태워서, 양심이 없는 사람으로 태워서 일생 마귀를 경배하고 섬기는 하인 노릇 하게 하다가 육체가 죽으면 그 혼은 지옥 불구덩이로 보내는 것이다. 이들이 교회를 만들어서 십자가를 걸고, 강단에서 설교하여 교인들을 예수 이름으로 미친 사람으로 만들었다. 자신들을 지옥 불구덩이에 보내는 지옥의 사자인 줄 모르고 속고 있는 그들, 무지한 교인들을 '많은 나무'에 비유하신 것이다.

이들은 하나님께 제사하지 않고 마귀에게 제사하는 자들이다. 썩는 양식을 위해 일하는 것이다. 이들은 하나님의 나라와 아무 관계가 없다. 도리어 하나님과 예수 그리스도의 원수들이다. 적그리스도들이다. 대적자들이요, 우상들이다. 이런 교회 교인들은 우상숭배 하는 것이다. 이래서 1절에 "내 형제들아 너희는 선생 된 우리가 더 큰 심판을 받을 줄 알고 많이 선생이 되지 말라"라고 한 것이다. 그런데 귀신들은 지금도 모두 선생이 되고 싶어서 난리다. 기회만 엿본다.

왜 예수님의 제자들이 예수님을 "선생이여" 했는지 아느냐? "선생이여"라고 했을 때 선생이 아니라고 하셨으면 좋으련만~ 그렇게 하시지 않았다. 선생 노릇 하는 기간이 2천 년이 흐를 것을 감추시고 "많이 선생 되지 말라"라고 말씀하신 것이다.

'혀'가 곧 불이다. 이러니 천국의 비밀을 한 절도 모르면서 목사가 되거나, 주일학교 교사, 구역장, 선교사 등이 되는 것은 치명적인 죄를 지은 것이다. 이 사실을 모르고 자랑한다. 자신이 어느 신학교를 나왔고, 지금 전도사요, 강도사요, 목사라고 '내가 목산데~ 사모인데~' 하는 것이다. 이래서 목자들은 도망할 수 없다고 하셨다. **야고보서 3장**만 깨달아도 자신이 '누군데~' 하는 헛된 자랑을 하지 않는다.

이들이 예수 이름 사용하는 자들이라는 증거가 바로 **마3:11절**에 다음과 같이 말씀하신 것이다.

마3:11 나는 너희로 회개케 하기 위하여 물로 세례를 주거니와 내 뒤에 오시는 이는 나보다 능력이 많으시니 나는 그의 신을 들기도 감당치 못하겠노라 그는 성령과 **불로 너희에게 세례를 주실 것이요**

불세례는 지옥 불의 소리로 설교하는 불의한 목사들이 예수 이름으로 성경과 다른 거짓말로 설교하는 것이다. 이를 두고 이렇게 말씀하신 것이다. 그런데 무지몽매한 목사가 자신의 교회 예배당 목양실에 "목사가 불받으면 성도들이 불받는다"는 표어를 써서 붙여 놓았더라. 또 노래 중에 "성령의 불, 성령의 불길, 성령 불이야~" 하는 복음송을 우리도 다 불렀다. 이 '불'이 지옥 불에서 나오는 설교하는 것을 뜻한다. 예수 이름 사용하지만 교인들을 성경과 다른 거짓말로 설교하여 지옥 불구덩이에 보내는 자들이 있을 것을 말씀하신 예언이다. 또 '성령과 불'이라고 했으니 사람이 본능적으로 아는 지식으로 "성령의 불받아라"라고 한 것이다.

성령세례는 예수 그리스도께서 예언하신 그대로 또 다른 보혜사인 진리의 성령이 실상이 되어 전대미문의 새 언약으로 마음에 할례를 받게 하는 14년째 이 일을 뜻하신 것이다. 하나님의 나라 천국에 들어가는 성도들에게 예수 그리스도의 이름으로 이 땅에 온 실상인 진리의 성령이 하나님께서 정하신 날에 정하신 실상의 사람으로 하나님의 가르치심을 대언하여 하나님의 아들들, 백성들의 마음이 할례를 받아 다시 창조하는 것을 두고 '성령으로 세례를 받는 것'이라고 한 것이다.

'불세례'는 본문 마3:7~10, 12절에 명백하게 기록되어 있다.

마3:7~10, 12 ⁷요한이 많은 바리새인과 사두개인이 세례 베푸는데 오는 것을 보고 이르되 독사의 자식들아 누가 너희를 가르쳐 임박한 진노를 피하라 하더냐 ⁸그러므로 회개에 합당한 열매를 맺고 ⁹속으로 아브라함이 우리 조상이라고 생각지 말라 내가 너희에게 이르노니 하나님이 능히 이 돌들로도 아브라함의 자손이 되게 하시리라 ¹⁰이미 도끼가 나무 뿌리에 놓였으니 좋은 열매 맺지 아니하는 나무마다 찍어 불에 던지우리라… ¹²손에 키를 들고 자기의 타작마당을 정하게 하사 알곡은 모아 곳간에 들이고 쭉정이는 꺼지지 않는 불에 태우시리라

이 예언이 당시에만 해당하는 것이 아니라, 영적인 추수 때인 여호와의 날, 인자의 날인 지금 이 세대에 예수 이름 사용하는 악인들은 불세례를 받아 영원히 꺼지지 아니하는 지옥 불구덩이에 던져질 것과 의인들은 성령으로 세례를 받아 하나님 나라인 천국에 들어갈 것을 **11절**에 예언해 둔 것이다.

마3:11 나는 너희로 회개케 하기 위하여 물로 세례를 주거니와 내 뒤에 오시는 이는 나보다 능력이 많으시니 나는 그의 신을 들기도 감당치 못하겠노라 그는 성령과 불로 너희에게 세례를 주실 것이요

2천 년간 성령으로 세례받은 자들이 없었다고 하면 누가 믿을까? 구원은 하나님께 달려 있으므로 예수 이름을 전하다가 순교를 당한 자들과 거지 나사로같이 살다가 육체가 죽어서 낙원에 가 있는 자들, 두

부류들은 마3:7~21절에 온전히 해당하지 않는다. 하나님께서 정하신 때가 될 때까지 실상이 되는 예언이 아니고, 지금 이 세대가 되어서 성령세례를 받은 곡식은 천국, 곧 곡간에 들어가고, 반대로 쭉정이, 가라지, 악인들은 육체가 살아 있을 때 지옥 불의 소리로 설교하는 자들에 의해 영원히 꺼지지 아니하는 불구덩이에 들어가는 불세례를 받은 것이다.

자신들 스스로 교회 다니고 예수 이름을 부르고 예배드리며 아브라함의 자손이라고 생각한다고 아브라함의 자손이 아니다. 아브라함의 자손은 반드시 예수 그리스도의 계명을 지켜 실행한다. 혀로 "주여 주여" 말만 하고 회개에 합당한 열매를 맺지 아니하는 바리새인, 서기관, 사두개인들은 아브라함의 자손이 아니다.

마7:19절에도 "아름다운 열매 맺지 아니하는 나무마다 찍혀 불에 던지우느니라"라고 하신 이 '불'이 육체가 살아 있을 때, **야고보서 3장의** 혀가 지옥 불에서 나오는 설교를 하여 영적으로 죽이고 양심에 화인 맞게 하여 전부 성경과 다른 거짓말로 속이고 속는 종교생활을 하다가 육체가 죽어서는 영영히 타는 불구덩이에서 그 혼이 고통받으며 살아야 한다. '불'이 무슨 뜻인지도 모르고 자신을 '불의 종'이라고 자랑하는 목사들이 얼마나 많은지 알면 기절할 것이다.

불의의 창수, 홍수를
일으키는 자들

그래서 분명하게 **마태복음 7장**에 이렇게 판결해 두셨다. 천국에 아무나 들어가는 것이 절대 아니다.

마7:20~21, 24~25 ²⁰이러므로 그의 열매로 그들을 알리라 ²¹나더러 주여 주여 하는 자마다 천국에 다 들어갈 것이 아니요 다만 하늘에 계신 내 아버지의 뜻대로 행하는 자라야 들어가리라… ²⁴그러므로 누구든지 나의 이 말을 듣고 행하는 자는 그 집을 반석 위에 지은 지혜로운 사람 같으리니 ²⁵비가 내리고 **창수가 나고** 바람이 불어 그 집에 부딪히되 무너지지 아니하나니 이는 주초를 반석 위에 놓은 연고요

'창수'란 강물이 불어서 넘치는 물, 홍수를 뜻한다. 2021년 지금 이 세대에 **야고보서 3장**의 지옥 불에서 나는 설교가 홍수가 되어 교인들을 죽이는 것을 두고 "창수가 나고"라고 하신 것이다. 곧 하나님의 교훈이 비가 되어 내리니까 지옥 불의 소리로 설교한 자들의 설교가 성경과 다른 거짓말임이 밝혀지자 아무것도 모르는 교인들에게 오히려 이 말씀이 이단이라고 거짓말로 속여 하나님의 말씀을 듣지 못하게 한 것이다.

이런 영적인 상태를 징벌하시는 심판이 바로 홍수, 창수의 재앙이다. 진리를 모르는 사람들은 모두 자연재해라고만 한다. 창세기 노아의 홍수는 이런 하나님의 심판을 뜻한다.

시18:4 사망의 줄이 나를 얽고 불의의 창수가 나를 두렵게 하였으며

이 예언하신 대로 불의한 재판관들이 혀로 내는 거짓말들을 불의의 창수, 곧 홍수라고 한다. 계8:10~11절에 횃불같이 타는 큰 별이 하늘에서 떨어져 강들, 곧 교회들의 삼분의 일과 여러 물 샘(곧 지옥 불에서 나는 소리를 하는 사제, 목사들을 두고 여러 물 샘이라고 한다.)에 떨어지니 그 별 이름은 쑥이라 물들의 삼분의 일이 쑥이 되매 이 물들이 쓰게 됨을 인하여 많은 사람들이 죽더라고 하신 예언이 사실이 되었다. 이들은 멸망으로 인도하는 크고 넓은 문에 있는 자칭 목사들로, 그들의 입으로 하는 거짓 설교를 '불의의 창수'라고 하신 것이다. 이에 대해 하나님의 심판인 홍수를 내리시는 것이다.

또 욥22:1~11절을 찾아서 합독하거라. 엘리바스가 욥을 정죄하는 말인데 이는 욥을 두고 하신 말씀이 아니라, 예수 그리스도의 이름을 사용하는 지금 이 세대를 두고 예언한 것이다. 곧 2천 년간 이 예언대로 이어져 올 것을 예언해 둔 것이다.

"[1]데만 사람 엘리바스가 대답하여 가로되 [2]사람이 어찌 하나님께 유익하게 하겠느냐 지혜로운 자도 스스로 유익할 따름이니라 [3]네가 의로운들 전능자에게 무슨 기쁨이 있겠으며 네 행위가 온전한들 그에게 무슨 이익이 있겠느냐 [4]하나님이 너를 책망하시며 너를 심문하심이 너의 경외함을 인함이냐 [5]네 악이 크지 아니하냐 네 죄악이 극하니라 [6]까닭 없이 형제의 물건을 볼모 잡으며 헐벗은 자의 의복을 벗기며(이 예언이 예수 그리스도의 의복을 벗길 것을 예언한 것이다. 또한 지금 이 세

대까지 예수 그리스도를 믿는다고 하면서 설교자들이 교인들에게 예수 그리스도로 옷을 입히는 것이 아니라 도리어 벌거벗기고 있을 것을 예언한 것이다.

계3:17절에 "부자라 부요하여 부족한 것이 없다 하나 네 곤고한 것과 가련한 것과 가난한 것과 눈 먼 것과 벌거벗은 것을 알지 못하도다"라고 하신 이대로 영적으로 이런 상태일 것을 3421년 전에 예언한 것이다.

"형제의 물건을 볼모 잡으며"라는 말에서 먼저 '볼모'란 어떤 약속을 보증하는 뜻으로 어떤 사람을 상대편에게 넘겨주거나 상대편 사람을 자기 쪽에 머물러 있게 하는 일, '인질, 전당'이라는 두 가지 의미로도 사용된다.

그럼 '형제'는 무슨 뜻일까? 사람이 본능적으로 아는 것으로 아무나의 형제를 뜻하는 것이 아니다. 예수 그리스도에게 형제를 뜻한다. 그럼 또 사람 생각대로 당시 예수님의 육의 형제를 뜻하는 것일까? 아니다. 이에 대한 해답도 성경 속에 있다. 예수 그리스도께서 '형제'라고 하신 형제는 마12:50절에 "하나님의 뜻대로 행하는 자"를 형제라고 하셨고, 막3:35절에서도 "누구든지 하나님의 뜻대로 하는 자"가 형제라고 하셨으며, 눅8:21절에서도 "하나님의 말씀을 듣고 행하는 이 사람들"이 예수 그리스도의 '형제'라고 하셨다. 그러므로 하나님의 뜻을 14년째 친히 말씀하시고 이런 하나님의 말씀을 듣고 지켜 실행한 은혜로교회 성도들이 예수 그리스도에게 형제다.

따라서 하나님의 뜻대로 행하는 자들은 절대 다른 세대의 사람들이 아니다. 이에 대한 명백한 증거가 마7:21절에 "하늘에 계신 내 아버지의 뜻대로 행하는 자"가 천국에 들어간다고 하셨고, 요6:40절에서는 "내 아버지의 뜻은 아들을 보고 믿는 자마다 영생을 얻는 이것이니 마지막 날에 내가 이를 다시 살리리라 하시니라"라고 언약하신 이 예언대로 전 대미문의 새 언약으로 다시 살리시고 계신다.

그러므로 하나님의 뜻을 행하는 자는 반드시 육체도 죽지 아니하고 영생을 얻은 자들이며, 이들이 예수 그리스도의 형제들이다. 이들은 반드시 또 다른 보혜사인 진리의 성령과 함께 이미 영생을 얻기로 예정되어 있는 요14:16~17절의 언약이 실상이 된 자들이다.

요14:16~17 [16]내가 아버지께 구하겠으니 그가 또 다른 보혜사를 너희에게 주사 영원토록 너희와 함께 있게 하시리니 [17]저는 진리의 영이라 세상은 능히 저를 받지 못하나니 이는 저를 보지도 못하고 알지도 못함이라 그러나 너희는 저를 아나니 저는 너희와 함께 거하심이요 또 너희속에 계시겠음이라

이 본문의 예언이 실상이 된 진리의 영, 곧 진리의 성령과 영원히 함께 거하여 영생을 얻은 자들인 우리에 대한 예언이다. 예수 그리스도께서 이 땅에 오신 목적은 자신의 뜻을 이루시기 위함이 아니라 하나님의 뜻을 행하러 오신 것이다. 이처럼 예수 그리스도의 형제들도 하나님의 뜻을 행하러 이 땅에 온 사람들이다. 그래서 다음과 같이 예언해 두셨고, 우리는 이 예언의 실상이 되었다. 히10:5~18절이다.

"[5]그러므로 세상에 임하실 때에 가라사대 하나님이 제사와 예물을

원치 아니하시고 오직 나를 위하여 한 몸을 예비하셨도다 ^{6}전체로 번제함과 속죄제는 기뻐하지 아니하시나니 ^{7}이에 내가 말하기를 하나님이여 보시옵소서 두루마리 책에 나를 가리켜 기록한 것과 같이 하나님의 뜻을 행하러 왔나이다 하시니라 ^{8}위에 말씀하시기를 제사와 예물과 전체로 번제함과 속죄제는 원치도 아니하고 기뻐하지도 아니하신다 하셨고 (이는 다 율법을 따라 드리는 것이라) ^{9}그 후에 말씀하시기를 보시옵소서 내가 하나님의 뜻을 행하러 왔나이다 하셨으니 그 첫 것을 폐하심은 둘째 것을 세우려 하심이니라

^{10}이 뜻을 좇아 예수 그리스도의 몸을 단번에 드리심으로 말미암아 우리가 거룩함을 얻었노라(이 우리는 2021년 현재 우리다. 우리 이전에 그 누구도 없었다. 십자가의 도의 비밀을 모르면 절대 거룩해질 수 없다. 증거가 2천 년간 땅의 역사다. 이 예언이 사실이 되는 때가 하나님께서 정하신 일곱째 날인 여호와의 날, 인자의 날이 되어야 거룩해지는 것이다. 곧 영생하도록 있는 양식을 먹고 먹일 인자의 날이 되어야 하나님께서 주신 계명인 "내가 거룩하니 너희도 거룩하라"라고 하신 계명을 실상으로 지켜 실행하여 거룩한 자들이 땅에 나타나는 것이다.

특히 히10:5~10절을 가지고 혀로 말만 하여 귀신들이 가르친 말이 "예수님이 모든 인간의 죄를 다 지시고 십자가에 죽으셨고, 그 예수를 입으로 시인하면 이미 구원을 받았으며, 죽어서 천국을 간다"라고 한 것이다. 이는 치명적인 결과를 낳아서 단 한 사람도 거룩한 자가 나오지 않았다. 이 사실을 인지하지 못하고, 성경이 모든 것을 죄 아래 가두어 두셨다는 말씀도 안 믿고, 혀로 말만 하여 궁핍에 이른다. 하나님의 말씀

으로 아무리 훈계하여도 이미 구원을 받았다고 생각하고, 훈계를 저버리고 궁핍한 자로 영원히 패망한다.

이에 대해서 14년째 모든 진리 가운데로 인도하여 증명하고 왔고, 이제야 진리대로 사실이었다는 것을 시인하는 성도들이 태어나고 있다. 귀신의 정체를 모르면 영원한 언약을 머리로 다 외운다고 해도 각자 자신과는 상관이 없다. 그 증거가 전체로 번제함과 속죄함이다. 이렇게 제사드린 것이 구약만이 아니고, 예수 그리스도의 이름으로 예배와 회개를 해도 전체로 번제함과 속죄함에 해당하는 기간이었다. 이 증거가 아무도 거듭난 사람이 없었던 것이며, 성경이 모든 것을 죄 아래 가두어 두는 기간에 해당한다는 것을 몰랐던 것이다.

더 구체적으로 말하면 구약만 첫 것이 아니고, 신약성경도 전 성경 문자적인 기록 자체가 다 율법에 해당한다. 성경을 성경으로 해답을 찾는다고 해도 통으로 보지 아니하면 하나님의 뜻은 또 부분적으로 보게 된다. 그래서 이 일은 하나님께서 알게 하시지 아니하면 절대 알 수도, 들을 수도 없다.

사실 온전한 하나님의 뜻은 2008년 6월 16일부터 시작된 일이다. 전대미문의 새 일, 새 언약이라고 한 것은 창세 이래 단 한 세대도 들었거나 실상이 된 적이 없었던 새 언약이며, 영원한 언약이다. 아브라함에게 하신 언약은 이삭, 야곱, 곧 이스라엘, 다윗, 예수 그리스도에 이어진 언약이었으나 온전히 실상이 된 적이 없었던 언약이다. 이는 구약 4천 년, 신약 2천 년 역사가 증명해 준다.

하나님의 행하신 것은 영원히 있어야 하는데 구약에 에녹, 엘리야도, 하나님의 아들 예수 그리스도께서도 부활하셨어도 승천하셔서 하나님 우편에 계신 것 또한 지금 이 세대에 전대미문의 새 언약을 하신 증거다. 예수 그리스도를 통하여 귀신의 정체를 몰랐다면 절대 온전한 영생에 이를 수 없다. 하나님의 뜻은 반드시 하나님께서 친히 가르쳐 주셔야 알 수 있고, 진리의 성령이 실상이 되어 하나님의 뜻을 대언해야 거룩함에 이르고, 이는 곧 온전한 영생을 얻어 천국을 상속받는 천국의 상속자들이 되는 것이다.)

[11]제사장마다 매일 서서 섬기며 자주 같은 제사를 드리되 이 제사는 언제든지 죄를 없게 하지 못하거니와 [12]오직 그리스도는 죄를 위하여 한 영원한 제사를 드리시고 하나님 우편에 앉으사(이 말씀만 문자 그대로 사람이 보고 만들어 내서 예수 이름으로 이미 구원받았다고 귀신들은 말만 한다. 예수 이름으로 모든 사람이 다 이미 죄를 용서받았다는 말 자체가 전체로 번제함과 속죄함이다. 이는 구약의 제사법만 바뀌었을 뿐이다. 그래서 예수 그리스도께서 자신의 이름으로 또 다른 보혜사인 진리의 성령을 보내서 "죄에 대하여, 의에 대하여, 심판에 대하여 모든 진리 가운데로 인도하시리라"라고 말씀하신 것이다.

예수님이 한꺼번에 모든 인간의 죄를 다 지시고 십자가에 죽으셨다면, '죄에 대하여' 모든 진리 가운데로 인도할 거라고 말씀하시면 안 된다. 이미 다 지셨는데 왜 죄에 대하여 모든 진리 가운데로 인도하실 것이라고 하느냐? 또 성령을 상상하면 절대 안 되는 이유가 바로 죄에 대하여, 의에 대하여, 심판에 대하여, 모든 진리 가운데로 인도해야 하나님께로서 다시 태어나서 죄를 짓지 아니하고 거룩한 삶을 산다는 것이

다. 그리고 반드시 영생을 얻어 천국을 상속해야 하기 때문에 상상하면
안 된다.)

[13]그 후에 자기 원수들로 자기 발등상이 되게 하실 때까지 기다리
시나니 [14]저가 한 제물로 거룩하게 된 자들을 영원히 온전케 하셨느니라
(이 예언이 이제 2021년 7월 26일 이때, 예수 그리스도의 십자가 비밀
을 밝히 알게 하셔서 하나님의 계명을 지켜 순종함으로 영원히 죄를 짓
지 아니하고 자유하여 온전케 된 것이다. 그래서 **고전13:10절**에 "온전한
것이 올 때에는 부분적으로 하던 것이 폐하리라"라고 하신 것이다.

그러므로 예수 그리스도는 새 언약의 중보로 이 땅에 오셨던 것이
명백하다. 열매인 우리가 증명하는 실상이 되었으니 이는 명백하게 진
리의 성령이 오면 예수 그리스도 당신에 대해서 증거하실 것이라고 하
신 말씀이 이제 14년째 성취되고 있는 것이고, 이는 진리의 성령이 상상
이 아니라는 명백한 증거이기도 하다.)

[15]또한 성령이 우리에게 증거하시되 [16]주께서 가라사대 그날 후로
는 저희와 세울 언약이 이것이라 하시고 내 법을 저희 마음에 두고 저희
생각에 기록하리라 하신 후에(**히브리서 8장**의 새 언약으로 14년째 이 말
씀이 이루어지고 있는 이 일에 대한 예언이다. 2008년 6월 16일부터 이
루어지고 있었다. 진리는 이런 것이다. 이래도 성령을 상상할래?) [17]또
저희 죄와 저희 불법을 내가 다시 기억지 아니하리라 하셨으니 [18]이것을
사하셨은즉 다시 죄를 위하여 제사드릴 것이 없느니라"

전대미문의 새 언약으로 각 개인의 생각, 마음에 할례를 받게 하는
것은 바로 진리대로 지켜 실행하여 현재 각 개인이 다시 창조받고 있는

이 일이 증거다. 타작마당부터 각각 너희 생각을 잡고 마음을 잡고 있는 귀신을 발견하고 시간이 지나면서 이제 다시 창조된 성도의 생각이 완전히 하나님의 말씀으로 변화되어 창세 이래 아무도 믿지 않았던 육체도 죽지 아니하고 영생하는 하나님의 도를 믿는 성도가 나온 것이다.

이렇게 각자 하나님께 지은 죄, 불법에서 완전히 돌이켜 삶도 새로 시작하고, 한 몫의 삶을 버린 것도 혀로 말만 하는 것이 아니라 계명을 지켜 실행한 것이다. 이렇게 각 개인이 하나님의 말씀대로 지켜 실행하고 따라가는 과정 또한 모두 진리인 성경에 기록된 말씀이 사실이 되어 이루어지고 있다. 그러니까 머리로, 혀로, 말로 이미 다 용서받았으니 "믿으라, 믿습니다"라고 하는 것이 아니라는 뜻이다.

전체로 속죄함은 혀로 말만 하고 "예수 이름으로 기도합니다, 아멘" 하면 이미 죄가 다 용서받았다고 믿으라고 하고, 또 죄를 짓고, 또 회개하고, 그렇게 2천 년간 반복했다. 예수 그리스도께서 하나님의 뜻대로 십자가에 죽지 아니하셨으면 귀신의 정체를 알 수 없었고, 영생의 길 또한 알 수 없었다. 또 새 언약으로 완전히 각 성도의 생각이 바뀌고, 마음이 완전히 바뀌며 삶 자체가 완전히 새 삶을 사는 것은 전체로 한꺼번에 말만 하여 속죄를 받는 것이 아니라, 각각 하나님의 말씀을 받고 지켜 실행하여 영원한 언약이 완전히 실상이 되어 이루어지는 것이다. 이렇게 죄가 다 사하여지고 새 사람이 되면 영원히 죄를 안 짓는다.

요일3:9 하나님께로서 난 자마다 죄를 짓지 아니하나니 이는 하나님의 씨가 그의 속에 거함이요 저도 범죄치 못하는 것은 하나님께로서 났음

이라

요일3:9절의 말씀이 말로만이 아니고, 실상으로 각각 이루어진다. 절대 죄를 짓지 아니한다. 다시 말하면 요6:45절의 말씀이 사실이 되고, 하나님의 가르치심을 진리의 성령이 실상이 되어 대언하는 사람은 반드시 호2:19~20절의 말씀의 주인공이어야 하며, 빌라델비아 교회의 사자에 대해 계3:7~13절에 기록된 말씀이 사실이 되어 실제 빌라델비아 교회를 목회했던 목사라야 한다.

그리고 반드시 사54:13절의 말씀대로 "¹³네 모든 자녀는 여호와의 교훈을 받을 것이니 네 자녀는 크게 평강할 것이며(네 자녀, 곧 새 예루살렘의 자녀, 하나님께서 만세 전에 택하신 자녀는 크게 평강할 것이며) ¹⁴너는 의로 설 것이며 학대가 네게서 멀어질 것인즉 네가 두려워 아니할 것이며 공포 그것도 너를 가까이 못할 것이라"라고 예언하신 말씀들이 실제 사실이 되어 이루어진 것이 하나님의 뜻을 받고 지켜 실행하여 하나님께로서 난 자들이라는 명백한 증거다.

이는 하나님의 자녀 한 사람, 한 사람이 사실이 되어 모든 죄에서 영원히 자유해지는 것이다. 이렇게 기록된 예언이 사실이 되어 하나님께로서 난 자가 실상이 되는 것이다. 이 과정은 대체육체들을 통한 고난, 귀신의 처소에 있는 용, 곧 사단, 마귀, 뱀, 독사, 각종 짐승에 비유하신 원수들이 혀로, 손가락으로 대적하여 학대를 당하는 고통이 따른다.

오죽하면 '공포', 곧 큰 두려움으로 인해 마음의 고요함과 평정이 깨뜨려지는 상태를 말씀하셨고, 이래서 시편, 이사야서에 계속 "두려워 말라 내가 너와 함께 함이니라 놀라지 말라 나는 네 하나님이라"라고 하신 것이다. 이 공포는 이 일을 훼방하고 온 세상에 치욕을 준 자들, 귀신의 처소에서 혀로 "이단이니~ 사이비니~ 사이비 교주니~" 하며 지껄이고 거짓말로 거짓 증거한 그들에 의해 7년이라는 징역형을 판결했으며, 자신들이 할 수 있는 모든 방법을 동원하여 학대한 대적자들을 하나님께서 신원하시는 것과 창세 이래 모든 원수들을 징벌하시는 일들을 다 보게 될 것을 뜻하는 것이다.

오죽하면 전 성경에 기록된 모든 재앙이 다 내리는 대환난의 소리로 인하여 **눅21:26절**에는 "사람들이 세상에 임할 일을 생각하고 무서워하므로 기절하리니 이는 하늘의 권능들이 흔들리겠음이라"라고 하셨을까~ 창세 이래 모든 악인들은 그들이 행한 대로 다 보응하시는 하나님의 심판에 세상에 있는 모든 사람들이 얼마나 무서우면 기절한다고 하셨겠나~ 이 심판에 대해서 이미 다 예언해 두셨다. 이 예언들이 하나하나 이 땅에 다 이루어지는 것을 듣고 보게 될 것을 말씀하신 것이다. 오죽하면 땅을 예비해 두셨겠나~ 이런 대적자들이 받는 보응을 두고 '공포'라고 하시고, 그 공포는 나에게 가까이 못할 것이라고 예언해 두셨다.

7년 대환난이 오기 전에 거지 나사로 같은 한 몫의 삶을 살다가 육체가 죽어 낙원에 가는 성도들이 나올 것이라고 강단에서 말하고 실상으로 병으로, 사고로 육체가 죽는 것을 겪을 때, 우리 안의 대체육체들에 의해 인천 공항에서 체포될 때, 그리고 3년이 지나면서 겪었던 고통, 아픔, 놀라움, 비웃음, 치욕을 이렇게 겪고 있어도 우리 안에서 아직도 말씀을 안 믿는 패역을 볼 때 제일 고통스럽다. 귀신이 주인인 사람은 진실로 하나님을 두려워하지 않고 죄를 심상히 여기는 것에 아연실색한다.

죄에서 지금 돌이켜 거룩함에 이르지 아니하면 온 세상에 일어날 일로 인하여 놀라서 기절할 것이라고 한 말씀의 경고가 코로나19 전염병이다. 이 전염병은 만성이 되어서 독감처럼 함께 살아야 한다고 이 세상에 속한 전문가들도 말을 한다. 이는 사람의 소리라고 겔14:12~23절에 예언되어 있다. 모두 찾아서 1~23절까지 합독하거라.

네 가지 중한 벌, 곧 칼과 기근과 사나운 짐승과 온역인 악한 전염병이 온 세상에 내릴 때 노아, 다니엘, 욥, 이 세 사람이 거기 있어도 이들만 자기의 의로 자기의 생명만 건진다고 예언해 두셨다. 이 셋의 특징이 다 '의인'이라고 하나님께서 인정하신 사람들이다.

그동안 계속 말했다. 지금 각각 새 언약의 말씀을 지켜 실행하지 아니하면 하나님의 집에서부터 심판이 시작되었으니 전 세계 기독교인들 중에는 십분의 일만 생명을 건진다. 이렇게 되기 이전에 모든 죄에서 다 사함을 받지 아니하면 보아라. 낙토에도 온역인 코로나19가 들어왔다. 그곳에 나를 혀로, 손가락으로 학대한 박상기 난디한인교회 목사와 선교사들이 신문에까지 내서 학대했고, 감리교 목사는 한국 감리교 총회에서 피지 감리교회 총회로 문서를 보내 교회 강단에서 아무것도 모르는 피지인들에게 나를 이단이라고 공개적으로 훼방했다. 그 결과 치명적인 죄를 지었고, 결국 피지 국회에서 우리를 쫓아내라고 하였고, 얼마나 괴롭혔는지 우리 모두 겪었다. 다니엘 성도가 가장 많이 겪었다.

수바에서는 순복음교회가 이단이라 퍼뜨렸고, 피지주재 대한민국 대사관 직원들이 어떻게 했는지 하나님이 다 보셨다. 법정에서 검사 측 증인까지 서더라. 공항에서 대사는 나와 다니엘 성도를 보면 도망가고 이 모든 고통을 나는 13년을 겪었고, 그에 대한 보응을 지금 하시는 것이다. 이렇게 사실이 되어도 정신 못 차리는 우리 안에 있는 귀신들, 너희는 양심도 없더라. 너희 육의 가족이 감옥에 갇혔으면 그렇게 행동하겠느냐? 왜 양심에 화인 맞았는지 두 눈으로, 두 귀로 똑똑히 보았고, 들었다. 그 귀신들은 남이었다. 절대 가족이 아니었다. 이런 귀신들이 재앙을 더 부른다. 내가 참고 기다려 주는 것을 더 비웃고 멸시하는 자들이다.

14년째 우리 각 성도들 한 사람, 한 사람이 이렇게 죄와 불법을 씻고 다시 창조되면 죄를 위해 다시 제사를 드릴 것이 없다. 지금 기독교에서, 천주교에서 하는 성찬식은 죄를 사하는 것과 아무 관계가 없다. 경건의 모양은 있으나 경건의 능력은 없는 구약시대 제사와 다를 바 없다. 예수 이름으로 드리는 것만 다를 뿐이다. 하나님의 법인 영원한 언약을 생각과 마음에 기록하는 것이 절대 아니다. 그 결과 아무도 하나님의 뜻을 좇아 행한 자들이 없었다. 우리의 14년째 이 일에 대한 예언이 사실이 되어 이루어진 것이다.

요일2:17 이 세상도, 그 정욕도 지나가되 오직 하나님의 뜻을 행하는 이는 영원히 거하느니라

따라서 이 예언도 창세 이래 단 한 세대도 이루어진 적이 없다. '이 세상'도 여전히 그대로 있고, 이 세상에 속한 자들의 정욕은 극에 달하여 남은 것은 심판밖에 없는데, 하나님의 말씀을 안 믿는다. 그래서 때를 모

르면 차라리 사람으로 태어나지 않는 것이 더 낫다고 한 것이다. 진실로 지금 이 온 세상은 다 '악한 자' 안에 처해 있다. 이제 이 세상에 속한 자들이 일할 시기가 끝났다. 구약 4천 년, 신약도 예수 그리스도께서 십자가에 죽으시고 부활, 승천하시고 2천 년이 다 되어 간다.

이 진리를 아니라고 하는 자들에게 다음과 같이 말씀하셨다.

요일3:1 보라 아버지께서 어떠한 사랑을 우리에게 주사 하나님의 자녀라 일컬음을 얻게 하셨는고, 우리가 그러하도다 그러므로 세상이 우리를 알지 못함은 그를 알지 못함이니라

이렇게 명백하게, 그것도 신약성경에 기록되어 있다. 이 말씀 또한 지금 이 세대 우리에 대한 예언이 확실하다. 이 세상에 속한 자들에게 하나님의 뜻을 지켜 실행한 것으로 인해 치욕을 겪는 이 송사가 바로 자칭 목사들, 기독교인들에 의해 일어난 일이다. 이는 그들 모두가 혀로 "오직 예수, 하나님" 하지만 하나님을, 예수 그리스도를 알지 못하는 자들이라는 명백한 증거이며, 그들 자신은 모두 이 세상에 속한 자들이고, 이 본문 '세상'의 주인공들이다. 성경을 사용하면서 영생을 믿지 아니하는 자들은 일생 혀로 "하나님, 예수님" 해도 하나님 나라와 아무 관계가 없다. 죄를 먹고 마시는 것 자체가 하나님을 모르는 증거다. 자신들이 하나님을 몰랐다고 절대 핑계 댈 수 없다. 이미 성경이 주어졌기 때문이다.

이 '영생'은 내가 만든 교리가 아니다. 하나님의 약속이다.

요일2:25 그가 우리에게 약속하신 약속이 이것이니 곧 영원한 생명이니라

이렇게 하나님의 뜻을 땅에서 지켜 실행하는 우리가 예수 그리스도의 형제다.

얼굴도, 이름도 아는
우리에게서 나간 적그리스도의 실체

형제에 대한 진리의 눈, 곧 영적인 눈으로 다시 **욥22:6~11절**을 보자.

"⁶까닭 없이 형제의 물건('물건'이 물건이 아니라, 예수 그리스도를 믿는다고 하는 기독교인들을 물건에 비유하신 것이다. **히9:22절**에 "율법을 좇아 거의 모든 물건이 피로써 정결케 되나니 피 흘림이 없은즉 사함이 없느니라"라고 하신 이 말씀을 사람 생각대로 보고 "예수의 피, 예수의 피"라고 한 것이다. 십자가의 도의 비밀을 모르고 말이다. 또한 반드시 영생을 실상으로 얻은 천국의 상속자들은 예수 그리스도를 믿는 자들 중에 나올 것임을 감추어 둔 것이다.

모든 물건, 곧 모든 사람을 뜻한다. 까닭 없이 형제의 물건)을 볼모 잡으며('볼모'란 ①어떤 약속을 보증하는 뜻으로 어떤 사람을 상대편에

게 넘겨주어 거기서 머물러 있게 하는 일, 또는 그 넘겨진 그 사람 ②어떤 일을 자기에게 유리하게 흥정하기 위하여 상대편 쪽의 사람을 자기 쪽에서 감금하는 일, 또는 감금당해 있는 그 사람. 다른 말로 '인질, 보증물, 담보물'이라고 한다.

그런데 왜 엘리바스는 욥에게 이렇게 말했을까? 당시 욥과는 사실 상관이 없는 말인데 왜 이렇게 말했을까? 그것도 까닭 없이, 곧 아무런 이유도 없이 "형제의 물건을 볼모 잡으며"라고 한 것이다. 이 예언은 2021년 지금 이 세대 나와 우리와 나를 볼모 잡고 있는 일, 곧 나를 고소하여 감옥에 가두고 있는 이 일에 대한 예언이다. 사실이다.

예수 이름을 사용하는 이인규, 박형택, 예장합신 총회, 우리에게서 나가 나를 고소한 그들 모두 다 예수 이름을 사용하지만 예수 그리스도와 아무 관계가 없다. 멸망으로 인도하는 크고 넓은 문에 있는 자들이며 사이비요, 그들이 이단이다.

그런데 반대로 자신들과 아무 관계가 없는 하나님의 일을 하는 나를 자기들 마음대로 "이단이니~" 해서 인터넷에 거짓말로 비방하고 정죄한 결과 우리와 함께 있던 자들이 내가 '이단인가~' 하고 흔들리게 하였다. 결국 그들은 바람에 날려 간 티끌, 검불이 되었고, 자칭 기독교인, 자칭 목사, 사단의 회에서 하는 말이 창수, 곧 홍수가 되어 그들을 떠내려가게 만들었다.

그들이 '형제의 물건'인 나와 성도들을 볼모 잡아서 거짓 증언하고 감옥에 가두어 둔 이 사건에 대한 예언이 3418년 후인 2018년 7월 24일에 땅에서 사실이 되어 이루어진 것이다. 이 진리를 누가 믿겠느냐?

그런데 사실이다. 당시 욥도 까닭 없이 형제의 물건을 볼모 잡지 아니했고, 예수 그리스도도 형제의 물건을 볼모 잡지 않으셨다. 도리어 유대인들에게 옥에 갇히시고 사형당하셨다.

그런데 왜 이렇게 말씀을 기록하셨을까? 그래서 전 성경 기록 목적이 장래 세대, 곧 진리의 성령이 실상이 되어 장래 일을 모든 진리 가운데로 인도할 때, 영원한 언약을 들어 본 적이 없고, 특히 감추어 두신 천국의 비밀을 드러내시는 하나님의 가르치심을 대언할 뿐만 아니라 아무도 지켜 실행한 적이 없는 하나님의 계명을 지켜 실행하는 일로 인하여 같은 기독교인들이 "이단이니~ 사이비니~" 하며 핍박하고 결국 흉악범 취급을 하였다. 그들은 하나님의 뜻대로 보고 듣고 믿어 지켜 실행한 일을 폭행, 특수폭행, 감금, 특수감금, 중감금, 아동학대, 방임, 유기, 교사라고 하고, 자신들이 스스로 와서 헌금한 일과 농기구를 기증한 일을 두고 사기라고 하여 감옥에 나와 성도들을 감금시킨 이 일에 대한 예언이 명백하다.

그들이 아무런 이유 없이, 곧 까닭 없이 자신들이 혀로 부르는 형제 예수 그리스도의 물건인 나와 성도들을 고소하여 볼모 잡고 있는 이 송사를 BC 1400년경에 이미 예언해 두신 것이다. 그러니까 나를 고소한 그들도 예수 이름 사용하는 사람들이니까 이들에 의해 예수 그리스도의 형제인 우리들, 곧 하나님의 뜻을 행하는 우리를 이 세상 법에 고소하여 까닭 없이 볼모 잡고 있다는 뜻이다.

같은 기독교인이 기독교인을 거짓 증언하여 감옥에 가두어 두면서 도리어 나에게 낙토에 있는 너희를 감금하고 있다고 죄를 씌워 나와 성도들을 감옥에 가둔 것이다. 이를 두고 당시 욥의 친구 엘리바스가 욥에게 이렇게 말하는 것으로 기록해 둔 것이다.

이래서 성경을 문자 그대로, 사람의 눈으로 보고 "당시 욥의 친구 엘리바스가 욥에게 이렇게 말했습니다" 하며 목사들이 설교하면 자신이 무슨 말을 하는지 아무것도 모르고 지껄이고, 그 설교를 듣는 사람들도 아무것도 모르고 "아멘" 하며 듣고 있는 것이 된다.

이는 설교를 하는 목사에게는 자신과 아무 관계없는 말을 사용하는 것이며, 하나님의 이름, 예수 이름을 망령되이 일컫는 죄가 되어 그런 설교를 듣고 종교생활 하는 교인들의 영혼과 아무 관계없는 말로 사기치고 공갈하는 자, 영적인 살인자가 되어 육체가 죽으면 그 혼은 구덩이인 지옥에 보내는 것이므로 그 교인을 죽인 핏값을 자신이 물어야 한다.

이는 언약궤를 만진 죄가 되어 자신이 패망하는 자해이며, 자신도 모르게 형제인 예수 그리스도의 물건, 곧 예수 이름을 부르고 믿는다고 하는 교인들을 볼모 잡고 있는 결과를 낳는 헛된 일이 되며, 또 이 본문에 해당하는 자들이 된다.

다시 말하면 성경 속에 감추어 두신 하나님의 뜻을 모르고 성경을 문자 그대로 보고 설교하는 목사는 형제인 예수 그리스도의 물건들, 곧 교인들을 목사 자신이 볼모 잡고 있다는 뜻도 감추어져 있다.

알아들었거든 대답을 하거라. 이렇게 하나님의 뜻을 하나하나 밝히고 알아듣고 깨달아 '성경이 참 진리이구나~, 진실로 진리가 사실이 되어 땅에서 이루어지는구나~, 예언이 아니었구나~, 하나님은 살아 계신 하나님이시구나~' 하고 너희 생각, 마음이 변화되어 진리를 진리대로 마음에 믿고 지켜 실행하도록 돕는 역할이 보혜사가 할 일이고, 다른 말로 하면 목사의 직무다.

이런 천국의 비밀인 하나님의 뜻을 하나하나 밝히고 무엇이 선인지, 무엇이 악인지 선, 악을 분별하는 너희 자유의지로 '선'을 선택하여 지켜 실행하므로 하나님의 자녀가 되고, 영생을 실상으로 이루도록 인도하고 있는 일이 14년째 이 일이다.

이것이 바로 '하나님의 도'를 깨닫는 것이요, 지켜 실행하는 것이다. 따라서 하나님께서 아브라함에게 **창18:18~19절**에 언약하신 약속이 2021년 현재 사실이 되어 땅에서 이루어지고 있는 것이다. 진리는 이런 것이다. 하나님의 나라는 이렇게 사실이 되어 이루어지는 것이다. 이것이 바로 사람들이 말하는 '도'를 닦는 것이요, 신령한 사람이 되어 창세 이래 단 한 세대도 실상이 되지 못한 도의 경지에 오르는 것이다. 이런 것이 참 도요, 참 진리다. 따라서 지금 온 세상에서 사람들이 말하는 '도'는 가짜다. 그래서 종교 지도자들이 사기꾼이다.

'도'란 일반적인 뜻으로도 말하면 ①사람이 마땅히 지켜야 할 도리 ②종교적으로는 그 종교의 근본이 되는 뜻, 또는 깊이 깨달은 경지라고 한다. 그런데 이런 도는 혀로 말만 하는 것이 절대 아니다. 예수 그리스도를 믿는다고 하는 자는 예수 그리스도께서 하신 말씀의 뜻이 무엇인지 깨달아 지켜 실행하는 자들을 '그리스도인'이라고 하는 것이다.

기독교인들이 근본이 되는 도도 안 지키면서 혀로 말만 지껄이니까 이렇게 타락하고 부패하여 사람이 아닌 짐승만도 못한 자들이 된 것이다. 저 산속에서 목탁이나 두드리며 혼자서 혀로 중얼거리고 일생 혀로 말만 하는 그들이 도를 닦는 것이 아니고, 사람이 만든 형상인 부처들이 사람들에게 복을 주는 것이 아니다. 사기 치고 공갈하는 것이다. 그런데 사람들은 그들이 자신들에게 복을 주는 줄 알고 돈을 바치고, 그 돈으로 산속에서 좋은 공기, 좋은 음식 해 먹고 일생 사람들을 속이고 속는 자들이 불교다.

기독교는 다르냐? 마땅히 달라야 하는데 성경을 가지고 혀로 일생 말만 하고, 그 말도 성경을 기록하게 하신 하나님의 뜻은 단 한 절도 모르면서 예수 이름으로, 하나님의 이름으로 사기 치는 것이 현재까지 성경을 사용하는 모든 종교의 실상이다. 곧 종교 지도자들, 성경을 가르치고 설교하는 자들은 자신이 속고 속인 자라고 누가 쉽게 인정을 하겠으며, 그러나 인정이 되면 누가 이 엄청난 사실 앞에 죄를 짓겠느냐?

그래서 하나님께로서 난 자는 죄를 짓지 아니한다고 한 것이다. 하나님께로서 난 자가 이제 이 세대에 사실이 되어 하나님의 자녀가 태어나고 있는데 이 사실을 누가 믿겠느냐? 14년째 이 일이 이런 일이다. 히 9:10절의 개혁이 사람 생각으로 단순하게 천국의 비밀을 머리로 좀 알고 모르고 하는 차이가 아니다. 한마디로 말하면 '진실이냐, 거짓이냐'의 차이이고, '사실이냐, 허상이냐'의 차이다. 이래서 사람의 증거를 취하시지 않는다고 하셨고, 사람에게서 영광을 받지 않으신다고 하신 것이다.

왜 예수 그리스도께서 33년간 짧게 이 땅에서 사시고, 십자가에 죽으시고, 약속대로 삼 일 만에 부활하시고, 40일 동안 신령한 몸으로 당시 제자들에게 다시 보이시고, 그때는 구약성경을 가지고 자신에 대해서 자세히 설명하시기만 하셨는지, 그리고 신령한 몸으로 분명하게 다시 부활하셨는데 그대로 땅에 계시지 않고 왜 승천하셨는지, 왜 사망과 음부의 열쇠를 세세토록 받으신 것인지 아는가?

천국의 비밀은 아무것도 모르면서 자신들이 지어낸 거짓말로, 거짓 이적과 기적으로 사람들을 끌어모아 부자가 되고, 기득권 세력이 되어 이 세상에 속한 권력과 연합하여 나와 성도들을 볼모 잡고 있는지, 또 자신들이 데리고 있는 교인들 중에 형제, 곧 하나님의 뜻을 땅에서 지켜 행하는 나를 이단이라고 정죄하여 자신들이 데리고 있는 교인들로 하여 금 진리의 도를 못 듣게 하므로 형제의 물건을 볼모 잡고 있는 악을 저 지르고 있는지, 나를 감옥에 가둔 이 송사가 욥22:6절에 "까닭 없이 형제 의 물건을 볼모 잡으며"라는 말씀의 성취가 된 것인지 아무것도 모르고 있는 것이 바로 '도, 진리의 도, 여호와 하나님의 도'를 모른다는 명백한 증거다.

곧 자신들이 이 말씀을 사실 그대로 땅에 이루고 있다는 것을 꿈에 도 모르는 사람들인데 그들은 목사들이며, 자칭 이단 전문가, 상담가라 는 명칭을 사용하고 있는 자들이다.

그래서 사54:15절에 이렇게 예언해 두셨던 것이고, 2021년 7월 30 일 현재 사실이 되어 성취되고 있다. "¹⁵그들이 모일찌라도 나로 말미암 지 아니한 것이니 누구든지 모여 너(나)를 치는 자는 너(나)를 인하여 패망하리라(나를 자신들과 상관이 없는 일로 혀로, 글로, 거짓말로 이단 이라 정죄하고 학대하다 못해 볼모로 잡고 감옥에 가둔 일, 온 세상에 더러운 죄명을 씌워서 치욕을 주고 괴롭히고 있는 이 일로 인하여 영원 히 패망한다는 예언을 BC 700년에 이사야 선지자를 통하여 예언해 두셨고, 2021년에 이미 사실이 되어 이루어지고 있는 실상이다. 2721년 후인 지금에야 땅에 사실이 된 것이고, 반드시 이 예언대로 나를 친 그들은 다 패망한다. 이래도 이 진리를 안 믿을래?

이런 진리를 안 믿는 네가 더 악한 귀신이다. 이 본문은 예수 그리스도에 대한 예언이 아니다. 예수님께서 분명히 **요5:39절**에 "너희가 성경에서 영생을 얻는 줄 생각하고 성경을 상고하거니와 이 성경이 곧 내게 대하여 증거하는 것이로다"라고 하셨는데, 왜 **이사야 54장**은 예수 그리스도에 대한 예언이 아닐까? 그래서 예수님이 **고전13:10절**에 기록된 예언 "온전한 것이 올 때에는 부분적으로 하던 것이 폐하리라"라고 하신 예언의 주인공이 아니신 것이다. 곧 '온전한 것이 올 때'의 실상이 아니라는 뜻이다.

또한 **욥22:6절**에 "까닭 없이 형제의 물건을 볼모 잡으며"라고 하신 예언의 실상이 누군지 그때는 모르셨다. 성경을 기록한 저자들도 아무도 모른 천국의 비밀이다. 그럼 내가 아느냐? 나 또한 하나님께서 가르쳐 주시니까 아는 것이다. 그래서 **호2:19~20절**의 예언의 실상이 나라는 것은 내 말이 아니고, 하나님의 증거다. 따라서 이 말을 안 믿는 것이 가장 큰 죄다. 대적자요, 귀신이다. 불신자다.

이유 없이 너희들 보고 교통하라고 한 말씀이 아니다. 실상이기 때문이며, 너를 영원히 구원하기 위해서 하나님께서 주신 계명이다. 하나님의 아들들이라고 이름을 말하는 것은 그냥 내가 하는 말이 아니다. 나를 사용하셔서 하나님께서 하시는 말씀이다. 그래서 이 일을 훼방하는 자는 영원히 사함을 받지 못하여 구덩이, 곧 지옥 불구덩이에 던져져서 영원히 영벌을 받는다. 이를 두고 패망한다고 하신 것이다.

이들, 곧 나를 치려고 모여서 악을 도모하는 그들은 하나님으로 말미암지 아니한 것이라고 하셨으니, 하나님 나라와 아무 관계가 없는 자칭 기독교인들이다. 그러나 이들도 모두 예수 이름 사용하며, 하나님을 부르는 자들이다. 증거가 **사54:16~17절**이다.)

¹⁶숯불을 불어서 자기가 쓸 만한 기계를 제조하는 장인도 내가 창조하였고 파괴하며 진멸하는 자도 내가 창조하였은즉 ¹⁷무릇 너를 치려고 제조된 기계가(감리교에서 사용하는 기계인 이인규 권사, 감리교 총회장, 총회원들, 박형택, 박상기, 베트남 하노이한인교회 목사, 피지 수바순복음교회 목사, 오명옥, 진용식 목사, 탁지일 자칭 교수… 그들의 말을 듣고 말씀을 배반하여 우리에게서 나간 그들이 다 이 본문에 해당하는 제조된 기계들이다. 그들은 하나님께서 창조하신 사람들, 기독교인들이다.)

날카롭지 못할 것이라(그래서 그들은 모두 거짓말쟁이들이다. 그들이 하는 말은 아무것도 아닌 말들이다. 문제는 귀신이 주인이 된 사람은 그들이 하는 말이 성경과 다른 거짓말인지 아무 분별도 못 하는 것이다. 이렇게 말씀을 받고 실상으로 이루어지고 있는데도 진리를 안 믿는 자들이 있는데, 이 세상에 속한 그들이 어떻게 나를 알며, 어떻게 이 진리를 믿겠느냐? 그래서 **요14:16~17절**에 저는 진리의 영이라 알지도 못하고 보지도 못한다고 하신 것이다. 전 세계에 아무리 유명한 성경 박사들이라도 절대 천국의 비밀은 알지 못한다. 그 증거가 천국은 죽어서 가는 곳이라고 가르친 것이다. 영생을 죽어서 얻는 것이라고 가르친 말이다. 혀로 말만 하면 이미 구원받았다고 거짓말로 가르친 것이다.

귀신은 근본 뿌리가 거짓이다. 거짓말을 예사로 한다. 나중에는 거짓말이 거짓말인 줄을 모르고 한다. 그래서 가족이 말해 주어도 또 거짓말을 하는 자는 하나님을 안 믿는 자다. 문자 그대로도 **계21:8절과 27절**에 거짓말하는 자는 둘째 사망, 곧 지옥 불구덩이에 떨어진다고 판결해 두셨다. 그런 말씀은 안 믿고 태연하게 거짓말한다. 그리고 도리어 상대에게 덮어씌운다.

귀신이 주인인 자들의 실상이 이러하다. 그래서 한 말도 들을 말이 없다. 그러면서 자신이 옳다고 주장하는 것이 귀신들이다. 귀신도 상상하면 안 된다. 거짓말하는 네가 귀신이다. 반대로 진리를 진리대로 모든 진리 가운데로 인도하여 진리의 도를 전하는 사람이 바로 진리의 성령이다.

'거짓말하는 영'도 성경을 가지고 거짓말로 가르치고 설교하는 사람이고, '진리의 영, 곧 진리의 성령'도 성경을 가지고 성경대로 진리를 가르치고 전하는 사람이다. 거짓말하는 것도 사람이고, 진리를 사실대로 말하는 사람도 사람이다.

그래서 **요일4:1절**에 이렇게 분명하게 예언해 두신 것이다.

요일4:1~3 ¹사랑하는 자들아 영을 다 믿지 말고 오직 영들이 하나님께 속하였나 시험하라 많은 거짓 선지자가 세상에 나왔음이니라 ²하나님의 영은 이것으로 알찌니 곧 예수 그리스도께서 육체로 오신 것을 시인하는 영마다 하나님께 속한 것이요 ³예수를 시인하지 아니하는 영마다 하나님께 속한 것이 아니니 이것이 곧 적그리스도의 영이니라 오리라 한 말을 너희가 들었거니와 이제 벌써 세상에 있느니라 그런데 현재 기독교 목사들을 보아라. '성자 하나님'이라고 하며 아들인지, 하나님인지 모르도록 간사하게 가르쳤다. 이들이 '적그리스도의 영이요 미혹의 영'이다. 이렇게 해서 너무 교묘하고 간사하게 혀로 "예수, 예수"만 하면 자신들은 정통 기독교라고 하는 자들이 기득권 세력 역할을 하는 적그리스도들이다.

'예수는 그리스도'라고 하니까, 곧 육체로 오신 예수는 하나님의 아들이시라고 하니까 나를 두고 예수 그리스도를 분리시켰다고 하는 황당한 말로 치더니~ 이제는 아예 이단이라고 한 것이다. 누가 이단이냐? 이 적그리스도들아~ 미혹의 영들아~ 곧 그리스도를 대적하는 자들이며, 예수 이름으로 거짓말하여 교인들로 하여금 구원에 이르지 못하도록 미혹하는 사람들이다. 이 말씀으로만 분별해도 적그리스도, 곧 그리스도를 대적하는 자들이 누군지 다 보인다.

이에 대해서 구체적으로 말한다. 그리스도를 대적하는 자들, 지금 나에 대해서 거짓말로 치고, 볼모 잡고 있는 저들이라는 사실을 증명한다. 신령한 몸으로 부활하신 분은 이적과 표적을 일으키신 것이 아니라, 구약성경을 가지고 자신에 대한 일로 자세히 설명하니까 제자들 눈에 예수는 보이지 않고 그리스도만 보이더라고 하셨다.

예수 그리스도께서 "내 손과 발을 보고 나인 줄 알라 또 나를 만져 보라 영은 살과 뼈가 없으되 너희 보는 바와 같이 나는 있느니라 하시고 손과 발을 보이시니"라고 하신 이 본문은 또 사람 생각으로 보면 '영'을 상상한다.

그러나 온전히 이 본문의 '영'은 하나님을 말씀하시는 것이다. 신령한 것을 신령한 것으로 분별하면 **요4:24절**에 "하나님은 영이시니"라고 하셨다. 이래서 **요6:63절**에 "살리는 것은 영이니(곧 하나님이시니) 육은 무익하니라(육체를 입은 사람은 무익하니라) 내가 너희에게 이른 말이 영이요 생명이라" 이래서 말씀이 하나님이시라고 하신 것이다. 예수 그리스도께서 이 말씀을 하셨어도 사실은 자신이 한 말씀이 무슨 뜻인지 모르시고 한 말씀인 줄 어느 누가 알겠느냐? 하나님께서 살리신다고 자신이 말씀하셨지만, 정작 당신은 십자가에 달리셔서 "엘리 엘리 라마 사박다니"라고 하셨으니 이 사실을 누가 인정할꼬~ 예수 그리스도께서 이른 말을 누가 지켜 실행했나? 그런데 혀로 "오직 예수" 말만 하면 이미 구원받았다고 믿으라고 가르쳤다.

결국 '적그리스도'란 반대편에 그리스도를 대적하는 세력, 그리스도의 권리와 역할을 침해하는 일, 적그리스도란 명칭은 요한의 서신에만 등장하지만, 그 사상은 성경 전체를 통하여 나타난다. 적그리스도는 거짓말을 하고 속이는 존재다. 귀신이 주인인 자들을 총칭하는 단어다. 즉 예수 그리스도에 대해서 그릇된 가르침인 그리스도의 인성을 부인하거나, 신성을 부인하거나, 예수 그리스도에 대하여 성경대로 진리 가운데로 인도하는 것을 대적하는 자들을 말한다.

요일2:22 거짓말하는 자가 누구뇨 예수께서 그리스도이심을 부인하는 자가 아니뇨 아버지와 아들을 부인하는 그가 적그리스도니

누가복음 24장의 예언대로 부활하신 예수 그리스도께서 하신 일은

이적을 나타내신 것이 아니다. 신령한 몸으로 부활하시고 하신 일은 구약성경을 가지고 자신에 대해서 자세하게 설명하셨다. 이는 적그리스도가 나타나는 때를 지시하신 것이다. 곧 마지막 때인 지금 이 세대를 뜻하신 것이다. **요일2:18~21절**의 예언이 실상이 된다.

"¹⁸아이들아 이것이 마지막 때라 적그리스도가 이르겠다 함을 너희가 들은 것과 같이 지금도 많은 적그리스도가 일어났으니 이러므로 우리가 마지막 때인 줄 아노라 ¹⁹저희가(이 '저희'에 해당하는 이인규, 박형택, 박상기, 오명옥 등등이 10년을 넘게 나를 통한 이 일을 비방하고 괴롭힌 자들이다. 그중에 더 명백하게 대적한 자들은 우리에게서 나가서 세상 법에 고소하고 거짓 증언하여 온 세상에 치욕을 주고 감금한 자들이 실상으로 나타났고, 우리 모두는 그들의 이름, 얼굴, 언행을 다 알고 있다.

박찬문, 노영자, 이윤재, 이미애, 이순득, 송종완, 장춘화, 김정탁, 김호민, 정대영, 최인호, 최신영, 황세준, 박정숙, 박지애, 서요셉, 유단비, 김성실 등등 집안에서 나가서 단체로 몰려다니며 괴롭히는 그들이 이 '저희들'이다. 명백하게 지금이 마지막 때, 곧 악인들이 일하는 시기가 끝나는 때라는 것을 너무 정확하게 보게 하시고, 알게 하시고, 현재도 겪고 있는 이 일을 사도 요한을 통해 예언해 두셨고, 2018년 7월 24일에 세상에 드러난 것이다. 이는 예수 그리스도께서 예언하신 **요한복음 14, 15, 16장**의 말씀이 실상이 된 것이다.

요14:26 보혜사 곧 아버지께서 내 이름으로 보내실 성령 그가 너희에

게 모든 것을 가르치시고 내가 너희에게 말한 모든 것을 생각나게 하시리라

요14:16~17 [16]내가 아버지께 구하겠으니 그가 또 다른 보혜사를 너희에게 주사 영원토록 너희와 함께 있게 하시리니 [17]저는 진리의 영이라 세상은 능히 저를 받지 못하나니 이는 저를 보지도 못하고 알지도 못함이라 그러나 너희는 저를 아나니 저는 너희와 함께 거하심이요 또 너희 속에 계시겠음이라

요15:26 내가 아버지께로서 너희에게 보낼 보혜사 곧 아버지께로서 나오시는 진리의 성령이 오실 때에 그가 나를 증거하실 것이요

요16:1~7 [1]내가 이것을 너희에게 이름은 너희로 실족지 않게 하려 함이니 [2]사람들이 너희를 출회할 뿐아니라 때가 이르면 무릇 너희를 죽이는 자가 생각하기를 이것이 하나님을 섬기는 예라 하리라 [3]저희가 이런 일을 할 것은 아버지와 나를 알지 못함이라… [7]그러하나 내가 너희에게 실상을 말하노니 내가 떠나가는 것이 너희에게 유익이라 내가 떠나가지 아니하면 보혜사가 너희에게로 오시지 아니할 것이요 가면 내가 그를 너희에게로 보내리니

'실상'이란 실제의 상태, 실제의 상황, 실제의 모습을 뜻한다. 예수 그리스도 당신도 실상이지만, 당신을 말하려고 하신 것이 아니다. 예수

님 당시에 하신 말씀이니 자신이 실상이고, 제자들도 실상인데 굳이 말씀하실 이유가 없었다. 이는 예수 그리스도의 이름으로 이 땅에 실상으로 하나님께서 보내실 사람인 진리의 성령을 실상이라고 증거하시는 것이다. 이성이 있으면 **요한복음 14, 15, 16장**을 자세히 읽어 보면 보이고 믿어진다. 이 부분이 해결이 안 되면 절대 상상에서 깰 수가 없다.

귀신 노릇 하고 있는 이유가 바로 이 때문이다. 너무 깊은 상상을 하고 2021년까지 기독교, 천주교가 이어져 온 것이다. 다른 말로 표현하면 영적인 소경, 눈이 있어 눈으로 성경을 보아도 안 보이고, 들어도 들리지 않는 것이 귀신의 실상이다. 이들이 전부 생각, 마음에 귀신의 가르침인 성경을 가지고 성경과 다른 거짓말을 믿고 '모태 신앙이니~' 하며 수 년, 수십 년 일생 종교생활을 해 온 결과, 진실로 치명적인 영적인 소경, 귀머거리, 일생 설교를 해도 하나님의 뜻은 단 한 절도 말하지 못하는 영적인 벙어리가 되어 자신 속에 있는 귀신에게 목사 자신이 속고, 교인들도 속이는 거짓말쟁이들이었다. 그리고 이런 목사를 만나서 들은 거짓말이 생각과 마음에 불로 지져져서 양심이 마비되어 있더라. 14년째 보았다.

이렇게 지옥의 사자한테 가르침을 받은 것이 불도장, 곧 화인을 맞아 계속 미친 언행을 해도 자신은 모른다. 하나같이 이러했다. 아예 '이성'이 없더라. 이런 귀신이 전부 상상한다. '상상'이란 머리 속으로 그려서 생각하고, 현재의 지각에는 없는 사물이나 현상을 과거의 경험, 관념에 근거하여 재생시키거나 만들어 내는 마음의 작용을 뜻한다. 생각, 마음에 이미 귀신이 거짓말로 가르친 성경에 대한 거짓 지식을 예수 이름으로 듣고 마음에 인을 쳐서 진실로 단 한 절의 말씀도 안 믿는 자들이더라.

이들은 일생 신앙생활을 해도 신32:17절에 "그들은 하나님께 제사하지 아니하고 마귀에게 하였으니 곧 그들의 알지 못하던 신, 근래에 일어난 새 신, 너희 열조의 두려워하지 않던 것들이로다"라고 하신 대로 예수 이름 사용하는 마귀, 곧 성경과 다른 거짓말을 하는 목사한테 예배하고 섬긴 것이다.

이 마귀는 사람들이 상상하는 그런 것이 아니고, 예수 그리스도를 은 삼십에 팔아먹고 자살한 예수님의 제자 가룟 유다를 요6:70~71절에 "⁷⁰예수께서 대답하시되 내가 너희 열둘을 택하지 아니하였느냐 그러나 너희 중에 한 사람은 마귀니라 하시니 ⁷¹이 말씀은 가룟 시몬의 아들 유다를 가리키심이라 저는 열둘 중의 하나로 예수를 팔 자러라"라고 하셨다.

이대로 예수 이름 사용하나 일만 악의 뿌리인 돈으로 다 바꾸어 설교하는 자가 마귀다. 이 마귀는 예수님께서 미리 말씀하셨어도 아무도 알아듣지 못했다.

요13:21~30 ²¹예수께서 이 말씀을 하시고 심령에 민망하여 증거하여 가라사대 내가 진실로 진실로 너희에게 이르노니 너희 중 하나가 나를 팔리라 하시니 ²²제자들이 서로 보며 뉘게 대하여 말씀하시는지 의심하더라 ²³예수의 제자 중 하나 곧 그의 사랑하시는 자가 예수의 품에 의지하여 누웠는지라 ²⁴시몬 베드로가 머릿짓을 하여 말하되 말씀하신 자가 누구인지 말하라 한대 ²⁵그가 예수의 가슴에 그대로 의지하여 말하되 주여 누구오니이까 [26]예수께서 대답하시되 내가 한 조각을 찍어다가 주는 자가 그니라 하시고 곧 한 조각을 찍으셔다가 가룻 시몬의 아들 유다를 주시니 [27]**조각을 받은 후 곧 사단이 그 속에 들어간지라** 이에 예수께서 유다에게 이르시되 네 하는 일을 속히 하라 하시니 [28]이 말씀을 무슨 뜻으로 하셨는지 그 앉은 자 중에 아는 이가 없고 [29]어떤 이들은 유다가 돈궤를 맡았으므로 명절에 우리의 쓸 물건을 사라 하시는지 혹 가난한 자들에게 무엇을 주라 하시는 줄로 생각하더라 [30]**유다가 그 조각을 받고 곧 나가니 밤이러라**

영적으로 '밤'에 속하는 기간, 2천 년 동안 성경을 가지고 어느 한 구절, 몇 구절을 읽고 사람이 본능적으로 아는 수준으로 만들어 내는 설교를 하는 목사, 사제들이 전부 이 가룻 유다의 실상이다. 곧 불의, 불법을 사용하는 자들이다. 이들이 마귀요, 사단이다. 조각, 곧 부분을 사람 생각대로 해석하여 설교하는 모든 지도자들이 바로 사단이요, 마귀다. 베드로도 하나님의 일을 생각 안 하고 사람의 소리를 했을 때, "사단아 내 뒤로 물러가라"라고 하셨다.

이런 사단, 마귀가 예수님의 제자 베드로, 유다만이냐? 신약성경에 예수의 언행을 문자 그대로 기록한 것 자체가 성경을 보는 사람들에게 또 사람 생각대로 보고 설교하게 만들었다. 이러니 아무리 모든 진리 가운데로 인도해도 상상에서 벗어나지 않는다. 주리, 성필이, 우길이, 창미, 재성, 재동 등등 모두 모태 신앙, 오래 성경과 다른 거짓말에 취해서 양심이 마비된 상태로 상상에서 벗어나지 않는다. 주리는 육의 언니도 얼마나 교만하고 거만하지~ 왜 혜라를 낙토에 허락하지 않았는지, 주리를 보아라. 이성이 아예 없다. 우길이는 양심 자체가 없나? 어쩌면 그리도 저급한 짓만 골라가면서 하나? 성필이도 마찬가지다. 이들 전부 상상에서 벗어나지 않았다. 곧 귀신이다.

마귀 주제도 아닌 자들이 어찌 이리 정신을 못 차리나? 그 마음들은 어떻게 그렇게 강퍅한지 너희 티끌이냐? 반드시 대답해라. 언제까지 귀신 노릇 할래? 그 더러운 생각 하나 버리지 아니하고 하나같이 말쟁이들이다. 혀로 말만 한다. 너희들은 기쁨이한테 배워야겠다.

'마귀, 사단'은 상상이 아니고, 성경을 가지고도 눈이 있으나 보이지 아니하고, 귀가 있으나 들리지 아니하고, 귀신 들려 소경이요 귀머거리이며, 벙어리인 사람이 성경을 가지고 사람의 소리로 변개시켜 가르치고 설교하는 자다. 목사가 마귀요, 귀신이다. 14년째 매일 보여 주어도 아직 상상에서 깨지 않는 자들이다.

이런 마귀에게 제사하고 섬긴 보응이 얼마나 무서운지를 보아라. 보응이 이렇게 악독하다. 그러나 이 보응도 끝난다. 반드시 정신을 차린다. 인질이 되어 나와 성도가 잡혀 있는 이유가 3년을 넘게 이렇게 귀신 노릇 하고 있으니 티끌을 떨어 버리라고 하신 것이다.

말씀이 없다면 나는 계속 또 참을 테니까 나를 너무 잘 아시는 하나님이시다. '마귀'도 절대 상상이 아니고 실상이고, 적그리스도도 실상이며, 귀신도 실상이다. 반대로 예수 그리스도도 실상이며, 진리의 성령도 실상이다.

'마귀'는 마13:39~40절에 "[39]가라지를 심은 원수는 마귀요 추수 때는 세상 끝이요 추숫군은 천사들이니 [40]그런즉 가라지를 거두어 불에 사르는 것 같이 세상 끝에도 그러하리라"라고 하셨고, 막4:4절에 "새들"… 15절에 "말씀이 길가에 뿌리웠다는 것은 이들이니 곧 말씀을 들었을 때에 **사단이 즉시 와서 저희에게 뿌리운 말씀을 빼앗는 것이요**"라고 하셨다.

눅8:5절에는 마귀를 '공중에 새들'이라고 비유했고, 10~12절에 마귀는 "[10]가라사대 하나님 나라의 비밀을 아는 것이 너희에게는 허락되었으나 다른 사람에게는 비유로 하나니 이는 저희로 보아도 보지 못하고 들어도 깨닫지 못하게 하려 함이니라 [11]이 비유는 이러하니라 씨는 하나님의 말씀이요 [12]길가에 있다는 것은 말씀을 들은 자니 이에 **마귀가 와서 그들로 믿어 구원을 얻지 못하게 하려고 말씀을 그 마음에서 빼앗는 것이요**"라고 하셨다.

마귀가 하는 일이다. 이런 마귀에게 경배하고 제사하여 아예 이성이 마비되었다. '이성'이란 사물의 이치를 논리적으로 생각하고 판단하는 마음의 작용, 사람의 도리에 따라 판단하고 행동하는 능력을 말한다. 생각을 통해서 성경과 다른 거짓말을 설교하는 마귀의 소리, 곧 지옥 불의 소리에 계속 인침을 받아서 마음이 아예 죽었거나, 화인 맞아서 아무 감각이 없으니 생각 자체를 통제할 수 있는 능력이 없고, 이로 말미암아 영의 말은 아예 보이지도 않고, 14년째 말을 해도 들리지도 않고, 계속 희미하거나 캄캄한 채 잠에서 깨지 않는 상태로 자고 있는 것이다.

3년째 귀신 노릇 하는 이들 모두가 다 이런 상태였다. 더 직설적으로 말하면 전 세계 천주교 기독교인들이 다 상상하고 있는 상태에 나를 사용하셔서 하나님께서 말씀하시고 계신 것이다. 제일 깊이 잠들어서 안 일어나고 짜증 부리고 신경질 부리며 일어나기 싫다고 화내고 불평하는 자들이 바로 주리, 성필, 재성, 창미, 재동, 자칭 목사들이다. 우길이는 근본이 어찌 그리 저질이냐? 너는 티끌이냐? 그렇게 죽어 버리고 싶으냐?

지독하게 안 믿고 귀신임을 자랑해서 아예 대답을 안 해 보니까 안 되겠는지 저 스스로 귀신이 좋아서 붙들고 있던 아이가 불평해 대고 교만하더니, 영어 성경을 보고 깨달았는지 어제 편지를 받았다. 전 성도가 같이 읽어 보고, 특히 **잠3:13~21절**을 영어 성경과 한글 성경을 같이 읽어 보거라. 성경B처럼 이제 상상에서 정신을 차리거라.

이래도 정신을 안 차리면 그는 티끌이다. 보응이라고 하기에는 말이 안 된다. 그릇 차이가 있지만 너 스스로 자유의지가 귀신을 끌어안고 있는 것이다. 이건 절대 믿는 자가 아니다. 희롱하고 조롱하는 것이다. 그렇게 오래 증명해 주어도 안 믿는 귀신이 더 이상 견딜 수 없도록 이제 자해할 시간이 정말 없다.

에스겔 7장의 예언이 이미 6일로 다 끝나서 악인이 악인들을 죽일 계획대로 이미 이 온 세상이 돌아가고 있다. 일명 프리메이슨의 계획이 온 세상을 단일 정부로 만들려고 가짜가, 귀신들이 먼저 자신들의 각본대로 이 온 세상을 망치고 있다. 가라지 추수의 대상인 신천지가 문자적으로 좋은 말만 써먹고 수십 년 동안 진리를 흉내 내며 가라지를 끌어모아 추수한 것처럼, 가짜인 '프리메이슨'이 일어나서 하나님만이 하나님이 되시는 세상이 되기 전에 아예 온 세상 나라를 자기들의 발 아래 놓을 계획을 한 그대로 지금 세상이 돌아간다.

이들은 노래, 이성, 일하지 않고 쉽게 돈을 버는 방법인 투기, 마약,

육신의 정욕, 안목의 정욕, 이생의 자랑에 미치게 만든다. 한국의 청년들이 알아듣지도 못하는 노래, 춤, 만든 외모로 세계에 유명해지는 일이 좋은 일인 줄 아느냐? 나라의 위상을 높이는 일인 줄 아느냐? 절대 아니다. 악한 자들의 계획이 이렇게 모두 일하지 않고 정상을 벗어나서 쉽게 돈 벌고 유명해지게 만들어 높이높이 올려서 죽이는 것이다. 마약, 게임, 성(性), 유명해지는 것, 외모만 추구하는 이 모든 것이 귀신이 사람을 교묘하게 죽이는 방법이다.

스포츠도 다 마찬가지다. 전부 돈, 이성, 명예로 사람을 망치는 것이다. 그런 청년들이 돈방석에 앉고, 전 세계에 유명인이 되고 하니까 아예 어릴 때 부모가 그렇게 키운다. TV는 이렇게 되도록 부추기고, 먹고, 놀고, 쉽게 돈 벌고, 그러다 다 가진 후에 더 채울 욕망이 없으면 자살해 버리고, 그 자식이 또 같은 길을 가고, 그것을 부러워하게 만들어서 아예 죄를 짓는 것을 당연하게 받아들이게 만드는 것을 14년째 보았다. 전부 미쳤다.

한국은 가관이 아니다. 공개적인 살인자 김정은을 돕는 자가 정권을 잡고, 노골적으로 드러내 놓고 살인자가 세운 공산당을 돕는다. 좌파도 부끄러워하지 않고, 우파는 혼란스러워 갈팡질팡한다. 대통령에 당선되면 성경에 손을 얹고 선서하는 미국은 민주주의가 아니고, 민주주의를 가장한 사회주의다. 사회주의자들이나 민주주의자들이나 다 마찬가지로 서로 자기들이 옳다고 싸울 뿐 이제는 절대 안 된다. 이들이 일하는 시기가 다 끝났다.

이를 증명하는 것이 적그리스도가 실상이 되어 예수 그리스도에

대하여, 죄에 대하여, 의에 대하여, 심판에 대하여 하나님께서 진리의 성
령을 사용하셔서 대언하니까 이 일을 대적하여 우리에게서 나간 자들이
기록된 예언대로 자신들이 예수 그리스도를 대적하는 자들이라는 것을
온 세상에 드러낸 이 사건이다.

곧 내가 예수 그리스도께서 말씀하신 예언대로 실상이 된 진리의
성령임을 그들 천한 그릇들을 사용하셔서 증거하시는 것이다. 이렇게
원수들, 대적자들도 실상이고, 진리의 성령도 실상이다. 이 모든 실상이
사실인 것을 모든 진리 가운데로 인도하여 밝히는 이 일이 하나님께서
지금이 마지막 때라고 명백히 증거하시는 것이다.

다시 **요16:7절부터** 보자.

요16:7~9 [7]그러하나 내가 너희에게 실상을 말하노니 내가 떠나가는 것
이 너희에게 유익이라 내가 떠나가지 아니하면 보혜사가 너희에게로 오
시지 아니할 것이요 가면 내가 그를 너희에게로 보내리니 [8]그가 와서 죄
에 대하여, 의에 대하여, 심판에 대하여 세상을 책망하시리라 [9]죄에 대
하여라 함은 저희가 나를 믿지 아니함이요

여기서 **갈3:22~23절**의 예언대로 성경이 모든 것을 죄 아래 가두어
두었다고 하신 말씀은 믿음이 올 때까지, 곧 다른 말로 하면 진리의 성
령이 올 때까지, 모든 것, 좌편이나 우편이나 모두 다 죄 아래 가두어 두
었다고 하신 것은 예수 그리스도도 안 믿는다는 뜻이다. 문자 그대로도
보아라.

갈3:22~23 ^{22}그러나 성경이 모든 것을 죄 아래 가두었으니 이는 예수 그리스도를 믿음으로 말미암은 약속을 믿는 자들에게 주려 함이니라 ^{23}믿음이 오기 전에 우리가 율법 아래 매인 바 되고 계시될 믿음의 때까지 갇혔느니라

'죄 아래'란 요일3:8절에 "죄를 짓는 자는 마귀에게 속하나니 마귀는 처음부터 범죄함이니라", 4절에 "죄를 짓는 자마다 불법을 행하나니 죄는 불법이라"라고 하신 말씀에 해당한다.

그러므로 죄를 계속 짓고 있었던 것은 마귀가 성경을 사용하여 불법으로 설교하고, 그 아래, 곧 마귀에게 제사하고 경배하며 섬기고 있었으므로 예수 그리스도를 안 믿었던 것이다. 그래서 성경이 모든 것을 죄 아래 가두어 두었다고 하신 것이다. 이렇게 불법하는 자들, 곧 마귀는 마 7:13절 이하에 멸망으로 인도하는 크고 넓은 문에 서 있는 자들이다. 이런 거짓말하는 자, 불법을 행하는 자들을 다음과 같이 말씀하셨다.

마7:22~23 ^{22}그날에 많은 사람이 나더러 이르되 주여 주여 우리가 주의 이름으로 선지자 노릇 하며 주의 이름으로 귀신을 쫓아 내며 주의 이름으로 많은 권능을 행치 아니하였나이까 하리니 ^{23}그때에 내가 저희에게 밝히 말하되 내가 너희를 도무지 알지 못하니 불법을 행하는 자들아 내게서 떠나가라 하리라

한국 기독교 135여 년 역사가 모두 이러한 불법을 행한 자들 아래

우리가 있었다. 그러니 죄 아래 가두어져 있었던 것이 명백하고, 죄에 죄를 더 짓고 있었다. 예수 이름으로 불법을 행한 자들, 마귀 아래서 교회 일하고, 시집가고, 장가가고, 목사가 되고, 사모가 되고 죄를 먹고 마시고 있었다. 예수 그리스도께서 "내가 너희를 도무지 알지 못하니 불법을 행하는 자들아"라고 하신 말씀을 보고도, "예수 이름으로 귀신아 떠나갈지어다", "예수님 옷자락만 잡아도 귀신이 떠나는데~" 하는 귀신들이 다 예수 그리스도를 안 믿는 자들이다. 이들이 다 마귀의 자식들이고, 불법을 행하는 자들이다.

김기동 목사가 불법을 행한 자, 마귀다. 주의 이름, 곧 "예수 이름으로 귀신아 떠나갈지어다"라고 흉내 내고 사람을 미혹하여 저렇게 부자가 되어 있고, 너희들도 전부 그런 마귀 아래서 제사한 불법을 행한 자들이었다. 한 몫의 삶을 왜 버리라고 하셨는지 아직도 모르고, 귀신이면서 '내가 목사인데, 사모인데 감히 나한테~'라고 생각하는 교만한 귀신이 바로 너희들이었다. 게으르고 게으르면서 일이 하기 싫어서 온갖 잔꾀를 부리고, 교만은 하늘을 찌르고 사기 치고 공갈하며 영적인 살인자들이면서, 거짓말쟁이들이면서 얼마나 더러운지~ 얼마나 교만한지~

죄를 짓는 자는 마귀에게 속한다고 하신 말씀을 보고 듣고도 그냥 계속 죄를 짓는 자는 네가 귀신이라고 대적하는 것이다. 천국은 아무나 누구나 들어가는 곳이 아니라고 예수 그리스도께서 **마7:21절**에 "나더러 주여 주여 하는 자마다 천국에 다 들어갈 것이 아니요 다만 하늘에 계신 내 아버지의 뜻대로 행하는 자라야 들어가리라"라고 하신 이 말씀을 안 믿는 것이 바로 죄다. 또 이 말씀을 아직도 상상하는 자는 자신이 또 상상한다. 죽어서 영혼이 천국에 가는 것이라고~ 그래서 하늘도 상상한다. 그래서 일생 주기도문을 혀로 외우고도 안 믿는다.

또 죄를 짓는 자, 곧 마귀에게 속한 자들, 불법을 행한 자들, 예수 이름으로 귀신을 쫓아내고 많은 권능을 행하고 선지자 노릇 한 자들을 2천 년간 그냥 두신다. 그래서 이렇게 예언해 두셨다. **막9:38~50절**이다.

막9:38~50 [38]요한이 예수께 여짜오되 선생님 우리를 따르지 않는 어떤 자가 주의 이름으로 귀신을 내어쫓는 것을 우리가 보고 우리를 따르지 아니하므로 금하였나이다 [39]예수께서 가라사대 금하지 말라 내 이름을 의탁하여 능한 일을 행하고 즉시로 나를 비방할 자가 없느니라 [40]우리를 반대하지 않는 자는 우리를 위하는 자니라 [41]누구든지 너희를 그리스도에게 속한 자라 하여 물 한 그릇을 주면 내가 진실로 너희에게 이르노니 저가 결단코 상을 잃지 않으리라 [42]또 누구든지 나를 믿는 이 소자 중 하나를 실족케 하면 차라리 연자 맷돌을 그 목에 달리우고 바다에 던지움이 나으리라 [43]만일 네 손이 너를 범죄케 하거든 찍어 버리라 불구자로 **영생에 들어가는 것**이 두 손을 가지고 지옥 꺼지지 않는 불에 들어가는 것보다 나으니라 [45]만일 네 발이 너를 범죄케 하거든 찍어 버리라 절뚝발이로 **영생에 들어가는 것**이 두 발을 가지고 지옥에 던지우는 것보다 나으니라 [47]만일 네 눈이 너를 범죄케 하거든 **빼어 버리라** 한 눈으로 **하나님의 나라에 들어가는 것**이 두 눈을 가지고 지옥에 던지우는 것보다 나으니라 [48]거기는 구더기도 죽지 않고 불도 꺼지지 아니하느니라 [49]사람마다 불로서 소금 치듯 함을 받으리라 [50]소금은 좋은 것이로되 만

일 소금이 그 맛을 잃으면 무엇으로 이를 짜게 하리요 너희 속에 소금을 두고 서로 화목하라 하시니라

죄를 짓는 자는 마귀의 자식이요, 불법을 행하는 자이며, 이렇게 명백하게 하나님 나라에 아무나 들어가는 것이 아니고 하나님의 뜻대로 행하는 자가 들어가는 것이며, 이것이 바로 영생이다. 이 영생은 아무 때, 아무나가 실상이 되는 것이 아니라, 반드시 하나님의 뜻을 받아 죄를 씻고 영원히 자유하여 육체가 살아서 하나님 나라에 들어간다.

이때가 바로 예수 그리스도께서 약속하신 진리의 성령이 실상이 되어 예수 그리스도에 대하여, 하나님에 대하여 모든 진리 가운데로 인도할 때, 곧 하나님께서 친히 당신의 나라 비밀을 밝히실 때가 될 때까지 모든 것이 죄 아래 가두어져 있었으니 이는 예수 그리스도를, 성부 하나님을 안 믿었던 것이다. 그런데 하나같이 너희는 다 잘 믿고 있다고 착각하고 교만해져 있었다.

지금 전 세계 기독교인들을 보아라. 자신들이 "예수 예수, 하나님" 하지만 예수 그리스도를 안 믿고 있다고 누가 인정하겠느냐? 인정은커녕 도리어 왜 믿는 자신들한테 전도하느냐고 욕하고, 우리 아이들이 전도지를 주니까 경찰서에 고소해 버리더라, 서초동 사랑의교회 사람들이~

우리에게서 나가서 대적하여 고소한 그들은 자신들이 예수 그리스도를 안 믿는 죄를 짓는 자들인 줄 꿈에도 모른다. 더 직설적으로 말하면 자신들이 혀로 "믿습니라"라고 하는 하나님의 아들 예수 그리스도를 대적하는 적그리스도라고 누가 인정하겠느냐? 그런데 사실이다. 예수

그리스도께서 분명히 하나님께로서 예수 이름으로 보낼 진리의 성령이 와서 당신에 대해서 증거한다고 하신 이 예언대로 실상이 되어 예수 그리스도에 대해서 온전하게 증거하는 이 일을 대적한 자들이 적그리스도다. 이는 나를 대적하는 것이 아니라 예수 그리스도를 대적하는 것이다. 요15:18~21절이 명백한 증거다.

요15:18~21 ¹⁸세상이 너희를 미워하면 너희보다 먼저 나를 미워한 줄을 알라 ¹⁹너희가 세상에 속하였으면 세상이 자기의 것을 사랑할 터이나 너희는 세상에 속한 자가 아니요 도리어 세상에서 나의 택함을 입은 자인 고로 세상이 너희를 미워하느니라 ²⁰내가 너희더러 종이 주인보다 더 크지 못하다 한 말을 기억하라 사람들이 나를 핍박하였은즉 너희도 핍박할 터이요 내 말을 지켰은즉 너희 말도 지킬 터이라 ²¹그러나 사람들이 내 이름을 인하여 이 모든 일을 너희에게 하리니 이는 나 보내신 이를 알지 못함이니라

이렇게 명백하게 예수는 그리스도라고 성경대로 복음을 전하면 이 세상에 속한 자들, 곧 자신들과 아무 관계가 없는 하나님 나라 천국의 일인데 자신들이 먼저 예수 이름 사용하여 기득권 세력이 되었다고 핍박하고, 이단이라고 정죄해 버리는 자들이었다. 이들 눈에는 이런 말씀이 안 보이고, 안 믿는 것이다. 피지의 박상기 자칭 목사와 자칭 선교사들, 베트남 하노이한인교회 목사 외 300여 명, 베트남 공안부에 진정서를 제출해 나를 이단이라고 한 자들, 그들이 다 본문의 '세상'이며, 실상

의 주인공들이다. 이들은 예수 그리스도를 안 믿는 자들이다. 이인규 감리교 권사, 박형택 목사 등등 이들은 천국과 아무 관계가 없는 자들이며, 하나님을, 예수 그리스도를 모르는 자들이다.

나를 이단이라고 한 사람들 모두 자칭 기독교인들이다. '예수는 그리스도다'라고 성경대로 예수 그리스도에 대해 온전하게 복음을 전한 것인데 하나님 나라와 아무 관계가 없는 그들이 다 욕하고 핍박했다. 예수 그리스도를 믿으면 예수 그리스도께서 "실상을 말하노니"라고 하시며 "내가 아버지께로서 너희에게 보낼 보혜사 곧 아버지께로서 나오시는 진리의 성령이 오실 때에 그가 나를 증거하실 것이요"라고 하신 말씀이 사실이 된 이 일을 믿어야 하는데, 도리어 이단이라 정죄하고, 온 세상에 치욕을 주는 자들은 예수 그리스도를 안 믿는 자들이며, 이 본문의 '세상'에 해당하는 자들이다.

이보다 앞서 너희들도 지금까지 안 믿고 귀신 노릇 하는 것은 예수 그리스도를 미워하는 것이요, 대적하는 것이다. 안 믿는 죄다. 더 나쁜 자들이다. 얼마나 증명해야 믿을 거냐? 우리 안에 안 믿는 자들이 없었으면 절대 감옥에 갇히는 일이 생기지 않는다. 먼저는 너희들이 안 믿는 패역을 한 것이다. 자신들이 안 믿으면서 잘 믿는다고 생각하는 것이 바로 대적자다. 귀신이 주인이다. '예수 그리스도께서 약속하신 대로 왜 이루어지지 아니할까?' 하고 의문을 가지고 교회를 다녔어야 한다. 눈이 있으면서, 성경을 가지고 있으면서 왜 안 보았나? 보고도, 성경을 읽고도, 안 믿은 것이다. 이에 대해서 진실로 인정하고 이해하거든 모두 대답해라.

특히 3년 동안 감옥에 갇혀 있는 나와 성도들에 대해서 일일이 증명해도 생각으로, 행동으로 죄를 짓고 귀신 노릇 한 사람들은 모두 대답해라. 네가 예수 그리스도를, 성부 하나님을 믿는 사람이냐? '적그리스도'란 하나님의 아들 예수 그리스도를 대적하는 원수다. 왜 우리에게서 나간 그들이 적그리스도인지도 대답해라. 예수 그리스도께서 육체로 오신 인성을 부인하든지, 육체를 입고 오셨지만 그분은 하나님의 아들이라는 신성을 부인하는 자가 이단이요, 적그리스도다.

온 세상에 있는 기독교, 천주교가 이렇게 정확하고 명확하게 성경대로 복음을 전하고, 뿐만 아니라 기록된 성경이 사실이 되어 세상에 속한 자들이 미워하고, 핍박하며 온 세상에 치욕을 이처럼 당하는 목사가 어디에 있는지 보아라.

자신들과 아무 관계가 없다. 하나님도, 예수 그리스도도, 천국도 아무 관계가 없는 자들이 목사가 되고 기독교인들이 되어, 지금 이 본문 **요 15:18~21절**의 말씀대로 사실이 되어 이루어지고 있다. 자신들이 미워하고 핍박한 우리가 이 말씀을 땅에 실상으로 이루고, 이 일을 대적하고 미워한 그들 또한 이 본문의 예언을 땅에 이룬 자들이다.

진리는 이렇게 사실이 되어 기록된 예언이 땅에서 이루어지는 것이다. 이런 것이 참 진리이며, 살아 계신 하나님의 말씀이다. 이런 진리를 안 믿는 것은 누구냐? 너희들이 은혜로교회 오기 전에 다녔던 교회 목사들이 다 너희를 이단에 빠졌다고 비방하고 핍박했다. 그들은 교회를 세우고 목사가 되어 설교하고 있는데 그들이 예수 그리스도를 믿는 자들이냐? 너희는 믿는 자들이었느냐?

14년째 증명하는 이 진리는 진실로 1600여 년간 인간 저자 40여 명을 사용하여 하나님께서 기록하게 하시고, 오늘에 이를 때까지 한국에 기독교가 들어온 지 140여 년 동안 처음부터 사용한 성경이다. 같은 성경을 가지고 설교하면서 전에 한 묶의 삶일 때 교회생활이 믿은 것이냐? 모두 대답해라.

이 진리는 내 말이 아니다. 이미 3421년 전에 최초의 저자 모세를 통하여 기록하였고, 이미 1600년 전에 다 기록이 되어 있던 살아 계신 하나님의 말씀이다. 아무나 혀로 "예수 예수" 하면 천국에 죽어서 간다고 기록되어 있느냐? 영생이 육체가 죽어서 얻는다고 기록되어 있었느냐? 하나님 나라는 사람들이 상상하듯이 저 높은 하늘 어딘가에 있느냐? 너는 기록된 이 성경과 무슨 관계가 있는지 아직도 모르느냐? 알면서 귀신 노릇 하는 것이냐?

죄를 짓는 자는 마귀에게 속한 자라고 하셨다. 그런데 계속 이 말씀은 안 믿고, 죄를 짓지 않고도 살 수 있는 모든 환경을 만들어 주었는데도 아직도 안 믿는 너는 귀신이다. "죄에 대하여라 함은 저희가 예수 그리스도를, 성부 하나님을 안 믿는 것이라"라고 하시지 않느냐?

그런데 기독교인들이라고 하면서 세상 사람들처럼 죄를 짓고, 교회 가서는 "나는 죄인입니다"라고 혀로 말만 하면 다 용서받았다고 가르친 목사들이 목사냐? 흉악한 귀신이다. 그들이 마귀이며, 가르치는 귀신, 곧 성경을 가지고 자신들이 지어낸 거짓말로 '가르치는 귀신'이다. 그들이 있는 교회가 바로 '귀신의 처소'다.

"랄랄라 따따따" 혀로 알아듣지 못하는 개구리 소리가 어떻게 성령받은 증거냐? "성령은 진리니라"라고 하셨다. "랄랄라 따따따" 혀로 하는 말이 성령받은 것이라고 진리인 성경에 어디 기록되어 있나? 그런 거짓말을 가르친 목사가 여의도순복음교회 70~80만이나 되는 교인들을 끌어모은 부자 목사다. 피지 수바에 순복음교회 목사가 목사냐?

그들은 계16:13~14절에 예언해 두신 진리대로 실상이 된 귀신의 영이다. "¹³또 내가 보매 개구리 같은 세 더러운 영이 용의 입(사단, 마귀, 옛 뱀의 입)과 짐승의 입(용인 조용기 목사에게 권세를 받아 목사가 된 자들이 짐승의 입이다. 김기동 목사에게 목사, 강도사, 전도사라는 권세를 받아서 목사 노릇, 강도사 노릇, 전도사 노릇 한 자들은 존귀에 처하나 진리는 단 한 절도 깨닫지 못하는 멸망하는 짐승 같은 자들의 입이다.

그런 용의 입에서 내는 말을 믿고 남휘, 너는 교회를 하고 싶어서 흉내 낸 짐승이었다. 그런 너는 은혜로교회에 오기 전에 안 믿는 자였다. 최미경, 최영미, 조진주 성도, 너희들도 다락방에 있는 용, 짐승 아래서의 한 몫의 삶의 종교생활은 안 믿은 것이다. 그런 다락방 교회를 세웠던 너희들이 무슨 짓을 했는지 이제는 다 인정하느냐? 너희 모두 다 그런 용, 곧 사단, 마귀, 귀신 아래서 교회생활을 했다. 이 사실을 진실로 믿느냐?

바리새인들이 있는 사랑의교회가 수천억을 들여 지은 서초동 교회 예배당이 하나님 나라와 상관이 있는 곳이냐? 그 궁궐에서 예수 그리스도를 진리대로 전하고 있느냐? 옥한흠 목사가 '용'이었다. 하용조 목사가 '용'이었다. 이런 용들이 한둘이냐? 천주교 바티칸 교황이 '용'이다. 용을 상상하면 안 된다. '짐승'이 사람이 본능적으로 아는 짐승을 말씀하신 것이냐? 이런 '용', 곧 사단, 마귀, 옛 뱀이 부러워서 그 앞에 부복하여 잘 보이고 충성하여 목사, 강도사, 전도사가 되어 교만하고 거만한 자들이 존귀에 처하나 진리는 단 한 절도 깨닫지 못하는 자들이고, 이를 두고 '짐승의 입'이라고 한 것이다.

왜 한 몫의 삶을 버리지 아니하면 천국과 아무 관계가 없는지 아직도 안 보이느냐? 재성, 재동이 너희들이 무슨 언행을 하고 살았는지 아직 못 깨닫는 너희는 한 몫의 삶 그대로 있었으면 지옥 불에 떨어져 혀에 물 한 방울 먹지 못하고 영원히 고통받는 구덩이에 갈 뻔했던 자들이다. 그런 너희가 예수 그리스도를 믿었느냐?

이렇게 하나님의 가르치심을 받고도 귀신 노릇 하는 너희들은 존귀에 처하나 깨닫지 못하는 멸망하는 짐승이냐? 우길이, 성필이, 주리 너희가 사람이냐? 짐승이냐? 귀신 노릇 하는 너희 모두 이 일이 남의 일이냐? 용, 짐승보다 못한 자들이 너희들이다. 언주, 선숙, 희정, 말주, 복주, 숙자, 덕순, 진화, 미란, 너희들은 예수 그리스도를 안 믿는 자들이다. 어떻게 이 진리를 받고 그 더러운 언행을 하여 너를 죽이고, 구덩이에 네 혼을 던지려고 하는 귀신을 더 좋아하고 그렇게 안 고치나?

티끌인 염영란이 하는 귀신 짓을 보고도 그냥 둔 정정님이 네가 사람이냐? 너는 가족이 아니다. 얼마나 더 기다려 주어야 사람이 될래? 너희들은 한 몫의 삶을 어떻게 살았는지 너무 너희들에게 합당한 자리였다. 그런 너희는 얼마나 교만한지, 얼마나 더러운지 열매를 보아라. 성도라고 부르지 마라, 이 짐승들을~

한 몫의 삶도 제대로 산 사람은 너희 같은 열매를 나타내지 않는

다. 아예 지옥에 가는 마귀의 자식은 그렇게 이 땅에 태어난 그릇이니까 이 진리를 부인하고 대체육체가 되어 자신의 정체를 드러낸다지만 너희들은 누구냐? 인간의 기본도 안 되어 있는 너희들은 성도가 아니다. 아직 이성이 없는 짐승 같은 자들이 바로 이들이다. 너희의 패역이 낙토에까지 재앙을 불러도 그렇게 정신을 못 차리는 너희들은 구덩이가 그렇게 좋으냐? 지옥 불구덩이에 가지 못하게 하시는 하나님의 사랑을 그렇게 갚느냐? 네 육체가 하나님이냐? 지옥 불구덩이에 가서 고통받는 것이 그렇게 좋으면 집에서 나가라. 티끌이면 다시 한국으로 와서 너희 마음대로 살다가 죽어서 지옥 불구덩이에 가라. 더 이상 간섭 안 한다.

용의 입, 짐승의 입에서 나온 말만 받아먹고 혀로 말만 하면 땅에서 네 마음대로 살고 죽어서 지옥 가는데, 죽어서 천국 간다고 하는 거짓말쟁이들이 너희 주인인 자는 낙토에서 나가라. 한국에서도, 교회에서도 나가라. 다시 성도라고 부르지 마라. 이들은 안 믿는 자들이다. 귀신이 어떻게 "내가 거룩하니 너희도 거룩하라"라고 하신 말씀을 지켜 실행하겠나? 양심도 없는 자들이다. 양심이 용의 입, 짐승의 입에서 나온 지옥 불의 소리로 지져져서 화인 맞은 자들이다. 죄를 동조하는 창미, 너도 말쟁이다. 그 시꺼먼 얼굴이 어찌 사람이 될까 했건만 말은 번드레하고 짐승 우길이에게 동조했느냐? 이 나쁜 귀신아~

짐승이 누군지 두 눈으로 똑똑히 보거라. 너희 모두 한 뭉의 삶일 때 이들 용, 짐승 아래 있었다. 죄 아래 가두어져 있었다. 이는 예수 그리스도를 안 믿는 것이다. 그런 너희를 낙토에서 의인과 악인으로 골라내는 것이다. 믿는 자와 안 믿는 자를 명백하게 분별하여 나타내 보여 주는 실상이 14년째 이 일이다.

이렇게 바로 말하지 않았던 것은 안 믿는 너희들이 교만하기 때문에 내가 교만하여 모든 다른 목사들을 정죄하는 줄 판단하고 치명적인 죄를 지을까 봐 직설적으로 말하지 않았고, 이제 낙토에 있는 성도들 중에 태어나고 거듭나서 일어나 악인들을 치는 영적인 전쟁을 하는 군사가 된 것을 보고도 깨닫지 못하고 안 믿는 너희들은 짐승이냐? 티끌이냐? 얌전한 척, 고상한 척 혼자 다 하면서도 단 한 절도 안 믿고 네 몸을 수술해도 행동이 안 바뀌는 복주, 너는 누구냐? 이들 전부 예수 그리스도를 안 믿는 자들이다.

말3:17~18 ¹⁷만군의 여호와가 이르노라 내가 나의 정한 날에 그들로 나의 특별한 소유를 삼을 것이요 또 사람이 자기를 섬기는 아들을 아낌같이 내가 그들을 아끼리니 ¹⁸그때에 너희가 돌아와서 의인과 악인이며 하나님을 섬기는 자와 섬기지 아니하는 자를 분별하리라

이 예언이 사실이 되어 14년째 이루어지고 있다. 이 말씀에 악인이 누구냐? 예수 그리스도께서 말씀하셨지 않느냐? "죄에 대하여라 함은 저희가, 곧 악인들이 나를, 곧 예수 그리스도를 믿지 아니함이요"라고 하신 예언이 사실이다. 세상에 "의인은 없나니 하나도 없으며"라는 말씀이 진실로 사실이었다. 예수 그리스도께서 보내 주시마 약속하신 진리의 성령이 실상이 되어 예수 그리스도에 대해서 모든 진리 가운데로 인도하는데도 '이 진리가 맞나~ 아닌데~' 하고 안 믿는 것이 너희 언행으

로 나타나는 것이다.

낙토에서 네 소견대로 하지 않기로 하고 갔다. 그런데 귀신이 네 소견대로 하고 싶고, 일하기 싫고 혀로는 "믿습니다." 하면서 '오직 예수 하면 내 마음대로 살고 죽어서 천국 가는데 내가 지금 왜 이렇게 살아야 하나' 하고 안 믿는 귀신이 네 생각, 네 마음에 자리잡고 있으니까 행동으로 다 나타나는 것이다.

이런 자들은 경고 3번 하고 버려라. 죽고 싶고 영생을 이미 받은 자들이 아니다. 구덩이에서 그 혼이 살고 싶은 자다. 자신은 이미 잘 믿고 있는데 안 믿는다고 하는 나를 통한 이 말씀을 거절하고 부인하는 자다. 티끌이다. 육에 속한 자들이다. 흉악한 귀신 들린 자들이다. 용, 짐승, 사단, 마귀, 뱀, 독사의 독을 더 좋아하는 자들이다. 버려라. 죽어서 구덩이에 들어가 보아야 믿을 인간이다. 영원히 구덩이에서 살아야 할 혼으로 이 땅에 온 교만한 자들이다.

나도 저런 불신자들, 이제 다시 안 보고 싶다. 아직도 이런 자들과 전쟁해야 하는 이 기가 찬 실상을 보아라. 얼마나 더러운 자들인지, 얼마나 안 믿는 강퍅한 자들인지. 이들 전부 할 마음이 없는 자들이다. 자신 혼자 이름으로 가게를 내고, 농장을 만들고 자신 주머니에 현재 돈이 들어가면 절대 이렇게 하지 않는다. 짐승들이다. 이런 인간들이 자기 입에 들어가는 밥은 잘 먹을 거다.

자기 자신밖에 모르는 귀신들, 하지만 이것도 아니다. 자신이 지옥 불구덩이에 가는데도 계속 자해하는 귀신이, 가장 먼저 자신을 해하는 원수가 자신의 생각, 마음의 주인이다. 이런 귀신들은 하나님 나라에 합당한 자가 아니다. 쟁기를 잡고 뒤돌아보는 자들은 안 믿는 자들이다. 과천에 태욱 성도, 문자 성도야, 안 믿는 자들이니 그리 알거라. 환각 상태, 상상하는 자들, 영적인 잠을 자고 있는 자들, 귀머거리, 소경들이다. 예수 그리스도를 안 믿는 자들이다.

하나님께서 하시는 타작인 코로나19 재앙이 자신들과 아무 상관이 없고 남의 일이며, 아무리 애타게 14년을 외치고, 적그리스도들에 의해 내가 감옥에 갇히는 이 일은 이미 수천 년 전에 예언되어 있는 말씀이 사실이 되었어도 안 믿는 악인들이다. 나를 고소하고 대적하는 적그리스도, 곧 그리스도에 대해 살아 계신 하나님의 말씀을 대언하는 이 일을 대적하는 자들이 법정에서 거짓 증언을 해도, 그 거짓이 통하여 7년, 4년이라는 징역형을 때리고 짓밟아도 멀쩡하게 살아 있으니까 더 이 진리를 안 믿는 것이다.

이제 더 이상 귀신들에게 희롱당하고 싶지 않다. 주리, 저 흉악한 귀신도 버려라. 저 얼굴을 보아라, 얼마나 흉악한지. 저러니 저는 육의 아비가 귀신의 처소 장로라고 자랑하는 자의 자식이다. 혜라, 너도 너 자신을 보아라. 네 큰 딸, 작은 딸이 얼마나 악독한지~ 네가 진실로 믿는 자인지 너를 보아라. 지금이 무슨 때, 무슨 날인지 아직도 모르느냐? 알면서 모르는 척하는 거냐? 말3:1~6절의 말씀이 사실이 되어 있다.

말3:1~6 [1]만군의 여호와가 이르노라 보라 내가 내 사자를 보내리니 그가 내 앞에서 길을 예비할 것이요 또 너희의 구하는 바 주가 홀연히 그 전에 임하리니 곧 너희의 사모하는 바 언약의 사자가 임할 것이라 [2]그의 임하는 날을 누가 능히 당하며 그의 나타나는 때에 누가 능히 서리요 그는 금을 연단하는 자의 불과 표백하는 자의 잿물과 같을 것이라 [3]그가 은을 연단하여 깨끗케 하는 자같이 앉아서 레위 자손을 깨끗케 하되 금, 은같이 그들을 연단하리니 그들이 의로운 제물을 나 여호와께 드릴 것이라 [4]그때에 유다와 예루살렘의 헌물이 옛날과 고대와 같이 나 여호와께 기쁨이 되려니와 [5]내가 심판하러 너희에게 임할 것이라 술수하는 자에게와 간음하는 자에게와 거짓 맹세하는 자에게와 품군의 삯에 대하여 억울케 하며 과부와 고아를 압제하며 나그네를 억울케 하며 나를 경외치 아니하는 자들에게 속히 증거하리라 만군의 여호와가 말하였느니라 [6]나 여호와는 변역지 아니하나니 그러므로 야곱의 자손들아 너희가 소멸되지 아니하느니라

이 말씀은 이 세대 여호와의 날, 인자의 날인 지금, 2438년 후인 2008년 6월 16일에 이미 세상에 14년째 이루어지고 있는 이 일에 대한 예언이었다. 이미 땅에서 사실이 되어 레위 자손, 곧 제사장들, 하나님의 전에 수종들 영영한 사역자들을 연단하여 더러움을 씻는 중이다. 증명한다.

신31:9~13 [9]모세가 이 율법을 써서 여호와의 언약궤를 메는 레위 자손 제사장들과 이스라엘 모든 장로에게 주고 [10]그들에게 명하여 이르기를 매 칠 년 끝 해 곧 정기 면제년의 초막절에 [11]온 이스라엘이 네 하나님 여호와 앞 그 택하신 곳에 모일 때에 이 율법을 낭독하여 온 이스라엘로

듣게 할찌니 ¹²곧 백성의 남녀와 유치와 네 성안에 우거하는 타국인을 모으고 그들로 듣고 배우고 네 하나님 여호와를 경외하며 이 율법의 모든 말씀을 지켜 행하게 하고 ¹³또 너희가 요단을 건너가서 얻을 땅에 거할 동안에 이 말씀을 알지 못하는 그들의 자녀로 듣고 네 하나님 여호와 경외하기를 배우게 할찌니라

이래서 말2:1~9절에서 "¹너희 제사장들아 이제 너희에게 이같이 명령하노라 ²만군의 여호와가 이르노라 너희가 만일 듣지 아니하며 마음에 두지 아니하여 내 이름을 영화롭게 하지 아니하면 내가 너희에게 저주를 내려 너희의 복을 저주하리라 내가 이미 저주하였나니 이는 너희가 그것을 마음에 두지 아니하였음이니라(지금 전 세계 제사장들, 곧 목사들이 이 예언대로 사실이 되어 있다. 또 우리 안에 너희도 귀신이 심은 거짓말을 믿고 하나님의 말씀인 여호와의 도, 진리의 도를 믿지 아니한 것이 저주다. 이렇게 시간이 흘러도 말씀을 안 믿는 이 자체가 저주다. 하나님의 이름을 영화롭게 하지 않고, 혀로 "예수 예수" 말만 하는 것이 저주다.

깨닫지 못하는 것 자체가 저주를 받은 것이다. 곧 혀로 지옥 불의 소리를 하여 네 생각과 마음 속에 그런 거짓말만 남아 있어서 하나님의 가르치심, 예수 그리스도께서 하신 약속, 곧 언약하신 진리의 성령이 와서 대언하고 지켜 실행하는 이 일을 안 믿는 자체가 저주의 자식이라는 증거다.

오죽하면 사람으로 나지 않았던 것이 너 자신에게 더 유익했다고

할까~ 후욕하고 고소한 그들만이 아니고 지금까지 귀신 노릇 하고 안 믿는 네가 저주의 자식이며, 저주를 받은 것이다. 시간도 충분히 주었다. 너희 마음에 말씀대로 살고 싶지 않고, 한 몫의 삶이 더 좋아서 그렇게 살고 싶어서 할 마음이 없는 것이다. 그러는 네가 너 스스로 귀신을 더 좋아하는 것이다. 오죽하면 티끌을 떨어 버리겠느냐?)

[3]보라 내가 너희의 종자를 견책할 것이요 똥 곧 너희 절기의 희생의 똥을 너희 얼굴에 바를 것이라 너희가 그것과 함께 제하여 버림을 당하리라 [4]만군의 여호와가 이르노라 내가 이 명령을 너희에게 내린 것은 **레위와 세운 나의 언약이 항상 있게 하려 함인 줄을 너희가 알리라** [5]**레위와 세운 나의 언약은 생명과 평강의 언약이라** 내가 이것으로 그에게 준 것은 그로 경외하게 하려 함이라 그가 나를 경외하고 내 이름을 두려워하였으며 [6]그 입에는 진리의 법이 있었고 그 입술에는 불의함이 없었으며 그가 화평과 정직한 중에서 나와 동행하며 많은 사람을 돌이켜 죄악에서 떠나게 하였느니라 [7]대저 제사장의 입술은 지식을 지켜야 하겠고 사람들이 그 입에서 율법을 구하게 되어야 할 것이니 제사장은 만군의 여호와의 사자가 됨이어늘 [8]**너희는 정도에서 떠나** 많은 사람으로 율법에 거치게 하도다 나 만군의 여호와가 이르노니 **너희가 레위의 언약을 파하였느니라** [9]너희가 내 도를 지키지 아니하고 율법을 행할 때에 사람에게 편벽되이 하였으므로 나도 너희로 모든 백성 앞에 멸시와 천대를 당하게 하였느니라 하시니라"

왜 하나님께서 우리로 한 몫의 삶을 버리게 하시고, 금, 은같이 연단하여 깨끗케 하시는지에 대한 해답이다. 본래 제사장, 곧 목사는 하나님과 동행하며, 하나님의 종이 되어 사람들로 하여금 하나님의 도를 보고 듣고 깨달아 지켜 실행하게 하여 영원한 삶을 살게 해야 하는 직무가 있다.

하나님의 언약은 본래 영원한 언약인데, 곧 사람으로 지켜 실행하면 육체도 죽지 아니하고 영원히 살도록 주신 언약인데 제사장이 지키지 아니하였고, 도리어 사람들로 거쳐 넘어지게 한 것이다. 아직도 우리 안에 자칭 목사를 했던 자들이 자신이 무슨 언행을 했는지 모르고, 이미 자신은 영생에 대해서 알고 있었다는 자도 있다. 육체가 죽어서 영생을 얻는다고 설교한 것은 거짓말이다.

하나님의 언약은 생명과 평강의 언약이며, 항상 있게 하는 언약이다. 곧 하나님의 언약은 사람이 지켜 실행하면 영원한 생명을 실상으로 얻는 언약이다. 하나님 편에서 정하신 때가 있었다는 것은 하나님 편이고, 피조물인 사람의 의무는 창조주 하나님을 경외하고, 계명을 지켜 실행해야 하는 것이 본래 인간의 의무다.

이에 대해서는 영원히 설명과 증명을 할 테니까 '가속, 곧 가족, 권속'에 대해서 먼저 하나님의 뜻을 보고 듣고, 가족에 대한 생각을 인지한 후에 다시 계속 증명한다.

다시 **요16:9절**에 "죄에 대하여라 함은 저희가 나를 믿지 아니함이요"라고 하신 예수 그리스도의 말씀이 참으로 사실이었다. 예수 그리스도를 믿는 것은 혀로 "믿습니다" 하고 말만 하는 것이 절대 아니다. 예수님이 하신 계명을 지켜 실행하는 것이 믿는 것이다. 이렇게 하지 못하도록 성경을 가지고 성경과 다른 말로 변개시켜서 가르친 거짓말이 얼마나 치명적인지 14년째 보고 있다.

기록된 말씀을 아무리 사실대로 보여 주고 실상으로 이루어지고 있어도 안 믿는 자들은 결국 귀신이 가르친 거짓말이 화인이 되어 있었다. 이렇게 된 원인은 하나님으로 말미암지 아니한 것이 근본 원인이다. 그래서 성경대로 보고 듣고 믿고 지켜 실행하는 것이 도리어 혀로 말만 하여 잘 믿는다고 착각하고 교만한 자들의 눈과 귀는 스스로 자해하는 것이다.

성필, 주리, 과천 공자, 은숙, 중희 이들은 교만이 하늘을 찌른다. 흉악한 귀신이다. 이런 미친 자가 자칭 목사가 되어 미친 언행을 하는 사람이 공자다. 공동체에서도 버려라. 존귀에 처하나 깨닫지 못하는 멸망하는 짐승이다. 저 짐승은 자칭 메뚜기다. 경고하고 내보내라. 말씀을 안 믿는 자들이다.

나보다 먼저 온 자는
다 절도며 강도요

다시 '가족'에 대해서 본문으로 가자. 시107:41절로 가자.

시107:41 궁핍한 자는 곤란에서 높이 드시고 그 가족을 양 무리 같게 하시나니 이 말씀은 아무나 누구나 가족이 아니고, 반드시 예수 그리스도를 믿는 자들 중에서 영원한 가족, 권속, 하나님의 권속이 된다는 뜻이다. 증명한다.

요10:7 그러므로 예수께서 다시 이르시되 내가 진실로 진실로 너희에게 말하노니 **나는 양의 문이라**

이 말씀대로 하나님께서 말씀하시는 권속은 절대 저 유대인들, 곧 온 세상 사람들이 다 아는 황금돔이 있는 나라, 이스라엘 유대교인들에게서 나오지 않는다. 구약시대에 온 세계 중에 저들만 선민으로 선택되어 하나님을 섬긴다고 자신들이 생각하고 만든 공동체인 '기부츠'도 하나님께서 말씀하신 가족, 가속, 하나님의 권속이 아니라는 것이다.

저들은 이미 구약성경에 하나님께서 보내시겠다고 약속하신 하나님의 아들을 알아보지 못하고 도리어 세상 법에 고소하여, 세상 법에서 정한 죄를 단 한 가지도 짓지 아니한 예수 그리스도를 부당하게 판결하여 가장 중형인 사형을 시켰다. 이는 예수 그리스도를 이 땅에 보내신 창조주 하나님을 안 믿는 명백한 증거다. 혀로 "하나님" 하면서 행위로 부인하고 대적한 적그리스도요, 하나님의 원수들이다. 2021년 7월 31일 지금 이 세대까지 전 세계 유대교인들은 절대 하나님도, 예수 그리스도도 안 믿는 자들이며, 대적자들이다. 이에 대한 하나님의 판결이 있다.

히8:7~9 [7]저 첫 언약이 무흠하였더면 둘째 것을 요구할 일이 없었으려니와 [8]저희를 허물하여 일렀으되 주께서 가라사대 볼찌어다 날이 이르리니 내가 이스라엘 집과 유다 집으로 새 언약을 세우리라 [9]또 주께서 가라사대 내가 저희 열조들의 손을 잡고 애굽 땅에서 인도하여 내던 날에 저희와 세운 언약과 같지 아니하도다 저희는 내 언약 안에 머물러 있지 아니하므로 내가 저희를 돌아보지 아니하였노라

이 판결이 온 세상 사람들이 본능적으로 아는 유대교인들, 곧 유대인들이 하나님께서 말씀하시는 하나님의 가속, 권속, 가족이 절대 아니라는 명백한 증거다. 저들은 하나님의 언약을 지켜 실행하지 아니했다. 그럼 현재 전 세계 천주교, 기독교인들은 하나님께서 말씀하시는 권속, 가속, 가족일까? 아니다. 이 증거가 예수님의 제자들에 의해 예수 이름이 전 세계에 퍼졌지만, 하나님께서 조상 아브라함, 이삭, 야곱, 이스라엘, 다윗, 예수 그리스도를 통하여 하신 영원한 언약을 아무도 지켜 실행하지 않았던 것이다.

뿐만 아니라 구약은 율법이라는 말로 무시해 버리고, 신약은 복음이라는 말과 함께 마태, 마가, 누가, 요한복음이라고 성경 자체를 마치 이 부분만 복음인 것처럼 말했고, 그 외에는 서신이라는 말로 2021년 이 세대까지 이어져 왔으며, '사복음서'라는 말이 신학교에서부터 성경 박사라고 자칭하는 학자들에 의해 고착되게 만들었다. 그 외에는 바울 서신, 곧 바울이 쓴 편지로 사람 차원으로 변개시키고, 사도들이 복음을 전한 일을 기록한 사도행전 등등 저자들의 서신이 되어 고착화시킨 것이 신약성경이다. 마태, 마가, 누가, 요한복음만 복음이냐? 구약만 율법

이냐? 그 외에는 사람들의 서신이냐?

성경 자체를 이렇게 묶어 버리고 신학교에서 가르쳤으며, '학문, 학자, 박사'라는 말로 다 변개시켰다. 이는 곧 전 성경을 사람 수준, 사람 차원으로 다 만든 것이다. 그래서 성경이 모든 것을 죄 아래 가두어 둔 것이라고 하신 것이다. 이 모든 것 또한 하나님 편에서는 하나님께서 정하신 뜻대로 경영해 오신 것이다. 사람 편에서는 하나님의 뜻을 하나님께서 정하신 때까지 천국의 비밀을 모르게 하신 것이지만, 사람이 마땅히 지켜야 할 도리이자 의무인 하나님의 법, 계명, 율례와 법도인 하나님과 사람 사이의 언약을 지키지 아니한 것이다. 하나님께서는 단 한 번도 변치 아니하시고 언약하신 대로 지켜 실행하시는데 사람이 하나님과의 언약을 어긴 것이다.

하나님은 하나님이시므로 창조주라서 오직 한 분이신 하나님이시니까 언약하신 대로 공의를 지켜 행하시는 것이고, 이는 피조물인 인간이 그 누구도 반문할 수 없는 절대 주권이다. 따라서 인간은 인간으로서 지켜야 할 사람의 본분을 반드시 지켜야 하는 것이다. 이렇게 해야 언약이 온전히 성립되는 것이다. 이를 친히 보여 주신 분이 하나님의 아들 예수 그리스도시다.

그런데 예수 그리스도께서는 아들로서 당신의 뜻을 이 땅에 이루시려고 오신 것이 아니라 하나님의 뜻대로 이루시기 위해서 오신 것이다. 따라서 하나님의 뜻을 다 아실 수 없었다. 그리고 사역하신 기간이 너무 짧았다. 또한 영원한 언약을 지켜 실행하는 사명이 아니었다. 이 사실을 지금 전 세계 천주교, 기독교 등 성경을 사용하고 예수를 믿는다고 하는 모든 종교가 몰랐던 것이다. 이에 대해서는 영원히 증명한다.

그래서 전 성경 기록 목적이 너무 중요하다. 다른 말로 하면 하나님의 뜻을 아는 것이 '영원'을 결정하고, 결판나는 것이다. 이런 하나님의 뜻을 사람에게는 알게 하지 않으셨고, 아들 예수 그리스도마저도 다 아는 것이 아니었다. 이 사실을 모르면 모든 사람이 다 실수를 한다. 이렇게 말하는 나도 하나님께서 알게 하시니까 알았고, 이는 전적인 하나님의 은혜였다.

여러분들이 전 세계 77~78억의 사람 중에 하나님의 뜻인 천국의 비밀을 알게 된 것은 나를 사용하셔서 하나님의 가르치심을 받고 있기 때문에 알게 된 것이다. 이는 그 누구도 자신이 잘해서 이런 복, 은혜를 받은 것이 아니며, 행함이 먼저 있어서 온전한 구원을 받는 것이 아니라 하나님의 은혜와 긍휼로 말미암아서다. 이는 아무도, 그 누구도 아들 예수 그리스도도, 진리의 성령인 나도, 하나님의 아들들인 성도들도, 그 누구도 자신의 의를 자랑치 못하게 하신 하나님의 완전한 지혜다.

이렇게 창세 이래 2021년 지금 이 세대까지 경영해 오신 것은 창조의 질서, 곧 하나님 한 분만이 신이시며 창조주이심을 모든 피조물들로 하여금 알고 믿고 깨달아 온 세상이 하나 되게 하시기 위함이다.

지금 이 세대까지 온 세상이 다 **요일5:19절**의 말씀대로 사실이 되어 있다. 이 중에 우리에게 먼저 천국의 비밀을 알게 하신 것이다. "또 아는 것은 우리는 하나님께 속하고 온 세상은 악한 자 안에 처한 것이며" 라는 말씀이 AD 90년경에 기록되었고, 1931년이 지난 2021년 지금 우리를 통해서 온전히 사실이 되어 이루어지고 있다. 이 사실을 온 세상에 살고 있는 사람들이 모르니까 나를, 우리를 짓밟는 것이다.

그런데 하나님의 뜻을 아는 우리는 이를 알고 교만하라고 주신 은혜가 아니다. 어떤 청년이 이제 배 속에서 하나님의 가르치심을 조금 알아듣는다. 우리로 먼저 알게 하신 것은 죄를 짓지 아니하고 영생을 믿으라고 주신 은혜다. 증거가 **요일5:18~21절**이다.

요일5:18~21 [18]하나님께로서 난 자마다 범죄치 아니하는 줄을 우리가 아노라 하나님께로서 나신 자가 저를 지키시매 악한 자가 저를 만지지도 못하느니라 [19]또 아는 것은 우리는 하나님께 속하고 온 세상은 악한 자 안에 처한 것이며 [20]또 아는 것은 하나님의 아들이 이르러 우리에게 지각을 주사 우리로 참된 자를 알게 하신 것과 또한 우리가 참된 자 곧 그의 아들 예수 그리스도 안에 있는 것이니 **그는 참 하나님이시요 영생이시라** [21]자녀들아 너희 자신을 지켜 우상에서 멀리하라

이 말씀 또한 사람이 자기 생각대로 읽으면 예수 그리스도가 하나님이시라고 말해 버릴 수 있다. 그래서 '성자 하나님, 성령 하나님'이라고 말을 지어낸 것이다. 이 뜻이 아니고, 예수 그리스도와 함께 동행하신 하나님을 두고 "그는 참 하나님이시요 영생이시라"라고 하신 것이다. 그래서 사람이 하나님의 말씀으로 거듭나지 아니하면 절대 하나님을 알 수 없고, 새 부대, 곧 귀신이 다 떠나야 영혼 성전 기초가 되고, 하나님의 지혜로 성장하는 것이다.

요10:7 그러므로 예수께서 다시 이르시되 내가 진실로 진실로 너희에게 말하노니 **나는 양의 문이라**

"나는 양의 문이라"라는 말만 사람 생각으로 해석하면 오직 예수라는 말로 간사하게 변개시켜서 말만 하면 다 구원받았고, 모든 죄는 이미 예수님이 다 지시고 십자가를 지셨으며, 어떤 죄를 지어도, 심지어 고의적인 살인자도, 연쇄 살인범도 이미 구원받았다고 해 버리는 치명적인 귀신의 가르침이 된 것이다. 예수 그리스도께서 벌거벗은 채 십자가에 달리시고, 머리에 가시면류관을 쓰신 이유가 바로 이 때문이다. 하나님께서 정하신 때가 될 때까지 예수 이름 사용하는 자들이 다 돈으로 바꾸고, 매매하고, 불의한 자, 불법하는 자들이 지도자 노릇 하여 단 한 사람도 변화된 사람이 없을 것을 이미 다 보여 주신 것이다.

귀신의 특징이 게으르고 더러우면서 욕심만 가득 차서 모두 육체에 해당하는 것만 추구한다. 바탕부터, 곧 근본부터 거짓이다. 죄로 시작하여 영원히 지옥 불에 떨어져서 영벌을 받는 것이고, 끝이다. 한 몫의 삶일 때 '영원'이 결판나는데 귀신은 자신도 속고, 다른 사람도 속이는 것이다. 아무리 말해도 한 절도 안 듣고 안 믿으면서 자신은 잘 믿는다고 생각한다. 그 생각의 주인이 귀신이라고 해도 이 말도 안 듣고 계속 상상에서 벗어나지 않는다.

전부 오래 교회 다닌 사람의 특징들이더라. 이런 귀신이 욕심이 가득 차서 목사가 되어 언행은 정신병자인데, 자신은 잘났다고 떠들어 대는 자가 공자다. 주리, 성필이가 이런 자들이다. 이들은 입만 살아 있다.

단 한 절도 안 믿는다고 해도 이런 귀신들은 이 말도 안 믿는다. 이들 전부 상상이다. 똑똑한 개, 새보다도 못한 짓을 하는 자들이다. 하나님을 거짓말하는 자로 만들어 버리는 무지몽매한 자들이다.

따라서 반드시 영원하신 하나님의 권속, 곧 가족은 유대인들에게서 나오지 않는다. 예수 그리스도께서 "나는 양의 문이라"라고 하신 말씀은 하나님의 권속은 반드시 예수 그리스도를 진실로 믿는 기독교인들 중에서 영원한 언약을 받고 지켜 실행하는 자가 나올 것을 예언하신 것이다. 그래서 이렇게 말씀하셨다. 요10:1~10절이다.

"¹내가 진실로 진실로 너희에게 이르노니 양의 우리에 문으로 들어가지 아니하고 다른 데로 넘어가는 자는 절도며 강도요 ²문으로 들어가는 이가 양의 목자라(이래서 저 유대인들이 시107:41절의 말씀의 주인공들이 아니고, 하나님의 권속이 아니며, 시68:6절의 가속, 곧 집, 집안, 하나님의 가속이 아니다. 그런데 이 본문은 이상하지 않으냐? 예수 그리스도께서 자신이 "양의 문이라"라고 7절에 말씀하셨는데, 왜 2절에서 "문으로 들어가는 이가 양의 목자라"라고 하실까? 예수 그리스도께서 자신을 두고 하신 말씀일까? 이는 자신을 두고만 말씀하셨을까?

당시에 양의 문은 오직 예수 그리스도 한 분이시다. 이를 증명하시는 하나님의 증거가 땅의 역사를 예수님을 기준으로 다시 시작하신 것이다. 지금 온 세상이 모두 2021년을 사용하고 있는 것이 그 증거다. 그러니까 구약 당시 아무리 많은 세월, 많은 시간이 흘러도 하나님, 곧 창조주 하나님 나라의 주인공은 예수 그리스도시라는 증거다. 그래서 예수 그리스도를 두고 '대제사장'이라고 하신 것이다.

하나님께서 많은 사람 중에 구약시대에 아브라함을 택하셔서 언약을 하신다. 아브라함의 아들 여덟 명 중 본처 사라의 몸으로 아브라함 100세에 난 이삭에게 하나님의 언약이 이어지고, 이삭의 두 아들 에서와 야곱 중에 야곱에게 언약이 이어지고, 야곱의 이름을 이스라엘이라 하시고, 야곱의 열두 지파에 이어지며, 이 언약이 다윗에게 이어져서 아브라함, 다윗의 자손으로 이 땅에 보내신 하나님의 아들에게 이어지더니, 땅의 역사는 다 무효하고 다시 시작하여 아들 예수 그리스도가 하나님 나라 대제사장이라고 하신다.

그런데 그때 당시에 하나님의 권속이 실상이 되는 것이 아님을 2절에 감추어 두신 것이다. 따라서 2절은 예수 그리스도를 말씀하신 것이 아니라, 하나님의 가족이 누구인지, 하나님의 양 떼가 누구인지를 지시하신 것이다. 하나님께서 말씀하시는 언약의 종, 곧 하나님의 종은 반드시 예수 그리스도의 이름으로 오실 것과 이는 또 다른 보혜사인 진리의 성령이며, 다른 모양으로 말하면 다윗의 집의 열쇠를 받은 빌라델비아 교회 사자이고, 말3:1절의 예언인 언약의 사자이며, 엡2:16절의 실상인 셋이 하나 된 새 사람이고, 영영한 제사장들, 하나님의 백성들을 해산하는 목사이자 신령한 교회의 표상인 갈라디아서 4장의 자유하는 여자인 나에 대한 비밀이 감추어져 있다.

그리고 이는 영생을 이미 얻어서 이 땅에 보내심을 받은 자들에 대한 예언이기도 하다. 그래서 유대인들이 같은 셈 족이지만 저들에게 전대미문의 새 언약을 하신 것이 아니었다. 우리의 14년째 이 일이 하나님의 권속, 가속, 가족, 집, 집안이라는 명백한 증거다. 또한 진리의 성령은 반드시 세상 끝에 저 유대인들이 보기에 이방인이던 같은 셈 족 중에서 나올 것을 감추시고 하신 말씀이다.)

³문지기는 그를 위하여 문을 열고(이 또한 해답은 **시118:17~20절**에 있다. 곧 이 문지기는 하나님의 집 문지기들, 육체도 죽지 아니하고 살아서 하나님의 행사를 영원히 선포하는 영영한 사역자들을 뜻한다.

시118:17~20 ¹⁷내가 죽지 않고 살아서 여호와의 행사를 선포하리로다 ¹⁸여호와께서 나를 심히 경책하셨어도 죽음에는 붙이지 아니하셨도다 ¹⁹내게 **의의 문**을 열찌어다 내가 들어 가서 여호와께 감사하리로다 ²⁰이는 여호와의 문이라 의인이 그리로 들어가리로다

이 예언의 주인공들이 바로 **요10:3절**의 '문지기'다. 대선 성도야, 네가 나한테 어느 날 물었던 질문에 대한 해답이다. 알아듣고 있지? 두 눈으로, 두 귀로 지금 듣고 있는 네가 이에 해당하는 주인공들이다. 은혜로 교회 성도들에 대한 예언이 이루어져서 실상이 되었다.

이래서 **시84:10절**에 이렇게 예언, 곧 말씀과 기도를 한 것이다.

시84:10 주의 궁정에서 한 날이 다른 곳에서 천 날보다 나은 즉 악인의 장막에 거함보다 내 **하나님 문지기로 있는 것이 좋사오니**

진실로 이러하느냐? 대선, 병준, 범섭, 학구, 성호 성도야? 모두 이 말씀이 너희 기도이며, 실상임을 믿느냐? 대답하거라. 시간이 걸려도 이

는 인내의 말씀이다. 진리는 이렇게 온전하게 사실이 되어 땅에서 이루어지는 것이다. 지금은 강단에 서서 말씀을 전하는 역할이 아니지만, 다 때가 있는 것이다. 다시 창조되어 오는 세상에서 영원한 제사장이 되고, 또 누군가가 "하나님의 집에 문지기로 있는 것이 좋사오니"라고 혀로 진실로 고백하는 사람들이 나온다.

모두 '영원'을 바라보거라, 한 치 앞만 보지 말고~ 너희를 영원히 세우기 위해 다시 만드시는 과정이다. 그래서 "이기는 자는, 이기는 자는"이라고 하셨지 않느냐? 지금은 모두 예수 그리스도를 진실로 믿어 그분의 계명을 지켜 실행하는 자들을 다시 택하시고 영원히 자유하게 하는 기간이라서 너희들이 좋아하는 것을 못 하고 있는 것 같으나, 영원히 다스리고 누리고 정복하며 살게 하시려고 다시 제조하시는 것이다. 그릇 차이는 있지만 반드시 된다.

가장 기초이면서 가장 중요한 핵심 명령이 '영생'이다. 하나님 나라의 실상의 상속자들이 되는 것이다. 이 훈련은 그래서 아무나 하는 것이 아니고, 이미 만세 전에 정하셔서 이 땅에 보냄을 받은 자들이 다시 창조되어 온 세상이 하나님만 찬양하는 세상, 곧 오는 세상이 되면 사람들이 누리는 모든 것 중 죄 짓는 것 빼고 다 누릴 것이고, 누리고 다스리되 영원히 다스리고 누리게 하시려고 그러는 것이다. 사람 생각대로 '내가 말씀을 많이 들었는데~ 내가 제일 오래 됐는데~' 이런 생각은 절대 안 된다. 공의의 하나님이심을 모두 잊으면, 잊으면 안 된다.

하나님께서는 아들 예수 그리스도에게도 공의의 하나님이시다. 온 세상 그 누구도 하나님께서 하시는 일에 왜 이렇게 하시느냐고 할 수 없다. 주의 궁정, 주의 집, 여호와의 궁정은 여호와 하나님께서 영원히 거처하시는 처소다. 이 문은 오직 예수 그리스도를 진실로 믿는 자들이 들어가는 문이다. 14년째 이 일에 대한 예언이다. 그래서 하층, 중층, 상층이 노아의 홍수 때 방주에도 기록되어 있고, 솔로몬을 통해서 지은 성전에도 기록되어 있다. 여호와의 문인 상층, 곧 삼 층은 하층에서 중층으로, 중층에서 상층으로 올라간다. 이 문은 하나님께서 친히 열어 주시는 문이다. 계3:7~8절에 이렇게 예언해 두셨다.

> **계3:7~8** [7]빌라델비아 교회의 사자에게 편지하기를 거룩하고 진실하사 다윗의 열쇠를 가지신 이 곧 열면 닫을 사람이 없고 닫으면 열 사람이 없는 그이가 가라사대 [8]볼찌어다 **내가 네 앞에 열린 문을 두었으되 능히 닫을 사람이 없으리라** 내가 네 행위를 아노니 네가 적은 능력을 가지고도 내 말을 지키며 내 이름을 배반치 아니하였도다

다윗의 집의 열쇠는 영원한 언약인 전대미문의 새 언약이다. 이 열쇠를 받은 목사인 나에 대한 예언이 실상이 된 말씀이 바로 **요10:2절**에 "[2]문으로 들어가는 이(곧 예수 그리스도의 계명을 지켜 실행하여 예수 그리스도 안으로 들어갔으며, 이는 중층에서 상층으로 오르는 유일한 여호와의 문이다. 곧 **호2:19~20절**의 예언이 실상이 된 자를 두고 이렇게 여러 모양으로 말씀하신 것이다.)가 양의 목자라

[3]문지기는 그를 위하여 문을 열고 양은 그의 음성을 듣나니 그가 자기 양의 이름을 각각 불러 인도하여 내느니라 [4]자기 양을 다 내어 놓

은 후에 앞서 가면 양들이 그의 음성을 아는 고로 따라오되 [5]타인의 음성은 알지 못하는 고로 타인을 따르지 아니하고 도리어 도망하느니라 [6]예수께서 이 비유로 저희에게 말씀하셨으나 저희는 그 하신 말씀이 무엇인지 알지 못하니라 [7]그러므로 예수께서 다시 이르시되 내가 진실로 진실로 너희에게 말하노니 **나는 양의 문이라**

[8]**나보다 먼저 온 자는 다 절도요**(예수님 당시로 말하면, 당시 성경을 사용하여 설교하는 종교 지도자는 다 '절도'라고 하신다. 곧 남의 재물을 몰래 훔친 사람이라고 하신다. 예수님 당시에 성경을 사용하여 설교하는 자들은 유대인 대제사장들과 서기관들, 바리새인들이다. 이들을 다 '절도'라고 하신 것이다. 이런 절도들에 의해 세상 법에 고소당하고 결국 죽임 당하신 것이다. 그리고 이 말씀은 참 사실이었다. 이에 대한 하나님의 증거가 구약 4천 년 역사를 무효하신 일이다. 저 유대인들은 2021년이 지난 지금 이 시간까지도 절도요)

강도니('강도'란 폭행, 협박 등 강제 수단으로 남의 금품을 빼앗는 일들을 뜻한다. 이 강도는 사람들이 본능적으로 아는 저 절도, 강도들을 말씀하신 것이 아니다. 성경을 가지고 하나님의 뜻을 모르고, 목사나 사제, 곧 설교자들이 자신이 아는 세속적인 말로 변개시켜 성경과 다른 거짓말로 설교하는 자들을 두고 절도요 강도라고 하신 것이다.

그래서 **잠23:27~35절**에 예언해 둔 음녀, 곧 귀신의 처소 바벨론에서 가르치는 귀신들, 하나님을 떠난 자를 강도에 비유하셨다. 이들은 전부 포도주, 곧 예수 이름에 취한 자들이며, **1~9절**에서는 이들을 두고 탐식자, 관원, 부자, 미련한 자, 악한 눈이 있는 자라고 하신다. 이들 모두를 여러 부분, 여러 모양으로 비유하신 말씀이 절도요 강도라고 하신 것이다. 그리고 마21:12~13절에서 직접 말씀하셨다.

마21:12~13 ¹²예수께서 성전에 들어가사 성전 안에서 매매하는 모든 자를 내어쫓으시며 돈 바꾸는 자들의 상과 비둘기 파는 자들의 의자를 둘러 엎으시고 ¹³저희에게 이르시되 기록된 바 내 집은 기도하는 집이라 일컬음을 받으리라 하였거늘 너희는 강도의 굴혈을 만드는도다 하시니라

같은 사건 기록이 막11:15~19절, 눅19:45~48절이다. 특히 '비둘기 파는 자들'은 오늘날 여의도순복음교회에서 귀신이 가르친 "랄랄라 따따따" 하는 소리를 성령받은 증거라고 속이고, 70~80만 명의 사람을 모아 부자가 된 조용기 목사 외 그 아래 목사들이 다 비둘기 파는 강도다. 성령 세미나 한다고 돈 받고 속이는 목사들이 다 비둘기 파는 자요, 돈 바꾸는 자요, 매매하는 자다.

'매매'란 팔고 사는 것을 말한다. 곧 예수 이름으로 거짓말로 설교하여 헌금을 받은 것이 이미 매매한 자요, 돈 바꾸는 자들이다. 이 본문을 가지고 강도요 절도인 자들이 간사하게 만들어 낸 거짓말이 구약에 제사할 때 가난한 자는 비둘기를 드리고, 부자들은 소, 양 등을 드리는 것이라며 예수님이 그들을 두고 하신 말씀이라고 교인들을 속인 것이다. 이렇게 그럴듯하게 속이는 목사 자신이 매매하고 돈 바꾸고 비둘기 파는 강도라는 사실을 감추고, 교회 강단에서 강도질하는 것이다.

예수 이름으로 "성령받을지어다~"라며 신년 축복 성회라고 하여

교인들 머리에 손 얹고 기도해 주고 헌금 봉투 받는 자, 가정마다 돌아다니며 심방한다고 심방비 받는 자, 병 고쳐 준다고 기도해 주고 돈 받는 자, 사업장에 매달 방문하고 예배드려 주고 돈 받는 것 등등 셀 수 없이 돈으로 바꾸는 일을 하는 자들은 혀로 예수 이름 팔아서 매매하는 자요, 돈 바꾸는 자들이다. 한국 기독교 140여 년 동안 무슨 짓을 했는지 너희들이 직접 경험했지 않느냐?

성령받은 증거라고 가르친 귀신의 소리 방언 은사는 명백하게 비둘기를 파는 것이다. 요2:13~16절에도 마태, 마가, 누가에 기록된 사건을 이렇게 말씀하셨다.

요2:13~16 [13]유대인의 유월절이 가까운지라 예수께서 예루살렘으로 올라가셨더니 [14]성전 안에서 **소와 양과 비둘기 파는 사람들과 돈 바꾸는 사람들의** 앉은 것을 보시고 [15]노끈으로 채찍을 만드사 양이나 소를 다 성전에서 내어 쫓으시고 돈 바꾸는 사람들의 돈을 쏟으시며 상을 엎으시고 [16]비둘기 파는 사람들에게 이르시되 이것을 여기서 가져가라 내 아버지의 집으로 장사하는 집을 만들지 말라 하시니

문자 그대로 보고 당시 유대인들이 구약의 제사 법대로 예배드리는 것을 엎으신 것이라고 하면 아무것도 모르는 교인들은 '그런가~' 하고 자신의 목사가 강도요, 교회가 강도의 굴혈인 줄 모른다. 왜 이런 일들을 네 군데나 다 기록해 두셨을까? 이래서 예수 그리스도께서 십자가에서 쓰신 면류관이 가시면류관인 것이다. 이런 일이 2021년 7월 30일

지금 오늘까지도 전 세계 얼마나 많은 교회에서 자행되고 있는지 알면 어찌 될까?

교인들은 하나님의 물건이다. 하나님의 물건들을 가지고 하나님의 뜻을 알게 하고 천국에 들어가게 하기는커녕, 일생 헛된 종교생활을 하고 육체가 죽어서 지옥 가게 만드는 목사가 하나님과 아무 관계가 없으니 남의 물건을 절도한 것이요, 강도질한 것이며, 도적질한 자요, 영적인 살인자들이다. 그런데 이렇게 하신 예수님께서 자신의 이름으로 2021년 지금 이 시간까지 교회, 곧 성전 안에서 매매하고 돈 바꾸는 자들, 비둘기 파는 자들이 교회를 세워 놓고 이런 절도, 강도들이 있을 것을 당시 예수님은 모르셨다. 이미 구약성경에 예언되어 있었는데도 말이다.

이런 교회를 애굽에 비유하시고, 이렇게 강도질하는 지도자를 '악어'에 비유하시고, '애굽 왕'에 비유하셨다. 욥41:1~34절까지 모두 찾아서 교독하거라. 1~4절을 다시 보자.

욥41:1~4 ¹네가 능히 낚시로 악어를 낚을 수 있겠느냐 노끈으로 그 혀를 맬 수 있겠느냐 ²줄로 그 코를 꿸 수 있겠느냐 갈고리로 그 아가미를 꿸 수 있겠느냐 ³그것이 어찌 네게 연속 간구하겠느냐 유순한 말로 네게 이야기하겠느냐 ⁴어찌 너와 계약하고 영영히 네 종이 되겠느냐

이 '악어'가 바로 오늘날 예수 이름 사용하여 성경과 다른 거짓말을 가르치고 교인들을 속이고 돈으로 바꾸는 자들이다. 곧 절도요 강도요 도적질하는 자요 영혼을 살인하는 자들이다. 이들은 하나님 보시기에

폭행하는 자들이요, 협박하여 천국을 팔아먹은 자들이다. 그렇게 절도하고 강도질해서 부자가 되었으니 온 세상 사람들이 다 속은 것이다.

욥기서에 기록된 이 '악어'는 예수 이름으로는 성경과 다른 거짓말 하는 것을 절대 막을 수 없다는 뜻을 감추시고 말씀하신 예언이 1430년 후 예수 그리스도께서 땅에서 사역하실 때, 성전 안에서 매매하는 자, 돈 바꾸는 자, 비둘기 파는 자들을 노끈으로 이런 절도, 강도, 도적질하는 자들의 혀를 맬 수 없다는 뜻이다. 곧 예수 그리스도에 대한 예언을 기록해 두셨고, 2021년 지금 이 세대까지 예수 이름 사용하는 강도, 곧 폭행하고 협박하여 **빼앗은** 자들이라고 말씀하셨다고 아무도 몰랐다.

'악어'는 비둘기 팔아서 70~80만을 모은 부자 목사, "예수 이름으로 귀신아 떠날지어다"라고 하여 부자 된 김기동 목사, 매매하고 돈으로 바꾸어 화려한 궁전을 지어서 교인들끼리 서로 싸우는 사랑의교회 목사… 이들 전부 '악어'에 해당하는 자들이다. 다른 말로 표현하면 옛 뱀, 용, 사단, 마귀, 멸망으로 인도하는 크고 넓은 문에 서 있는 자, 강도, 절도, 광명의 천사, 벨리알, 아바돈, 아볼루온 등등 여러 부분, 여러 모양으로 기록해 두신 것이다.

진실로 이 예언도 사실이었다. 예수 이름으로는 그들의 혀를 매어 다시는 혀를 놀리지 못하게 할 수 없었다. 그래서 이렇게 타락하고 부패한 것이다. 그들이 부러워서, 너희들도 그렇게 되고 싶어서 따라다니고, 흉내를 내고 했었다. 이런 절도, 강도자들은 사람들에게 존경받으면서 부패가 드러나도 형사, 검사, 판사, 변호사 교인들이 있어서 다 무마시키고 아무 일도 없는 듯이 감추고 살고 있다.

이 악어들을 두고 **욥기 41장** 전체에 그의 하는 언행을 감추어 두신 것이다. 이 악어 같은 강도 아래 교인들은 **34절**에 판결되어 있다. "모든 높은 것을 낮게 보고 모든 교만한 것의 왕이 되느니라" 이래서 이들을 두고 "이 세상 임금들"이라고 하셨고, 이들의 실체를 드러내는 자를 두고 **요16:11절**에 "심판에 대하여라 함은 이 세상 임금이 심판을 받았음이니라"라고 하신 것이다. 곧 이를 절도, 강도, 악어, 모든 교만한 것의 왕이 된 자들, 혀로 "예수, 예수" 하면서 예수 그리스도와 하나님 나라와 아무 상관이 없는 일을 목회라고 하는 자들은 이미 하나님의 심판을 받은 것이다. 예수님 당시 노끈으로 성전에서 내어쫓아도 예수 이름으로는 이들의 혀를 매어 다시는 매매를 할 수 없게 못한다는 것은 이미 2천년 간 증명된 사실이다.

또 욥이 사단에 의해 다 잃고 고난을 당하는데 엘리바스가 찾아와서 욥을 책망하니까 욥이 자신을 책망하는 친구들에게 이렇게 대답한다.

욥6:27 너희는 고아를 제비 뽑으며 너희 벗을 매매할 자로구나

이 예언 또한 오늘날 예수 이름 사용하여 매매하는 자들에 대한 예언이다. 곧 욥의 친구 셋 중 제일 나이 많은 자이며, '에돔' 사람이 엘리바스다. 곧 엘리바스는 에서의 후손이다. '에돔'은 에서의 별명이다. 오늘날로 말하면 예수 이름 사용하여 절도, 강도, 도둑질하는 자들, **욥기 41장**으로 말하면 '악어' 같은 자들, 성경을 가지고 성경과 다른 거짓말로 설교하여 왕 노릇 하는 자들은 '에서'의 자손이라는 뜻이다. 다시 말하면 혀로 "오직 예수, 하나님" 하지만 멸망으로 인도하는 크고 넓은 문에 있는 자들은 다 하나님께 택하심을 입지 못한 '에서', 곧 불택자들이다. 예수 이름 사용하는 악인들은 다 이런 자들이다.

그래서 거지 나사로는 하나님께서 도우셔서 악인들이 지배하는 이 세상에서 거지로 살다가 낙원에 간 것이다. 바꾸어 말하면 에서 후손은 사람이 보기에는 성공하고 부자이며 유명한 목사, 사제이며 잘 먹고 잘 살지만, 하나님 나라와 아무 관계가 없는 자들로 마귀요, 마귀의 자식들이다. 한 몫의 삶에서 날마다 호화로이 연락하고 살다가 육체가 죽어서야 자신이 간 곳이 지옥 불구덩이인 줄 알게 되는 자들이다. 이런 자들이 전부 교회에서 매매하고 돈 바꾸고 비둘기 파는 자들이다. 이들의 정체를 욥6:27절에 예언해 두신 것이다.

이런 매매하는 자, 절도요 강도질하는 자에 대한 예언이 또 있다. 욥20:12~19절이다. 찾아서 합독하거라. 이들은 이제 일할 시기가 다 끝나서 그 실체를 하나하나 밝히 드러내므로 다시는 매매할 수 없다. 이미 하나님께서 이런 절도자들, 강도들의 혀를 닫게 하신 심판이 코로나19다.

욥기20:18~19 [18]수고하여 얻은 것을 도로 주고 삼키지 못할 것이며 매매하여 얻은 재물로 즐거워하지 못하리니 [19]이는 그가 가난한 자를 학대하고 버림이요 자기가 세우지 않은 집을 빼앗음이니라

종교 지도자들의 죄는 씻을 길이 없어 자신을 자해하는 행위인 줄

알면 누가 이런 언행을 하겠느냐? 어느 누가 자신이 영원히 지옥 불구 덩이에 들어가는 짓을 하겠나? 어떻게 부부가 다 목사가 되고, 어떻게 산에 기도원을 세워서 부인은 기도원 원장, 남편은 교회 목사가 되고 예수 이름으로 무당 짓을 할 수 있으며, 아무나 목사를 만들고, 기본적인 인격조차 안 된 자들이 너도나도 설교라고 하고 있는지 지금도 이해가 안 된다.

목사는 이 온 세상 만물을 창조하신 하나님을 대신하는 그릇이다. 진실로 이성이라고는 찾아볼 수 없는 피폐한 생각, 마음으로 어떻게 다른 사람들의 영혼을 두고 거룩한 근심 하나 없이 장사꾼이 되어 밥벌이 수단으로 삼고 있는지, 난디한인교회 간판을 건 박상기 같은 장사꾼, 베트남 하노이한인교회 강도, 학대자들을 보아라. 이들은 전부 절도자요 강도요 도적질한 자들이며, 영적인 살인자들이다. 이미 하나님께 심판을 받은 자들이다. 진실로 이러했고, 사모라는 자들은 끔찍한 자들이다. 교만하고 거만하기가 하늘을 찌르고 더럽고 게으르고~ 신자, 너는 환각상태다. 저런 소경, 귀머거리가 영적인 잠에서 깨어 일어나겠나~ 너는 죽은 자다. 네 주머니에서 돈이 나와 세운 기업이면 그렇게 했겠나~ 저런 자들이 목사 사모라고 했으니 부끄러워서 얼굴을 들 수가 없다.

이런 자들이 전부 예수 이름으로 지금도 목회라는 것을 하고 있다. 이들이 하는 모든 언행은 이미 3421년 전에 예언해 두셨으며, 온 세상에 사실이 되어 지금 이 시간에도 자행되고 있다. 이래서 **욥22:6~11절**에도 이렇게 예언해 두신 것이다.

욥22:6~11 ⁶까닭 없이 형제의 물건을 볼모 잡으며 헐벗은 자의 의복을 벗기며 ⁷갈한 자에게 물을 마시우지 아니하며 주린 자에게 식물을 주지 아니하였구나 ⁸권세 있는 자가 토지를 얻고 존귀한 자가 거기서 사는구나 ⁹네가 과부를 공수로 돌아가게 하며 고아의 팔을 꺾는구나 ¹⁰이러므로 올무들이 너를 둘러 있고 두려움이 홀연히 너를 침범하며 ¹¹어두움이 너로 보지 못하게 하고 창수가 너를 덮느니라

왜 성경이 모든 것을 죄 아래 가두어 두었다고 하셨는지 이제 보이느냐? 홍수로, 불로, 전염병으로 조사도 하지 않고 심판하실 수밖에 없는지~ 지금 이 세상은 심판을 받아 마땅한 짓을 하고 있다. 인간이 왜 희소하고 희귀하다고 하셨는지 14년째 보고 있다. 예수 이름, 하나님의 이름을 사용하는 자들이 왜 이런지, 어떻게 이렇게 타락할 수 있는지 보아라.

"내 생각은 너희 생각과 다르고"라고 책 제목을 쓰면 그 제목만 보고도 '내가 무슨 짓을 하고 살았나~' 할 줄 알았던 내가 얼마나 바보였는지~ 절대 귀신이 주인인 상태는 한 절의 말씀도 심기지 아니한다. 더러운 자는 아무리 말씀을 열어 주어도 도리어 사욕만 더해 배워서 '어떻게 하면 나도 저렇게 될까' 하는 흉악한 자들에게 지금도 나는 아연실색한다.

고전7:30~31 ³⁰우는 자들은 울지 않는 자같이 하며 기쁜 자들은 기쁘지 않은 자같이 하며 매매하는 자들은 없는 자같이 하며 ³¹세상 물건을 쓰

는 자들은 다 쓰지 못하는 자같이 하라 이 세상의 형적은 지나감이니라

　예수 이름으로 매매하는 자들은 이제 없는 자라고 생각해야 한다. 절대 인간이 될 수 없다. 끔찍하다. 다시는, 다시는 이런 흉악한 귀신들을 보고 싶지 않다. 신문을 보고 목사라고 하면서 전화 오거든 시간 낭비하지 마라, 태욱 성도야~ 인간이 안 된다. 오죽하면 메뚜기도 짐이라고 하셨겠나~ 사모라는 자들도 마찬가지다. 지금 이 본문도 사도 바울 당시뿐만이 아니라 지금 이 세대를 예언한 것이다. 이제 진실로 이들이 땅에서 일하는 때는 끝났다.

　하나님께서 예비해 두신 땅이 아니었다면 절대 하나님의 계명을 지켜 실행할 수 없는 세상이다. 이런 진리를 안 믿고 이 시간까지 미친 짓 하는 자는 티끌이다. 이렇게 예수 이름으로 절도요 강도질을 하는 자들을 다 알고 계신다. 이미 전 성경에 이들에 대해 판결이 되어 있다.

　암8:1~14절이다. "¹주 여호와께서 또 내게 여름 실과 한 광주리를 보이시며 ²가라사대 아모스야 네가 무엇을 보느냐 내가 가로되 여름 실과 한 광주리니이다 하매 여호와께서 내게 이르시되 내 백성 이스라엘의 끝이 이르렀은즉 내가 다시는 저를 용서치 아니하리니 ³그날에(이 '그날'이 2021년 지금 이 세대다. 여호와의 날, 인자의 날, 심판 날이다. 이래서 전대미문의 새 언약으로 다시 택하신 것이다. 저 황금돔이 있는 이스라엘도 이제 끝이지만, 온 세상에서 성경을 사용하는 모든 자들이 다 이에 해당한다. 전 성경 속에 감추어 두신 천국의 비밀은 단 한 절도 모르고, 귀신들도 이용하여 속고 속이는 이 지옥은 끝이다. 혀로 말만 하

는 말쟁이들은 아무도, 그 누구도 천국과 상관이 없는 자들이다.

하나님의 집에서부터 심판이 이미 시작되었으므로 성경에 기록된 모든 재앙이 이 온 세상에 다 내린다. 이 일을 무시하고 멸시하며 온 세상에 치욕을 주고 혀로, 손으로 학대한 자들아~ 아무도 죽지 말고 살아서 너희 두 눈으로 똑똑히 보아라. 이 일이 어떤 일인지 보고 듣고 이를 갈며 가슴을 치게 될 것이다. 절도자, 강도, 살인자, 도적들아~ 너희를 영원히 살리고자 하는 이 일을 훼방하고 믿지 않았던 죄가 얼마나 무서운지 영원히 너희 각자가 겪을 테니까~

우리 안에서 귀신 노릇 하는 너희들도 마찬가지다. 너희들은 더 악하고 나쁜 짐승들이다. 티끌이니 너는 죽어 마땅하고, 그러니 나가라. 내 말이 아니다. 나는 대언만 할 뿐이다. 도둑질한 피지인들도 다시는 채용하지 마라. 신자, 너는 술취한 자요 영적으로 죽은 자다. 네 실체를 네가 몰랐으니 너는 사람이 아니다.)

궁전의 노래가(교회가 궁전이 되어 가득 들어 있는 그곳에 교만하여 단 한 절의 말씀도 지켜 실행하지 않는 자, 기독교인들아, 그곳이 음부요 지옥이다. 살아서 지옥이 어떤 곳인지 맛보고 100년도 못 사는 궁전들아, 이제 그만 해라. 너희들을 다시는 용서하지 않으신다. 이 예언은 BC 750년에 기록되었지만 2771년이 지난 지금 이때, 온 세상 교회가 이 지경이 되어 있다. 양심에 화인 맞은 자들아, 궁전 놀이는 이제 끝났다. 이런 교회 지도자들은 이 세상 임금이며, 너희는 하나님께 이미 심판받은 것이다. 네가 절도자요 강도이며 도적질한 자며, 돈으로 바꾼 자들이요, 매매하는 자들이고, 비둘기 파는 자들이다.

사32:11~14절에 이렇게 판결해 두셨고, 지금 판결한다. "¹¹너희 안일한 여자들아 떨찌어다 너희 염려 없는 자들아 당황하여 할찌어다 옷을 벗어 몸을 드러내고 베로 허리를 동일찌어다 ¹²좋은 밭을 위하며 열매 많은 포도나무를 위하여 가슴을 치게 될 것이니라 ¹³형극과 질려가 내 백성의 땅에 나며 희락의 성읍, 기뻐하는 모든 집에 나리니

¹⁴대저 궁전이 폐한 바 되며 인구 많던 성읍이 적막하며 산과 망대가 영영히 굴혈이 되며('굴혈'이란 짐승이 판 구덩이나 소굴을 뜻한다. 곧 예수 이름, 하나님의 이름을 사용하는 자들이나 진리는 단 한 절도 알지도 깨닫지도 못하는 짐승 같은 자들이 있는 지옥 구덩이요, 소굴이란 뜻이다. 궁전이 이런 짐승의 소굴이다. '망대'도 교회 강단을 뜻한다. 영영히 폐하는 궁전이 되어 다시는 사람들을 속이지 못하며, 절도자, 강도, 영적인 살인자들의 소굴이다. 이곳이 귀신의 처소들이다. 사14:1~32절을 찾아서 교독하거라.

사14:21~23 ²¹너희는 그들의 열조의 죄악을 인하여 그 자손 도륙하기를 예비하여 그들로 일어나 땅을 취하여 세상에 성읍을 충만케 하지 못하게 하라 ²²만군의 여호와께서 말씀하시되 내가 일어나 그들을 쳐서 그 이름과 남은 자와 아들과 후손을 바벨론에서 끊으리라 나 여호와의 말이니라 ²³내가 또 그것으로 **고슴도치의 굴혈과 물웅덩이가 되게 하고 또 멸망의 비로 소제하리라** 나 만군의 여호와의 말이니라

귀신이 주인이 된 자들의 결과를 보아라. 가르치는 귀신이 무슨 짓

을 했으며, 그들이 있는 궁전이 어떻게 되는지 두 눈으로 똑똑히 보아라. 지금 이미 코로나19로 그 궁전에 20명 이내밖에 대면 예배를 드리지 못한다. 1년 7개월이 되어도 귀신들은 자신들이 무슨 짓을 하는지 모른다. 궁전을 이미 폐하고 계신다.

인간들은 요행을 바란다. '이러다가 괜찮아지겠지~ 백신을 맞으니까~' 하고. 그런데 왜 점점 더 확진자는 늘어나고, 백신을 맞은 자들도 마스크를 쓰라고 백신을 만든 나라 미국이 홍보하고 있나? 겪어라. 심판하실 수밖에 없도록 인간이 인간이 아니더라. 온 세상이 미쳤다. 한시도 이 세상에, 이 더러운 지옥에 있고 싶지 않다. 공자도 버려라. 게으르고 더러운 귀신들은 다 버려라. 짐승이 사람되지 않는다. 다시 이 더러운 이름도 부르고 싶지 않다. 그런 귀신을 뭐 하러 한 집에 두나? 그런 에너지 소비하지 마라. 이제 티끌은 떨어 버린다. 귀신들은 절대 말씀을 안 믿고 훼방만 한다. 내어 버려라.

시10:1~18절에도 "¹여호와여 어찌하여 멀리 서시며 어찌하여 환난 때에 숨으시나이까 ²악한 자가 교만하여 가련한 자를 심히 군박하오니 **저희로 자기의 베푼 꾀에 빠지게 하소서**(이 기도가 사실이 되었고, 사실이 된다. 가룟 유다 귀신은 예수님을 은 삼십에 팔고 십자가에 죽으시니까 그때에야 후회하고 은 삼십을 대제사장, 장로, 바리새인들에게 도로 주고 자신은 자살하여 죽는다. 죽으면 끝이냐? 그 혼은 영원히 지옥 불구덩이에서 고통받고 지금도 살고 있다. 스스로 자해하여 자기의 베푼 꾀에 **빠진** 것이다.

너희 귀신들은 그렇게 자해하는 시간에 말씀을 마음에 새기고, 일할 때 최선을 다하고, 말씀받을 때 정신 차려서 받고, 잘 때 푹 자고, 밥 먹을 때 맛있게 먹고, 너무나 쉬운 이 영생의 길을 너 스스로 잔꾀를 부리고 먹고 자고 놀고 네 마음대로 살고 싶으면 그렇게 살러 나가면 되지, 나가지도 않고 몇 년씩 시간 낭비하고, 옆에 가족들 지쳐서 진저리 나게 한다.

다른 성도들은 그 시간에 영혼을 정결케 하고 거듭나면 시기, 질투나 하는 미친 귀신 너는 꾀에 빠져서 영원히 돌이킬 수 없는 이 중요한 시간을 다 낭비하고 하나님의 일을 늦추고 있다. 사람도 너 같은 더러운 귀신이 진저리 나는데, 네 그 더러운 욕심대로 절대 안 된다. 귀신은 전부 자기가 자기 꾀에 빠져서 죽는다. 지옥 구덩이에 간다. 이 본문에 해당하는 너는 두렵지도 않으냐? 너 같은 더러운 귀신 다시 보고 싶지 않다.)

[3]악인은 그 마음의 소욕을 자랑하며 탐리하는 자는 여호와를 배반하여 멸시하나이다('탐리'란 지나치게 자신의 이익을 탐내는 자다. 이들은 전부 돈이 하나님이다. 자신이 배워서 한자리할 수 없다는 것을 알고는 돌아서더라. 이 진리대로 사실이었다.)

[4]악인은 그 교만한 얼굴로 말하기를 여호와께서 이를 감찰치 아니하신다 하며 그 모든 사상에 하나님이 없다 하나이다 [5]저의 길은 언제든지 견고하고 주의 심판은 높아서 저의 안력이 미치지 못하오며 저는 그 모든 대적을 멸시하며 [6]그 마음에 이르기를 나는 요동치 아니하며 대대로 환난을 당치 아니하리라 하나이다 [7]그 입에는 저주와 궤휼과 포학이 충만하며 혀 밑에는 잔해와 죄악이 있나이다 [8]저가 향촌 유벽한 곳에 앉으며 그 은밀한 곳에서 무죄한 자를 죽이며 그 눈은 외로운 자를 엿보나이다 [9]사자가 그 굴혈에 엎드림같이 저

가 은밀한 곳에 엎드려 가련한 자를 잡으려고 기다리며 자기 그물을 끌어 가련한 자를 잡나이다 ¹⁰저가 구푸려 엎드리니 그 강포로 인하여 외로운 자가 넘어지나이다 ¹¹저의 마음에 이르기를 하나님이 잊으셨고 그 얼굴을 가리우셨으니 영원히 보지 아니하시리라 하나이다 ¹²여호와여 일어나옵소서 하나님이여 손을 드옵소서 가난한 자를 잊지 마옵소서 ¹³어찌하여 악인이 하나님을 멸시하여 그 마음에 이르기를 주는 감찰치 아니하리라 하나이까 ¹⁴주께서는 보셨나이다 잔해와 원한을 감찰하시고 주의 손으로 갚으려 하시오니 외로운 자가 주를 의지하나이다 주는 벌써부터 고아를 도우시는 자니이다 ¹⁵악인의 팔을 꺾으소서 악한 자의 악을 없기까지 찾으소서 ¹⁶여호와께서는 영원무궁토록 왕이시니 열방이 주의 땅에서 멸망하였나이다 ¹⁷여호와여 주는 겸손한 자의 소원을 들으셨으니 저희 마음을 예비하시며 귀를 기울여 들으시고 ¹⁸고아와 압박당하는 자를 위하여 심판하사 세상에 속한 자로 다시는 위협지 못하게 하시리이다"

예수 이름, 하나님 이름을 사용하는 악인을 사자에 비유하시고 굴혈에 엎드려 있다고 하신다. 이들 아래 있는 교인들을 하나님 아버지를 만나지 못했으니 고아라고 하신다. '그물' 또한 교회를 뜻한다. 성경이 모든 것을 죄 아래 가두어 두는 기간에 온 세상이 이러한 영적인 상태로 지금 이 세대까지 이어 왔고, 이 말씀, 곧 기도는 이 세대에 대한 예언이었다. 이제 이런 곳은 사람이 보기에 궁전일지라도 영영한 굴혈이 된다.

다시 사32:14절로 가자. 대저 궁전이 폐한 바 되며 인구 많던 성읍이 적막하며 산과 망대가 영영히 굴혈이 되며) 들나귀의 즐거하는 곳과 양 떼의 풀 먹는 곳이 될 것임이어니와" 궁전이 사람들이 본능적으로 아는 이 세상의 대통령이 있는 곳만을 말씀하신 것이 아니다. 포도나무인 예수 이름 사용하는 교회가 궁전이 되고 있고, 이제 이 궁전을 폐하신다.

일곱째 날에 실상이 되는
천국의 비밀

하나님께서 안식하시는 사람

렘17:1~27절을 모두 찾아서 교독하거라. 이 예언 또한 하나님의 교훈을 하시고 계신 이 세대를 예언하셨다. 그런데 이 교훈을 청종치 아니하고 거절하면 다음 판결에 해당한다. 24~27절이다. "²⁴나 여호와가 말하노라 너희가 만일 삼가 나를 청종하여 안식일에 짐을 지고 이 성문으로 들어오지 아니하며 안식일을 거룩히 하여 아무 일이든지 하지 아니하면"

사람들은 안식일을 안식교에서 지키는 매주 토요일이나 기독교에서 지키는 일요일, 곧 흔히 말하는 주일을 지키라는 것으로 생각한다.

2021년 지금 이 세대까지 안식교는 토요일을 안식일로 지키고, 이에 대해서 기독교인들은 제칠일 안식교를 '이단'이라고 한다. 그리고 기독교에서는 일요일에 예배를 드린다. 무엇이 안식일 날인지 각자 주장이 다르다.

하나님께서 말씀하시는 안식일은 무슨 뜻일까? '안식'이란 모든 고통과 수고로부터 벗어난 복된 휴식 상태, 모든 육체적, 정신적 고통과 속박으로부터 자유롭게 된 상태를 뜻하는데 이 또한 사람의 생각과 하나님의 생각이 다르다. 따라서 해답을 신령한 것은 신령한 것으로 분별해야 한다.

히3:1~4:13절을 찾아서 교독하거라. 저 황금돔이 있는 이스라엘, 유대인들은 하나님의 안식일에 들어오지 못한다. 이유는 하나님의 언약 안에 머물러 있지 않았기 때문이다. 곧 하나님의 계명대로 지켜 실행하지 않았다.

히3:18~19 [18]또 하나님이 누구에게 맹세하사 그의 안식에 들어오지 못하리라 하셨느뇨 곧 순종치 아니하던 자에게가 아니냐 [19]이로 보건대 저희가 믿지 아니하므로 능히 들어가지 못한 것이라

히3:9~11 [9]거기서 너희 열조가 나를 시험하여 증험하고 사십 년 동안에 나의 행사를 보았느니라 [10]그러므로 내가 이 세대를 노하여 가로되 저희가 항상 마음이 미혹되어 내 길을 알지 못하는도다 하였고 [11]내가 노하여 맹세한 바와 같이 저희는 내 안식에 들어오지 못하리라 하셨다

하였으니

이 예언대로 저 이스라엘은 지금 이 세대가 여호와의 안식일, 곧 여호와의 날인 줄 모른다. 이날을 계속 지시하며 주신 언약이 **창2:2~3절**이다. 일곱째 날, 곧 6천 년이 지나고, 전 우주적인 일곱째 날인 지금 이 세대가 되어야 하나님께서 계속하여 주신 "내가 거룩하니 너희도 거룩하라"라고 하신 계명이 실상이 된다. 이날, 여호와의 날, 인자의 날을 두고 '그의 안식'이라고 하셨다. 이날이 되기 전까지 땅에 있는 모든 인생은 악한 자 아래 처해 있어서 '안식일'에 대해서도 하나가 되지 못하고, 서로 자신들이 옳다며 반목하고 왔다.

문자 그대로 보면 토요일이 안식일이다. 그러나 이는 하나님께서 이 땅에 아들 예수 그리스도를 보내시고 땅의 역사를 다시 1년 1월 1일로 시작하신 하나님의 경영하심에 있다. 예수 그리스도께서 금요일에 십자가에 죽으시고 일요일, 곧 주일 날, 새벽에 부활하신 날을 기념하여 예배드리고 쉬는 날로 정하여 지키고 온 것이다. 하지만 진짜 안식일의 참 뜻을 모르고 지키지 않고 있으니 두 부류 다 하나님께서 보시기에 안식일을 지키지 아니하고 있는 것이다.

지금 이때가 하나님께서 말씀하신 큰 안식일이므로 안식일을 지키라고 하신 하나님의 계명을 지켜 실행하여 온전히 하나가 되는 때가 된 것이다. 하나님께서 아들을 이 땅에 보내신 목적이 **요17:19~26절**에 기록되어 있다.

요17:19~26 [19]또 저희를 위하여 내가 나를 거룩하게 하오니 이는 저희도 진리로 거룩함을 얻게 하려 함이니이다 [20]내가 비옵는 것은 이 사람들만 위함이 아니요 또 저희 말을 인하여 나를 믿는 사람들도 위함이니 [21]아버지께서 내 안에, 내가 아버지 안에 있는 것같이 **저희도 다 하나가 되어** 우리 안에 있게 하사 세상으로 아버지께서 나를 보내신 것을 믿게 하옵소서 [22]내게 주신 영광을 내가 저희에게 주었사오니 이는 **우리가 하나가 된 것같이 저희도 하나가 되게** 하려 함이니이다 [23]**곧 내가 저희 안에, 아버지께서 내 안에 계셔 저희로 온전함을 이루어 하나가 되게 하려** 함은 아버지께서 나를 보내신 것과 또 나를 사랑하심같이 저희도 사랑하신 것을 세상으로 알게 하려 함이로소이다 [24]아버지여 내게 주신 자도 나 있는 곳에 나와 함께 있어 아버지께서 창세 전부터 나를 사랑하시므로 내게 주신 나의 영광을 저희로 보게 하시기를 원하옵나이다 [25]의로우신 아버지여 세상이 아버지를 알지 못하여도 나는 아버지를 알았삽고 저희도 아버지께서 나를 보내신 줄 알았삽나이다 [26]내가 아버지의 이름을 저희에게 알게 하였고 또 알게 하리니 이는 나를 사랑하신 사랑이 저희 안에 있고 나도 저희 안에 있게 하려 함이니이다

이렇게 이 말씀대로 예수 그리스도 안에 하나님 아버지께서 계신 것같이, 예수 그리스도를 믿고 성부 하나님을 믿는 모든 사람들이 진리로 거룩해져서 온전히 하나가 되게 하려는 것이 하나님의 뜻이다. 이 말씀이 사실이 되어 이루어지는 때가 예수 그리스도 이후는 삼 일째 되는 날, 곧 하루가 천 년 같고 천 년이 하루 같다고 하신 말씀으로 분별하여

삼 일째 되는 이 세대 2021년이고, 구약시대 때부터 말하면 6일이 끝나고 일곱째 되는 날이 지금 이 세대다.

따라서 지금 이 세대가 되어야 하나님께서 말씀하신 **창2:2~3절**의 말씀이 땅에 이루어진다. 이날을 계속 지시하신 목적이 땅에 사는 모든 피조물들이 진리로 온전히 하나가 되어 거룩해지고, 하나님만이 참 신이시며, 땅에 있는 모든 피조물들은 하나님의 계명을 지켜 실행하므로 진리로 온전히 하나가 되어 거룩해지는 것이다. 하나님께서 이 세상을 창조하신 참 목적대로 오직 하나님께만 영광을 돌리고, 하나님께서는 전 성경을 통하여 언약하신 대로 모든 악을 버리고, 하나님께서 주시는 영원한 복을 누리며 사는 것이 하나님의 뜻이다.

이러한 아버지의 뜻대로 하나님께서 경영하시고 계신다. 창세 이래 지금 2021년 8월 2일 이 시간까지~ 다만 사람에게 하나님의 뜻을 모르도록 성경을 기록해 두셨고, 하나님께서 정하신 뜻대로 여호와의 날, 인자의 날이 되어 친히 우리로 알게 하시는 것이다.

이런 하나님의 뜻을 알게 하시는 것은 아무 사람도, 그 누구도, 하나님 앞에 교만하지 못하게 하시는 하나님의 절대 주권임을 땅에 있는 모든 피조물들로 알게 하여 교만을 꺾으려 하시는 것이다. 그러니 저 이스라엘 유대인들이나, 이 세대에 다시 택함을 받아 하나님의 뜻을 먼저 알도록 가르치심을 받는 우리나, 아직 하나님의 뜻을 모르는 온 세상 사람들이나, 아무도 교만하면 안 된다. 이렇게 될 때 온전해지는 것이다. 이때가 2021년 지금 이 세대다.

이런 진리의 눈, 곧 영적인 눈으로 **히4:1절**부터 보자. "¹그러므로 우리는 두려워할지니 그의 안식에 들어갈 약속이 남아 있을지라도 너희 중에 혹 미치지 못할 자가 있을까 함이라(이 말씀 또한 사실이었다. 아무것도 모르고 지껄인 이인규가 인터넷에 나를 새빨간 거짓말로 비방한 그 말만 믿고 얼마나 많은 사람들이 치명적인 죄를 지었는지~ 경만하고 경솔하여 이단이라는 치명적인 말로 대적하여 이미 하나님의 가르치심을 받고도 이 안식에 들어오지 못하고 도리어 영원한 죄에 처하는 사람들, 육체가 한 번 죽어 낙원에서 영혼이 쉬고 있는 사람들이 나온 것이다.

또한 자신들이 함부로 지껄인 말로 인하여 낙토에까지 가서 실상이 되어 있어도 이 안식을 실상으로 누리지 못하고, 곧 깨닫는 은혜를 받지 못하고 보응을 받는 것을 지금 이 시간까지 보고 있다. 모세를 통하여 3421년 전에부터 기록하게 하시고, 40여 명의 인간 저자를 사용하셔서 1600년간 기록하신 이 언약은 단 한 절도 안 믿고, 안개 같고 티끌이며 풀 같고 구더기 같은 인생 이인규를 비롯한 많은 인생들의 혀로, 손으로 지껄인 거짓말은 어찌 그리 잘 믿는지 어찌 말로 다 하나~

진실로 이 말씀대로 경솔하게 한마디로 대적한 '이단'이라는 말을 너무 쉽게 내뱉고, 너무 경만한 자들의 받는 보응을 보며 두렵고 떨리는 마음으로 하나님을 경외해야 함을 14년째 보고 있다. 귀신이 생각을 잡고 있는 사람에게 하나님께서 언약하신 말씀이 사실이 되어도 보이지도, 들리지도 않고, 깨닫지도 못하여 안식하지 못하고, 쟁기를 잡고 뒤돌아간 자들은 자신들이 예수 그리스도를 안 믿는 죄를 저지름도 모르더라. 이들이 전부 **히4:1절**에 해당하는 실상의 주인공들이다. 본문에 '너희 중에'는 현재 은혜로교회 성도 '너희 중에'라는 뜻이다.

이렇게 날마다 증명해 주어도 상상, 환각에서 깨지 못하고 자신이 하는 언행이 어떤 것인지 모르고, 지금도 함부로 지껄이는 사람을 보며 '죄'를 지어 사람을 죽이는 원수에게 생각이 잡혀 있는 인생의 전적 무능하고, 부패하고, 타락한 실상에 하나님을 더 두려워하며 경외하게 됨을 배운다. 그래서 거룩한 자는 영원히 거룩하고, 더러운 자는 영원히 더러운 채 하나님의 안식에 들어가지 못하게 된다는 진리 또한 참이었다. 한 사람도 이 안식에 들어가지 못할 자가 우리 안에서 더 나오지 않기를 바라고 바랄 뿐이다. 인간의 생각, 마음이 귀신이 주인인 자의 경박하고 경솔하며 경만함을 어찌 말로 다 하나?

'영원'이 혀의 권세에 달려 있다. 죽고 사는 것이 네 혀의 권세에 달려 있다. 어찌 그리 경박하나? 어찌 그리 교만하고 거만하냐? 성필, 주리, 이 교만한 귀신아~ 그곳이 어딘데 그리도 경솔하고, 그 더러운 혀로 함부로 지껄이냐? 너희들은 안 믿는 불신자들이다. 흉악한 귀신들이다. 교만이 하늘을 찌른다. 귀신은 근본이 교만이고 비굴하다.)

[2]저희와 같이 우리도 복음 전함을 받은 자이나 그러나 그 들은 바 (2008년 6월 16일부터 복음 전함이 시작되었다고 하면 이 온 세상에 누가 믿겠나? 하지만 이는 사실이다. 그래서 예수 그리스도께서 "내가 양의 문이라"라고 하신 것이고, 진리의 성령이 실상이 되어 예수 그리스도에 대해서 모든 진리 가운데로 인도할 때 비로소 천국 복음의 씨를 뿌리는 것이다. 따라서 **마태복음 13장, 마가복음 4장, 누가복음 8장**의 씨 뿌리는 비유가 실상이 되는 때가 지금 이 세대이며, 14년째 이 일이다.

그러므로 요10:8절에 나보다 먼저 온 자는 당시 유대인들 뿐만 아니라, 지금 이 세대까지 이어져 온 실상이다. 또 "나보다 먼저 온 자는 다 절도요 강도니 양들이 듣지 아니하였느니라"라고 하신 이 예언도 예수님 당시만이 아니라, 2021년 8월 2일 지금 이 세대를 두고 예언하신 것이다. 이 사실을 누가 알며, 누가 믿어 절도자, 강도질, 곧 폭행하여 강제로 빼앗은 형제의 물건을 가지고 있는 목사들이 그 물건들을 도로 내놓을까? 왜 나를 원수들인 자칭 기독교 목사들, 기독교인들이 이 세상 법에 고소하여 감옥에 가두는 것을 하나님께서 허락하셨는지 아직 너희가 아는 것은 빙산의 일각이다.

모든 인간은 육체가 살아 있을 때 하나님의 가르치심을 받고 영적인 잠, 곧 상상에서 깨지 아니하면 천국과 아무 관계가 없다. 성도라고 부르니까 성도인 줄 아느냐? 석환이도 아직 상상이다. 너희는 아무것도 안 하고 가만히 혀로 말만 하면 하나님께서 다 이루어 주시는 줄 안다. 이 일이 어떤 일인지 귀신이 주인일 때는 상상에서 깨지 않으면 아무리 증명해 주어도 단 한 절도 안 믿는다.

특히 14년째 이 일을 보고 듣고 경험하고 있으면서 안 믿는 것은 창세 이래 최고 악한 패역이다. 너희 한 몫의 삶을 어떻게 살아왔는지 감출 수가 없는 것이 이 말씀 앞에 너희들의 언행이다. 성필이, 주리는 얼마나 교만한지 자신은 너무 잘 믿는다고 생각한다. 누가 보아도, 그냥 외모만 보아도 믿는 자가 아니라는 것을 아는데 저 자신만 모른다. 이들보다 더 감쪽같이 속일 수 있는 가장의 달인이 지원, 한나 부부다. 누구든 모든 사람을 속일 수 있다. 성필이, 주리는 이성을 가진 사람이면 아무도 안 속는다. 저들을 보고 누가 믿는 자라고 하겠느냐? 그러나 김지원, 한나 부부를 보면 저들이 가장한 흉악한 귀신들이었다고 누가 믿겠느냐? 모두 속는다.

귀신은 이렇게 모두를 속인다. 먼저 자신이 속는다. 자신은 열심히 예수 그리스도를 잘 믿는다고 생각했고, 다른 사람들도 다 그렇게 생각하게 만들었다. 이들은 전부 **갈3:22~23절**의 말씀을 매번, 매주 말을 하는데도 안 믿었다.

'죄'에 대해 예수 그리스도께서 친히 말씀하셨다.

요16:9 죄에 대하여라 함은 저희가 나를 믿지 아니함이요

이렇게 죄에 대하여 알게 하는 때가 진리의 성령이 실상이 되어 와서 예수 그리스도에 대해서 모든 진리 가운데로 인도할 때가 될 때까지 모든 것, 곧 택자이든 불택자이든 모든 것이 다 죄 아래 가두어져 있었다는 뜻이다. 바꾸어 말하면 너희들이 믿은 것이 아니다. 이 한 가지 사실을 안 믿고 인정 안 하는 것이 귀신이다.

'충성'이는 내가 지어 준 이름이라 육의 가족들이 모두 싫어했다. 그러니 육의 가족들이 이름을 새로 지어서 불러라. 하나님이 보내신 선물이 저들에게는 자신들 마음에 드는 이름을 사용하고 싶어서 모두 동일하게 싫어했다. 아직 가족이 누군지도 모르고 있는 사람들이다. 자신의 자식이니 자신의 젖만 먹여야 하고, 자신들이 최고라고 생각하는 교만한 자들이다. 성필, 주리, 지원, 한나 이들 모두 다 교만이 기본 뿌리다.

낙토에서 자기 소견대로 하지 말라고 하신 말씀도 무시하고, 아무 것도 모르면서 안다고 착각하는 자들이다. 죄는 모래든, 바위든 모든 돌이 물에 가라앉는 것과 같다. 악인의 받을 벌이 네게 가득하다고 하시고, 징책을 거절하지 말라고 그렇게 말씀해도 이들은 안 믿는 교만한 자들이다. 혀로는 "믿습니다" 하면 믿는 것인 줄 아는 자들이다. 아직 거듭나지 않았는데 성도라고 부르는 것과 아직 배 속에 있는데 태어났다고 하는 것이 다른 점이 무엇이냐? 100% 믿어 주는 것이 무엇인지도 모르는 것이 너희들이다.

그러나 나는 믿는다. 이들 모두 반드시 상상에서 깨어날 것을 믿는다. 도저히 가장하여 절대 누구도 다 속을 것 같은 둘의 실체를 드러내시는 하나님의 하시는 일을 너희는 아직 모른다. 그래서 하나님의 하시는 일의 시종을 사람으로는 헤아릴 수 없다고 하신 것이다.

김광식의 실체를 드러낼 때 이렇게 말했다. "나이 육십이 넘은 사람들이 글쎄~"라고 했다. 그는 방송국을 은퇴하고 목사가 되고 싶어서 찾아다녔다. 그러다가 유튜브를 듣게 되었고, 나를 통한 이 말씀을 듣게 되었으며 안청환을 사용하셔서 돈만 보고 따라오는 자들을 가려내시고, 진인수를 사용하시고 시험하셨다. 이 모든 것도 이기더니 결국 육의 나이를 말하니까 자신은 늙었고 하며 영생이 안 믿어진다 하고 나간 것이다. 그러는 그는 자신의 사심에 의해 넘어진 자다. 결국 단 한 절도 안 믿는 자였고, 자신의 꾀에 자신이 넘어진 자다. 그래서 계속 말했다. 나도 이기라고 했다. "선 줄로 아는 자는 넘어질까 조심하라"라고 했다.

이스라엘은 하나님과 사람과 겨루어 이긴 자들이다. 너희들을 "교만하다, 티끌이다, 짐승이다" 하거든 겸손하다는 것을 행위로 보이며 이기고, 티끌이 아니라고 이기고, 절대 짐승이 아닌 사람임을 언행으로 이겨서 육체도 죽지 말고 살아서 하나님 나라의 백성이 되는 것이 다시 택하신 '이스라엘'이다.

자식을 이기는 부모는 없다. 자식을 이기게 하려고 징책하고, 또 징책하는 것이 부모다. 나를 고소한 그들도 다 나를 좋아했다. 그중에 박찬문은 더더욱 그러했다. 그건 사람 차원이다. 정말 믿었으면 끝까지 믿어야 하는 거다. 그래서 나는 모두 믿어 주었다, 100%~ 그들을 믿지 않는 것은 이 일의 결과를 알기에 나중에 악인으로 결판나면 내가 너무 아프니까 내가 나를 위하여 100% 안 믿는다는 것을 적용하는 것이다.

자신보다 자식이 더 잘되기를 바라는 것이 부모다. 부모는 알면서 기다려 주는 것이 부모다. 타작을 할 때는 그대로 두면 시간만 낭비하니까 너를 진실로 살리기 위한 사랑이다. 아버지가 매로 때리면 너무 아프든지, 육신 어느 한 곳이 잘려 나가든지, 아예 죽든지 하지만, 어미는 사람의 인성을 너무 잘 알고 하나님의 마음을 진리를 통해서 알므로 **잠 23:13~14절**의 말씀대로 "**[13]아이를 훈계하지 아니치 말라 채찍으로 그를 때릴지라도 죽지 아니하리라 [14]그를 채찍으로 때리면 그 영혼을 음부(곧 지옥 불구덩이)에서 구원하리라**" **22:15절**에는 "아이의 마음에는 미련한 것이 얽혔으나 징계하는 채찍이 이를 멀리 쫓아내리라"라고 하신 하나님의 말씀을 친히 실행하여 너를 영원히 육체도 죽지 아니하고 살리기 위한 계명을 지켜 실행하는 것이다. 그래서 우리가 '영원한 가족'이라고 그렇게 시작부터 말했다. 병준 성도는 기억할 거다.

나는 단 한 번도 너희 누구도 의심하지 않았다. 사람인데 첫인상이 '저는 아닌데~' 하는 생각이 들면 바로 버렸다. 그 말을 강단에서 한 사람이 한정문이다. 색안경을 끼고 앉아 있는데 "너는~" 하고 말을 하게 하셔서 교회 온 지 얼마 되지도 않은 그에게 낙토를 허락했다. 천국의 상속자는 영문이었는데 그 형이 결국 데려다 놓고 그는 떠났다. 떠나고 나니 그렇게 마음이 아팠다. 또 잠20:30절의 말씀대로 "상하게 때리는 것이 악을 없이 하나니 매는 사람의 속에 깊이 들어가느니라"라고 하신 계명을 '내가 그에게 지킬 걸~' 하는 회한이 지금도 남아 있다. '내가 직접 그를 타작할 걸 왜 그냥 놔두었을까~' 하는 아픔에 지금도 또 눈물이 난다. 내가 낙토에 있었으면 성필이, 주리, 지원이, 한나, 영란, 주성, 다현이까지 모두 채찍으로 때렸을 거다. 내가 바보인 줄 아느냐? 바보라서 교인들을 때려서 감옥에 갇힌 줄 아느냐? 이렇게 해서라도 너희를 지옥 불구덩이에 가지 않게 하시는 하나님의 사랑을 왜 모르느냐?

잠19:25 거만한 자를 때리라 그리하면 어리석은 자도 경성하리라 명철한 자를 견책하라 그리하면 그가 지식을 얻으리라

'거만한 자'란 잘난 척하며 다른 사람을 업신여기는 자, 교만한 자를 뜻한다. 이런 거만한 자들이 타작을 받고 폭행이라고 고소한 거다. 이 말씀은 안 지켜도 될까? 모든 인간은 다 하나님의 말씀으로 다시 태어나야 하는데, 귀신의 가르침을 받은 사람들이 온 세상의 기독교인들, 성경을 사용하는 모든 종교인들인데 어느 말씀은 지키고, 어느 말씀은 버

리는 것이라고 하셨느냐?

'견책' 또한 타작의 다른 모양이다. 문자 그대로는 책망을 당함이라는 말이다. 다른 말로는 '징책'이다.

욥36:17 악인의 받을 벌이 네게 가득하였고 **심판과 공의가 너를 잡았나니**

이 말씀은 전 우주적인 심판 날인 지금 이 세대에 공의의 하나님의 말씀을 대언하는 진리의 성령의 음성인 하나님의 말씀에 너희 모두 잡혔다. 아무도 너희를 강제로 은혜로교회에 오게 하지 않았다. **욥36:17절**의 말씀은 모두 다 이에 해당한다. 그래서 계명을 주셨다.

욥36:18 너는 분격함을 인하여 징책을 대적하지 말라 대속함을 얻을 일이 큰즉 스스로 그릇되게 말찌니라

"예수 이름으로 나는 죄인입니다"라고 말하면 예수님이 십자가에 죽으실 때 이미 너의 과거의 죄, 현재의 죄, 미래의 죄까지 다 지시고 대속해 주셨다면, 왜 이 말씀을 3421년 전에 이미 예언해 두셨을까?

'대속'이란 부채나 속박, 곧 노예 상태, 또는 죄의 상태로부터 자유롭게 해 주기 위해 대신해서 부담하는 대가다. 귀신의 종노릇하며 영원히 죽음의 형벌 아래 놓여 있는 인간을 하나님께서 영원히 둘째 사망인 지옥 영벌에서 자유하고, 육체의 죽음에서도 자유하게 하시는 일이다.

사실 죄 아래 있는 인간이 하나님과 바른 관계를 갖기 위해서는 반드시 그에 상응하는 값을 지불해야 한다. 이를 두고 지금까지 기독교는 다 예수께서 십자가상에서 자신의 몸을 온전히 희생하여 모든 인류의 죗값을 치루신 것이라고 가르쳤다. 그래서 대속은 철저히 죄인을 위해 자신의 몸을 희생시킨 예수 그리스도의 거룩한 죽음에 초점이 맞추어져 있었다. 이는 또 하나의 율법 아래 가두어 둔 결과를 낳았다.

곧 예수 그리스도를 이 땅에 보내신 하나님의 행하심에는 아무 관심이 없게 하고, "오직 예수, 오직 예수"라고 혀로 말만 하는 말쟁이로 만든 것이다. 이는 더 큰 죄악이 되어 2천 년이 흐르도록 이어져 온 것이다. 이렇게 사람들이 말하게 된 근거가 바로 신약성경이다. 이 중 한 군데를 보자.

막10:45 인자의 온 것은 섬김을 받으려 함이 아니라 도리어 섬기려 하고 자기 목숨을 많은 사람의 대속물로 주려 함이니라

이 말씀을 사람의 눈으로만 보면 예수님이 모든 인류의 죄를 대신 지신 대속물이라고 하고, 예수를 믿기만 하면 구원받았다고 말할 수 있는 근거가 된다. 그렇다면 묻는다. 왜 너희들은 일생 모태 신앙이고, 오래 믿었는데도 안식하지 못하고, 죄의 종노릇을 하여 헛된 종교생활을 하고 온 것이냐?

또 **누가복음 22장**에도 다음과 같이 말씀하셨다.

눅22:27 앉아서 먹는 자가 크냐 섬기는 자가 크냐 앉아 먹는 자가 아니냐 그러나 나는 섬기는 자로 너희 중에 있노라

그런데 또 왜 이렇게 말씀하셨는지 보자.

요8:34 예수께서 대답하시되 진실로 진실로 너희에게 이르노니 죄를 범하는 자마다 죄의 종이라

왜 이렇게 말씀하셨을까? 왜 예수님이 이렇게 하신 말은 안 믿고, 귀신들이 가르치는 말인 예수님이 네 죄를 위해 십자가에 죽으셨다는 말은 그렇게 잘 믿느냐? 그 말이 사실이면 너는 죄를 짓지 아니하고 거룩해졌어야 한다. 그런데 왜 하나님의 가르치심인 진리의 성령의 대언은 안 믿나? 왜 너희는 계속 죄를 짓고, 매일 중언부언 회개하고, 또 죄를 짓고 이 시간까지 죄를 짓게 하는 귀신의 종노릇을 하나? 큰 안식날인데 왜 안식하지 못하고 있나? 그리고 또 이렇게 말씀하신다.

요8:35 종은 영원히 집에 거하지 못하되 아들은 영원히 거하나니

이렇게 말씀하셨는데 이 종은 바로 죄의 종을 뜻한다. 아들도 예수 그리스도만 아들이냐? 왜 예수를 믿는다고 하면서 예수님이 하신 말씀은 안 믿나? 아들이 십자가에 죽으실 때 이미 모든 인류의 죄를 다 지셨으면 절대 기독교인들은 죄를 지으면 안 된다. 이미 다 거룩했어야 한

다. 그런데 왜 기독교인들은 이렇게 부패하고 타락했나?

그리고 예수님은 섬기는 자로 오셨다고 하셨다.

요12:26 사람이 나를 섬기려면 나를 따르라 나 있는 곳에 나를 섬기는 자도 거기 있으리니 **사람이 나를 섬기면 내 아버지께서 저를 귀히 여기시리라**

이 말씀은 무슨 뜻으로 하셨을까? 섬기러 오셨다는 말씀과는 반대로 말씀하셨다.

요5:21~24 ²¹**아버지께서 죽은 자들을 일으켜 살리심같이 아들도 자기의 원하는 자들을 살리느니라** ²²**아버지께서 아무도 심판하지 아니하시고 심판을 다 아들에게 맡기셨으니** ²³**이는 모든 사람으로 아버지를 공경하는 것같이 아들을 공경하게 하려 하심이라 아들을 공경치 아니하는 자는 그를 보내신 아버지를 공경치 아니하느니라** ²⁴내가 진실로 진실로 너희에게 이르노니 내 말을 듣고 또 나 보내신 이를 믿는 자는 영생을 얻었고 심판에 이르지 아니하나니 사망에서 생명으로 옮겼느니라

성경이 모든 것을 죄 아래 가두어 두신 기간이 왜 2021년 이때까지 이어져 온 것인지 이제 분별이 되느냐? 사람이 본능적인 시각으로 보면 "오직 예수"라고 하도록 만든 원인이 된다. 그래도 이성이 있는 사람이면 '왜 이 말씀대로 이루어지지 않았을까?' 하고 의문을 했어야 했다.

'공경'이란 공손히 받들어 섬김이라는 뜻이다. 예수 그리스도를 공경하는 것, 더 나아가 하나님을 진실로 공경하면 죄를 짓지 아니한다. 예수 그리스도께서 하신 말씀을 지켜 실행한다. 이는 예수 그리스도를 통해서 하나님께서 하신 말씀이니까 예수 그리스도를 공경하는 것은 하나님을 공경하는 것이다. 하나님께서 이 땅에 보내신 아들이고, 하나님께서는 친히 진술하시지 않으시니까 하나님을 섬기는 사람이면 당연히 예수 그리스도를 섬긴다. 그러나 또 반드시 알아야 한다. 사람을 죽이고 살리시는 일은 오직 하나님께서만 하시는 권한이다. 따라서 심판 또한 하나님께서 하신다. 당시는 때가 아니었기에 예수 그리스도께서도 다 아신 것이 아니었다. 그래서 "나로 인하여 실족치 아니하는 자가 복이 있느니라"라고 하신 것이다. 공경에 대해서도 구약성경의 예언을 안 보신 것이다.

사43:22~24 ²²그러나 야곱아 너는 나를 부르지 아니하였고 이스라엘아 너는 나를 괴로와하였으며 ²³네 번제의 양을 내게로 가져 오지 아니하였고 네 제물로 나를 공경하지 아니하였느니라 나는 예물로 인하여 너를 수고롭게 아니하였고 유향으로 인하여 너를 괴롭게 아니하였거늘 ²⁴너는 나를 위하여 돈으로 향품을 사지 아니하며 희생의 기름으로 나를 흡족케 아니하고 네 죄 짐으로 나를 수고롭게 하며 네 죄악으로 나를 괴롭게 하였느니라

지금 전 세계 성경을 사용하는 모든 종교가 이 말씀대로 실상이 되

어 있다. 이 중 기독교는 예수님이 십자가를 지실 때 이미 모든 죄를 다 지시고 죽으셨다는 말로 가르친 결과가 하나님께서 택하신 이스라엘, 곧 야곱도 이런 영적인 상태였다. 이런 영적인 상태에서 돌이켜서 여러분들로 하여금 예수 그리스도를, 성부 하나님을 진실로 공경하게 하여 제물로 하나님을 공경하고, 번제의 양을 하나님께 드리고 있는 것이 바로 하나님의 계명, 예수 그리스도의 계명대로 지켜 실행한 14년째 이 일이다. 이 자체가 안식일을 지킨 결과다.

곧 우리 각자가 자신의 일을 하는 것에서 영원히 돌아서서 하나님의 뜻을 좇아 지켜 실행하는 것이 바로 성도들을 영원히 육체가 살아서 안식하게 하는 것이다. 거지 나사로같이 살다가 낙원에 가 있는 성도들도 사실은 안식하게 한 것이다. 혀로, 입술로는 하나님을 공경한다고 하면서 사람의 계명을 좇아 행위로 부인하는 자들은 자신의 죄짐, 죄악으로 하나님을 수고롭게 하며 괴롭게 하는 것이다. 이런 기독교인들은 하나님의 계명을 지금도 다 어기고 있다.

'대속' 또한 예수님 당시가 아닌 여호와의 날, 인자의 날인 지금 이 세대에 온전히 실상이 된다. 이에 대해서는 계속 증명해 왔다. 악인은 의인의 대속이 되어 합법적으로 심판을 받고 대체육체가 된다. 악인과 의인이 함께 공존하여 있었던 기간은 아무도 하나님의 나라 비밀을 몰랐던 것이다. 진리를 깨닫지 못하는 것이 저주다. 이래서 하나님의 행하심을 사람은 모르게 하신 것이다. 사람의 증거를 취하지 않으시고, 사람에게서 영광을 취하시지 않는다는 말씀은 참이다. 사람의 증거를 받은 자는 하나님의 성전이 절대 될 수 없고, 하나님께 영원히 영광을 돌리는 자들, 곧 육체도 죽지 아니하고 온전히 영생에 이르는 자들이 될 수 없다는 뜻이다. 이러니 당연히 하나님의 안식에 들어갈 수 없었다.

따라서 우리는 이미 14년째 하나님의 안식에 들어가게 하는 하나님의 가르치심을 받고 있는 것이다. 그래서 우리는 예수 그리스도의 계명, 곧 아들을 통한 하나님의 계명을 지켜 실행하여 한 몫의 삶을 완전히 버리고 하나님의 계명대로 지켜 실행하는 자들로서 하나님의 안식에 들어가고, 하나님께서도 이제 거룩해진 사람 영혼에 좌정하셔서 쉬시는 것이다.

이렇게 쉬는 사람의 실상이 바로 **호2:19~20절**이다. 또 하나님의 성전이 된 사람이다. 이렇게 실상이 된 사람이 육체도 죽지 아니하고 영생에 이르는 자다. 이렇게 실상이 된 자가 바로 또 다른 보혜사인 진리의 성령이요, 이런 나를 사용하셔서 **요6:27절**에 영생하도록 있는 양식을 먹고 먹여서 일하는 자, 곧 하나님께서 인치신 자다.

이를 다른 모양으로 표현한 말이 '믿음이 올 때까지, 하나님의 영, 진리의 영, 하나님께서 영원히 거하시는 처소, 새 예루살렘, 하나님의 자녀들을 해산하는 여자, 해를 입은 여자, 현숙한 여자, 하나님의 안식에 들어간 자, 곧 영원히 자유하는 여자'라고 하신 것이다. 이 여자가 아브라함의 복을 이어받은 이삭, 곧 약속의 자식들의 어머니다. 그래서 **창22:1~19절**의 예언이 땅에 실상이 된다. 그러므로 하나님의 안식, 곧 '내 안식'에 실상이 되어 들어가는 자는 2021년 지금 이 세대 우리다.

이런 진리의 눈으로 **히4:2절**부터 다시 보자. "²저희와 같이 우리도 복음 전함을 받은 자이나 그러나 그 들은 바 말씀이 저희에게 유익되지 못한 것은 듣는 자가 믿음을 화합지 아니함이라(이래서 예수 그리스도 께서 자신이 승천하셔야 너희에게 유익하다고 하신 것이다. 진리의 성 령이 실상이 되어 하나님의 말씀을 대언하는 14년째 이 일이 이 예언이 성취되고 있는데 본문의 '저희와, 저희에게'는 2008년 6월 16일부터 천 국 복음이 전파되었고, 이 말씀은 하나님의 가르치심인데 저희에 해당 하는 모든 자들이 안 믿은 것이다. 이때에 대하여 구약에 예언이 있다. 솔로몬왕이 하나님의 전을 건축하고 이렇게 기도한다.

왕상8:54~61 [54]솔로몬이 무릎을 꿇고 손을 펴서 하늘을 향하여 이 기 도와 간구로 여호와께 아뢰기를 마치고 여호와의 단 앞에서 일어나 [55]서 서 큰 소리로 이스라엘의 온 회중을 위하여 축복하며 가로되 [56]여호와를 찬송할찌로다 저가 무릇 허하신 대로 그 백성 이스라엘에게 태평을 주셨 으니 그 종 모세를 빙자하여 무릇 허하신 **그 선한 말씀이 하나도 이루지 않음이 없도다** [57]우리 하나님 여호와께서 우리 열조와 함께 계시던 것같 이 우리와 함께 계시옵고 우리를 떠나지 마옵시며 버리지 마옵시고 [58]우 리의 마음을 자기에게로 향하여 그 모든 길로 행하게 하옵시며 우리 열 조에게 명하신 계명과 법도와 율례를 지키게 하시기를 원하오며 [59]여호 와의 앞에서 나의 간구한 이 말씀을 주야로 우리 하나님 여호와께 가까 이 있게 하옵시고 또 주의 종의 일과 주의 백성 이스라엘의 일을 날마다 당하는 대로 돌아보사 [60]이에 세상 만민에게 여호와께서만 하나님이시고 그 외에는 없는 줄을 알게 하시기를 원하노라 [61]그런즉 너희 마음을 우리 **하나님 여호와와 화합하여 완전케 하여 오늘날과 같이 그 법도를 행하며**

그 계명을 지킬찌어다

이 예언은 이 세대가 될 때까지 단 한 세대도 이루어진 적이 없었다. **히브리서 8장**의 새 언약을 통하여 생각과 마음에 하나님의 법이 기록되어 하나님과 화합하는 때가 지금 이 세대이며, 14년째 이 일에 대한 예언이 었다. 마음의 주인이 살아 계신 하나님의 말씀이 될 때 완전케 된다. 이럴 때 사람의 영혼이 거룩한 성전이 되고, 거룩한 자가 되는 것이다.

이런 진리를 아니라고 하는 그들이 전부 **히4:1~2절**에 해당하는 '저 희, 저희에게'의 주인공들이었다. 이들은 하나님 나라와 아무 관계가 없 다. 지금 이때가 어느 때인지 아무것도 모르고 상상하고 영적인 잠을 자 고 있는 것이다. 14년째 이 말씀이 실상이 되고 있다. 믿는 자가 누군지 믿지 아니하는 자가 누군지 명확하게 나누어지는 때가 지금 이 세대다.)

³이미 믿는 우리들은 저 안식에 들어가는도다(이 안식은 모든 인간 이 두려워하는 죄의 종에서, 종살이에서 영원히 자유하는 안식을 뜻한 다. 따라서 이 안식은 반드시 자신의 한 몫의 삶을 완전히 버린 사람들, 곧 예수 그리스도의 계명, 하나님의 계명을 좇아 하나님의 인도하심을 따라가는 삶을 사는 자들이다. 또한 이 계명을 지켜 실행하므로 핍박을 받고, **막10:29~30절**의 말씀대로 지켜 실행한 자가 이 안식에 들어간다. 절대 다른 세대가 아닌 2021년 지금 이 세대에 실상이 되는 예언이다.)

그 말씀하신 바와 같으니 내가 노하여 맹세한 바와 같이 저희가 내 안식에 들어오지 못하리라 하셨다 하였으나(**시95:9~11절**에 "⁹그때에 너 희 열조가 나를 시험하며 나를 탐지하고 나의 행사를 보았도다 ¹⁰내가 사십 년

을 그 세대로 인하여 근심하여 이르기를 **저희는 마음이 미혹된 백성이라** 내 도를 알지 못한다 하였도다 [11]그러므로 내가 노하여 맹세하기를 저희는 내 안식에 들어오지 못하리라 하였도다" 따라서 마음에 할례를 받지 아니한 자, 곧 귀신의 정체를 모르면 절대 안식에 들어갈 수가 없다.

하나님께서 아브라함에게 하신 언약은 창18:18~19절에 여호와의 도를 지켜 의와 공도를 행하게 하시려고 택하셨고, 이렇게 될 때 강대한 나라가 되고 천하 만민이 그를 인하여 복을 받게 하신다고 언약하신 것이다. 사실 이 언약은 반드시 진리의 성령이 실상이 되어야 여호와의 도, 곧 하나님의 도, 하나님의 길을 알고 따라갈 수가 있는 것이다. 그래서 예수 그리스도께서 "내가 곧 길이요 진리요 생명이라"라고 하셨어도 2천 년이 흐르도록 여호와의 도가 무엇인지, 의가 무엇인지, '공도', 곧 심판의 척도가 되는 공의로운 하나님의 법, 하나님의 길을 알 수가 없었다. 곧 공평하고 바른 도리를 알 수가 없었다.

따라서 여호와의 도, 공도는 반드시 여호와의 날에 하나님께서 약속하신 땅에 실상으로 이사하여 전 성경의 예언이 땅에서 이루어질 때 사실이 되는 것이다. 그러나 이는 하나님 편에서다. 사람이 마땅히 지켜야 할 의무는 하나님의 계명대로 사는 것이다. 귀신들이 '본래 아무도 의와 공도를 몰랐으니까~' 하고 합리화시키는 것은 절대 안 된다.) 세상을 창조할 때부터 그 일이 이루었느니라"

하나님의 의와 공도가
이 땅에서 실상이 된다

의와 공도를 실상으로 행할 때에 대한 예언을 증명한다.

렘30:1∼11절 "¹여호와께로서 말씀이 예레미야에게 임하여 이르시니라 ²이스라엘의 하나님 여호와께서 이같이 일러 가라사대 내가 네게 이른 모든 말을 책에 기록하라 ³나 여호와가 말하노라 내가 내 백성 이스라엘과 유다의 포로를 돌이킬 때가 이르리니(**히브리서 8장**의 새 언약으로 2008년 6월 16일부터 다시 택한 이스라엘, 왕 노릇 할 유다, 곧 예수 그리스도를 믿는 기독교인들 중에 귀신의 처소에서 포로 되어 있었고, 귀신이 주인이 되어 포로 되어 있는 너희들을 돌이키고 있다. '유다'를 저 황금돔이 있는 나라 유대인으로 보면 안 된다.

히7:14절의 예언이 실상이 된 택함을 받은 기독교인 중에 나올 것을 감추어 두신 것이다. 그래서 문자 그대로 보면 천국의 비밀이 보이지 않는 것이다. 이때는 하나님께서 정하신 6일이 끝난 여호와의 날, 인자의 날인 지금 이 세대였다. 이미 증명을 14년째 해 오고 있고, 영원히 증명된다.)

내가 그들을 그 열조에게 준 땅으로 돌아오게 할 것이라 그들이 그것을 차지하리라 여호와의 말이니라(열조 아브라함, 이삭, 야곱, 이스라엘, 다윗에게 약속한 영원한 언약, 아브라함에게 땅을 약속하시고 강대한 나라가 되게 하시겠다고 하셨고, 의와 공도를 행하게 하시겠다고 언약하신 땅, 하나님께서 예비하신 땅을 차지하게 하시리라는 언약이다.

이 언약을 문자 그대로 보고 생긴 단체가 '프리메이슨'이며, 이 속에 여러 단체 중 하나가 '일루미나티'다. 이들이 꿈꾸는 것이 '세계 단일 정부'다. 이들의 계획대로 세계 정치, 경제, 문화가 저 유럽에서 시작되었고, 이를 두고 **에스겔 7장**에 "사방의 일이 끝났도다 끝났도다"라고 하신 것이다.

그러나 이들의 계획대로 절대 되지 않는다. 악인들은 또 다른 악인들을 심판하는 도구로 삼으신다. 영국, 미국, 캐나다, 독일 등등이 코로나19 재앙에 더 취약하고 성경에 예언된 재앙들이 내리고 있는 것은 먼저 기독교를 믿었으나 단 한 계명도 지켜 실행하지 않았으며, 도리어 전 세계를 지배하려는 사욕으로 전쟁을 하고 얼마나 많은 사람들을 무고하게 죽였는지~ 이제 전 우주적인 심판 날이다. 감추인 모든 비밀들이 다 드러나서 천주교의 실체, 유대인들의 실체 등등 성경을 사용하면서 성경과 다른 거짓말로 어떻게 죄를 지었는지 온 세상이 다 보게 될 것이다. 그리고 예수 그리스도께서는 당시 하나님께서 정하신 때가 아니어서 약속하신 땅에 대해서는 말씀하시지 않았다. 사역 기간이 너무 짧았다.)

⁴여호와께서 이스라엘과 유다에 대하여 하신 말씀이 이러하니라 ⁵여호와께서 이같이 말씀하시되 우리가 떨리는 소리를 들으니 두려움이요 평안함이 아니로다 ⁶너희는 자식을 해산하는 남자가 있는가 물어보라(사도 바울은 이 본문을 안 본 것이다. 갈4:19절에 "나의 자녀들아 너희 속에 그리스도의 형상이 이루기까지 다시 너희를 위하여 해산하는 수고를 하노니"라고 했던 것이다. 자신이 피 흘리기까지 자신 속에 원수와 싸우고 복음을 전하여 외부의 대적들과 싸워서 순교하여 자신의 믿음을 보인

것일 뿐, 해산한 것이 아니다. 순교자들의 결과를 보아라. 해산은 여자가 한다.

> **계12:1~6** ¹하늘에 큰 이적이 보이니 해를 입은 한 여자가 있는데 그 발 아래는 달이 있고 그 머리에는 열두 별의 면류관을 썼더라 ²이 여자가 아이를 배어 해산하게 되매 아파서 애써 부르짖더라 ³하늘에 또 다른 이적이 보이니 보라 한 큰 붉은 용이 있어 머리가 일곱이요 뿔이 열이라 그 여러 머리에 일곱 면류관이 있는데 ⁴그 꼬리가 하늘 별 삼분의 일을 끌어다가 땅에 던지더라 용이 해산하려는 여자 앞에서 그가 해산하면 그 아이를 삼키고자 하더니 ⁵여자가 아들을 낳으니 이는 장차 철장으로 만국을 다스릴 남자라 그 아이를 하나님 앞과 그 보좌 앞으로 올려가더라 ⁶그 여자가 광야로 도망하매 거기서 일천이백육십 일 동안 저를 양육하기 위하여 하나님의 예비하신 곳이 있더라

> **요16:21** 여자가 해산하게 되면 그때가 이르렀으므로 근심하나 아이를 낳으면 세상에 사람 난 기쁨을 인하여 그 고통을 다시 기억지 아니하느니라

모두 진리의 성령을 지칭하신 예언이다. 하나님의 아들들, 백성들을 해산하는 여자는 반드시 **호2:19~20절**의 예언이 실상이 된 여자이어야 하고, 그래서 해를 입었다는 것이다. 이 때문에 성령이 근심을 하는 것이고, **엡4:30절**에 "하나님의 성령을 근심하게 하지 말라 그 안에서 너희가

구속의 날까지 인치심을 받았느니라"라고 하신 것이다.

따라서 구약 렘30:6절의 예언을 사도 바울은 몰랐고, 예수 그리스도께서도 사실 모르셨다. 예레미야 선지자도 이렇게 하나님의 말씀을 기록했지만, 이 예언의 실상이 누군지, 어느 때인지 몰랐다. 너희는 자식을 해산하는 남자가 있는가 물어보라) 남자마다 해산하는 여인같이 손으로 각기 허리를 짚고 그 얼굴빛이 창백하여 보임은 어찜이뇨

7슬프다 그날이여 비할 데 없이 크니 이는 야곱의 환난의 때가 됨이로다마는 그가 이에서 구하여냄을 얻으리로다(2021년 지금 이 세대에 대한 예언이고, 이미 14년째 택하심을 받은 하나님의 자녀들을 구하여 내고 있다.)

8만군의 여호와가 말하노라 그날에 내가 네 목에서 그 멍에를 꺾어 버리며 네 줄을 끊으리니 이방인이 다시는 너를 부리지 못할 것이며(이 예언이 사실이 되어 이미 약속하신 땅에서 이루어지고 있다. 이 예언이 실상이 되는 일이 바로 히브리서 4장에 예언된 안식에 들어간 것이다. 땅에 사는 사람은 누구나 먹고 살아야 할 멍에, 직장에서 떨어질까 봐 전전긍긍해야 하는 멍에, 잘 먹고 잘 살고 다른 사람보다 빨리 승진하고 월급을 많이 받고 죽을 때까지 걱정 없이 살기 위해 하는 이생의 염려의 멍에, 죽을 때 편안하게 잘 죽어서 천국 가야지 하는 멍에 때문에 교회생활 하는 멍에, 죄의 종노릇하는 멍에 등등 사람이면 누구나 져야 할 멍에를 완전히 다 꺾어 버리시는 하나님의 뜻이 실상이 되는 이때를 BC 600년경에 예언하셨고, 2608년 후에 땅에서 이 예언이 이루어졌다.

그래서 하나님께서 언약하신 대로 여러분들에게 지워진 멍에를 꺾

으실 뿐 아니라, 전 성경에 기록된 모든 복을 다 주시기 위해 약속대로 2021년 현재 이루어지고 있다. 이제 우리는 다시는 영원히 이방인 아래서 부림을 당하지 않는다. 도리어 사람들을 부리는 영원한 기업이니까~ 이 언약은 이미 성취되고 있다. 이렇게 땅에서 실상이 되는 것이 하나님께서 말씀하신 안식이다. 이래서 전 성경 기록 목적이 너무 중요하다.)

⁹너희는 너희 하나님 나 여호와를 섬기며 내가 너희를 위하여 일으킬 너희 왕 다윗을 섬기리라 ¹⁰그러므로 나 여호와가 말하노라 내 종 야곱아 두려워 말라 이스라엘아 놀라지 말라 내가 너를 원방에서 구원하고('원방'은 귀신의 처소 바벨론에서 구원하고, 또 원방은 실제로도 약속하신 땅에서 너무 멀다는 뜻이다. 먼 곳, 먼 나라, 땅끝을 뜻하는 것이다.

그래서 약속하신 땅은 저 유대인들이 도보로 간 곳이 아니라는 명백한 증거를 출19:3~6절에 이미 예언해 두셨다. 이 예언이 2021년 8월 4일 현재 우리에 대한 예언이었다.

출19:3~6 ³모세가 하나님 앞에 올라가니 여호와께서 산에서 그를 불러 가라사대 너는 이같이 **야곱 족속에게 이르고 이스라엘 자손에게 고하라** ⁴나의 애굽 사람에게 어떻게 행하였음과 내가 어떻게 **독수리 날개로 너희를 업어 내게로 인도하였음을 너희가 보았느니라** ⁵세계가 다 내게 속**하였나니** 너희가 내 말을 잘 듣고 내 언약을 지키면 너희는 열국 중에서 내 소유가 되겠고 ⁶너희가 내게 대하여 제사장 나라가 되며 거룩한 백성이 되리라 너는 이 말을 이스라엘 자손에게 고할찌니라 이 한 가지 사실만 알아도 저 유대인들이 치명적인 죄를 짓지 않는다. 하나님께서 창조하신 사람을 죽이고, 자신들이 아브라함의 후손이며 하나님의 선민이라고 하지 않는다. 살인자는 하나님의 나라를 유업으로 받지 못한다. 이래서 천국이 비밀이다. 반드시 택한 자들은 이 진리로 돌아올 수밖에 없다.

우리로 하나님의 뜻을 온 세계 중에 먼저 알게 하신 것은 하나님의 제사장 나라가 되고, 하나님의 소유된 백성이 되게 하기 위해서이며, 이 예언 또한 일곱째 날 큰 안식일에 실상이 되는 예언이었고, 이미 이루어지고 있다. 3421년이 지난 지금 이루어질 예언인 줄 온 세상에 누가 알고 믿었느냐? 우리가 이 땅에 사람으로 태어나기 전에 이미 다 예언해 두시고, 이 예언이 사실이 되어 2021년 현재 이루어지고 있는 줄 모세도, 예수 그리스도께서도, 예레미야 선지자도 당시는 모르고 있었다.

그래서 시기, 질투 할 이유가 단 하나도 없다. 온 세상은 믿든 안 믿든 하나님의 뜻대로 하나님께서 경영하신다. 저 유대인들, 지금 전 세계 성경을 사용하는 모든 사람들, 아예 아무 종교도 없는 무신론자들, 다른 종교인들 모두가 이 사실을 알면 누가 하나님을 안 믿겠느냐? 이 사실을 저 유대인들, 이스라엘 나라 사람들이 알면 어찌 될까?

출19:1~6절의 실상은 계12:1~6절에 예언된 해를 입은 여자가 실상이 된 지금 성취될 예언이 명백하다. 그러므로 하나님의 뜻을 아는 것이 최고의 복이고, 이는 머리로만 아는 것이 아니라 지켜 실행하는 것이다.

이 모든 예언을 다 알고 아직도 한국 과천에서 설교만 하고 있었다면 선을 알고도 행치 아니하는 죄를 짓는 것이다. 그렇게 가만히 있었다면 지금 어찌 되었을까? 이제 시간이 없다. 앞만 보고 가야 한다. 계속 귀신 노릇 하는 사람은 안 믿는 자다. 자신이 자신을 자해하는 자이며, 자신의 가치를 해치는 자요, 티끌에 해당하는 자다.

우리 모두를 원방에서 구원하셔서 약속하신 땅에 업어서 보호하시고 계신 것이다. 이 언약의 실상이 되어 있으면서 끝까지 미친 짓하는 마말주는 짐승이냐? 너는 티끌이냐? 단 한 마디도 말씀을 안 믿는 귀신이 바로 너다. 이 교만하고 거만한 귀신아, 어디서 귀신임을 자랑하나? 네가 티끌이라고 너 스스로 자랑하고, 악인이 받을 벌이 네게 가득한데도 인정을 안 하는 흉악한 귀신이다. 너 나가라. 너 같은 짐승이 있을 곳이 아니니 너 나가서 티끌로 살다가 지옥이 그렇게 좋거든 그렇게 살아라. 너는 단 한 마디도 안 믿는 불신자다. 영적인 소경이요 귀머거리인 너는 왜 교회를 다녔나? 왜 낙토에 가 있나? 네 실체를 몰라서 가만히 둔 줄 아느냐? 그렇게 지옥 불구덩이가 좋으냐? 낙토는 네 소견대로, 네 마음대로 하는 곳이 아니다. 어디서 시건방을 떠나? 버려라. 저 짐승을 내버려라.)

네 자손을 포로 된 땅에서 구원하리니(하나님께서 약속하신 땅이 아닌 곳에서 한 몫의 삶을 살고 죄의 종으로 포로 되어 있는 영적인 상태에서 구원하실 것을 예언하신 것이다. 지금 나를 포로로 잡고 있는 이 땅이 대적의 땅이다. 그래서 한 몫의 삶을 버려야 한다. 너희들을 빼앗은 대가를 치르고 있는 것이다. 진실로 인자, 곧 하나님께서 인치신 자가 올 때에 세상에서 믿음을 보겠느냐고 하신 말씀이 사실이었다.

'인자'라고 하면 고착된 지식이 예수 그리스도라고 다 알고 있다.

그렇다면 요6:27절의 예언은 예수 그리스도께서 친히 하신 말씀인데 자신을 보고 하신 말씀이냐?

> **요6:27** 썩는 양식을 위하여 일하지 말고 영생하도록 있는 양식을 위하여 하라 이 양식은 인자가 너희에게 주리니 인자는 아버지 하나님의 인치신 자니라

이 예언이 예수 그리스도 자신에 대한 예언이 아님을 이미 열매가 증명해 준다. 예수 그리스도께 직접 가르침을 받은 당시 제자들, 부활하신 그리스도를 만나서 사도가 된 바울, 당시의 사람들은 다 육체가 죽어서 이미 다 썩었다. 이 결과는 어떻게 말을 할래? 명백하게 렘30:10절 "원방에서 구원하고"라는 말씀은 지금 이 세대 우리에 대한 예언이 확실하다. 네 자손을 포로 된 땅에서 구원하리니)

야곱이 돌아와서 태평과 안락을 얻을 것이라 너를 두렵게 할 자 없으리라 ¹¹나 여호와가 말하노라 내가 너와 함께하여 너를 구원할 것이라 내가 너를 흩었던 그 열방은 진멸한다 할찌라도 너는 진멸하지 아니하리라 그러나 내가 공도로 너를 징책할 것이요 결코 무죄한 자로 여기지 아니하리라(그래서 다음과 같이 말씀하신 것이다.

> **욥36:17~18** ¹⁷이제는 악인의 받을 벌이 네게 가득하였고 **심판과 공의가 너를 잡았나니** ¹⁸너는 분격함을 인하여 **징책을 대적하지 말라** 대속함을 얻을 일이 큰즉 스스로 그릇되게 말찌니라

같은 말씀을 렘46:27~28절에도 예언해 두셨다.

렘46:27~28 ²⁷내 종 야곱아 두려워 말라 이스라엘아 놀라지 말라 보라 내가 너를 원방에서 구원하며 네 자손을 포로 된 땅에서 구원하리니 야곱이 돌아와서 평안히, 정온히 거할 것이라 그를 두렵게 할 자 없으리라 ²⁸나 여호와가 말하노라 내 종 야곱아 내가 너와 함께하나니 두려워 말라 내가 너를 흩었던 그 열방은 다 멸할찌라도 너는 아주 멸하지 아니하리라 **내가 너를 공도로 징책할 것이요 결코 무죄한 자로 여기지 아니하리라**

이 예언이 현재 실상이 되어 이루어지고 있다. 이래서 악인의 받을 벌이 네게 가득하였다고 하시며 대체육체를 통해 패역을 고치기 위해 나와 성도들을 옥에 가두는 것도 이미 예언되어 있었던 것이다. 특히 하나님의 가르치심을 대언하는 이 말씀을 받으면서 패역한 죄는 반드시 징책이 따른다. 이 예언이 실상이 되는 이때, 하나님의 안식에 들어간다.)

지금은 자기 일을
멈추어야 할 때

히4:6~10 ⁶그러면 거기 들어갈 자들이 남아 있거니와 복음 전함을 먼저 받은 자들은 순종치 아니함을 인하여 들어가지 못하였으므로 ⁷오랜 후에 다윗의 글에 다시 어느 날을 정하여 오늘날이라고 미리 이같이 일 렀으되 오늘날 너희가 그의 음성을 듣거든 너희 마음을 강퍅케 말라 하 였나니 [8]만일 여호수아가 저희에게 안식을 주었더면 그 후에 다른 날을 말씀하지 아니하셨으리라 [9]그런즉 안식할 때가 하나님의 백성에게 남아 있도다 [10]이미 그의 안식에 들어간 자는 하나님이 자기 일을 쉬심과 같 이 자기 일을 쉬느니라

하나님의 안식에 들어간 자들인 우리는 이 본문을 이미 지켜 실행 하고 있다. 곧 우리는 각각 자신의 일을 쉬는 것만이 아니라 영원히 한 몫의 삶을 버렸다.

'자기의 일'을 이해하기 위해 해답을 몇 군데만 가보자.

롬10:3절인데 1~3절을 다 보자. "[1]형제들아(하나님의 뜻을 행하는 우리가 예수 그리스도의 형제들이며, 순교자들에게 형제들이다.) 내 마 음에 원하는 바와 하나님께 구하는 바는 이스라엘을 위함이니(반드시 다시 택함을 받은 이스라엘, 곧 하나님의 백성들을 뜻한다. 새 언약으로 다시 택함을 받는 이스라엘을 위함이니) 곧 저희로 구원을 얻게 함이라 (이 구원은 하나님 나라에 들어가는 것을 뜻한다. 혀로 "예수 믿습니다" 하고 교회를 다니면 다 구원을 얻는 것이 아니고, 반드시 마7:21절에 "나 더러 주여 주여 하는 자마다 천국에 다 들어갈 것이 아니요 다만 하늘에 계신 내 아버지의 뜻대로 행하는 자라야 들어가리라"라고 하셨다. 교회를 다닌다 고 구원을 얻는 것이 아니다. 천국에 들어가지 못하면 교회를 다닐 이유 가 없다. 천국에 들어가지 못하는데 왜 교회를 다니나?

온 세상 사람들한테 묻는다. 천국에 아무나 들어가나? 아무나 죽으면 다 하늘나라 갔다고 한다. 이런 거짓말을 하는 당신이 하나님이냐? 교회만 다니면 다 천국 갔다고 하는 목사의 거짓말에 속지 마라. 이렇게 거짓말하는 목사도 지옥 불구덩이에 가고, 그런 교회 다니는 교인들도 마찬가지이며, 아무나 죽으면 하늘나라에 갔다고 하는 사람들도 다 지옥 불구덩이에 들어간다. 반드시 하나님의 뜻대로 행하는 자가 하나님의 나라에 들어가고, 예수 그리스도에게도 형제요 자매이며, 모친이다.

막3:35 누구든지 하나님의 뜻대로 하는 자는 내 형제요 자매요 모친이니라

벧전4:1~2 [1]그리스도께서 이미 육체의 고난을 받으셨으니 너희도 같은 마음으로 갑옷을 삼으라 이는 육체의 고난을 받은 자가 죄를 그쳤음이니 [2]그 후로는 다시 사람의 정욕을 좇지 않고 오직 하나님의 뜻을 좇아 육체의 남은 때를 살게 하려 함이라

예수 그리스도를 진실로 믿는 자는 절대 죄를 짓지 아니한다. 반드시 계명을 지켜 하나님을 좇아 영원히 사는 것이며, 예수 그리스도께서 하나님의 뜻을 이루시기 위하여 이 땅에 오셨듯이 형제들 또한 반드시 한 몫의 삶은 자기 뜻대로 살았으니 남은 삶은 영원히 하나님의 뜻을 따라 살며, 영원히 하나님께 영광을 돌리며 사는 자들이 천국의 상속자들이다. 이런 사람이 구원을 얻는 것이다.

그래서 롬9:25~29절에 이렇게 이미 판결해 두셨다.

롬9:25~29 ²⁵호세아 글에도 이르기를 내가 내 백성 아닌 자를 내 백성
이라, 사랑치 아니한 자를 사랑한 자라 부르리라 ²⁶너희는 내 백성이 아
니라 한 그곳에서 저희가 살아 계신 하나님의 아들이라 부름을 얻으리라
함과 같으니라 ²⁷또 이사야가 이스라엘에 관하여 외치되 이스라엘 뭇자
손의 수가 비록 바다의 모래 같을찌라도 남은 자만 구원을 얻으리니 ²⁸주
께서 땅 위에서 그 말씀을 이루사 필하시고 끝내시리라 하셨느니라 ²⁹또
한 이사야가 미리 말한 바 만일 만군의 주께서 우리에게 씨를 남겨 두시
지 아니하셨더면 우리가 소돔과 같이 되고 고모라와 같았으리로다 함과
같으니라

이렇게 명백하게 저 황금돔이 있는 이스라엘이 아니고, 저들 눈에
는 이방인 나라에서 하나님의 아들이라 부름을 얻을 자들이 나올 것을
예언하셨고, 이 예언대로 현재 사실이 되어 땅에 이루어지고 있다. 이렇
게 천국의 상속자가 비록 바다의 모래 같을지라도 남은 자만 구원을 얻
는다. 이는 전 성경 기록 목적대로 기록된 예언이 땅에 실상이 되어 이
루어지는 이때, 하나님의 뜻대로 지켜 실행하는 자들이 하나님의 아들
이요 백성이며 남은 자가 되어 구원을 받는 것이다. 이런 우리가 하나님
의 안식에 들어간 자들이 명백하다. 다시 **롬10:2절**로 가자.)
²내가 증거하노니 저희가 하나님께 열심이 있으나 지식을 좇은 것
이 아니라 ³하나님의 의를 모르고(그래서 반드시 안식은 진리의 성령이

실상이 되어서 '의에 대하여' 모든 진리 가운데로 인도할 때 하나님을 아는 바른 지식을 알고 좇게 된다. 이래서 온전한 것이 올 때에는 부분적으로 알던 모든 지식도 다 폐해야 한다. 하나님의 의를 모르고) 자기 의를 세우려고 힘써 하나님의 의를 복종치 아니하였느니라"

이렇게 '자기 의'를 세우는 자들이 바로 '자기 일'을 하는 것이다. 다시 말하면 하나님을 하나님으로 진리대로 아는 지식이 없으면 일생 예수 이름으로, 하나님의 이름으로 하는 모든 일들이 자기 의를 위한 '자기 일'이 된다. 이런 자들은 하나님과 아무 관계가 없다.

마7:13~27절에 불법을 행하는 자들, 멸망으로 인도하는 크고 넓은 문에 있는 자들, 주의 이름으로 귀신도 좇고 선지자 노릇 하고 권능을 행했다고 자랑하는 자들이다. 하나님의 이름, 예수 이름을 혀로 부르며 이용만 할 뿐 자신의 일을 한 것이다. 이 일을 쉬는 것, 안 하는 것이 자기의 일을 쉬는 것이다. 예수 그리스도께서 "나는 도무지 너를 알지 못하노라 불법을 행하는 자들아 내게서 떠나가라"라고 하신 자들이다.

또 **롬16:17~18절**을 보자.

롬16:17~18 [17]형제들아 내가 너희를 권하노니 너희 교훈을 거스려 분쟁을 일으키고 거치게 하는 자들을 살피고 저희에게서 떠나라 [18]이같은 자들은 우리 주 그리스도를 섬기지 아니하고 다만 **자기의 배만 섬기나니** 공교하고 아첨하는 말로 순진한 자들의 마음을 미혹하느니라

지금 전 세계 성경을 사용하는 모든 종교 지도자들이 이렇게 자기

일을 하고 있다. 이들은 바른 교훈을 전하는 자들을 도리어 시기하고, 진리의 도를 훼방하며, 교인들을 빼앗기지 않기 위해 분쟁을 일으킨다. 피지에서도, 베트남에서도, 그 이전에 중국에서도 하나같이 자기의 일을 하는 자들임을 14년째 경험하였고, 이들에 의해 결국 옥에까지 갇히게 된 것이다. 2008년 6월 16일 100주년 기념관에서 목회자 세미나를 처음 시작할 때 와서 듣고는 "저 말이 맞는데, 저렇게 하면 먹고 살 수 없다"라고 대놓고 말하는 자들을 보고 아연실색했는데, 모두 하나같이 이런 자들이었다. 이런 자들에 대한 판결은 다음 말씀대로 사실이 되어 있다.

살후2:3~4 [3]누가 아무렇게 하여도 너희가 미혹하지 말라 먼저 배도하는 일이 있고 저 불법의 사람 곧 멸망의 아들이 나타나기 전에는 이르지 아니하리니 [4]저는 대적하는 자라 범사에 일컫는 **하나님이나 숭배함을 받는 자 위에 뛰어나 자존하여 하나님 성전에 앉아 자기를 보여 하나님이라 하느니라**

하지만 이들은 사람이 보기에는 자신이 하나님이라고 하지 않는다. 주의 이름으로 귀신도 쫓고, 선지자 노릇 하며, 주의 이름으로 권능을 행하는 불법한 자들이고, 교인들을 멸망으로 인도하여 일생 헛된 삶을 살게 하고, 육체가 죽어 지옥 불구덩이에 던지는 영혼 살인자들인데 겉으로 보기에는 반대로 하나님께 복을 받아서 사람들이 많이 모이고, 자비한 자처럼 보여서 미혹하는 자요, 하나님을 대적하는 자들인 줄 모르는 것이라 미혹당하는 것이다. 이런 자들이 전부 자기의 일을 하는 자들이다. 하나님의 나라와 아무 관계가 없는 자들이다. 이런 일을 하지 말라는 것이 안식일을 거룩히 여겨 지키라는 것이다.

사람의 눈과 생각으로 혹 곡해할까 봐 다음 말씀을 받아야 한다.

히4:10 이미 그의 안식에 들어간 자는 하나님이 자기 일을 쉬심과 같이 자기 일을 쉬느니라

히4:10절 말씀에 대한 하나님의 뜻을 사람의 생각대로 해석하면 아무 일도 하지 말아야 하는 것으로 곡해하여 한국에 기독교가 처음 들어왔을 때에는 일요일, 곧 주일 날 밥도 지으면 안 되고, 외식해도 안 되고, 물건을 사도 안 되고, 교회 가서 예배드려야 하고, 아무것도 안 해야 하는 줄 알았던 기억이 몇 대째 기독교인 집에서는 생각날 것이다. 이런 교회는 주일 날 외식하면 큰일이 나는 줄 알고 다른 교인들이 그러면 비방하고 정죄하고 도리어 죄를 짓기도 한다. 이런 뜻이 아닐 뿐더러 이들은 일생 교회생활을 해도 하나님과 아무 관계가 없는 일이며, 자신들의 생각대로 하나님을 섬긴다고 착각하는 것이다. 그러므로 다음 판결을 보고 하나님의 뜻을 분별하자.

살전4:1~12 [1]종말로 형제들아 우리가 주 예수 안에서 너희에게 구하고 권면하노니 너희가 마땅히 어떻게 행하며 하나님께 기쁘시게 할 것을 우리에게 받았으니 곧 너희 행하는 바라 더욱 많이 힘쓰라 [2]우리가 주 예수로 말미암아 너희에게 무슨 명령으로 준 것을 너희가 아느니라 [3]하

나님의 뜻은 이것이니 너희의 거룩함이라 곧 음란을 버리고 ⁴각각 거룩함과 존귀함으로 자기의 아내 취할 줄을 알고 ⁵하나님을 모르는 이방인과 같이 색욕을 좇지 말고 ⁶이 일에 분수를 넘어서 형제를 해하지 말라 이는 우리가 너희에게 미리 말하고 증거한 것과 같이 이 모든 일에 주께서 신원하여 주심이니라 ⁷하나님이 우리를 부르심은 부정케 하심이 아니요 거룩케 하심이니 ⁸그러므로 저버리는 자는 사람을 저버림이 아니요 너희에게 그의 성령을 주신 하나님을 저버림이니라 ⁹형제 사랑에 관하여는 너희에게 쓸 것이 없음은 너희가 친히 하나님의 가르치심을 받아 서로 사랑함이라 ¹⁰너희가 온 마게도냐 모든 형제를 대하여 과연 이것을 행하도다 형제들아 권하노니 더 많이 하고 ¹¹또 너희에게 명한 것 같이 종용하여 자기 일을 하고 너희 손으로 일하기를 힘쓰라 ¹²이는 외인을 대하여 단정히 행하고 또한 아무 궁핍함이 없게 하려 함이라

이 예언은 절대 사도 바울 당시 데살로니가 교회를 두고 하신 말씀이 아니다. 지금 이 세대 우리에 대한 예언이었고, 이미 14년째 나를 통한 이 일에 분수를 넘어 훼방하고 저버린 자들, 우리에게서 나가서 이 일을 해하는 자들에 대한 예언도 사실이 되어 2021년 8월 5일 현재 이루어지고 있다.

따라서 본문의 '형제들'은 은혜로교회 성도들에 대한 예언이며, 마땅히 어떻게 행할 것을 하나님의 가르치심을 받고 이미 행하고 있으며, 이는 하나님을 기쁘시게 하는 일이다. 그러므로 더욱 힘쓰라고 하신다.

진리는 이런 것이다. 하나님의 나라는 이런 것이다. 예언이 사실이

되어 현재 성취되고 있는 실상이다. 하나님의 뜻은 이미 창세기부터 요한계시록까지 하나님을 섬기는 자들에게 하나님의 거룩하심과 같이 거룩함이 실상이 되는 것이며, 온 세상 77~78억의 사람 중에서 우리를 먼저 부르심은 하나님의 말씀으로 지켜 실행하여 영원히 거룩해지라는 뜻이다.

이 일은 진리의 성령을 통해서 하나님께서 하시는 일이므로 이 일을 거절하고 대적하여 저버리는 것은 사람을 저버리는 것이 아니라, 너희에게 성령을 주신 하나님을 저버리는 일이라는 뜻이다. 왜 성령을 훼방하면 이 세상과 오는 세상에서도 사함을 얻지 못하고 영원한 죄에 처하는지 이제 보이고, 들리고, 마음에 믿어지느냐?

성경은 이런 실상이다. '저버리다'라는 말은 '약속을 어기다, 하나님의 은혜를 마음에 두지 아니하고 호의나 기대 따위를 거절하여 배반하다'라는 뜻이다. 하나님께서 창세 이래 2008년 6월 16일 이전에는 단 한 세대도, 그 누구에게도 없었던 은혜가 바로 하나님께서 친히 가르치심이요, 영생을 이미 얻기로 정하셔서 이 영생을 믿으라고 실상인 진리의 성령을 보내어 대언하며 지켜 실행하게 하시는 이 일이다. 그래서 전대미문의 새 일이다.

이 일을 저버리는 것은 차라리 사람으로 태어나지 않는 것이 더 낫다고 하신 이유다. 지금 이 본문을 기록한 사도 바울은 이 본문의 실상의 주인들이 누군지 아무것도 모른다. 창세 이래 그 누구도 이 은혜를 받은 사람들이 없었다. 믿든 안 믿든 이는 사실이다. 하나님의 아들 예수 그리스도께서도 받지 못한 사랑이다. 전에도 없었고, 후에도 없을 진실로 전대미문의 일이다. 지금 이 일은 진실로 **요6:47~58절**의 말씀이 이제 사실이 되어 이루어지는 것이다.

"**47**진실로 진실로 너희에게 이르노니 믿는 자는 영생을 가졌나니 **48**내가 곧 생명의 떡이로라 **49**너희 조상들은 광야에서 만나를 먹었어도 죽었거니와 **50**이는 하늘로서 내려오는 떡이니 사람으로 하여금 먹고 죽지 아니하게 하는 것이니라 **51**나는 하늘로서 내려온 산 떡이니 사람이 이 떡을 먹으면 영생하리라 나의 줄 떡은 곧 세상의 생명을 위한 내 살이로라 하시니라(이 떡을 먹는 것은 예수 그리스도께서 하신 말씀을 지켜 실행하는 것이다. 이것이 믿는 것이고 거룩해지는 방법이며, 하나님의 안식에 들어가는 것이고, 떡과 포도주를 먹는 것이며, 예수 그리스도 안에 들어가는 것이고, 하나님 안에 들어가는 것이며, 거룩한 성전이 실상으로 되는 것이고, 하나님께서 내주하시는 것이며, 하나님과 동행하는 것이니 영원히 죽지 아니하고 영생하는 것이다.

영생이 죽어서 하는 것이 아니다. 이 영생은 아무나 누구나 얻는 것이 아니다. 자신들이 소원한다고 얻는 것이 아니고, 소원하지 않았는데 얻는 것이니 더더욱 은혜로 얻는 것이다. 지금 이 말씀은 예수 그리스도께서 친히 하신 말씀이다. 그런데 2008년 6월 16일부터 이 영생에 대해서 이미 얻기로 하나님께서 정하신 사람들을 부르시고 모으신 것이다. 이러니 절대 내 말이 아니다. 하나님께서 미리 정해 두신 하나님의 뜻이며, 아들을 통하여 말씀하셨어도 2021년 이전에, 나와 우리가 나타나기 이전에, 그 누구도 실상이 된 적이 없는 하나님의 행하심이다.

아브라함, 이삭, 야곱, 이스라엘, 다윗에게 하신 영원한 언약이 바로

2008년 6월 16일부터 세상에 사실이 되어 선포되고 있는 전대미문의 새 일이다. 사실 제일 어려웠던 일이 나에 대해서 사실, 곧 성경대로 나라는 것을 밝히는 일이었다. 이렇게 감옥에 갇히지 않았다면 세상에 내가 진리의 성령이라고 밝히는 것이 더 늦어졌을 것이다. '오직 예수밖에 모르는데, 모두 영적인 깊은 잠을 자고 있는데, 이 일을 어떻게, 어디서부터 말을 해야 알아들을 수 있을까? 죄를 짓지 아니하고 진리대로 믿게 할까?' 하며 단 하루도 거룩한 근심을 하지 않은 날이 없었다. 내가 안 믿어서가 아니다. 믿으니까 더 그랬다. 다니엘 성도한테도 개인적으로 단 한 번도 말하지 않았다. 100% 하나님 앞에 맡기고 사용하시는 그릇이었다.) 나는 하늘로서 내려온 산 떡이니 사람이 이 떡을 먹으면 영생하리라 나의 줄 떡은 곧 세상의 생명을 위한 내 살이로라 하시니라"라는 말씀을 사실대로 땅에서 성취하는 사람이 바로 진리의 성령이다.

이 계획은 이미 지금 온 천지 만물을 창조하시기 이전에 다 계획해 두신 하나님의 뜻이다. 예수 그리스도에 대해서도 이미 이 땅에 오시기 전에 만세 전에 미리 계획해 두신 하나님의 뜻이었다. 이 사실을 여러분들이 믿으면 진짜 귀신이 영원히 다 떠난다. 너희 생각을 잡고 저급한 언행을 하게 하는 귀신은 너로 하여금 이 영생의 복을 믿지 못하게 하기 위해 너를 이 말씀을 안 믿게 훼방하는 것이다. 석환아, 성필아, 주리야, 지금 믿으면 된다. 너희는 이미 영생을 얻기로 작정된 하나님의 택하심을 받은 사람들이다.

예수 그리스도를 이 땅에 보내신 것도, 십자가에 죽으시고 삼 일 만에 부활하신 것도, 40일 동안에 신령한 몸으로 실상이 되신 것을 제자들에게 증명하신 것도, 승천하셔서 하나님 우편에 계신 것도, 땅에 계실 때 이미 약속하신 대로 또 다른 보혜사 진리의 성령을 보내셔서 너희와 함께 영원토록 있게 하실 것이라는 약속을 지키신 것도 모두 너희들로 하여금 영생, 곧 육체도 죽지 아니하고 살아서 천국을 땅에서 이루라고 보내신 하나님의 은혜요, 너를 그토록 사랑하심이다.

또한 47절에 "믿는 자는 영생을 가졌나니"라고 하신 예언은 바로 갈3:22~23절의 '믿음이 올 때까지'인 믿음이다. 곧 나에 대한 예언이다. 믿는 자는 예수 그리스도의 계명, 하나님의 계명을 지켜 그대로 실행하는 자, 그래서 '믿음'이다. 이미 이 사람, 곧 나는 이미 영생을 가진 자라는 뜻이고, 예수 그리스도께서 예언하시고 약속하신 진리의 영, 진리의 성령이며, 본래 영원히 영생하시는 분이신 하나님께서 장가드신 실상이 된 사람을 두고 "진실로 진실로 너희에게 이르노니 믿는 자는 영생을 가졌나니"라고 하신 것이고, 다른 말로 하면 하나님께서 영원히 거하시는 처소이며, 성전이고, 새 예루살렘이다.

그래서 사52:1~2절에 "예루살렘이여 일어나 보좌에 앉을찌어다"라고 말씀 하신 것이다. 본래 보좌는 하나님께서 앉으시는 곳이다. 그러나 하나님께서는 친히 진술하시지 않으시니까 이렇게 될 때 시9:4절의 예언이 실상이 되는 것이다.

시9:4 주께서 나의 의와 송사를 변호하셨으며 보좌에 앉으사 의롭게 심판하셨나이다 이렇게 되면 5~8절의 예언이 사실이 되어 땅에서 이루어진다.

시9:5~8 [5]열방을 책하시고 악인을 멸하시며 저희 이름을 영영히 도말하셨나이다 [6]원수가 끊어져 영영히 멸망하였사오니 주께서 무너뜨린 성읍들을 기억할 수 없나이다 [7]**여호와께서 영영히 앉으심이여 심판을 위하여 보좌를 예비하셨도다** [8]공의로 세계를 심판하심이여 정직으로 만민에게 판단을 행하시리로다

그리고 **시11:4~7절**의 예언이 사실이 된다. 상상이 아니고 실상이되어 땅에서 이루어진다.

시11:4~7 [4]여호와께서 그 성전에 계시니 여호와의 보좌는 하늘에 있음이여 그 눈이 인생을 통촉하시고 그 안목이 저희를 감찰하시도다 [5]여호와는 의인을 감찰하시고 악인과 강포함을 좋아하는 자를 마음에 미워하시도다 [6]악인에게 그물을 내려 치시리니 불과 유황과 태우는 바람이 저희 잔의 소득이 되리로다 [7]여호와는 의로우사 의로운 일을 좋아하시나니 정직한 자는 그 얼굴을 뵈오리로다

그래서 **계3:12절**에 말씀하신 빌라델비아 교회의 사자가 새 예루살렘의 실상이 되어 약속하신 땅에서 영원히 하나님의 성전의 기둥, 곧 영원한 제사장이 되는 것이다.

계3:12 이기는 자는 내 하나님 성전에 기둥이 되게 하리니 그가 결코 다시 나가지 아니하리라 내가 하나님의 이름과 하나님의 성 곧 하늘에서 내 하나님께로부터 내려오는 새 예루살렘의 이름과 나의 새 이름을 그 이 위에 기록하리라

이렇게 되면 영원히 함께 하는 하나님의 아들들도 **계20:4절**의 예언대로 오는 세상인 천년왕국에서 왕 노릇 하게 된다.

계20:4 또 내가 보좌들을 보니 거기 앉은 자들이 있어 심판하는 권세를 받았더라 또 내가 보니 예수의 증거와 하나님의 말씀을 인하여 목 베임을 받은 자의 영혼들과 또 짐승과 그의 우상에게 경배하지도 아니하고 이마와 손에 그의 표를 받지도 아니한 자들이 살아서 그리스도로 더불어 천 년 동안 왕 노릇 하니

이래서 '보좌들'이라고 하신 것이다. 이 예언이 실상이 되는 자들이 이 땅에 보냄을 받은 자들이며, 이미 영생을 받고 세상에 보내신 것이다. 이렇게 기록된 말씀이 사실이 되어 땅에서 이루어진다. 내가 나타나기 전에는 하나님의 친히 가르치심이 아니라서 이 모든 천국의 비밀을 아무도 모르게 하신 것이다. 이래서 참은 가짜가 절대 흉내를 낼 수 없다. 천국도 실상이다. 이미 영생을 얻은 자는 천년왕국에 왕 노릇 하는 것도 사실이 되고, 당연히 천년왕국 후에 영원히 이루는 천국도 실상이 되어 이루는 것이다.

인류의 모든 족속을
한 혈통으로 만드신 비밀

거지 나사로같이 살다가 낙원에 가 있는 자가 천년왕국에 참예하지 못하는 것이지, 천년왕국에 왕 노릇 하는 제사장은 당연히 천국의 아들들이며, 상속자들이다. 이런 영적인 눈으로 다시 **요6:47~58절**을 읽자.

"**⁴⁷진실로 진실로 너희에게 이르노니 믿는 자는 영생을 가졌나니 ⁴⁸내가 곧 생명의 떡이로라 ⁴⁹너희 조상들은 광야에서 만나를 먹었어도 죽었거니와 ⁵⁰이는 하늘로서 내려오는 떡이니 사람으로 하여금 먹고 죽지 아니하게 하는 것이니라 ⁵¹나는 하늘로서 내려온 산 떡이니 사람이 이 떡을 먹으면 영생하리라**(곧 영생은 육체도 죽지 아니하는 것이 영생이다. 진리는 이러한데 지금까지 아무도 이 말씀대로 영생을 실상으로 얻은 자가 없었으니 아무도 안 믿은 것이다. 지금도 안 믿는 것이다. 사람의 영혼(불신자는 혼)은 본래 죽지 아니한다. 하나님께서 만드신 피조물이라는 명백한 증거가 모든 인간에게 동일하게 주셨다는 것이다.

영생을 안 믿는 것은 기독교가 사람이 만든 종교와 다름이 없는 일반이 된 것이다. 이래서 2021년 지금 이 세대까지 기독교가 특별함이 없이 일반화되었던 근본 원인이다. 하나님께서는 본래 영원히 사시는 분이신데 왜 인생이 만든 종교들과 일반이어야 하나?

2021년 8월 4일 전 세계 코로나19 확진자가 2억 명이 넘었단다. 나도 8월 2일 백신을 맞았다. 구치소에서 60세 이상이 맞은 첫날이다. 혜순 성도가 전도 나갔더니 백신 맞아도 되느냐고 물었단다. 묻거든 맞

아도 된다고 하거라. 너희들도 다 맞고~

예수님이 당시에 하신 이 말씀이 영생을 이미 가진 자로 이 땅에 보냄을 받은 진리의 성령이 실상이 될 때, 이 말씀이 땅에 사실이 되어 이루어지는 예언이었다. 이래서 전 성경 기록 목적이 2021년 지금 이 세대가 맞다. 이런 일이 아니면 내가 왜 교인들을 타작을 하나? 난 미친 사람이 아니다. 지극히 정상이고, 한 몫의 삶의 나는 이미 중국에서 한국에 나올 때 버리고 죽었다. 하나님께서 마음껏 사용하시는 나만 있었을 뿐이다.

바보거나 미치지 않았는데 왜 교인들의 비위를 맞춰 주는 것이 아니라 타작마당을 했을까? 이성이 있다면 역설적으로 생각해 보았어야 한다. 우리의 14년째 걸어온 이 길이 아니면 전부 자기 유익을 위해 자기 일을 하는 자들이다. 사람이 이 떡을 먹으면 영생하리라) 나의 줄 떡은 곧 세상의 생명을 위한 내 살이로라 하시니라

[52]이러므로 유대인들이 서로 다투어 가로되 이 사람이 어찌 능히 제 살을 우리에게 주어 먹게 하겠느냐 [53]예수께서 이르시되 내가 진실로 진실로 너희에게 이르노니 인자의 살을 먹지 아니하고 인자의 피를 마시지 아니하면 너희 속에 생명이 없느니라(당시 유대인들도 이 말의 뜻을 알아듣지 못해서 예수 그리스도를 대적하여 죽였지만, 이 세대까지 전 세계 기독교에서 하는 떡과 포도주도 하나님의 뜻과 아무 관계가 없는 일이다. 그 떡을 무교병이든 카스텔라나 식빵이든 이 말씀의 뜻과 아무 관계가 없다. 얼마나 헛되고 헛된 일들만 하는지 어찌 말로 다 하나~

이런 자들은 안식일을 지키는 것이 아니다. 혀로 "믿습니다" 하는

말은 누가 못 하나? 얼마나 미친 짓인지, 영적인 잠이 깨고 나면 '내가 무슨 짓을 하고 살았나~' 하는 회한이 생겨야 한다. 이 말이 이제 성진, 진선, 다니엘 성도는 다 보이고 들릴 것이다.

절대 어려운 것이 아니다, 영생하는 것이~ 절대 어렵지 않다. 이미 영생을 가진 자들이 우리다. 이는 반드시 예수 그리스도를 믿는 자들 중에 나올 것을 이렇게 말씀하신 것이다. 절대 다른 세대가 아니고, 에녹, 엘리야도 우리의 모형이요 그림자였다.

'피'를 말함도 세상에 있는 모든 사람은 누구나 다 아는 사람의 피를 말한다. 이렇게 본문의 피를 예수 그리스도의 피, 누구나 아는 피를 마시라는 것을 대체한 것이 포도주다. 이렇게 알고 실행한 것이 성찬식 때 포도주다. 이는 지금 이 본문의 뜻을 알아듣지 못하는 것이다. 곧 육체대로 예수 그리스도를 아는 것이다. 가족이라는 개념도 모두 피가 섞이지 않아서 가족이 아니라고 한다. 14년째 우리가 본래 가족이라고 하는 말을 지금도 안 믿는 사람이 있다. 이런 사람은 근본적으로 하나님을 안 믿는 자들이다. 증명한다.

행17:24~25 ²⁴우주와 그 가운데 있는 만유를 지으신 신께서는 천지의 주재시니 손으로 지은 전에 계시지 아니하시고 ²⁵또 무엇이 부족한 것처럼 사람의 손으로 섬김을 받으시는 것이 아니니 이는 **만민에게 생명과 호흡과 만물을 친히 주시는 자이심이라**

이 말씀을 여러분들은 믿느냐? 모두 답을 해라. 이 말씀을 믿으면 너희가 그렇게 쉽게 내뱉는 말인 "피도 섞이지 않았는데 무슨 가족이냐?"라고 하는 말은 무엇이냐? 이런 말, 생각은 근본적으로 하나님을 안 믿는 것이다. 그래서 아무도 하나님의 계명을 안 믿고, 지켜 실행하지 않았던 것이다.

행17:26 인류의 모든 족속을 한 혈통으로 만드사 온 땅에 거하게 하시고 저희의 년대를 정하시며 거주의 경계를 한하셨으니

본래 땅에 있는 모든 인류는 한 혈통이었다. 아담, 하와를 시작으로 오늘 이 세대까지 이른 것이다. 그런데 모든 인류는 이런 혈통으로 난 한 몫의 삶은 반드시 한 번 죽는다. 저희의 년대, 곧 '시대, 연대'를 뜻한다. 이런 인간들에게 하나님께서 주신 법이 하나님의 말씀이다.

인간에게는 자신에게 주어진 삶이지만, 자신에게 주권이 없음을 나타내시는 증거가 연대를 정하신 것이다. 이는 창조주와 피조물의 관계라는 것을 증명하시는 것이다. 따라서 모든 인간은 한 번 죽는 것이 정한 이치다. 그래서 죽고 사는 것이 사람에게 있는 것이 아니라 하나님께 달려 있다. 따라서 하나님을 모르고 사는 사람은 누구든지 정해진 연대가 있다. 아무리 오래 살아도 120~130세를 살지 못할 것이다. 평균 칠십이요, 강건하면 팔십 세를 사는 것이 기본이다.

그런데 하나님의 연대는 본래 영원하다. **시102:24절**에 "주의 년대(연대, 시대)는 대대에 무궁하니이다…" 26~27절 "²⁶천지는 없어지려니와 주는 영존하시겠고 그것들은 다 옷같이 낡으리니 의복같이 바꾸시면

바꿔려니와 ^{27}주는 여상하시고 주의 년대는 무궁하리이다"라고 하셨는데 왜 한 명도, 한 교회도 영원한 언약대로 이루어지지 않았는지는 이미 증명을 해 왔다. 의인의 세대는 지금 이 세대이며, 이제 14년째 다시 창조하고 계신다. 따라서 '이스라엘'은 이러한 하나님의 말씀을 능가하는 자들이다. 이는 하나님께서 이미 그렇게 정하셔서 이 땅에 보냄을 받은 사람들이다. 사람에게 자유의지를 주셨으므로 반드시 하나님의 계명을 지켜 실행할 때 은혜를 주신다.

사람에게 년대를 정하시고 그 기간 안에는 이 세상에 속한 자들이 더 지혜롭다고 하셨다.

눅16:8절에 "주인이 이 옳지 않은 청지기가 일을 지혜 있게 하였으므로 칭찬하였으니 이 세대의 아들들이 자기 시대에 있어서는 빛의 아들들보다 더 지혜로움이니라"라고 하신 진리가 참 사실이었다. 사람은 육체를 입고 이 땅에 태어나서 한 몫의 삶을 어떻게 사느냐에 따라 '영원'이 결정된다. 곧 '영원히 천국에서 사느냐, 영원히 지옥 불구덩이에서 사느냐'가 땅에 살 때 결정된다. 그리고 사람의 영혼(혼)은 본래 죽지 아니한다.

따라서 하나님의 말씀인 성경에서 말하는 '영생'은 육체도 죽지 아니하는 것을 말하고, 하나님께서 말씀하시는 가족은 반드시 육으로는 본래 한 혈통이었다는 사실이다. 이 사실을 창세 이래 모든 사람이 몰랐던 것이다. 하나님이, 하나님만이 오직 신이시고, 본래 다른 신은 없다. 여호와 하나님만이 창조주시고 본래 신은 오직 한 분이시다. 이 한 가지 사실을 왜곡시킨 것이 모든 것을 왜곡시키게 된 원인이 된 것이다.

신6:4 이스라엘아 들으라 우리 하나님 여호와는 오직 하나인 여호와 시니

그래서 '여호와'는 유일하신 참 하나님의 이름이다. 영생은 하나님을 경외하는 하나님의 백성에게 처음부터 허락하신 언약이다.

신5:32~33 ³²그런즉 너희 하나님 여호와께서 너희에게 명령하신 대로 너희는 삼가 행하여 좌로나 우로나 치우치지 말고 ³³너희 하나님 여호와께서 너희에게 명하신 모든 도를 행하라 그리하면 너희가 삶을 얻고 복을 얻어서 너희의 얻은 땅에서 너희의 날이 장구하리라

신6:1~3 ¹이는 곧 너희 하나님 여호와께서 너희에게 가르치라 명하신 바 **명령과 규례와 법도**라 너희가 건너가서 얻을 땅에서 행할 것이니 ²곧 너와 네 아들과 네 손자로 평생에 네 하나님 여호와를 경외하며 내가 너희에게 명한 그 모든 규례와 명령을 지키게 하기 위한 것이며 또 네 날을 장구케 하기 위한 것이라 ³이스라엘아 듣고 삼가 그것을 행하라 그리하면 네가 복을 얻고 네 열조의 하나님 **여호와께서** 네게 허락하심같이 젖과 꿀이 흐르는 땅에서 너의 수효가 심히 번성하리라

본래 사람은 한 혈통으로 만드셨는데 땅에서 사람이 번성하기 시작하면서 아담을 선택하셔서 말씀하셨고, 약속을 어긴 것은 인간이다. 그래서 하나님께서 땅 위에 사람 지으셨음을 한탄하셨다. 이런 중에 하

나님께서 아브라함을 선택하셔서 약속하시고 지시하셨다. 하나님 편에서 하신 약속은 단 한 번도 변치 않았다. 인간이 약속을 지키지 않았을 뿐이다. 하나님께서 명하신 모든 도를 지켜 행하면 '삶'을 얻는다고 하신 것이 바로 '영생'이다. 그리고 이 삶, 곧 영생은 반드시 약속하신 땅에서 얻는다. 여호와의 도를 지켜 실행하는 것 또한 약속하신 땅에서 지킨다. 살아 있는 사람에게 주신 여호와의 도를 지켜 행하면 '삶'을 얻고 복을 얻을 것이라고 하신 이 계명을 우리가 나타나기 전까지 아무도 안 지킨 것이다.

계명을 지키지 아니하는 자는 하나님께서 돌아보시지 않는다. 그래서 하나님은 단 한 번도 언약을 어기지 아니하시는데 인간이 하나님의 말씀을 어기므로 공의의 하나님께서는 언약하신 대로 심판하신다. 이는 그 누구도 예외가 없다. 그래서 다음과 같이 말씀하셨다.

사45:21~25 [21]너희는 고하며 진술하고 또 피차 상의하여 보라 이 일을 이전부터 보인 자가 누구냐 예로부터 고한 자가 누구냐 나 여호와가 아니냐 나 외에 다른 신이 없나니 나는 공의를 행하며 구원을 베푸는 하나님이라 나 외에 다른 이가 없느니라… [23]내가 나를 두고 맹세하기를 나의 입에서 의로운 말이 나갔은즉 돌아오지 아니하나니 내게 모든 무릎이 꿇겠고 모든 혀가 맹약하리라 하였노라… [25]이스라엘 자손은 다 여호와로 의롭다 함을 얻고 자랑하리라 하느니라 하셨느니라

이렇게 이미 '삶, 곧 영생'도 처음부터 말씀하셨고, 하나님만 참 신

이시며 하나님 외에 다른 신이 없으신데 왜 이 말씀은 아직 이루어지지 않았을까? 하나님께서 정하신 때가 있었다. 따라서 본래 인간은 한 혈통으로 만드셨는데 땅에서 살면서 '하나님의 계명대로 사느냐, 거역하고 자신들 마음대로 사느냐'에 따라 '영원'이 결판나는 곳이 이 세상이다. 인간이 한 혈통임을 또 증명하시는 사건이 하나님께서 이 땅에 보내신 아들 예수 그리스도다. 많은 증거가 있지만 히2:14절을 보자.

히2:14 자녀들은 혈육에 함께 속하였으매 그도 또한 한 모양으로 혈육에 함께 속하심은 사망으로 말미암아 사망의 세력을 잡은 자 곧 마귀를 없이 하시며

예수 그리스도께서 하나님의 자녀이심과 혈육에 함께 속하신 육체의 모양, 곧 사람으로 오셨음을 인정하지 않는 기독교가 문제다. 육체를 입고 오셨지만 그분은 하나님의 아들이심을 인정해야 하는데, 인성과 신성 중 어느 한 부분만 보고 취하는 것이 이단이요, 적그리스도이며, 사이비다. 예수 그리스도께서 사람으로만 오셨다고 믿는 저 유대인들은 명백하게 이단이며, 사이비다.

그리고 기독교인들은 예수 그리스도께서 십자가를 지시기 전에 땅에서 하신 일에만 치우쳐서 혀로 "예수, 예수" 하면서 귀신 쫓고 병 고친다고 거짓 이적으로 미혹한 자들은 전부 좌편, 왼편에 속한 자들이며, 하층, 지하에 속한 자들이다. 그리고 우편에 속한 자들은 2021년 8월 6일 지금 이 시간까지 예수 이름, 하나님의 이름 때문에 순교한 자들과 거지 나사로같이 살다가 육체가 죽은 자들이다.

하나님께서는 좌로나 우로나 치우치지 말라고 하셨는데, 땅에 있는 모든 사람들이, 성경을 사용하는 모든 사람들이 다 이런 영적인 상태로 이어져 온 것은 하나님의 편에서는 하나님의 정하신 때가 될 때까지 이렇게 경영해 오셨지만, 인간 편에서는 하나님의 계명을 온전히 지킨 사람이 없었다는 것이다.

따라서 하나님 편에서 이렇게 경영하신 것은 갈3:22~23절의 말씀이 그 해답이다. 23절을 먼저 보자. "믿음이 오기 전에 우리가 율법 아래 매인 바 되고 계시될 믿음의 때까지 갇혔느니라"라고 하신 것이다. 이는 하나님의 경영하심이다. 하나님께서 정하신 때가 될 때까지 모두 성경 속에 감추어 두신 하나님의 뜻, 천국의 비밀을 사람들에게 모르게 하신 것이다. 그래서 예수 그리스도께서도 당시 비유로 말씀하신 것이다. 이는 22절의 말씀이 해답이다. "그러나 성경이 모든 것을 죄 아래 가두었으니('성경'은 구약만이 아니고 구약, 신약 다 성경이다. 성경은 1600년 간 40여 명의 저자들, 곧 사람들을 사용하셔서 기록하셨다. 이는 사람들의 증거다. 하나님께서 사람을 사용하셔서 감동을 주시므로 기록하셨지만, 모두 사람 차원이다.

이에 대한 증거가 요5:34절에 다음과 같이 말씀하신 것이다.

요5:34 그러나 나는 사람에게서 증거를 취하지 아니하노라 다만 이 말을 하는 것은 너희로 구원을 얻게 하려 함이니라 신약성경도 사람들, 곧 예수 그리스도께 친히 가르침을 받았지만 사람 차원에서 보고 들은 것을 증거한 것이다. 이렇게 신약성경을 기록한 저자들도 예수 그리스도에 대해서 한 증거가 전부 한 몫의 삶일 때, 곧 십자가를 지시기 전에 하신 일을 자신들의 수준에서 보고 듣고 경험하여 증거하였다. 예수 그리스도께서 신령한 몸으로 다시 부활하셔서 나타나셨을 때, 그들이 알아보지 못했다는 것은 예수님이 살아 계실 때 그분이 하신 말씀을 믿지 않았다는 증거다. 말씀을 믿지 아니했다는 것은 예수 그리스도께서 하신 말씀이 그 속에 거하지 아니했다는 증거다.

그리고 부활하신 예수 그리스도가 사십 일 동안 구약성경을 가지고 자신에 대해서 자세히 해석하니까 제자들이 예수는 보이지 않고 그리스도만 보였다고 하였다. 예수께서 육체를 입고 계실 때 하신 일은 기록하지 말았어야 했는데 그때는 때가 아니니 승천하신 후에 육체에 속하셨을 때 하신 일, 하신 말씀을 그대로 기록한 것이 신약성경이다.

여기서 모두 정신을 차리고 들어라. '성경, 경'이라는 단어는 신약성경에만 기록되어 있다. 성경을 성경으로 해석하면 **갈3:22절**에 "성경이 모든 것을 죄 아래 가두었으니"라는 말씀은 문자 그대로도 신약성경이 모든 것을 죄 아래 가두었으니라는 말이 해답이다. 구약성경을 내려놓고라도 말이다. 그런데 구약, 신약성경을 합본으로 다 가지고도 성경이 모든 것을 죄 아래 가두어 두었으니라는 말씀을 왜 안 믿느냐?

하나님께서 정하신 6일, 구약 4천 년 + 신약 2천 년, 곧 6일인 6천 년간은 성경을 사용하는 모든 것, 곧 모든 사람이 다 죄 아래 가두어져 있었다는 것을 14년째 증명을 하고 있는데도 귀신들은 안 믿는다. 진리를 한 절이라도 믿으면 절대 죄를 짓지 않는다. 귀신이 주인일 때는 절대 하나님을 믿지 않는다. 당연히 예수 그리스도를 믿지 않는다. 증거가 아들 예수를 통해서도 하나님께서 보여 주셨다. 십자가상에서 "엘리 엘리 라마 사박다니"라고 하신 것이 명백한 증거다. 육체에 해당하는 기간에 자신을 통해서 하나님께서 하신 일을 당신 자신이 다 보았고 경험하셨다. 그러나 말씀만 전하실 때와 사건에 부딪혔을 때 보이신 실상이 증거다. 말씀만 하실 때는 담대하게 이렇게 말씀하신다.

요5:35~38 [35]요한은 켜서 비취는 등불이라 너희가 일시 그 빛에 즐거이 있기를 원하였거니와 [36]내게는 요한의 증거보다 더 큰 증거가 있으니 아버지께서 내게 주사 이루게 하시는 역사 곧 **나의 하는 그 역사가 아버지께서 나를 보내신 것을 나를 위하여 증거하는 것이요** [37]또한 나를 보내신 아버지께서 친히 나를 위하여 증거하셨느니라 너희는 아무 때에도 그 음성을 듣지 못하였고 그 형용을 보지 못하였으며 [38]그 말씀이 너희 속에 거하지 아니하니 이는 그의 보내신 자를 믿지 아니함이니라

이 말씀이 예수님 당시만이 아니고, 하나님께서 전대미문의 새 언약을 시작하신 때인 2008년 6월 16일 이전에 그 누구도 예수 그리스도를 안 믿고 있었다는 뜻을 담고 하신 말씀이다. 예수 그리스도를 이 땅에 보내신 분을 믿지 아니한 것이다. 당시 사도들도 예수 그리스도를 선생이라고 말했던 것과 세례 요한이 예수 그리스도에게 세례를 주고 예수 그리스도를 전했어도, 예수 그리스도를 진짜 믿었다면 자신이 하던 일을

접고 예수 그리스도 앞에 왔어야 한다. 그러니 순교를 당한 것이다.

또한 35절에 "요한은 켜서 비취는 등불이라"라고 하신 말씀도 성경을 보는 누구든지 요한은 당시 세례 요한이라고만 생각하는 고착된 생각을 버려라. 요한계시록, 요한 1, 2, 3서, 요한복음을 기록한 사도 요한도 요한이다. 전 성경을 기록한 저자들은 각 시대마다 사용하신 등불들이다. 예수 그리스도를 통하여 하나님께서 하신 일, 곧 우리를 구원하셔서 온전히 영생에 이르게 하시기 위한 하나님의 행하심을 보고, 듣고, 믿어야 한다. 그런데 지금 전 세계 기독교, 천주교를 보아라. 하나님의 행하심을 믿고 있는지. 혀로 말만 "하나님, 예수님" 하면서 이용만 하고, 하나님의 행하심, 하나님의 뜻에는 아무 관심이 없다. 또 예수님께서 하신 39절의 말씀을 보자.

요5:39 너희가 성경에서 영생을 얻는 줄 생각하고 성경을 상고하거니와 이 성경이 곧 내게 대하여 증거하는 것이로다

전 성경이 예수 그리스도에 대한 예언만 있느냐? 그래서 지금 전 세계 성경을 사용하는 종교 지도자들이 다 신약성경을 가지고 예수 그리스도에 대해서 성경대로 설교를 했고, 설교하고 있느냐?

예수 그리스도를 이 땅에 보내신 하나님의 뜻은 우리로 온전히 구원을 얻게 하려 하심이다. 그런데 왜 34절에서는 "그러나 나는 사람에게서 증거를 취하지 아니하노라"라고 하시며, "다만 이 말을 하는 것은 너희로 구원을 얻게 하려 함이니라"라고 하셨을까? 이는 사람에게서 증거

를 받은 자는 구원을 얻지 못한다는 뜻이 감추어져 있다. 이 사실을 알면 성경이 왜 모든 것을 죄 아래 가두어 두셨다고 예언해 두셨는지 알게되고, 14년째 나를 통한 이 일이 왜 전대미문의 새 일인지 밝혀진다.

이 본문에서 "취하지 아니하노라"라는 말은 구원을 얻지 못한다는 뜻이다. 이 한 진리만 깨달아도 지금까지 전 세계 성경을 사용하는 모든 종교들이 무슨 죄를 짓고 있었는지 깨달아진다. 이러니 세상에 있는 다른 종교들은 더 말할 필요조차 없으므로 말하지 않는 것이다. 하나님 외에 다른 신은 절대 없다. 모든 종교는 다 허상이다. 사기다. 속고 속이는 것이다. 기독교가 구원과 관계 없는 일을 하고 있는데, 이 사실을 알면서 사실대로 말하지 않는 것은 직무유기다. 듣든지 아니 듣든지 하나님의 법으로 온 세상의 거짓을 판결한다.

'취하다'는 말은 '버리지 않고 가지거나 골라 잡다, 가지다, 장가들어 아내를 맞아들이다, 어떤 태도를 가지거나 행동하다, 어떤 대책을 쓰다'라는 뜻이다. 곧 사람에게서 증거를 취하지 아니한다는 말은 취한다는 뜻이 하나도 이루어지지 않는다는 것이다. 성경을 통해 증명한다.

요3:29 신부를 취하는 자는 신랑이나 신부를 취하는 자는 신랑이나 서서 신랑의 음성을 듣는 친구가 크게 기뻐하나니 나는 이러한 기쁨이 충만하였노라

이는 한 남편 예수 그리스도를 믿는 자는 반드시 사람의 증거가 아닌 하나님의 증거를 받아야 예수 그리스도께 취한 바 된 신부가 되는 것

이다. 지금 기독교인들은 전부 상상한다. 기록된 판결, 곧 기록된 하나님의 말씀대로 예수 그리스도에 대해서 증거하시는 하나님의 증거하심이 아니면 중층의 소리도 아닌, 예수 그리스도와 아무 관계가 없는 소리이므로 신랑이신 예수 그리스도를 절대 만날 수 없다. 예수님 당시 제자들은 예수 그리스도를 통해서 하시는 역사를 친히 보고도 믿지 아니했던 사람들이다. 이런 사도들을 사용하여 기록된 성경도 사람의 증거인데 누가 예수 그리스도의 신부가 되었느냐?

공중에서 휴거 한다고 하는 저들은 다 술취한 자들, 포도주에 취한 자들, 더 직설적으로 말하면 미친 자들이다. 하나님과 예수 그리스도와 아무 관계가 없다. 마태복음 24장의 열 처녀 비유도 그 본문만 가지고 가르치는 자들은 예수 그리스도와 아무 관계가 없다. 마태복음 13장, 마가복음 4장, 누가복음 8장의 씨 뿌리는 비유도 온 세상에 현재 성경을 가지고 설교하는 그들과 아무 관계가 없는 말이다. 14년째 나를 통한 이 일을 두고 예언해 두신 것이다.

이 말을 처음부터 했으면 아무도 안 믿었다. 진실로 사실이다. 하나님의 말씀에는 말의 뜻이 감추어져 있다고 하니까 신천지에서 그렇게 말한다고 하는데 그들은 가라지를 추수한 자들이다. 그들은 흉내를 낼 뿐 절대 천국의 비밀을 알 수 없다. 그들이 생명책에 이름이 기록된 사람들이라면 은혜로교회처럼 예수 그리스도의 계명, 하나님의 계명을 지켜 실행했어야 하고, 저렇게 수십만 명을 모은 것 자체가 절대 아니다.

히9:10절의 성경적인 개혁을 했어야 하고, 히브리서 8장의 새 언약을 선포하여 성도들의 마음에 할례를 받게 했어야 하며, 롬8:14, 19절의 예언대로 실상이 되어 하나님의 아들들이 하나님의 말씀으로 다시 창조되었어야 한다. 이에 대해서는 영원히 증명한다.

다음 '취하다'는 말의 해답을 찾아가자. 시18:16절 말씀을 보자.

시18:16 저가 위에서 보내사 나를 취하심이여 많은 물에서 나를 건져 내셨도다

이 예언이 2008년 6월 16일부터 땅에 실상이 되어 현재 이루어지고 있다. 예수 그리스도께서 당신의 이름으로 아버지께로서 보내시겠다고 약속하신 또 다른 보혜사인 진리의 성령을 실상으로 보내셨고, 이미 전 성경에 예언해 두신 대로 이루어져서 요6:45절의 예언대로 하나님의 가르치심을 대언하여, 사람들이 빨리 왕래하고 지식이 더하는 이때에 유튜브를 통해서 말씀을 받고, 계17:1~18절에 귀신의 처소 바벨론에서 내는 많은 물, 곧 성경을 가지고 성경과 다른 거짓말을 가르치는 지옥 불의 소리인 홍수, 창수에서 취하여 내신 것이다.

이는 요6:45절의 말씀대로 하나님의 가르치심을 대언한 것이며, 요일5:7~9절의 하나님의 증거하심이라 이렇게 친히 증거하셔서 많은 물에서 하나님께서 취하여 내신 것이다. 그래서 다음과 같이 예언해 두셨고, 이미 실상이 되어 성취되고 있다.

시50:1~7절이다. "¹전능하신 자 하나님 여호와께서 말씀하사 해 돋는 데서부터 지는 데까지 세상을 부르셨도다 ²온전히 아름다운 시온에서 하나님이 빛을 발하셨도다 ³우리 하나님이 임하사 잠잠치 아니하시

니 그 앞에는 불이 삼키고 그 사방에는 광풍이 불리로다 ⁴하나님이 그 백성을 판단하시려고 윗 하늘과 아래 땅에 반포하여 ⁵이르시되 나의 성도를 내 앞에 모으라 곧 제사로 나와 언약한 자니라 하시도다 ⁶하늘이 그 공의를 선포하리니 하나님 그는 심판장이심이로다 ⁷내 백성아 들을 찌어다 내가 말하리라(하나님은 친히 진술하시지 않고 장가드셔서 셋이 하나 된 자, 온전한 것, 믿음, 진리의 성령, 해를 입은 여자를 통하여 14년째 이미 전대미문의 새 언약으로 말씀하시고 계신다. 그리고 이미 한 몫의 삶을 버리고 계명을 좇아 약속하신 땅에서 거룩한 산 제사를 신령과 진정으로 드리고 있다. 그래서 14년째 이 일은 하나님의 증거하심이다. 이렇게 시18:16절의 말씀을 이루시고 계신 것이다. 진리는 이런 것이다. 기록된 진리가 실상이 되어 땅에 그대로 이루어지므로 그 누구도 이 진리를 아니라고 할 수 없다.

반면에 가짜는 혀로 남의 이야기하듯이 매끄러운 말로 사람들을 호린다. 상상 속에 자칭 기독교인들은 그런 많은 물을 먹고, "아멘~" 하며 은혜받았다고 하고, 이런 귀신의 처소에서 귀신의 가르침을 더 좋아하며 자칭 지성인이라 자랑한다. 이제 이런 귀신의 처소에서 혀로 호리는 매끄러운 거짓말을 하는 자들에게 영원히 잠잠하라고 성전 문을 닫게 하시는 징벌이 코로나19 전염병이다.

사람의 눈으로 "내 백성아 들으라 내가 말하리라"라고 하시는 이 말씀을 보면 자신이 기도하면서 '하나님, 말씀하시옵소서' 하고 상상한다. 어떤 목사는 주일 설교 말씀을 산에 가서 기도하고 받아서 몇 장, 몇 절을 주셨다고 부끄러움도 모르고 거짓 자랑하고, 자신이 신령한 사람인 줄 가장하고, 교인들은 그 말에 속는다. 이렇게 절대 말씀하시지 않는다. 지금 전 세계가 이렇게 환상, 환각 상태이며, 포도주에 취한 상태다.

이미 2008년 6월 16일부터 전대미문의 새 언약으로 말씀하시고 계신다. 전 우주적인 심판 날, 여호와의 날, 인자의 날에 실상이 되어 이루어지고 있는 말씀이다. 그래서 '새 일, 새 언약'이며, '영원하신 하나님께서 증거하시므로 영원한 언약'이다. 하나님께서 영원하시니 영원히 거처하시는 성전 된 자, 곧 호2:19~20절 예언이 실상이 된 자를 통해서 내 백성아 들을찌어다 내가 말하리라) 이스라엘아(다시 택하신 이스라엘, 곧 영적으로도 전대미문의 새 언약으로 다시 택하신 이스라엘, 실상으로도 저 황금돔이 있는 세상 사람들이 누구나 아는 이스라엘이 아닌 시 102:18절의 말씀대로 다시 창조하신 이스라엘아) 내가 네게 증거하리라 나는 하나님 곧 네 하나님이로다"

반드시 히브리서 8장의 예언이 실상이 된 여러분들이 이 예언의 실상이다. 대적자들이 옥에 가두어 두어도 온 세상 그 누구도 막을 수 없는 일이 이 일이다. 사람의 증거와 하나님의 증거는 이렇게 다르다. 실상으로 여러분들을 귀신의 처소인 많은 물에서 건지신 것이다.

이를 두고 "저가 위에서 보내사 나를 취하심이여"라고 하신 예언을 성취하신 하나님이시다. 2천 년 전에는 위에서 아들 예수 그리스도를 보내셨고, 2021년 지금은 아들을 통해서 약속하신 진리의 성령을 보내사 성도들 한 성도, 한 성도를 취하신 것이다. 이는 여러분 한 몫의 삶일 때 교회 생활은 명백한 사람의 증거였다는 하나님의 증거이기도 하다. 이제야 하나님이 여러분의 하나님 아버지시다. 그래서 이제는 절대 고아가 아니다.

그러나 이때 우리는 이렇게 많은 물에서 취하여 하나님의 권속을 삼으셨지만, 이 일을 대적한 악인들에게는 다음 예언대로 사실이 된다.

시50:16~21절 "¹⁶악인에게는 하나님이 이르시되 네가 어찌 내 율례를 전하며 내 언약을 네 입에 두느냐 ¹⁷네가 교훈을 미워하고 내 말을 네 뒤로 던지며 ¹⁸도적을 본즉 연합하고 간음하는 자와 동류가 되며 ¹⁹네 입을 악에게 주고 네 혀로 궤사를 지으며 ²⁰앉아서 네 형제를 공박하며 네 어미의 아들을 비방하는도다(너무 명백하게 2021년 지금 현재 이미 우리 안에서 떨어져 나가서 고소하여 온 세상에 이 예언을 이루고 있는 악인이 실상이 되었다. 대적의 기록한 소송장에도 명백하게 기록되어 있다. 이 예언은 예수 그리스도에 대한 예언이 절대 아니다. 지금 이 세대에 현재 이루어지고 있는 말씀이다.

혀로 악을 도모하는 데 두어 궤사, 곧 그들에게 나와 우리는 남인데 이런 나를 해칠 목적을 가지고 계획적으로 진리와 사실을 외면한 채 시도하는 악한 음모나 거짓된 언행, 간사스러운 꾀와 교활한 속임수를 지어내고 하나님의 자녀들을 공격하여 비방하고 있다.

'어미'라는 말이 더 명백하게 현재 나와 우리에 대한 증거다. 우리를 비방하는 자들은 나를 통한 이 일이 자신들의 혀로 "하나님, 예수님" 하는 하나님 나라의 비밀을, 영원한 언약으로 영생에 이르게 하는 하나님의 가르치심을 대언하는 줄을 모르니까 그러는 것이다. 사실 몰라도 죄를 그렇게 함부로 지을 수 없다. 이미 성경을 가지고 있으면서 어떻게 그런 식으로 함부로 다른 사람을 비방하고 정죄하나? 귀신이 주인인 인간은 진실로 자해한다.)

²¹네가 이 일을 행하여도 내가 잠잠하였더니 네가 나를 너와 같은 줄로 생각하였도다(그래서 죄를 심상히 여기는 자는 하나님을 절대 모른다. 전부 자기 기준으로 보고 판단하고 함부로 지껄이는 것이다. 귀신이 주인일 때는 절대 하나님을 믿는 것이 아니다. 하나님을 자신의 저급한 수준으로 착각하는 그들을 보아라. 이래서 악인은 자신의 생각의 결과로 영원히 패망한다.) 그러나 내가 너를 책망하여 네 죄를 네 목전에 차례로 베풀리라 하시는도다 ²²하나님을 잊어버린 너희여 이제 이를 생각하라 그렇지 않으면 내가 너희를 찢으리니 건질 자 없으리라"

자신들은 아무 생각 없이 함부로 지껄이고, 혀로 거짓말을 지어내어 하나님의 것을 도적질하여 자기 사람 만들고, 훼방하여 온 세상에 치욕을 준 이 일에 대한 결과가 어떤 결과를 가져오는지 판결한다. 위 본문만 보면 하나님께서 너희를 찢으리니 건질 자가 없을 것이라고 단순하게 볼 수 있다. 그들은 영적인 소경, 귀머거리니까 경고하고, 경고한다. 나를 통한 이 일을 훼방한 자들은 어떻게 되는지 신령한 것을 신령한 것으로 분별하여 판결한다.

이 땅 사방의 일이 끝났다

렘15:1~9 ¹여호와께서 내게 이르시되 모세와 사무엘이 내 앞에 섰다 할찌라도 내 마음은 이 백성을 향할 수 없나니 그들을 내 앞에서 쫓아내치라 [2]그들이 만일 네게 말하기를 우리가 어디로 나아가리요 하거든 너는 그들에게 이르기를 여호와의 말씀에 사망할 자는 사망으로 나아가고 칼을 받을 자는 칼로 나아가고 기근을 당할 자는 기근으로 나아가고 포로 될 자는 포로 됨으로 나아갈찌니라 하셨다 하라 [3]나 여호와가 말하노라 내가 그들을 네 가지로 벌하리니 곧 죽이는 칼과 찢는 개와 삼켜 멸하는 공중의 새와 땅의 짐승으로 할 것이며 [4]유다 왕 히스기야의 아들 므낫세가 예루살렘에 행한 바를 인하여 내가 그들을 세계 열방 중에 흩으리라 [5]예루살렘아 너를 불쌍히 여길 자 누구며 너를 곡할 자 누구며 돌이켜 네 평안을 물을 자 누구뇨 [6]여호와께서 가라사대 네가 나를 버렸고 내게서 물러갔으므로 네게로 내 손을 펴서 너를 멸하였노니 이는 내가 뜻을 돌이키기에 염증이 났음이로다 [7]내가 그들을 그 땅의 여러 성문에서 키로 까불러 그 자식을 끊어서 내 백성을 멸하였나니 이는 그들이 그 길에서 돌이키지 아니하였음이라 [8]그들의 과부가 내 앞에 바다 모래보다 더 많아졌느니라 내가 대낮에 훼멸할 자를 그들에게로 데려다가 그들과 청년들의 어미를 쳐서 놀람과 두려움을 그들에게 졸지에 임하게 하였으며 [9]일곱 자식을 생산한 여인으로는 쇠약하여 기절하게 하며 오히려 백주에 그의 해로 떨어져서 그로 수치와 근심을 당케 하였느니라 그 남은 자는 그 대적의 칼에 붙이리라 여호와의 말이니라

2021년 6월 16일부터 신문에 내는 이 판결은 14년째 이 일을 대적하고 훼방한 모든 자들에게 마지막 경고다. 진실로 진실로 이 말씀대로 경고를 받지 아니하고, 회개하고 돌아서서 이 부당한 재판을 바로잡

고 공개 사과하지 아니하면, 전 성경에 기록된 모든 재앙이 이 온 세상에 차례로 다 내린다. **예레미야 15장**의 이 말씀이 실상이 된다.

하나님께서 뜻을 돌이키시기에 염증이 났다고 하신 말씀은 악인들이 가슴을 치고 통곡할 일이다. 이런 악인들을 돌이키기에 지치셨다는 뜻이다. 진실로 이 말이 사실이다. 진저리 난다는 말이 합당하다. 짐승이라도 인간이 되었을 시간이다. 지금 이 본문을 예레미야 당시 유대인들에 대한 이야기라고 말하는 목사는 영적으로 죽은 흉악한 귀신이다. 사단이요 마귀다. 진실로 이 예언은 지금 전 세계에 예수 이름, 하나님의 이름 사용하는 모든 종교인들, 교회들이 다 해당한다.

특히 한국 교회는 더 이상 어떤 변명도 소용이 없다. 10년을 넘게 외치고 외쳤다. 이 말씀을 받고 낙토에까지 갔다가 떨어져서 대적하고 **시50:16~23절**의 예에 해당하는 언행을 하며, 피지에까지 가서 하나님의 아들들을 짓밟은 이 일, 거짓 증언하여 7년, 4년을 판결하게 만든 이 일은 네 가지 중한 벌을 땅에서 받는 것으로 끝나는 것이 아니다. 육체가 죽어도 그 혼은 영원한 지옥 불구덩이에 떨어져서 영원히 살아야 하는 심판이다. 이들은 전부 자칭 기독교인들이다. 그래서 일곱 자식을 생산한 여인, 곧 예수 이름 사용하는 교회 지도자를 비유하신 것이다. 혀로 오직 예수하면서 하나님의 말씀은 다 무시하고 멸시하여 도리어 이단이라 정죄한 이 죄에 대한 대가인 코로나19 바이러스 재앙은 빙산의 일각이다.

1년 반 동안 공식적으로 집계한 확진자가 2억 명이 넘었고, 사망자가 4백만 명이 넘는다는 것은 사람들의 말일 뿐 이보다 배가 많을 것이라고 이 세상 사람들이 말을 한다. 저 중국, 러시아, 북한, 아프리카, 인도, 이란 등 저들을 어떻게 믿나? 다 숨기는데~

지금 전 세계에 내리는 홍수, 불이 나서 어떻게 되는지 보아라. 앞서서 전 세계를 들어 징벌하심을 보고도 하나님을 두려하지 않는 귀신이 주인인 자들은 사람이 아니다. 진실로 돌이키기에 염증이 났다. 과천에 너희 절대로 더 이상 봐주지 않는다. 공자, 중희, 은숙, 상미, 정옥, 계순, 수경 너희가 인간이냐? 너희들은 이 세상에 속한 자들보다, 나를 고소하여 대적하는 대체육체들보다 더 악한 자들이다. 신자, 너는 미친 자다. 돌이키기에 염증이 나게 하는 자들이 바로 너희들이다. 다시는 너희들을 보고 싶지 않다. 준희, 너도 미쳤구나. 네가 돼지냐?

이제 세상에 일어나는 일들로 인하여 기절하는 일들이 있다. 창세이래 지금 이 세대까지 참고 참으신 하나님이시다. 이제는 끝이다. 악인들이 받을 벌을 판결하다가도, 내가 무서워서 택한 자녀들을 향한 하나님의 뜻을 또 말하고, 또 말하여 인을 치지만, 이제 그 누구도 하나님의 뜻을 되돌릴 수 없다. 악인을 벌하시는 것은 그 악인보다 더한 악인을 사용하셔서 심판하신다. 이미 **에스겔 7장**의 말씀이 실상이 될 준비는 끝났다.

겔7:1~17절이다. "¹여호와의 말씀이 또 내게 임하여 가라사대 ²너 인자야 주 여호와 내가 이스라엘 땅에 대하여 말하노라 **끝났도다** 이 땅 사방의 일이 **끝났도다**(이는 얼마나 무서운 말씀인지 너희들은 상상조차 할 수 없다. 택한 자녀들이 있는 낙토에까지 재앙이 와도 미친 짓하는 너희들은 짐승이다. 너희 두 눈으로 똑똑히 보아라. 어떤 판결이 예언되어 있는지~ 악인들이 세상을 지배하는 일이 끝났고, 이들을 들어 또 악인을 심판하시는 모든 일도 이미 다 준비되었다. 혀로 "주여 주여" 하면서 술에 취해 미친 짓을 하는 자칭 기독교인들, 예수 이름 사용하여 더 치명적인 죄를 짓고 있는 자들에게 내리는 판결이다. 그래서 다음 말씀이 사실이 되어 이미 14년째 이루어지고 있어도, 미친 짓을 계속하는 자들은 사람이 절대 아니다.

> **롬9:27~28** [27]또 이사야가 이스라엘에 관하여 외치되 이스라엘 뭇자손의 수가 비록 바다의 모래 같을찌라도 남은 자만 구원을 얻으리니 [28]주께서 땅 위에서 그 말씀을 이루사 필하시고 끝내시리라 하셨느니라

다시는 패역을 봐주시지 않고 이제 끝낸다. 온 세상에서 가장 악한 자가 이 진리를 받고도 귀신 노릇 하는 자들이다. 공자, 상미, 중희 이들은 내버려라. 사람이 안 된다. 더러운 귀신들, 자칭 사모들은 절대 봐주지 마라. 목사 머리 노릇 한 인간들이라 절대 안 듣는다. 다현이, 너는 티끌이다.

메뚜기들은 메뚜기 재앙이 지구 반대편에서 실상이 되어 일어나도 자신들이 무슨 짓을 하는지 못 깨닫는다. 높은 자리 앉아서 네가 무슨 짓을 했는지 보고도 정신을 안 차리는 너는 누구냐? 성아, 너는 다시 또 그런 못된 짓을 하면 낙토에서 내보낸다. 네 육의 아비, 어미가 무슨 짓을 했는지 판결을 보고도, 징벌을 받은 다현이를 보고도 그러고 싶으냐? 이 귀신아~ 말쟁이, 가증한 것아~)

³이제는 네게 끝이 이르렀나니(2021년 8월 7일 지금 이때는 악인을 의인 만드는 때가 아니다. 낙토에서 누가 의인인지, 악인인지, 결판이 난다고 수없이 말했다. 이제 과천도 마찬가지다. 더 이상 기다려 줄 수 없다. 전부 판결대로 다 이루어지는 것을 너희 두 눈으로 14년째 보고도 미친 짓하는 자, 악인이라고 판결이 난 자들이다. 다현이, 너는 끝났다. 다시 내게 편지도 하지 마라.)

내가 내 진노를 네게 발하여 네 행위를 국문하고 너의 모든 가증한 일을 보응하리라('국문'이란 영원한 왕이신 하나님께서 창세 이래 지금까지 단 한 세대도 없었던 일이다. 나를 감옥에 가두는 것을 미리 예언해 두신 판결이 BC 550년경이다. 이 예언이 사실이 되어 2568년이 지난 2018년 7월 24일에 실상이 된 것이 나와 성도들이 감옥에 갇힌 이 사건인데, 이는 이미 10년간 은혜로교회 성도들을 국문하신 결과였다. 뿐만 아니라 한국 기독교도 마찬가지다. 10년을 애곡하며 하나님의 뜻을 선포했다. 특히 교회 안에서 의로우신 재판장이신 하나님께서 준엄하고도 공의로운 판결을 내리시거나 악인들에 대한 준엄한 심판을 행하실 때에 사용하는 단어가 바로 국문이다. 이는 '조사하다, 계수하다'는 뜻으로 철저하게 조사하시고 심문하시는 행위를 말씀하시는 것으로 이미 3년이 넘게 나를 이렇게 조사하고 심문하시고 계시는 이 일이 국문이다. 증명한다.

영생하도록 있는 양식을
먹이는 '인자'

겔3:1~11절에 "¹그가 또 내게 이르시되 인자야 너는(이 '인자'는 절대 예수 그리스도에 대한 예언만이 아니다. 인자라고 하면 하나님의 아들이라는 고착된 지식을 버려야 한다.

요6:27 썩는 양식을 위하여 일하지 말고 영생하도록 있는 양식을 위하여 하라 이 양식은 인자가 너희에게 주리니 인자는 아버지 하나님의 인치신 자니라

이 예언이 실상이 되어 이미 영생하도록 있는 양식을 14년째 먹이고 있으니, 이는 하나님께서 인정하시고 미리 정하셔서 호2:19~20절의 내가 네게 장가들어 영원히 살려 하심이라고 하신 실상인 나에 대한 예언이다. 그래서 "나의 완전한 자는 하나뿐이로구나"라고 하신 것이다.

따라서 고전13:10절의 '온전한 것'이며, 믿음의 실상이다. 그래서 해를 입었다고 하신 것이다. 잠언 31장의 현숙한 여자는 그 남편이신 하나님의 마음이 그를 믿는다고 하신 것이 바로 하나님께서 인치신 자라는 뜻이다. 이미 이 세상에 태어나기 전, 3421년 전에 성경의 최초 기록자를 비롯해서 요한계시록까지 다 인정해 두시고 예언해 두신 그대로 '이 땅에 보내신 자'를 하나님 아버지께서 인치신 자라고 하신 것이다.

따라서 '에스겔' 선지자, 곧 당시 이 말씀의 저자인 에스겔을 두고

"인자야"라고 하신 것으로 기록되었지만, 이 예언은 2021년 지금 이 세대 나에 대한 예언이 명백하다. 이래서 자신들이 알고 있다는 지식도 폐하고, 예언도 폐하고, 방언도 이미 폐하고 있다. 예언이 실상이 되었으니 이 말씀을 예언으로만 보는 것도 이제 끝났다.

인자가 사실이 되었으니 사52:1~2절에 "보좌에 앉아서 티끌을 떨어 버리라"라고 하신 것이다. 또 이래서 요16:13절에 "진리의 성령이 오시면 그가 너희를 모든 진리 가운데로 인도하시리니 그가 자의로 말하지 않고 오직 듣는 것을 말하시며 장래 일을 너희에게 알리시리라"라고 하신 것이다. 그러므로 절대 인자, 곧 하나님께서 온전히 인정하시고 인치신 자는 완전한 지혜를 가지신 하나님의 성전이 된 자, 하나님의 영원히 거하시는 처소가 된 자를 뜻하신 것이다.

이렇게 명확하고 명백하게 예언하여 기록해 두신 그대로 땅에서 이루어 드리는 것이 이미 너희에게 영생하도록 있는 양식을 영육으로 온전히 먹였고, 현재 영생하도록 있는 일을 하고 있는 이 일이 바로 내가 '인자'라는 하나님의 증거다.

다시 겔3:1절로 가서 그가 또 내게 이르시되 인자야 너는) 이 두루마리를 먹고 가서(주로 구약성경을 가지고 두루마리라고 하셨고, 신약성경에는 히10:7절에만 "두루마리 책에 나를 가리켜 기록한 것과 같이"라고 하셨다. 곧 전 성경을 여러 부분, 여러 모양으로 말씀하신 것인데 이 또한 나에 대한, 우리에 대한 예언이었고, 이미 이루어지고 있다.

시40:1~7 [1]내가 여호와를 기다리고 기다렸더니 귀를 기울이사 나의 부르짖음을 들으셨도다 ²나를 기가 막힐 웅덩이와 수렁에서 끌어 올리시고 내 발을 반석 위에 두사 내 걸음을 견고케 하셨도다 ³새 노래 곧 우리 하나님께 올릴 찬송을 내 입에 두셨으니 많은 사람이 보고 두려워하여 여호와를 의지하리로다… ⁷그때에 내가 말하기를 내가 왔나이다 **나를 가리켜 기록한 것이 두루마리 책에 있나이다**

이 예언도 전대미문의 새 언약을 하는 우리에 대한 예언이다. 곧 두루마리 책, 성경에 나를 가리켜 기록해 두셨고, 나와 우리는 하나님의 뜻을 이 땅에 행하기 위해 보내신 것임이 **8절**에도 예언되어 있다.

따라서 **겔3:1절**도, **시편**도 다른 세대, 다른 사람들이 아닌 2021년 지금 이 세대 내가 이 땅에 태어나기 전, 3021년 전, 2571년 전에 이미 성경인 두루마리 책에 기록이 되어 있는 이 자체가 하나님께서 인을 치신 명백한 증거다. 신령한 것은 신령한 것으로 분별을 하지 아니하면 성경을 보는 모든 사람들이 본능적으로 아는 다윗과 에스겔 선지자에게 하신 말씀이라고 생각하지만 아니고, 그들을 사용하셔서 2021년 지금 이 세대 나와 우리에 대한 예언이 명백하다. 예수 그리스도에 대한 예언도 감추어 있지만, 실상은 전대미문의 새 언약을 할 때에 인치신 자가 누군지 명확하게 기록되어 있었다.

하나님께서 인치신 나에 대해서 "인자야 너는 받는 것을 먹으라 너는 이 두루마리를 먹고 가서"라는 말씀은 전 성경을 먹고 가서) 이스라엘 족속에게 고하라 하시기로(다시 택하신 이스라엘 족속인 전 은혜로 교회 성도들에게 고하라는 뜻이다. 이 본문을 가지고 얼마나 많은 목사들이 자신들이 꿈에 하나님께서 두루마리를 먹여 주셨다고 하면서 사기를 치는지~ 영광제일수양관의 그 목사님도 오산리 기도원에서 불을 받았다고 하면서 불덩어리가 자신의 입에 들어와서 먹었고, 이 본문을 인용하며 말을 할 때도 '언젠가 때가 되면 이 말을 할 때가 있으리라~' 하고 있었다. 진짜는 헛된 자랑을 하지 않는다. 본래 가짜가 요란스럽게 거짓 자랑을 하는 것이다. 모두 죽지 말고 살아서 진짜 주인공들이 누군지 알게 되기를 바랄 뿐이다.)

²내가 입을 벌리니 그가 그 두루마리를 내게 먹이시며(이래서 성경이 모든 것을 죄 아래 가두어 두었다고 하신 것이다. 문자 그대로만 보면 다 상상하고 이렇게 되기를 소원하여 기도하고 지어내고, 이런 목사들에게 속고 다닌 때가 있었다. 그래서 **엡3:5절**을 예언해 두신 것이다. 지금도 수많은 목사들이 이 본문을 이용하여 자신을 신령한 사람인 것처럼 가장하여 자신도 자신 속에 있는 귀신에게 속고, 교인들도 속이는 흉악한 귀신이 되어 있는 것이다. 그 보응이 얼마나 무서운 줄 아느냐? 영원히 증명된다. 부끄러워서 얼굴을 들 수 없게 된다.

'생명책'을 꿈에 보았다고 하는 새빨간 거짓말로 세계에 유명해진 서사라 목사를 보아라. 아무것도 아닌 거짓말에 얼마나 많은 교인들이 따라다니는지. 그는 사기 치고 공갈하며 교인들을 지옥에 보내는데 존경받고 목회라는 것을 하고 있다.

이 본문 예언의 진짜 주인공인 나는 불과 몇백 명을 데리고 이 시간에도 감옥에 갇혀 있는 흉악범 취급을 당하는 것이 2021년 8월 7일 토요일 오늘의 현실이다. 그들은 전부 사기 치고 교인들을 죽이는 살인자들인데도 인기가 많은 목사다. 가짜가 새빨간 거짓말로 어떤 사기를 치고 사람을 모으는지 안다면 이 진리를 받으면서 이렇게 귀신 짓하고 말씀을 무시하며 멸시하는 이런 패역을 절대 할 수 없다.

성필, 주리, 금순이 너희가 무슨 짓을 하는지 알기나 하나? 이 온 세상이 가짜에는 미치고 진짜 진실은 짓밟고 무시하는 세상이니 하나님께서 조사도 않으시고 심판하실 수밖에 없다. 이런 악독한 귀신들을 다시 보고 싶지 않다. 진짜 진저리 난다. 저런 귀신들은 지옥에 가 보아야 정신을 차릴건지~ 문자 그대로, 성경을 보고 자신을 신령한 척 가장하는 말씀 중에 제일 많이 사용되는 구절이 이 말씀이다. 절대 속으면 안 된다. 100% 사기꾼이다. 진리는 그런 사기꾼들에게 주시는 것이 아니다. 특히 성필이, 주리, 금순이는 교만이 기본 뿌리다. 상상하는 환각 상태다. 네 누나, 네 언니, 네 딸들처럼 살래? 이 귀신들아~

에스겔 3장의 예언이 나에 대한 예언이며, 이미 실상이 되었다. 온 세상에 그 누구도 이 예언을 가지고 사기 치지 마라. 이 예언을 기록한 에스겔 선지자도 본문의 주인공이 아니였고, 예수 그리스도도 본문의 주인공이 아니고, 지금 이 세대 나에 대한 예언이며, 우리에 대한 예언이다.)

³내게 이르시되 인자야 내가 네게 주는 이 두루마리로 네 배에 넣으며 네 창자에 채우라 하시기에 내가 먹으니 그것이 내 입에서 달기가 꿀 같더라(이 예언은 **요한계시록 10장**에서 다시 인용한다. 그래서 전 선경이 모든 것을 죄 아래 가두어 두는 기간에는 이런 말씀의 뜻을, 문자적인 기록 속에 감추어 두신 하나님의 나라 비밀을 아무도 몰랐던 것이

다. 이미 **요한계시록 10장**의 예언도 실상이 되어 이루어지고 있은 지 14
년째다.

요즘 조선일보에 "요한계시록의 비밀이 햇빛같이 나타났다"라는
제목으로 또 사람들을 미혹하는 자가 광고를 내더라. 아무것도 모르는
기독교인들은 또 속을 수밖에 없도록 미혹하는 광고이더라. 저렇게 또
속인다. 귀신들은 자기들 때에 저렇게 속여서 돈을 번다. **요한계시록 10장**
을 모두 찾아서 합독하거라.

요한계시록 10장에서 배에서는 쓰나 입에서는 꿀같이 달더라고 기
록된 것은 이 사명, 곧 전 세상에 다시 예언해야 할 때 겪어야 할 고통,
고난이 동반된다는 뜻이다. "이단이니~ 사이비니~" 하다 못해 흉악범
취급을 당하고 감옥에 갇혀야 할 고난이 있고, 하나님의 아들들, 백성들
을 해산해야 하는 아픔이 있으므로 배에서 쓰다고 예언해 두신 것이다.
이미 이 예언들이 사실이 되어 이루어지고 있는데도, 혀로 말만 하는 말
쟁이들이 혹 하도록 미혹하는 말들을 한다. 이들은 전부 좋은 말만 골라
서 사람들을 미혹한다.

이렇게 전 성경을 성경대로 모든 진리 가운데로 인도하는 자, 곧
하나님께서 인치신 자가 실상이 되어야 그 입에서 나오는 말이 '단물'이
된다. 약3:1~12절의 예언이 요한계시록 광고를 낸 저런 사기꾼들을 분
별하는 핵심이다.

약3:1~12 [1]내 형제들아 너희는 선생 된 우리가 더 큰 심판받을 줄을 알
고 많이 선생이 되지 말라 [2]우리가 다 실수가 많으니 만일 말에 실수가

없는 자면 곧 온전한 사람이라 능히 온 몸도 굴레 씌우리라 ³우리가 말을 순종케 하려고 그 입에 재갈 먹여 온 몸을 어거하며 ⁴또 배를 보라 그렇게 크고 광풍에 밀려가는 것들을 지극히 작은 키로 사공의 뜻대로 운전하나니 ⁵이와 같이 혀도 작은 지체로되 큰 것을 자랑하도다 보라 어떻게 작은 불이 어떻게 많은 나무를 태우는가 ⁶혀는 곧 불이요 불의의 세계라 혀는 우리 지체 중에서 온 몸을 더럽히고 생의 바퀴를 불사르나니 그 사르는 것이 지옥 불에서 나느니라 ⁷여러 종류의 짐승과 새며 벌레와 해물은 다 길들므로 사람에게 길들었거니와 ⁸혀는 능히 길들일 사람이 없나니 쉬지 아니하는 악이요 죽이는 독이 가득한 것이라 ⁹이것으로 우리가 주 아버지를 찬송하고 또 이것으로 하나님의 형상대로 지음을 받은 사람을 저주하나니 ¹⁰한 입으로 찬송과 저주가 나는도다 내 형제들아 이것이 마땅치 아니하니라 ¹¹**샘이 한 구멍으로 어찌 단물과 쓴물을 내겠느뇨** ¹²내 형제들아 어찌 무화과나무가 감람 열매를, 포도나무가 무화과를 맺겠느뇨 이와 같이 짠물이 단물을 내지 못하느니라

창세 이래 **히브리서 8장**의 새 언약을 하나님께서 친히 선포하시고 나는 대언한 날로부터 중층의 소리, 상층의 소리로 온전히 전하고 있는 이 일 외에 다 **약3:1~11절**에 해당하는 실상이었다. 곧 그 누구도 '단물'을 낼 수 없었다는 뜻이다. **에스겔 3장, 요한계시록 10장**의 실상, **갈라디아서 3장**의 믿음이 올 때까지, **고전13:10절**의 온전한 것이 올 때까지는 모두 다 한 입으로 찬송과 저주를 내는 선생들이 강단에 서 있었다. 그러나 그 누구도 분별을 할 수 없었다. 이에 대한 증거는 2021년까지의 땅

의 역사, 창세 이래 땅의 역사가 증명하는 열매다.

그래서 성경을 사용하면 할수록 더 부패하고 더 타락해 왔던 것이다. 절대 한 입에서 단물과 쓴물, 곧 저주의 말인 지옥 불의 소리를 동시에 할 수가 없다. 모두 한 군데 말씀을 가지고, 예를 들어 계시록만 가지고 이렇게 미혹하는 광고를 내는 자체가 이 사람은 지옥 불의 소리를 하는 선생이라는 뜻이다.

나도 2008년 6월 16일 이전에는 쓴물을 낸 것이다. 그래서 망한 것이다. 절대 한 사람이 쓴물과 단물을 낼 수 없고, 쓴물이 아니면 '단물'을 내는 것이다. 많이 선생이 되지 말라고 한 1절의 말씀 속에 2천 년 기독교 역사, 성경을 사용하는 모든 종교 지도자들의 역사가 감추어져 있다. 이를 두고 다른 말로 표현하면 포도나무로는 제조에 합당치 않다고 하신 에스겔 15장의 예언의 뜻과 동일하다. 그 어떤 말로도 말의 실수를 벗어날 수 없다는 뜻이다. 이를 두고 요5:34절의 말씀대로 사람에게 증거를 취하지 아니하노라고 하신 말씀에 다 해당한다. 사람 차원의 그 어떤 해석도 하나님의 말씀을 실상으로 이루어지게 할 수 없다는 뜻이며, 이는 곧 하나님 나라와 아무 관계가 없다는 뜻이다.

따라서 반드시 온 세상의 모든 기독교, 천주교, 성경을 사용하는 모든 종교인들은 전대미문의 이 새 언약으로 돌아서지 아니하면 하나님과 아무 관계가 없는 헛된 일을 하는 것이다. 그래서 약3:12~18절에도 분별하도록 예언해 두셨다. 태욱 성도야, 몇 주 전에 신문 보고 전화했다는 군대에 근무한다는 분이 말한 질문에 대한 해답을 이번 말씀 에스겔 3장 1~3절, 계시록 10장, 야고보서 3장으로 설명을 하거라. 계시록 광고 보고

미혹될 수 있다, 그 사람~

약3:13~18 [13]너희 중에 지혜와 총명이 있는 자가 누구뇨 그는 선행으로 말미암아 지혜의 온유함으로 그 행함을 보일찌니라 [14]그러나 너희 마음 속에 독한 시기와 다툼이 있으면 자랑하지 말라 진리를 거스려 거짓하지 말라 [15]이러한 지혜는 위로부터 내려온 것이 아니요 세상적이요 정욕적이요 마귀적이니 [16]시기와 다툼이 있는 곳에는 요란과 모든 악한 일이 있음이니라 [17]오직 위로부터 난 지혜는 첫째 성결하고 다음에 화평하고 관용하고 양순하며 긍휼과 선한 열매가 가득하고 편벽과 거짓이 없나니 [18]화평케 하는 자들은 화평으로 심어 의의 열매를 거두느니라

따라서 현재 이 세상에서는 참 진리는 절대 여러 군데가 아니다. 오는 세상이 되어야 온 세상에 진리가 충만한 것이다. 그 준비를 지금 14년째 하고 있는 것이다. 다시 **겔3:4절**로 가자.)

[4]그가 또 내게 이르시되 인자야 이스라엘 족속에게 가서 내 말로 그들에게 고하라(이 말씀이 실상이 될 때가 바로 **요6:45절**의 말씀대로 하나님의 가르치심을 14년째 대언하는 이 일이다. 그래서 2008년 6월 16일부터 시작된 이 일이 **요6:27절**의 영생하도록 있는 양식이며, 하나님께서 인치신 자, 곧 인자인 나에 대한 예언이었고, 여러 부분, 여러 모양으로 기록해 두신 것이다.

따라서 어느 한 부분만 가지고 자신이 이 기록된 진리의 실상이라고 하면 안 된다. 우리가 하나님의 권속, 가속, 가족, 집안이라는 말도 여

러 부분, 여러 모양으로 기록되어 있어서 계속 증명해 가는 것이다. 14
년째 이 일은 셋, 곧 성부, 성자, 성령이 증거하나 이 증거는 하나님의 증
거다. 다른 말로 하면 하나님의 말씀이다. 창세 이래 단 한 세대도 없었
던 전대미문의 새 일이며, 영원한 언약이다. 이 언약을 14년째 여러분들
에게 고하고 있는 이 일이 진리다.)

⁵너를(나를) 방언이 다르거나 말이 어려운 백성에게 보내는 것이
아니요('방언', 곧 '말이 다른 백성에게 보내는 것이 아니요'라는 이 말이
당시 에스겔 선지자가 실상의 주인공이 아니고, 예수 그리스도에 대한
예언이 아니라는 명백한 증거다. 중층의 소리로는 예수 그리스도에 대
한 예언이다. 그러나 이제 온전하게 진리를 기록하게 하신 하나님의 뜻
을 알고 믿어야 하므로 사실대로 실상이 되게 말해야 한다.

호2:19~20절의 예언이 실상이 되고, **요일5:7~9절** 예언이 실상이
된 나에 대한 예언이 명백하다. 이런 실상의 주인공이 왜 14년째인 지금
에 와서야 나에 대한 예언이라고 밝힐까? 다 때가 있다. 아무 때나 아무
말이나 하는 것이 아니다. 그래서 너희가 이해되지 아니하는 언행을 내
가 해도 믿어 주고 기다려 달라고 한 것이다. 열매가 드러나야 내가 이
예언의 주인공이라고 해야 하는 것이다. 거짓 자랑이 아닌 증거가 바로
열매다. 말만 하는 것과 언행의 일치는 가짜와 진짜의 차이다.

실제로 천국은 비밀이다. 성경을 문자 그대로, 사람 생각대로 보면
100% 실수한다. 그 증거가 의인은 없나니 하나도 없었다는 진리가 사실
이었고, 땅의 역사로 명백하게 증명해 주신 것이다. '이스라엘'에 대한 성
경적인 뜻을 전 성경을 통해서 명백하게 밝혀오고 있기에 온 세상은 몰

라도 이제 은혜로교회 성도들은 하나님께서 말씀하시는 이스라엘이 '다시 택한 이스라엘'이라는 사실을 다 안다. 그래서 '방언, 곧 말'인 성경은 각 나라 말로 번역되어 기록했으므로, 누구나 읽을 수 있을지라도 이 말씀은 하나님 나라 말이어서 단어부터 배우자고 한 것이다.

이 일은 진실로 천국의 비밀을 14년째 열고 있는 전대미문의 새 일이다. 이제 그 누구도 순복음교회에서 말하는 방언, 곧 귀신이 가르친 방언이 개구리 소리라는 것을 부인할 자는 아무도 없을 것이다. 이제 성도들이 조용기 목사의 설교, 한국에 유명한 목사들의 설교가 얼마나 헛소리인지 아이들도 분별을 하게 된 것이 바로 열매가 나타난 것이다.

이렇게 될 때까지 이토록 시간이 걸린 것이다. 사실 이는 진실로 이적이며, 하나님의 은혜로 온 것이다. 창세 이래 그 누구도 실상이 되지 못했던 우화 같던 일들이 이미 우리에 대한 예언이었고, 사실이 되어 이루어지고 있는 살아 계신 하나님의 말씀이니, 기이하고 기이한 이 일이다. 너무 크고 선한 일이므로 모든 이론을 다 파하는 강력임을 온 세상이 알게 된다. 감옥에 갇히고 나서 여러분들이 태어나게 되고, 영적인 잠에서 깨어 일어난 것이다.

사실은 새 언약, 온전한 것으로 다시 예언한 이전의 모든 것은, 곧 성경에 기록된 모든 일들이, 사람들이 다 그림자요, 모형이었다. 이 일 이전의 모든 것을 다 폐하는 것은 창세 이래 모든 역사는 다 무효하고 이제야말로 새 하늘, 새 땅, 곧 하나님 나라 역사가 시작되는 것이다. 전 세계 모든 사람이 인정하든 안 하든 이는 사실이다.

진리는 이렇게 이제 사실이 되어 땅에서 이루어진다. 이때 이 진리를 믿으라고 예수 그리스도를 이 땅에 보내셨던 것이다. 그래서 새 언약의 중보다. 이런 일이니 어떻게 단번에 말할 수 있겠느냐? 하나님께서 택하신 자녀들을 영원히 대속하실 때까지 교회 안에 의인과 악인이 함께 공존하여 있게 하신 것이다. 이를 미리 보여 준 것이 이삭의 아내 리브가 배 속에 쌍둥이가 있었고, 에서와 야곱이었다. 이삭이 60세까지 자녀를 얻지 못한 일 속에도 천국의 비밀이 감추어져 있었다고 누가 알았겠느냐?

악인이 지배하는 이 세상을 하나님께서는 기간을 정해 두셨고, 이 기간에 각 시대마다 때를 따라 양식을 먹였지만 온전한 영의 양식이 아니었다. 예수 이름이 전 세계 구석구석까지 퍼지고 6일, 곧 6천 년이 지나야 하나님께서 친히 증거하시는 전대미문의 새 일이 열릴 줄 어느 누가 알았겠느냐? 전 성경을 통으로 보지 아니하면 알 수 없었던 하나님의 뜻이었고, 이를 알게 하신 분은 하나님이시다. 나를 사용하셔서 대언하게 하시는 이 일이 진실로 처음으로 온전히 열리는 천국 복음이다. 너를 방언, 곧 말이 다르거나 말이 어려운 백성에게 보내는 것이 아니요)

이스라엘 족속에게 보내는 것이라 ⁶너를 방언이 다르거나 말이 어려워 네가 알아듣지 못할 열국에 보내는 것이 아니니라(그래서 이 일은 히8:6~13절의 예언대로 14년째 새 언약을 하고 오는 일이며, 내가 **에스겔 3장** 예언의 '인자'라는 명백한 증거다.

히8:6~9 ⁶그러나 이제 그가 더 아름다운 직분을 얻으셨으니 이는 더 좋은 약속으로 세우신 더 좋은 언약의 중보시라 ⁷저 첫 언약이 무흠하였더면 둘째 것을 요구할 일이 없었으려니와 [8]저희를 허물하여 일렀으되 주께서 가라사대 볼찌어다 날이 이르리니 내가 이스라엘 집과 유다 집으로 새 언약을 세우리라 [9]또 주께서 가라사대 내가 저희 열조들의 손을 잡고 애굽 땅에서 인도하여 내던 날에 저희와 세운 언약과 같지 아니하도다 **저희는 내 언약 안에 머물러 있지 아니하므로 내가 저희를 돌아보지 아니하였노라**

이 말씀은 너무 중요하다. 아무나, 누구나 "주여 주여" 한다고 하나님께서 돌아보시고, 들으셔서 응답하시고, 지키시는 것이 절대 아니다. 저 이스라엘이 나라도 없이 세계에 흩어질 때, 하나님께서 돌아보시지 않았다는 뜻이다.

하나님께서는 구약 당시 전 세계 민족 중에 오직 유대인들을 선택하셔서 언약하셨다. 그 조상이 아브라함이다. 그런데 그들은 하나님의 언약 안에 머물러 있지 않아서 하나님께서 그들을 돌아보지 않으셨다고 하신다. 왜 이런 말씀은 안 볼까? 저 유대인들은 이런 말씀을 지금도 안 본다. 그것은 하나님께서 언약하신 아들을 약속대로 이 땅에 보내셨는데 그 아들을 안 믿고, 곧 아들을 보내신 하나님의 언약을 안 믿고 도리어 대적하고 죽인 것이다. 이 죄의 보응이 얼마나 무섭고 끔찍한지 2021년 지금 이 시간까지 저 유대인들에게 은혜를 주시지 않으신 것이다. 이는 하나님의 언약대로 믿지 아니한 그들의 죄로 인한 결과로 하나님께서 저희를 돌아보시지 않으신 것이다. 이는 너무 중요한 말씀이다. 곧 2021년 지금 이 세대 성경을 사용하는 모든 사람들에게 동일한 교훈이다.

성경을 가지고 사람 생각대로 보고 사람 마음대로 지어낸 성경과 다른 거짓말을 듣고 교회를 다니고 일생 기도하고 헌금하고 봉사하고 다니지만 하나님께서 돌아보시지 아니하신다는 뜻이다. 혀로 아무리 "주여 주여" 해도 그들에게 천국과 예수 그리스도와 하나님과 아무 관계가 없다는 뜻이다. 이 말을 알아들어야 한다. 성필아, 주리야 알아듣고 있느냐? 이에 대해서 알아들었거든 반드시 답을 하거라. 금순이도 마찬가지다. 너희 귀신 노릇 하는 자들은 이 부분이 아직 이해가 안 된 것이다. 말주, 너도 마찬가지다. 진화야, 알아듣고 있느냐?

지금까지 전 세계 성경을 사용하는 모든 사람들이 히8:9절의 말씀만 이해가 되고 믿어도 이렇게 타락하지 않는다. 마7:13~27절까지를 모두 찾아서 합독하거라.

멸망으로 인도하는 문이 사람이 생각하듯이 큰 교회만이 아니고, 모두 이러하다. 이런 가운데 2008년 6월 16일부터 전대미문의 새 언약을 시작한 것이다. 온 세상에서 지금 유일하게 나를 통한 이 말씀이 '좁은 문, 생명의 길'이다. 사실이다. 온 세상 그 어디에도 없다. 사람 생각대로 하면 '설마~' 하겠지만 이는 진실로 사실이다.

마7:13~27절을 매일매일 보거라. 예수 그리스도를 혀로 "주여 주여" 한다고 천국에 다 들어가는 것이 아니다. 예수 그리스도를 믿는 것은 그분이 하신 말씀을 믿고 지켜 실행하는 것이다. 예수 그리스도께서 약속하신 성령이 실상이 되어 모든 진리 가운데로 인도하는 14년째 이 일을 안 믿는 것은 예수 그리스도를 안 믿는 것이고, 성부 하나님을 안 믿는 것이다.

14년째 이 일은 내 말이 아니다. 전 성경을 모든 진리 가운데로 인도하여 기록된 예언이 사실이 되어 이루어지고 있는 살아 계신 하나님의 말씀을 지켜 실행하여 실상이 되었음을 하나님께서 친히 증거하시는 일이다. 나는 대언을 할 뿐이다. 이런 것이 참 진리다. 혹로 귀신들이 지어내서 성경 한 절 읽고 가르치는 성경과 다른 거짓말이 아니라, **요6:45절**의 말씀이 땅에서 14년째 이루어지고 있고, **27절**의 말씀도 사실이 되어 너희 모두가 영생하도록 있는 양식을 위해 일하고 있는 것이다.

'영생'이 실상이 되지 아니한 것은 하나님의 가르치심이 아니다. 하나님께서 인정하시고 영생을 이미 가지고 보냄을 받은 인자, 곧 하나님께서 인치신 자가 아니다. 성경은 누구나 사서 글을 아는 사람은 누구나 읽을 수 있지만 누구나 아무나 구원받는 것이 아니다. 적어도 2021년 지금 이 세대까지는 그러했다. 앞으로 오는 세상, 곧 천년왕국에서는 온 세상이 하나님이 통치하시는 나라가 되면 여러분들을 제사장으로 세워서 영원한 언약을 가르치겠지만, 지금은 오직 한 군데에서 영원한 언약이 14년째 사실이 되어 이루어지고 있다. 또한 오는 세상이라도 지금 이 일을 대적하고 훼방한 원수들은, 혹 오는 세상에 넘어가도 겉으로는 복종하는 체해도 그들 육체가 죽으면 영원한 영벌을 받는다. 그래서 영원한 죄에 처한다고 하신 것이다.

그러니 지금 이 일의 중요함은 이 온 세상의 어떤 말로도 다 표현을 할 수가 없다. 지금 이 시간을 낭비하는 것은 다시는 너에게 돌아올 수 없는 시간, 은혜, 긍휼을 저버리는 자해 행위다. '영원'을 지금 결정하는 일이다. 혹로 "주여 주여" 한다고 예수 그리스도께서 네 기도나 말을 듣는 것이 아니다. 하나님께서 분명히 "저희는 내 언약 안에 머물러 있지 아니하므로 내가 저희를 돌아보지 아니하였노라"라고 하셨지 않느냐?

호4:6절에도 이렇게 말씀하셨지 않느냐?

호4:6 내 백성이 지식이 없으므로 망하는도다 네가 지식을 버렸으니 나도 너를 버려 내 제사장이 되지 못하게 할 것이요 네가 네 하나님의 율법을 잊었으니 나도 네 자녀들을 잊어버리리라

저 유대인들은 하나님이 버리신 것이다. 그 자녀들도 버리신 것인데 미국 트럼프 전 대통령은 사위 유대인으로 인하여 성경을 들고 2020년 교회 앞에서 사진을 찍고 전 세계 방송에 나가도 그들은 하나님과 아무 상관이 없다. 조용기 목사 사모 김성혜 목사는 지옥 갔다. 순복음교회 70~80만 교인들, 사랑의교회 교인들, 온누리교회 교인들, 지금 전 세계 교인들이 14년째 이 '새 언약'으로 돌아오지 아니하면 예수 그리스도와 아무 상관이 없다. 이를 믿든 안 믿든 이는 사실이다.

마7:13~27절과 히8:9절, 호4:6절의 말씀의 뜻이 동일하다. 성경대로 예수 그리스도를, 하나님을 알고 믿고 지켜 실행하지 아니하는 것은 하나님의 언약 안에 머물러 있지 아니한 것이고, 이는 하나님께서 돌아보시지 않는다고 하시지 않느냐?

하나님의 말씀은 이러한데 네가 '설마 그럴 리가 있느냐?'고 생각하는 그것이 너는 하나님을 안 믿는 것이다. 하나님을 믿는 것은 말씀을 믿는 것이다. 말씀이 하나님이라고 하셨고, "내 말이 영이요 생명이니"

라고 하셨지 않느냐? 그래서 생명책에 네 이름이 기록되어 있어야 구원을 받는다고 하신 것이다.

네 이름도 네가 생각하듯이 성필, 주리, 말주 이렇게 기록되어 있는 것이 아니다. 성경이 기록될 때 너희는 이 땅에 없었고, 따라서 너희 이름들도 없었으므로 당연히 네가 본능적으로 아는 네 이름이 기록된 것이 아니다. 이런 너희들을 이 진리를 믿으라고 예수 그리스도를 이 땅에 보내셨고, 예수 그리스도께서 살아 계실 때 또 약속하셨다. 내가 가서, 곧 승천하셔서 아버지께로서 내 이름, 곧 예수 이름으로 보내실 성령 그가 와서 너희를 모든 진리 가운데로 인도하실 것이라고 실상을 말씀하신 약속대로 하나님께서 실상으로 보내신 사람이 '나'다. 이런 내가 실상으로 오기 전까지는 성경 속에 감추어 두신 하나님 나라의 비밀, 곧 천국의 비밀이 열리지 않았다.

예수께서 육체로 살아 계실 때 진리의 성령이 실상이 되어 있었다면 당신이 승천하셔서 보내시겠다고 하신 말씀이 어불성설이 된다. 그래서 성경이 모든 것을 죄 아래 가두어 두었다는 **갈3:22~23절**의 말씀이 사실이었다는 것을 먼저 인정해야 한다.

문제는 귀신들이 성경을 가지고 성경과 다른 거짓말로 가르친 것이다. 이 거짓말에 네 생각, 네 마음이 잡혀서 하나님께서 친히 가르치시고 계시고, 진리의 성령이 실상이 되어 대언하고 있는 이 영원한 언약이 안 믿어지게 만드는 것이다. 너는 그래서 그대로 있으면 네 생각을 잡고 있는 귀신에 의해 영원히 멸망에 이른다. 그 자체가 예수 그리스도와 하나님과 아무 관계가 없는데 너는 자신이 이미 잘 믿고 있다고 착각하는 것이다.

지금 이 히8:9절도, 호4:6절도, 마7:13~27절도, 전 성경의 모든 말씀도 안 믿는 것이 바로 성필이, 주리, 말주, 금순이 너희들이다. 귀신 노릇 하고 계속 미친 짓하는 너희 전부 아직 예수 그리스도를, 하나님을 안 믿는 것인데, 다른 사람은 아는데 너만 착각한다. 너는 잘 믿고 있다고~ 절대 아니다. 너는 귀신이 주인이다. 이렇게 계속 있으면 하나님께서 은혜를 거두시면 너는 뽑혀 나간다. 자신들이 나간 것 같지? 절대 아니다. 의인 중에 함께 있었던 대체육체들이었고, 마귀의 자식들이었다는 것을 자신들 스스로 자신의 정체를 증거하는 것이다. 내 말이 아니고 하나님의 말씀을 대언하는 것이다.

"이 많고 많은 사람 중에 어떻게 우리만이냐? 그럴 리가 없다"라고 하는 말은 네 생각, 곧 귀신이 주인인 생각이다. BC 4년에 태어나신 예수 그리스도께서 삼십 세에 사역하실 때에도 당시 유대인들 모두는 하나님과 아무 상관이 없는 일을 하는 사람들이었는데, 그들은 자칭 하나님의 교회 제사장들, 장로들, 서기관들이라고 스스로 착각했던 것이다. 그때 유일하게 예수 그리스도께서 참 진리를 전하신 것인데 지금 2021년까지 저 유대인들은 자신들이 아브라함의 자손이며, 하나님을 섬기는 것이라고 굳게 믿고 있는 것을 보아라.

이스라엘 나라도 보아라. 자신들이 성경에 기록된 이스라엘이라고 착각한다. 전 세계 성경을 사용하는 사람들 모두 사람 수준에서 생각하고, 그래서 '백 투 예루살렘'이라는 단체까지 하고 있는 것이다. 그런데 그들은 예수 그리스도와 하나님과 아무 관계가 없다. 히8:9절의 말씀을 이들 모두는 안 믿고 도리어 대적하는 것이다.

나를 보아라. 내가 진짜 이단이 아닌데 이단이라고 생각하고 욕하고 정죄하는 한인교회, 수바순복음교회, 피지주재 한국감리교회 그들이 이단이요 사이비인데 반대로 하나님과 예수님과 아무 관계가 없는 그들이 숫자가 많고 먼저 피지에 가 있었고, 교회를 세웠다고 나를 이단이라고 신문에 냈고, 지금은 서로 이단이라고 싸우고 있다.

우리가 이단이냐? 그들이 이단인데, 하나님과 예수님과 아무 상관이 없는 일을 하고 있는데도 지금 현실은 그들이 이긴 것처럼 나는 아직 감옥에 갇혀 있다. 바보가 아닌 이상, 이성을 찾아서 성경을 보아라. 아무도 너희들을 전도하지 않았고, 너희들이 말씀 듣고 이 말씀이 맞다고 왔다. 정원이를 보아라. 자기 육의 가족 다 아니라고 하는데 정원이는 맞다고 하며 이기고 간다.

이래서 이기는 자는, 이기는 자는 내 하나님 성전에 기둥이 된다고 하셨다. 그런데 너희들은 무엇이냐? 성필이, 너는 네 누나가 내가 미국에 갔을 때 이단이라고 정죄하고, 네 육의 아버지 윤용덕도 내 앞에서 나를 이단이라 하고 갔다. 그런데 네 누나가 어찌 되었는지 보아라. 징계를 실상으로 받고도 아직 안 믿는 너는 누구냐? 주리, 너는 네 육의 아버지가 장로지만 지옥 자식이다. 우상숭배 하는 자다. 네 언니는 네 아버지를 원수로 여기고 결혼식 때도 숨기고 하더니, 나도 이단이라고 안 믿고 얼마나 교만하고 거만한지 다시 보고 싶지 않은 표독한 얼굴을 하고 앉아 있었다. 그것도 몇 번이나~ 영원히 그는 안 믿는 자다. 너희 모두 안 믿는 자다. 하현이, 예린이를 보아라. 안 믿는 자들인데 저런 딸 둘을 잃고도 지금까지 귀신 노릇 하는 금순이 너는 누구냐? 석 성도가 진짜 성도다. 하은이가 이기고 가고 있다. 너 언제까지 그렇게 귀신 짓 할래?

지금 버리면 된다. 성필이도, 주리도 편지 약속대로 지키고 영원한 가족들한테 인정받아라. 나를 믿으면 행위로 증명해라. 선주는 베트남에서 그렇게 피지로 들어가라고 해도 안 가고 교회 욕먹이고 결국 자기 마음대로 하더니 형사 말을 들으면 감옥에 안 가게 해 주겠다고 하니까 그 말 믿고 폭력했다고 인정하여 2년 6개월을 감옥살이하고, 나와 창섭 성도를 감옥에 가두는 일에 최고 역할을 한 사람이 그다. 그런데 이제 믿는다고 편지가 왔다. 그가 진짜 믿을까? 행위로 증명해라.

나는 그를 항상 믿어 주었다. 그러나 그는 단 한 번도 나도 믿지 않았고, 예수 그리스도도 믿지 않았고, 하나님을 단 한 번도 믿지 않았다. 행함이 없는 믿음은 죽은 믿음이라고 하신 말씀을 안 믿는다. 그러니 그 남편도, 자식들도, 아무도 안 믿는 불신자들이다. 그런 그가 목사였다. 단 한 번도 사심을 버린 적이 없이 따라왔던 것을 내가 몰랐겠느냐? 알아도 나는 믿어 주었다. 믿었기에 행동했다. 눈앞에 다 보여 주어도 자신 속에 사심, 욕심이 영적인 눈을 가려서 얼마나 많은 사람을 넘어지게 했는지 본인은 모른다.

김호민은 장선주를 보고 이 진리가 아니라고 배반하고 돌아선 자다. 그도 목사가 되어 교회를 하려고 따라온 자였다. 사심을 가지고 따라온 자가 너무 많아서 다 말할 수가 없다. 너희들 모두는 아직 안 믿는 자들이다. 그 더러운 사심을 버리지 않으면 하나님께서 너희를 버리신다. 이렇게 일일이 다 말을 하려면 끝이 없다.

이런 사심, 사욕이 너희로 하여금 전대미문의 새 언약을 받고도 안 믿고, 패역하여 1분 1초를 아껴서 다시 창조되어야 하는 다시 오지 않는 시간을 낭비하고, 너희들로 인하여 온 가족이 보응을 겪고 손해를 보고 있어도 부끄러워 하기는커녕 온갖 패악을 부리고, 너 스스로 네가 누군지 실체를 드러내고 있다. 너의 그 패악을 다 들으시고 보신 하나님께 네가 무슨 짓을 했는지 아느냐? 이들은 전부 무지몽매한 자들이다. 한 몫의 삶을 저 모양으로 살았으니 결과가 저 모양이다. 교만할 아무것도, 점 하나도 없건만 어찌 저리 교만한지~ 안하무인이다. 네 모습을 거울로 보아라. 얼마나 추악한지~ 얼마나 더러운지~ 얼마나 게으른지~ 얼마나 분수를 모르는지~ 얼마나 악독한지~ 그러는 네가 교회를 다니니까 사람들 눈은 속일 수 있어도 하나님 앞에는 절대 속일 수 없다.

저들은 귀신의 종살이를 하고 싶어 미치는 자들이다. 경고해도 안 버리면 티끌이다. 존귀에 처하나 깨닫지 못하는 멸망하는 짐승이다. 하나님의 언약 안에 있다는 것은 오직 한 길, 언약을 혀로 말만 하는 것이 아니라 지켜 실행하는 것이다.

'믿음의 때'에
영생이 실상이 된다

'영생'은 육체가 죽어서 얻는 것이 아니다. 살아서 얻는 것이고, 이는 곧 하나님의 뜻대로 행한 자가 육체도 죽지 아니하고 하나님 나라에 들어가는 것이다. 예수 그리스도께서 재림하신다는 것은 세상 나라가 우리 주와 그 그리스도의 나라가 된다는 계11:15절의 예언이 이 땅에서 사실이 되는 것이다.

계11:15 일곱째 천사가 나팔을 불매 하늘에 큰 음성들이 나서 가로되 세상 나라가 우리 주와 그 그리스도의 나라가 되어 그가 세세토록 왕 노릇 하시리로다 하니

이렇게 이루시려고 현재 함께 왕 노릇 할 아들들, 백성들을 다시 창조하시고 계신다. 이 증거가 **히브리서 8장**의 새 언약을 14년째 하시고 계시는 이 언약이다. 이 언약을 혀로 말만 했다면 나는 감옥에 갇힐 일도, 온 세상에 치욕을 당할 일도 없었을 것이다. 그러나 그것은 하나님 나라의 주인공이 아니다. 예수 그리스도께서 하나님의 아들이심을 온 세상이 인정하게 된 것은 그분이 하나님의 뜻대로 십자가에 죽으시고, 약속대로 부활하셨기 때문에 지금 전 세계에 예수 이름이 퍼졌고, 인정하든 인정하지 않든 온 땅의 역사는 그로부터 다시 시작하여 현재 2021년 8월 8일이다.

이런 예수 그리스도를 진실로 믿은 나는 예수 그리스도의 하신 말씀을 믿고 순종하여 **마19:29절, 막10:29~30절, 눅18:29~30절**의 말씀대로 "²⁹예수께서 가라사대 내가 진실로 너희에게 이르노니 나와 및 복음을 위하여 집이나 형제나 자매나 어미나 아비나 자식이나 전토를 버린

자는 [30]금세에 있어 집과 형제와 자매와 모친과 자식과 전토를 백 배나 받되 핍박을 겸하여 받고 내세에(곧 오는 세상, 의인의 세대, 천년왕국에서) 영생을 받지 못할 자가 없느니라"라고 하신 이대로 지켜 실행했다.

그리고 우리 조상 아브라함, 이삭, 야곱, 이스라엘, 다윗, 예수 그리스도에게 하신 언약대로 하나님의 영원하신 언약을 받고 지켜 실행한 것이 바로 내가 **갈3:23절**의 '믿음이 올 때까지'의 실상이며, 예수 그리스도께서 아버지께로서 보내 주신다고 하신 약속대로 또 다른 보혜사인 진리의 성령의 실상이라는 하나님의 증거다.

다시 말하면 하나님의 언약하심을 듣고도 지켜 실행하지 않았다면 나는, 우리는 하나님과 예수 그리스도와 아무 관계없는 사람이었다는 뜻이다. 예수 그리스도께서 성부 하나님의 뜻을 지켜 실행하여 십자가에서 사형을 당하셔도 약속하신 대로 삼 일 만에 신령한 몸으로 다시 부활하셨듯이, 예수 그리스도가 하나님의 아들이신 줄 알고 믿어 그분의 계명을 지켜 실행했더니 하나님께서 우리 하나님이 되신 것이다. 우리 모두 한 묶의 삶은 예수 그리스도와 하나님과 아무 관계가 없는 삶을 살았던 것이다. 이것이 성경이 모든 것을 죄 아래 가두어 두었다는 것을 우리가 인정하고 믿은 것이다.

그런데 아직 귀신 노릇 하는 자들은 현재 살아 계신 하나님의 가르치심은 거절하고 부인하며, 혀로 "오직 예수, 오직 예수" 하며 꿈속에서 네 마음대로 살던 그때에 그대로 머물러 있는 것이다. 이는 네가 귀신의 가르침을 믿고, 하나님의 가르치심은 안 믿는 것이다. 이는 하나님께서 하신 언약 안에 있는 것이 아니니 하나님과 너는 아무 관계가 없는 자가 된다. 또한 하나님의 안식을 누리지 못하는 자가 되어 결국 계속 그러면 티끌로 이 땅에 보냄을 받은 자가 되는 것이다.

하나님은 절대 강제로 네 속에 귀신을 떠나게 하시지 않는다. 말씀하시고 네가 자유의지로 믿을 때 그 순간에 너를 죄짓게 하는 생각, 말씀을 믿지 못하게 하는 생각, 마음, 너하고 싶은대로 행동하는 너를 부인하고 버리면 되는데, 하나도 어렵지 않은데 귀신은 절대 행동하지 않고 말만 한다. 너희 주인은 하나님이시다. 네가 네 주인이 아니다. 특히 낙토에서는 네 소견대로 안 하는 곳이다. 계속 네 소견대로 살면 너는 티끌이다. 티끌은 한 몫의 삶도 성공을 못 하고, 존귀에 처하는 자리에서도 결국 성공을 못 하는 자들이다. 이들은 결국 대체육체다. 너희들이 대체육체들이냐? 반드시 대답해라. 네가 티끌인지 아닌지, 대체육체인지 아닌지 대답해라.

히8:9절로 가자. "[9]⋯저희는 내 언약 안에 머물러 있지 아니하므로 내가 저희를 돌아보지 아니하였노라 [10]또 주께서 가라사대 그날 후에 내가 이스라엘 집으로 세울 언약이 이것이니(이 '그날 후'가 6천 년이 지난 지금 이 세대였다.) 내 법을 저희 생각에 두고 저희 마음에 이것을 기록하리라(그래서 반드시 사람 생각이 하나님의 법으로 변화되어야 한다. 이런 하나님의 법을 친히 받으면서 귀신이 가르쳐 준 거짓말이 너희 생각에 각인이 되어 '예수 이름만 믿으면 되는데~' 한다, 믿음이 무엇인지도 모르고 말이다. '예수님 옷자락만 잡으면 귀신이 떠나는데~'라고 생각하고, 하나님의 가르치심을 안 듣는다. 영생을 위해 일하는 것이 싫어서 온갖 미친 짓을 하고, 자신이 귀신인 줄도 모르는 귀신이 사고만 치는 것이다.

예수님은 이 땅에 안 계시는데 어떻게 그 옷자락을 잡아서 귀신이 떠날래? 이 흉악한 귀신아~ 너는 그대로 있으면 영원히 예수 그리스도를 못 만나고, 육체도 죽고 네 혼은 지옥 불구덩이에 가서 살아야 한다. 이런 인간이 귀신이다. 귀신이 그 생각을 잡고 아무것도 못하게 하는 것이다. 혀로 "하나님, 예수님" 한다고 네가 예수님과 하나님과 상관이 있는 것이 아니다. 특히 목사, 사모라는 귀신들, 모태 신앙이라는 귀신들은 트럭에 실어서 저 북한에 버렸으면 좋겠다. 얼마나 미쳤는지~ 얼마나 말쟁이들인지~ 얼마나 악독한지~ 진저리 난다. 예수 이름으로 일생 먹은 약이 진실로 독사의 독이다.

말쟁이들은 어찌나 말만 하는지 말은 청산유수다. 꿈속에서 깨지 않는다. 모태 신앙들, 목사, 사모들은 반드시 답해라. 네가 지금 누군지, 네 생각의 주인이 누군지 답해라. 사람의 생각은 항상 악할 뿐이라고 하셨고, 이런 생각의 결과는 하나님께 재앙을 받고 결국 멸망한다.

창6:5~7 [5]여호와께서 사람의 죄악이 세상에 관영함과 그 마음의 생각의 모든 계획이 항상 악할 뿐임을 보시고 [6]땅 위에 사람 지으셨음을 한탄하사 마음에 근심하시고 [7]가라사대 나의 창조한 사람을 내가 지면에서 쓸어 버리되 사람으로부터 육축과 기는 것과 공중의 새까지 그리하리니 이는 내가 그것을 지었음을 한탄함이니라 하시니라

이래서 온 땅에 홍수를 내리신 것이다. 그리고 **렘6:19~21절**에서도

이렇게 판결해 두셨다.

렘6:19~21 ¹⁹땅이여 들으라 내가 이 백성에게 재앙을 내리리니 이것이 그들의 생각의 결과라 그들이 내 말을 듣지 아니하며 내 법을 버렸음이니라 ²⁰시바에서 유향과 원방에서 향품을 내게로 가져옴은 어찜이뇨 나는 그들의 번제를 받지 아니하며 그들의 희생을 달게 여기지 않노라 ²¹그러므로 나 여호와가 이같이 말하노라 보라 내가 이 백성 앞에 거침을 두리니 아비와 아들들이 한가지로 거기 거치며 이웃과 그 친구가 **함께 멸망하리라**

하나님의 법은 이미 14년째 하나님께서 선포하시고 나는 대언하는데 얼마나 많은 사람이 하나님의 말씀을 듣지 아니하고 하나님의 법을 버렸는지 우리는 그들의 얼굴도, 이름도 다 안다. 사람에게서 증거를 취하지 않으신다는 것은 사람 생각은 단 하나도 악하지 않은 것이 없다는 뜻이다. 전부 죽을 짓만 하고, 무엇이든지 자기 생각대로 결판내고, 시기, 질투하고, 하나님의 말씀도 다 그렇게 변개시켰다. 예수 이름으로 성경이 모든 것을 거치게 하여 죄 아래 가두어져 있었던 것을 인정하지 아니하면 14년째 이 일이 어떤 일인지 부정하게 된다. 어쩌면 그리도 자신을 모를까? 자신이 무슨 짓을 했는지 모르고 있을까?

고전3:19~20 ¹⁹이 세상 지혜는 하나님께 미련한 것이니 기록된 바 지혜 있는 자들로 하여금 자기 궤휼에 빠지게 하시는 이라 하였고 ²⁰또 주께

서 지혜 있는 자들의 생각을 헛것으로 아신다 하셨느니라

그리고 '상상', 곧 생각으로 상상하는 것이다. 절대 행동은 안 하고, 자기가 좋아하는 것만 행동한다. 자신이 먹는 것에는 눈이 벌겋고 자신이 편한 것에만 생각이 가 있다. 철저하게 육신대로만 사는 자, 자신의 본능대로 사는 자들이다. 이들에게 나타나는 현상은 전부 다 똑같더라. 교만하여 하나님의 말씀을 무시하고 함께 있는 가족의 말을 무시하고 멸시한다. 이런 자는 고집은 얼마나 센지, 얼마나 더러운지, 얼마나 게으른지~ 네 혀로 "예수, 예수"라고 한 예수 그리스도께서도 분명히 **막 8:33절**에 이렇게 말씀하셨다.

막8:33 예수께서 돌이키사 제자들을 보시며 베드로를 꾸짖어 가라사대 사단아 내 뒤로 물러가라 네가 하나님의 일을 생각지 아니하고 도리어 사람의 일을 생각하는도다 하시고

하나님의 명령은 '영생'인데, 하나님 나라를 이 땅에서 이루시는 것인데 '사람은, 인간은 모두 다 죽었는데 어떻게 영생을 하나?' 하고 자기 생각대로 판단하고 쟁기를 잡고 가다가 되돌아가더라. 쟁기를 잡고 가다가 뒤돌아보는 자는 하나님의 나라에 합당치 아니하다고 이미 판결해 두셔도 그 말씀은 안 믿고 되돌아가서 '혹시나~' 하고 교회에 왔다 갔다 하는 자들은 하나님의 말씀을 안 믿는 자들이다. 저 스스로 착각하지만 **눅9:61~62절** 말씀을 안 믿는 자다.

눅9:61~62 ⁶¹또 다른 사람이 가로되 주여 내가 주를 좇겠나이다마는 나로 먼저 내 가족을 작별케 허락하소서 ⁶²예수께서 이르시되 손에 쟁기를 잡고 뒤를 돌아보는 자는 하나님의 나라에 합당치 아니하니라 하시니라

쟁기를 잡고 뒤를 돌아보는 자는 하나님 나라에 합당치 아니한 자라고 하신 이 말씀은 명백하게 예수님 당시에 실상의 일이 아니고, 이 세대 하나님께서 약속하신 땅에 갔다가 실제 황무한 땅을 개간하며 쟁기를 잡고 가다가 되돌아간 자들에 대한 예언이 명백하다. 이런 자들은 하나님 나라에 합당치 아니한 자들이라고 이미 판결해 두신 것이다.

말씀이 하나님이시다. 말씀을 믿는 것이 하나님을 믿는 것이다. 혀로, 머리로만 믿는 것이 아니라, 믿는 것은 실상으로 행동하는 것이다. 창세 이래 지금 이 세대까지 신령한 몸으로 영생을 얻은 자가 없었던 것은 모두 사람들의 증거였기 때문이었다. 사람에게서 증거를 취하시지 않는다고 하신 진리가 참이었다. '신령하다'라는 말은 영이신 하나님의 본성을 뜻하는 것으로 거룩하고 영화로우며 결코 죽거나 소멸되지 않는 것을 뜻한다. 그래서 하나님이 행하신 것은 영원하다고 하셨던 것이다.

따라서 하나님의 가르치심인 14년째 이 일은 진실로 신령한 양식, 곧 영생하도록 하는 양식이다. 증명하면 신령하신 하나님께서 40여 명의 저자들을 사용하여 성경을 기록하셨지만, 당신이 정하신 때가 되어 미리 정해 두신 사람을 이 땅에 보내시고 정하신 시간, 때가 되어 영원히 거하시는 성전이 되게 하시려고 BC 750년에 호세아 선지자를 통해서 예언해 두셨으며, 이 예언은 **호2:19~20절**의 예언이었고, 2758년 후

인 2008년 6월 16일에 세상에 나타나게 하신 것이다.

이 증거가 미리 예언해 두신 대로 신령한 것은 신령한 것으로 분별하여 3421년 전부터 1600여 년간 각 세대에 인간 저자를 사용하셔서 기록해 두신 하나님의 뜻을 분별하여 신령한 젖으로, 곧 육체가 죽지 아니하고 영생에 이르는 양식이 되어 먹이시고 계신 14년째 이 일이 저 황금돔이 있는 이스라엘 사람이 아닌, 그들이 육의 눈, 곧 사람의 눈으로 보면 이방인, 이방 나라 사람인 대한민국 사람을 사용하셔서 친히 말씀하시고 계신 것이다.

이렇게 하시는 이유는 **벧전2:2절** 말씀에 있다.

벧전2:2 갓난 아이들같이 순전하고 신령한 젖을 사모하라 이는 이로 말미암아 너희로 구원에 이르도록 자라게 하려 함이라

따라서 이 새 언약으로 돌아서지 아니하면 절대 하나님 나라와 관계가 없다. 저 황금돔이 있는 유대인들, 이스라엘 나라 사람이 아닌 이방인이라고 보는 우리에게 이 은혜를 주신 명백한 이유가 저들은 하나님께서 이미 구약에 약속하신 대로 하나님의 아들을 이 땅에 보내셨는데도 그 일을 믿지 아니하고 도리어 대적하여 십자가에 사형시켰기 때문이다. 이는 하나님의 언약을 믿지 않았다는 부인할 수 없는 사실이다. 그러니 신령한 것을 신령한 것으로 분별하라고 하신 말씀도 모르고 안 믿었고, 2008년까지 아무도 **고전2:13절**의 말씀대로 지켜 실행한 사람이 없었던 것이다. 이는 2021년 8월 9일 현재까지 명백한 사실인 것이 온

세상에서 유일하게 전대미문의 새 언약을 14년째 하고 있는 이 일이 그 증거다.

신약성경에 기록된 **벧전2:2절** 또한 순전하고 신령한 젖, 곧 신령한 분이신 유일하신 하나님께서 동행하셔서 나를 사용하시고 친히 가르치시는 일임을 온 세상 그 누구도 부인 못 할 명백한 증거이며, 이는 곧 우리로 구원에 이르게 하시기 위한 하나님의 은혜요, 긍휼하심이며, 인자하심을 나타내시는 영원한 사랑이다.

따라서 반드시 하나님의 가르치심인 영원한 언약으로 온전히 돌아서서 지켜 실행하는 이 일은 진실로 살아 계신 하나님의 뜻이며, 하나님의 뜻을 행하는 자들이 하나님 나라의 상속자들이고, 하나님은 신령하신 분이시니 하나님의 구원은 육체를 입고도 신령한 사람으로 영생에 이르는 온전한 구원을 하시는 분이심을 해를 입은 나와 우리를 사용하셔서 이제 온 세상에 오직 하나님 한 분만 신이심을 나타내시기 위해 현재 행하시고 계신 것이다.

그러므로 이 언약 안에 머물러 있지 아니한 자들은 **히8:9절**의 말씀대로 하나님께서 돌아보시지 아니하신다. 나는 분명히 경고했고, 각자 자신의 자유의지를 사용하여 하나님의 언약 안에 머물러 있는 자들이 되기를 바랄 뿐이다. 티끌을 떨어 버리신 것 또한 하나님의 심판하심이다. 그토록 간절히, 간절히 간구한 은혜를 저버리고 거절한 자는 각자 자신들이다.

그리고 14년째 하나님의 가르치심인 이 언약, 곧 영원한 언약은 성도들의 생각, 마음의 주인 노릇 한 귀신을 영원히 쫓아내고, 귀신의 종살이에서 영원히 자유하게 하시는 것이다. 그래서 위에 있는 예루살렘, 곧 성경 **갈라디아서 4장**을 기록할 AD 50~70년에는 자유하는 여자로, 위에 있는 예루살렘의 실상인 나는 영혼이 하나님 앞에 있었다. 우리 모두 동일하다.

우리 기쁨이가 희라 성도한테 "엄마는 본래 어디서 오셨어요?"라고 묻고, "엄마도, 기쁨이도 하나님 앞에 있다가 이 땅에 왔다"라고 했다고 한다. 그래서 갓난 아이같이 순전하고 신령한 젖을 사모하라고 하신 것이다. 우리 기쁨이 치아가 하나 빠지고 다시 났다. 그 사진, 기쁨이의 편지를 보고 얼마나 기쁜지~ 기쁨이는 진실로 기쁨이다. 영원히 헤어지지 않고 영원히 함께 살아서 더 행복하다고 하는 우리 기쁨이처럼 신령한 젖을 사모하고, 신령한 젖을 먹은 대로 믿고 성장하는 온 성도들이어야 한다. 우리는 이미 신령한 젖을 먹고 신령한 몸으로, 곧 신령한 분이신 하나님께서 거하시는 성전이 되어서 육체가 살아서 영생하고, 천국을 하나님께서 창조하신 땅에서 영원히 이루는 사람으로 정해 두시고 이 땅에 보내신 것이다.

모두 따라 하거라. 두 손을 가슴에 대고 "나는 육체가 죽지 아니하고 영원히 사는 사람으로 보내졌다"라고 하거라.

이런 사람, 곧 하나님께서 함께 동행하시는 성전 된 사람은 절대 죄를 짓지 아니한다. 그래서 하나님께로서 난 자는 죄를 짓지 아니하느니라고 판결해 두신 것이다. 다시 말하면 하나님의 가르치심을 받고 믿음, 또 다른 모양으로는 진리의 성령의 대언으로 말미암아 다시 태어나게 하시는 14년째 이 일이 바로 여러분 생각, 마음을 하나님의 법으로 완전히 다시 창조하시고 계신 일이며, 하나님께로서 다시 나게 하시는 일이다.

신령과 진정으로 드리는 예배

요4:20~24절의 예언이 실상이 된 은혜로교회의 예배다. 이 예언은 현재 2021년 8월 9일 실상이 되는 예언이었다. "[20]우리 조상들은 이 산에서 예배하였는데 당신들의 말은 예배할 곳이 예루살렘에 있다 하더이다 [21]예수께서 가라사대 여자여 내 말을 믿으라 이 산에서도 말고 예루살렘에서도 말고(이 말씀이 저 황금돔이 있는 예루살렘에서 신령한 자들이 죄를 짓지 아니하고 영생을 얻은 자들이 나오는 것이 아니라는 명백한 증거다. 이 한 가지 사실만 깨닫고 믿어도 온 세상이 아는 이스라엘의 황금돔 성인 예루살렘에서 분쟁, 전쟁은 안 한다. 저 이스라엘 나라의 교만이 꺾인다. 이 사실을 알게 되는 날, 온 세상이 얼마나 놀랄지 너희들은 두 눈으로 다 목도하게 된다.

'백 투 예루살렘'이라고 속이는 단체가 얼마나 부끄러워할지, 반드시 실제 두 손으로 입을 가리고 심히 부끄러워 얼굴을 들 수 없을 것이다. 이렇게 속여서 사람들을 끌어모아 부자가 된 목사들은 사기꾼이다. 공갈하는 자다. 하나님 나라와 아무 관계가 없이 하나님의 이름, 예수 이름 사용하여 자기 사욕을 채우는 자들이다.

이런 진실을 하나하나 밝혀서 전 세계가 종교로 인하여 사람을 죽이고 분쟁하는 모든 일들이 헛되고 헛된 일이라는 사실이 진리임을 온 세상이 알게 된다. 이 일이 바로 이런 기이하고 크고 큰 하나님의 일, 선한 일이다. 이 일이 어떤 일인지 알게 되는 날, 이 일을 믿지 아니한 죄가 왜 영원한 죄인지 각자 본인들이 가슴을 치며 통곡할 날이 있다. 이래서 1분 1초를 낭비하지 말라고 한 것이다. 예수님께서 하신 이 말씀이 이미 땅에서 사실이 되어 나를 통해 이루어지고 있는 이 일이다. 이 산에서도 말고, 온 세상 사람들이 다 알고 있는 예루살렘에서도 말고)

너희가 아버지께 예배할 때가 이르리라(이 말씀이 이미 2008년 6월 16일자로 시작되었고, 현재 아버지께 예배하고 있으니 이미 이루어진 사실이다. 진리는 이런 것이다. 성진 성도야, 네가 찾은 진리는 이런 것이고, 네가 이미 찾았고, 이는 아버지께서 너를 이 예언의 너희에 해당하는 천국의 상속자라고 지금 인치시고 있는 것이다. 은혜로교회 성도 모두 이 '너희가'의 실상이다. 이래서 이미 예언을 폐하고 계신다. 이제 성경이 예언이 아니라 실상, 곧 사실이 된 것이다. 이렇게 예언을 폐하는 것이다. 이런 예배 외에는 다 사람들의 증거이며, 그 증거는 한 남편 예수 그리스도를 만날 수도 없고, 절대 귀신이 떠나지 아니하며, 천국과 절대 상관이 없으며, 본 남편인 하나님을 만날 수 없다. 이래서 사람의 증거를 취하시지 않는다고 하셨던 것이다.

이런 일을, 진리가 사실이 되어 땅에 이루어지고 있는 일을 훼방했으니 영원한 죄에 처한다고 하신 것이다. 이런 하나님의 행하심을 듣고 약속하신 땅에까지 갔다가 아니라고 하는 자들의 당연히 받을 형벌이 얼마나 무서운지 보아라. 하나님께서 친히 타작하시는 여호와의 칼인 '코로나19 바이러스 재앙'을 당하고도 귀신 노릇 한 자들은 티끌이다. 나와 성도들이 옥에 갇히고 일어나는 모든 일은, 곧 참 과부의 육의 나이가 60이 넘어서 일어나고 있는 이 일들은, 지금은 빙산의 일각이다.

이 진리로 돌아서지 아니할 때는 어떤 일들이 사실이 되는지 하나하나 밝힐 것이다. 그리고 겪을 것이다. 이렇게 사실이 되고 있기에 심판에 대한 말씀을 판결하기 전에 나에 대한 예언과 우리에 대한 예언을 증거하는 이유는 죽는 자, 본래 죽는 자로 정해진 자, 이 일을 대적하여 온 세상에 치욕을 주고 얼굴에 맷돌질하여 학대한 자들이 제발 죽지 말고 살아서 이 일이 어떤 일인지 그들 눈으로 목도하기를 바라서이며, 그들에게 속아서 진리를 배반한 자들도 또한 죽지 않고 살아서 본인들 눈으로 보고, 귀로 듣고, 가슴 치며 회개하기를 바라서다. 그들이 무슨 언행을 한 건지, 그들이 무슨 죄를 지었던 것인지, 각자 살아서 자신들의 두 눈, 두 귀로 보게 하려고 이러는 것이다. '존귀에 처하나 깨닫지 못하는 짐승이 바로 자신들이었구나~' 하게 될 날이 곧 온다.

이미 1991년 전에 하신 이 예언이 이루어지고 있다. 이런 일을 안 믿는 것은 차라리 사람으로 태어나지 않았어야 그들 자신에게 더 유익했다. 대질 조사를 할 때, 송종완, 장춘화의 비웃음, 온갖 더러운 욕, 멸시, 천대를 허건 형사, 변호사가 있는 데서 나에게 직접했다. 새빨간 거짓말로, 손으로 나를 때리려고 했고, 입에 담지 못할 욕을 해서 형사들이 말렸다. 법정에서는 재판 때마다 이윤재가 "신옥주, 너 죽여 버린다"라고 했다. 3년을 온갖 더러운 욕, 치욕을 당했다. 모든 것을 참았다. 반드

시 하나님이 다 보시고 들으시고 기억하시고 계신다, 내가 당한 이 치욕을~ 우리가 당하고 있는 이 치욕을~

이 일이 어떤 일인데~ 이 일이 어떤 일인데~ 그들보다 더 나를 짓밟고 멸시, 천대한 자들은 3년 동안에도 말씀을 받고도 안 믿고 대적한 우리 안에 원수들, 귀신들이다. 오죽하면 티끌을 떨어 버리라고 하셨을까? 원수를 사랑한다고 하며 희롱하고 조롱한 너는 그 보응을 어찌할래? 나이도 어린 것이 악독한 짓을 한 너는 어찌할래? 철저하게 분수도 모르고 목사니~ 사모니~ 하며 교만한 자들, 너희들은 이 보응을 어찌할래? 믿지 않는 것이 얼마나 큰 죄인지 낙토에 있는 너희들, 우리 안에 있으면서 온갖 더러운 언행을 하는 너희들은 어찌할래?

나는 계명을 지키지만 귀신이 되어 감옥에 가둔 이 모든 일의 보응을 보아라. 온 세상에 내리는 이 징계, 징벌을 보고도 부인하고 귀신임을 자랑한 너희는 제발 죽지 말고 살아서 네 입으로 "살아 계신 하나님이셨다"라고 자백하기를 바라고 바랄 뿐이다. 이런 아프고 슬픈 말을 내 입으로 하기를 기다린 이 흉악한 원수들아~ 이 보응을 어찌할래? 네 생각, 네 마음을 잡고 이 일을 희롱하고 대적한 너희는 하나님과 변쟁했다. 나를 무시, 멸시한 것이 예수 그리스도를, 성부 하나님을 무시, 멸시한 것이다.

육의 몸을 입고 너희 눈에 보잘것없어서 그리 멸시, 천대하였느냐? 그리도 안 믿고 희롱하고 조롱하느냐? 그런 너희를 보면서 나는 하늘을 보며 애곡했고, 가슴 찢으며 울었으며, 아프고 아파서 지금도 운다. 어찌하여 너희는 그리 자해하는 언행만 골라서 하느냐?

이인규, 박형택, 박상기 등등은 말씀을 받지 아니했으니 그렇다 치지만, 너희는 그들보다 더 악한 대적자요 원수들이다. 이제 나는 경고하고 경고했으니 각자 자유의지로 마음대로 하거라. 하나님께서 뽑아내시는 자들을 보고도 같은 언행을 하는 너는 누구냐? 대체육체가 그리도 좋은 거냐? 너는 그렇게 정해진 짐승이었더냐? 네가 아니라도 이 일은 누구를 사용하시든지 하나님께서 하신다. 가족이 아니거든 나가거라. 이제 이 패역을 더는 볼 수가 없다.)

[22]너희는 알지 못하는 것을 예배하고(이 '너희'는 영원한 언약을 받지 못한 모든 자들이 다 이에 해당한다. 2021년 8월 9일 이 시간까지 이런 예배를 온 세상이 하나님의 이름, 예수 이름을 사용하여 드리고 있다. 그래서 성전 문을 강제로 닫게 하시는데도, 닫지 않겠다고 정부와 싸운다.

전광훈 목사는 하나님과 아무 관계가 없는 사람이며, 대적자다. 사랑제일교회라는 이름이 부끄럽다. 공개로 하나님을 희롱하는 사기꾼이다. 이 '너희는'에 실상이다. 알지 못하는 것을 아는 것처럼 예배한다고 큰소리치는 자다. 이제는 아예 정치꾼이 되어서 그렇게 자신의 정체를 드러내어 자랑한다.

이래서 진리를 진리대로 모르면 저렇게 공개로 하나님을 모독하고 거짓 자랑하며 더 담대하다. 성령 세미나를 한다고 광고하여 돈을 벌고 있다. 저런 자들에게 속아서 끌려다니는 자들이 다 소경이요, 귀머거리다. 전 세계가 이러하니 진짜는 저런 자들에 의해 이 치욕을 당하는 것이다. 온 세상이 이러하다.)

우리는 아는 것을 예배하노니(이 '우리'는 당시 예수 그리스도와 함께 한 그들만이 아니라, 진실로 지금 2021년 이 세대 온전한 진리로 하나님의 가르치심을 대언하여 받고 있는 우리를 지칭하신 것이다. 믿든 안 믿든 이는 사실이다. 그래서 예수 그리스도께서 새 언약의 중보로 오셨다고 하신 것이다. 진실로 사실이다.) 이는 구원이 유대인에게서 남이니라"

그래서 문자 그대로 성경을 보면 천국의 비밀을 절대 모른다. 이 때문에 교만한 것이다. 문자 그대로 보면 유대인에게서 남이라고 했으니 유대교인들이 저렇게 교만한 것이다. 이 말에 대한 해답은 **마2:1~2절**에 다음과 같이 말씀하셨다.

마2:1~2 ¹헤롯 왕 때에 예수께서 유대 베들레헴에서 나시매 동방으로부터 박사들이 예루살렘에 이르러 말하되 ²유대인의 왕으로 나신 이가 어디 계시뇨 우리가 동방에서 그의 별을 보고 그에게 경배하러 왔노라 하니

이런 예수 그리스도를 당시 유대인들이 알아보지 못하고 가장 잔인하게 판결하여 사형시켰다. 그때는 하나님께서 정하신 온전한 구원의 날이 아니었다.

당시 예수님께 붙인 죄패에 다음과 같이 기록되어 있었다.

마27:37 그 머리 위에 이는 유대인의 왕 예수라 쓴 죄패를 붙였더라

육체도 죽지 아니하고 구원에 이를 수 있는 길을 십자가의 도 속에 감추시고 실상으로 보내신 하나님의 행하심인 예수 그리스도를 죽인 그들이 유대인들, 곧 자칭 유대인이라고 하나 사단의 회요 마귀들이다. 이 속에도 비밀이 감추어져 있었다. 당시 온전한 구원이 실상이 아니었고, 2천 년이 지나야 했다는 것을 아무도 몰랐던 것이다.

그래서 히7:14절에 "우리 주께서 유다로 좇아 나신 것이 분명하도다 이 지파에는 모세가 제사장들에 관하여 말한 것이 하나도 없고"라고 하셨다. 따라서 이 구원은 히8:6절의 예언대로 "그러나 이제 그가 더 아름다운 직분을 얻으셨으니 이는 더 좋은 약속으로 세우신 더 좋은 언약의 중보시라"라고 하신 대로 14년째 하시는 새 언약, 곧 영원한 언약을 하는 이때를 지시하신 것이다.

그래서 이 구원은 요5:34절에 "그러나 나는 사람에게서 증거를 취하지 아니하노라 다만 이 말을 하는 것은 너희로 구원을 얻게 하려 함이니라"라고 하셨던 이유다. 곧 예수님 당시가 아닌 하나님께서 친히 증거하시는 때, 곧 요6:45절의 말씀 "선지자의 글에 저희가 다 하나님의 가르치심을 받으리라 기록되었은즉 아버지께 듣고 배운 사람마다 내게로 오느니라"라고 하신 이 예언이 2008년 6월 16일에 시작된 것이다.

이때 요6:44절 "나를 보내신 아버지께서 이끌지 아니하면 아무라도 내게 올 수 없으니 오는 그를 내가 마지막 날에 다시 살리리라"라고 하신 이대로 하나님께서 흩어져 있었던 너희들을 찾으시려고 창섭 성도를 사용하셔서 말씀을 10분씩 나누어 유튜브에 올렸고, 그렇게 지식이 더하고 사람들이 빨리 왕래하는 이때 너희들이 말씀에 이끌리어 은혜로

교회에 온 것이다.

이는 예수 그리스도께서 예언하신 그대로 또 다른 보혜사인 진리의 성령이 실상으로 와서 **요15:26절**의 예언이 사실이 되어 '예수는 그리스도'라고 예수 그리스도를 증거했으니 지금이 이 세상에 속한 자들의 마지막 날이며, 너희들을 영원히 살리셔서 온전한 구원에 이르게 하시려고 하나님께서 이끄신 것이다. 이는 **요일5:7~9절**의 예언대로 셋이 하나가 되어 증거하며 보이는 외모는 진리의 성령의 증거라서 "성령은 진리니라"라고 하셨고, "증거하는 이는 성령이시니"라고 하신 것이며, 셋이 합하여 하나가 된 증거이므로 '하나님의 증거'다.

마7:21 나더러 주여 주여 하는 자마다 천국에 다 들어갈 것이 아니요 다만 하늘에 계신 내 아버지의 뜻대로 행하는 자라야 들어가리라

곧 구원은 천국에 들어가서 영원히 사는 것이다. 하나님께서 살아 계신 하나님이시라는 말씀은 하나님의 가르침을 받고 인도하심을 받는 자는 이미 하나님께 취하심을 받은 사람들이라는 뜻이다. 그래서 사람에게서 증거를 취하시지 아니한다고 하셨던 것이다.

따라서 '구원자'는 오직 하나님이시다. 마지막 날에 다시 살리시는 분도 오직 하나님이시다. 그래서 하나님께서 우리를 구원하시고 계신 것이다. 이 때문에 **요5:34절**에서 "다만 이 말을 하는 것은 너희로 구원을 얻게 하려 함이니라"라고 하신 것이고, 이 말씀은 이제 14년째 사실이 되어 이루어지고 있다. 이 사실을 안 믿는 것은 패역자요 불신자들이다.

그래서 **이사야 43장**에 이렇게 예언해 두셨던 것이다. 8~13절이다. "⁸눈이 있어도 소경이요 귀가 있어도 귀머거리인 백성을 이끌어 내라 ⁹열방은 모였으며 민족들이 회집하였은들 그들 중에 누가 능히 이 일을 고하며 이전 일을 우리에게 보이겠느냐 그들로 증인을 세워서 자기의 옳음을 나타내어 듣는 자들로 옳다 말하게 하라 ¹⁰나 여호와가 말하노라 너희는 나의 증인, 나의 종으로 택함을 입었나니 이는 너희로 나를 알고 믿으며 내가 그인 줄 깨닫게 하려 함이라(지금 2021년 8월 9일 오전 9시 50분 KBS 뉴스에 그리스, 터키, 이탈리아에 산불로 심판하시고 계심을 보여 주신다.^[15] 물 심판, 불 심판이 이렇게 곳곳에 내려도 기상이변으로만 보고 사람 수준으로만 말한다. 하나님께서 심판하시고 계신다.) 나의 전에 지음을 받은 신이 없었느니라 나의 후에도 없으리라

¹¹나 곧 나는 여호와라 나 외에 구원자가 없느니라 ¹²내가 고하였으며 구원하였으며 보였고(14년째 고하고 계시고, 이미 구원하였으며 보이시고 계신다. 그래서 살아 있는 산 자의 하나님이시다. 구원은 오직 하나님이시다. 이렇게 구원받은 자가 바로 호2:19~20절의 예언이 실상이 된 나 신옥주 목사이고, 이런 하나님의 가르치심을 받고 믿어 다시 태어난 성도들이 은혜로교회 성도들이다. 이미 영생을 받기로 정해 두신 '믿음'이 나이며, 이제 성도들이 믿음으로 말미암아 살게 된 것이고, 이 양식은 영생하도록 먹이는 인자, 곧 하나님께서 인정하셔서 미리 예언해 두신 사람인 내가 대언하는 이 가르치심이 하나님의 가르치심이다.

구원은 이렇게 실상이 되어 구원을 이미 받은 나와 우리가 시인하는 것이다. 이 진리 외에 다 헛것이다. 사실이다. 진리는 이렇게 사실이

되는 것이다. 온 세상 모든 종교는 다 사기다. 이렇게 매일 보이고 증거하는 이 말씀을 안 믿는 자는 티끌, 안개, 먼지, 풀이며 구더기다. 하나님의 판결하심을 요약한 말이다. 혀로 귀신이 함부로 지껄이는 것이 어떤 결과를 가져오는지 다 보게 된다. 얼마나 패악을 저지르는지, 추악한 귀신인지 14년째 실상으로 보고 있다.)

너희 중에 다른 신이 없었나니 그러므로 너희는 나의 증인이요 나는 하나님이니라 여호와의 말이니라(본문 말씀의 주인공들이 누구냐? 반드시 모두 누구에게 묻지 말고 각자 정직하게 대답하거라.) [13]과연 태초로부터 나는 그니 내 손에서 능히 건질 자가 없도다 내가 행하리니 누가 막으리요"

이미 2008년 6월 16일에 시작하여 2021년 8월 9일 현재에도 행하고 계시고, 영원히 나를 통해 행하시는 이 일이 2708년 후인 2008년 6월 16일에 실상이 되어 이루어지고 있는 이 일이다.

이런 영적인 눈으로 **요4:22절**로 다시 가보자. "**너희는 알지 못하는 것을 예배하고 우리는 아는 것을 예배하노니**(이 말씀이 우리가 당시 예수 그리스도와 함께 한 그들이냐? 모두 답해라, 반드시~) **이는 구원이 유대인에게서 남이니라**(고 하신 이 말씀도 예수 그리스도 당시에 유대 베들레헴에서 나신 하나님의 아들이 맞지만, 당시에 실상이 되는 예언이었느냐? 아니다. 지금 이 세대, 곧 **호2:19~20절**의 예언이 사실이 된 나를 사용하셔서 이미 14년째 실상이 된 이 일에 대한 예언이다. 따라서 나를 이렇게 감옥에 가두어 두어도 이 일은 절대 온 세상 그 누구도 막을 자가 없는 살아 계신 하나님의 행하심이다. 이를 두고 말씀하신 것이

"나의 삶을 두고 맹세하노니"라고 하신 것이고, 지금 이 일은 **사52:1~2절**의 말씀이 사실이 되어 이루어지고 있다.

다시 묻는다. '구원이 사람들이 본능적으로 아는 저 유대인에게서' 나고 있느냐? 온전한 구원은 지금 이 세대에 실상이 되고 있다.

베트남이 코로나 확진자 하루 1만 명이라고 SBS 뉴스에 나왔다.[16] 8일, 9일 낮 12시 뉴스에 그리스에 산불이 지난달 말부터 400건이 났다고 한다. 10일 동안 현재도 계속 진행 중이다. 신문에는 전국이 불구덩이라고 하고, 최고 47도에 이른다고 한다.[17]

그래서 구원에 대해서 **계7:10~12절**에서는 이렇게 말씀하신 것이다.

계7:10~12 [10]큰 소리로 외쳐 가로되 구원하심이 보좌에 앉으신 **우리 하나님과 어린양에게 있도다** 하니 [11]모든 천사가 보좌와 장로들과 네 생물의 주위에 섰다가 보좌 앞에 엎드려 얼굴을 대고 하나님께 경배하여 [12]가로되 아멘 찬송과 영광과 지혜와 감사와 존귀와 능력과 힘이 **우리 하나님께 세세토록 있을찌로다** 아멘 하더라

하나님께서 예수 그리스도를 이 땅에 보내셔서 언약을 지키시고 아들을 통해서 하나님께서 행하신 일은 반드시 전대미문의 새 언약을 통해서 구원에 이르게 하시는 때와 하나님의 뜻을 감추시고 구원의 여정을 진행해 오신 것이다. 곧 본래 하나님의 뜻은 일곱째 날, 여호와의 날, 인자의 날이 핵심이다. 곧 하나님의 가르치심을 실상으로 이루실 이

때라는 뜻이다. 이때가 될 때까지 천국의 비밀을 알게 하지 않으셨다.

　따라서 신약성경 또한 문자 그대로 본문만 가지고 사람의 생각대로 해석하면 안 된다는 것이다. 그래서 계속 여러 부분, 여러 모양, 여러 각도로 점진적으로 밝히고 있는 것이다. 곧 **요4:22절**만 해도 신령한 것을 신령한 것으로 분별하여 보니까 감추어진 하나님의 뜻이 드러나지 않느냐?

　진리의 성령만 해도 나에 대한 예언이라고 처음 말할 때, 우리 안에서 얼마나 믿어 주었느냐? 아니지 않았느냐? 전 성경이 이러하다. 요 4:22절 "구원이 유대인에게서 남이라"라는 이 말씀만 보면 "오직 예수"라고 말하는 근거가 되어 혀로 "오직 예수" 하면 누구든지 다 구원받는다는 말쟁이들이 된 것이다. 또 유대인들은 지금까지 예수 그리스도 자체를 인정하지 않고 있다.

　이렇게 된 근본 원인은 하나님께서 정하신 때가 되지 않았던 것이고, 그러니 기록된 성경 속에 감추어 두신 하나님의 뜻은 사람에게 알게 하지 않으신다는 것도 사람들이 몰랐으니 구약성경만 인정하는 것처럼 주장하는 유대인들도 하나님과 아무 관계가 없는 헛된 종교생활을 하고 있다. 그럼 예수 그리스도를 인정하고 믿는다고 하는 천주교, 기독교는 바른 진리로 믿고 있느냐? 아니다. 절대 아니다.

　성경이 모든 것을 죄 아래 가두어 두었다가 하나님께서 친히 가르치실 때 모든 비밀이 드러나는 것이다. 따라서 이때가 되어야 구원의 비밀이 드러난다. 이미 14년째 하나하나 밝히고 계신다.

호1:7~11 ⁷그러나 내가 유다 족속을 긍휼히 여겨 저희 하나님 여호와로 구원하겠고 활과 칼이나 전쟁이나 말과 마병으로 구원하지 아니하리라 하시니라… ¹⁰그러나 이스라엘 자손의 수가 바닷가의 모래같이 되어서 측량할 수도 없고 셀 수도 없을 것이며 전에 저희에게 이르기를 너희는 내 백성이 아니라 한 그곳에서 저희에게 이르기를 너희는 사신 하나님의 자녀라 할 것이라 ¹¹이에 유다 자손과 이스라엘 자손이 함께 모여 한 두목을 세우고 그 땅에서부터 올라오리니 이스르엘의 날이 클 것임이로다

곧 구약 당시에 하나님의 백성이 아닌 이방인 중에 살아 계신 하나님의 백성들이 나올 것을 BC 750년경에 예언해 두셨고, 이는 2021년 지금 우리에 대한 예언이었다. 이 예언을 AD 50~70년에 사도 바울을 통해서 또 예언하셨다.

롬9:25~26 ²⁵호세아 글에도 이르기를 내가 내 백성 아닌 자를 내 백성이라, 사랑치 아니한 자를 사랑한 자라 부르리라 ²⁶너희는 내 백성이 아니라 한 그곳에서 저희가 살아 계신 하나님의 아들이라 부름을 얻으리라 함과 같으니라

이렇게 2771년 전에 지금 우리에 대한 예언을 해 두셨고, 육체가 살아서 하나님의 아들이라 부르시고 현재 너희들을 구원하신 것이다. 너무 정확하게 **히브리서 8장**의 새 언약으로 왕 노릇 할 하나님의 아들들,

백성들을 유다와 이스라엘 집이라고 하신 것이다. 반드시 예수 그리스도를 믿는 자들 중에 전대미문의 새 언약으로 다시 택하신 이스라엘, 곧 하나님께서 만세 전에 이미 택하여 두신 하나님의 특별한 소유된 자들이 나온다. 이 사실을 저 유대인들은 지금까지 모르는 것이다. 하나님 편에서는 처음부터 우리를 택하여 두신 것이었다. 하지만 사람 편에는 아무도 모르게 하셨다가 이제 정하신 때가 되어 실상으로 이루어지는 하나님의 경영 계획이셨다.

다시 요4:23절을 보자. "아버지께 참으로 예배하는 자들은 신령과 진정으로 예배할 때가 오나니(이때가 2008년부터 시작이 된 것이다. 창세 이래 신령과 진정으로 하나님 아버지께 예배드리는 자들은 은혜로교회 성도들이 처음이다. 이 사실을 온 세상 사람들이 안다면 나를 이렇게 취급한 이 일이 어떤 죄가 되는 줄 그때에야 알까?

이렇게 부당한 고소를 하고 부당한 판결을 한 이 나라를 보아라. 이들보다 더 나쁜 사람들이 이 진리를 받았고, 나를 보았고, 경험했으면서 고소한 자들이다. 온 세상에 은혜로교회 같은 교회가 어디 있더냐? 육의 눈으로 보아도 이성이 있다면 나를 이렇게 고소할 수 없다. 2021년 8월 9일 오후 3시 40분에 성도 편지를 보고 놀랐다. 문 국장이 코로나19 확진자가 되어 중환자실에 있고, 폐에 90% 물이 차서 장례 준비를 한다는 소식이며, 또 한 분은 기장총회 장로이며 같은 기독교 신문사 국장인 유 국장 이야기인 것 같은데 그도 코로나 확진자가 되었다는구나. 그들은 알 거다, 내가 이단이 아닌 것을~ 낙토까지 왔다가 간 사람들인데 유 국장은 낙토에 왔다가 가면서 비행기 안에서 하나님의 징계를 받

고도 아무 깨달음이 없더니)

곧 이때라(이 본문 문자 그대로 보면 예수님 당시 그때인 줄 안다. 이때는 신령한 것을 신령한 것으로 분별하여 감추어 두신 하나님의 나라 비밀을 밝히 드러내시는 때다. 요6:45절의 말씀이 사실이 될 때, 예수 그리스도께서 예언하신 대로 진리의 성령이 실상이 되어 모든 진리 가운데로 인도할 때, 하나님께서만 신령하신 분이시라 반드시 하나님께서 정하신 때가 되어 열어 주셔야 하나님의 뜻을 알고 마음에 믿어지며 실행하는 이때라)

아버지께서는 이렇게 자기에게 예배하는 자들을 찾으시느니라 하나님은 영이시니(요6:63절에 "살리는 것은 영이니 육은 무익하니라 내가 너희에게 이른 말이 영이요 생명이라"라고 하신 것이다. 그래서 성령을 모두 상상한다. 또 성령 하나님이라고 한 것이다. '영'이라는 단어는 신, 구약 전체 하나님에게도, 사람에게도 같은 단어를 사용한다. 여기서 분별할 수 있는 열쇠가 마28:19절이다. "그러므로 너희는 가서 모든 족속으로 제자를 삼아 **아버지와 아들과 성령의 이름으로 세례를 주고**"라고 하셨다.

곧 이름이 있다. '여호와'가 유일하신 참 하나님 아버지의 이름이다. 아들의 이름 '예수 그리스도', 성령도 이름이 있다. 예수 그리스도께서 태어나실 때 이름을 '예수'라 하라고 기록해 두신 것은 진리의 성령에 대해서 상상할까 봐 이름을 말씀하시고 기록하신 것이다. 하나님의 이름에 대해서도 다음과 같이 말씀하셨다.

출3:15 하나님이 또 모세에게 이르시되 너는 이스라엘 자손에게 이같이 이르기를 나를 너희에게 보내신 이는 너희 조상의 하나님 곧 아브라함의 하나님, 이삭의 하나님, 야곱의 하나님 **여호와라 하라 이는 나의 영원한 이름이요 대대로 기억할 나의 표호니라**

왜 이렇게 성경을 성경으로 찾아서 해답을 명확하게 알아볼 생각을 안 했을까? 기독교에서 학자들이 도리어 혼란스럽게 만든 것이다. '성자 하나님, 성령 하나님'이라고 단 한 군데도 기록되어 있지 않다. 이 말이 성령을 상상하게 만든 것이다. 분명히 영원하신 하나님의 이름은 '여호와'라고 하셨고, 이 이름은 하나님의 영원한 이름인데 대대로 기억할 표호, 곧 겉으로 나타낼 이름을 뜻한다. 곧 대대로 영원히 기억할 하나님의 이름은 '여호와'시다. 사람들이 교묘하고 혼란스럽게 만들 줄 하나님은 아시고 **시83:18절**에 이렇게 명백하게 말씀하셨다.

시83:18 여호와라 이름하신 주만 온 세계의 지존자로 알게 하소서

'지존자'란 더없이 존귀한 분, 임금을 높여 이르는 단어, 어떤 분야의 최고를 이를 때 '지존'이라는 말을 사용한다. 곧 여호와 하나님만 지존하신 분이시다라는 뜻이다. 진리는 이러한데 너무 간사하게 '성자 하나님, 성령 하나님'이라는 용어를 사용하여 고착화시킨 거짓 지식이 되게 만든 것이다.

시82:6~7 ⁶내가 말하기를 너희는 신들이며 다 지존자의 아들들이라 하

였으나 ⁷너희는 범인같이 죽으며 방백의 하나같이 엎더지리로다

이렇게 하나님의 아들들이라고 하셨어도 왜 모두 다 죽었을까? 안 믿은 것이다. 심지어 예수 그리스도께서도 죽으셨으니 하나님의 명령인 '영생'을 아무도 안 믿는 것이다. 또한 예수 그리스도만 아들이냐? 본문에는 분명히 지존자, 곧 여호와 하나님의 아들들이라고 복수를 말씀하셨다. 그런데 누가 이 말씀을 믿었느냐? 영생을 안 믿었다. 우리가 나타나기 전에는 그 누구도 안 믿었다. '신령하다'는 것은 영원히 소멸되지 않는다는 뜻이다. 사람에게 '영'이라는 단어를 사용한 것은 사람의 영혼도 영원히 죽지 아니한다는 뜻이 감추어져 있는 것이다.

따라서 사람이 죽고 살고 하는 단어는 육체를 뜻하는 것이다. 하나님께서 창조하신 만물 중에 사람을 영장이라고 하는 단어를 쓰신 것은 본래 신령한 분이신 하나님께서 창조하셨다는 명백한 증거다. 눅 16:19~31절의 부자와 나사로에 대한 기록이 사람의 영혼(혼)은 죽지 않는다는 뜻이다. 이런 기록은 절대 안 믿고, '영'이라는 단어를 전체로 보지 않고 상상하는 것이다. 그래서 귀신도 '귀신의 영'이라는 단어를 사용하고, 이런 영을 원어로는 분별이 잘 안되도록 '하나님, 그리스도, 성령, 귀신, 바람, 숨, 영혼, 혼' 등으로 번역되어 있다.

하나님은 '영'이시지만 지존하신 자라는 것은 하나님 한 분만 더없이 존귀한 분, 지극히 거룩하고 존귀한 자, 영원한 왕이시라는 뜻이다. 이런 하나님께서 당신이 창조하신 사람을 사용하셔서 성경을 기록하셨고, 기록된 성경은 하나님의 말씀이며, 그래서 "내 말이 영이요 생명이

니"라고 하셨으며, **요1:1절**에 "이 말씀은 곧 하나님이시라"라고 하신 것이다.

따라서 '여호와 하나님'만 지존하시다. 지존하신 하나님께서 지존자의 아들들이라고 하셨건만, 아들들이 왜 영원히 살아 계신 하나님의 말씀을 안 믿으며, 하나님께서 지존자의 아들들이라고 하신 말씀을 안 믿느냐?

하나님은 '영'이시니 하나님께서 만드신 사람이 하나님의 아들들이면 하나님처럼 살아야 하는데, 왜 다 범인, 곧 일반 사람들처럼 하나님을 믿는 사람들이 다 죽었을까? 해답이 **창6:1~3절**이다.

창6:1~3 [1]사람이 땅 위에 번성하기 시작할 때에 그들에게서 딸들이 나니 [2]하나님의 아들들이 사람의 딸들의 아름다움을 보고 자기들의 좋아하는 모든 자로 아내를 삼는지라 [3]여호와께서 가라사대 **나의 신이 영원히 사람과 함께 하지 아니하리니 이는 그들이 육체가 됨이라** 그러나 그들의 날은 일백이십 년이 되리라 하시니라

이래서 반드시 모든 인간은 육체가 한 번 죽은 것이다. 그러나 이 속에 하나님의 뜻이 또 감추어져 있었다. "살리는 것은 영이니 육은 무익하니라"라고 하신 말씀이다. 곧 하나님의 말씀으로 거듭나면 육체도 죽지 아니하는 비밀을 하나님의 말씀인 성경 속에 감추어 두셨다. 그리고 에녹, 엘리야에 대한 기록을 해 두시고, 하나님의 아들 예수 그리스도를 성경에 약속하신 대로 이 땅에 사람으로 보내시고, 범인, 곧 일반 사

람들에 의해 죽임을 당하셔도 영원히 죽지 아니하시는 육체를 다시 주셨다. 이는 예수님이 살아 계실 때 이미 약속된 하나님의 약속이었다. 그리고 약속을 그대로 지키신 하나님은 아들을 통해서 또 약속하셨다.

예수 그리스도께서 부활하신 몸으로 승천하시면서 아버지께로서 예수 그리스도의 이름으로 또 다른 보혜사인 진리의 성령을 보내시겠다고 하시며, 이는 실상을 말씀하신다고 약속하신 말씀이 곧 진리의 성령은 실상이라는 뜻이다. 예수 그리스도께서 하나님이 아니신 이유가 육체를 입고 계시기 때문이며, 그 육체는 한 번 죽으셔야 한다는 것을 보여 주시고 교훈하신 것이며, 예수님을 통하여 약속하신 말씀을 믿는 것이 하나님을 믿는 것이다.

요11:25~26절이다. "²⁵예수께서 가라사대 나는 부활이요 생명이니 나를 믿는 자는 죽어도 살겠고(이 말씀을 믿고 순교한 자들이 제자들이며, 바울 사도다. 스데반 집사다. 그들은 반드시 7년 대환난 끝에 다시 부활하되 영원히 죽지 아니하는 육체, 곧 신령한 몸으로 다시 살아난다. 아무 때나 부활하는 것이 아니고, 하나님께 모든 권한이 있으므로 하나님께서 정하신 때에 다시 부활하게 하신다. 그래서 순교자들은 육체가 죽어서 흙으로 돌아가도 그 영혼은 죽지 아니하고 제단 아래서 쉬고 있는 것이다. 그들은 육체가 살아 있을 때 믿은 것이 아니다. 따라서 순교를 주장하는 자들은 하나님의 뜻을 단 한 절도 모른다는 명백한 증거다. 하나님께서는 예수 그리스도의 죽음도 기뻐하시지 않는다.) ²⁶무릇 살아서 나를 믿는 자는 영원히 죽지 아니하리니 이것을 네가 믿느냐"

사람을 죽게 하는
죄의 근본

불에 던진 화목의 실상

사1:11절에 판결해 두셨다. 10~12절을 보고 듣자.

사1:10~12 [10]너희 소돔의 관원들아 여호와의 말씀을 들을찌어다 너희 고모라의 백성아 우리 하나님의 법에 귀를 기울일찌어다 [11]여호와께서 말씀하시되 너희의 무수한 제물이 내게 무엇이 유익하뇨 나는 수양의 번제와 살진 짐승의 기름에 배불렀고 **나는 수송아지나 어린양이나 수염소의 피를 기뻐하지 아니하노라** [12]너희가 내 앞에 보이러 오니 그것을 누가 너희에게 요구하였느뇨 내 마당만 밟을 뿐이니라 이는 하나님의 명령인 영생을 안 믿고, 언약하신 약속을 믿지 않는 모든 것을 기뻐하지 않으시고, 받지도 않으신다는 뜻이다. "예수의 피, 예수의 피"라고 혀로 말만 하는 모든 자들은 절대 하나님의 나라와 아무 상관이 없다. 하나님께서 기뻐하시는 것은 에녹이었다. 에녹이 육체도 죽지 아니하고 옮기운 것은, 곧 '영생'한 것은 하나님의 말씀을 믿었기 때문이다. 이 에녹, 엘리야도 이 세대 우리에 대한 모형이요, 그림자다.

또한 예수 그리스도의 십자가 죽음을 기뻐하시지 않는다고 하셨는데 이런 말씀은 안 믿는다, 흉악한 귀신들이~ 오래 믿었다고 하는 모태신앙, 목사, 사모라는 인생들이 얼마나 미쳤는지 단 한 절도 안 믿으면서 설교하고 섬김받고 싶어 미친 자들이다. 이들의 악독함은 이루 말로 다 할 수 없다. 저들은 백성만 되어도 하나님의 은혜를 영원히 갚을 길이 없다. 이 교만하고 거만한 귀신들아~ 어디서 그 더러운 언행을 하여 패악을 자랑하나? 티끌도 연휼히 여기니까 해도 해도 끝이 없이 하나님의 말씀을 무시하고 멸시하나? 이 천하에 악독한 귀신들아~ 다시는, 다시는 너희 패역을 봐주지 않는다. 기억하마, 너희가 한 모든 더러운 악독과 패역을~ 티끌은 티끌인 것을 몰라서 기다려 준 줄 아느냐? 이 천하에 못된 것들아~ 너희가 하나님을 쫓아내었다. 너희의 패역이 낙토에 재앙을 부른 것이다. 이 악독한 귀신들아~

[13]헛된 제물을 다시 가져오지 말라 분향은 나의 가증히 여기는 바요 월삭과 안식일과 대회로 모이는 것도 그러하니 성회와 아울러 악을 행하는 것을 내가 견디지 못하겠노라(지금 하나님의 이름, 예수 이름 사용하는 모든 종교인들이 다 이렇다. 이래서 하나님께서 "나의 안식할 곳

이 어디냐"라고 하신 것이다. 하나님께서 안식할 곳이 **호2:19~20절**의 말씀이 실상이 된 사람, 곧 믿음이다. 안식교가 드리는 토요일도, 일요일 날이라고 하는 기독교, 천주교도 모두 이 **13절** 말씀에 다 해당한다. 지금 전 세계가 이러하며, 이런 곳들은 하나님의 성전 마당만 밟을 뿐 하나님께서 요구하신 것이 절대 아니다. 이것을 요구한 그들이 다 우상들이요, 사단이요, 마귀에게 제사하는 것이다. 조사도 않으시고 더 악한 이방인들에게 짓밟히게 던지신다. 증거가 **요한계시록 11장**이다. 이들은 7년 대환난에 던지고, 마흔두 달 동안 짓밟게 하신다.

그러니 드린 헌금도, 헌신도, 시간도, 네 모든 것도 하나님께서 받으신 것이 아니다. 어디서 교만을 떠나? 모태 신앙, 자칭 목사, 자칭 사모 너희들은 절대 왕 노릇 못 한다. 어디서 거만하고, 살인자들이 잘난 척하고, 치매 환자도 아니고 신자, 말순 너희들은 짐승이다.)

[14]내 마음이 너희의 월삭과 정한 절기를 싫어하나니 그것이 내게 무거운 짐이라 내가 지기에 곤비하였느니라(이래서 누가 성전 문 닫았으면 좋겠다고 하셨다. 이 미친 자들아~ 전 세계 교회들이 이렇다. 눈이 있거든 보고 귀가 있거든 들어라.) [15]너희가 손을 펼 때에 내가 눈을 가리우고 너희가 많이 기도할찌라도 내가 듣지 아니하리니 이는 **너희의 손에 피가 가득함이니라**"

성경을 가지고 교인들을 영적으로 죽이면서 예배드리고 기도하는 것을 두고 이렇게 말씀하셨다. 이 흉악한 귀신들아~ 너희들이 이러했다. 어디서 뚫린 입이라고 "목사니~ 사모니~" 하나? 신자, 정옥, 계순, 수경, 수영 이 못된 것들아, 어디서 그 더러운 언행을 계속하나? 어디서 교만하냐? 말순, 너는 더 죽은 자다. 일하기 싫으면 나가서 죽어라. 일하기 싫으면 먹지도 말라고 했다. 금순이 너는 네 보응이 얼마나 무서운 줄 모르는구나. 자식 둘을 빼앗기고도 정신을 못 차리는 너는 짐승이냐? 혀로 "예수, 예수" 하는 자들, "예수의 피로, 피로" 하며 주문 외우듯이 지껄이고 다닌 너희들은 영적인 소경이요, 귀머거리들이다. 이런 모든 자들에게 이미 판결해 두셨다.

겔15:1~8절이다. "¹여호와의 말씀이 내게 임하여 가라사대 ²인자야 포도나무가 모든 나무보다 나은 것이 무엇이랴(모든 나무, 곧 모든 사람들이 죽는 것처럼 포도나무도 죽었다. 예수 그리스도가 자신을 '포도나무'라고 하셨으니 나은 것이 무엇이냐? 삼 일 만에 부활하신 것이냐? 그것은 하나님께서 약속하신 대로 영원히 죽지 아니할 육체로 다시 살리신 것이다. 하나님께서 살리신 것이지, 아들이 능력 있어 살아나신 것이 아니다.

본문의 '인자'는 누구냐? 에스겔이냐? 예수 그리스도냐? 예수 그리스도인데 하나님께서 왜 이렇게 "인자야 포도나무가 모든 나무보다 나은 것이 무엇이냐"라고 하셨을까? 포도나무가 모든 나무보다 나은 것은 하나님의 아들이시고 하늘에서 하나님이 보내신 하나님의 사람이라 하나님께서 버리지 아니하시고, 언약하신 그대로 영원히 죽지 아니하는 신령한 몸으로 다시 살아나신 것이다.)

삼림 중 여러 나무 가운데 있는 그 포도나무 가지가 나은 것이 무엇이랴(이 '가지'가 예수 이름 사용하여 설교하고 잘난 척, 잘 믿는 척 가장하는 너희들이다. 어디서 교만을 떠나? 너희는 하나님을, 예수 그리스도를 믿은 것이 아니다. 지금 전 세계 천주교 교황부터, 기독교 목사들부터, 이 세상에 태어나기 전에 이미 나은 것이 없다고 판결해 두셨다. 이때는 BC 550년이다. 546년 후인 BC 4년에 이 땅에 사람으로 태어나신 예수 그리스도에 대해서도 이미 예언해 두셨다. 나은 것이 없다고~

왜 너희가 무엇인데 하나님의 판결을 안 믿고 패역하나? 너희의 패역이 나와 성도를 옥에 가두게 할 것이라고 하신 예언도 안 믿는 네가 더 높으냐? 패역에 대한 보응이 얼마나 무서운지 저 신자, 말순, 수옥, 금순, 다현, 대체육체들을 보아라. 이들은 이 판결을 하신 하나님을 안 믿는다. 너희들이 짐승과 다름이 없음을 깨달으라고 이미 판결해 두신 것이다. 계속 말씀을 받고도 자신을 모르는 자는 하나님을 안 믿는 자다. 귀신이다. 귀신은 귀신의 가르침을 더 좋아하고 지금껏 헛된 삶을 산 것도 부족해서 이리도 끈질기게 자신을 안 본다.

신문사 국장 둘이 한 순간에 저리 될 줄 누가 알았느냐? 와서 자신들 눈으로 보고도 사건을 만났을 때 그들은 남이었다. 제발 살아서 이 일이 어떤 일인지 보고 깨닫기를 바랄 뿐이다. 낙토에 같이 왔던 목사 둘 중 한 사람도 갑자기 심장마비로 자기 집에서 쓰러져 죽었다. 그는 낙토에 와서 나부아 예배당에 십자가를 세우지 않았다고 그러니까 이단 소리 듣는다고 나한테 했고, 나는 그때 싸웠다. 벌써 죽은 지 몇 년이 되었다. 자신의 건물에 교회를 세우고 교인들도 수백 명이 되었는데 한국 기독교 연합회장까지 했던 분이다. 아무것도 아닌 인간이 어찌 하나님의 판결을 안 믿나? 큰 한나, 너도 교만이 하늘을 찌른다. 네가 낳았으니 네 자식이냐? 네가 다른 사람보다 나은 것이 무엇이냐? 모든 사람을 속이고 잘난 척하는 너도 귀신이다. 성진 성도, 너도 속지 마라.)

³그 나무를 가지고 무엇을 제조할 수 있겠느냐 그것으로 무슨 그릇을 걸 못을 만들 수 있겠느냐 ⁴불에 던질 화목이 될 뿐이라 불이 그 두 끝을 사르고 그 가운데도 태웠으면 제조에 무슨 소용이 있겠느냐(본문의 '화목'은 '땔 나무, 불에 땔 사람'이라는 뜻이다. 곧 하나님의 말씀대로 죽는다는 뜻이다. 이렇게 예언된 대로 포도나무, 곧 예수님은 죽으셨다. 화목에 대한 명확한 해답을 보자.

사44:9~14 ⁹우상을 만드는 자는 다 허망하도다 그들의 기뻐하는 우상은 무익한 것이어늘 그것의 증인들은 보지도 못하며 알지도 못하니 그러므로 수치를 당하리라 ¹⁰신상을 만들며 무익한 우상을 부어 만든 자가 누구뇨 ¹¹보라 그 동류가 다 수치를 당할 것이라 그 장색들은 사람이라 그들이 다 모여 서서 두려워하며 함께 수치를 당할 것이니라 ¹²철공은 철을 숯불에 불리고 메로 치고 강한 팔로 괄리므로 심지어 주려서 기력이 진하며 물을 마시지 아니하여 곤비하며 ¹³목공은 줄을 늘여 재고 붓으로 긋고 대패로 밀고 정규로 그어 사람의 아름다움을 따라 인형을 새겨 집에 두게 하며 ¹⁴그는 혹 백향목을 베이며 혹 디르사나무와 상수리나무를 취하며 혹 삼림 중에 **자기를 위하여 한 나무를 택하며** 혹 나무를 심고 비에 자라게도 하나니

이 예언대로 전 세계 성경을 사용하는 모든 종교가 다 이렇게 하고 있다. 예수 이름 사용하며, 하나님의 이름 사용하며 이렇게 우상을 만들

고, 다 허망한 우상숭배를 하고 있다고 하면 누가 이 말을 믿을까? 그런데 사실이다. 그래서 불에 던질 화목이라고 하신 것이고, 다음과 같이 예언해 두셨다.

아모스 6장을 찾아서 함께 합독하거라. 1~11절을 다시 보자. 지금 전 세계 교회가 다 이런 영적인 상태이며, "다윗처럼 자기를 위하여 악기를 제조하며"라고 하신 예언이 바로 다윗의 자손으로 이 땅에 오신 예수 이름으로 온 교회가 심판받을 것을 **에스겔 15장**도, **아모스 6장**도 동일한 뜻으로 이미 예언해 두신 이대로 지금 이 세대까지 사실이 되어 있고, 이제 하나님의 집에서부터 심판이 시작된 것이다.

이 예언의 절정이 7년 대환난 때에 실상이 되어 사람들이 세상에 일어날 일을 생각하며 기절하게 된다. 특히 14년째 이 일을 훼방하고 대적한 모든 일은 혀로 함부로 말한 것 하나까지 다 본인들이 겪고 보응을 받는다. 모두 정신 차리고 말씀을 받아라.

암6:1~11절 "¹화 있을찐저 시온에서 안일한 자와 사마리아 산에서 마음이 든든한 자 곧 열국 중 우승하여 유명하므로 이스라엘 족속이 따르는 자들이여(BC 750년경, 곧 2771년 전에 이미 전 세계 교회가 예수 이름 사용하여 이렇게 행할 것을 예언해 두셨다. 하나님의 아들 예수님이 이 땅에 태어나시기 746년 전에 예수 이름이 전 세계에 퍼지고, 귀신의 소리를 하여 열국, 곧 온 세상 나라에 그 이름들이 유명해져서 사람들을 미혹하는 여의도순복음교회, "예수 이름으로 귀신아 떠날지어다"라는 말로 미혹하여 부자가 된 목사, 병 고치고 귀신의 소리를 성령받은 증거라 속이며 부자가 된 목사들이 사람들이 보기에 온 세상에서 우승하여 유명해지므로 교인들 수천, 수만, 수십만 명이 따르는 자들이 된 것이다.

이 사실을 알면 기절만 하겠느냐? 모두 부러워서, 그렇게 되고 싶어서 너희들도 쫓아다녔다. 아무도, 그 누구도 아니라고 말을 못 한다. 예수님이 이 땅에 오시기 전, 사역하시기 전, BC 780년 전에, 2771년 전에 지금 전 세계에 예수 이름 사용하여 미혹한 목사들, 사제들의 언행을 다 예언해 두신 것이다.

그래서 반드시 시온, 곧 예루살렘을 다시 택하신 것이다. 한 몫의 삶을 무효하지 아니하면 이 예언이 사실이 된다. 두 눈으로 똑똑히 보고, 두 귀로 똑똑히 들어라. 이들의 결과가 어떠한지, 지금 우리가 어떤 사명을 가지고 이 땅에 왔는지. 이런 경고를 해야 하는 이때에 낙토에서, 과천에서 자신이 귀신임을 자랑하는 너희는 이들보다 더 나쁜 짐승들이다. 티끌이요, 대체육체들이다.

어디서 치매 환자 짓을 하고 싸우고 시기, 질투하여 교회를 욕먹이고 하나님의 이름, 예수 이름 욕먹이고 다니냐. 이 더러운 귀신들아~ 절대 안 된다. 패역에 대한 보응이 얼마나 무서운지 너희들이 다 겪는다. 이 무지몽매한 짐승들아. 지금은 악인을 의인 만드는 것이 절대 아니다. 너희의 일거수일투족 다 알고 있다. 이 악독한 짐승들아~)

²너희는 갈레에 건너가고 거기서 대 하맛으로 가고 또 블레셋 사람의 가드로 내려가 보라 그곳들이 이 나라들보다 나으냐 그 토지가 너희 토지보다 넓으냐 ³너희는 흉한 날이 멀다 하여 강포한 자리로 가까와지게 하고 ⁴상아 상에 누우며 침상에서 기지개 켜며 양 떼에서 어린양과 우리에서 송아지를 취하여 먹고 ⁵비파에 맞추어 헛된 노래를 지절거리

며 다윗처럼 자기를 위하여 악기를 제조하며 ^{6}대접으로 포도주를 마시며 귀한 기름을 몸에 바르면서 요셉의 환난을 인하여는 근심치 아니하는 자로다 ^{7}그러므로 저희가 이제는 사로잡히는 자 중에 앞서 사로잡히리니 기지개 켜는 자의 떠드는 소리가 그치리라 ^{8}만군의 하나님 여호와께서 가라사대 주 여호와가 자기를 가리켜 맹세하였노라 내가 야곱의 영광을 싫어하며 그 궁궐들을 미워하므로 이 성읍과 거기 가득한 것을 대적에게 붙이리라 하셨느니라 ^{9}한 집에 열 사람이 남는다 하여도 다 죽을 것이라 ^{10}죽은 사람의 친척 곧 그 시체를 불사를 자가 그 뼈를 집 밖으로 가져갈 때에 그 집 내실에 있는 자에게 묻기를 아직 너와 함께한 자가 있느냐 하여 대답하기를 아주 없다 하면 저가 또 말하기를 잠잠하라 우리가 여호와의 이름을 일컫지 못할 것이라 하리라 ^{11}보라 여호와께서 명하시므로 큰 집이 침을 받아 갈라지며 작은 집이 침을 받아 터지리라"

예수 그리스도께서 신령한 몸으로 부활하신 후에 하나님께 받은 열쇠가 왜 사망과 음부의 열쇠인지, 그것도 세세토록, 곧 영원히 받은 열쇠가 이 열쇠인지에 대한 해답을 요약한 말씀이 이 본문이며, 이는 "불에 던질 화목이라"라고 하신 이유다. 이미 전 성경에 다 예언되어 있다. 자기를 위하여 헛된 노래를 지절거리는 사람, 성경을 가지고 성경과 다른 거짓말로 일생 설교하는 자들을 '악기'에 비유하신 것이다. 예수 이름으로 현재 성경과 다른 거짓말인 썩을 양식을 위해 일생 일하게 하여 사망의 세력 잡은 큰 집, 작은 교회인 작은 집이 다 침을 받아 죽는다는 판결이다.

그래서 히2:14절에 "자녀들은 혈육에 함께 속하였으매 그도 또한 한 모양으로 혈육에 함께 속하심은 사망으로 말미암아(이 말이 바로 불에 던질 화목이라고 하신 이유다. 육체가 죽을 것을 두고 **에스겔 15장**의 예언을 **히브리서**에서는 이렇게 말씀하신 것이다. 왜 가시면류관을 쓰신 것인지에 대한 이유이기도 하다. 포도나무로는 절대 제조가 될 수 없다는 판결이다.

절대 예수 그리스도를 비하시키는 것이 아니다. 신령한 몸으로 부활하셨는데 왜 2021년 지금 이때까지 우편에서 쉬고 계시는지에 대한 이유다. 혀로 "예수, 예수" 하는 모든 자들이 이대로 있으면 **아모스 6장**의 예언대로 모두 사실이 된다. 모두 '불에 던질 화목'이 된다. 전대미문의 새 언약으로 지금 돌아서지 아니하면 그 누구도 예외가 없다. 2021년 지금 이 세대까지 열매가 모두 썩은 양식을 위해 일하고, 각자 자신의 이익을 위해서 일한 것이지 절대 예수 그리스도를 위해서, 하나님을 위해서 일한 것이 아니고, 도리어 대적한 것이다. 예수 이름으로 지옥에 보낸 것이다.

이 한 가지 사실만 깨닫고 믿어도 절대 귀신 노릇 할 수 없다. 말씀을 무시하고 멸시한 대가가 얼마나 무서운지~ '영원'을 결판내는 것이다. 자신이 자살하는 것이다. 자해하지 말라고 그렇게 말해도 멸시한 귀신들아, 똑똑히 들어라. 네가 무슨 짓을 했는지~ 네가 얼마나 패악을 부려서 이 큰일을 훼방하고 있는지~ 후회해도 소용없다. 얼마나 너희가 하나님의 가르치심을 무시, 멸시했는지~ 채원이, 이 미친 것아, 예리, 이 강팍한 것아~ 혜란이, 이 흉악한 귀신아~ 너희는 사지가 떨릴 것이다. 너희들은 짐승들이다. 이 교만하고 거만한 것들아~ 너희는 불에 던질 화목이냐? 이들 전부 말씀을 단 한 절도 안 믿는 패역자들이다. 어디서 교회를 욕먹이고, 어디서 그런 미친 짓을 하고 돌아다니나? 다시는 이 흉악한 귀신들은 안 본다.

"자녀들은 혈육에 함께 속하였으매 그도 또한 한 모양으로 혈육에 함께 속하심은 사망으로 말미암아 사망의 세력을 잡은 자 곧 마귀를 없이 하시며"라고 하신 이 예언이 사실이 되어 마귀가 예수 이름, 하나님의 이름으로 열국인 온 세상 나라에 큰 집, 작은 집들이 다 자기를 위하여 일하고 있었고, 이들은 전부 '음부, 곧 지옥 불구덩이'에 보내졌고, 보내진다.

이에 대한 결과를 아모스에 예언해 두셨던 것이다. "다윗이 자기를 위하여 악기를 제조하여"라고 하신 대로 "예수, 예수" 하며 혀로 말만 하고, 새빨간 거짓말을 설교하는 모든 자들이 하는 언행을 두고 이렇게 말씀하신 것이다. 온갖 비싼 실제 악기도 다 갖추어 두고, 헛되고 헛된 노래인 성경과 다른 거짓말하는 설교자들이 예수 이름으로 제조된 악기들이다. 곧 하나님의 말씀을 마음에 받아 교인들로 하여금 구원에 이르지 못하게 하는 마귀들을 지칭하시는 예언이 바로 '비파에 맞추어 헛된 노래를 지절거리며 다윗처럼 자기를 위하여 악기를 제조한 것'이라고 비유한 것이다. 포도나무로는 절대 제조에 합당치 않은 것을 **히2:14절**에서 판결해 두신 것이다. 이래서 히브리서 저자가 미상이다.

결국 이들은 하층, 좌편, 왼편, 지하, 음부, 지옥 불구덩이, 유황 불못에 들어가는 악인들이다. 이래서 '사망과 음부의 열쇠'를 받으신 것이다. 사망의 세력 잡은 자 마귀는 예수 이름으로 음부인 지옥 불에 가고, 교인들도 보내는 자들이다. 그래서 포도나무가 모든 나무보다 나은 것이 무엇이냐고 하신 것이다. 2021년 지금 이때까지 예수 이름 사용하는 자들이 무슨 패악, 학대, 감금, 폭행, 사기, 유기, 방임, 교사죄를 저질렀는지 너희들이 아는 것은 빙산의 일각이다.

왜 나를 이런 흉악 범죄자로 죄목을 씌워 감옥에 가둔 것인지 너희들이 아는 것 또한 빙산의 일각이며, 왜 고소한 그들의 소송장, 판결문을 보라고 했는지 너희는 아직 모른다. 성경을 사용하는 모든 종교 지도자들, 교회들이 한 언행들을, 창세 이래 2021년 지금 이 시간까지 한 언행들, 하고 있는 언행들이 나에게 씌운 죄목 속에 다 들어 있다.

14년 전 네 명의 목사로 시작하고 2008년 6월 16일에 세상에 공개된 이 일이 이 세상에 속하는 모든 자들이 하나님께 지은 죄, 악인들, 곧 용, 사단, 마귀, 뱀, 독사, 짐승, 귀신, 악어, 마귀의 세력들, 귀신들, 심지어 우편에 속한 자들까지 지은 모든 죄에 대하여 낱낱이 드러내고 공의로 심판하시는 일이다. 이제 이들이 일할 시기는 다 끝났다. 하나님 앞에 악인들은 불에 던질 화목이 되고, 영벌에 들어간다. 혹 대적자들 중에 살아 있어 오는 세상에 들어가도 그에 대한 심판은 영원히 지속된다.

이 일을 돕는 것처럼 하면서 돈을 위해 일한 사람 한 명이 코로나 19로 죽었다. 불에 던진 화목이 되었다. 태욱 성도는 안다. 그에 대해서 내가 한 말이 있었다는 것을 유일하게 태욱 성도가 안다. 문자 성도는 그에게 경고했고, 그래도 그는 돌아서지 않았다. 이제 그 혼은 이 일이 어떤 일인지 보고 있을 것이다. 그는 영원이 이미 결판나서 영원히 돌이킬 수 없는 길을 갔다.

NGO 일을 마음대로 한 너희는 단 한 명도 회개하지 않았다. 너희 아무도 말씀을 안 믿는 자들이다. 가증한 편지도 내게 보낼 필요 없다. 내 손에 달린 것이 아니다. 이미 다 보시고 아시고 계신 하나님 앞에 너희가 한 일에 대한 보응이 있다. 왜 그렇게 하느냐고 한재수한테 내가 편지했고, 그 모든 말 무시하고 너희 뜻대로, 하고 싶은 대로 했다. 이 안에 갇혀 있으니 너희 눈에는 사람으로 보이지 않았다. 왜 다 취소하라고 태욱 성도한테 말했는지 태욱 성도만 안다.

결국 거룩한 자는 더욱 거룩해지고, 더러운 자는 더 더럽게 되어 자신들의 사심으로 따라온 것 뿐임을 증명하고 있다. 단 한 마디도 믿지 않았고, 멸시한 것이다. 이 일이 어떤 일인지 알면 사지만 떨리는 줄 아느냐? 살아 계신 하나님의 말씀을 안 믿는 패역은 귀신이 주인이 되어서 너희 자신을 자해한 것이다. 말쟁이, 게으른 자, 더러운 자, 경솔하고 경만한 자, 특히 낙토에서 귀신 노릇 한 자들, 2018년 7월 24일부터 현재 2021년 8월 11일 이 시간까지도 자신이 귀신임을 자랑하는 자들, 나는 분명히 경고했고, 권면했으며, 판결했다. 이제 각자 자신들의 자유의지로 행동하면 된다. 시간이 없다고도 수없이 말했다. 1분 1초도 낭비하면 안 된다고 했다. 모든 말을 다 무시, 멸시한 너는 티끌이냐?

예수 그리스도께서 부활하시고 하신 일, **누가복음 24장**에 신령한 몸으로 부활하시고 다시 제자들에게 나타나셔서 하신 일이, 구약성경을 가지고 자신에 대해서 자세히 설명하여 해석한 일이 바로 '우편'에 해당하는 일이다. 십자가에 죽으시고 신령한 몸으로 부활하시기 전에 하신 일은 전부 무효해야 한다.

다시 말하면 지금 전 세계 교회 90%가 다 육체에 해당하는 일로 인해 실족하여 넘어져 있다. 10%는 그럼 아니냐고 할까 봐, 십분의 일은 하나님께서 거룩한 자로 정해 두셨으니 지금부터 말씀을 받고 돌아설 택한 자들을 뜻하여 한 말이다. 2008년 6월 16일 전대미문의 새 언약을 할 때, 그때 비로소 온전한 중층의 말씀을 시작한 것이다. 온 세상은 죄 아래 가두어져 있었다. 이 10% 가운데 지금 은혜로교회 성도들이 들어 있었다. 10% 중에 먼저 돌아온 것은 제사장 나라, 곧 오는 세상에서 제사장 노릇 할 나라와 제사장들이다.

그러나 지금 2021년 8월 11일 지금 이 시간은 우리 외에 다 육체대로 예수 그리스도를 아는 가운데 있다. 이 중 십분의 일에 해당하는 자는 반드시 어느 경로로 듣든 이 말씀을 받고 돌아오는데, 순교자와 거지 나사로 같은 자들은 중층에 해당한다. 그래서 육체가 한 번 죽는다. 거지 나사로같이 살다가 7년 대환난이 오기 전에 육체가 죽는 자는 **고전 3:12~15절**에 해당한다.

고전3:12~15 ¹²만일 누구든지 금이나 은이나 보석이나 나무나 풀이나 짚으로 이 터 위에 세우면 ¹³각각 공력이 나타날 터인데 그날이 공력을 밝히리니 이는 불로 나타내고 그 불이 각 사람의 공력이 어떠한 것을 시험할 것임이니라 ¹⁴만일 누구든지 그 위에 세운 공력이 그대로 있으면 상을 받고 ¹⁵누구든지 공력이 불타면 해를 받으리니 그러나 자기는 구원을 얻되 불 가운데서 얻은 것 같으리라 이 예언의 말씀 이대로 육체가 죽어 낙원에 가 있다. 그래서 지금 티끌을 떨어 버리는 것이다. 곧 이 말을 기록한 사도 바울도 이 말의 뜻이 무슨 말인지 모르고 기록했는데, 이 사실을 귀신들은 절대 안 믿는다. 도리어 이 말을 하는 나를 대적하고, '그러니까 이단이지~ 이단 소리 듣는다'고 자기 맘대로 생각하고, 그 결과 그는 영원히 멸망한다.

예수는 그리스도라고 하는 중층의 소리를 왜 했는지에 대한 해답이다. 사실 이 안에 육체가 죽어 낙원에 가 있는 사람들은 자신들이 일생 헌신하고 교회 다녀도 썩을 양식을 위해 일한 것이고, 자기는 "구원을 얻되 불 가운데서 얻은 것 같으리라"에 해당하는 실상들이다. 예수 그리스도께서 '불에 던질 화목'이라고 하신 이유가 바로 당신이 하신 공력, 곧 '발걸음, 힘, 공을 들이고 애쓰는 힘, 열심히 수고한 일'이 다 불에 탈 화목이 될 것을 그분은 모르셨다.

이에 대해서 이미 창30:30절에도 예언이 되어 있었다.

> 창30:30 내가 오기 전에는 외삼촌의 소유가 적더니 번성하여 떼를 이루었나이다 **나의 공력을 따라** 여호와께서 외삼촌에게 복을 주셨나이다 그러나 나는 어느 때에나 내 집을 세우리이까

곧 택한 자의 표상, 모형, 그림자인 야곱이 팥죽 한 그릇으로 형에서가 받을 복, 장자가 받을 복을 가로채고 외삼촌 댁으로 도망가서 양을 친 일을 두고 "나의 공력을 따라"라고 한 것이다.

아브라함, 이삭, 야곱에게 이어져 온 언약이 예수 그리스도의 족

보에 기록되었는데, **마1:2절**에 '야곱'이라고 기록되어 있는 것은 거듭나지 아니하고 그도 죽었고, 6일, 곧 일곱째 날이 되는 여호와의 날, 인자의 날인 지금 2021년 이때까지 예수 이름 사용하는 자들 중에 거듭나지 않은 상태이며, 성경이 모든 것을 죄 아래 가두어 놓은 지금 이때를 예언해 두셨던 것이다. 아브람은 아브라함이라고 기록되어 있는데, 야곱은 **마1:2절**, **눅3:34절**에도 '야곱'이라고 기록되어 있다. 그리고 2021년 8월 10일 현재까지 택한 자녀일지라도 우리 외에 모두 야곱인 채 자신들은 잘 믿고 있다고 착각하고 있고, 우리 안에도 야곱은 육체가 불에 타고 그 영혼은 낙원에 갔으며, 아직도 야곱인 채 불에 던져질 화목이 있다.

이런 야곱인 채 성경이 모든 것을 죄 아래 가두어 둔 영적인 상태에 **히브리서 8장**의 새 언약을 유다 집과 이스라엘 집에 하신 것이다. 그러나 2021년 8월 11일 현재 **암6:8절**의 예언대로 "내가(곧 하나님께서) 야곱의 영광을 싫어하며 그 궁궐들을 미워하므로 이 성읍과 거기 가득한 것을 대적에게 붙이리라"라고 하셨고, "한 집에 열 사람이 남는다 하여도 다 죽을 것이라"라고 하셨다. 곧 예수만이 구원자라고 믿고 있는 모든 자들은 다 불에 던질 화목이 된다는 뜻이다.

예수님께서는 자신의 공력이 다 불에 타는 것이었다는 사실을, **고전3:15절**에 해당하는 실상이었음을 당시에 자신도 모르셨고, 이 말씀을 기록한 저자 사도 바울도 몰랐다. 자신들이 일한 모든 것이 불에 타서 자신들만 구원을 얻되 불 가운데 얻은 것 같은 말씀에 사도 바울 자신이 해당한다. 순교했으니 그도 둘째 사망에 들어가지 않았지만 육체는 죽었다. 하나님의 아들 예수 그리스도께서도 자신만 신령한 몸으로 다시 부활하셨고, 아무도 아직 부활하지 못하고 있는 것이 이에 대한 명백한 증거다.

이는 곧 "다윗이 자기를 위해 악기를 제조하고, 자기를 위하여 한 나무를 택하며"라고 하신 예언대로 이루어진 결과에 대한 판결이다. 더 구체적으로 말하면 다윗의 자손으로 이 땅에 오신 예수 그리스도께서 자신이 일일이 제자들을 택하여 세우신 일도 이에 해당한다. 그 제자들이 예수 그리스도를 랍비, 곧 선생이라고 했고, 그들은 사도들이라 하여 지금 이 세대까지 사도들의 이름이 우상이 되어 있었다고 하면 누가 믿을까마는 이 또한 사실이다. 이들로 인하여 얼마나 많은 우상들, 새 신들이 생겼는지 알면 기절할 일이다. 모두 불에 던진 바 된 화목이었다. 그래서 포도나무가 모든 나무보다 나은 것이 무엇이냐고 하신 해답 중에 하나다.

지금 이 새 언약으로 돌아서지 아니하면 모두 불에 던져질 화목이 된다. 그래서 사1:11절에 어린양의 피도 하나님께서 기뻐하시지 않는다고 하신 것이다. 죽는 자의 죽는 것도 기뻐하시지 않는 이유도 이 때문이다. 왜 한 몫의 삶을 반드시 버려야 하는지, 각자 '영원'을 결정하는 일이었다. 다른 누구를 위한 일이 아니다. 절대 아니다. 귀신들은 마치 나를 위해서 낙토에 가 준 것처럼 생각하고, 과천에 있어 주는 것처럼 생각하더라. 하나님께서 기뻐하시는 일은 '영생'이다. 그래서 다음과 같이 말씀하셨다.)

고전3:16~18 [16]너희가 하나님의 성전인 것과 하나님의 성령이 너희 안에 거하시는 것을 알지 못하느뇨 ¹⁷누구든지 하나님의 성전을 더럽히면 하나님이 그 사람을 멸하시리라 하나님의 성전은 거룩하니 너희도 그러하니라 ¹⁸아무도 자기를 속이지 말라 너희 중에 누구든지 이 세상에서 지혜 있는 줄로 생각하거든 미련한 자가 되어라 그리하여야 지혜로운 자가 되리라

이 세상에서 가장 미련한 사람이 나다. 모두 나를 바보인 줄 알더라. 이런 나를 이용하거나 이 일을 훼방한 자들이 어찌 되는지 다 보게 된다. 120년의 반도 살지 못하고 갈 것을 돈, 돈 하며 살더니~

그리고 예수 그리스도를 이 땅에 새 언약의 중보로 보내셨다.

히2:15~16 ¹⁵또 죽기를 무서워하므로 **일생에 매여 종노릇하는 모든 자들을 놓아 주려 하심이니** ¹⁶이는 실로 천사들을 붙들어 주려 하심이 아니요 오직 아브라함의 자손을 붙들어 주려 하심이라

곧 영원한 언약을 받아 마귀에게, 귀신에게 종노릇하는 데서 놓아 주려 하시되 결국 아브라함의 자손을 붙들어 주시기 위함이었다. 다시 말하면 하나님께서 정하신 때가 될 때까지 십자가의 도의 비밀을 사람들이 모르도록 하나님께서 경영하신 것이다. 이 속에는 대체육체의 비밀도 감추어져 있었으며, 모든 천국의 비밀을 아무도 모르게 하신 것이다. 이 모든 핵심은 '영생'이다. 이때가 될 때까지 천국의 비밀을 모르니 마귀가 어디서 무슨 언행을 하는지 모두 몰랐던 것이다.

다시 **사44:14**절로 가서 "자기를 위하여 한 나무를 택하며"라는 말씀 속에 2021년 이 세대까지 예수 이름을 빙자하여 성경을 가지고 자신들의 이익을 위해 일할 것을 예언해 두신 것이다. 이에 대해서 **롬16:17~18**절에서도 이렇게 예언해 두셨다.

롬16:17~18 [17]형제들아 내가 너희를 권하노니 너희 교훈을 거스려 분쟁을 일으키고 거치게 하는 자들을 살피고 저희에게서 떠나라 [18]이같은 자들은 우리 주 그리스도를 섬기지 아니하고 **다만 자기의 배만 섬기나니** 공교하고 아첨하는 말로 순진한 자들의 마음을 미혹하느니라

이 본문이 사도 바울 당시에 로마 교인들에게 해당한 말씀만일까? 물론 사도 바울도 나사렛 이단의 괴수라는 소리를 들으며 예수 그리스도를 전했고, 당시로는 '새 교'라는 말을 듣기도 했다. 유대교에서 기독교로 개종했으니 당연히 그런 말을 듣고 분쟁을 겪으며 결국 순교를 당한 것이다. 하지만 이 말씀은 그때 당시가 아니라 전대미문의 새 일인 지금 이때를 예언한 것이다. 증거는 온전한 것이 올 때에는 부분적으로 하던 것은 폐해야 하기 때문이다. 또한 하나님은 죽은 자의 하나님이 아니라 살아 있는 산 자의 하나님이시다. 그 증거가 19~20절이다.

롬16:19~20 [19]너희 순종함이 모든 사람에게 들리는지라 그러므로 내가 너희를 인하여 기뻐하노니 너희가 선한 데 지혜롭고 악한 데 미련하기를 원하노라 [20]**평강의 하나님께서 속히 사단을 너희 발 아래서 상하게**

하시리라 우리 주 예수의 은혜가 너희에게 있을찌어다

이 말씀이 명백하게 하나님의 가르치심을 받고 언약 안에 거하여 영생을 위해 일하고 있는 지금 우리에 대한 예언이라는 증거다. 선한 분은 오직 하나님 한 분이시며, 선하신 하나님의 가르치심인 **요6:45절**의 예언이 14년째 실상이 된 이 일이 진실로 맞다. '너희 교훈', 곧 전대미문의 온전한 일, 영원한 언약이므로 이 교훈을 거스르는 분쟁이 사실이 되어 온 세상이 다 악한 자 아래 있는 영적인 상태, 성경이 모든 것을 죄 아래 가두어 두었던 영적인 상태를 이제 우리 중 누구도 부인할 수 없다.

그러므로 우리가 받고 있는 하나님의 교훈을 대적하는 사단, 곧 **롬 16:17~18절**의 말씀이 현재 기독교의 실상이 되어 자기 배만 섬기는 자들이 모두 예수 이름 사용하나 예수 그리스도와 진실로 아무 상관이 없고, 도리어 대적하고 원수 노릇을 하고 있다. 그리고 나를 통한 이 일은 내 교훈이 아니고, 창세 이래 가장 온전한 지혜, 완전한 지혜인 하나님의 가르치심이며, 하나님의 교훈이다. 따라서 지금 이 세대에 대한 예언이 확실하고, 이 교훈은 모든 이론을 다 파하는 강력이니 반드시 하나님께서 속히 사단을 우리 발 아래 상하게 하실 것이고, 현재 상하게 하시고 계신다.

사단은 예수 이름, 하나님의 이름 사용하여 자기들의 배만 채우고 진리의 도를 훼방하고 있다. 그리고 예수 그리스도가 주가 아니라, 성부 하나님이 우리의 주인이시다. 오직 하나님께만 영광을 돌려야 한다. 하나님께서 아들 예수 그리스도를 이 땅에 보내신 뜻을 이제 알았으니 오는 세상에서 예수 그리스도와 함께 왕 노릇 하게 되고, 백성들이 되어 하나님을 영원히 찬양하며 살 것이다.

그래서 욥32:1~2절에 이렇게 예언되어 있었던 것이다.

욥32:1~2 ¹욥이 스스로 의롭게 여기므로 그 세 사람의 대답이 그치매 ²람 족속 부스 사람 바라겔의 아들 엘리후가 노를 발하니 그가 욥에게 노를 발함은 욥이 하나님보다 자기가 의롭다 함이요

이 말씀은 당시 욥에 대한 말씀도 맞지만, 예수 그리스도의 이름으로 지금 온 세상에 있는 교회, 교인들이 다 이렇게 생각하고 있다. 곧 사단, 마귀, 귀신들이 "예수님이 십자가에 죽으실 때 모든 인류의 죄를 다 지시고 죽으셨다. 과거, 현재, 미래의 모든 죄를 다 지시고 죽으셨으니 예수를 믿기만 하면 어떤 죄도 다 용서하신다"라고 가르친 결과로 인해 누구든지 교회만 다니고 있으면 자신들은 이미 의인이고, 이를 두고 '칭의'라고 가르치고 믿고 있어서 하나님께서 판결하신 하나님의 법을 단 한 절도 안 믿는다. 구약성경도 아닌 신약성경에 기록된 진리도 믿지 않는 것을 두고 하나님보다 자기가 의롭다 함이라고 하신 것이다.

하나님께서는 아들 예수 그리스도를 통해서 분명히 마7:21~26절에 "²¹나더러 주여 주여 하는 자마다 천국에 다 들어갈 것이 아니요 다만 하늘에 계신 내 아버지의 뜻대로 행하는 자라야 들어가리라 ²²그날에 많은 사람이 나더러 이르되 주여 주여 우리가 주의 이름으로 선지자 노릇 하며 주의 이름으로 귀신을 쫓아 내며 주의 이름으로 많은 권능을 행

치 아니하였나이까 하리니 ²³그때에 내가 저희에게 밝히 말하되 내가 너희를 도무지 알지 못하니 불법을 행하는 자들아 내게서 떠나가라 하리라 ²⁴그러므로 누구든지 나의 이 말을 듣고 행하는 자는 그 집을 반석 위에 지은 지혜로운 사람 같으리니 ²⁵비가 내리고 창수가 나고 바람이 불어 그 집에 부딪히되 무너지지 아니하나니 이는 주초를 반석 위에 놓은 연고요(이 예언이 이미 14년째 은혜로교회에 그대로 이루어지고 있었다. 특히 하나님의 가르치시는 교훈이 14년째 내리고 있음을 두고 "비가 내리고"라고 하시며, "창수가 나고"는 전대미문의 새 언약을 내리시니까 귀신의 처소에서 내는 많은 물이 홍수가 되고, 창수가 난 것이다.

"이단이니~ 사이비니~" 하는 말은 이인규 한 사람으로 시작하여 창수가 되었다. 이제 이 세상 법정에서 대적들의 소송장에서까지 흉악범으로, 이단으로 온 세상에 치욕을 겪고, 감옥에 갇히고, 이런 자들에 의해 낙토에서 드론까지 동원하여 촬영하고, 수십 명을 인터뷰하고, 방송에서 온갖 더러운 말로, 거짓말로 쏟아 내는 말들이 창수가 되었다.

'바람'은 영적으로 말씀이 없는 거짓 선지자들을 바람이라고 하셨고, 이들에 의해 이렇게 흉악범을 만들었으니 이보다 더한 창수, 곧 홍수가 어디 있겠느냐?

온 세상은 성경과 다른 거짓말로 가르치는데 나는 그들과 반대로, 진실로 성경대로 진리를 선포했다. 그런데 이런 거짓 선지자들에 의해 참 진리의 도가 훼방을 받고 있으니 목사에게는 치명적인 말인 '이단, 사이비'라는 창수로 아예 죽임을 당한 것이다. 이보다 더한 창수가 어디에 있느냐? 그렇게 나와 성도들을 감옥에 가두고 짓밟았으니~ 이는 내가, 우리가 좁은 문, 좁은 길을 가는 천국의 상속자들, 곧 하나님의 뜻을 행하는 자들이라는 것을 온 세상에 나타내고 알리시는 하나님의 완전한 지혜였다. 이런 창수에도, 어떤 바람에도 무너지지 아니하고 더 견고하게 서 있다. 이는 반석이신 여호와 하나님께서 친히 가르치시고, 진리의 성령의 대언과 지켜 실행하는 실상의 믿음으로 말미암아 하나님의 뜻을 행한 일이었기 때문이다.)

[26]나의 이 말을 듣고 행치 아니하는 자는 그 집을 모래 위에 지은 어리석은 사람 같으리니 [27]비가 내리고 창수가 나고 바람이 불어 그 집에 부딪히매 무너져 그 무너짐이 심하니라"

이제 진실로 홍수, 곧 창수로 무너뜨리신다. 이렇게 하나님께서는 예수 그리스도를 통하여 아무나 "주여 주여" 하는 자마다 다 천국에 들어가지 않는다고 하셨는데, 혀로 "주여 주여" 하는 자들은 자신들은 천국에 죽어서 간다는 거짓말만 믿고 이미 천국행 티켓을 받았다고 착각하는 자들, 불법을 행하는 자들이라고 하신 판결의 말씀은 안 믿는 것이다. 이렇게 할 것을 3421년 전에 욥이 스스로 의롭게 여기므로 '자신이 하나님보다 의롭다 함'이라고 예언해 두신 것이다.

그래서 에스겔 15장에서 포도나무는 제조에 합당치 아니하다고 하셨고, '불에 던질 화목'이라고 하신 것이다. 이 말씀이 참 진리였음을 2021년까지 땅에 성경을 사용하는 유대교, 천주교, 기독교 역사가 증명해 주고 있다. 또한 우리는 14년째 영원한 언약을 받고, 하나님의 가르치심을 따라 인도함을 받음으로 성경이 모든 것을 죄 아래 가두어 두었음을 보았고, 들었고, 경험했다. 다시 사44:14~17절을 보자.

사44:14~17 ¹⁴그는 혹 백향목을 베이며 혹 디르사나무와 상수리나무를 취하며 혹 삼림 중에 자기를 위하여 한 나무를 택하며 혹 나무를 심고 비에 자라게도 하나니 ¹⁵무릇 이 나무는 사람이 화목을 삼는 것이어늘 그가 그것을 가지고 자기 몸을 더웁게도 하고 그것으로 불을 피워서 떡을 굽기도 하고 그것으로 신상을 만들어 숭배하며 우상을 만들고 그 앞에 부복하기도 하는구나 ¹⁶그중에 얼마는 불사르고 얼마는 고기를 삶아 먹기도 하며 고기를 구워 배불리기도 하며 또 몸을 더웁게 하여 이르기를 아하 따뜻하다 내가 불을 보았구나 하면서 ¹⁷그 나머지로 신상 곧 자기의 우상을 만들고 그 앞에 부복하여 경배하며 그것에게 기도하여 이르기를 너는 나의 신이니 나를 구원하라 하는도다

예수 이름으로 지금 전 세상의 교회들이 하는 언행에 대한 예언이다. 곧 오늘날 '성자 하나님'이라고 하여 경배하고 기도하며 오직 예수만 구원자라고 할 것을 이렇게 이사야 선지자를 통해서 BC 700년에 이미 예언해 두신 것이다.

예수 그리스도를 이 땅에 보내신 분도, 십자가에 죽으시고 부활하신 것도, 승천하신 것도, 다시 오시마 약속하게 하신 분도 하나님이시다. 하나님만이 참 신이시며, 하나님만이 사람을 죽이시기도 하고 살리시기도 하시는 분이시다. 다만 하나님께서는 당신이 친히 진술하시지 않고 사람을 사용하신다. 그리고 비유로 기록해 두셨으니 사람은 알 수가 없었던 것이다.

그래서 예수 그리스도께서 **마11:6절, 눅7:23절**에 "누구든지 나를

인하여 실족하지 아니하는 자는 복이 있도다 하시니라"라고 하셨던 것이다. 이렇게 기록된 말씀은 안 믿고, 자신들이 스스로 의인이 된 줄 착각하게 만든 사람들이 성경을 가지고 비슷하게, 간사하게 성경과 다른 거짓말로 가르치고, 전부 혀로 말만 하는 말쟁이로 만든 것이다.

아담 안에서
모든 사람이 죽은 이유

2021년 지금 이 시간까지 사람들이 예수 이름으로 하는 모든 언행들이 **고전15:22~28절**에 예언되어 있었다.

"²²아담 안에서 모든 사람이 죽은 것같이(문자 그대로 보면 창세기에 '아담 안에서'라고 보지만, 이렇게만 보아도 말이 안 되는 부분이 있다. '에녹, 엘리야'는 죽음을 보지 아니하고 하나님께 기뻐하심을 얻어 옮기운 것은 어떻게 말할 것이냐? 사도 바울은 자신이 분명히 신령한 것은 신령한 것으로 분별하고 영적인 것은 영적인 것으로 분별하라고 하면서 이렇게 말한 것이다.

따라서 '아담'은 **롬5:14절**에 "오실 자의 표상이니라"라고 자신이 쓴 로마서의 말씀은 적용을 안 하고, 이렇게만 말한 것으로 인해 사람들이 곡해할 수 있게 한 것이다. 그래서 사람에게서 증거를 취하지 아니하신다고 한 것이고, 신령한 것에 대한 하나님의 뜻을 하나님께서 가르쳐 주시지 아니하면 절대 알 수 없었던 것이다. 곧 창세기의 아담은 오실 자 예수 그리스도의 표상으로 육체를 입고 이 땅에 오실 하나님의 아들에 대한 비밀이 감추어져 있었다.

따라서 "아담 안에서 모든 사람이 죽은 것같이"라는 말씀의 뜻은 육체대로 예수 그리스도를 보고 듣고 믿으면 모든 사람이 죽는다는 뜻이다. 이렇게 2021년 지금 이 시간까지 예수 그리스도를 하나님의 아들이라고 인정하고 믿지 않는 사람들이 유대교인들이다. 그들은 예수 그리스도를 아버지 요셉과 어머니 마리아에게서 난 사람인데 하나님의 아들이라고 하시고, 하늘에서 내려온 떡, 산 떡이라고 하시는 말씀을 알아듣지 못하고 안 믿은 것이다. 결국 이들은 아들을 사형시키고, 그에 대한 징벌을 2021년 지금 이 시간까지 받고 있다.

영원히 지옥 불구덩이에 들어간 유대교인들은 땅에서 사는 날 동안에 온 세상에 떠돌며 핍박의 대상이 되어 살았다. 그런데 예수 그리스도께서 부활하신 이후 그는 하나님의 아들이며 심지어 성자 하나님이라고 믿는 천주교, 기독교인들은 왜 2021년 이때까지 다 죽었을까?)

그리스도 안에서 모든 사람이 삶을 얻으리라('삶'이란 사는 일, 살아 있는 일, 생, 목숨, 생명을 뜻한다. 곧 육체를 입고 살아 있는 것, 사는 일을 삶이라고 한다. 그런데 왜 구약시대는 에녹, 엘리야가 있었는데 신약시대에는 2021년 지금까지 아무도 없었을까? 그래서 이 말씀이 너무 중요하다. 땅에 있는 모든 문제를 해결할 수 있는 핵심 열쇠가 바로 이 말씀이다. 말씀은 이러한데 왜 아직 아무도, 누구도 이 말씀대로 이루어진 사람이 없었을까?

하나님은 절대 거짓말하시는 분이 아니시다. 문제는 언약하신 하나님을 믿지 않았기 때문이다. 이 삶, 곧 생명, 생에 대한 명확한 해답과 문제, 결과를 알면 사람 생각을 잡고 있는 귀신이 영원히 떠난다. 모두 정신 차리고 집중하여 이 부분의 근본을 해결하자.

먼저 큰 해답을 알고 세미하게 증명한다. 이렇게 되면 너희가 무슨 사랑을 받았는지 알게 되고, 왜 혀로 "예수 예수" 말만 하고 예수 이름으로만은 절대 제조가 안 되는지 명백하게 알게 된다.

"아담 안에서 모든 사람이 죽은 것같이" 이 말씀을 가지고 성경 박사, 학자들이 여출일구 하는 말이 **창세기 2~3장**에 그 아담, 곧 하와의 남편에게 원인을 돌리고 이를 두고 '원죄'라고 한 것이다. '원죄'란 아담과 하와가 금단의 열매인 선악과를 따 먹은 이후부터 이 죄가 시작되었다는 뜻이다. 곧 인간이 본래부터 지니고 태어나게 되었다는 죄를 말한다. 그리고 '이 죄는 예수 그리스도께서 십자가에 죽으시면서 모든 인류의 죄, 과거, 현재, 미래의 죄를 다 지시고 십자가에 죽으셨다. 그래서 예수를 믿기만 하면 어떤 죄도 다 용서받고 천국 간다. 이 천국도 죽어서 간다'고 가르쳐서 또 자살하게 만든 한 원인을 제공하여 죽인 것이다.

그런데 왜 예수 그리스도께서 혼자만 십자가에 죽은 지 삼 일 만에 영원히 병들지도 아니하고 죽지도 아니하는 몸으로 다시 부활, 곧 영원한 생명, 목숨, 삶을 얻으셨을까? 왜 예수 그리스도를 믿는다고 하는 천주교, 기독교인들은 단 한 사람도 예수 그리스도처럼 부활한 사람도 없고, 육체도 죽지 아니하고 영원한 삶을 사는 자도 없는 것일까? 그래서 온 세상에 사람이 만든 잡다한 종교들이 생긴 것이다.

이 진리는 참이므로 모든 이론을 다 파하는 강력이다. 모든 사람들이 소망하는 삶은 육체도 죽지 아니하고 영원히 살되 고통도 없고 행복한 삶을 살고 싶은 것이다. 이에 대한 문제, 해답, 결과까지 다 감추어 두신 것이 살아 계신 하나님의 말씀인 성경이고, 성경만이 참 진리이며 예언이고 사실이다. 이 사실이 이제까지 사실이 되지 않았던 것은 전 성경 기록 목적이 2021년 지금 이 세대였기 때문이다. 따라서 지금 온 세상에 있는 모든 문제, 특히 코로나19 전염병, 홍수, 불 심판 등 땅에 일어나는 모든 재앙은 사람들이 말하는 '이상 기온, 이상 기후'라고만 하며, 탄소세를 만들어야 한다고 하고, 코로나19는 백신만이 해답이라고 하며 여출일구 동일하게 떠드는 사람의 말로는 절대 해결되지 않는다.

모든 문제와 해답은 창조주 하나님께 달려 있다. 이 문제와 해답을 성경 1189장 속에 감추어 두셨던 것이다. 그러나 지금 이 세대는 **요6:45절**의 말씀이 사실이 되어 2008년 6월 16일부터 이루어지고 있고, 이 외에도 너무나 많은 예언이 실상이 되어 14년째 이루어지고 있다. 이 모든 문제에 대한 근본 원인과 해결책을 14년째 밝히고 있고, 이 말씀이 사실이 되어 현재 코로나19 전염병, 불 심판, 물 심판, 기근, 성경에 기록된 모든 재앙이 이 세대에 땅에 다 내리고 있고, 내릴 것이며, 이 재앙을 피하는 길 또한 성경 속에 다 밝히고 있고, 사실이 된다. 이는 나, 신옥주 목사의 말이 아니고 살아 계신 하나님의 말씀을 대언만 할 뿐이다. 사람이 믿든 안 믿든 이미 14년째 사실이 되었고, 영원히 사실이 되어 땅에 다 이루어짐을 온 세상에 천명한다.

먼저 **고전15:20~28절**을 모두 찾아서 합독하거라.

"²⁰그러나 이제 그리스도께서 죽은 자 가운데서 다시 살아 잠자는 자들의 첫 열매가 되셨도다(눅24:1~49절을 찾아서 교독하거라. 영원히 죽지 아니하는 육체로, 곧 신령한 몸으로 다시 부활하신 하나님의 아들이 엠마오로 가는 두 제자에게 나타나셨는데 제자들이 알아보지 못한다. 이유는 16절에 저희들의 눈이 가리워져, 곧 영적인 눈이 가리워져서 그인 줄 알아보지 못한 것이다. 다시 말하면 둘은 분명히 길을 걸어가고 눈을 뜨고 서로 말하는 중에 그리스도께서 함께 동행하시고 있는데 알아보지 못한다.

이 일을 기록하신 이유는 무엇일까? 이들이 성경을 가지고도, 하나님의 아들을 만나고도 알아보지 못하는 이 일은 지금 전 세계 성경을 사용하는 모든 종교인들이 예수 그리스도께서 살아 계실 때 하신 일, 십자가에 죽으시고 무덤에 장사 지낸 바 되었다가 미리 약속하신 대로 삼일 만에 부활하신 하나님의 아들은 알아보지 못할 것을 예언해 두신 것이다. 곧 예수 그리스도께 직접 가르치심을 받았던 이들의 눈에 신령한 몸으로 부활하신 그리스도를 알아보지 못한 것처럼, 예수 그리스도께서 한 몫의 삶을 사실 때 하신 일을 기록한 신약성경만 사람의 시각으로 보고 그대로 흉내를 내고 육체대로 아는 수준으로는 절대 하나님의 아들을 알 수 없다는 뜻이 감추어져 있다는 뜻이다.

이런 영적인 상태의 천주교, 기독교인들은 천국과 아무 관계가 없다. 사실이다. 그래서 "포도나무가 모든 나무보다 나은 것이 무엇이냐"라고 하셨고, 포도나무를 불에 던질 화목이 될 뿐이라고 하셨으며, 욥25:5~6절에 "⁵하나님의 눈에는 달이라도 명랑치 못하고 별도 깨끗지 못하거든 [6]하물며 벌레인 사람, 구더기인 인생이랴"라고 하셨던 것이다.

'명랑하다'는 것은 맑고 밝음, 밝고 쾌활함이라는 뜻이다. 이렇게 되는 길은 오직 한 길, 영원한 언약을 지켜 실행함으로 사람의 생각, 마음을 잡고 자신의 욕망대로 살고 죄를 지어 죽게 만들고 지옥에 보내는 귀신이 다 떠나야 명랑하게 된다.

이 예언대로 예수 그리스도께서 십자가를 지시기 전에 심히 고민하여 죽게 되었다고 하시고 기도하셨으며, 결국 십자가에 달리셔서 "엘리 엘리 라마 사박다니"라고 하신 것이다. 바로 달도 명랑치 못하다고 하신 예언이 실상이 된 것이다. 그래서 **시136:9절**에 "달과 별들로 밤을 주관케 하신 이에게 감사하라"라고 하셨던 것이다. 곧 예수 이름으로 별들인 목사들이 '밤'에 속하는 자들을 주관케 하신 것이다. 이 한 절의 뜻을 깨달으면 지금 영적인 잠에서 깨지 아니하면 안 된다는 것을 알게 된다. 밤에 해당하는 기간이 6일이다. '밤'은 어두움, 흑암이라 빛이 어두움에 비춰어도 어두움이 깨닫지 못한다.

살전5:5절에 "너희는 다 빛의 아들이요 낮의 아들이라 우리가 밤이나 어두움에 속하지 아니하나니… 7절 자는 자들은 밤에 자고 취하는 자들은 밤에 취하되"라고 하셨던 것이다. 밤에 속한 자들은 포도주에 취해서 혀로 "오직 예수, 예수" 말은 하지만 자신들과 예수 그리스도와 아무 관계가 없다는 것을 알지 못한다.

또 **렘31:35절**에서도 "나 여호와는 해를 낮의 빛으로 주었고 달과 (예수 그리스도와) 별들을(사제, 목사들, 예수 그리스도의 종들, 사도들 그래서 "다윗은 자기를 위하여 악기를 만들고"라고 하신 것이다. '악기'

에 사람을 비유하신 것이다. 성경을 가지고 설교하는 지도자를 악기라고 한 것은 설교를 '노래'라고 하신 이유다. 악기는 자신이 스스로 소리를 낼 수 없다. 사람에 의해 소리가 나는 것이다. 별들과 달은 그래서 밤에 뜬다. 밤에 속한 별들은 혀로 "오직 예수, 오직 예수"라고 말을 하지만 예수 그리스도에 대해서 사실은 모르고 설교하는 것이다.)

밤의 빛으로 규정하였고(그래서 밤에 속한 자들을 이렇게 판결해 두셨다. 시19:2절 "날은 날에게 말하고 밤은 밤에게 지식을 전하니"라고 하나님께서 이미 정해 두셨고, 이 규정은 창세 이래 6일까지 예수 그리스도 이후 2천 년간도 이러했고, 영원히 이 규정은 변하지 않는다. 3절에 "언어가 없고 들리는 소리도 없으나"라고 하신 것이다.

그래서 욥30:16~23절에 이미 환난 날인 지금 이때에 대한 판결과 예수 그리스도에 대한 예언을 3421년 전에 이렇게 예언해 두셨다. 16~19절을 먼저 보자.

욥30:16~19 ¹⁶이제는 내 마음이 내 속에서 녹으니 환난 날이 나를 잡음이라 ¹⁷밤이 되면 내 뼈가 쑤시니 나의 몸에 아픔이 쉬지 아니하는구나 ¹⁸하나님의 큰 능력으로 하여 옷이 추하여져서 옷깃처럼 내 몸에 붙었구나 ¹⁹하나님이 나를 진흙 가운데 던지셨고 나로 티끌과 재 같게 하셨구나

이미 열매가 다 이렇게 된다고 예언해 두신 것인데 본인은 모르셨다. 이 예언에 예수 이름 사용하는 크고 넓은 문에 서 있는 멸망하는 자들이 나올 것과 이들의 결과는 전부 불에 던질 인생으로 아무 열매가 없

다는 것을, 그래서 포도나무가 모든 나무보다 나은 것이 무엇이냐고 하셨고, 포도나무 가지 또한 나은 것이 없다는 판결을 하신 것이다.

이 예언 속에 **요한복음 9장**에 예수님이 땅에 침을 뱉어 진흙으로 소경의 눈을 뜨게 하시는 일도 감추어 두신 것이다. 그 결과도 아무것도 아니며, 결국 눈 뜬 소경도 티끌로 돌아갔다. 실상의 당시 눈 뜬 소경도 말이다. 예수님이 사역하실 때 그 일로 인하여 2021년 지금 이 세대까지 얼마나 많은 사람, 악기들이 예수님 흉내를 내고 술에 취해 있는지 알면 너희들은 기절해야 한다. 오죽하면 네 가지 중한 벌을 내릴 때 노아, 다니엘, 욥이 있어도 그들은 자기 의로 자기만 구원받는다고 하셨을까? 혀로 "예수 예수" 하며 자기 일을 한 자들, 지금 전 세계 교회가 이대로 실상이 되어 있다.

그래서 한 몫의 삶을 무효하지 아니하면 절대 하나님 나라와 아무 상관이 없고, 도리어 자신이 받을 보응만 쌓는 것이다. 왜 그리스도께서 신령한 몸으로 부활하셨는데 하나님 아버지께 세세토록 받은 열쇠가 사망과 음부의 열쇠였는지 사실대로 알면~

이에 대한 판결이 "아담 안에서 모든 사람이 죽은 것같이"에 해당한다. 모두 밤에 속한 자들이 예수 이름의 별들이며, 목사들을 경배하는 우상숭배자들이다. 한 몫의 삶을 예수 이름으로 살아온 결과 14년째 이 진리를 전해도 귀신 노릇 하는 자들, 흉악한 귀신이 어떤 더러운 짓을 하는지 지금도 너희 두 눈으로 현장에서 보고 있지 아니하냐? 김순덕, 은숙 너희들이 흉악한 귀신들이다. 자칭 사모라는 자들, 모태 신앙이라고 자랑하는 자들의 미친 언행에 성도들이 이제 질려서 진저리가 날 거다.

악인을 의인 만드는 때가 절대 아니다. 한 몫의 삶을 목사, 사모로 살았던 자들의 흉악함은 이루 말로 다 할 수 없다. 티끌도 연휼히 여기는 이유가 나도 목사였기에 그런 것이다. 영혼 살인자가 받는 보응이 얼마나 무서운지 다 보아라. 흉악한 귀신의 실상을 다 보아라. 오죽하면 메뚜기에 비유했겠느냐? 메뚜기 떼가 곡식을 다 먹어 치우는 재앙은 예수 이름, 하나님 이름 사용하는, 메뚜기에 비유하신 목사들의 언행을 보여 주신 것이다. 욥기 이 본문에 이미 다 판결해 두셨는데 아무도 몰랐던 것이다.

욥30:20~23 ²⁰내가 주께 부르짖으오나 주께서 대답지 아니하시오며 내가 섰사오나 주께서 굽어보시기만 하시나이다 ²¹주께서 돌이켜 내게 잔혹히 하시고 완력으로 나를 핍박하시오며 ²²나를 바람 위에 들어 얹어 불려가게 하시며 대풍 중에 소멸케 하시나이다 ²³내가 아나이다 주께서 나를 죽게 하사 모든 생물을 위하여 정한 집으로 끌어 가시리이다

이렇게 이미 다 판결해 두셨다. 그래서 포도나무가 모든 나무, 곧 본문에는 '모든 생물'이라고 하신 모든 사람보다 나은 것이 무엇이냐고 하신 것이다. '밤'의 빛으로 달과 별들을 이미 규정해 두신 하나님의 뜻을 단 한 절도 모르고 안 믿으면서 어디서 그 더러운 입으로 "목사니~ 사모니~" 하며 높은 자리를 탐하고 흉악한 귀신임을 자랑하나? 순덕이 너, 재성이 너, 티끌이구나. 어디서 그 더러운 귀신임을 자각하지 못하고 있나, 이 더러운 귀신아~ 너희들은 밤에 속한 자이더냐? 이 더러운 귀

신들은 지금도 낙토에서 상상 속에 있다.

이런 '밤'에 대해 하나님께서 욥33:13~22절에 이렇게 판결하신다.

욥33:13~22 [13]하나님은 모든 행하시는 것을 스스로 진술치 아니하시나니 네가 하나님과 변쟁함은 어찜이뇨 [14]사람은 무관히 여겨도 하나님은 한 번 말씀하시고 다시 말씀하시되 [15]**사람이 침상에서 졸며 깊이 잠들 때에나 꿈에나 밤의 이상 중에** [16]사람의 귀를 여시고 인치듯 교훈하시나니 [17]이는 사람으로 그 꾀를 버리게 하려 하심이며 사람에게 교만을 막으려 하심이라 [18]그는 사람의 혼으로 구덩이에 빠지지 않게 하시며 그 생명으로 칼에 멸망치 않게 하시느니라 [19]혹시는 사람이 병상의 고통과 뼈가 늘 쑤심의 징계를 받나니 [20]그의 마음은 식물을 싫어하고 그의 혼은 별미를 싫어하며 [21]그의 살은 파리하여 보이지 아니하고 보이지 않던 뼈가 드러나서 [22]그의 혼이 구덩이에, 그의 생명이 멸하는 자에게 가까와지느니라

너희들을 이 구덩이, 곧 지옥 불구덩이에 들어가지 않게 하시려는 하나님의 사랑을 무시하고 멸시하면 이 구덩이에 들어간다. 이 악독한 순덕, 재성, 수경이 흉악한 귀신들아~ 너희들은 이 밤에 해당하는 자들이냐? 반드시 대답해라. 그래서 '밤'에 속한 자는 모두 불에 던질 화목이 된다.

또 요13:30절에 "유다가 그 조각(곧 부분)을 받고 곧 나가니 밤이러라" 자칭 목사들이 하는 언행들이 조각이 되고, 그 조각을 받아 밤에

별들이 사용한 것이다. 이들이 예수 이름 사용하여 돈 바꾸는 자들이다. 돈을 받고 예수님을 팔아먹은 자들이다. 이렇게 부자가 되어 궁궐을 지어 놓고 영원히 지옥에 보내고 있는데 그 궁궐이 좋아서 너도나도 그곳에서 우상숭배 한다. 이런 별, 곧 목사는 이름이 마귀다. 가르치는 귀신이다. 우상이며, 미운 물건이다. 이런 자들이 있는 교회를 두고 큰 집이든 작은 집이든 다 침을 받는다고 하셨다.

그래서 요6:70절에 "너희 중에 한 사람은 마귀니라"라고 하신 것이다. 그런데 이 마귀가 2021년 지금 이 세대까지 예수님을 이용하여 왕 노릇 하고 있는 자칭 목사들, 사제들인 줄 당시에 예수님도 모르셨다. 아무도 몰랐다. 천국의 비밀은 하나님께서만 아셨던 것이다. 성경이 왜 죄 아래 가두어 두었다고 하셨는지 다 보아라. 그래서 마귀는 거짓의 아비다.

요8:44 너희는 너희 아비 마귀에게서 났으니 너희 아비의 욕심을 너희도 행하고자 하느니라 저는 처음부터 살인한 자요 진리가 그 속에 없으므로 진리에 서지 못하고 거짓을 말할 때마다 제 것으로 말하나니 이는 저가 거짓말쟁이요 거짓의 아비가 되었음이니라

이렇게 판결이 되어 있어도 목사라고, 사모라고 자랑하고 싶은 너는 아직 귀신이다. 재성, 말순, 순덕, 수옥, 재동 너희들은 흉악한 귀신들이다. 태준이, 용호 너희들은 이런 마귀의 자식이냐? 어디서 교만하나? 마귀의 자식들은 살인자의 자식이요, 죄를 짓는 자들은 다 죄를 심상히 여긴다. 이 교만한 귀신들이 어디서 귀신 노릇을 하나?

이런 마귀의 세력들을 불에 던지는 합법적인 완전한 지혜가 사망과 음부의 열쇠이며, 히2:14절의 말씀이 실상이 된 것이다. 육체가 살아 있을 때 하나님의 법으로 인을 치고 있어도 이런 귀신들은 깨달음이 없다. 교만이 기본 뿌리다. 그래서 다시 창조하시는 것이다. 롬13:11~14절에도 이렇게 예언해 두셨다.

롬13:11~14 ¹¹또한 너희가 이 시기를 알거니와 자다가 깰 때가 벌써 되었으니 이는 이제 우리의 구원이 처음 믿을 때보다 가까웠음이니라 ¹²밤이 깊고 낮이 가까왔으니 그러므로 우리가 어두움의 일을 벗고 빛의 갑옷을 입자 ¹³낮에와 같이 단정히 행하고 **방탕과 술취하지 말며 음란과 호색하지 말며 쟁투와 시기하지 말고** ¹⁴오직 주 예수 그리스도로 옷 입고 정욕을 위하여 육신의 일을 도모하지 말라

이 예언이 사도 바울 당시에 실상이 되는 말씀이었느냐? 이렇게 기록한 바울도 이 말씀이 언제 실상이 되는지 몰랐다. 자신의 증거도 사람의 증거에 해당하는 줄 그는 몰랐다. 흉악한 귀신들은 절대 인정 안 하겠지만 진실로 사실이다. 중층의 소리가 주 예수로 옷 입는 기간이었다. 그러나 지금 전 세계 기독교는 온전한 중층의 소리도 없다. 이 또한 사실이다. 유튜브를 듣고 흉내를 낸다고 해도 그 또한 울리는 꽹과리에 해당한다. 진실로 한 절만 깨달아도 절대 지금 목회를 할 수 없다. 온 천하가 잠잠하여 영원한 언약으로 돌이키지 아니하면 물에, 불에 던지신다. 곧 홍수, 창수, 불 심판에 던진다. 산 채로 지옥 불에 던진다는 말씀은

살아 있는 사람이 불이 나서 타 죽는 것이다. 현재 전 세계에 이렇게 죽는 사람들이 얼마나 많은 줄 아느냐?

2021년 8월 12일자 뉴스와 신문에 알제리에 산불이 160여 건이 나서 65명이 사망했고,[18] 현재도 불이 계속 진행 중이며, 튀니지에 150여 건의 불이 진행 중이며,[19] 미국 캘리포니아에도 산불이 진행 중이고,[20] 그리스 터키, 북아프리카에 난리다. 미국 캘리포니아 농부가 가뭄으로 인해 농작물이 타들어 가는 사진과 함께 '아메리카 드림 농장들'이라는 제목으로 기사, 뉴스가 나왔다.[21]

한국도 코로나19 확진자가 최고 2223명이 나온 날 델타 변이 확진자가 70% 이상 검출되었고, 미국은 12일 하루 확진자만 11만 명, 프랑스도 하루 확진자가 3만 명에 육박했다. 이들은 다 여호와의 칼인 온역, 곧 전염병으로 재앙을 받은 것이다. 이러해도 정신 못 차리는 너는 티끌이다.

중국 허난성 정저우라는 곳이 다니엘 성도야, 하남성 정주 아니냐? 그곳에 홍수가 나서 지하철 안에서 산 채로 죽은 것이 바로 창수, 곧 홍수에 죽은 것이다. 이렇게 다 너희 눈으로 보고, 귀로 듣고 깨달으라고 보여 주어도 귀신 노릇 하는 너는 티끌이구나. 이 악독한 짐승아~

예수 그리스도로 옷 입는 단계는 중층까지다. 이들은 전부 육체가 죽는다. 상층의 소리인 해를 입는 것이 낮에 속한 자들이다. 밤에 속한 자들은 우편에 있는 자들이라도 반드시 육체가 한 번 죽는다. 이들이 순교하고 거지 나사로같이 되어 그 영혼들이 제단 아래서, 낙원에서 쉬고 있는 것이다. 예수 그리스도에 대해서 단 한 절도 모르면서 이미 다 알고 있다고 착각하는 자들은 아무도 살아남을 수 없다.

예수 그리스도께서 밤의 '달'이실 때 하신 일을 보자, 무슨 일을 하셨는지~ 또한 지금까지 바울을 사모하고 경배하는 자들이 누군지 분별하거라. 왜 순교자들이 제단 아래서 자신들이 흘린 피를 신원해 달라고 하는지 분별이 된다. 지금 온 세상이 영적인 밤에 해당하는 언행을 예수 이름으로, 하나님의 이름으로 하고 있는 실상이 명백하게 보인다.

김순덕이 너는 네 한 몫의 짝이 무슨 짓을 했는지 자각을 못 하는구나. 나를 이용해서 돈을 벌었던 사람이 나를 위하는 척하며 가장하다가 코로나에 걸려 사망했고,[22] 곧 불에 던져졌다. 네 짝 자칭 목사가 나한테 한 행동도 경중만 다를 뿐이다. 정신 차려라, 이 흉악한 귀신아~ 이 말이 그렇게 듣고 싶더냐? 얼마나 미친 자인지 너는 양심에 화인 맞았나?

고전11:23~27 [23]내가 너희에게 전한 것은 주께 받은 것이니 곧 주 예수께서 잡히시던 밤에 떡을 가지사 [24]축사하시고 떼어 가라사대 이것은 너희를 위하는 내 몸이니 이것을 행하여 나를 기념하라 하시고 [25]식후에 또한 이와 같이 잔을 가지시고 가라사대 이 잔은 내 피로 세운 새 언약이니 이것을 행하여 마실 때마다 나를 기념하라 하셨으니 [26]너희가 이 떡을 먹으며 이 잔을 마실 때마다 주의 죽으심을 오실 때까지 전하는 것이니라 [27]그러므로 누구든지 주의 떡이나 잔을 합당치 않게 먹고 마시는 자는 주의 몸과 피를 범하는 죄가 있느니라 이 말씀대로 이런 일을 2021년 8월 13일 이날까지 하고 있는 자들이 다 밤에 속하는 자들이다. 그래서 밤의 빛인 달과 별들은 밤에게 지식을 전하는 자들이며, 천주교, 기독교가 다 이렇게 이어져 온 것이다. 그래서 포도나무로는 제조가 되지 않는다. 다윗의 자손으로 오신 예수님이 자기를 위하여 악기를 만들고 헛된 노래를 지절거리게 한 원인이 되었다. 결국 진실로 '시험하는 돌'이 예수님이셨다. 그래서 네 오른눈이 너를 실족케 하거든 빼어 내버리고 네 오른손이 너를 실족케 하거든 찍어 내버려서라도 지옥 불에 가지 말라고 하신 것이다.

더 무서운 판결은 **마18:6~9절**이다. 이 흉악한 귀신들아, 두 눈을 똑바로 뜨고 네가 지금 무슨 패역을 하고 있는지 보아라.

마18:6~9 [6]누구든지 나를 믿는 이 소자 중 하나를 실족케 하면 차라리 연자 맷돌을 그 목에 달리우고 깊은 바다에 빠뜨리우는 것이 나으니라 [7]실족케 하는 일들이 있음을 인하여 세상에 화가 있도다 실족케 하는 일이 없을 수는 없으나 실족케 하는 그 사람에게는 화가 있도다 [8]만일 네 손이나 네 발이 너를 범죄케 하거든 찍어 내버리라 불구자나 절뚝발이로 영생에 들어가는 것이 두 손과 두 발을 가지고 영원한 불에 던지우는 것보다 나으니라 [9]만일 네 눈이 너를 범죄케 하거든 빼어 내버리라 한 눈으로 영생에 들어가는 것이 두 눈을 가지고 지옥 불에 던지우는 것보다 나으니라

이 예언의 실상의 주인공들은 14년째 이 일을 은혜로교회에 와서

듣고 낙토까지 가 보고도 배반하여 안 믿는 모든 자들이다.

　나는 영생을 위해 양식을 먹이는 이 일을 대언하면서 반드시 성경을 찾아서 너희 눈으로 보게 하고, 성경적인 방언통역을 하여 너희 두 귀로 들려주었고, 말씀이 맞다고 너희 두 발로 찾아와서 보았고 들었으면서, 자신들의 눈으로 보고, 두 손으로 만지고, 두 발로 다 다녔으면서 하나님의 말씀을 안 믿고 다 과거로 되돌아갔다. 그들 모두는 명백하게 이 본문의 예언이 사실이 되어 자기들의 두 눈, 두 손, 두 발로 지옥 영원한 불에 던지우는 자들이라는 것을 온 세상에 천명한다. 또 이인규, 박형택, 박상기, 진용식, 예장합신 총회, 감리교 총회, 순복음 피지 수바한인교회, 난디한인교회, 감리교 교회, 베트남 하노이한인교회, 탁지일, 오명옥, 피지 내 자칭 선교사들, 자기 손으로 나를 고소한 그들, 소송장을 쓴 자들, 이들의 모해, 위증만 믿고 판결한 자들 모두 이 예언의 주인공들이다.

　그리고 너희가 모르고 했든, 어찌했든 간에 너희 손으로 성경을 가지고 너희 발로 돌아다니며 혀로 손가락으로 네 눈으로 성경을 사용하고 목사 노릇, 목사 마누라 노릇 했던 죄의 보응이 이렇게 무서운 것임을 보아라. 그 보응으로 인해 이렇게 말씀을 받고도 사욕, 사심을 버리지 않고 은혜를 받기는커녕 치매 환자 노릇 하고 뱀 노릇 하는 자들을 보아라. 생각과 마음을 잡고 있는 귀신의 정체를 속일 수가 없어서 말씀 앞에 다 드러나서 하는 언행들을 보아라. 안 믿는 귀신들이다. 자신들에 대해서 아무리 말해도 안 들리고 안 보인다. 계속 이대로 있을까 봐 자식을 들어 징계를 해도 깨달음이 없는 자들이다. 너희들은 밤에 속한 자들이냐?

2천 년 동안 이어져 온 떡과 포도주를 가지고 거룩한 척 성찬식을 하고, 자신들은 이미 구원받았다고 감쪽같이 속고 있는 자들은 자신들이 시험하는 돌에 걸려 넘어져 실족한 자들인 줄 모른다. 이들이 사망과 음부의 열쇠를 사용하여 흑암에 가두어진 유리하는 별들, 마귀의 세력들인 줄 모르고 있는 자들이다. 영적인 살인자들이며, '아담 안에서 죽은 자들'이다. 마7:13~27절의 예언 중에 멸망으로 인도하는 크고 넓은 문에서 불법을 행하는 자들이며, "주여 주여" 하는 자들이다. 이들은 다 '밤에 속한 자들'이다. 하나님 나라, 곧 천국에 죽어서 간다고 거짓말하는 자들이다.

이들의 결과를 보자. 지금 우리도 판단을 받고 있다.

고전11:28~32절 "28사람이 자기를 살피고 그 후에야 이 떡을 먹고 이 잔을 마실찌니 29주의 몸을 분변치 못하고 먹고 마시는 자는 자기의 죄를 먹고 마시는 것이니라(죄를 먹고 마시면서 자신은 이미 거룩해져서 강단에서 설교하고 있다고 생각한다. 이런 자의 마누라는 더 교만하고 거만하며 저리도 미친 자가 되어 자신의 수치를 모르는 것이다. 이런 일을 다 안 하고 버리는 것이 거룩한 금식이며, 자기 일을 쉬는 것이다. 그런데 지금도 산에 가서 육으로 금식하고 작정 기도하고 신문에 광고를 내고 있다.

2021년 8월 13일 9시 30분 뉴스에 터키에 불 심판을 하고 있더니 오늘 터키에 홍수가 나서 11명 사망, 900여 명 대피라고 한다.[23] 코로나19는 이제 부스터 샷(3번째 백신 맞기)을 누구나 다 맞아야 한다고 한다. 사람 방법으로 하나님의 징계하심을 절대 막지 못한다. 이 부당한 재판, 판결을 바로 잡지 않으면 어찌 되는지 다 경험할 것이다. 한국 기독교가 무슨 짓을 했는지 나는 분명히 14년째 경고했고, 지금도 경고한다.

지금 이 본문은 현재하고 있는 성찬식만을 뜻하는 것이 아니다. 성경을 가지고 성경과 다른 거짓말로 설교하고, 그 설교를 듣고 아멘하여 교회생활을 하는 모든 자들이 다 자기의 죄를 먹고 마시는 것이다. 이렇게 사기 치고 공갈, 협박하는 자들은 존경받으며 부자가 되어 견고하게 서 있다. 그러나 이제 이들이 일할 시간이 끝났다.)

³⁰이러므로 너희 중에 약한 자와 병든 자가 많고 잠자는 자도 적지 아니하니 ³¹우리가 우리를 살폈으면 판단을 받지 아니하려니와 ³²우리가 판단을 받는 것은 주께 징계를 받는 것이니 이는 우리로 세상과 함께 죄 정함을 받지 않게 하려 하심이라"라고 하신 이 본문의 '우리'는 누구냐?

밤을 지날 때 지은 죄의 보응도 얼마나 무서운데 하물며 이 새 언약, 14년째 하나님의 가르치심을 대언하는 이 말씀을 받으면서 짓고 있는 패역은 어찌 되는 줄 아직도 안 믿느냐? 어떻게 이 시간까지 이런 패역을 하고도 가슴이 찢기지 아니하냐?

따라서 '밤'을 지날 때, 밤에 속한 자는 실족한다. '실족'이란 문자 그대로는 발을 잘못 디뎌 미끄러지다는 의미로 이는 죄를 짓는 것, 죄를 짓게 하는 모든 유혹을 뜻한다. 원어로 보면 짐승을 사냥하는 올가미, 함정을 뜻한다.

요11:10 밤에 다니면 빛이 그 사람 안에 없는 고로 실족하느니라 이 말씀 또한 사람이 본능적으로 아는 밤을 뜻하는 것이 아니라, 영적인 밤을 지나는 기간이 '달', 곧 예수 그리스도와 '별들', 곧 성경을 가지고 가르치고 설교하는 사역자들인 사제, 목사들이 빛 역할을 하는 기간인 2천 년간, 구약부터 말하면 6일간은 '밤'에 해당하는 기간이다. 이 기간에는 성경이 모든 것을 죄 아래 가두어 두는 기간이었으니 실족해 있었던 기간이었다. 그래서 **마11:6절**과 **눅7:23절**에 "누구든지 나를 인하여 실족하지 아니하는 자는 복이 있도다 하시니"라고 말씀해 두셨던 것이다. 그리고 이렇게 실족하는 자들은 하나님과 예수 그리스도의 원수들이다.

시27:2 나의 대적, 나의 원수 된 행악자가 내 살을 먹으려고 내게로 왔다가 실족하여 넘어졌도다

문자 그대로 말하면 다윗의 원수요 대적자이나, 이는 다윗의 자손으로 오신 하나님의 아들 예수 그리스도의 대적자요 원수이며, 그러므로 예수 그리스도를 이 땅에 보내신 하나님의 원수요 대적자다. 또한 지금 이 세대 하나님의 가르치심을 대언하는 14년째 이 일을 훼방하는 대적자들이 실족하여 넘어질 것임을 예언하신 그대로 사실이 되었다.

이렇게 실족하는 대적자들, 원수들은 결국 재앙이 이들에게 내린다.

욥12:5 평안한 자의 마음은 재앙을 멸시하나 재앙이 실족하는 자를 기다리는구나

밤에 해당하는 기간에는 누구든 상상, 환상 속에 산다. 그래서 밤에 빛 역할을 한 달과 별들도 한 몫의 삶은 죄에서 자유할 수가 없었다. 피 흘리기까지 싸우며 육체가 한 번 죽어야 했다. 그러나 밤을 지날 때 밤에 속한 자들, 하나님의 자녀들을 대적하는 원수들은 결국 상상, 환상에서 벗어나지 못한 채 다음 판결대로 실상이 된다.

사29:5~8 ⁵그럴지라도 네 대적의 무리는 세미한 티끌 같겠고 강포한 자의 무리는 불려 가는 겨 같으리니 그 일이 경각간에 갑자기 이룰 것이라 ⁶만군의 여호와께서 벽력과 지진과 큰 소리와 회리바람과 폭풍과 맹렬한 불꽃으로 그들을 징벌하실 것인즉 ⁷아리엘('아리엘'은 '하나님의 제단, 성전의 제단, 하나님의 사자, 하나님의 산'이라는 뜻으로 예루살렘을 뜻한다. 아리엘)을 치는 열방의 무리 곧 아리엘과 그 보장을 쳐서 곤고케 하는 모든 자는 꿈같이, 밤의 환상같이 되리니 ⁸주린 자가 꿈에 먹었을지라도 깨면 그 속은 여전히 비고 목마른 자가 꿈에 마셨을지라도 깨면 곤비하며 그 속에 갈증이 있는 것같이 시온산을 치는 열방의 무리가 그와 같으리라

진실로 이 예언은 사실이었다. 누구도 예외가 없이 '밤'을 지나는 기간 6일, 신약시대 2일, 곧 2천 년간은 모두 밤을 지나는 기간이라 영적인 잠을 자는 상태였다. 밤의 빛 역할을 하는 달과 별들 아래에서는 좌편이든 우편이든 다 죄 아래 있었고, 이때는 하나님의 뜻인 천국의 비밀을 하나도 몰라서 다 죄 아래 있었으며, 하나님의 자녀들은 이 세상에

속한 자들에 의해 순교하거나 거지 나사로같이 사는 기간이었다.

그러나 택한 자녀들을 실족하도록 두시지 않는다. 우리가 증거다. 그래서 징계를 받지만 하나님께서 정해 두신 때, 여호와의 날에 영적인 잠에서 깨어 일어나게 하시고, 이런 우리를 영적인 잠에서 깨워 일으키시기 위해 대적들을 사용하신다. 따라서 우리의 한 몫의 삶도 **사29:1~4절**에 예언되어 있었다. 우리 모두 죄 아래 있을 때 실상이다.

사29:1~4 [1]슬프다 아리엘이여 아리엘이여 다윗의 진 친 성읍이여 년부년 절기가 돌아오려니와 [2]내가 필경 너 아리엘을 괴롭게 하리니 네가 슬퍼하고 애곡하며 내게 아리엘과 같이 되리라 [3]내가 너를 사면으로 둘러 진을 치며 군대로 너를 에우며 대를 쌓아 너를 치리니 [4]네가 낮아져서 땅에서 말하며 네 말소리가 나직히 티끌에서 날 것이라 네 목소리가 신접한 자의 목소리같이 땅에서 나며 네 말소리가 티끌에서 지껄거리리라

그래서 열매가 없었다. 이렇게 우리 모두는 한 몫의 삶을 살았고, 이런 삶은 반드시 버려야 했다. 이때는 온 세상이 다 **9~16절**의 말씀대로 실상이 되어 있었다.

"[9]너희는 놀라고 놀라라 너희는 소경이 되고 소경이 되라 그들의 취함이 포도주로 인함이 아니며 그들의 비틀거림이 독주로 인함이 아니라 [10]대저 여호와께서 깊이 잠들게 하는 신을 너희에게 부어주사 너희의 눈을 감기셨음이니 눈은 선지자요 너희 머리를 덮으셨음이니 머리는 선견자라 [11]그러므로 모든 묵시가 **너희에게는 마치 봉한 책의 말이라** 그것

을 유식한 자에게 주며 이르기를 그대에게 청하노니 이를 읽으라 하면 대답하기를 봉하였으니 못하겠노라 할 것이요 ¹²또 무식한 자에게 주며 이르기를 그대에게 청하노니 이를 읽으라 하면 대답하기를 나는 무식하다 할 것이니라 ¹³주께서 가라사대 이 백성이 입으로는 나를 가까이하며 **입술로는 나를 존경하나 그 마음은 내게서 멀리 떠났나니** 그들이 나를 경외함은 사람의 계명으로 가르침을 받았을 뿐이라 ¹⁴그러므로 내가 이 백성 중에 기이한 일 곧 기이하고 가장 기이한 일을 다시 행하리니 그들 중의 지혜자의 지혜가 없어지고 명철자의 총명이 가리워지리라 ¹⁵화 있을찐저 자기의 도모를 여호와께 깊이 숨기려하는 자여 그 일을 어두운 데서 행하며 이르기를 누가 우리를 보랴 누가 우리를 알랴 하니 ¹⁶너희의 패리함이 심하도다('패리(패려)하다'란 말이나 행동이 도리에 어긋나고 사납다, 속이다, 왜곡하다라는 뜻으로 거짓말하고 악담을 즐겨하는 것을 뜻한다. 곧 진리에서 떠나 악행하는 것을 뜻한다. 그래서 잠11:20절에 이렇게 말씀하셨다.

잠11:20 마음이 패려한 자는 여호와의 미움을 받아도 행위가 온전한 자는 그의 기뻐하심을 받느니라

온전한 것이 실상이 되어 올 때에는 사람의 계명을 받아 패려한 모든 악행에서 진리로 돌이켜서 부분, 곧 조각으로 성경을 보고 믿었다고 하는 모든 것을 다 폐해야 한다. 또한 2021년 지금 이 세대는 성경이 모든 것을 죄 아래 가두어 두신 기간이 지나 14년째 하나님께서 친히 가

르치심을 대언하는 때다. 이렇게 패려한 악행에서 돌아서지 아니하면 전 성경에 기록된 모든 재앙이 다 내린다. 그리고 이 일을 대적한 자들을 징벌하시고 계신다.) 토기장이를 어찌 진흙같이 여기겠느냐 지음을 받은 물건이 어찌 자기를 지은 자에 대하여 이르기를 그가 나를 짓지 아니하였다 하겠으며 빚음을 받은 물건이 자기를 빚은 자에 대하여 이르기를 그가 총명이 없다 하겠느냐"

이 말씀이 사실이 되어 이미 14년째 패려한 악행에서 돌이키고 계신다. 17~24절의 예언이 사실이 되어 이루어지고 있다. 이때 영적인 잠에서 깨지 아니하면 밤의 환상같이 되어 영원히 둘째 사망인 지옥 불구덩이에 던져지는 때가 지금 이때다. 사29:17~24절이다. 모두 찾아서 합독하거라.

'밤'에 대한 진리의 눈, 곧 영적인 눈으로 다시 렘31:35절로 가자.

"나 여호와는 해를 낮의 빛으로 주었고 달과 별들을 밤의 빛으로 규정하였고"라는 예언은 진실로 사실이다. 여호와의 날, 인자의 날인 지금 이 세대에 낮에 속한 자들, 곧 여호와 하나님께 속한 자들, 하늘에 속한 자들, 천국의 상속자들에게 빛은 '해', 곧 여호와 하나님이시다. 이때가 되어야 천국의 비밀이 밝혀지고 하나님께 속한 하나님의 아들들, 백성들이 실상이 되는 것이다. 이때를 두고 여호와의 날, 인자의 날이라고 예언해 두셨고, 다음 말씀들이 실상이 되어 땅에 이루어진 것이다.

심판 날에 실상이 되는
하늘의 이적, '해를 입은 여자'

하나님께서는 영이시니 하나님의 영인 진리의 성령이 실상이 되게 하시고, 이를 두고 '믿음'이라고도 하시며, 여러 부분, 여러 모양으로 예언해 두신 천국의 비밀이 사실이 되는 것이다. 곧 영이신 하나님께서 **호2:19~20절** 예언의 실상이 바로 나에 대한 예언이었고, 실상이 된 사람을 두고 **요한계시록 12장**에 '해를 입은 여자'라고 하시며, 그 발 아래 달이 있다고 하신 것이다.

계12:1절에 "하늘에 큰 이적이 보이니 해를 입은 한 여자가 있는데(여러 여자가 아니다. 한 여자다. **호2:19~20절**의 실상의 주인공인 한 여자에 대한 환상, 이상을 당시 사도 요한이 보고 기록한 것이다. 이 예언은 이미 실상이 된 지 14년째가 되었으니 이제 예언이 아니고, 실상, 곧 사실이다. 이 사실을 믿지 아니하는 자들은 아직 영적인 잠을 자고 있는 것이고, 그들에게 아직은 살아 계신 하나님이 아니다. 이것이 곧 2021년 지금 이 세대에 땅에 있는 모든 사람들에게 이적이다. 하늘의 이적이다. 이 이적은 예수 그리스도께서 한 몫의 삶을 사실 때의 이적과는 땅과 하늘의 차이다. 믿든 안 믿든 이는 사실이다.

이렇게 될 때 **요11:26절**의 말씀이 땅에서 사실이 되어 이루어지고, 예수 그리스도를 살아서 믿는 자들이 되며, 영원히 살아 계신 하나님과 동행하며 사는 온전한 영생이 실상이 된다. 그리고 이 이적은 전 성경에 기록된 모든 말씀들이 사실이 되어 땅에 실상이 되는 것이다. 이때가 될 때까지는 아무도 하나님의 뜻을 알 수 없었고, 기록된 말씀이 이루어지지 않았기에 영생을 안 믿은 것이며, 예수 그리스도도, 성부 하나님도 안 믿었다. 그래서 성령도 상상한 것이다.

그러니 이 이적은 예수님 당시에 일어났던 이적과는 절대 비교할 수 없는 이적이다. 그 이적에 붙잡혀서 예수 이름으로 귀신 쫓고 병 고치고 권능을 행하는 자들은 "아담 안에서 모든 사람이 죽는 것같이"에 해당하는 실상이 된 것이다. 뿐만 아니라 이들은 마7:13~27절의 예언에 멸망으로 인도하는 크고 넓은 문에 서 있는 자들, 불법을 행하는 자들이 되어 예수 그리스도께서 "나는 도무지 너를 모른다. 내게서 떠나가라"라고 하신 예언이 사실이 된다. 즉 하나님의 나라를 상속하지 못할 뿐만 아니라 둘째 사망, 곧 지옥 불구덩이에 가서 영원히 살아야 한다.

그러니 어찌 예수님 당시 그 이적에 비하겠는가? 지금 전 세계 교회가 상상, 환각, 환상, 이상 속에 실족해 있는 것이다. 그래서 해를 입은 여자의 발 아래 달이 있다고 하신 것이다. 이 말에도 많은 뜻이 있다. 이 때문에 예수님은 땅에 속한 말, 곧 비유로 말씀하셨고, 한 번 죽으셔야 했던 것이다. 이는 사29:1~4절의 예언에 이미 기록해 두셨다.

그러므로 '때'를 모르면 모두 헛된 일을 한다. 계시록 전문가라고 자랑하는 목사들은 해를 입은 여자를 예수 그리스도를 육으로 낳은 마리아라고 할 것이다. 그러니 어느 한 부분 전문가라고 자랑하는 목사는 또 죄를 짓는다. 모두 이러했다. 이 말은 내 말이 아니다. 하나님의 뜻이다. 이 뜻을 대언하는 자는 사람이 보기에 여자이고, 반드시 목사라야 한다. 이에 대해서는 영원히 증명된다. 내가 절대 미치지 않았다.

이렇게 나에 대해서 하나님과 사람 앞에 시인하는 것이 **롬10:10절**의 말씀이 온전히 실상, 사실이 되는 것이다.

롬10:10 사람이 마음으로 믿어 의에 이르고 입으로 시인하여 구원에 이르느니라

그래서 내가 실상의 '믿음'이며, 이 믿음으로 인하여 또 여러분들을 **롬10:10절**의 말씀이 실상이 되게 하는 것이다. 그러나 반드시 알아야 할 것은 사람인 내가 하는 일이 아니라, 나를 사용하셔서 하나님께서 하시는 일이다. 그래서 영이신 하나님께서 하나님의 영인 진리의 성령을 사용하셔서 일을 하시는 것이다. 그래서 해를 입었다고 하신 것이다. 알아 듣느냐?

이러니 '밤'에 속한 자들이 대적하고 핍박할 수밖에 없는 것이다. "성령은 진리니라"라고 하셨고, 진리인 성경에 기록된 대로 사실이 된 사람이어야 한다. 이렇게 성경에 기록된 진리대로 실상이 아닌 것은 가짜다. 속이는 것이다. 이렇게 진리를 진리대로 밝히고 이대로 사실이 되어 땅에 이루어지는 것만이 참 진리다.

진리를 알찌니 진리가 너희를 자유케 하리라고 하셨고, 은혜로교회 성도들은 진리대로 알아서 진리의 영이 누군지 알고, 진리이신 하나님, 곧 여호와 하나님을 알고, 다른 말로 해에 대해서 알고, 하나님의 아들이신 예수 그리스도에 대해서도 진리대로 알아 가고 있다. 이렇게 진리를 알아 가니 너희 생각이 진리대로 다시 알고 믿는 진리의 사람이 되는 것

이다. 그래서 내가 진리의 영, 곧 진리의 성령이며, 다른 말로 여러 부분, 여러 모양으로 기록된 실상의 해를 입은 여자가 '나'다.

내가 실상이 된 것은 진실로 이적이다. 살아 계신 하나님께서 친히 약속하신 언약을 지키시고 하나님께서 행하신 일은 영원히 땅에 거한다.

'이적'이란 아름답거나 엄위한 행위이며 미래 사건의 징조나 암시, 특히 하나님께서 당신의 능력과 권세를 나타내시기 위해 보이는 경이로운 일, 하나님의 뜻을 확인시켜 주는 확실한 증거를 나타내시는 것, 구별하다, 분리하다, 놀랍다, 기이하다, 어렵다, 하나님 외에는 누구도 행할 수 없는 기이하고 뛰어난 일, 하나님 자신의 존재와 구별되게 보이는 놀라운 일, 마지막 날에 나타날 징조, 여러 부분, 여러 모양으로 말하면 '표시, 증거, 상징, 기적, 표징, 표적, 기사'라고도 한다.

'이적'의 목적은 이적을 실현하는 자의 신분과 그 이적이 뜻하는 바를 밝히는 것이고, 이를 두고 '표적'이라고 한다. 따라서 이적이 실상이된 것은 하나님께서 행하시고 나타내시는 살아 계신 하나님이심을 하나님께서 친히 증거하시는 것이고, 땅에서 일어나고 있는 모든 거짓 이적을 폐하시려고 행하시는 하나님의 뜻이다. 하늘에 큰 이적이 보이니 해를 입은 한 여자가 있는데)

그 발 아래는 달이 있고 그 머리에는 열두 별의 면류관을 썼더라 (그래서 다음과 같이 말씀하셨다.

요1:32 요한이 또 증거하여 가로되 내가 보매 성령이 비둘기같이 하늘

로서 내려와서 그의 위에 머물렀더라

마3:16 예수께서 세례를 받으시고 곧 물에서 올라오실째 하늘이 열리고 하나님의 성령이 비둘기같이 내려 자기 위에 임하심을 보시더니

막1:10 곧 물에서 올라오실째 하늘이 갈라짐과 **성령이 비둘기같이 자기에게 내려오심을 보시더니**

눅3:21~22 [21]백성이 다 세례를 받을째 예수도 세례를 받으시고 기도하실 때에 하늘이 열리며 [22]**성령이 형체로 비둘기같이 그의 위에 강림하시더니** 하늘로서 소리가 나기를 너는 내 사랑하는 아들이라 내가 너를 기뻐하노라 하시니라

그런데 네 군데 중 유일하게 누가복음만 '강림'이라는 단어를 사용하셨다. 전 성경에 '강림'이라는 단어는 구약에 22번, 신약에 13번과 함께 본문에 1번, 성령에 대해서만 1번 기록되어 있다.

하나님께서 강림하신다고 기록되어 있고, 신약에 13번 다 그리스도께서 강림하신다고 하셨으며, 유일하게 **눅3:22**절에만 "성령이 비둘기같이 그의 위에 강림하시더니"라고 하셨다. 네 군데 중 유일하게 강림이라는 단어를 쓰셨다. 이는 성령이 실상이 되는 때를 지시하신 것이다. 이 때를 지시하시는 단어가 바로 "비둘기같이"라고 하신 것이다. 즉 비행기가 하늘을 날아다닐 때, 곧 **다니엘 12장**의 예언대로 사람이 빨리 왕래하

는 이때를 가리키시는 예언이다. 이 결과를 기록한 것이 바로 **계12:1절**이다.

이렇게 통으로 성경을 보지 아니하면 성령을 다 상상한다. 사도 요한을 통해 계시록이 기록될 때가 AD 90년이다. 비행기가 날아다니는 때가 1900년대였을 것이니, 이때를 맞추어서 실상으로 보내신 것이고, 사도 요한과 사도들이 성경을 기록할 당시에는 나의 영혼이 하늘에 있었던 것이다.

그리고 이 해를 입은 여자에 대해서는 **호2:19~20절**에 기록되어 있었으니 BC 750년경에 이미 예언해 두었고, 성경을 처음 기록한 모세를 통하여 이미 창세기부터 예언되어 있었다. 그러니 노아도, 노아의 방주도, 방주에 날아오는 비둘기도, 비둘기 입에 물려 있는 감람 새 잎사귀도 당시로 끝난 이야기가 아니고, 우리에 대한 이야기가 이미 3421년 전에 예언되어 있었다. 그래서 14년째 하나님께서 나를 통해서 친히 하시고 계신 이 언약은 진실로 '전대미문의 새 언약'이며, 실상이 되는 '영원한 언약'이다.

해를 입은 여자가 실상이 되는 이 이적은 달과 별들이 빛이 되는 때가 끝났다는 뜻이다. 이는 하나님께서 이미 규정해 두셨다. 곧 '규정'이란 달과 별들을 밤의 빛으로 이미 고정된 규칙으로 정해 두셨다는 것이다. 이는 그 누구도 이 규정을 변개할 수 없다는 뜻이다. 그래서 '달'에 대한 하나님의 판결을 반드시 알아야 한다. 특히 해를 입은 여자가 실상이 된 이 일은 '밤'에 속한 자들이 일할 시기가 끝났다는 징조요, 징표다.

또한 **고전15:22절** 말씀이 실상이 되는 때가 도래했다는 뜻이다.

고전15:22 아담 안에서 모든 사람이 죽은 것 같이 그리스도 안에서 모든 사람이 삶을 얻으리라

그래서 해를 입은 여자의 머리에는 열두 별의 면류관을 썼더라고 하신 것이다. 이는 예수 그리스도께서 십자가에 죽으실 때 쓰신 면류관인 '가시면류관'과 완전히 다른, 진실로 하늘의 면류관이다.

시84:11~12절의 예언이 14년째 사실이 되어 이루어진다.

시84:11~12 ¹¹여호와 하나님은 해요 방패시라 여호와께서 은혜와 영화를 주시며 정직히 행하는 자에게 좋은 것을 아끼지 아니하실 것임이니이다 ¹²만군의 여호와여 주께 의지하는 자는 복이 있나이다

그래서 **시84:1~2, 10**절에 다음과 같이 말씀하신 것이다.

시84:1~2, 10 ¹만군의 여호와여 주의 장막이 어찌 그리 사랑스러운지요 ²내 영혼이 여호와의 궁정을 사모하여 쇠약함이여 내 마음과 육체가 생존하시는 하나님께 부르짖나이다… ¹⁰주의 궁정에서 한 날이 다른 곳에서 천 날보다 나은즉 악인의 장막에 거함보다 내 하나님 문지기로 있는 것이 좋사오니

이 예언, 곧 '생존하시는 하나님'을 실상으로 이루시기 위해 **호2:19~20**절에 "내가 네게 장가들어 영원히 살되"라고 하신 이 예언이 사

실이 되는 것이 바로 '생존하시는 하나님'이다. 이를 두고 **계시록 12장**에는 '해를 입은 여자'라고 하셨던 것이다. 이곳을 두고 시온산, 거룩한 산, 새 예루살렘이라고 하셨던 것이다.

말씀이 하나님이다. 말씀을 믿는 것이 살아 계신 하나님을 믿는 것이고, 온 세상 사람들은 자기 마음대로 죄를 먹고 마시며 살지만, 우리는 하나님의 말씀을 믿고 지켜 실행하여 하나님께서는 생존하시는 하나님이시라는 것을 우리의 삶을 통해서 알게 해야 한다. 우리를 이 땅에 보내신 것은 이 사명, 곧 육체도 죽지 아니하고 생존하시는 하나님이시라는 것을 온 천하에 알게 하기 위한 것이고, 우리가 하나님께서 온 천하를 다스리시는 오는 세상의 주인공이며 천국의 상속자들이고, 하나님의 뜻을 행하는 자가 들어가는 곳이 천국이다. 하나님께서 만드신 이 세상은 반드시 뱀, 곧 사단, 마귀, 귀신이 없는 에덴동산이 된다. 젖 먹는 아이가 독사의 구멍에서 장난하고, 젖 뗀 어린아이가 독사의 굴에 손을 넣을 것이라고 하셨다.

시19:4~6절의 예언이 반드시 사실이 된다.

시19:4~6 ⁴그 소리가 온 땅에 통하고 그 말씀이 세계 끝까지 이르도다 하나님이 **해를 위하여 하늘에 장막을 베푸셨도다** ⁵해는 그 방에서 나오는 신랑과 같고 그 길을 달리기 기뻐하는 장사 같아서 ⁶하늘 이 끝에서 나와서 하늘 저 끝까지 운행함이여 그 온기에서 피하여 숨은 자 없도다

아직 예수 그리스도도 이 땅에 오시기 전에 14년째 이 일을 예언해

두셨고, 이 길은 달리기를 기뻐하며 가는 길이고, 그 누구도 막을 수 없고, 이 온기에서 피하여 숨은 자가 없게 된다.

다음의 예언들이 지금 우리로부터 시작이 되어 땅에 이 말씀대로 이루어진다.

시72:4~7, 17 ⁴저가 백성의 가난한 자를 신원하며 궁핍한 자의 자손을 구원하며 압박하는 자를 꺾으리로다 ⁵저희가 **해가 있을 동안에 주를 두려워하며** 달이 있을 동안에 대대로 그리하리로다 ⁶저는 벤 풀에 내리는 비같이, 땅을 적시는 소낙비같이 임하리니 ⁷저의 날에 의인이 흥왕하여 평강의 풍성함이 달이 다할 때까지 이르리로다… ¹⁷그 **이름이 영구함이여** 그 **이름이 해와 같이 장구하리로다** 사람들이 그로 인하여 복을 받으리니 열방이 다 그를 복되다 하리로다

따라서 **시74:16절**에도 "낮도 주의 것이요 밤도 주의 것이라 주께서 빛과(예수 그리스도와 밤의 빛인 별, 곧 주의 종들과) 해를 예비하셨으며(낮에 해당하는 영영한 사역자들을 하나님께서 이미 예비하실 것을 예언해 두셨고, 현재 14년째 예비하시고 계신다. 해를 입은 여자가 실상이 된 것은 '밤'에 해당하는 기간 2천 년이 끝났다는 뜻이다. 구약으로 말하면 6천 년이 지난 2021년 이때를 이미 예언해 두셨던 것이다.

이때 해를 입은 여자인 진리의 성령과 함께 낮에 속한 자들 또한 이미 정해 두신 대로 이 땅에 보내신 하나님의 것이다. 그래서 우리가 하나님의 본래 권속, 가족, 가속, 집안이다. 이런 집안일을 하니 다시는

종살이를 하지 않는다. 이 일이 어떤 일인데~

그래서 만세 전에 이미 하나님께 택함을 받은 자들은 반드시 이 새 언약을 받고, 믿고, 지켜 실행한다. 하나님께서 빛이신 예수 그리스도와 해를 입은 자 진리의 성령을 예비해 주실 것을 언약해 두신 이대로 지켜 이루시고 계셨다. 여호와 하나님이 해이신데 낮의 빛으로는 해를 입은 여자, 생존하시는 하나님께서 장가드셔서 동행하는 여자라서 이미 영생을 가지고 이 땅에 보내신 것이다. 이런 진리가 수천 년 후에 이루어질 예언을 미리 언약하시고, 정하신 때가 되어 이루시고 계시는 하나님이시다. 이런 진리를 어찌 안 믿나?

진리의 성령이 상상이 아니라 실상이라는 증거는 영원히 증명된다. 왜 하나님의 뜻을 행하는 자들이 예수 그리스도에게 모친인지 오는 세상인 천년왕국, 영원한 천국에서 모든 사람들이 시인할 수밖에 없다. 예수 그리스도께서 하신 말씀을 믿고 지켜 실행하는 거룩한 성도들이 예수 그리스도의 형제들이다. 이렇게 실상을 지금 만드시고 계신다.)"

이 일은 또 **시89:19~37절**에도 예언되어 있고, 현재 14년째 이루시고 계시며 영원히 이루어진다.

"**19**주께서 이상 중에 주의 성도에게 말씀하시기를(영적인 잠을 잘 때 이미 14년째 말씀하시고 계신 이 일에 대한 예언이다. 그래서 '이상 중에'라고 하신 것이다. 이미 성도로 보내신 자는 시간 차이가 있을 뿐 반드시 거룩해진다. 죄를 안 짓는다. 귀신이 다 떠나고 나면 절대 죄를 안 짓는다. 이미 나와 성도들이 경험하고 있다.)

내가 돕는 힘을 능력 있는 자에게 더하며(이 '능력'은 반드시 예수 그리스도를 통한 십자가의 도의 비밀을 알고 지켜 실행한 자들, 곧 진리를 순종하여 거룩해진 자들, 새 부대가 된 자들인 우리에 대한 예언이다. **고전1:18~25절**의 예언이 실상이 되어야 이 본문의 실상이라는 뜻이다. 반드시 새 부대가 되어야 하나님께서 돕는 힘을 더하신다. 그래서 '성도'라는 말씀을 하신 것이다. 그래서 성경은 아무나, 누구나 사서 읽을 수 있지만 아무나 이 말씀의 주인공이 아니다. 바꾸어 말하면 반드시 생명책에 이름이 기록되어 있는 자들이 하나님 나라의 상속자들이다.)

　　백성 중에서 택한 자를 높였으되 20내가 내 종 다윗을 찾아 나의 거룩한 기름으로 부었도다 21내 손이 저와 함께하여 견고히 하고 내 팔이 그를 힘이 있게 하리로다 22원수가 저에게서 강탈치 못하며 악한 자가 저를 곤고케 못하리로다 23내가 저의 앞에서 그 대적을 박멸하며 저를 한하는 자를 치려니와('한하다'라는 것은 '원통히 여기다, 불평을 품다, 미워하다, 분노하다'라는 뜻이다. 시112:1~10절이다. 찾아서 합독하거라. 우리에 대한 예언이다.

> **시112:8~10** 8그 마음이 견고하여 두려워 아니할 것이라 그 대적의 받는 보응을 필경 보리로다 9저가 재물을 흩어 빈궁한 자에게 주었으니 그 의가 영원히 있고 그 뿔이 영화로이 들리리로다 10**악인은 이를 보고 한하여 이를 갈면서 소멸하리니** 악인의 소욕은 멸망하리로다

이 예언은 예수 그리스도에 대한 예언이 아니다. 그때 온전히 이루어지는 말씀이 아니다. 지금 이 세대 나를 통한 이 일에 대한 예언이고,

현재 이루어지고 있다. 이제 대적자들이 어떻게 되는지 다 보게 된다. 하나님께서 하심을 이미 중국에서부터 다 보고 왔다.)

²⁴나의 성실함과 인자함이 저와 함께 하리니 내 이름을 인하여 그 뿔이 높아지리로다 ²⁵내가 또 그 손을 바다 위에 세우며 오른손을 강들 위에 세우리니 ²⁶저가 내게 부르기를 주는 나의 아버지시요 나의 하나님이시요 나의 구원의 바위시라 하리로다 ²⁷내가 또 저로 장자를 삼고 세계 열왕의 으뜸이 되게 하며 ²⁸저를 위하여 나의 인자함을 영구히 지키고 저로 더불어 한 나의 언약을 굳게 세우며 ²⁹또 그 후손을 영구케 하여 그 위를 하늘의 날과 같게 하리로다 ³⁰만일 그 자손이 내 법을 버리며 내 규례대로 행치 아니하며 ³¹내 율례를 파하며 내 계명을 지키지 아니하면 ³²내가 지팡이로 저희 범과를 다스리며 채찍으로 저희 죄악을 징책하리로다 ³³그러나 나의 인자함을 그에게서 다 거두지 아니하며 나의 성실함도 폐하지 아니하며 ³⁴내 언약을 파하지 아니하며 내 입술에서 낸 것도 변치 아니하리로다 ³⁵내가 나의 거룩함으로 한 번 맹세하였은즉 다윗에게 거짓을 아니할 것이라(다윗의 후손으로 오신 예수 그리스도를 진실로 믿고 계명을 지켜 실행한 빌라델비아 교회 사자에게 다윗의 열쇠인 영원한 언약을 주신 것이다. 명백하게 2021년 이 세대 나와 우리에 대한 예언이었다.

우연은 이 세상에 단 하나도 없다. 경기도 안양 평촌에서 빌라델비아 교회를 세워 첫 목회 7년을 하고 중국에 갔다. 그때도 내가 이 본문의 실상의 주인공이라는 사실을 몰랐다. 다시 과천에 교회를 세울 줄 누가 알았으며, 이렇게 이미 나와 성도들이 하나님의 이름 때문에, 계명을 지커 실행한 것 때문에 감옥에 갇혀 있는 모든 일이 이미 하나님께서 계획하신 대로 하나하나 이루고 계신 실상이 되었다. 진리는 이런 것이다. 이제 왜 나를 '진리의 성령, 진리의 영, 믿음, 해를 입은 여자, 온전한 것'이라고 하셨는지 믿어지느냐?

코로나19가 왜 일어났는지 온 세상 사람들이 몰라도 우리는 안다. 대법원 판결이 나면서 일어난 이 일은 절대 우연히 일어난 일이 아니다. 다윗의 열쇠는 영원한 언약이다. 이 약속을 빌라델비아 교회의 사자에게 지키신 것이다. 오직 하나님만 아시는 비밀, 하나님의 뜻을 우리를 통해서 이미 이루시고 계신다.

이 사실을 온 세상도 반드시 알게 된다. 여러분들도 여러분들이 누군지 모르고 있었고, 이제는 우리가 누군지 우리 모두는 다 안다. 진실로 다윗에게 거짓을 하지 않으신 진실하신 하나님이시다. 이런 하나님이심을 누가 안 믿겠나? 몰라서 못 믿는 것이다. 그러니 어찌하든 알려야 한다. 할 수 있는 최선을 다해 알려야 한다.) [36]그 후손이 장구하고 그 위는 해같이 내 앞에 항상 있으며 [37]또 궁창의 확실한 증인 달같이 영원히 견고케 되리라 하셨도다"

해를 입히신 이유다. 나를 보고 영생을 믿으라고 또 **시104:19절**에는 "[19]여호와께서 달로 절기를 정하심이여 해는 그 지는 것을 알도다(이 예언대로 '달'이신 예수 그리스도를 지시하는 절기였고, 절기를 통해서 때를 분별하게 하셨으며, 그래서 해는 달이 지는 때가 언제인지 알 것이라는 예언이다. 그런데 때를 분별하지 못하고 지금도 유월절, 부활절, 추수감사절, 성탄절 등등을 지키고 있다. 이러니 하나님께서 너희 절기를 미워하며 멸시하며 너희 성회들을 기뻐하지 아니하시고 번제나 소재를 드릴찌라도 받지 아니하신다고 하셨다.)

²⁰주께서 흑암을 지어 밤이 되게 하시니 삼림의 모든 짐승이 기어 나오나이다(그래서 밤에는, 곧 달과 별들이 빛 역할을 할 때에는 사람이 짐승 수준이었다. 진실로 그러하더라. 14년째 보았다. 겉모양만 사람이지 짐승만도 못한 자들이라는 것을 보고 또 보았다. 어떻게 자신들을 그렇게 모를 수 있을까? 채원, 예리, 혜란, 계순, 은숙 너희들은 지금도 이렇다. 너희들은 밤에 속한 자들이냐? 티끌이냐? 어떻게 그렇게 자신들을 안 보나? 채원이 너는 미친 거다. 이렇게 말씀을 받고도 어떻게 다 그러나? 선재, 너도 환각 상태다. 이들은 다 착각한다. 자신들은 잘 믿고 있다고 생각한다. 더 이상 교회 욕먹이지 마라. 너희 다시 안 보고 싶다. 세 번 경고하고 내버리라. 준희, 너는 자식들을 보고도 깨달음이 그렇게 없나? 너 티끌이냐?)

²¹젊은 사자가 그 잡을 것을 좇아 부르짖으며(영적으로 완전히 세상적인 애굽 같은 교회 목사를 젊은 사자에 비유하신 것이다. 밤에 속한 자들에게 빛 역할 하는 별을 뜻한다. 이들은 어떻게 하든 자기 밥 삼기 위해 교인들을 잡으려고 이곳저곳 다니며 "주여, 주시옵소서" 하며 부자 목사처럼 되고 싶어 좇아다니는 자칭 목사들이 이러했다. 우리 안에 한 뭇의 삶일 때 목사들도 이러했다. 하나님이 도우셔서 저들은 그런 그릇도 못 되니까 못 잡아서 다 가난한 채 목사라고 자랑하고 다닌 거다. 순덕, 신자, 정옥, 계순, 수경, 수영… 너희 두 눈으로 똑똑히 보아라, 무슨 짓을 하고 교인들을 너희 밥 삼았는지~ 살인자의 아내가 자랑스러우

냐? 짐승 아내가 자랑이냐? 한 절만 깨달아도 너희 그 강퍅하고 더러운 언행들을 하지 않는다. 이 흉악한 귀신들아.)

　그 식물을 하나님께 구하다가 ²²해가 돋으면 물러가서 그 굴혈에 눕고(진짜다. 이렇게 살고 있고 이런 삶이 좋아서 아직도 흉악한 귀신임을 자랑하는 자들이다. 제발 부끄러운 줄 알아라. 이런 자들은 진실로 인간이 안 될는지 어찌 그렇게 패악하고 자신을 안 보나~ 하나같이 높은 자리 탐하고 게으르고 더럽고 인상은 또 어떤지 보아라. 너희 그 얼굴을 보고 누가 너희들 밥이 되겠냐? 일반적인 사람 인성도 안 가진 자들인데 누가 너희들한테 속아서 너희 밥이 되겠나~ 너희들은 한 몫의 삶의 보응도 부족해서 지금까지 패역을 하나? 이들은 말씀을 안 믿는 자들이다.)"

시136:8 해로 낮을 주관케 하신 이에게 감사하라 그 인자하심이 영원함이로다

　'낮'에 속한 자들은 이제 14년째 다시 만드시고 계신다. 밤을 지날 때 낮에 속한 자들은 순교를 하거나 거지 나사로같이 살아야 해서 모두 한 번 육체가 죽었고, 하나님께서 정하신 때까지 제단 아래서, 낙원에서 쉬고 있다. 더 정확하게 말하면 이들은 전부 중층에 속한 자들이라 혀로 "예수 예수, 하나님" 부르면서 죽기까지 자신 속에 주인 노릇 한 귀신과 싸우다가 하나님의 은혜로 불 가운데서 구원받은 자들이다. 온전히 '낮'에 속한 자들이 아니었다. 결과적으로는 이들은 언젠가 부활하지만 말이다.

따라서 이 본문에 해당하는 창세 이래 최고 축복자들이 지금 이 세대에 나오고 있다. 이 또한 그 누구도 자신의 의가 아니다. 하나님께서 그렇게 정하셔서 이 땅에 보내주셨기 때문에 이 세대에 이 땅에서 육체가 살아서 하나님의 가르치심을 받고 있는 것이다. 그래서 사랑의 빚진 자들이다. 이때 7절 예언의 주인공들인 큰 빛들, 곧 영영한 사역자들이 나온다.

시136:7 큰 빛들을 지으신 이에게 감사하라 그 인자하심이 영원함이로다

진실로 사실이었다. 큰 빛들을, 곧 영영한 사역자들을 14년째 다시 지으시고 계신다. 완전히 새로 다시 지으시고 계신다. 14년째 지금 이 시간에도 다시 창조하시고 계신다. 이들을 두고 해를 입은 여자를 사용하셔서 친히 해산하고 계시는 중이다. 이 해산은 전대미문의 기이한 일이다. 창세 이래 모든 인간은 다 한 번 죽어야 하는데 셀 수 없이 모래알보다 더 많은 사람들 중에 히9:27절의 말씀을 능가하도록 돕는 은혜를 주셔서 하나님의 뜻을 보고 듣고 마음에 믿어 지켜 실행하게 하셔서 하나님께로서 난 자들이 되게 하시는 것이다.

사실 이 큰 빛들이 이 땅에 오기 전에는 아무도 하나님의 뜻을 온전히 알 수 없었다. 영영한 사역자들을 통해서 하나님의 나라를 이 땅에 세우시기 위한 하나님의 뜻을 14년째 받고 있는 것이다. 따라서 큰 빛들을 새로 지으시고 있다. 사실이다. 이 징조가 해를 입은 여자인 진리의

성령이 실상이 된 것이다. 이미 큰 빛들은 이 땅에 태어나기 전에 영생을 받기로 하나님께서 정하셔서 이 땅에 보내신 사람들이다.

증거가 바로 요14:16~17절이다. 이 예언에 이미 영생을 얻은 자로 보내셨음을 감추어 두신 것이다.

요14:16~17 [16]내가 아버지께 구하겠으니 그가 또 다른 보혜사를 너희에게 주사 영원토록 너희와 함께 있게 하시리니 [17]저는 진리의 영이라 세상은 능히 저를 받지 못하나니 이는 저를 보지도 못하고 알지도 못함이라 그러나 너희는 저를 아나니 저는 너희와 함께 거하심이요 또 너희 속에 계시겠음이라

그리고 이제 온전히 알아야 한다. "내가 아버지께 구하겠으니"라고 하신 말씀도 율법으로 묶어 두는 역할을 한 것이다. 예수 그리스도가 아버지께 구해서 보내 주신 것이 아니라, 본래 하나님께서 영생을 주시기로 정해 두셨고, 하나님께서 정하신 때에 이 땅에 보내신 것이다.

그럼 이 말씀이 잘못된 것이냐? 아니다. 하나님께서 정하신 때가 될 때까지 온전한 율법 아래 가두어 두시는 기간인 2천 년 동안 이 말의 뜻을 모르게 만드신 하나님의 완전한 지혜였다. 또한 반드시 큰 빛들은 예수 그리스도를 믿는 자들 중에 다시 창조될 것을 감추어 두신 것이다. 이 예언이 사실이 되어 하나님께서 우리로 14년째 알게 하시는 것이다. 사실 그래서 예수님께서 "누구든지 나를 인하여 실족치 아니하는 자는 복이 있도다"라고 하신 것이고, 성경이 모든 것을 죄 아래 가두어 두시

는 기간이 2천 년이 지나야 비로소 새 언약인 영원한 언약으로 다시 창조하실 하나님의 뜻이 감추어져 있었다. 그래서 천국은 비밀이다.

2021년 8월 15일 오늘 주일에도 천국의 비밀을 모르고 달과 별들이 빛이 되어 아직 때를 모른 채 설교하고 있다. 성전 문을 닫고 온 천하는 이제 잠잠하라고 하시는 이유는 달과 별들이 빛 역할 하는 시기가 끝났기 때문이다. 코로나19로 마스크를 쓰고 대면 예배도 중단하게 하는 지금, 전 세계 교회를 하나님께서 경영하시고 계셔도 밤에 속한 자들은 아무것도 모르고 문을 닫게 하는 공무원들과 싸우고 몰래 예배를 드리고 난리들이다.

신문에 "이제 온 천하는 잠잠하라"라는 헤드라인으로 왜 광고를 하는지 모르고 자신들 마음대로 지껄인다. 그래서 하나님의 뜻을 모르면 죄를 먹고 마시는 것이다. 왜 성전 문을 닫게 하시는지 모른다. 아직 우리 안에 귀신 노릇 하는 자들이 있는 것은 이 말씀을 알아듣지 못하고 있어서다.

그래도 8월 10일 받은 편지에 유튜브 조회수가 많아지고 있어서 할 수 있는 모든 방법을 다 동원해서 알려야 한다. 그러므로 **시편 136장**의 예언도 우리에 대한 예언이었다. 예수 이름으로는 절대 큰 빛들을 제조할 수 없다. 이미 지나온 2021년까지 땅의 역사가 너무 명백하게 증명해 주셨다. 온 천지 만물은 오직 창조주 하나님께서 정하신 뜻대로 운행되고 경영하신다. '해'이신 하나님께 속한 자들이 우리다. 이렇게 14년째 다시 창조하셔서 큰 빛들이 되게 하시고 계신 하나님께 감사하라고 하신 것이다.

진리는 이렇게 참 사실이다. 이런 진리를 받고 있으면서 얼굴은 죽은 얼굴, 시꺼먼 얼굴에 마음과 생각은 온통 더러운 것들, 사리사욕만 가득 차 있는 흉악한 귀신인 채 일하기 싫어서 온갖 꾀를 부리고 일만 훼방하는 너는 티끌이냐? 밤에 속한 자냐? 이 더러운 귀신들아~ 다시는 너희 패악을 보고 싶지 않다. 이 일이 어떤 일인데 이렇게 패악을 저지르나? 이 경고를 무시, 멸시하면 어찌 되는지 정말 몰라서 그런다고 변명하지 마라. 알면서 귀신을 더 좋아하는 것이 바로 너다.

'해'이신 하나님께서 주관하시는 낮에 속한 자는 절대 죄를 짓지 아니한다. 죄를 짓는 자는 마귀에게 속한 자다. 해의 주관하심에 큰 빛들로 창조하시는 때가 지금이니 1분 1초도 낭비하면 안 된다. 이제 시간이 없다. 하나님께서 가르치시고 다시 창조하시는 이때가 될 때까지 교회 안에 의인과 악인을 함께 공존하게 하신 것은 의인을 의인으로 다시 창조하시는 이때, 영원히 죄를 짓지 아니하는 사람으로 다시 창조하시는 중대체육체를 통해서 영원히 대속하시는 하나님의 완전한 지혜이며, 다른 말로 표현하면 하나님의 영원한 인자하심이다.

이 말에는 수많은 세월, 수많은 사람들의 희생이 따랐기에 14년째 이 일을 두고 "더 낫게 말하는 뿌리는 피"라고 하신 것이다. 따라서 밤에 속한 자는 죽어도 알 수 없는 것이 천국의 비밀이다. 눈이 있어도 절대 볼 수 없고, 귀가 있으나 들리지도 않는 것이 하나님 나라 비밀이다. 이제 오직 모든 사람들은 성부 하나님께로 돌아와야 하고, 하나님 한 분께만 영광을 돌려야 할 때다. 이미 하나님께서 정해 두셨던 여호와의 날, 인자의 날이기 때문이며, 하나님께서 친히 가르치시고 인도하시는 때이기에 그렇다. 이렇게 다시 창조함을 받은 자들, 거룩한 자들은 이미 영생을 가지고 살고 있다. 이는 하나님의 인자하심을 이미 받았고, 이 인자하심은 끝이 없는 영원한 인자이다.)

⁹달과 별들로 밤을 주관케 하신 이에게 감사하라 그 인자하심이 영원함이로다("오직 예수, 우리 목사님" 하고 혀로 말만 하는 자들은 이러하신 규정을, 하나님의 법을 안 믿는 것이다. 이렇게 증명해도 귀신은 "오직 예수, 오직 예수" 하고 혀로 말만 할래? 길거리에 "예수 천당, 불신지옥"이라고 떠들고 다니는 이들이 얼마나 미친 건지 보이느냐? 그는 자신이 미친 자인 줄 모른다. 그러니까 더 담대하게 예수 천당이라고 떠드는 것이다. 마7:21절의 판결을 안 믿는 자들이다. 아직 자신들이 '목사인데~ 사모인데~' 하고 가르치려고 하는 자들, 게으르고 더러운 자들도 단 한 절도 안 믿는 자들이다. 상상하는 자들은 믿는 자가 아니다.

달과 별들의 주관 아래서는 사람다운 사람이 없다. 그래서 '사람이 희소하다'고 하신 것이다. 캄캄한 흑암 아래 갇혀 있는데도 이 말이 무슨 뜻인지 안 들리는 영적인 귀머거리, 벙어리들이다. 이제 달과 별들이 빛 역할 하는 때, 곧 영적으로 밤이 지났다. 이미 '낮'에 해당하는 기간, 때가 도래했다는 증거가 진리의 성령이 실상이 된 것이다.)"

그래서 시148:1~6절에 이렇게 말씀하신다.

"¹할렐루야 하늘에서 여호와를 찬양하며 높은 데서 찬양할찌어다(영적으로 상층, 삼 층에서, 실상으로 새 예루살렘에서, 시온산에서, 거룩한 산에서 여호와 하나님만 찬양할지어다.) ²그의 모든 사자여(큰 빛들, 다시 창조받은 영영한 사역자들이여) 찬양하며 모든 군대여 찬양할찌어다(이 군대는 미가엘 천사장과 함께 있는 하나님의 군대요, 군사들이다. 그래서 낙토에 있는 자들, 곧 하나님께서 약속하신 땅에 있는 자들이다. 한국에 있는 너희들은 거의 다 아직 온전한 하늘의 군대가 아니다. 자신은 잘 믿는다고 착각하는 자가 대부분이다. 믿는 것은 행동하는 것이다. 그러니 이 말씀은 현재 진행 중이다. 이렇게 다시 창조되어야 영원히 하나님만을 찬양하는 것이다.)

[3]해와 달아 찬양하며 광명한 별들아 찬양할찌어다(오는 세상에서 이 말씀이 온전히 이루어진다. 현재는 이런 의인의 세대인 천년왕국을 만드시려고 하나님의 모든 사자들, 백성들을 먼저 다시 제조하시고 계신다. 상상이 아니라 실상으로 이렇게 다시 제조하신다.) [4]하늘의 하늘도(하늘에 속한 자의 하늘, 곧 영영한 사역자들, 오는 세상에서 왕 노릇할 아들들, 백성들을 두고) 찬양하며 하늘 위에 있는 물들도 찬양할찌어다 [5]그것들이 여호와의 이름을 찬양할 것은 저가 명하시매 지음을 받았음이로다(현재 14년째 지으시고 계시고 영원히 지으신다.) [6]저가 또 그것들을 영영히 세우시고 폐치 못할 명을 정하셨도다('폐치 못할 명'이 바로 영원한 언약인 전대미문의 새 언약이다. 14년째 이 명령이 폐하지 못할 영원한 언약이며, 핵심은 영생이다. 이 언약이 시작된 것은 바로 밤의 빛 역할을 한 달과 별들이 일할 시기가 끝났다는 뜻이다. 이 징조, 표적, 이적이 해를 입은 여자, 곧 진리의 성령이 실상이 된 것이고, 하나님의 아들들이 나타났으며, 나와 성도들이 감옥에 갇힌 이 일이다.

그래서 14년째 이 일은 온전한 것이며, 온전한 것이 오면 부분, 곧 조각으로 보고 믿고 설교한 모든 것은 다 폐하는 것이다. 이는 포도나무인 예수 이름으로는 절대 제조, 곧 다시 창조할 수 없다는 뜻이다. 이는 하나님께서 달과 별들로 밤의 빛이라고 규정해 놓으셨기 때문이다. 혀로 아무리 "예수, 우리 주여" 하고 불러도 하나님께서 듣지 않으신다. 믿든 안 믿는 이는 너무 명백한 사실이다.

또한 "아담 안에서 모든 사람이 죽었고"라는 말씀이 2021년 이때까지 사실이 되어 온 명백한 증거다. 다시 말하면 하나님의 뜻을 아무도 몰랐고 죄에 대해서, 의에 대해서, 심판에 대해서도 하나님께서 가르쳐 주시지 않았다면 아무도 모르는 사실이다. 나 또한 마찬가지다. 하나님께서 알게 해 주시기 때문에 알 수 있고 대언하는 것이다. 14년째 이 언약은 영원히 그 누구도 폐하지 못하는 영원한 언약이며, 실상이 된 언약이다.)"

이런 구약성경을 '율법'이라는 말로 다 무시하고 멸시한 것이 현재 전 세계 성경을 사용하는 모든 종교들이다. 이런 폐하지 못할 진리를 나를 감옥에 가두어 둔다고 폐할 것 같으냐? 사건을 만났으니 내가, 우리가 성경, 곧 생명책에 이름이 기록된 사람들이라는 것을 더 직설적으로 알릴 수밖에 없도록 하셨다. 이 일이 도리어 우리에게는 하나님의 선한 일을 더 앞당기는 사건이 되었고, 반대로 대적자, 원수들인 밤에 속하는 자들에게는 합법적으로 심판을 받아 영원히 해함을 당하고 멸망을 받는 일이 되었다. 함부로 이단이라 지껄이고 이 일을 대적한 그들은 다시는 기회가 없는 치명적인 죄를 저지른 것이다.

이에 대한 징벌을 보아라. 2020년부터 전 세계에 일어나고 있는 이 재앙들은 절대 우연이 아니다. 전 세계가 14년째 이 진리로 돌아서지 아니하고 계속 혀로 "예수 예수, 하나님" 하면서 성경과 다른 거짓말로 가르치고 가르침받으면 그들의 결과가 어찌 되는지 온 세상이 겪는다.

유럽의 잘사는 나라, 못사는 나라 상관없이 물로, 불로, 전염병으로 재앙을 내리는 것은 저들이 먼저 기독교를 믿었고, 하나님이 야벳 족속들에게 주신 세상적인 지혜로 온 세상을 지배하며 살면서도 하나님의 계명은 다 무시하고 멸시한 대가다. 그래서 재앙도 저들에게 먼저 내리는 것이다.

중국, 일본이 재앙을 많이 당하는 것은 다른 나라를 침범하여 얼마나 많은 사람들을 죽였는지 그에 대한 심판을 받는 것이다. 한국은 먼저 중국이나 일본을 쳐들어 간 적이 없다. 현재도 당하고만 있지. 호시탐탐 기회를 노리는 것이 일본이며, 중국이다. 저 나라를 믿으면 안 된다. 북한은 드러내 놓고 살인하는 자가 지배하는 곳이다. 저들을 도왔어도 안 된다. 오직 하나님만 의지해야 살아남을 수 있는 세상이다.

사람을 높이거나 사람을 의지하는 때는 이미 지났다. 온 세상을 하나님이 통치하시는 세상이 도래했다. 그래서 이렇게 BC 900년경에 당시 세상에서 최고 지혜자였던 솔로몬을 통하여 예언해 두셨다.

전12:1~8절이다. "¹너는 청년의 때 곧 곤고한 날이 이르기 전, 나는 아무 낙이 없다고 할 해가 가깝기 전에 너의 창조자를 기억하라 ²해와 빛과 달과 별들이 어둡기 전에, 비 뒤에 구름이 다시 일어나기 전에 그리하라 ³그런 날에는 집을 지키는 자들이 떨 것이며 힘 있는 자들이 구부러질 것이며 맷돌질하는 자들이 적으므로 그칠 것이며 창들로 내어다 보는 자가 어두워질 것이며 ⁴길거리 문들이 닫혀질 것이며 맷돌 소리가 적어질 것이며 새의 소리를 인하여 일어날 것이며 음악하는 여자들은 다 쇠하여질 것이며 [5]그런 자들은 높은 곳을 두려워할 것이며 길에서는 놀랄 것이며 살구나무가 꽃이 필 것이며 메뚜기도 짐이 될 것이며(이미 짐이 된다는 것을 14년째 경험하고 있다. 이들은 진실로 게으르고 게을러서 아무 곳에서도 쓸모가 없이 도리어 다른 곡식에게 해를 끼친다. 이제 목사, 사모, 강도사, 전도사라면 진저리 난다.)

원욕이 그치리니('원욕'이란 인간의 기본적인 욕망, 식욕, 성욕 등이나 자신의 사적인 소원에 마음이 쏠리는 것을 뜻한다. 너무 정확하게 이미 하나님의 계명대로 따라가는 우리에게 특히 낙토에서는 원욕 때문에, 이 원욕이 그쳐야 다시 창조되니까 이 때문에 얼굴에 웃음이 없는 것이다. 이 원욕은 모든 인간이 가지고 있는 사심이며, 사욕이다. 이 원욕 때문에 모든 인간이 한 몫의 삶으로 끝이 난 것이다. 이에 대한 판결은 이미 인간의 생각이 항상 악할 뿐이며, 하나님께서 땅에 사람 지으셨음을 한탄하시고 땅에 홍수를 내리신 것이다. 종교가 생긴 것은 이 원욕 때문에 생기게 된 것이다. 그러나 인간은 다른 어떤 방법으로도 원욕을 해결할 길이 없다는 것을 역사가, 땅에 있는 모든 종교가 증명해 주었다.

오직 한 길, 사람과 모든 만물을 창조하신 여호와 하나님만 원욕을 그치게 하신다. 이미 나도, 우리 안에 거듭난 성도들도 원욕이 그치고 다시 제조, 곧 창조되었고, 창조하시고 계신다. 인간의 생각, 마음의 주인이 귀신일 때는 이 원욕대로 산다. 한 몫의 삶을 버리게 하시고 영원히 살 수 있는 땅도 예비해 두신 이유가 바로 원욕을 그치게 하여 하나님처럼 영원히 살게 하시려고 현재 이 시간에도 은혜와 인자를 베푸시고 계신 것이다.

이미 **전도서 12장**은 14년째 이루어지고 있는 실상이다. 이 예언을 기록한 솔로몬왕도 일생 원욕대로 삶을 살았던 사람이다. 창세 이래 이 많은 사람들의 희생 위에 주신 은혜가 바로 "더 낫게 말하는 뿌린 피니라"라고 하신 말씀의 실상이다. 1년 반 동안 코로나19로 죽은 사람이 420만 명이 넘고 매일 죽어 가고 있다.[24] 이들은 조사도 하지 않고 악한 병으로 죽어서 장례조차 제대로 치르지 못하는 사람이 되어 불에 던져진 화목이 되었다. 원욕으로 인하여 사실 인간은 모두 영원한 지옥 불에 떨어지는 것이다. 한 몫의 삶을 파괴할 뿐만 아니라 '영원히' 멸망하는 것이다. 이에 대해서 하나님의 판결을 보고 듣고 받아서 영원히 뿌리 뽑아야 한다.

사람을 영원히 죽이는 '원욕'

'원욕'의 다른 모양의 표현은 '정욕, 욕망'이다. '정욕'에 대해서 보자. **잠21:25절**에 이렇게 판결해 두셨다.

잠21:25 게으른 자의 정욕이 그를 죽이나니 이는 그 손으로 일하기를 싫어함이니라 진실로 이러했다. 14년째 보고 있다. 실상의 귀신들이 다 이러해서 아무 신도 안 믿는 불신자보다 더 악한 자들이더라. 자신의 손으로 일하기는 싫고, 천국은 가고 싶고, 시기, 질투는 얼마나 많은지, 얼마나 게으른지, 이런 자가 바로 말씀의 판결을 안 믿고 계속 귀신 노릇 하면서 이미 너희 원욕, 곧 정욕이 그치는 때가 된 지 14년이 지나도 깨닫지 못하는 귀신들이다.

말순, 순덕, 계순, 수경, 재성, 수옥 지금까지 귀신 노릇 하는 모든 자들, 너희들이 다 이런 자들이다. 이런 자들은 티끌이다. 불에 던질 화목이냐? 채원, 예리, 선재, 정옥, 신자, 성필, 주리, 혜란, 은숙, 상미… 너희 전부 이런 자들이다. 이제 더 이상 안 봐준다. 더 이상 하나님, 교회 욕먹이지 마라. 상미(김)는 애들 데리고 따로 나가서 살아라. 네 원욕(정욕)대로 살아온 보응을 왜 교회에 짐을 지우나? 반드시 나가서 네 십자가 네가 져라. 더 이상 교회에 문제 일으키지 마라. 누가 널 공동체 하라고 했으며, 네 원욕의 결과로 인한 보응을 왜 교회가 책임져야 하나? 안 된다. 당장 나가라. 말씀은 들으면 되고, 네 십자가는 네가 져라. 어디서 3년이 넘게 너 더러운 귀신 노릇 하는 것은 고치지 않고 말쟁이가 되어 짐을 지우나? 당장 내보내라. 이미 기다려 줄 만큼 기다려 주었고, 너를 더 이상 기다려 줄 수 없다. 공자, 중희도 마찬가지다. 지금은 악인을 의인 만드는 때가 아니다. 더 이상 게으르고 더러운 귀신, 이미 원욕에 찌든 자들 때문에 하나님의 일을 그르칠 수 없다. 게으르고 악하고 더럽고 어떻게 이렇게까지 타락할 수 있나?

이런 원욕, 곧 정욕에 찌든 자는 **롬1:24절**에 이렇게 판결해 두셨다.

롬1:24 그러므로 하나님께서 저희를 마음의 정욕대로 더러움에 내어 버려두사 저희 몸을 서로 욕되게 하셨으니

이런 판결을 보고도 깨닫지 못하고 안 고친다. 더 이상은 안 된다. 이미 티끌을 떨어 버린다 해도 절대 안 믿는 귀신은 혀로만 하는 말쟁이들이다. 결국 은혜를 안 주시는 것이다. 한 절만 깨달아 믿어도 이렇게 악독할 수는 없다. 고소한 그들 대체육체들도 다 처음에 믿는다고 한 자들이다. 너희들은 대체육체들이냐?

롬7:5 우리가 육신에 있을 때에는 율법으로 말미암는 죄의 정욕이 우리 지체 중에 역사하여 우리로 사망을 위하여 열매를 맺게 하였더니

인간의 원욕이 그대로 있는 상태에 성경을 보면 더 큰 죄의 정욕이 생기게 만든 것이 귀신의 가르침이었다. 모두 자신의 원욕을 채우기 위해 점점 게으르고 더럽고 미쳐 가는 것이 성경이 모든 것을 죄 아래 가두어 두었던 기간, 곧 '밤'을 지나는 과정이었다. 문제는 이미 양심에 화인을 맞아서 자신들은 잘 믿고 있다고 착각하는 것이다. 생각, 마음이 이미 흑암에 잡혀 있어서 영적인 눈, 귀가 닫혀 있는 것이다. 이런 원욕 때문에 하나님의 진노가 임한다.

골3:5~6 ⁵그러므로 땅에 있는 지체를 죽이라 곧 음란과 부정과 사욕과 악한 정욕과 탐심이니 탐심은 우상숭배니라 ⁶이것들을 인하여 하나님의

진노가 임하느니라

인간은 원욕을 버리지 아니하면 하나님의 진노로 인하여 '영원'을 패망으로 결판낸다. 목사의 직무는 이런 하나님의 진노가 임하지 않도록 교인들로 하여금 원욕에서 벗어나서 하나님의 계명을 지켜 실행하도록 돕고 이기도록 책망하고 인도하는 것이다. 그런데 지금까지 목사들이 무엇을 했으며, 무슨 일을 하고 있느냐? 자신의 원욕 하나도 이기지 못한 채 교인들로 하여금 원욕을 더 추구하도록 부추기고 미혹하고 있다. 이러니 자신들이 스스로 심판을 자초한 것이다. 이런 자들이 하는 언행에 대해서 또 이렇게 예언해 두셨다.

딤전6:3~10절 "³누구든지 다른 교훈을 하며 바른 말 곧 우리 주 예수 그리스도의 말씀과 경건에 관한 교훈에 착념치 아니하면 ⁴저는 교만하여 아무것도 알지 못하고 변론과 언쟁을 좋아하는 자니 이로써 투기와 분쟁과 훼방과 악한 생각이 나며 ⁵마음이 부패하여지고 진리를 잃어버려 경건을 이익의 재료로 생각하는 자들의 다툼이 일어나느니라(성경을 가지고 성경과 다른 거짓말을 하면 아무것도 알지 못하면서 교만이 근본이 되어 모든 죄를 더 짓게 된다. 온 세상의 그 누구도 이제 변명할 수 없다. 문자 그대로 읽어도 어떤 죄를 짓는지 다 보이도록 신약성경은 더 직설적으로 기록이 되어 있는데 왜 자신들이 목회 서신이라고 말하는 디모데전후서를 보면서 자신을 살피지 않는가?

그래서 하나님의 말씀으로 거듭나지 않은 사람이 목사가 되면 흉악한 귀신이 되어 더 악하게 되는 것이다. 예수 이름으로 사람의 생각과 마음에 들어온 일곱 귀신은 온갖 죄에 죄를 더하여 경건의 도를 자신의 원욕을 채울 재료로 삼은 것이다.

보아라. 이인규, 박형택부터 시작하여 나를 만나 본 적도 없는 자들이 왜 "이단이니~" 하고 지껄여 자신들의 혀와 손가락으로 무슨 치명적인 죄를 지었는지. 모두 이 말에 해당하는 자들이다. 그래서 교만은 패망의 선봉, 곧 패망의 앞잡이다.

아무것도 모르면서 교인들 빼앗길까 봐 하나님의 선한 일을 훼방한 자들이 전부 자칭 기독교인, 자칭 목사들이다. 난디한인교회 박상기는 저 입으로 말을 했지 않느냐? 피지 내 수바순복음교회, 감리교회, 자칭 선교사들, 베트남 하노이한인교회 목사와 300명이 나를 교회 허가를 내주지 말라고 베트남 공안부에 탄원한 자들, 한국에, 미국 뉴욕에, 호주에서, 일본 동경, 오사카, 중국에서 전부 이렇게 나를 짓밟고 진리의 도를 훼방했다. 하나같이 다 목사들이 앞장섰다.

목사들, 사모들이 왜 치매 환자, 정신이상자들이 되어 교만하고 패악하는지 근본 이유가 다 원욕, 곧 정욕 때문이다. 이렇게 명백하게 기록해 두어도 하나같이 하나님을 두려워하지 않고 사욕이 더 심해지는 것은 다른 교훈을 했기 때문이다. 원욕이 있는 영적인 상태로 자신의 원욕을 채우기 위한 재료로 사용했기 때문이다.

처음부터 성경과 다른 거짓말, 곧 다른 교훈을 가지고 시작했기 때문에 이들의 교만은 절대 해결되지 않는다. 목사, 사모가 된 것이 시험, 함정, 올무에 빠진 것이다. 이런 자들의 원욕이 그치게 되는 것에는 두 가지 방법이 있다.

첫째는 각자 땅에서 주어진 한 몫의 삶이 끝나고 육체가 죽어 불에 던져지는 화목으로 가서 그친다. 이는 영원히 지옥 불구덩이에서 그 혼은 영벌을 받으며 살아야 한다. 그래서 지옥은 블랙홀과 같다고 하는 것이다. 이미 육체가 살아 있을 때 구덩이, 함정, 올무, 덫, 올가미에 빠진 것인데 일생 성경을 가지고 자신이 스스로 빠진 것이다.

두번째는 온 땅에 사는 자들에게 하나님께서 원욕이 그치는 때를 정해 두신 6일이 끝나는 여호와의 날, 인자의 날인 지금 이 세대에 그치게 된다. 자신의 원욕대로 사는 자들이 이 세상을 지배하고 다스리는 때로 정해 두시고 허락하신 기간 6천 년이 지나면 인간의 원욕을 그치게 하신다. 그래서 지금 이 세대는 이제 온 천하, 곧 하늘에 속한 자나, 땅에 속한 자나 다 원욕이 그치게 되는 때라 하나님 앞에 잠잠해야 할 때다. 이제 원욕을 가지고 한 몫의 삶을 사는 자들이 다스리는 세상은 끝이다.

인간의 원욕이 하나님의 진노를 부르고 재앙을 일으키는 근본 이유다. 이렇게 살 것을 잘 아시기에 법을 주신 것이다. 이러한 창조주 하나님의 법 앞에는 그 누구도 예외가 없다. 공의의 하나님이시라는 뜻이다. 사람들의 증거를 취하시지 않는다고 하신 그대로 하나님께서 친히 당신의 뜻을 밝히시기 이전의 모든 사람의 육체가 죽은 이유가 바로 이 '원욕' 때문이다.

다른 종교에 가서 들어 본 적이 없지만 인간이 만든 모든 종교는 다 원욕을 해결하려고 한 인간의 또 다른 꾀에 불과하다. 따라서 인간이 만든 모든 종교는 아무것도 아니다. 성경을 사용하는 종교의 시작과 결과가 이러한데 다른 종교는 말할 필요가 없기 때문에 말을 안 하는 것뿐이다.

이미 포도나무, 곧 하나님께서 이 땅에 보내신 아들 예수 그리스도를 모든 나무보다 나은 것이 무엇이냐고 하신 **에스겔 15장**만 깨달아도 전대미문의 새 언약으로 돌아올 수밖에 없다. 이 모든 것을 담고 베트남에서 '엘리 엘리 라마 사박다니의 비밀'을 드러낸 것이다. 경건하게 살라고 주신 하나님의 법을 가지고 자신들의 원욕을 채우는 이익의 재료로 사용한 대가는 영원히 다시 기회가 없는 영원한 지옥 불구덩이에 떨어지는 것이다.

아들 예수 그리스도를 통해서 하늘에서 이 땅에 온 아들이라도 육체를 입은 사람은 다 한 번 죽어야 하고, 그 근본 원인이 인간을 죄짓게 만드는 원수에 대한 비밀을 감추시고 교훈하신 것이 십자가의 도의 비밀이었다. 하나님의 아들이기에 언약하신 대로 삼 일 만에 영원히 병들지도 않고 죽지도 아니하는 신령한 몸을 다시 주셨지만, 세세토록 하나님께 받은 열쇠가 '사망과 음부의 열쇠'였다.

포도나무가 모든 나무, 곧 모든 사람보다 나은 것은 하나님의 아들이시기에 죽어도 죽임을 당해도 다시 살아나신 것이다. 이렇게 온전하게 신령한 몸이 되어 부활하셨어도 그때는 사람을 온전히 다시 제조, 곧 다시 창조하시는 때가 아니었고, 하나님께서 말씀하시는 '영생'이 이루어진 것이 아니었기에 다른 사람을 제조하시는 데 사용하시지 않고 승천하여 2천 년이 다 되도록 쉬고 계신 것이다.

이를 두고 **겔15:2~8절**에 이미 판결해 두신 것이다. 똑똑히 보아라.

"²인자야 포도나무가 모든 나무보다 나은 것이 무엇이랴 삼림 중 여러 나무 가운데 있는 그 포도나무 가지가 나은 것이 무엇이랴 ³그 나무를 가지고 무엇을 제조할 수 있겠느냐 그것으로 무슨 그릇을 걸 못을 만들 수 있겠느냐(그래서 예수님을 십자가 나무에 매달아 손에 못을 박게 하신 것이다. 그래서 "네 오른손이 너를 실족케 하거든 찍어 내버리라 네 백체 중 하나가 없어지고 온몸이 지옥에 던지우지 않는 것이 유익하니라"라고 하신 것이다. 포도나무도, 포도나무 가지도 다른 사람을 제조할 수 없다. 하나님만이 창조주이심을 말씀하시는 것이다. 이 말씀은 진실로 참이었다. 우리 이전에 그 누구도 온전히 육체가 살아서 제조된 사람이 없었던 것은 2021년의 땅의 역사, 창세 이래 모든 역사로 증명해 주신 것이다.

이러해도 혀로 "오직 예수, 오직 예수"라고 말만 하는 말쟁이들이 될래? 진리를 한 절만 깨닫고 믿어도 절대 귀신 노릇 하지 않는다. 믿든 안 믿든 사실이다.

그래서 호2:19~20절에 미리 예언해 두셨던 것이다. 호세아 예언은 BC 750년경에 기록했고, 에스겔 예언은 200년 후인 BC 550년에 기록되었다. 성경을 신구약 한 권으로 전체를 보지 아니하면 절대 알 수 없는 것이 하나님의 뜻이고, 이러니 당시에 예수님은 자신에 대한 판결을 알 수 없으셨고, 요한계시록은 예수님이 승천하시고 AD 90년경에 기록되었으니 제자였던 사도 요한도 자신이 계시록을 기록했지만 하나님의 아들이 사망과 음부의 열쇠를 하나님께 세세토록 받으신 이유와 결과를 모르고 기록한 것이다.

이는 포도나무도, 포도나무 가지인 사도 요한도 다른 사람을 제조하는 데 사용하시지 않았다는 것을 증명하는 것이다. 다시 말하면 예수 그리스도도, 가지들인 예수 그리스도를 믿는 당시 제자들도, 지금 우리 도, 모두 '그릇'이라는 뜻이다. 모두 따라 하거라. 두 손을 가슴에 대고 진심으로 "나는 그릇이다"라고 세 번을 하거라.

따라서 그릇인 사람은 만드신 창조주 하나님의 뜻에 따라 사용하신다. 그러나 그릇인 사람은 사람이 만든 실제 그릇과 다른 것은 우리에게는 자유의지를 주셨다. 그래서 **딤후2:20~22절**에 이렇게 예언해 두셨다.

딤후2:20~22 [20]큰 집에는 금과 은의 그릇이 있을 뿐 아니요 나무와 질그릇도 있어 귀히 쓰는 것도 있고 천히 쓰는 것도 있나니 [21]그러므로 누구든지 이런 것에서 자기를 깨끗하게 하면 귀히 쓰는 그릇이 되어 거룩하고 주인의 쓰심에 합당하며 모든 선한 일에 예비함이 되리라 [22]또한 네가 청년의 정욕을 피하고 주를 깨끗한 마음으로 부르는 자들과 함께 의와 믿음과 사랑과 화평을 좇으라

더 직설적으로 말하면 **겔15:3절**의 예언은 예수 그리스도도 그릇이었다는 뜻이 감추어져 있다. 이 사실을 인정하는 것이 바로 **요일4:2~3절**에 "[2]하나님의 영은 이것으로 알찌니 곧 예수 그리스도께서 육체로 오신 것을 시인하는 영마다 하나님께 속한 것이요(라는 예언대로 하나님의 영, 곧 하나님의 성령이고, 하나님께 속한 사람이라는 뜻이다. 따라서 이렇게 실상이 되어 시인하지 아니하는 자들은 다 **3절** 예언에 해당하는 '적그리스도의 영'이다.) [3]예수를 시인하지 아니하는 영마다 하나님께 속한 것이 아니니 이것이 곧 적그리스도의 영이니라 오리라 한 말을 너희가

들었거니와 이제 벌써 세상에 있느니라"라고 하신 말씀의 실상들이다.

곧 이미 **겔15:3절** 예언을 믿고 깨달았다면 "오직 예수" 혀로 말만 하며 교회생활을 하는 모든 사람들이 영적으로 어떤 죄를 짓고 있는지 다 분별이 된다. 더더욱 '성자 하나님, 성령 하나님'이라는 용어를 사용하는 자들의 실체가 무엇인지 다 분별이 된다. 이러니 아무도 인간의 원욕이 다 그쳐 사역자들이 된 것이 아니었고, 도리어 적그리스도가 되어 대적하는 자들이라는 뜻이다. 그래서 이렇게 말씀하신다.

요일4:4~6 ⁴자녀들아 너희는 하나님께 속하였고 또 저희를 이기었나니 이는 너희 안에 계신 이가 세상에 있는 이보다 크심이라 ⁵저희는 세상에 속한 고로 세상에 속한 말을 하매 세상이 저희 말을 듣느니라 ⁶우리는 하나님께 속하였으니 하나님을 아는 자는 우리의 말을 듣고 하나님께 속하지 아니한 자는 우리의 말을 듣지 아니하나니 진리의 영과 미혹의 영을 이로써 아느니라

이렇게 진리의 영, 곧 진리의 성령도, 미혹의 영, 곧 가르치는 귀신인 사람도 둘 다 '영'이라고 사용하신 것은 하나님은 영이신데 당신이 만드신 영인 사람을 사용하셔서 진리의 영으로, 미혹의 영으로 사용하신다는 뜻이고, 이를 분별하는 방법이 바로 예수 그리스도로 분별하라는 뜻이다.

그래서 **요일2:18~21절**에 "¹⁸아이들아 이것이 마지막 때라 적그리스도가 이르겠다 함을 너희가 들은 것과 같이 지금도 많은 적그리스도

가 일어났으니 이러므로 우리가 마지막 때인 줄 아노라 [19]저희가 우리에게서 나갔으나 우리에게 속하지 아니하였나니 만일 우리에게 속하였더면 우리와 함께 거하였으려니와 저희가 나간 것은 다 우리에게 속하지 아니함을 나타내려 함이니라 [20]너희는 거룩하신 자에게서 기름 부음을 받고 모든 것을 아느니라 [21]내가 너희에게 쓴 것은 너희가 진리를 알지 못함을 인함이 아니라(진리를 이미 다 알고 있다고 자신들 스스로 착각하는 것이다. 그리고 이 말씀은 사도 요한 당시에 실상이 되는 말씀이 아니고, 너무 명확하게 2021년 8월 16일 지금 우리에 대한 예언이었고, 이미 사실이 되었으니 이제 예언이 아니라 지금 살아 계신 하나님의 말씀이다. 그래서 온전한 것이고, 완전한 지혜이며, 사실이다.

전 성경 기록 목적이 시102:18절의 말씀이 진실로 사실이고, 다시 창조함을 받는 우리에게 하나님께서 친히 가르치시는 것이며, 진리의 성령이 대언하는 것이니 나 또한 그릇이다.

시102:18 이 일이 장래 세대를 위하여 기록되리니 창조함을 받을 백성이 여호와를 찬송하리로다

그리고 지금은 이 세상에 속한 자들에게는 마지막 때다. 명백한 증거가 우리에게서 나가서 고소하고 후욕하는 그들은 예수 그리스도를 대적하는 적그리스도들이다. 그들은 자신들 스스로 자신들이 누군지 밝히고 나가서 대적하는 자들이다. 이는 그들이 저 밖에 무신론자들이 아니라 진리인 성경을 사용하며 자신들은 이미 진리를 안다고 착각하는 자

들이라는 뜻이다.

우리가 이를 알게 된 것은 거룩하신 하나님께서 친히 가르치시고 진리의 성령을 통하여 대언하게 하신 것이며, 이 자체가 여러분들은 하나님께 기름 부음을 받고 있다는 뜻이다. 이렇게 전대미문의 새 언약을 받고 우리는 모든 것을 이제 알고, 알아가고 있으며 우리에게서 나간 그들이 진리를 진리대로 단 한 절도 모른다는 것을 알고 있느냐?

또 '적그리스도'라고 하면 여러분들은 상상한다. 적그리스도가 실상이다. 우리에게서 나간 그들이 다 기독교인들이다. 그들이 은혜로교회 오기 전에 다 신앙생활을 한 사람들이다. 그러므로 그 전에 다닌 교회들이 다 적그리스도의 교회였다. 또한 '적그리스도'라는 말은 '적예수 그리스도'라고 안 하고 왜 '적그리스도'라고 하셨을까?

부활, 승천하신 실상의 예수 그리스도는 이미 승천하셨고, 하나님의 아들로 온전하게 된 부활하신 그리스도께서 **누가복음 24장**에 기록되어 있는 것처럼 신령한 몸으로 제자들에게 나타나셨을 때 알아보지 못하다가 구약성경을 가지고 자신에 대해서 자세히 풀어 해석해 주실 때 그리스도인 줄 알아보는데 예수는 보이지 아니하더라고 하신 것은 그 이전까지 알던 부분은 다 육체로 오신 것으로만 알고 있는 영적인 상태이며, 이렇게 아는 것은 육체대로 예수 그리스도를 아는 수준이라는 뜻이다.

다시 말하면 처음 육체를 입고 계실 때 하신 일로만 예수 그리스도를 아는 것은 육체대로 아는 것이라 절대 사람이 육체가 살아서 원욕이 그치고 다시 거듭난 것이 아니라는 뜻이고, 이런 영적인 상태는 부활하신 그리스도를 알아보지 못한다는 뜻이다.

그래서 또 이렇게 말씀하셨다. "그리스도의 영이 없으면 그리스도의 사람이 아니라"라고 하셨다. 그리스도의 영이란 예수 그리스도께서 요6:63절에 "살리는 것은 영이니 육은 무익하니라 내가 너희에게 이른 말이 영이요 생명이라"라고 하신 것이다. 즉 그리스도께서 그리스도의 영이 있는 사람이 누군지 보여 주셨다. 전 성경을 가지고 모든 진리 가운데로 인도하여 예수 그리스도에 대해서 정확하게 보이고 들리고 마음에 믿게 하는 사람이 그리스도의 영이 있는 그리스도의 사람이라는 뜻이다.

이렇게 진리대로 정확하게 육체로 오신 예수는 하나님의 아들 그리스도라고 모든 진리 가운데로 인도하는 내가 그리스도의 영, 곧 그리스도께서 하신 말씀을 믿고 지켜 실행한 그리스도의 사람이다. 또한 '영'이신 하나님에 대해서도 모든 진리 가운데로 인도하여 진리대로 온전히 하나님을 알게 하니 그래서 내가 셋, 곧 성부와 성자와 성령이 셋이 하나 된 진리의 성령이다.

진리를 진리대로 온전히 아는 것이 아닌 자들이 바로 14년째 우리에게서 나간 수많은 사람들이었다. 그들 모두는 자신들은 이미 교회를 다니고 직분자들이니까 진리를 안다고 착각하는 것이지 사실은 그들이 진리를 아는 것이 아니다.

이런 영적인 눈으로 다시 요일2:21절에 "내가 너희에게 쓴 것은 너희가 진리를 알지 못함을 인함이 아니라(는 말씀의 뜻이 이해가 되었느냐? 지금 우리처럼 진리를 진리대로 알지 못하는 것은 진리를 아는 것이 아니라는 뜻이다.) 너희가 앎을 인함이요 또 모든 거짓은 진리에서 나지 않음을 인함이니라"

곧 모든 거짓말을 하는 자는 진리이신 예수 그리스도로 나지 않음을 뜻하는 것이다. 곧 예수 그리스도께서 "내가 곧 길이요 진리요 생명이라"라고 하셨으므로 예수 그리스도를 믿지 않고, 예수 그리스도께서 육체를 입고 오셨으나 그분은 하나님의 아들이심을 인정하지 않는 자들은 거짓말하는 자들이라는 뜻이다. 따라서 유대교는 모두 거짓이다. 아무도 구원받지 못한다. 그들이 온 세상에서 핍박을 받은 것은 진리로 다시 나지 아니했기 때문이다. 원욕인 상태로 성경을 보고 자신의 원욕대로 사용한 결과로 인한 심판이다.

지금 온전한 진리로 돌아서지 아니하면 하나님과 예수 그리스도의 최고 대적자들, 곧 원수들이 유대교인들이다. 이들은 구약성경을 가지고 온 세상에서 당시에 그들만 하나님을 섬긴다고 하는 자들이었다. 그런 구약성경에 이미 이 땅에 보내시마 약속하신 아들 예수 그리스도가 성경대로 오셨어도 믿지 아니하고 대적하는 자들이었고, 세상 법에 아들을 넘겨 가장 잔인하게 살해했다. 이들은 2021년 8월 16일 지금 이 시간에도 하나님을 안 믿고 대적하는 원수들이다.

이들이 가르치는 말, 설교는 다 거짓이다. 진리에서 나지 않았기 때문이다. 구약만 가지고 하나님의 말씀이라고 주장하는 자체가 하나님을 안 믿는 것이다. 이미 온 세상이 믿든 안 믿든 땅의 역사는 온 세상 구석구석까지 2021년을 사용하고 있다. 이것은 하나님께서 아들이신 예수 그리스도가 온 땅의 기초라는 사실을 부인하는 것이다. 그들은 히8:7~9

절의 말씀대로 하나님께서 그들을 돌아보시지 않으신 것인데 자신들은 스스로 하나님을 섬기는 자들이라고 생각한다. 그들은 하나님 나라와 아무 관계가 없다. 반드시 새 언약으로 깨닫고 돌아서야 한다. 이미 BC 4년에 이 땅에 실상이 되신 예수 그리스도를 인정하지 않고 그분을 죽인 보응을 2021년 8월 16일 지금 이 시간까지 받고 있는데도 모르고 있는 것 자체가 심판을 받고 있는 것이다.

그렇다면 현재 전 세계 천주교, 기독교는 다를까? 마찬가지다. 예수 그리스도께서 "내가 곧 길이요 진리요 생명이니"라고 하신 진리를 정말 진리대로 알고 믿은 것이 아니다. 예수 그리스도를 육체를 입고 이 땅에 사람으로 보내신 분은 창조주 하나님이시다.

그래서 **사65:16절**에서 "이러므로 땅에서 자기를 위하여 복을 구하는 자는 진리의 하나님을 향하여 복을 구할 것이요 땅에서 맹세하는 자는 진리의 하나님으로 맹세하리니 이는 이전 환난이 잊어졌고 내 눈앞에 숨겨졌음이니라"라고 하신 하나님의 뜻은 단 한 절도 모르고, 혀로 "오직 예수, 하나님, 성자 하나님, 성령 하나님"이라고 하고 있고, 하나님의 행하심에는 아무 관심이 없으며, 기독교의 핵심 교리인 '영생과 하나님 나라, 곧 천국'에 대해서도 성경과 다른 거짓말로 가르쳐 왔다.

하나님의 명령이 육체도 죽지 아니하고 살아서 영생을 하라고 하신 것을 죽어서 영생한다고 가르치고, 더더욱 하나님의 나라인 천국은 죽어서 가는 곳이라고 가르쳐서 상상하게 만든 것이다. 이로 말미암아 기독교인들이 자살하게 만든 원인이 되었다.

또 현재 천주교, 기독교는 **갈3:22~23절**의 말씀은 물론이고, '하나님께로서 난 자는 죄를 짓지 아니한다고 하셨는데, 왜 매일같이 죄를 짓고 이렇게 부패하고 타락했을까?' 하는 의문도 가지지 않는다. "죄를 짓는 자는 마귀에게 속하나니 마귀는 처음부터 범죄함이니라"라고 하신 말씀도 안 믿는다. 또 의인은 없나니 하나도 없다고 하신 말씀도 안 믿는다. 이러니 진리의 하나님께로서 나지 않은 명백한 증거다. 이는 곧 **요일2:21절**의 말씀에 해당한다.

요일2:21 내가 너희에게 쓴 것은 너희가 진리를 알지 못함을 인함이 아니라 너희가 앎을 인함이요 또 모든 거짓은 진리에서 나지 않음을 인함이니라

　　성경을 사용하는 자들이 계속 죄를 짓고, 또 회개하고 혀로 "주여 주여" 한다고 하나님 나라에 들어가는 것이 아님을 전 성경에 이미 예언해 두셨고, 명백하게 **요일3:4절**에 "죄를 짓는 자마다 불법을 행하나니 죄는 불법이라"라고 기록해 두셨다.

　　불법을 행하는 자에 대해 예수 그리스도께서 이렇게 말씀해 두셨다. 마7:16~22절에 거짓 선지자들이 멸망으로 인도하는 크고 넓은 문에서 주의 이름으로 선지자 노릇 하며, 주의 이름으로 귀신을 쫓아내며, 주의 이름으로 많은 권능을 행하였다고 하니까 예수 그리스도께서 다음과 같이 말씀하셨다.

마7:23 그때에 내가 저희에게 밝히 말하되 내가 너희를 도무지 알지 못

하니 불법을 행하는 자들아 내게서 떠나가라 하리라

불법을 행하는 자들은 예수 그리스도를 믿는 것이 아니다. 그래서 이들은 교인들을 멸망으로 인도하는 거짓 선지자들이다. 이들은 처음부터 거짓말하는 자들이다. 이들에 대해 15절에 이렇게 말씀하셨다.

마7:15 거짓 선지자들을 삼가라 양의 옷을 입고 너희에게 나아오나 속에는 노략질하는 이리라

곧 예수 이름, 하나님의 이름으로 성경과 다른 거짓말을 가르치고 설교하는 자들이다. 그래서 "모든 거짓은 진리에서 나지 않음을 인함이니라"라고 하신 것이다. 또 **요일3:6절**에 "그 안에 거하는 자마다 범죄하지 아니하나니 범죄하는 자마다 그를 보지도 못하였고 그를 알지도 못하였느니라"라고 하셨다. 이런 말씀은 구약도 아니고 신약성경에 기록되어 있는데 왜 안 믿고 귀신이 가르친 거짓말은 그리도 잘 믿나? 성경에서 거짓말하는 자라고 하신 말씀은 전부 성경을 사용하는 자들에 대한 지칭이다.

마24:11~12, 24 [11]거짓 선지자가 많이 일어나 많은 사람을 미혹하게 하겠으며 [12]불법이 성하므로 많은 사람의 사랑이 식어지리라… [24]거짓 그리스도들과 거짓 선지자들이 일어나 큰 표적과 기사를 보이어 할 수만 있으면 택하신 자들도 미혹하게 하리라

이들은 전부 혀로 "오직 예수, 주여 주여" 하며 가장하고 불법을 행하는 자들이다. 진리를 진리로 분별하지 않으면 아무도 이들이 어디서 무슨 일을 하는 자들인지 알 수 없었다.

이들은 계16:13~14절에 "[13]또 내가 보매 개구리 같은 세 더러운 영이 용의 입과 짐승의 입과 거짓 선지자의 입에서 나오니(그래서 입에서 나오는 성경과 다른 거짓말이 사람을 더럽게 한다. 예수님이 인간의 과거의 죄, 현재, 미래의 죄까지 이미 다 지시고 십자가에 죽으셨다고 하며 어떤 죄를 지어도 다 용서받는다, 이미 용서받았다고 하는 거짓말이 얼마나 인간을 더럽게 했는지 14년째 보았다.

마15:7~11 [7]외식하는 자들아 이사야가 너희에게 대하여 잘 예언하였도다 일렀으되 [8]이 백성이 입술로는 나를 존경하되 마음은 내게서 멀도다 [9]사람의 계명으로 교훈을 삼아 가르치니 나를 헛되이 경배하는도다 하였느니라 하시고 [10]무리를 불러 이르시되 듣고 깨달으라 [11]입에 들어가는 것이 사람을 더럽게 하는 것이 아니라 입에서 나오는 그것이 사람을 더럽게 하는 것이니라

마15:18~20 [18]입에서 나오는 것들은 마음에서 나오나니 이것이야말로 사람을 더럽게 하느니라 [19]마음에서 나오는 것은 악한 생각과 살인과 간음과 음란과 도적질과 거짓 증거와 훼방이니 [20]이런 것들이 사람을 더럽게 하는 것이요 씻지 않은 손으로 먹는 것은 사람을 더럽게 하지 못하느니라

막7:20~23 ²⁰또 가라사대 사람에게서 나오는 그것이 사람을 더럽게 하느니라 ²¹속에서 곧 사람의 마음에서 나오는 것은 악한 생각 곧 음란과 도적질과 살인과 ²²간음과 탐욕과 악독과 속임과 음탕과 흘기는 눈과 훼방과 교만과 광패니 ²³이 모든 악한 것이 다 속에서 나와서 사람을 더럽게 하느니라

이 모든 더러운 것은 다 인간의 원욕에서 비롯된 것이다. 이런 악한 생각이 자신의 한 몫의 삶도 헛되고 헛되게 보내게 하고, 결국 하나님의 진노를 받아 영원한 지옥 불구덩이에 들어가게 하여 영원히 고통받고 영벌을 받으며 살게 한다. 이런 원욕을 육체가 살아 있을 때 깨달아 버리게 하고, 지옥에서 천국으로 옮기게 하는 것이 목사의 직무인데, 도리어 더 더럽게 하여 원욕을 부추기고 더 죄를 짓게 만드는 것이 성경을 가지고 성경과 다른 교훈, 곧 거짓말을 가르치는 거짓 선지자들이다. 이들로 인한 삶의 결과는 영원히 불로 소금 치듯 하는 지옥 불구덩이에서 살게 만든다. 거짓 선지자의 입에서 나오는 이런 더러운 귀신이 또 다른 사람을 더럽게 한다.

마12:43~45 ⁴³더러운 귀신이 사람에게서 나갔을 때에 물 없는 곳으로 다니며 쉬기를 구하되 얻지 못하고 ⁴⁴이에 가로되 내가 나온 내 집으로 돌아가리라 하고 와 보니 그 집이 비고 소제되고 수리되었거늘 ⁴⁵이에 가서 저보다 더 악한 귀신 일곱을 데리고 들어가서 거하니 그 사람의 나중 형편이 전보다 더욱 심하게 되느니라 이 악한 세대가 또한 이렇게 되리라

대체육체가 왜 영원한 죄에 처하게 되는지 이 본문에서도 교훈하고 있다. 귀신은 이렇게 사람에게서 사람에게 전달되어 영원히 삶을 파괴하고 멸망시키는데 귀신도 모두 상상한다. 창세 이래 모든 귀신이 자신들의 때가 다 되었으므로 더욱 발악하여 이제 도저히 사람도 아닐 뿐만 아니라 짐승도 그렇게 할 수는 없다고 하는 인간들, 아예 수치도 모르고 드러내 놓고 악함을 자랑하는 때가 지금 이 세대다. 오죽하면 한 사람에게서 나온 귀신이 2천 여 마리 돼지 떼, 곧 원욕 그대로 사는 사람을 돼지 떼에 비유하셨고, 이 돼지 떼에 들어가서 바다에 몰사하여 모조리 다 죽인다고 기록해 두셨지 않느냐?

눈이 있어도 자신은 주인이 귀신인 줄 모르고 교회를 다니는 흉악한 귀신이 성경을 가지고 성경과 다른 거짓말을 하는 종교 사기꾼을 따라다니는 영적인 소경, 귀머거리들을 보아라. 이러한 실상이 모두 교회 다니는 사람, 종교인들이라는 사실을 아무리 보여 주어도 안 믿는 자들이 바로 에서 같은 족속들이다. 이들이 다 예수 이름, 하나님 이름 사용하는 자들인 사제, 목사들이며, 자칭 기독교인, 천주교인들이다. 본래 육체를 입은 인간은 원욕을 가지고 있는데, 이 원욕을 버리고 하나님의 말씀대로 살게 하되 영원히 살게 하는 진리로 다시 거듭나게 하는 하나님의 법이자 말씀을 이용하여 자신의 원욕, 곧 정욕을 채우는 도구, 재료로 삼은 것이다.

이렇게 들어온 귀신이 가르친 거짓말은 사람의 생각과 마음에 불로 지져서 영원한 결박이 되어 영벌에 던지는 것이다. 이를 두고 양심에 화인 맞았다고 하고, 원욕을 가진 채 사제나 목사가 된 자칭 선생 노릇 하는 자들의 입에서 나오는 지옥 불의 소리로 교인들의 마음에 귀신들이 들어간다. 이렇게 예수 이름, 하나님의 이름으로 들어온 귀신은 부끄러움도, 수치도 모르고 더러운 언행을 계속 반복한다.

온 세상이 악한 자 아래 처해 있다는 말은 더 이상 다른 말로 표현할 말이 없는 극단적 표현이다. 그래서 예수님이 하나님께 받은 열쇠가 사망과 음부의 열쇠이며, 그것도 세세토록, 곧 영원히 받은 열쇠다. 이 사실은 구약이 아닌 신약에 기록되어 있다. 그런데도 안 보고 우긴다. 주의 이름으로 귀신을 쫓아내고 선지자 노릇 하고 권능, 곧 이적과 기사를 행했다고 자랑하는 이리 떼, 거짓 선지자, 지옥의 사자가 예수 이름으로 귀신을 내어쫓고 그 결과를 이미 예언해 두신 판결을 보자. 귀신론 대가라는 김기동 목사, 여의도 목사, 부자 목사들의 불법의 결과를 판결해 두셨다.

막9:38~49 ³⁸요한이 예수께 여짜오되 선생님 우리를 따르지 않는 어떤 자가 주의 이름으로 귀신을 내어쫓는 것을 우리가 보고 우리를 따르지 아니하므로 금하였나이다 ³⁹예수께서 가라사대 금하지 말라 내 이름을 의탁하여 능한 일을 행하고 즉시로 나를 비방할 자가 없느니라 ⁴⁰우리를 반대하지 않는 자는 우리를 위하는 자니라 ⁴¹누구든지 너희를 그리스도에게 속한 자라 하여 물 한 그릇을 주면 내가 진실로 너희에게 이르노니 저가 결단코 상을 잃지 않으리라 ⁴²또 누구든지 나를 믿는 이 소자 중 하나를 실족케 하면 차라리 연자 맷돌을 그 목에 달리우고 바다에 던지움이 나으리라 ⁴³만일 네 손이 너를 범죄케 하거든 찍어 버리라 불구자로 영생에 들어가는 것이 두 손을 가지고 지옥 꺼지지 않는 불에 들어가는 것보다 나으니라 ⁴⁵만일 네 발이 너를 범죄케 하거든 찍어 버리라 절뚝발이로 영생에 들어가는 것이 두 발을 가지고 지옥에 던지우는 것보다 나으니라 ⁴⁷만일 네 눈이 너를 범죄케 하거든 빼어 버리라 한 눈으로 하나님의 나라에 들어가는 것이 두 눈을 가지고 지옥에 던지우는 것보다 나으니라 ⁴⁸거기는 구더기도 죽지 않고 불도 꺼지지 아니하느니라 ⁴⁹사람마다 불로서 소금 치듯 함을 받으리라

이런 판결을 어떻게 안 믿을까? 이런 말씀을 보고 어떻게 목사가 되고 싶어 할까? 목사가 되었어도 왜 이런 말씀은 그들 눈에 안 보일까? 14년째 왔다가 간 수많은 사람들, 유튜브로 말씀을 듣고 이용해 먹은 자들의 눈에는 원욕, 사심으로 인하여 이 판결의 말씀이 안 보인다. 이은구 목사도 계속 이용해 먹기 위해 말씀을 달라고 하는 것이다. 그런 자들 눈에는 이런 말씀은 절대 안 보인다. 혀로 '개혁'이라는 단어를 사용하는 자체가 어불성설이다.

예수 이름으로 귀신 쫓고 이적과 거짓 기사를 일으켜서 사람을 끌어모아 선생 노릇 하는 자들이, 2021년 지금까지 온 세상에 성경을 사용하여 가르치고 설교하는 자들이 자신의 손과 발로 스스로 지옥 불에 들어가는 일을 한 자들이다. 이인규, 박형택, 탁지일, 진용식, 오명옥, 박상기 등등 이 일을 훼방한 자들이 왜 영원한 죄에 처하는지 보아라.

성경을 가지고 가르치고 설교하는 자들이 '영생과 하나님 나라'에 들어가지 못하도록 도리어 훼방하는 자들이라는 사실이 이미 전 성경에

예언이 다 되어 있기에 아무도 변명을 할 수 없다. 이런 판결이 안 보이고 목사가 되고 싶어 안달한 자들이 집안에 목사가 몇이니~ 자랑하고, 하나님의 일을 한다는 명목으로 가장하여 지옥 불의 소리로 성경을 사용하여 가르치고 설교하는 자들이다. 나는 이런 말씀 때문에 괴로워서 전도하라는 말을 해 본 적이 없고, 빌라델비아 교회를 할 때 전도지를 만들어 본 적이 없었고, 교회 강단에 부흥사나 다른 목사를 세워 본 적도 없었으며, 헌신 예배라는 명목으로 예배드린 적도 없었다.

14년째 보았다. 이 예언의 실상의 주인공들을 내 두 눈으로 다 보았다. '영생'을 성경과 다른 거짓말로 가르치는 목사는 지옥의 사자다. 사람이 육체가 죽어서 영생을 얻는 것이 절대 아니다. 그렇게 얻는다고 생각하고 복음이라고 전한 자들이 순교자들이며, 이들은 전부 불 가운데서 구원받은 자들이 되어 아직 그 영혼은 제단 아래서 억울해 하고 있다. 거지 나사로는 오히려 낙원에서 쉬고 있는데 순교자들은 왜 이럴까?

하나님께서 말씀하시는 '영생'은 육체도 죽지 아니하고 살아서 하나님의 말씀으로 다시 창조되어 영원히 하나님과 같이 사는 것이다. 반드시 하나님의 계명대로 지켜 실행하여 육체도 죽지 아니하고 하나님 나라에 들어가는 자들이다. 이렇게 실상이 되는 때를 하나님께서 미리 정해 두셨고, 그때는 악인들이 지배하는 세상이 끝나는 때이며, 영생과 하나님의 나라가 실상이 되는 때다. 이 징조가 예수 그리스도께서 약속하신 진리의 성령이 실상이 되어 나타났고, 이를 알리는 사건이 나와 성도들이 감옥에 갇힌 것이다.

죄를 지어 더 빨리 죽을까 봐 목사라고 하는 거지, 나는 목사라고 하고 싶지 않다. 성도다. 목사라고 말을 하는 것은 목사들, 사람들을 살리기 위해 어쩔 수 없이 사용하는 것이다. 지옥 불에 떨어지는 자는 육체가 살아 있을 때 결판이 난 자들이다. 교인들이 많은 것이 복이 아니라, **눅16:19~31절**의 부자 목사는 '영생'에 대해서 모르고 천국의 비밀도 단 하나도 모르면서 일생 날마다 호화로이 연락한 자다. 부자가 안 된 것이 하나님의 도우심이다.

지금 전 세계 교회가 성경을 가지고 성경과 다른 거짓말을 가르치고 설교하는 곳이다. 믿든 안 믿든 이는 명백한 사실이다. 영생을 진리대로 알지 못하고 성경과 다른 거짓말로 가르치고, 특히 하나님의 나라가 육체가 죽어서 가는 곳이라고 가르치는 자들은 다 거짓말을 하는 자들이다. 그래서 진리에서 나지 않은 자들이 목회를 하는 자체가 이미 함정, 올무, 올가미, 덫, 구덩이에 빠진 것이고 실족한 것이다. 이렇게 하나님의 말씀으로 거듭나지 않은 영적인 상태에 목사가 되는 자체가 이미 저주받은 것이다. 이런 목사가 다른 목사에게 손을 얹고 안수하여 또 흉악한 귀신을 만들어 내는 것을 두고 '공장장'이라고 하고, '장생'이라고 하고, 손으로 만든 '우상'이라고 한다. 다른 말로 '형상'이라고 한다. 그래서 계명을 주셨다.

출20:3~6 [3]너는 나 외에는 다른 신들을 네게 있게 말찌니라 [4]너를 위하여 새긴 우상을 만들지 말고 또 위로 하늘에 있는 것이나 아래로 땅에 있는 것이나 땅 아래 물 속에 있는 것의 아무 형상이든지 만들지 말며 [5]그것들에게 절하지 말며 그것들을 섬기지 말라 나 여호와 너의 하나님은 질투하는 하나님인즉 나를 미워하는 자의 죄를 갚되 아비로부터 아들에게로 삼사 대까지 이르게 하거니와 ⁶나를 사랑하고 내 계명을 지키는 자에게는 천 대까지 은혜를 베푸느니라

이미 이 말씀에서 하늘에서 땅에 보내신 예수 그리스도를 성자 하나님, 성령을 성령 하나님이라고 할 것을 예언해 두셨다. 그래서 처음부터 말했다. 나도 보지 말고 말씀을 믿고 따라오라고 한 것이고, 그릇이라고 계속 말한 것이다. 이렇게 모두 상상하는 것을 다 아시는 하나님께서 예수 그리스도를 당시 가장 잔인하게 사형시키는 데 내어 주셨고, 나를 감옥에 가두는 것을 허락하신 것이다. 사람의 눈에는 가장 비참하게 삶을 사는 것으로 보이게 하신 것 또한 하나님의 완전한 지혜였다. 하나님만이 참 신이심을 인정하지 아니하면 영생과 하나님 나라와 아무 관계가 없다.

진리는 이러한데 온 세상이 악한 자, 곧 사단, 마귀, 뱀, 독사, 용, 짐승, 귀신 아래 처해 있는 이 세상은 너도나도 한 분야에서 좀 잘하면 '신'이라는 단어를 사용한다. 노래의 신, 예능의 신, 운동의 신, 별의 별 신이라는 단어를 사용하여 혀로 하나님의 말씀을 무시하고 멸시하며 자신들의 혀로 귀신임을 자랑한다. 성경을 가지고 사람 생각대로 보고 듣고 믿으면 신앙생활을 하면 할수록 부패하고 타락하여 올무에서, 함정에서, 구덩이에서 벗어날 수가 없다.

예수 그리스도께서 부활하셨어도 세세토록 받은 열쇠가 왜 사망과 음부의 열쇠인지 이미 창세기부터 요한계시록까지 다 예언되어 있다.

자신이 하신 일이 2021년 지금 이 세대까지 예수 이름 사용하는 사람들에게 함정, 올무, 덫, 올가미, 구덩이에 빠지게 하는 시험하는 돌이 되었다는 것을 두고 '불가불 왕 노릇 하신 것'이라고 한 것이다. 예수 그리스도를 십자가에 죽는 데 내어 주신 것은 아무 형상도 만들지 말라고 하신 하나님의 교훈인데 도리어 그 일로 인하여 더 죄를 짓게 하는 시험이 된 것인 줄 누가 알았느냐?

이 모든 것은 육체를 입은 인간의 원욕이 근본이 된 것이고, 의인은 없나니 하나도 없다는 말씀을 안 믿은 결과다. 내 생각, 곧 하나님의 생각과 너희 생각인 사람의 생각이 다르다는 한 말씀만 깨달아도 인간은 교만할 수 없다. 부자는 하나님 나라에 들어가기가 약대, 곧 낙타가 바늘 귀로 들어가는 것보다 더 어렵다고 한 말을 안 믿는다. 부자 목사부터 모든 부자들이~

그 한 말씀만 믿으면 절대 헛된 사욕을 가지고 기도할 수 없다. 신문사 국장은 부자였다. 120년의 반도 못 살고 코로나19 전염병에 사망한 2178명에 속하였다. 그것밖에 못 살고 죽을 것을 그 많은 시간 13년, 곧 영원한 언약을 시작한 때부터 아니, 그 이전부터 나를 아는 사람이었는데 영원히 육체도 죽지 아니하고 영생하는 하나님의 말씀을 알아보지 못하고 '영원'이 결판났다. 그 편지를 받는데 왜 그렇게 눈물이 나던지. 그거 살고 영원을 망치는 일만 악의 뿌리인 돈, 돈 하더니, 그렇게 어리석게 삶을 살고 갈 것을~ 말씀을 안 믿은 것이다. 그 사람이 예수 그리스도를, 성부 하나님을 안 믿는 사람이라는 것을 그를 아는 사람들 중 몇이나 알까?

이제 더 직설적으로 말해야겠다. 너희 전직 목사, 사모, 직분자라는 사람들 모두 네가 살아온 만큼 보응이 있다. 다니엘 성도는 교회 다닌 것은 자기 나이만큼 되어도 아무 직분을 받은 적이 없다. 진실로 하나님의 은혜였다. 교회만 나가면 집사부터 교사, 구역장 등등 어찌 그리 꾀가 많은지 하다 하다 돈을 받고 안수 집사, 권사, 장로, 전도사, 강도사, 목사 직을 팔아먹었다. 그렇게 너희들을 돈으로 바꾸어 직분을 준 것이다. 그러면서 점점 술에 취해 미쳐간 것이다.

이런 자들은 다 귀신이 주인이 되어 있어서 하나같이 교만하더라. 진짜 일반적인 사람의 수준으로도 교만할 것은 점 하나도 없는데 어찌 그리 분수를 모르고 교만한지~ 안하무인이다. 요즘 흉악한 귀신이 거만하여 부끄러운 줄 모르는 자가 교회 이름도 사랑제일교회라고 사용해서 하나님을 욕먹인다. 부끄러워 얼굴을 들 수가 없다. 얼마나 사나운지~ 얼마나 거만한지~ 그런 자보다 더 교만한 자가 우리 안에 있다.

오죽하면 잔인한 살인자가 지배하는 나라에 버렸으면 좋겠다고 하겠나? 이미 양심, 곧 영혼에 불도장을 찍어서 아예 죽은 자가 되어 치매 환자같이 행동한다. 죽은 자도 살리시는 하나님이시라 그냥 참는 것이다. 코로나19 바이러스가 사람의 입에서 나오는 침, 다른 말로 비말로 인해 다른 사람에게 전염되는 것은 혀로 일생 "주여 주여" 하며 성경을 가지고 성경과 다른 거짓말을 가르치고 설교하여 다른 사람들, 곧 교인들을 지옥 보내는 자칭 사제, 목사, 랍비들에게 바이러스로 다른 사람을 병들게 하고 죽이는 것임을 교훈하시는 징벌이다. 왜 마스크를 쓰고 다녀야 하는지 1년 8개월이 다 되도록 교훈해도 아무 감각이 없이 부끄러움도 모르고 신문에 금식기도원 광고를 하며 자신들의 얼굴을 내고 있다.

코로나19로 말미암아 왜 학교도 못 가고 모두 집에 있으라고 하고, 죽으면 쓰레기 치우듯이 옷 입은 채로 바로 비닐로 싸서 불에 태우든지, 버리든지 하느냐? '불에 던지는 화목'이 된 것이다. 인간은 육체에서 영혼(불신자는 혼)이 떠나면 아무것도 아니다. 이 코로나가 우연인 것 같으냐? 왜 하필 코로나19가 일어날 때 바로 중국에서 간호사들이 머리를 깎고, 모두 방호복을 입고, 특히 마스크를 쓰고 온 세계가 이러하다고 생각하느냐? 1년 8개월이 되도록 점점 더해가는지 깨닫지 못하는 아직 우리 안에서 귀신 노릇 하는 너희들이 더 무지몽매한 자들이다.

전염돼서 죽을까 봐 모두 싫어하는 쓰레기 같은 시체들이 코로나 바이러스로 죽은 자들이다. 일반 쓰레기를 치울 때도 그렇게 취급하지 않는데, 개도 죽으면 장례를 제대로 치루어 주는 세상인데, 만물의 영장인 사람을 왜 그렇게 죽게 하실까?

이렇게 징벌을 해도 귀신 짓하고 시기하고 싸우고 미워하는 예리, 채원, 혜란, 선재, 원욕 그대로 살면서 뻔뻔한 상미, 죽은 자 은숙, 공자, 중희, 준희, 교만하여 자신은 잘 믿는 척하는 자들, 거만한 계순, 수경, 상애, 정신 나간 성순, 구경하는 구경꾼들, 너희들은 사람이냐? 짐승이냐?

낙토에서 귀신 노릇 하는 자들은 더 미친 자들이다. 보응이 얼마나 무서운지 이들을 보아라. 부자는 하나님 나라에 들어가기가 얼마나 어려운지라고 판결하신 말씀은 안 믿고 잘 믿는다고 착각하지 마라. 온 세상에서 가장 더러운 귀신이 예수 이름 사용하는 흉악한 귀신들이다. 성경과 다른 거짓말이 더러운 귀신이 가르친 더러운 영이다. "성령받을지어다, 불 받아라, 병 고침 받을지어다, 예수 이름으로 귀신아 떠날지어다" 등등 얼마나 더러운 귀신들이 입으로 미친 짓을 했는지 다 보았고, 판결도 알고 있으면서 원욕대로 사는 너는 티끌이냐? 아직 전부 상상 속에 있는 상태다.

'라합, 리워야단, 용'의 실체

다시 **계16:13절**로 가자. "또 내가 보매 개구리 같은 세 더러운 영이 용의 입과(용 또한 상상하면 안 된다. 먼저 해답을 말하면 문자 그대로는 '애굽 왕 바로, 바벨론 왕 느부갓네살'을 뜻하고, 비유로는 '애굽, 라합, 리워야단, 꼬불꼬불한 뱀, 큰 악어, 옛 뱀, 사단, 마귀'라고 하며, 이는 이 세상의 '왕', 오늘날 세상 나라의 치리자인 대통령을 말한다. 당시 문자 그대로 '애굽'은 현재 이집트 대통령이며, 바벨론은 현재 이란, 이라크 등 고대 바벨론 왕을 뜻한다. 영적으로 말하면 귀신의 처소 바벨론의 지도자인 사제, 목사, 애굽 같은 완전히 세상적인 교회 지도자들을 여러 부분, 여러 모양으로 말씀한 것이다. 이들을 모두 말하면 '이 세상 임금'이라고 하며, 이들은 하나님 나라와 아무 관계가 없는 자들이다.

예를 들면 천주교 교황이 '용'이다. 미국 바이든 대통령이 천주교 신자라도 그는 '용'이다. 기독교인 대통령이라도 그들은 아무도 구원받지 못한다. 하나님의 말씀으로 다시 창조되지 않았기 때문에 사람이 보기에 교황, 신부, 곧 사제들, 세상 나라 대통령이지 하나님이 보시기에 그들은 다 '용'이다.

용을 여러 부분, 여러 모양으로 비유한 것이다. 유대인들은 당연히 이러하고, 기독교 또한 하나님의 말씀으로 다시 창조된 자들이 없었으니 당연히 기독교인 대통령이라도, 한 나라의 통치자라도 용이며, 부자 교회의 지도자도 용이다.

그래서 "의인은 없나니 하나도 없다"라고 하셨고, **요일5:19절**에 이미 판결해 두셨다. "또 아는 것은 우리는 하나님께 속하고 온 세상은 악한 자 안에 처한 것이며"라고 하신 말씀이 하나님의 가르치심을 받는 실상의 우리에 대한 예언이고, 이런 우리가 하나님의 계명을 지켜 실행하기 전에는 아무도 몰랐다. 그때는 우리도 성경이 모든 것을 죄 아래 가두어 둔 기간이라 우리 모두도 다 죄 아래 있었고, 이 죄에서 하나님의 말씀으로 돌이켰고, 돌이키고 있는 중이다.

그래서 2021년 8월 17일 이제는 온 세상에 천명한다. 진실로 이 본문대로 온 세상이 악한 자 아래 처해 있다. 14년째 증명해 왔고, 계속 증명할 것이다. 이에 대한 증거가 **요일5:18절**에도 기록되어 있다.

요일5:18 하나님께로서 난 자마다 범죄치 아니하는 줄을 우리가 아노라 하나님께로서 나신 자가 저를 지키시매 악한 자가 저를 만지지도 못하느니라

우리 안에서 귀신 노릇 하는 일은 없어야 한다. 이 때문에 계속 보

응을 겪고 아직 옥에 있는 것이다. 그래서 온 세상과의 전쟁, 곧 영적인 전쟁을 안 하고 기다린 것인데, 끝이 없이 계속 되니까 6월 16일부터 시작한 거다. 우리 안에서 이런 귀신들이 있으니까 티끌을 떨어 버리라고 하신 말씀을 지키는 것이다. 언제까지 너희를 봐줄 수 없다. 이 일은 창세 이래 셀 수 없는 사람들의 희생, 곧 피 흘림 위에 세워지는 크고 기이한 일이다.

히12:18~29절에 예언해 두신 일이 실상이 되는 일이다.

히12:18~29 [18]너희의 이른 곳은 만질 만한 불 붙는 산과 흑운과 흑암과 폭풍과 [19]나팔 소리와 말하는 소리가 아니라 그 소리를 듣는 자들은 더 말씀하지 아니하시기를 구하였으니 [20]이는 짐승이라도 산에 이르거든 돌로 침을 당하리라 하신 명을 저희가 견디지 못함이라 [21]그 보이는 바가 이렇듯이 무섭기로 모세도 이르되 내가 심히 두렵고 떨린다 하였으나 [22]그러나 **너희가 이른 곳은 시온산과 살아 계신 하나님의 도성인 하늘의 예루살렘과 천만 천사와** [23]하늘에 기록한 장자들의 총회와 교회와 만민의 심판자이신 하나님과 및 온전케 된 의인의 영들과 [24]**새 언약의 중보이신 예수와 및 아벨의 피보다 더 낫게 말하는 뿌린 피니라** [25]너희는 삼가 말하신 자를 거역하지 말라 땅에서 경고하신 자를 거역한 저희가 피하지 못하였거든 하물며 하늘로 좇아 경고하신 자를 배반하는 우리일까 보냐 [26]그때에는 그 소리가 땅을 진동하였거니와 이제는 약속하여 가라사대 내가 또 한 번 땅만 아니라 하늘도 진동하리라 하셨느니라 [27]이 또 한 번이라 하심은 진동치 아니하는 것을 영존케 하기 위하여 진동할 것들 곧 만든 것들의 변동될 것을 나타내심이니라 ²⁸그러므로 우리가 진동치 못할 나라를 받았은즉 은혜를 받자 이로 말미암아 경건함과 두려움으로 하나님을 기쁘시게 섬길찌니 ²⁹우리 하나님은 소멸하는 불이심이니라

따라서 온 세상이 악한 자 안에 처해 있다는 것을 온 세상 사람들이 인정해야 하고, 반드시 인정하게 하신다.

'용'에 대해서 큰 틀로 해답을 보자. 한마디로 용을 말하면 하나님과 택한 백성들을 대적하고 괴롭히는 원수를 뜻한다. 곧 원수의 머리를 '용'이라고 하신 것이다. 신령한 것은 신령한 것으로 분별해 보자.

사51:9~11 ⁹여호와의 팔이여 깨소서 깨소서 능력을 베푸소서 옛날 옛 시대에 깨신 것같이 하소서 **라합을 저미시고 용을 찌르신 이**가 어찌 주가 아니시며 ¹⁰바다를, 넓고 깊은 물을 말리시고 바다 깊은 곳에 길을 내어 구속얻은 자들로 건너게 하신 이가 어찌 주가 아니시니이까 ¹¹여호와께 구속된 자들이 돌아와서 노래하며 시온으로 들어와서 그 머리 위에 영영한 기쁨을 쓰고 즐거움과 기쁨을 얻으리니 슬픔과 탄식이 달아나리이다

이 예언은 지금 2021년 이 세대에 실상이 될 예언이다. 본문에서 '라합, 용'은 애굽 왕 바로를 뜻한다. 문자 그대로 말이다. 영적으로는 실제 이 세상 왕들을 뜻하는 것이다. 2021년 8월 16일 아프가니스탄 나라

의 대통령이라는 자, 곧 그 나라 용은 탈레반이 쳐들어오니까 자동차 4 대에 현금을 가득 싣고 국민을 두고 도망갔다.[25] 그 나라 수도 카불 공항은 도망가는 자들로 인해 마비가 되고 생지옥이 되어 있다고 뉴스에 나왔다. 귀신이 주인인 상태의 사람은 대통령이라도 저렇게 무책임하다.

옛날 옛적, 곧 모세가 이스라엘 백성들을 출애굽 시킬 때 종살이했던 나라 애굽 왕 바로를 두고 '라합, 용'이라고 하신 것이다. 이 용을 영원히 멸망시키는 때가 우리가 사는 지금 이 세대다. 현재 전 세계 나라 지도자들을 보아라. 미국은 자신의 나라에 유익이 없으면 전쟁을 하지 않겠다고 바이든 용이 공개로 말했다. 그는 코로나를 잡겠다고 큰소리치더니 요즘은 매일 10만 5천 명씩 확진자가 생긴다. 백신이 넘쳐서 3차까지 접종하려고 하면서도 확진자는 더 늘고 있다. 저런 용을 의지하면 이제 끝이다.

이 말씀의 기도처럼 반드시 실상이 되어 용들을 하나님께서 찌르실 것이다. 이제 나라를 이으려 해도 지도자가 없다고 탄식할 때가 다가온다. 이런 용들이 다스리는 이 세상은 이제 끝나고, 하나님께서 온 세상을 통치하시는 준비를 14년째 하고 있다. 이 세상 나라가 창세 이래 지금까지는 용들이 다스리는 세상이었다. 단 한 세대도, 한 나라도, 하나님의 법대로 통치된 적이 없었다. 한국도 물가가 얼마나 올랐는지 우편 요금부터 70%보다 더 올랐고, 각종 생필품도 교묘하게 올렸다. 물건 양이 줄고, 값은 오르고, 질은 안 좋고, 감옥 안에서 알 정도면 밖에서는 어떠하겠느냐?

짐승 같은 자들에 의해 짓밟히는 국민들이 겪을 생지옥을 아프간,

레바논 등에서 보게 될 것이다. 용이 지배하는 세상이 얼마나 고통스러운지 경험하므로 전 세계에 흩어져 있는 하나님의 자녀들로 하여금 하나님을 찾게 할 것이다. 이제 정말 시간이 없다. 용들을 치게 되면 어떤 일들이 벌어질지~

'라합'이란 '자랑하는, 거만한'이라는 뜻이다. 다른 모양으로 말하면 '리워야단, 바다 괴물, 애굽'이라고 한다. 곧 애굽 왕을 여러 모양으로 말씀한 것이다.

사30:7 애굽의 도움이 헛되고 무익하니라 그러므로 내가 애굽을 가만히 앉은 **라합**이라 일컬었느니라

이 예언이 진리임을 사람들로 하여금 깨달아 알게 하고, 자신들을 죽이기도 하시고 살리기도 하시는 하나님을 의지하지 않는 자들에게 그 의지하는 용을 치시는 것은 하나님께 돌아오게 하시는 하나님의 뜻이다. 영적으로 말하면 완전히 세상적인 교회를 이렇게 말씀하신다.

사30:1~5 "¹여호와께서 가라사대 화 있을찐저 패역한 자식들이여 그들이 계교를 베푸나 나로 말미암아 하지 아니하며 맹약을 맺으나 나의 신으로 말미암아 하지 아니하였음이로다(성경을 사용하면서 온갖 세상적인 방법으로 교회를 부흥시키는 목사들이 이러하다. 진리로 나지 아니한 자가 목사가 되면 이 세상 기업가들이나 하는 마켓팅 전략을 사용하여 전도사들에게 기본 월급을 주고 전도해 오는 만큼 돈을 더 주는 방법, 각종 상을 만들어 전도왕이라는 명칭으로 유명하게 만들어 경쟁

시키는 등 심지어 전도해 온 교인이 내는 헌금을 퍼센트로 나누어 주는 교회도 있단다. 2008년에 중국에서 나왔을 때 인천에 어떤 교회들이 그렇게 부흥했다는 말에 나는 아연실색했다. 한국에 이렇게 부흥한 교회가 얼마나 많은지~ 이런 교회는 애굽, 애굽 왕을 의지하고 그 목사를 가만히 앉은 라합, 곧 자신을 자랑하고 거만한 자라는 뜻이다.

"나의 신으로 말미암아 하지 아니하였음이로다"라고 하신 것은 하나님께서 친히 가르치시고 진리의 성령으로 대언하게 하시는 14년째 이 일로 하지 아니하였다는 뜻이다. 구약에는 '성신, 주의 신, 나의 신'이라고 성령을 지칭하시는 용어이나 신령한 것을 신령한 것으로 분별하여 살아 계신 하나님의 말씀으로 하지 아니하였다는 뜻이다. 혀로는 "하나님, 예수님" 하지만 하나님과 아무 관계가 없는 교회들을 뜻한다.

한국도 대통령이 천주교 신자, 기독교 신자이면서 하나님의 법대로 통치하고 다스리는 어떤 지도자가 있었느냐? 현재도 천주교 신자인데 살인자 김정은을 두둔하고 드러내 놓고 북한을 찬양하는 간첩이 활개를 치고 북한이 한국 국민을 죽이고 재산을 폭파시켜도 말 한 마디 안 한다.[26] 전 세계 대통령 중에 천주교, 기독교인들이 많을 것이다. 그들이 나라를 통치한다고 해서 하나님의 말씀대로 누가 지켜 실행하느냐? 이런 세상을 두고 '애굽, 라합, 용, 큰 악어, 바다 괴물, 리워야단, 사단, 마귀, 뱀'이라고 한 것이다. 청와대에서 목사들, 사제들, 종교 지도자들을 불러서 예배드리고 기도하지만 하나님의 뜻과는 아무 상관이 없이 치리하는 지도자들, 목사들, 사제들, 유대교인들을 지칭하시는 것이다.

진실로 이러하다. 이 세상은 돈이 하나님이다. 14년째 절감한다. 내가 세상에 유명한 사람이었으면 이 말씀을 이렇게 멸시했을까? '작은 나라라도 한 나라의 대통령이 이 말씀을 전했으면 이렇게 안 믿고 희롱하고 조롱하며 훼방하고, 아직도 귀신 노릇 하여 온갖 문제를 일으키고, 너무 저급해서 말할 가치도 없는 언행들을 했겠나' 하는 것을 뼈저리게 경험하고 깨닫는다. '대통령이 아니라 부자 교회 목사만 되었어도 이렇게 진리를 안 믿고 패역할 수 있을까?' 하는 마음을 지금 이 시간에도 절감한다.

하나님께서 왜 성경을 사용하는 목사, 사제, 종교 지도자, 대통령 등을 '용, 라합, 애굽, 큰 악어, 바다 괴물, 사단, 마귀, 옛 뱀, 아볼루온, 아바돈'에 비유하셨는지 뼈저리게 깨닫는다. 왜 성령을 훼방한 자는 영원한 죄에 처하는지 너무 명백하게 당연한 처벌이라는 것 또한 인정할 수밖에 없다.

드러내 놓고 불법을 하고 간접 살인을 하는 자들이 대통령들이다. 수천억, 수조 원이 손해가 나도 모두 대통령 한 마디에 다 움직이는 공무원들, 억울해서 조사받다가 죽은 자들, 곧 자살해 버리는 자들, 네 편, 내 편 나누어서 보복하는 자들, 대통령이 되기 위해 불법을 자행하고 그 불법이 드러나도 덮어 버릴 수 있는 권력자가 세상 왕이다. 하나님 자리에 이들이 앉아 있다고 '가만히 앉은 라합'이라고 하신 하나님의 마음을 이렇게 표현하신 것이다. 진실로 진실로 이러하다.

정말 내가 유명한 목사나 유명한 사람, 부자 목사였다면 너희들이 이렇게 안 믿고, 14년째 이렇게 패역했을까? 너희 모두에게 묻는다. 온 세상 사람들보다 더 나쁜 자들이 2021년 8월 18일 이 시간까지 귀신 노릇 하고 있는 너희들이다. 아이티에 지진이 나서 천 명이 넘는 사람이 죽었다고 해도 이제 그렇게 하실 수밖에 없으신 하나님의 마음을 이해하고 이해한다.[27] 인간의 패역은 정말 말로 다 표현을 못 한다. 진실로 짐승을 한날에 창조하신 하나님의 뜻을 보았고, 인정할 수밖에 없도록 우리 안에서 다 보았다. 티끌을 떨어 버리라고 하신 하나님의 마음을 세상에 어떤 말로도 다 표현할 수가 없다. 부끄럽고 아프고 아파서 입을 닫게 된다.)

그들이 바로의 세력 안에서 스스로 강하려 하며 애굽의 그늘에 피하려 하여 애굽으로 내려갔으되 나의 입에 묻지 아니하였으니 죄에 죄를 더하도다 ³그러므로 바로의 세력이 너희의 수치가 되며 애굽의 그늘에 피함이 너희의 수욕이 될 것이라 ⁴그 방백들이 소안에 있고 그 사신들이 하네스에 이르렀으나 ⁵그들이 다 자기를 유익하게 못 하는 민족을 인하여 수치를 당하리니 그 민족이 돕지도 못하며 유익하게도 못하고 수치가 되게 하며 수욕이 되게 할 뿐임이니라"

그래서 이제 이들이 통치하는 이 세상을 하나님께서 심판하신다. 사30:8~14절에 이렇게 판결해 두시고, 지금 말씀하신다.

"⁸이제 가서 백성 앞에서 서판에 기록하며 책에 써서 후세에 영영히 있게 하라 ⁹대저 이는 패역한 백성이요 거짓말하는 자식이요 여호와의 법을 듣기 싫어하는 자식이라 ¹⁰그들이 선견자에게 이르기를 선견하지 말라 선지자에게 이르기를 우리에게 정직한 것을 보이지 말라(재앙이 오는 이유가 이 때문이다. 창세 이래 가장 정직하고 완전한 하나님의 말씀을 대언하는 이 말씀을 듣기 싫어한 그들이 우리 안에서 나왔고,

그들로 인해 감옥에 갇히게 된 것은 영원히 기억될 패역이다. 왜 그토록 다시는 다시는 패역하면 안 된다고 했는지 너희들은 아직 모른다. 얼마나 마음이 아프고 아픈지~ 오죽하면 차라리 사람으로 태어나지 않았던 것이 그들 자신에게 더 유익했다고 할까~ 14년째 이 일을 안 믿고 대적한 자들이 주마등처럼 지나간다. 그들은 지금도 자칭 기독교인들이다. 아직도 귀신 노릇 하는 자들로 인해 진실로 이름도 말하고 싶지 않을 만큼 아프고 아프게 한다.)

[11]너희는 정로를 버리며 첩경에서 돌이키라 이스라엘의 거룩하신 자로 우리 앞에서 떠나시게 하라 하는도다(이 예언은 이사야 당시 저 이스라엘을 두고 하신 예언이 아니고 지금 2021년 이 세대를 예언하셨고, 14년째 사실이 되었다. 진실로 인자가 올 때에 믿는 자를 보겠느냐고 하신 말씀이 참 사실이었다. 인자, 곧 하나님께서 인치신 자가 와서 영생하도록 하는 영육의 양식을 14년째 먹여도 패역하는 너희들이 이 예언의 주인공들이었다.

온 세상이 하는 언행을 우리 안에서 다 보았다. 진실로 어떤 귀신들은 얼굴도 떠올리고 싶지 않다. 알면서 말씀을 멸시하는 죄가 얼마나 더 큰지 너희들은 아직 모른다. 인간의 원욕이 진실로 영원을 패망하게 한다. 불로, 지진으로, 물로, 전염병으로 각종 재앙으로 징벌하실 수밖에 없으심을 알게 되어 '이 재앙을 거두어 주세요'라는 말이 절대 나오지 않는다. 도리어 '내가 기다려 준 것이 이 패역을 부른 것일까?' 할 정도로 자책하게 한다.

이 길만이 가장 완전한 정로다. 가장 완전한 정직한 길이다. 이 길

외에 아무것도 없고, 다 가짜다. 너희가 믿든, 믿지 않든, 이 온 세상이 믿
든, 믿지 않든 이는 사실이고, 3721년 전에 예언한 이 예언이 이제 사실
이 되어 이루어지고 있다. 나를 옥에 가둔 이 일이 영원히 증거가 되어
얼마나 패역한 자들이 혀로 "주여 주여" 하는 자들인지 증거할 것이다.
오죽하면 편지도 하지 말라고 했을까~ 왜 함 족속 땅을 예비해 두셨는
지 뼈저리게 뼈저리게 절감한다. 악인은 악인일 뿐이었다는 것을~ 티끌
은 티끌이었을 뿐이라는 것을~)

   [12]이러므로 이스라엘의 거룩하신 자가 말씀하시되 너희가 이 말을
업신여기고 압박과 허망을 믿어 그것에 의뢰하니 [13]이 죄악이 너희로 마
치 무너지게 된 높은 담이 불쑥 나와 경각간에 홀연히 무너짐 같게 하리
라 하셨은즉(탈레반에 의해 경각간, 곧 아주 짧은 동안 무너진 아프가니
스탄을 보아라. 미국군이 철수하자 그들이 예상한 대로가 아닌 예상치
못한 순간에 무너져서 철수하는 미군 비행기에 매달려 비행기가 날아
가니까 3명의 사람이 떨어져 죽는 것이 뉴스에 나왔다.[28] 그 나라만 그
럴까? 멀쩡하던 사람이 경각간에 죽는 것을 보고도 패역을 고치지 않는
우리 안에 너희들을 보며 하늘을 쳐다 볼 수 없어서 울며 울은 날이 얼
마인지 하나님만 아신다.

   성경을 사용하는 자들이 패역하면 세상에서 그보다 더 악한 자들
을 사용하여 인생 채찍으로 징계하시고, 안 되면 더 악한 자를 들어서
심판하신다. 그래서 타작마당을 한 것이다. 문자 성도는 코로나로 사망
한 그 사람이 너한테 무슨 말을 했는지 우리 안에 패역한 자들에게 다
말해 주거라. 마지막 경고다.

전12:1~8절에 "¹너는 청년의 때 곧 곤고한 날이 이르기 전, 나는 아무 낙이 없다고 할 해가 가깝기 전에 너의 창조자를 기억하라 ²해와 빛과 달과 별들이 어둡기 전에, 비 뒤에 구름이 다시 일어나기 전에 그리하라 ³그런 날에는 집을 지키는 자들이 떨 것이며 힘 있는 자들이 구부러질 것이며 맷돌질하는 자들이 적으므로 그칠 것이며 창들로 내어다보는 자가 어두워질 것이며 ⁴길거리 문들이 닫혀질 것이며(실제 이미 1년 8개월째 이렇게 다 진행되고 있다, 온 세상이 다~)

맷돌 소리가 적어질 것이며 새의 소리를 인하여 일어날 것이며 음악하는 여자들은 다 쇠하여질 것이며 ⁵그런 자들은 높은 곳을 두려워할 것이며 길에서는 놀랄 것이며(2021년 8월 16~17일 이틀간 뉴스에 아프간 사람들이 길에서 놀라서 여기가 생지옥이라고 인터뷰가 나오고, 레바논에서는 기름 탱크가 폭파되어서 부상당한 자가 왜 그랬느냐고 인터뷰하니까 '신'만 아실 거라고, 병원에 누워서 얼굴에 붕대를 감고 말하더라.[29] 전 세계가 이제부터 계속 보게 될 것이다.

전12:1~8절의 예언도 이미 사실이 되어 이루어지고 있고, 전 성경의 예언이 사실이 되어 죽고 죽이는 일은 다반사이며, 산 채로 불에 던져서 화목이 되고 물에 던져서 죽는 자들, 건물이 넘어져 산 채로 매장되고, 길거리에서 총에 맞아 죽고, 악한 병 바이러스로 경각간에 죽는 일들이 점점 늘어날 것이다. 이 진리를 거절한 대가가 얼마나 무서운지 사람들이 세상에 일어나는 일로 인하여 기절하게 될 것이다. 이 말은 내 말이 아니다. 살아 계신 하나님의 말씀이다. 듣든지 아니 듣든지 이는 사실이다. 이제 자신들이 패역한 그대로 각자 받는다. 우리 안에도 예외가 아니다. 나는 수없이 더 이상 패역은 안 된다고 했고, 지금도 온 세상에 경고한다.)

살구나무가 꽃이 필 것이며 메뚜기도 짐이 될 것이며 원욕이 그치리니(이 원욕에 대해서 증명 중이다. 온 세상이 악한 자 아래 있다는 것은 바로 이 원욕, 곧 정욕 때문에 하나님의 진노를 일으키고 재앙을 받는 것이다. 하나님의 집에서부터 심판을 하시는 이유를 반드시 대답을 편지로 해라. 왜 하나님의 집에서 심판을 하시는지 그 이유를 온 세상에서 은혜로교회 성도들은 대답할 수 있다. 나한테 대답하는 것이 아니라 하나님 앞에, 사람 앞에 대답하는 것이다. 가족들한테 묻지 말고 너 스스로 대답하거라. 정직하게 대답해야 한다.

이제 온 세상 사람들의 원욕이 그친다. 온 세상 사람들이 원욕이 그치는 것은 영원히 끝나서 육체가 죽든지, 완전히 망하여 다시 재기할 수 없는 상태가 된다는 것이다. 이렇게 이미 예언되어 있고, 이렇게 하시기 전에 너희들을 먼저 원욕을 그치게 하는 것이 14년째 이 일이다. 나를 옥에 가두어 두시고 재판 중에 우리 안에서 다시 태어나는 성도가 나오고, 대법원 판결이 나고 온 세상에 원욕을 그치는 재앙이 바로 시작된 것이다.

1년 8개월째 보아라. 하나님께서 친히 타작하시면 조사도 하지 않고 그냥 죽는다. 이런 타작마당에 들지 않게 하기 위해서 내가 타작한 것이고, 지금도 내가 타작하는 것이다. 이 원욕 그대로 아무 감각이 없으면 내버릴 것이다.)

이는 사람이 자기 영원한 집으로 돌아가고(이 사람은 아무 사람이든지 크게 두 종류다. 온전히 다시 창조된 사람은 새 예루살렘으로, 오는 세상, 곧 하나님 나라로, 하나님께서 영원히 거하시는 처소로 돌아간다. 이미 우리는 이렇게 실상이 되어 있다. 그리고 낙원에 가는 자들과 순교 자들이 육체가 죽고 7년 대환난 후에 신령한 몸으로 다시 부활하고, 거지 나사로같이 살다가 죽은 사람들은 천년왕국 후에 다시 부활한다. 그리고 하나님을 하나님으로 믿지 아니하고 혀로 말만 한 자들과 온 세상에 다른 종교 사람들 중에 한 몫의 삶이 끝난 사람들은 대심판 날인 지금 이때부터 육체가 죽어 영원한 집인 지옥 불구덩이에 들어간다는 뜻이다.

2921년이 지난 이 세대에 사실이 되어 이루어지고 있는 실상이다. 이제 전 세계 모든 사람의 원욕이 그친다. 택한 자녀들이 자기의 영원한 집으로 돌아오라고 나를 옥에 가두어 두시고 세상에 알리시는 것이다. 영원한 집이 이 땅에서 이루어진다는 것을 온 세상으로 알게 하셔서 하나님의 집으로 돌아오게 하시는 것이다. 곧 마25:46절의 예언이 그대로 성취되는 것을 뜻하신다. "저희는 영벌에 의인들은 영생에 들어가리라 하시니라"라고 하신 판결대로 사실이 된다는 뜻이다. 이 일이 어떤 일인지 너희들이 아직 가슴으로 아는 것이 아니다. 거듭나도 아직 아이라 너희 수준에서 아는 것이다. 그래서 사람이 희소하고 희귀하다.)

조문자들이 거리로 왕래하게 됨이라('조문자들'이란 남의 죽음을 슬퍼하는 뜻을 드러내며 상주를 위문하는 자들을 뜻한다. 이제 땅에서 사람이 죽는 일이 일상이 된다는 뜻이다.) ⁶은줄이 풀리고 금 그릇이 깨어지고 항아리가 샘 곁에서 깨어지고 바퀴가 우물 위에서 깨어지고 ⁷흙은 여전히 땅으로 돌아가고(사람의 육체가 죽기 전에, 티끌이 티끌로 돌아가기 전에 다시 창조되라는 뜻이다.) 신은 그 주신 하나님께로 돌아가기 전에 기억하라 ⁸전도자가 가로되 헛되고 헛되도다 모든 것이 헛되도다(그래서 갈3:22절에 하신 말씀을 온 세상이 인정해야 한다.

> **갈3:22** 그러나 성경이 모든 것을 죄 아래 가두었으니 이는 예수 그리스도를 믿음으로 말미암은 약속을 믿는 자들에게 주려 함이니라

교회만 다니고 있으면 혀로 "주여 주여" 한다고 구원받는 것이 아니다. 절대 아니다. 내가 교만해서 나만 옳다고 하는 것이 절대 아니다. 온 세상 모든 것이 다 죄 아래 가두어져 있었다. 그중에 나를 먼저 돌아오게 하셨고, 너희들을 먼저 부르신 것이다. 그래서 막13:13절에 이렇게 말씀하셨던 것이다.

> **막13:13** 또 너희가 내 이름을 인하여 모든 사람에게 미움을 받을 것이나 나중까지 견디는 자는 구원을 얻으리라

아프간에 이슬람 무장 단체 탈레반이 점령한 것은 전 세계에 일어날 일을 미리 보여 주시는 것이다.[30] '이슬람교'는 세계 3대 종교 중의 하나다. 7세기 초에 아라비아의 마호메트가 알라의 계시를 받았다고 하면서 비롯된 종교다. 계시를 기록한 코란을 경전으로 삼고, 알라를 유일 전능의 신으로 믿으며 '이슬람'이란 '신에 복종한다'는 뜻으로 이슬람교도

가 자신들 종교를 이르는 말이다. 이들이 얼마나 잔인한지는 이미 다 알려진 사실인데 이들의 세력은 전 세계에 퍼져서 이들을 들어서 가장 먼저 핍박을 받을 대상은 기독교다.

지금 2021년 8월 18일 오전 9시 30분 뉴스에 지진이 난 아이티에 사망자 2천 명, 부상자가 만 명에 육박하고 열대성 폭풍과 홍수까지 내렸다.[31] 이 세상에 속한 자들은 이제 자신들이 의지하는 '용'이 얼마나 헛되고 헛된지 온 세상이 다 알게 되고, 원욕이 다 끝난다.

또 눅21:17~19절에도 다음과 같이 말씀하신 것이다.

눅21:17~19 [17]또 너희가 내 이름을 인하여 모든 사람에게 미움을 받을 것이나 [18]너희 머리털 하나도 상치 아니하리라 [19]너희의 인내로 너희 영혼을 얻으리라

진실로 사실이다. 모든 것이 헛되고 헛되다는 것을 인정하고, 새 언약으로 돌아서지 아니하면 **미1:2~7절**의 예언이 실상이 된다.

미1:2~7 [2]백성들아 너희는 다 들을찌어다 **땅과 거기 있는 모든 것들아 자세히 들을찌어다** 주 여호와께서 너희에게 대하여 증거하시되 곧 주께서 성전에서 그리하실 것이니라 [3]여호와께서 그 처소에서 나오시고 강림하사 땅의 높은 곳을 밟으실 것이라 [4]그 아래서 산들이 녹고 골짜기들이 갈라지기를 불 앞의 밀 같고 비탈로 쏟아지는 물 같을 것이니 [5]**이는 다 야곱의 허물을 인함이요 이스라엘 족속의 죄를 인함이라** 야곱의 허

물이 무엇이뇨 사마리아가 아니뇨 유다의 산당이 무엇이뇨 예루살렘이 아니뇨 ⁶이러므로 내가 사마리아로 들의 무더기 같게 하고 포도 심을 동산 같게 하며 또 그 돌들을 골짜기에 쏟아 내리고 그 지대를 드러내며 ⁷그 새긴 우상을 다 파쇄하고 그 음행의 값을 다 불사르며 그 목상을 다 훼파하리니 그가 기생의 값으로 모았은즉 그것이 기생의 값으로 돌아가리라

그리고 미1:8~3:12절까지 모두 성경을 찾아서 교독하거라. 그래서 한 몫의 삶을 버리고 계명대로 지켜 실행한 것이다. 이 예언이 2721년 후인 이 세대에 실상이 될 예언이었다. 혀로 "주여 주여" 한다고 구원을 받는 것이 절대 아니다. 그리고 습1:2~18절에도 이렇게 판결해 두셨다.

습1:2~18 ²여호와께서 가라사대 내가 지면에서 모든 것을 진멸하리라 ³내가 사람과 짐승을 진멸하고 공중의 새와 바다의 고기와 거치게 하는 것과 악인들을 아울러 진멸할 것이라 내가 사람을 지면에서 멸절하리라 나 여호와의 말이니라 ⁴내가 유다와 예루살렘 모든 거민 위에 손을 펴서 바알의 남아 있는 것을 그곳에서 멸절하며 그마림이란 이름과 및 그 제사장들을 아울러 멸절하며 ⁵무릇 지붕에서 하늘의 일월성신에게 경배하는 자와 경배하며 여호와께 맹세하면서 말감을 가리켜 맹세하는 자와 ⁶여호와를 배반하고 좇지 아니한 자와 여호와를 찾지도 아니하며 구하지도 아니한 자를 멸절하리라 ⁷주 여호와 앞에서 잠잠할찌어다 이는 여호와의 날이 가까왔으므로 여호와가 희생을 준비하고 그 청할 자를 구별하였음이

니라 [8]여호와의 희생의 날에 내가 방백들과 왕자들과 이방의 의복을 입은 자들을 벌할 것이며 [9]그날에 문턱을 뛰어 넘어서 강포와 궤휼로 자기 주인의 집에 채운 자들을 내가 벌하리라 [10]나 여호와가 말하노라 그날에 어문에서는 곡성이, 제이 구역에서는 부르짖는 소리가, 작은 산들에서는 무너지는 소리가 일어나리라 [11]막데스 거민들아 너희는 애곡하라 가나안 백성이 다 패망하고 은을 수운하는 자가 끊어졌음이니라 [12]그때에 내가 등불로 예루살렘에 두루 찾아 무릇 찌끼같이 가라앉아서 심중에 스스로 이르기를 여호와께서는 복도 내리지 아니하시며 화도 내리지 아니하시리라 하는 자를 벌하리니 [13]그들의 재물이 노략되며 그들의 집이 황무할 것이라 그들이 집을 건축하나 거기 거하지 못하며 포도원을 심으나 그 포도주를 마시지 못하리라 [14]여호와의 큰 날이 가깝도다 가깝고도 심히 빠르도다 여호와의 날의 소리로다 용사가 거기서 심히 애곡하는도다 [15]그날은 분노의 날이요 환난과 고통의 날이요 황무와 패괴의 날이요 캄캄하고 어두운 날이요 구름과 흑암의 날이요 [16]나팔을 불어 경고하며 견고한 성읍을 치며 높은 망대를 치는 날이로다 [17]내가 사람들에게 고난을 내려 소경같이 행하게 하리니 이는 **그들이 나 여호와께 범죄하였음이라** 또 그들의 피는 흘리워서 티끌같이 되며 그들의 살은 분토같이 될찌라 [18]그들의 은과 금이 **여호와의 분노의 날에** 능히 그들을 건지지 못할 것이며 이 온 **땅이 여호와의 질투의 불에 삼키우리니** 이는 여호와가 이 땅 모든 거민을 멸절하되 놀랍게 멸절할 것임이니라

이 예언은 전대미문의 새 언약으로 온전히 돌아서지 아니하는 모

든 자들, 곧 성경을 사용하여 종교생활을 하는 모든 자들이 다 이 예언에 해당한다. '멸절하다'란 '멸망하여 끊어짐 또는 멸망시켜 없애다'라는 뜻이다. 또 '진멸'이란 '죄다 멸망함, 모두 멸망시키다'라는 뜻이다. 이렇게 지면에 있는 모든 것을 멸망시키시는 이유는 창세 이래 지금 이 세대 2021년까지 하나님께서 참으셨기 때문이다. 문자 그대로 보면 노아 당시도 방주 안에 들어간 자들 외에 모두 멸망시켰고, 롯의 때는 소돔, 고모라에 남아 있는 사람들이 모두 멸망했다. 그런데 사실 이 기록은 지금 이 세대 여호와의 날에 이 온 세상에 있을 일을 예언하신 것이다. 창세 이래 6일을 정해 두시고 구약 4천 년의 역사와 신약시대 2천 년의 역사를 지나오면서 전 성경을 기록하신 목적이 **시102:18절**의 말씀을 지시하시고 계셨던 것이다.

이에 대해서 믿으라고 구약 4천 년 역사를 하나님의 아들 예수 그리스도께서 이 땅에 육체를 입고 보내시므로 창세 이래 모든 역사를 무효하고 새로 시작하게 하신 것이다. 그런데 성경은 구약과 신약을 하나로 묶어서 사용하게 하셨고, 전 성경이 지금 이때를 다 지시하셨다. 예수님 당시에 성경에 기록된 예언이 사실이 되어 땅에 다 이루어진 것이 아니었고, 예수 그리스도께서 공생애 기간에 하신 말씀도 당시 예수님께서 십자가에 죽으시고 삼 일 만에 부활하시고 승천하신 일 외에 이루어지지 않았다.

승천하실 때 땅에 남아서 승천하심을 본 그대로 다시 오신다고 하셨던 약속도 이루어지지 않았고, 특히 "나를 믿는 자는 죽어도 살겠고 무릇 살아서 나를 믿는 자는 영원히 죽지 아니하리니 이것을 네가 믿느냐"라고 하신 것과 "진실로 진실로 너희에게 이르노니 사람이 내 말을 지키면 죽음을 영원히 보지 아니하리라"라고 하셨고, "[47]진실로 진실로 너희에게 이르노니 믿는 자는 영생을 가졌나니 [48]내가 곧 생명의 떡이로라 [49]너희 조상들은 광야에서 만나를 먹었어도 죽었거니와 [50]이는 하늘로서 내려오는 떡이니 사람으로 하여금 먹고 죽지 아니하는 것이니라… [57]살아 계신 아버지께서 나를 보내시매 내가 아버지로 인하여 사는 것같이 나를 먹는 그 사람도 나로 인하여 살리라 [58]이것은 하늘로서 내려온 떡이니 조상들이 먹고도 죽은 그것과 같지 아니하여 이 떡을 먹는 자는 영원히 살리라"라고 하신 말씀도 이루어지지 않았다.

그리고 저 이스라엘 백성들이 애굽에서 출애굽 하여 광야에서 만나를 먹었고, 그 만나를 먹고도 다 죽었다는 말씀을 하신 것은 그 만나가 당신 자신에 대해서 비밀을 감추시고 주신 것임을 모르셨던 것이다. 또한 아담도, 모세도, 당신에 대한 예언이라는 사실을 모르셨던 것이다. 당신이 하신 말씀이 사실이 되어 이 땅에 그대로 이루어지는 때를 모르셨다.

때와 기한과 사람이 죽고 사는 모든 것은 다 하나님의 권한에 있다. 이는 예수 그리스도께서 육체를 입고 오셨음을, 하나님의 아들이었음을 너무 명백하게 증명해 주시는 것인데 지금까지 기독교인들은 '왜 이 모든 말씀들이 이루어지지 않는 것일까?'라는 의문도 갖지 않고, 영생도, 하나님의 나라도, 구원도 다 억지로 해석한 것이다. 거듭나지 아니한 영적인 상태의 사람이 성경을 보면 절대 알 수 없는 비밀이었는데, 그래서 절대 교만할 수 없는데 아무도 몰랐던 것이다. 사실 전부 혀로 말만 한 것이고, 그 말도 성경과 다른 거짓말이었다.

이는 하나님께서 정하신 때가 되어 하나님께서 가르쳐 주시지 않으면 아무것도 알 수 없는 비밀이었다. 이성이 있다면 성경을 보아라. 성경을 기록한 저자들도 다 하나님의 뜻을 모르고 기록한 것이 맞다. 그래서 성경이 모든 것을 죄 아래 가두어 둔 것이 진실로 사실이었고, 하나님의 정하신 때에 친히 가르쳐 주시되 반드시 당신이 정해 두신 사람을 사용하셔서 알게 하시고 대언하게 하신다는 것이다.

그때가 일곱째 날이며, 이날 또한 비밀이고, 이 비밀을 알 수 있는 열쇠도 이미 기록해 두신 말씀 속에 있었다. 따라서 이날이 되어야 하나님께서 "내가 거룩하니 너희도 거룩하라"라고 하신 말씀이 사실이 되고, 거룩해지는 길도 이미 다 기록해 두셨던 것이다. 그래서 예언이었으며, 이 예언은 정하신 때가 되어 친히 가르쳐 주신 것이 바로 전대미문의 새 언약인 영원한 언약이다.

이 언약은 **히브리서 8장**에 명백하게 기록하시기를 8~11절에 문자 그대로도 저 황금돔이 있는 이스라엘이 아니고, 더더욱 예수 그리스도께서 이 땅에 계실 때 새 언약이 아니었다는 사실을 이미 예언해 두셨다. 그러니 누가 "왜 지금 전 세계에서 너희들만, 은혜로교회 성도들만 옳다고 하나? 왜 신옥주 목사만 옳다고 하나?" 하고 묻거든 반드시 **히브리서 8장**을 가지고 증명하거라.

히8:8~11 [8]저희를 허물하여 일렀으되 주께서 가라사대 볼찌어다 날이 이르리니 내가 이스라엘 집과 유다 집으로 새 언약을 세우리라 [9]또 주께서 가라사대 내가 저희 열조들의 손을 잡고 애굽 땅에서 인도하여 내던 날에 저희와 세운 언약과 같지 아니하도다 저희는 내 언약 안에 머물러 있지 아니하므로 내가 저희를 돌아보지 아니하였노라 ¹⁰또 주께서 가라사대 그날 후에 내가 이스라엘 집으로 세울 언약이 이것이니 내 법을 저희 생각에 두고 저희 마음에 이것을 기록하리라 나는 저희에게 하나님이 되고 저희는 내게 백성이 되리라 ¹¹또 각각 자기 나라 사람과 각각 자기 형제를 가르쳐 이르기를 주를 알라 하지 아니할 것은 저희가 작은 자로부터 큰 자까지 다 나를 앎이니라

따라서 '새 언약'은 다시 택하신 이스라엘, 곧 예수 그리스도를 믿는 자들 중에 구약부터는 6일이 지나고, 신약시대부터는 삼 일이 되어야 전 성경에 기록된 예언이 사실이 되어 온전히 이루어지는 것이다. 따라서 새 언약은 아무도, 그 누구도 알 수 없었던, 말 그대로 새 언약이다. 또 아무에게나가 아닌 이스라엘 집과 유다 집으로 세우시는 것인데 이 또한 비밀이었다. 이미 만세 전에 그리스도와 함께 왕 노릇 할 하나님의 아들들과 백성들인 이스라엘 집, 곧 하나님의 권속, 가족, 가속, 집안으로 이미 정해 두신 대로 하나님께서 정하신 때에 미리 정해 두신 사람들을 보내셨고, 이에 대해서도 이미 창세기부터 계시록까지 다 예언해 두셨다.

저 황금돔이 있는 이스라엘, 온 세상 사람들이 다 아는 유대인들이 아니었고, 반드시 2천 년 전에 이 땅에 오신 예수 그리스도를 믿는 자들 중에 다시 택하신 사람들을 두고 이스라엘 집과 유다 집이라고 하신 것이다. 또 예수 그리스도의 이름이 전 세계에 다 퍼져서 예수 그리스도와

하나님을 다 안다고 사람들이 생각하는 지금 이 세대에 진실로 예수 그리스도를 믿는 자, 곧 예수 그리스도께서 하신 말씀을 그대로 지켜 실행하는 자들의 생각과 마음에 기록하신다는 것은 사람이 하나님께서 영원히 거하실 성전이 된다는 뜻이다.

이때가 되기 전에는 하나님과 상관이 없는 상태였고, 따라서 하나님께 아무리 기도해도 들어주시지 않았다. 혀로 "주여 주여" 해도 하나님의 일을 한 것이 아니다. 그러므로 모든 것, 곧 모든 사람이 지금 이때 2021년이 되기 전에는, 예수 그리스도께서 예언하신 말씀인 진리의 성령이 실상이 되어 하나님의 가르치심을 대언하기 전에는, 성경을 사용하는 모든 사람들이 다 죄 아래 가두어져 있었던 것이다. 이때를 두고 **갈 3:23절**에 믿음이 올 때까지라고 하셨고, 이미 2008년 6월 16일에 시작이 된 것이다.

이렇게 전대미문의 새 언약을 받고 생각과 마음에 할례를 받은 자, 곧 물과 성령으로 거듭난 자, 다시 창조된 자를 두고 **히8:12절**에 "내가 저희 불의를 긍휼히 여기고 저희 죄를 다시 기억하지 아니하리라 하셨느니라"라고 하셨던 것이다. 이미 14년째 이 일이, 이 말씀이 사실이 되어 그대로 이루어지고 있다. 진리는 이러한데 이런 진리를 안 믿고 가르치는 귀신들이 예수님이 이미 사람들의 죄를 다 지시고 죽으셨고, 그 예수를 입으로 믿는다고 시인하고 교회 다니면 이미 구원받았다고 그대로 믿으라고 가르쳤으니 인간의 원욕이 그대로 있는 상태에 예수 이름으로 성경과 다른 거짓말을 입으로 설교하여 교인들을 더 더럽게 만든 것이다. 그래서 '더러운 귀신'이라고 한다.

이렇게 성경을 가지고 성경과 다른 거짓말을 가르치고 믿은 결과는 치명적이었다. 일생 헛되고 헛되며 헛된 삶을 살게 할 뿐 아니라, 육체가 죽어서 영원히 꺼지지 않고 타는 지옥 불구덩이에 들어가 살게 한 것이다. 이들은 전 성경을 살아 계신 하나님의 말씀으로 단 한 절도 믿지 않는 자들이다.

이렇게 2008년, 현재 2021년까지 이어져 올 것을 **전도서 12장**에 기록해 두셨던 것이다. **8절**에 "전도자가 가로되 헛되고 헛되도다 모든 것이 헛되도다"라고 한 이 한 절의 뜻 속에 하나님의 가르치심, 진리의 성령의 대언하는 14년째 이 말씀이 세상에 드러나기 전까지 온 세상에 성경을 사용하고 신앙생활을 하는 모든 것, 곧 모든 사람들이 감추어져 있었고, 또한 다른 종교인들, 무신론자들, 곧 땅에 있는 모든 것은 다 헛되고 헛되다고 하신 것이다. 그래서 처음부터 말했다. 전도서를 깨달아야 한다고 했고, 욥기를 지나야 한다고 했던 것이다.

참 과부의 송사가
실상이 될 때 일어날 일들

갇힌 자의 탄식

진실로 2008년 6월 16일부터 이 모든 헛된 것, 헛된 삶에서 영원한 삶을 얻는 영원한 언약을 시작한 것이다. 이는 이미 구약성경에다 예언되어 있었고, 전 성경을 기록한 목적 속에 예언해 두셨다. 시 102:12~22절이다.

"¹²여호와여 주는 영원히 계시고 주의 기념 명칭은 대대에 이르리이다 ¹³주께서 일어나사 시온을 긍휼히 여기시리니 지금은 그를 긍휼히 여기실 때라(지금이 2008년 6월 16일부터 하나님께서 일어나셔서 실상이 되어 우리를 긍휼히 여기시고, 이 예언이 땅에서 사실이 되어 이루어진 것이다.) 정한 기한이 옴이니이다(때와 기한은 하나님께서 정하신 것이고, 이 정한 기한은 용들이 일하는 시기가 끝나는 때이며, 반대로 이제부터 하나님의 자녀들이 일어나서 일하는 정한 때다. 그래서 하나님께서 쉬신다고 하신 것이다. 하나님께서 영원히 거하실 처소, 곧 성전 된 사람인 호2:19~20절의 실상인 내가 나타난 것은 하나님께서 정하신 기한이 되었다는 징조요, 표적이며, 이적이다.

따라서 반드시 이때가 되어야 영원히 살아 계시는 하나님이심을 보고 듣고 믿게 되는 것이고, 사람이 육체도 죽지 아니하고 영원히 영생하고, 이들이 있는 곳이 바로 하나님 나라가 땅에 이루어진 것이다. 이때를 두고 "하나님의 성령을 힘입어 귀신을 쫓아내는 것이면 하나님의 나라가 이미 너희에게 임하였느니라"라고 하신 것이다. 이렇게 실상이 되어 귀신을 영원히 쫓아내는 때가 바로 전대미문의 새 언약을 하는 지금 이때이며, 정한 기한이 된 것이다.)

¹⁴주의 종들이 시온의 돌들을 즐거워하며 그 티끌도 연휼히 여기나이다('연휼히 여기다'란 동정심을 가지고 대하고 불쌍히 여기고 애석해하다, 불쌍히 여기고 호의를 베풀다라는 뜻이다. 진실로 이러했고 이러할 것이다. 티끌도 연휼히 여기니까 귀신들은 이를 이용하더라. 혀로 말만 하는 자들은, 곧 귀신은 절대 자신을 안 본다. 얼마나 악독한지 이들은 진실로 자신을 안 보고 교만하고 거만하더라. 티끌은 왜 떨어 버리라고 했는지 진실로 사실이었다. 절대 짐승이 인간 될 수가 없더라.)

¹⁵이에 열방이 여호와의 이름을 경외하며 세계 열왕이 주의 영광을 경외하리니 ¹⁶대저 여호와께서 시온을 건설하시고 그 영광 중에 나타나

셨음이라(14년째 이 예언대로 이미 이루어지고 있는 실상이다. 성경대로 예언을 폐하는 것은 기록된 예언이 실상이 되므로 폐하는 것이다. 이 예언은 예수 그리스도께서 이 땅에 오시기 전 BC 1000~400년경에 기록된 것이다. 당시는 저 이스라엘 유대인들만 선민이었을 때, 이미 열방, 곧 온 세상 나라, 세상 모든 민족, 이방 나라, 전 세계 열왕이 하나님을 경외하며 돌아올 것과 하나님께서 다시 택하신 예루살렘, 곧 시온을 건설하실 것을 예언하신 것이다.

이는 **히브리서 8장**의 말씀이 온전히 땅에 이루어지는 14년째 이 일에 대한 예언이다. 이미 하나님의 계명을 지켜 실행하는 하나님의 아들들, 백성들을 사용하셔서 시온을 건설하시고 계신다. 이 예언은 예수님 당시에 사실이 되는 예언이 절대 아니다. 이미 전 세계 구석구석에 하나님과 예수님에 대해서 다 알고 있는 때가 되었을 때, 전대미문의 새 언약으로 영원한 언약을 하여 유다 집과 이스라엘 집으로 생각과 마음에 할례를 받아 계명대로 지켜 실행하는 영생을 이미 얻은 성도들이 시온을 건설하는 것이다. 그러니 절대 예수님이 사역하실 당시가 아니다. 그리고 하나님께서 친히 가르치시는 **요6:45절**의 말씀이 실상이 되는 때를 지시하신 말씀이 바로 **16절**이다. 이때에 대해서도 전 성경에 이미 예언해 두셨다. 그리고 이미 14년째 실행이 되고 있다.)

[17]여호와께서 빈궁한 자의 기도를 돌아보시며 저희 기도를 멸시치 아니하셨도다 [18]이 일이 장래 세대를 위하여 기록되리니 창조함을 받을 백성이 여호와를 찬송하리로다 [19]여호와께서 그 높은 성소에서 하감하시며 하늘에서 땅을 감찰하셨으니 [20]이는 갇힌 자의 탄식을 들으시며(명

백하게 다른 세대가 아닌 2018년 7월 24일에 실상으로 나와 성도들에게 이루어진 이 일이 이 예언의 주인공들이 우리라는 확실한 증거다. 거듭나지 않은 자식들을 두고 갇힌 나의 탄식을 롬8:26~27절에 이렇게 예언해 두셨고, 이미 이루어지고 있는 실상이다.

> **롬8:26~27** ²⁶이와 같이 성령도 우리 연약함을 도우시나니 우리가 마땅히 빌 바를 알지 못하나 **오직 성령이 말할 수 없는 탄식으로 우리를 위하여 친히 간구하시느니라** ²⁷마음을 감찰하시는 이가 **성령의 생각을 아시나니 이는 성령이 하나님의 뜻대로 성도를 위하여 간구하심이니라**

성령이 상상하는 무형의 존재가 분명히 아니다. 이 본문의 '우리'는 은혜로교회 성도들이다. 기도에 대해서 이미 중층의 소리로 전에 한 몫의 삶에서 각자 자신들이 원하는 대로 기도하는 것이 기도가 아님을 알고 있었고, 말씀이 기도인데 그래서 말씀과 기도로 거룩해지는데 갑자기 감옥에 갇혔으니 "우리, 곧 성도들이 빌 바를 알지 못하나"라고 하신 것이다.

또한 너희 모두 아무도 거듭나지 않은 영적인 상태에 있었으니 '연약한 상태'를 감옥에 갇혔어도 도운다는 뜻이다. 그래서 진실로 울었던 눈물을 말로 다 할 수 없었다. 이를 두고 "오직 성령이 말할 수 없는 탄식으로 우리를 위하여 친히 간구하시느니라"라고 하신 것이다. 얼마나 정확하게 우리에 대한 예언이냐?

또 성령이 상상이 아닌 증거가 성령이 '생각이 있다'는 것이다. 상상하는 성령이면 이를 어떻게 설명할 것이냐? 생각은 오직 인간에게 하나님께서 주신 것이다. '생각'이란 머리를 써서 궁리함, 가늠하여 헤아리거나 판단함, 마음에 쏠림, 분별, 무엇을 이루거나 하려고 하는 마음먹음, 어떤 사물에 대해 가지는 견해, 지난 일을 돌이켜 봄, 떠올려 봄, 앞날의 일을 머리 속에 그려 봄, 그리거나 그리워하는 마음, 아끼거나 염려하는 마음, 마음을 써 줌, 헤아려 주는 마음, 그렇게 여김이라는 많은 뜻이다.

상상하고 추상적인 '성령'이 절대 아님이 너무 명백하게 **롬8: 26~27절**의 말씀이 실상이 되었다. **시102:20절**에 '갇힌 자의 탄식'이 바로 내가 거듭나지 않은 성도들을 두고 감옥에 갇혔으니 너희는 어떻게 기도해야 할지도 모르고, 원수들은 수십 명이 낙토도, 과천도 와서 짓밟고, 방송, 인터넷, 신문에서 창수를 쏟아 내지~ 연약한 상태에 있는 너희들을 두고 얼마나 탄식했는지 어찌 말로 다 하나~ 3년이 넘게 이러고 탄식하고 있다.

또 성령의 생각은 하나님의 뜻을 잘 알므로 하나님의 뜻대로 간구하니까, 하나님께서 성령의 생각을 아시는 것이다. 하나님의 뜻은 예수 그리스도께서도 알지 못하셨고, 당연히 그래서 열매가 없었다. 하나님의 뜻을 행하는 자는 영원히 거하는데 창세 이래 누가 하나님의 뜻을 알았느냐?

아무도 몰랐다는 증거가 하나님께서 창조하신 땅에 영원히 거하는 자가 아무도 없었다는 것이 증거다. 하나님의 뜻은 반드시 하나님께서 아신다. 그런데 성령은 어떻게 알까? 그래서 진리의 성령을 여러 부분, 여러 모양으로 예언해 두셨던 것이다. **호2:19~20절**의 말씀이 실상이 되어 하나님께서는 스스로 진술치 아니하시고, 진리의 성령이 대언하여 하나님의 뜻을 밝히 드러내시고 지켜 실행하여, 믿음을 보여서 하나님의 자녀들로 하여금 언약하여 계명을 지키지 못하고 살던 것을 지킬 수 있도록 돕는 것이다. 그래서 '또 다른 보혜사'라고 하신 것이다. 그러니 성령은 하나님의 뜻대로 성도를 위하여 말할 수 없는 탄식으로 간구하는 것이다.

진실로 이 예언은 2008년 6월 16일부터도 탄식하고 간구했지만, 2018년 7월 24일에 갑자기 감옥에 갇히고 더 이 본문이 사실이 되어 현재도 실행되고 있는 실상이다. 이렇게 예언이 실상이 되어 폐하여졌고, 성령에 대해서 여러분들이 상상하고 추상적으로 잘못 알고 있었던 지식도 폐하고 있다. 알아듣느냐?

다시 **시102:20절**로 가서, '갇힌 자'에 대해 더 증명한다. **시편 79장**은 '아삽의 시'라고 한다. 이는 '모으는 자'라는 뜻으로 당시가 아니라 전우주적인 일곱째 날, 인자의 날, 영적인 추수 때인 지금 이때를 예언해둔 것이다. 곧 하나님께서 전대미문의 새 언약으로 흩어져 있던 하나님의 백성들, 영원한 가족, 가속, 권속들을 모으실 2008년 이 세대에 실상이 될 것을 어둠 속에도 천국의 비밀을 감추어 두셨고, 나와 성도가 갇힐 것도 이미 예언해 두셨으며, **시편 102장**의 갇힌 자가 바로 모으는 자인 나에 대한 예언이라는 뜻이다.

그래서 이 아삽은 다윗과 솔로몬 시대의 찬양 봉사자요, 합창단의 악장이다. 또한 그는 언약궤 앞에서 제금을 치는 자로서 시편 열 편을 썼다. 이는 사람들이 본능적으로 아는 찬양대 대장이 아니라, 하나님의 말씀을 전하는 선견자였다.

대하29:30 히스기야왕이 귀인들로 더불어 레위 사람을 명하여 다윗과 선견자 아삽의 시로 **여호와를 찬송하게 하매 저희가 즐거움으로 찬송하고 몸을 굽혀 경배하니라**

곧 시편의 예언이 사실이 되어 이루어진 것이 여호와 하나님께 새 언약으로 영광을 돌리는 것을 뜻한다. 선견자는 다른 말로 '선지자'라고 한다. 앞에 다가올 일을 미리 아는 자로 하나님께서 다가올 일을 미리 알게 하는 자, 눈 역할을 하는 자를 선견자라고 한다. 아삽은 3418년 후에 실상이 될 일을 미리 예언하여 시편에 기록되었으니 선견자가 명백하며, 다윗의 후손으로 오실 예수 그리스도를 믿는 자, 곧 장래 일을 모든 진리 가운데로 인도하는 자의 모형이요 그림자임을 두고 "다윗의 선견자 아삽의 시로"라고 하신 것이고, 선지자는 하나님의 뜻을 하나님의 백성들에게 선포하여 전하는 자다. 오늘날에는 이런 단어를 안 쓰지만, 이는 결국 행3:19~26절의 예언이 땅에 그대로 성취되는 지금 이때를 지시하신 것이다.

구약 당시 선견자는 하나님의 뜻을 백성에게 전파하고 가르치며 왕에게 하나님의 말씀을 직언하고, 지도자를 세워 기름을 부으며, 왕의 행적을 족보에 기록하는 일을 하였다. 그래서 전 성경 기록 목적이 지금 2021년 이 세대를 위해서 기록되었음을 계속 증명하는 것이다. 따라서 온 세상 사람들이 이 진리로 돌아오지 아니하면 절대 안 된다. 구원과 하나님의 나라와 아무 관계가 없다.

혀로 "오직 예수" 한다고 구원받는 것이 절대 아니다. 새 언약으로 반드시 다시 창조되어야 한다는 뜻이다. 전 성경이 지금 이 세대에 온전히 실상이 되는 것이다. 모두 정신을 차리고 하나님의 가르치심을 받거라.

이런 영적인 눈으로 **시79:1~13절**을 받거라.

"**1**하나님이여 열방이 주의 기업에 들어와서 주의 성전을 더럽히고 예루살렘으로 돌 무더기가 되게 하였나이다 **2**저희가 주의 종들의 시체를 공중의 새에게 밥으로 주며(이는 절대 구약 당시에 실상이 되는 예언이 아님이 보이느냐? '열방'은 온 세상 모든 나라, 모든 민족을 말한다. 곧 하나님의 이름, 예수 이름이 전 세계에 퍼져 있는 지금 이때를 예언하신 것이다. 예수님이 사역하실 때도 아니다. 당시는 저 유대인들만 하나님을 섬기는 때였으니까 아니다. 제자들, 곧 사도들에 의해 오늘에 이어지는 지금 이 세대를 지시하신 것이 확실하다.

주의 종들의 시체는 영적으로 말하면 **계3:1절**에 살았다 하는 예수 이름을 가졌으나 영적으로 죽은 자를 뜻한다. 지금 전 세계 성경을 사용하는 모든 교회 지도자들이 다 영적으로 죽은 자같이 되어 있는 것은 '공중의 새, 곧 마귀'의 밥이 되어 성경을 가지고 성경과 다른 거짓말을 가르치는 것을 두고 이렇게 예언한 것이다. 진실로 사실이었다. 온 세상이 이렇게 되어 있다. 그래서 '애굽, 라합, 악어, 옛 뱀, 사단, 마귀, 용'이라고 하며, 온 세상이 악한 자 아래 있다고 하신 것이다. 이는 관원이 악하면 그 하인, 곧 모든 교인들도 악하다고 하신 예언과 뜻이 같다. 이를 두

고 아삽을 사용하셔서 이렇게 예언해 두신 것이다. 그래서 이렇게 말씀
하신다.)

　주의 성도들의 육체를 땅 짐승에게 주며('용'에게 권세를 받은 짐
승, 곧 성경을 가지고 하나님의 뜻은 단 한 절도 모르면서 용처럼 되고
싶어서 목사 안수를 받고 용 아래 부목사, 강도사, 전도사가 되어 있다
가 교회를 세워 지교회를 하는 목사들을 존귀에 처하나 깨닫지 못하는
멸망하는 짐승에 비유하셨고, 이런 짐승 같은 자들이 성경을 가지고 성
경과 다른 거짓말로 설교하는 것을 믿고 신앙생활 한 결과가 얼마나 치
명적인 것인지 14년째 보았다. 바로 이 말씀대로 땅에 속하여 땅에 속한
말로 설교하는 짐승의 밥이 된 교인들을 이렇게 예언해 두신 것이다.

　이 사실을 전 세계 교인들이 알면 어찌 될까? 자신들이 일생 하나
님께서 말씀하시는 공중의 새인 사단, 마귀, 용, 옛 뱀, 큰 악어의 밥이 된
짐승에게 또 밥이 된 줄 알면 어떠할까? 이렇게 되어 있는 영적인 상태
를 두고 '짐승표'라고 한다. 일생 이런 짐승 같은 자들의 원욕, 곧 정욕을
채워 주는 교회생활인 줄 알면 어떤 반응을 할까?

　목사, 목사 사모였다고 자랑하고, 교만하고 거만한 자칭 목사, 사모
들아, 너희가 그래서 이 말씀 앞에도 그렇게 오랜 세월 흉악하고 미친
언행을 한다. 두 순덕이를 보아라. 어디서 안수받은지도 모르는 말순, 최
영자, 수옥, 교만 거만한 재성, 재동 등등을 보아라. 너희들에 대한 예언
이었다. 이 소경들아~ 어디서 교만을 떨고, 어디서 귀신 노릇을 하나?
이 천하에 악한 자들아~ 너희가 사람이냐?

　자칭 모태 신앙인 자들을 보아라. 얼마나 미쳤는지~ 창환이 모 영

주, 너 영원히 방송부에서 뺀다. 네가 얼마나 음흉하고 더러운지 네 열매를 보아라. 기다려 주니까 네 분수를 모르는구나. 얼마나 더 더러운 것이 드러나야 귀신 노릇 안 할래? 병준이를 보고도 정신 못 차리는 네가 짐승이다. 메뚜기도 진실로 짐이라고 14년째 말을 해도 안 믿는 악독한 자들이 자칭 목사들, 사모들, 강도사들, 전도사들이다. **2절**에 해당하는 자들인 줄 몰라서 금이야 옥이야 한 줄 아느냐? 너희 다 티끌이냐? 짐승이냐? 짐승이라도 사람이 되었을 시간 동안 끊임없이 더럽고 게으르고 짐승임을 자랑하는구나~ 함 족속 피부를 보아라, 자칭 모태 신앙인 자들아~ 전부 말쟁이들, 말은 청산유수다.)

³그들의 피를 예루살렘 사면에 물같이 흘렸으며 그들을 매장하는 자가 없었나이다 ⁴우리는 우리 이웃에게 비방거리가 되며 우리를 에운 자에게 조소와 조롱거리가 되었나이다(이 '우리'가 누구냐? 대답해라. 우리가 누구냐? 이혜경 성도는 알고 있더라. 이 '우리'가 누구냐? 왜 내가 온 세상에 비방거리, 조소, 조롱거리가 되어 있을까? '비방'이란 남을 나쁘게 말하고 헐뜯고 욕하다라는 뜻이고, '조소'란 비웃음을 뜻하며, '조롱거리'란 얏보거나 비웃으며 놀리는 것을 뜻한다.

이 일이 어떤 일인데 병준, 성경, 영주 너희부터 이 말씀을 받으며 무슨 죄를 지었는지 아느냐? 오죽하면 100년이 지나도 너는 모른다고 했을까? 타작을 할 가치도 없어서 한 말에 얼마나 많은 아픔, 슬픔을 담았는지 너희들은 모른다. 왜 낙토를 함 족속 땅에 예비해 두셨는지, 그토록 말해도 혀로 말만 하면 되는 줄 아는 자들이 너희들이다.

유미, 너는 네 분수를 진짜 모르는구나. 이 더러운 귀신아~ 너희 한 몫의 삶이 왜 그랬는지, 우리 안에 태어난 성도들을 보고도 깨닫지 못하는 이 더러운 귀신들아, 왜 우리가 우리 이웃들에게 비방거리, 조소와 조롱거리가 된 줄 반드시 대답해라. 왜 타작마당을 할 수밖에 없었는지 너희는 죽었다가 다시 살아나도 모르는 양심에 화인 맞은 자들이구나. 어디서, 그곳이 어딘데 이럴 수가 있으며, 너희들한테 나는 무엇이냐?

인간의 도리로도 이럴 수는 없다. 지금이 어느 때인데 이렇게 끊임없이 더러운 것을 나타내나? 짐승은 짐승일 뿐이구나~ 낙토에서 이러니 과천은 더 말할 것도 없어서, 부끄러워서 얼굴을 들 수가 없다. 과천도 공동체에서 내보내라는 자들 내보내라. 버림을 받아 보아야지 분수를 안다. 안 지키면 태욱 성도, 문자부터 징계한다. 지켜라. 더 이상 비방거리, 조소, 조롱거리로 만드는 이런 귀신들을 봐주지 않는다. 반드시 지켜라. 더 이상 하나님께 기다려 달라고 할 수 없다.)

⁵여호와여 어느 때까지니이까 영원히 노하시리이까 주의 진노가 불붙듯 하시리이까(이미 이 예언이 사실이 되어 온 땅에 일어나고 있다. 물로, 불로 산 채로 죽이고 있어도 이런 미친 귀신들이~ 절대 성도라 부르지 마라.)

⁶주를 알지 아니하는 열방과('주'는 오직 하나님 한 분뿐이다. 그래서 중층의 소리도 반드시 한 번 육체가 죽어야 한다. 지금 전 세계에 혀로 "주여 주여" 하는 자들의 상태가 14년째 우리 안에서 다 일어나고 있다. 온 세상의 축소판이다. 이렇게 보응이 무섭다는 것을 14년째 눈으로 보고, 귀로 듣고, 경험하고 있어도, 더러운 귀신들은 상상에서 깨지 않는다. 하나님을 알지 아니하는 열방과 성경을 사용하고 있는 모든 종교인

들이 다 이러하다. 왜 예수 그리스도께서 이 땅에 오시기 전에, 아무 죄도 짓기 전에, 이미 원수들에 의해 당시 가장 잔인하게 사형당하실 것을 미리 예언하시고, 예언 그대로 오셔서 실상이 되셨는지 뼈저리게 뼈저리게 14년째 우리 안에서, 너희 안에서 다 보게 하신다. 이렇게 하실 수밖에 없으신 하나님의 마음이 이해가 된다는 뜻이다.

또한 왜 내가 이 땅에 태어나기 전에 BC 1000~400년에 이미 감옥에 갇히는 것과 이 안에서 이렇게 탄식할 것을 예언해 두셨는지, 너희들이 언제가 되어야 알까? 어느 성도의 편지를 보며 얼마나 울고 울었는지. 그는 자신을 보고 있었다. 저런 성도가 성도다. 이 귀신들아~ 이 흉악한 자들아~ 언제 저렇게 될래? 어떻게 자신을 안 보나? 귀신들은 절대 거울을 들고 자신을 안 보고 더러움을 안 버린다. 더러움을 영원히 씻는 샘이 이 말씀이다. 귀신이 주인인 자는 하나님을 알지 아니하는 열방이다.)

주의 이름을 부르지 아니하는 열국에 주의 노를 쏟으소서(이미 노를 쏟고 계신다, 이 귀신들아~ 너, 얼마나 사람이 죽어야 사람 될래? 이렇게 악독한 자들을 언제까지~)

[7]저희가 야곱을 삼키고(그래서 **아모스 6장**에 야곱의 영광을 싫어하며 그 궁궐들을 미워하시고 거기 가득한 것들을 대적들에게 붙이신다고 하신 것이다. 궁궐뿐만 아니라 큰 집인 큰 교회 궁궐도, 작은 집인 개척 교회도 다 이렇게 대적들에게 붙이신다. 한 집에 열 사람이 남는다 해도 다 죽을 것이라고 이미 판결해 두셨다. 이제 끝이다. 자신들이 스스로 택한 자녀라고 하면서 혀로 말만 하는 말쟁이들을 이제 더 이상 기다려 주

시지 않는다. 이는 용, 사단, 마귀가 야곱을 삼킨 결과로 인하여 하나님께 심판을 받아 영원히 끝나는 자들, 곧 지옥 불구덩이에 던짐 받는 자들이다.

그래서 목자, 곧 목사, 사제들, 성경을 가지고 가르치고 설교한 자들은 메뚜기에 비유하시고, 이런 메뚜기들이 짐이라는 사실을 14년째 뼈저리게 경험하고 있다. 네 가지 중한 벌을 내리면 노아, 욥, 다니엘 이 셋이 그곳에 있어도 그들은 자신의 의로 자신들만 구원받을 것이라고 하신 말씀이 진실로 사실이다. 진실로 진실로 사실이다. 정신 차리거라. 이제 시간이 없다.

이제 왜 포도나무가 모든 나무, 곧 모든 사람인 모든 것보다 나은 것이 무엇이냐고 하신 말씀을 이해해야 할 때가 왔다. 시간이 다 되었다. 우리 안에서 온 세상에 있는 모든 자들의 모형을 14년째 다 보았다. 짐승은 짐승이었다. 왜 함 족속 땅을 예비해 두셨는지 진리가 참이었다. 슬프고 아프지만 사실이었다. 이제 그 누구도 패역, 패악을 봐줄 수 없다. 이인규, 박형택을 봐줄지언정 그들보다 더 악한 자들을 봐주지 않는다.

지금 온 땅에 내린 재앙은 결국 우리 때문이다. 우리 안에서 이 재앙을 부른 것이며, 나에게 7년형을 내리게 하신 이유도 이제 너무 명백하게 우리 안에 귀신들 때문이다. 이미 이렇게 패역할 줄 다 아신 하나님이셨다.

계22:10~11 ¹⁰또 내게 말하되 이 책의 예언의 말씀을 인봉하지 말라 때가 가까우니라 ¹¹불의를 하는 자는 그대로 불의를 하고 더러운 자는 그

대로 더럽고 의로운 자는 그대로 의를 행하고 거룩한 자는 그대로 거룩되게 하라

이 예언이 사실이 되었다. 1931년 후에 이렇게 사실이 된 예언이었고, 이제 예언이 아니고 실상이다. 진리는 이렇게 사실이며, 실상이다. 대체육체를 통해서 자신을 보라고 해도 안 보고, 그들이 혀로 한 거짓말이 소송장에 기록되어 있어서 판결문도, 소송장도 모두 보라고 했는데 다 무시한 자들이다. 귀신들이다.

'불의한 자'는 눅18:6절에 "주께서 또 가라사대 불의한 재판관의 말한 것을 들으라"라고 하신 이 예언이 구약 4천 년, 신약 2천 년이 될 때까지 불의한 재판관들이 일하는 시기다. 교회가 이러한데 성경을 모르는 이 세상의 재판관들은 당연히 불의한 재판을 한다는 사실을 내가 감옥에 갇히고 경험했다. 방송에서 나오듯이 피의자가 말을 하고 하는 그런 재판은 이 세상에 권력, 명예, 돈이 있는 사람들이나 해당하는 것이다. 내가 직접 겪었다. 뻔히 거짓말을 하고, 우리는 증거를 그 자리에서 다 제시해도 단 하나도 보지도 듣지도 아니하고 재판하는 시늉만 했고, 변호사들도 다 마찬가지고 절대 정직하고 양심적인 자가 없다. 2년 내내 태욱 성도한테 말했다. 변호사들한테는 우리가 돈이니까 믿지 말고 네가 변호를 해야 한다고 했다.

하늘에서 보내신 아들도 몰랐던 귀신의 정체를 인정 안 하면 절대 하나님 나라에 들어갈 수 없다. 이렇게 사용되는 나도 하나님께서 이렇게 정해 두어서 이 땅에 보내셨기에 당신이 정하신 때에 정하신 은혜로

알게 하셔서 알았고, 믿게 하셔서 믿게 된 것이다. 온 세상이 악한 자 안에 처해져 있는 상태에 나를, 우리를 먼저 부르신 것뿐이다. 불의한 재판관은 오늘날 성경을 가지고 성경과 다른 거짓말로 설교하는 자들이며, 실제로는 이 세상 판사들이다. 이들이 땅에서 일하는 시기가 이제 6일로 끝난다. 이런 불의한 자는 그대로 불의하고, 더러운 자는 그대로 더럽다는 것도 진실로 사실이었다.

'더러운 귀신'이 누군지 14년째 다 보았다. 이들은 마귀에게 권세를 받아서 그 아래서, 하나님께 제사한 것이 아니라 마귀에게 제사한 자들이라 그 보응이 이렇게 무서운 것이다. 14년째 이 일은 **마태복음 13장, 막 4:1~34절, 눅8:4~15절**의 예언대로 씨를 뿌리는 실상이 되어 불의한 재판관 아래서 지옥 불의 자식들이 누구였는지 다 보았고, 거지 나사로가 누군지도 다 보았으며, 이제 순교자들이 누군지, 진실로 온전히 구원을 받아 육체도 죽지 아니하는 자들이 누군지도 우리 안에서 다 보고 있다.

"더러운 자도 그대로 더럽고"라고 하신 말씀이 얼마나 무서운지 14년째 보고 있다. 이제 더 이상 기다려 줄 수 없다. 먼지는 떨어 버릴 것이고, 네 혀로 함부로 지껄인 그대로 네가 다 받을 것이다. 아무도 누구도 하나님의 하시는 일을 막을 수 없다. 나도 할 수 있는 모든 것을 다 했다. 의인 중에 악인을 골라내시는 것은 내가 하는 일이 아니다. 너희들이 너무 많이 오랫동안 말씀을 안 믿고 조소하고 조롱했다.

자신의 정체를 드러내지 않으려고 성령과 교통하라고 하신 계명을 불순종하는 자들이 누군지도 하나님은 다 아시고 계신다. 이제 내가 할 수 있는 일은 없다. 그래서 사2:6~22절에 이미 판결해 두셨다. 전대미문의 새 언약으로 돌아오지 아니하는 자칭 천주교, 기독교인들, 자신들이 이미 택함을 입었다고 자긍하는 자들은 여호와의 날인 2021년 지금 이 세대에 이렇게 된다.

사2:6~22 [6]주께서 주의 백성 야곱 족속을 버리셨음은 그들에게 동방 풍속이 가득하며 그들이 블레셋 사람같이 술객이 되며 이방인으로 더불어 손을 잡아 언약하였음이라 [7]그 땅에는 은금이 가득하고 보화가 무한하며 그 땅에는 마필이 가득하고 병거가 무수하며 [8]그 땅에는 우상도 가득하므로 그들이 자기 손으로 짓고 자기 손가락으로 만든 것을 공경하여 [9]천한 자도 절하며 귀한 자도 굴복하오니 그들을 용서하지 마옵소서 [10]너희는 바위 틈에 들어가며 진토에 숨어 여호와의 위엄과 그 광대하심의 영광을 피하라 [11]그날에 눈이 높은 자가 낮아지며 교만한 자가 굴복되고 **여호와께서 홀로 높임을 받으시리라** [12]대저 만군의 여호와의 한 날이 모든 교만자와 거만자와 자고한 자에게 임하여 그들로 낮아지게 하고 [13]또 레바논의 높고 높은 모든 백향목과(사실 그래서 저 '레바논'이 현재 저리 되고 있다. 실제 중동의 레바논 말이다.) 바산의 모든 상수리나무와 [14]모든 높은 산과 모든 솟아오른 작은 산과 [15]모든 높은 망대와 견고한 성벽과 [16]다시스의 모든 배와 모든 아름다운 조각물에 임하리니 [17]그날에 자고한 자는 굴복되며 교만한 자는 낮아지고 **여호와께서 홀로 높임을 받으실 것이요** [18]우상들은 온전히 없어질 것이며 [19]사람들이 암혈과 토굴로 들어가서 **여호와께서 일어나사 땅을 진동시키시는 그의 위엄과 그 광대하심의 영광을 피할 것이라** [20]사람이 숭배하려고 만들었던 그은 우상과 금 우상을 그날에 두더쥐와 박쥐에게 던지고 ²¹암혈과 험악한 바위틈에 들어가서 여호와께서 일어나사 땅을 진동시키시는 그의 위엄과 그 광대하심의 영광을 피하리라 ²²너희는 인생을 의지하지 말라 그의 호흡은 코에 있나니 수에 칠 가치가 어디 있느뇨

이 예언대로 실상이 되고 있다. 야곱, 곧 주의 백성도 이제 버리신다. 혀로 "주여 주여" 하면서 하나님의 말씀으로 거듭나지 아니한 모든 자들이 다 자칭 야곱들이다. 이제 진실로 온 천하에 천명한다. 나를 통한 이 진리의 도, 살아 계신 하나님의 말씀으로 깨닫고 돌아서지 아니하는 모든 사람들은 이 예언대로 실상이 된다. 하나님의 이름, 예수 이름 사용하는 모든 우상들은 온전히 없어진다. 그래서 온 천하는 이제 잠잠해야 한다. 이제 온전한 것이 실상이 되어 14년째 하나님의 도를 선포하고 있고, 영원히 선포할 것이며, 반드시 전 성경에 기록된 말씀이 땅에 다 이루어진다. 이날이 바로 2021년 지금 이날이다.

이 '야곱'을 우상들이 지옥 불의 소리로 성경을 가지고 성경과 다른 거짓말로 가르쳐서 혀로 삼킨 것이다. 그래서 혀로 "주여 주여" 하는 열방과 열국에 하나님의 진노를 쏟으시는 것이다. 다시 **시79:7절**로 가자.

시79:7~13 ⁷저희가 야곱을 삼키고 그 거처를 황폐케 함이니이다 ⁸우리 열조의 죄악을 기억하여 우리에게 돌리지 마옵소서 우리가 심히 천하게 되었사오니 주의 긍휼하심으로 속히 우리를 영접하소서 ⁹우리 구원의 하나님이여 주의 이름의 영광을 위하여 우리를 도우시며 주의 이름

을 위하여 우리를 건지시며 우리 죄를 사하소서 ¹⁰어찌하여 열방으로 저희 하나님이 어디 있느냐 말하게 하리이까 주의 종들의 피 흘림 당한 보수를 우리 목전에 열방 중에 알리소서 ¹¹**갇힌 자의 탄식으로 주의 앞에 이르게 하시며 죽이기로 정한 자를 주의 크신 능력을 따라 보존하소서** ¹²주여 우리 이웃이 주를 훼방한 그 훼방을 저희 품에 칠 배나 갚으소서 ¹³그리하면 주의 백성 곧 주의 기르시는 양 된 우리는 영원히 주께 감사하며 주의 영예를 대대로 전하리이다

'갇힌 자의 탄식'이 나에 대한 예언이 명백하다. 이 일을 훼방한 자들은 이 기도, 곧 말씀대로 사실이 된다. 절대 다른 세대가 아니고, 이 세대 우리에 대한 예언이 맞다는 증거가 바로 내가 3년이 넘게 감옥에 갇힌 이 일이다.

또 '갇힌 자', 나에 대한 예언은 **시68:1~6절**이다.

시68:1~6 ¹하나님은 일어나사 원수를 흩으시며 주를 미워하는 자로 주의 앞에서 도망하게 하소서 ²연기가 몰려감같이 저희를 몰아내소서 불 앞에서 밀이 녹음같이 악인이 하나님 앞에서 망하게 하소서 ³의인은 기뻐하여 하나님 앞에서 뛰놀며 기뻐하고 즐거워할찌어다 ⁴하나님께 노래하며 그 이름을 찬양하라 타고 광야에 행하시던 자를 위하여 **대로를 수축하라** 그 이름은 여호와시니 그 앞에서 뛰놀찌어다 ⁵그 거룩한 처소에 계신 하나님은 고아의 아버지시며 과부의 재판장이시라 ⁶하나님은 고독한 자로 가속 중에 처하게 하시며 수금된 자를 이끌어 내사 형통케 하시

느니라 오직 거역하는 자의 거처는 메마른 땅이로다

    창세 이래 대로가 수축된 적이 없었다. 또한 대로, 곧 정로, 바른 길은 하나님께서 친히 가르치시는 **요6:45절**의 말씀이 실상이 될 때 수축되는 것이다. 그래서 "장래 일을 내게 물으라"라고 하셨고, 하나님께서는 친히 진술하시지 아니하므로 사람을 사용하셔서 대언하게 하시는 것이며, 이를 아들 예수 그리스도를 통해서, 전 성경을 기록한 저자 사람들을 사용하셔서 보여 주셨던 것이다.

대로를 수축하는 때가
바로 지금 이때다

    '대로, 바른 길, 정로'는 의인의 세대, 곧 오는 세상을 준비하는 일곱째 날이 되어 '온전한 것, 믿음, 진리의 성령'이 실상이 될 때, 좌로나 우로나 치우치지 아니하고 대로, 바른 길, 정로를 알 수 있는 것이므로 수축, 곧 허물어지거나 낡은 것을 보수하고 신축하는 것이다.

    그래서 **사58:1~14절**의 예언이 땅에서 이루어지는 때, 이루어지는 일, 14년째 이 일이 대로를 수축하는 증거다. 곧 **시편 68장**의 예언이 나와 우리에 대한 예언이라는 명백한 증거가 이미 대로를 수축하고 있고, 이렇게 대로를 수축할 때 좌편, 곧 왼편, 하층, 지하, 음부에 해당하는 자들과 우편, 오른편에 해당하는 자들이 다 죄 아래 있었으므로 이미 기득권 세력이 되어 대적하고 핍박하여 미워하는 것이다.

곧 악인들인 용, 사단, 마귀, 옛 뱀, 귀신들이 함께 공존하고 있었고, 악인들이 지배하는 세상이 끝나는 마지막 때에 히9:10절의 개혁을 하는 일이라, 반드시 원수들의 핍박이 따른다. 그래서 의인과 악인이 나누어지는 때로 정해 두신 일곱째 날이 되어야 반드시 대로가 수축이 된다.

또한 이 대로는 **잠15:19절**에 "게으른 자의 길은 가시울타리 같으나 정직한 자의 길은 대로니라"라고 하신 대로 이때가 되어야 진실로 의인이 되는 것이다. 곧 **잠16:17절** "악을 떠나는 것은 정직한 사람의 대로니 그 길을 지키는 자는 자기의 영혼을 보전하느니라"라고 하신 것이다. 또 영혼이 보전된다는 것은 육체가 죽지 아니하는 온전한 영생을 비밀로 감추시고 하신 말씀이다. 그래서 천국은 비밀이다. 그리고 절대 귀신이 주인인 자, 곧 거짓말하고 속이는 자에게 대로를 알게 하지 않으신다. 귀신의 특징이 게으르고 거짓말하며 속이는 것이다. 일만 악의 뿌리인 돈이 그들에게 하나님이 되어 있다. 오죽하면 돈과 하나님은 겸하여 섬기지 못한다고 말씀해 주셨을까? 악인의 특징이 하나님의 말씀을 가지고 돈으로 다 바꾼다.

영적인 눈이 열리고 나면 누가 미혹하는 사람인지 주보만 보아도, 한 설교만 들어 보아도 다 분별이 된다. 우리에게서 나간 자들 중에 드러난 악인이 허경영이한테 잡힌 이유가 바로 돈 때문이다. 그 사람은 돈, 명예, 권력을 좇는 사람임을 누구든 다 분별하는데 악인은 악인의 말이 옳다고 하여 잡히는 것이다. 그래서 악인을 심판하시는 도구로 그보다 더한 악인을 사용하신다.

현재 아프간 사태는 온 세상에 경고다. 혀로 "주여 주여" 하며 하나님의 뜻과는 아무 상관이 없이 자신들의 원욕을 좇는 자들을 징벌하시는 인생 채찍으로 더 악하고 잔인한 자들을 사용하시는 데 예비된 자들이 탈레반 같은 자들, 북한 김정은 같은 자들이다. 그들의 말은 시작부터 끝까지 거짓말이다. 절대 믿으면 안 된다. 미얀마를 보아라.

사11:10~16절에도 '대로'에 대해서 예언해 두셨다.

사11:10~16 [10]그날에 이새의 뿌리에서 한 싹이 나서 만민의 기호로 설 것이요 열방이 그에게로 돌아오리니 그 거한 곳이 영화로우리라 [11]그날에 주께서 다시 손을 펴사 그 남은 백성을 앗수르와 애굽과 바드로스와 구스와 엘람과 시날과 하맛과 바다 섬들에서 돌아오게 하실 것이라 [12]여호와께서 열방을 향하여 기호를 세우시고 이스라엘의 쫓긴 자를 모으시며 땅 사방에서 유다의 이산한 자를 모으시리니 [13]에브라임의 투기는 없어지고 유다를 괴롭게 하던 자는 끊어지며 에브라임은 유다를 투기하지 아니하며 유다는 에브라임을 괴롭게 하지 아니할 것이요 [14]그들이 서으로 블레셋 사람의 어깨에 날아 앉고 함께 동방 백성을 노략하며 에돔과 모압에 손을 대며 암몬 자손을 자기에게 복종시키리라 [15]여호와께서 애굽 해고를 말리우시고 손을 유브라데 하수 위에 흔들어 뜨거운 바람을 일으켜서 그 하수를 쳐서 일곱 갈래로 나눠 신 신고 건너가게 하실 것이라 [16]그의 남아 있는 백성을 위하여 앗수르에서부터 돌아오는 대로가 있게 하시되 이스라엘이 애굽 땅에서 나오던 날과 같게 하시리라 그래서 온 세상, 곧 영적으로 말하면 애굽에서 하나님께서 약속하신 땅으로 돌아오는 이 일은 애굽에, 곧 구약 당시 애굽은 현재 '이집트'이지만, 지금은 온 세상에 10가지 재앙이 내리는 것이다. 애굽에 내린 10가지 재앙은 그때로 끝난 일이 아니다. 일곱째 날에 온전히 실상이 되는 것이다. 이때 '대로'를 수축할 자는 반드시 이새의 아들 다윗의 자손으로 이 땅에 오신 예수 그리스도를 만민의 기호로 세우시고, 온 세상 나라가 예수 이름을 다 알고 있는 이때에 예수 그리스도께서 예언하신 대로 또 다른 보혜사인 진리의 성령이 실상이 되어 예수 그리스도에 대해서, 성부 하나님에 대해서 모든 진리 가운데로 인도하여 **히브리서 8장**의 예언대로 다시 손을 펴서 하나님께서 전대미문의 새 언약으로 돌아오게 하신다는 뜻을 담고 말씀하신 것이다.

그리고 이때는 반드시 저 유대인들, 곧 이스라엘이 구약 당시 애굽에서 출애굽 하여 하나님께서 약속하신 땅에 이사를 하고, 하나님의 계명대로 보고 듣고 믿고 지켜 실행할 것을 뜻하며, 이때 애굽, 곧 온 세상에는 10가지 재앙이 내릴 것을 "이스라엘이 애굽 땅에서 나오던 날과 같이 하시리라"라고 예언하신 것이고, 이 예언은 이미 2008년 6월 16일부터 현재 이루어지고 있는 실상이다.

따라서 이렇게 하나님의 뜻을 좇아 실행하지 아니하는 자들은 다 가짜다. 혀로 말만 하는 자들은 절대 하나님 나라와 관계가 없다. 이런 하나님의 일을 "감금이니, 특수감금이니~ 폭행이니~ 특수폭행이니~"하여 이 대로를 훼방했으니, 구약 당시 애굽에서 출애굽 하는 이스라엘 백성을 종살이하던 데서 자유하게 하시는 하나님의 일을 막았던 애굽 왕 바로와 그 군대들에게 하나님께서 재앙을 내려 그 군대를 홍해에서 다 죽였고, 애굽에는 마지막 재앙 중 각 집에 장자가 다 죽는 재앙이 내리듯이, 지금 이 일을 훼방하면 그때 내린 재앙은 빙산의 일각이다. 이제 악인들이 지배하는 온 세상이 끝나는 때이므로 전 성경에 기록된 모든 재앙이 온 세상에 내리는 때다.

이렇게 재앙을 내리는 이유 중에 가장 큰 이유는 택한 백성들이 죄에서 돌이켜 하나님께로 돌아오라고 하시는 하나님의 사랑이다. 이미 14년째 나를 통한 이 일은 '대로'가 시작된 하나님의 가장 온전한 일, 완전한 지혜이며, 선한 일이다.

사58:11~12 [11]나 여호와가 너를 항상 인도하여 마른 곳에서도 네 영혼을 만족케 하며 네 뼈를 견고케 하리니 너는 물 댄 동산 같겠고 물이 끊어지지 아니하는 샘 같을 것이라 [12]네게서 날 자들이 오래 황폐된 곳들을 다시 세울 것이며 너는 역대의 파괴된 기초를 쌓으리니 너를 일컬어 무너진 데를 수보하는 자라 할 것이며 길을 수축하여 거할 곳이 되게 하는 자라 하리라

이 예언은 나와 우리에 대한 예언이고, 이미 14년째 이루어지고 있는 실상이다. 곧 예수 그리스도께서 "내가 길이요 진리요 생명이니"라고 하신 길, 하나님께서 말씀하신 '대로'가 역대에 파괴되어 있던 기초였고, 오래 황폐되어 있었던 것이다. 이 길을 다시 수보한다는 것은 무너진 것을 고치고 허름한 곳을 손보는 것, 다른 말로 표현하면 '중수하다, 보

수하다, 수리하다, 수축하다, 고치다'라고 한다. 이미 이 일은 하나님께서 정해 두신 대로 이 땅에 이루어지고 있다. **이사야 58장**은 절대 예수 그리스도에 대한 예언이 아니고, 2021년 이때 나와 우리에 대한 예언이며, 이미 이루어지고 있는 실상이니 이제 예언이 아니다.

진실로 온 세상에 천명한다. 은혜로교회의 이 일은 하나님께서 말씀하시는 '대로, 바른 길, 정로'다. 살아 계신 하나님의 말씀이며, 실상이다. 이 일을 하고 오는 중에 성경에 기록된 예언대로 감옥에 갇힌 것이다. 그래서 이 일은 온 세상에 있는 모든 문제를 해결할 수 있는 유일한 길이요, 진리요, 영원한 생명이다. 이제 온 세상에 14년째 이루어지고 있는 가장 온전한 '대로'다.

그래서 이날, 이때에 다음 예언도 사실이 된다. **이사야 19장**을 모두 찾아서 교독하거라. 그리고 **16~25절**을 보자.

사19:16~25 [16]그날에 애굽인이 부녀와 같을 것이라 그들이 만군의 여호와의 흔드시는 손이 그 위에 흔들림을 인하여 떨며 두려워할 것이며 [17]유다의 땅은 애굽의 두려움이 되리니 이는 만군의 여호와께서 애굽에 대하여 정하신 모략을 인함이라 그 소문을 듣는 자마다 떨리라 [18]그날에 애굽 땅에 가나안 방언을 말하며 만군의 여호와를 가리켜 맹세하는 다섯 성읍이 있을 것이며 그중 하나를 장망성이라 칭하리라 [19]그날에 애굽 땅 중앙에는 여호와를 위하여 제단이 있겠고 그 변경에는 여호와를 위하여 기둥이 있을 것이요 [20]이것이 애굽 땅에서 만군의 여호와를 위하여 표적과 증거가 되리니 이는 그들이 그 압박하는 자의 연고로 여호와께 부르짖겠고 여호와께서는 한 구원자, 보호자를 보내사 그들을 건지실 것임이라 [21]여호와께서 자기를 애굽에 알게 하시리니 그날에 애굽인이 여호와를 알고 제물과 예물을 그에게 드리고 경배할 것이요 여호와께 서원하고 그대로 행하리라 [22]여호와께서 애굽을 치실 것이라도 치시고는 고치실 것인고로 그들이 여호와께로 돌아올 것이라 여호와께서 그 간구함을 들으시고 그를 고쳐 주시리라 [23]**그날에 애굽에서 앗수르로 통하는 대로가 있어 앗수르 사람은 애굽으로 가겠고 애굽 사람은 앗수르로 갈 것이며 애굽 사람이 앗수르 사람과 함께 경배하리라** [24]그날에 이스라엘이 애굽과 앗수르로 더불어 셋이 세계 중에 복이 되리니 [25]이는 만군의 여호와께서 복을 주어 가라사대 나의 백성 애굽이여, 나의 손으로 지은 앗수르여, 나의 산업 이스라엘이여, 복이 있을찌어다 하실 것임이니라

이 언약이 실상이 되는 곳이 이 세상이라는 뜻을 감추시고 하신 말씀이 "나의 백성 애굽이여"라고 하신 것이다. "나의 손으로 지은 앗수르여"라는 말씀도 앗수르는 성공한 셈의 둘째 아들이고, 이들이 있는 땅을 지칭하시는 것이므로 먼저 하나님께 부르심을 받아 다시 택하신 이스라엘은 셈 족 중에 나올 것을 뜻하신 것이다. 그래서 성경은 절대 사람이 본능적으로 아는 지식으로 보고 해석하면 언약궤를 만지는 죄를 짓는다. 그래서 성경이 모든 것을 죄 아래 가두어 두었다고 하신 것이다.

이 때문에 대로가 황폐하여졌던 것이다. 사33:7~16절을 보자. 듣고 깨달아야 한다.

"⁷보라 그들의 용사가 밖에서 부르짖으며 평화의 사신들이 슬피 곡하며 ⁸대로가 황폐하여 행인이 끊치며 대적이 조약을 파하고 성읍들을 멸시하며 사람을 생각지 아니하며 ⁹땅이 슬퍼하고 쇠잔하며 레바논은 부끄러워 마르고 사론은 사막과 같고 바산과 갈멜은 목엽을 떨어치는도다 ¹⁰여호와께서 가라사대 내가 이제 일어나며 **내가 이제 나를 높이며 내가 이제 지극히 높이우리니**(라고 하신 이 예언이 **요6:45절**의 말씀이 실상이 되어 하나님의 가르치심을 대언하는 영원한 언약이 사실이 되는 2008년 6월 16일부터 시작이 된 것이다. 이를 두고 다른 모양으로는 **호 2:19~20절**의 말씀으로 예언하신 것이다.

하나님께서만 참 신이시며, 살아 계신 하나님이심을 친히 나타내셔서 높이시는 때가 여호와의 날, 인자의 날인 2021년 지금 이때이고, 이때가 될 때까지 '대로, 곧 정로, 바른 길'이 황폐해져 있었다. 다른 말로 성경이 모든 것을 죄 아래 가두어 두었다고 하신 기간이다. 그래서 하나님께서 정하신 때를 아는 것이 너무 중요하다.)

¹¹너희가 겨를 잉태하고 짚을 해산할 것이며 너희의 호흡은 불이 되어 너희를 삼킬 것이며 ¹²민족들은 불에 굽는 횟돌 같겠고 베어서 불에 사르는 가시나무 같으리로다(예수 이름을 사용하는 자들이 성경을 가지고 모두 돈으로 다 바꾸는 자들이 될 것을 이렇게 예언해 두신 것이다. 그래서 예수님이 쓰신 면류관이 '가시면류관'이었다. 가시나무가 왕이 되어서 지배하는 지금 2021년 이 세대가 다 이러하다. 이들을 두고 '이 세상 임금들'이라고 하셨고, 이들은 이미 심판을 받고 있다는 증거다. **요16:11절**의 말씀이 이제 이루어진 것이다.

요16:11 심판에 대하여라 함은 이 세상 임금이 심판을 받았음이니라

그래서 부자는 하나님 나라에 들어가는 것이 약대가 바늘귀로 들어가는 것보다 더 어렵다고 하신 것이다. 또한 다음 말씀도 말씀대로 이루어진 것이다.

히2:14 자녀들은 혈육에 함께 속하였으매 그도 또한 한 모양으로 혈육에 함께 속하심은 사망으로 말미암아 사망의 세력을 잡은 자 곧 마귀를 없이 하시며

이 사실을, 감추어 두신 하나님의 뜻을 우리가 몰랐던 것이다. '가시나무'가 왕이 되어 인간의 원욕이 그대로 있는 자들이 부자로 이 땅에서 살고, 죽어서도 천국 간다고 속이는 마귀, 사단, 옛 뱀, 용, 귀신, 벨리알, 아볼루온, 아바돈의 입에서 나오는 지옥 불의 소리로 다 불에 던져 화목이 될 것을 사33:11~12절에 예언해 두신 것이고, 이제 이들이 누군지 은혜로교회 성도들은 다 안다.

가시나무 입에서 나오는 말, 곧 성경을 가지고 성경과 다른 거짓말로 설교하는 자들의 말은 **야고보서 3장**에 기록된 지옥 불에서 나오는 말이며, 이는 저주를 하는 것이다. 그런 설교를 일생 믿고 교회생활 하는 자들을 '겨, 짚'에 비유하신 것이다. 이런 너희들을 두고 슥3:1~2절에 "이는 불에서 꺼낸 그슬린 나무가 아니냐"라고 하신 것이다. 그래서 한 몫의 삶은 반드시 버려야 한다. 귀신이 주인이 된 사람이 다시 창조되는

과정이 지금 우리가 걸어온 14년째 이 일이다.

그리고 **스가랴 3장**에 사단은 우편에 서서 여호수아, 곧 예수 그리스도를 대적하는 것을 말씀하셨다. 그래서 "네 오른눈, 오른손이 너를 실족케 하거든 **빼내 버리고** 찍어 내버려서라도 지옥 불에 떨어지지 말라"라고 하신 것이다.

지금 이 세대에 전 세계 교회가 이런 영적인 상태에 있다. 우편에 속한 자들까지 다 불에 그슬린 나무가 되어 있었다는 이 진리대로 14년째 실상임을 보았다. 다시 창조되지 아니하면 영생과 하나님 나라와 아무 관계가 없다.)

[13]너희 먼 데 있는 자들아 나의 행한 것을 들으라 너희 가까이 있는 자들아 나의 권능을 알라 [14]시온의 죄인들이 두려워하며 경건치 아니한 자들이 떨며 이르기를 우리 중에 누가 삼키는 불과 함께 거하겠으며 우리 중에 누가 영영히 타는 것과 함께 거하리요 하도다(이제 진실로 다시 택하신 시온, 곧 새 예루살렘에 있는 여러분들은 지옥 불의 소리를 하는 자칭 목사들, 사제들과 다시는 함께 하지 않는다고 시인할 것이다. **눅 16:19~31절**의 부자가 서 있는 음부, 육체가 살아 있을 때 날마다 호화로이 연락하며 음부인 지옥 불의 소리로 설교하여 교인들을 지옥에 보낸 자신의 행위대로, 자신도 영영히 타는 불 속에 떨어진 것이다. 그는 살아서 사람들 눈에는 절대 보이지 않는 혀로 나무에 해당하는 교인들의 삶의 바퀴를 영원히 불사르는 자였다. 그래서 '삼키는 불, 영영히 타는 것'이라고 하신 것이다.

이로 말미암아 지금 온 세상에 '불'이 얼마나 많이 나는지 이미 미디어를 통해서 다 보여 주시고 계신다. 이렇게 산불이 한 번 나면 몇 일, 혹은 몇 달씩 나서 여의도 면적 몇 배, 서울 면적 몇 배씩 태운다고 나와도 '불이 났구나~' 하고 만다. 자신이 실제 겪지 않으니 아무 감각이 없이 자신들과 무관하게 여긴다.)

¹⁵오직 의롭게 행하는 자, 정직히 말하는 자, 토색한 재물을 가증히 여기는 자, 손을 흔들어 뇌물을 받지 아니하는 자, 귀를 막아 피 흘리려는 꾀를 듣지 아니하는 자, 눈을 감아 악을 보지 아니하는 자, ¹⁶그는 높은 곳에 거하리니 견고한 바위가 그 보장이 되며 그 양식은 공급되고 그 물은 끊치지 아니하리라 하셨느니라"

하나님의 이름, 예수 이름 사용하면서 '대로'로 가지 않은 자들은 다 11~12절의 말씀이 실상이 되어 있다. 15~16절은 우리에 대한 예언이다. 대로를 가는 자는 17절에 "너의 눈은 그 영광 중의 왕을 보며 광활한 땅을 목도하겠고"라고 하신 이 예언이 사실이 되어 땅에서 그대로 성취된다. 곧 14년째 나를 통한 이 일이라는 사실을 하나님께서 친히 예언해 두셨고, 이미 성취되었다. 증명한다. 은혜로교회 성도들의 눈은 "그 영광 중에 왕을 보며"라고 하신 말씀이 실상이 되었는데, 아직 안 믿기느냐? 여호와 하나님이 영원한 왕이시다.

시47:1~9 ¹너희 만민들아 손바닥을 치고 즐거운 소리로 하나님께 외칠찌어다 ²지존하신 **여호와는 엄위하시고 온 땅에 큰 임군이 되심이로다** ³여호와께서 만민을 우리에게, 열방을 우리 발 아래 복종케 하시며 ⁴우리를 위하여 기업을 택하시나니 곧 사랑하신 야곱의 영화로다 ⁵하나님이 즐거이 부르는 중에 올라가심이여 여호와께서 나팔 소리 중에 올라가시도다 ⁶**찬양하라 하나님을 찬양하라 찬양하라 우리 왕을 찬양하라** ⁷**하나님은 온 땅에 왕이심이라 지혜의 시로 찬양할찌어다** ⁸하나님이 열방을 치리하시며 하나님이 그 거룩한 보좌에 앉으셨도다 ⁹열방의 방백들이 모임이여 아브라함의 하나님의 백성이 되도다 세상의 모든 방패는 여호와의 것임이여 저는 지존하시도다

이 예언은 창세 이래 단 한 세대도 이루어진 적이 없는 예언이다. 2021년 8월 21일 토요일 이 시간까지 그 누구도, 어느 나라도, 어느 교회도 이루어진 적이 없는 예언이다. 이 예언을 이루시기 위해서 **호2:19~20절**에 다음과 같이 말씀하셨다.

호2:19~20 ¹⁹내가 네게 장가들어 영원히 살되 의와 공변됨과 은총과 긍휼히 여김으로 네게 장가들며 ²⁰진실함으로 네게 장가들리니 네가 여호와를 알리라

'여호와'는 유일하신 하나님의 이름이다. 이 예언은 예수 그리스도에 대한 예언이 절대 아니다. '의에 대해서' 모든 진리 가운데로 인도하는 진리의 성령에 대한 예언이다. 따라서 반드시 외모로 여자이어야 한다.

그래서 예수 그리스도께서 형제, 자매, 모친에 대해서 말씀하시기를 자신을 찾아온 육으로 모친 마리아와 동생들을 두고 이렇게 말씀하신 것이다. 누가 내 모친이며 내 동생들이냐고~ **마12:50절**에 "누구든지

하늘에 계신 내 아버지의 뜻대로 하는 자가 내 형제요 자매요 모친이니라"라고 하셨고, 하나님의 뜻을 행하는 자는 천국에 들어간다고 하셨으며, 하나님의 뜻을 행하는 자는 영원히 거하느니라고 하셨다.

그래서 진리의 성령, 진리의 영은 영원히 거한다고 하셨던 것이다. 곧 진리의 성령을 통하여 영원히 육체도 죽지 아니하고 영생을 하는 거룩한 자들이 실상이 될 때, 시47:1~9절의 예언이 땅에 실상이 되는 것이다. 이 예언은 반드시 나와 우리를 통해서 이루시고 계시고, 이루어질 예언이다.

엄위한 기치를 벌인
하나님의 군대

'엄위하다'는 말은 '놀랍고 기이하다, 초월하고 존엄하다'는 뜻과 함께 죽은 가지를 잘라내듯 하나님께서 죄인을 향해 단호하게 심판하다라는 말이다. 다른 말로 표현하면 '준엄하다'라고 한다. 따라서 '엄위하시고'라는 단어는 하나님께만 사용하신다. 그런데 엄위라는 단어는 아홉 번 언급되는데 다음과 같다.

시65:5 우리 구원의 하나님이시여 땅의 모든 끝과 먼 바다에 있는 자의 의지할 주께서 의를 좇아 엄위하신 일로 우리에게 응답하시리이다시66:3~5 ³하나님께 고하기를 주의 일이 어찌 그리 엄위하신지요 주의 큰 권능으로 인하여 주의 원수가 주께 복종할 것이며 ⁴온 땅이 주께 경배하고 주를 찬양하며 주의 이름을 찬양하리이다 할찌어다 ⁵와서 하나님의 행하신 것을 보라 인생에게 행하심이 엄위하시도다

이렇게 예언해 두셨는데 아직 이루어지지 않았다. 하나님은 아무데서, 아무한테나 엄위하신 것이 아니다. 그래서 시89:7절에 이렇게 예언해 두셨다.

시89:7 하나님은 거룩한 자의 회중에서 심히 엄위하시오며 둘러 있는 모든 자 위에 더욱 두려워할 자시니이다

따라서 하나님의 엄위하심은 반드시 전 우주적인 일곱째 날, 여호와의 날, 인자의 날, 이 세상에 속한 악인들이 지배하는 세상은 끝나는 날, 동시에 의인, 곧 거룩한 자들이 실상이 되어 오는 세상을 준비하는 이날, 영혼이 영원히 죄를 짓게 하는 원수 귀신에게서 자유하여 거룩한 성전이 된 자들의 회중에서 엄위하심을 나타내신다. 그래서 거룩한 회중인 새 예루살렘의 회중을 둘러 있는 모든 자 위에 더욱 두려우심을 알게 하셔서 경외하게 하신다. 그래서 또 이렇게 하나님의 엄위하심을 예언해 두셨다.

시111:1~10 ¹할렐루야, 내가 정직한 자의 회와 공회 중에서 전심으로

여호와께 감사하리로다 ²여호와의 행사가 크시니 이를 즐거워하는 자가 다 연구하는도다 ³**그 행사가 존귀하고 엄위하며** 그 의가 영원히 있도다 ⁴그 기이한 일을 사람으로 기억케 하셨으니 여호와는 은혜로우시고 자비하시도다 ⁵여호와께서 자기를 경외하는 자에게 양식을 주시며 그 언약을 영원히 기억하시리로다 ⁶저가 자기 백성에게 열방을 기업으로 주사 그 행사의 능을 저희에게 보이셨도다 ⁷그 손의 행사는 진실과 공의며 그 법도는 다 확실하니 ⁸영원 무궁히 정하신 바요 진실과 정의로 행하신 바로다 ⁹여호와께서 그 백성에게 구속을 베푸시며 그 언약을 영원히 세우셨으니 그 이름이 거룩하고 지존하시도다 ¹⁰여호와를 경외함이 곧 지혜의 근본이라 그 계명을 지키는 자는 다 좋은 지각이 있나니 여호와를 찬송함이 영원히 있으리로다

하나님의 엄위하심은 일곱째 날인 지금 이 세대에 나타내시는데, 반드시 영원한 언약을 세우시며 엄위함을 나타내신다. **히브리서 8장**의 새 언약, 곧 영원한 언약으로 이미 나타내시고 계신다. 그래서 하나님의 행하심은 영원히 있다고 하신 것이다. 그래서 완전한 지혜이며, 이 언약은 그 누구도 막을 수가 없다. 이렇게 시편에 여섯 번 언급된 '엄위'라는 말은 전부 하나님께 있으신 엄위하심이다. 그런데 하나님께서는 반드시 사람을 사용하셔서 당신의 엄위하심을 나타내시는데, 시편의 본문은 다 예수 그리스도 당시에 실상이 되는 말씀이 아니었다. 다른 어떤 세대도 아니고, 이제 14년째 기초가 세워지고 있다. 이에 대해서 너무 명백하게 나를 사용하시고 계신 것을 두 군데 더 가보자. 이미 BC 900년경에 솔

로몬왕을 통해 이미 예언해 두셨다.

아6:4절에 "내 사랑아 너의 어여쁨이 디르사 같고('디르사'는 '기쁨' 이라는 뜻, 사마리아 동쪽에 위치한 교통의 요충지, 군사적 요충지, 원래 가나안 사람의 왕도였으나 여호수아 군대에게 정복당했으며, 왕국 분열 후에는 북이스라엘 왕 여로보암 1세 때부터 오모리왕까지 거의 40년간 북이스라엘 수도가 되었다. 이는 하나님의 뜻이, 천국의 비밀이 감추어 져 있다. 이 기쁨은 일시적인 기쁨, 사람이 본능적으로 아는 기쁨이 아니 라 영원한 기쁨이며, 왜 낙토에서 첫 선물을 '기쁨'이라고 이름을 지었는 지 많은 뜻이 전 성경에 감추어져 있다. 한 군데만 가보자. 사61:1~11절 이다.

사61:1~11 ¹주 여호와의 신이 내게 임하셨으니 이는 여호와께서 내게 기름을 부으사 가난한 자에게 아름다운 소식을 전하게 하려 하심이라 나 를 보내사 마음이 상한 자를 고치며 포로 된 자에게 자유를, 갇힌 자에게 놓임을 전파하며 ²여호와의 은혜의 해와 우리 하나님의 신원의 날을 전 파하여 모든 슬픈 자를 위로하되 ³무릇 시온에서 슬퍼하는 자에게 화관 을 주어 그 재를 대신하며 희락의 기름으로 그 슬픔을 대신하며 찬송의 옷으로 그 근심을 대신하시고 그들로 의의 나무 곧 여호와의 심으신 바 그 영광을 나타낼 자라 일컬음을 얻게 하려 하심이니라 ⁴그들은 오래 황 폐하였던 곳을 다시 쌓을 것이며 예로부터 무너진 곳을 다시 일으킬 것 이며 황폐한 성읍 곧 대대로 무너져 있던 것들을 중수할 것이며 ⁵외인은 서서 너희 양 떼를 칠 것이요 이방 사람은 너희 농부와 포도원지기가 될 것이나 [6]오직 너희는 여호와의 제사장이라 일컬음을 얻을 것이라 사람들이 너희를 우리 하나님의 봉사자라 할 것이며 너희가 열방의 재물을 먹으며 그들의 영광을 얻어 자랑할 것이며 [7]너희가 수치 대신에 배나 얻으며 능욕 대신에 분깃을 인하여 즐거워할 것이라 **그리하여 고토에서 배나 얻고 영영한 기쁨이 있으리라** [8]대저 나 여호와는 공의를 사랑하며 불의의 강탈을 미워하여 성실히 그들에게 갚아 주고 그들과 영영한 언약을 세울 것이라 [9]그 자손을 열방 중에, 그 후손을 만민 중에 알리리니 무릇 이를 보는 자가 그들은 여호와께 복 받은 자손이라 인정하리라 [10]내가 여호와로 인하여 크게 기뻐하며 내 영혼이 나의 하나님으로 인하여 즐거워하리니 이는 그가 구원의 옷으로 내게 입히시며 의의 겉옷으로 내게 더하심이 신랑이 사모를 쓰며 신부가 자기 보물로 단장함 같게 하셨음이라 [11]땅이 싹을 내며 동산이 거기 뿌린 것을 움돋게 함같이 주 여호와께서 의와 찬송을 열방 앞에 발생하게 하시리라

새 예루살렘, 하나님의 성전 된 나와 우리에 대한 예언이다. 디르사 같다는 말 속에는 우리가 북방에서 나올 것도 감추어져 있고, 실상이 되어 이미 이루어지고 있는 예언이다. 우리는 여호와 하나님의 제사장들이라 영영한 사역자들이며, 영원히 하나님을 기쁘시게 하는 기쁨이다. 그 증거로 우리 기쁨이 이름을 기쁨이라고 지은 것이다. 기쁨아, 할미가 기쁨이 이름을 그래서 지은 것이란다. 우리 기쁨이는 알고 있지?

전 성경에 "너의 어여쁨이 디르사 같고"라고 하신 이유가 다 예언되어 있다. 진리는 이런 것이다. 그래서 대로, 바른 길, 정로를 가고 있는

것이다. 우리가 이 땅에 사람으로 태어나기 2921년 전에 기록된 이 예언이 2021년 지금은 사실이 되어 기쁨의 땅 낙토에서, 고토에서 실상이 된 것이다. 이런 진리를 어떻게 안 믿고 패역하나?

진실로 귀신은 일생 저 스스로 자해하고, 헛되고 헛된 삶만 살다가 영원히 지옥 불구덩이에 가는 자들이다. 진리를 단 한 절도 안 믿고 짐승같이 살며, 죄에 죄를 더하는 자들이다. 그러나 이들을 만드신 분도 하나님이시고, 우리가 이들보다 나은 것이 하나도 없는데 일방적인 하나님의 뜻으로 미리 정해 두셔서 이 땅에 보내신 것이다. 악인들이 있기에 의인이 의인 되는 것이다. 어두움이 있기에 빛이 빛 되는 것이다. 밤에 속한 자로 이 땅에 태어나지 않게 하신 것 또한 창조주 하나님의 뜻이었으니 하나님의 뜻을 알면 누가 함부로 삶을 살겠느냐? 그래서 선을 알고도 행치 아니하는 것이 죄다. 내 사랑아 너의 어여쁨이 디르사 같고)

너의 고움이 예루살렘 같고('곱다'는 말은 '보기에 또는 듣기에 아름답다, 부드럽고 순하다, 바탕이 보드랍다, 축이 나거나 상하거나 하지 않고 온전하다, 편안하다'라는 뜻이다. 예루살렘 또한 반드시 새 예루살렘을 뜻한다. 위에 있는 예루살렘, 빌라델비아 교회의 사자, 하나님의 말씀을 지켜 실행하므로, '너의 고움'이라고 하신 것이다. 이는 하나님께서 이렇게 사용하시기 때문이지 절대 사람에게 의가 있는 것이 아니다.)

엄위함이 기치를 벌인 군대 같구나('엄위'라는 단어는 하나님께만 사용되는 용어인데 왜 이렇게 말씀하셨을까? 그래서 반드시 **호2:19~20절**의 말씀이 실상이 된 여자, 하나님의 아들들을 해산하는 그릇인 진리의 성령이 실상이 되어야 아가서 본문 말씀이 땅에 사실이 되는 것이다.

그래서 아6:1~3절에 이렇게 예언해 두신 것이다.

아6:1~3 ¹여자 중 극히 어여쁜 자야 너의 사랑하는 자가 어디로 갔는가 너의 사랑하는 자가 어디로 돌이켰는가 우리가 너와 함께 찾으리라 ²나의 사랑하는 자가 자기 동산으로 내려가 향기로운 꽃밭에 이르러서 동산 가운데서 양 떼를 먹이며 백합화를 꺾는구나 ³나는 나의 사랑하는 자에게 속하였고 나의 사랑하는 자는 내게 속하였다 그가 백합화 가운데서 그 양 떼를 먹이는구나

셋이 하나 된 진리의 성령은 반드시 외모로 여자이어야 하고, 반드시 양 떼, 곧 성도들을 해산하고 영혼의 양식을 먹이는 목사라야 한다. 그래서 해를 입은 여자라야 하고, 여럿이 아니고 반드시 하나다. 엄위하신 하나님께서 함께 한 사람, 하나님의 친히 가르치심을 대언하여 하나님과 함께, 하나님처럼 영원히 살 수 있도록 영생하는 양식을 온전히 먹이는 자, 자기 동산, 곧 하나님께서 예비해 두신 땅에 가서 하나님의 말씀대로 지켜 실행하는 것을 이렇게 말씀하시는 것이다.

따라서 하나님의 엄위하심을 나타내는 그릇으로 사용되는 여자와 함께 한 하나님의 군대이므로 "엄위함이 기치를 벌인 군대같구나"라고 하신 것이다. '기치'란 '기, 하나님의 일에 대한 분명한 태도 또는 주의나 주장'을 뜻한다. 그래서 나 혼자가 아닌 군대가 반드시 일어나야 한다. 다른 말로 하면 열매가 드러나야 하나님의 엄위함을 세상에서 인정을 한다는 뜻이다. '기치, 기'에 대해서 증명한다.

민1:52절에 "이스라엘 자손은 막을 치되 그 군대대로 각각 그 진과 기 곁에 칠 것이나", 2:2절 "이스라엘 자손은 각각 그 기와 그 종족의 기호 곁에 진을 치되 회막을 사면으로 대하여 치라" 다시 택한 이스라엘, 곧 새 언약으로 다시 택하여 하나님께서 약속하신 땅에서 전 세계를 향하여 '기, 기호, 기치'를 세우는 것이다.

그래서 시편에 이렇게 기도한다. 예언의 말씀이며, 이는 환난 날, 곧 여호와의 날에 실상이 될 것을 예언해 두셨고, 3421년 전부터 예언한 그대로 현재 2021년에 기초가 세워져서 실상이 된 것이다.

시20:1~9 ¹환난 날에 여호와께서 네게 응답하시고 야곱의 하나님의 이름이 너를 높이 드시며 ²성소에서 너를 도와주시고 시온에서 너를 붙드시며 ³네 모든 소제를 기억하시며 네 번제를 받으시기를 원하노라 ⁴네 마음의 소원대로 허락하시고 네 모든 도모를 이루시기를 원하노라 ⁵우리가 너의 승리로 인하여 개가를 부르며 **우리 하나님의 이름으로 우리 기를 세우리니** 여호와께서 네 모든 기도를 이루시기를 원하노라 ⁶여호와께서 자기에게 속한 바 기름 부음 받은 자를 구원하시는 줄 이제 내가 아노니 그 오른손에 구원하는 힘으로 그 거룩한 하늘에서 저에게 응락하시리로다 ⁷혹은 병거, 혹은 말을 의지하나 우리는 여호와 우리 하나님의 이름을 자랑하리로다 ⁸저희는 굽어 엎드러지고 우리는 일어나 바로 서도다 ⁹여호와여 구원하소서 우리가 부를 때에 왕은 응락하소서

따라서 이 예언은 예수님 당시에 온전히 성취되는 말씀이 아니고,

여호와의 날, 인자의 날, 환난 날, 곧 전에도 없었고 후에도 없을 대환난 날에 땅에 실상이 되는 예언이고, 나를 "이단이니~ 사이비니~"라고 시작하여 결국 감옥에까지 가둔 저희는 다 굽어 엎드러진다. 그들은 다 병거, 말을 의지하는 자들이다.

교인들의 수, 모인 재물, 돈, 권력을 의지하는 자들이지만, 우리는 오직 여호와 우리 하나님의 이름으로 기를 세우고 일어난 하나님의 군대이니 오직 여호와 하나님만 자랑하고 의지한다. 그래서 우리는 대로를 가고 있고, 모두 일어나 바로 서서 승리한다. 이 기도는 문자 그대로는 다윗의 기도이지만, 다윗의 자손으로 오신 예수 그리스도를 믿는 그리스도인들로서 셋이 하나 된 자가 '기'가 되어 일어섰으니 여호와의 군대 또한 바로 서서 기치를 벌인 군대가 된다.

이렇게 하나님만 의지하니 하나님께서 **시60:4절**에 다음과 같이 말씀하셨다.

시60:4 주를 경외하는 자에게 기를 주시고 진리를 위하여 달게 하셨나이다

그래서 진리의 하나님이시고, 예수 그리스도께서 내가 길이요 진리요 생명이라고 하셨으며, 성령도 진리의 성령이다. 이렇게 셋이 하나 된 자가 진실로 하나님을 경외하며 하나님께서 기를 세우셔서 달게 하신 것이다. 온 세상 그 누구도 14년째 이 일을 대적하거나 반론할 수 없이 명백하게 이미 전 선경에 다 예언해 두신 그대로 사실이 되어 이루어지

고 있다.

그러므로 '기'는 하나님이시다.

아2:4 그가 나를 인도하여 잔칫집에 들어갔으니 그 사랑은 내 위에 기로구나

하나님만이 사랑이시다. 하나님의 사랑은 본래 영원하다. 모두 두 손을 자기 가슴에 얹고 따라 하거라. 대언하는 성도도 반드시 같이 다 따라 해야 한다. "나는 창조주 하나님의 사랑을 받은 하나님의 군대다"라고 하고, "나는 나다"라고 세 번 하거라. 하나님과 사람 앞에 우리 모두는 기치를 벌인 군대다. 모두 일어나 바로 서야 한다. 이렇게 서서 다음 말씀대로 이루신다. 우리를 사용하셔서 실상이 되어 계명을 지켜 실행하여 승리한다.

렘50:1~3절이다. "¹여호와께서 선지자 예레미야로 바벨론과 갈대아인의 땅에 대하여 하신 말씀이라('바벨론'은 문자 그대로는 고대 바벨론, 저 이란, 이라크인데 영적으로 하나님께서 말씀하시는 바벨론은 귀신의 처소를 뜻한다. '갈대아'는 신바벨론을 말하며, 지금 온 세상 성경을 사용하는 종교인들이 다 이에 해당한다. '애굽, 바벨론' 하면 하늘의 말을 알아들어야 한다. 교회도 가르치는 귀신들이 서서 성경을 가지고 성경과 다른 거짓말로 가르치고, 온 세상이 다 악한 자 아래 처해 있으니 넓게 보면 온 세상이 이러하다. 그래서 우리를 하나님께서 예비해 두신 땅에 옮기신 것이다.

이 예언 또한 예레미야 선지자 당시에 사실이 되는 일이 아니라, 악한 자들이 이 세상을 지배하고 다스리는 지금 이때, 이 세상을 심판하신다는 뜻을 미리 예언해 두신 것이다. 예레미야의 이름의 뜻도 '여호와께서 세우신다, 여호와께서 풀어 주신다'는 뜻이다. 그러므로 "바벨론과 갈대아인의 땅에 대하여 하신 말씀이라"라는 것은 크고 넓게는 악한 자 아래 있는 모든 세상을 뜻하며, 좁게는 성경을 사용하여 성경과 다른 거짓말을 가르치는 교회가 있는 땅이니 결국 전 세상을 뜻하는 것이다.)

[2]너희는(하나님의 군대인 전 은혜로교회 성도들 너희는) 열방 중에 광고하라('열방'은 온 세상 나라, 모든 민족을 뜻하므로 이미 실제 광고도 하고 있다. 세상에 널리 알리라는 뜻이다. 전 성경에 '광고하라'고 한 곳은 이곳 한 곳이다. 광고하라는 직접적인 단어는 말이다. 신문에 이미 2020년부터 하고 왔으나, 2021년 6월 16일부터 이 예언을 성취하고 있다. 곧 세 군데 신문에 나갈 것이다. 낙토도 광고를 하고 있다. 얼마나 정확하게 하나님께서 사람을 사용하셔서 실상으로도 광고를 하고 있으니~ 사실 예레미야서는 BC 600년 전이니까 '광고하라'는 용어를 사용한다는 것을 알 수 없는 때였다. 구약 당시니까~ 온 세상에 널리 광고할 수 있는 때가 바로 사람들이 빨리 왕래하고 지식이 더하는 이때, 2021년이 지난 이 세대를 지시하신 예언이 확실하다. 광고할 수 있는 환경도 하나님께서 다 만들어 주신 것이다.)

공포하라('공포하라'는 '널리 알림, 새로 제정된 법령이나 조약 등을 국민에게 두루 알리다'라는 뜻이다. 14년째 이 언약은 전대미문의 새 언약이다. 창세 이래 단 한 세대도 없었던 영원한 언약이다. 그래서 방송국을 그렇게 소원한 것이다. 우리에게 주어진 대로 최선을 다해서 널리 알려야 한다.)

기를 세우라(그래서 군대가 일어서야 한다. 이제 기를 세울 때다. 그래서 엄위하여 기치를 벌인 군대 같다고 하신 것이다. 우리는 여호와 하나님으로 영원히 일어섰지만, 반대로 이 일을 훼방하고 대적한 귀신의 처소, 즉 용, 사단, 마귀, 옛 뱀, 귀신, 벨리알, 아바돈, 아볼루온, 곧 악한 자들에게는 다 패망하는 심판이 내림을 경고하는 것이다. 이제 온 세상에 있는 사람들이 세상에 일어날 일을 인하여 기절하는 일들이 일어난다.)

숨김이 없이 공포하여 이르라(이미 6월 16일부터 이렇게 하고 있다. 우리 안에 있는 일이 온 세상의 축소판이다. 티끌은 티끌이라고 그대로 유튜브에 다 올리거라. 신문은 지면의 한계가 있지만 유튜브에는 3년을 넘게 감옥에서 내보낸 옥중서신도 이제 다 올려야 한다. 영어 번역도 해서 올리거라. 실명을 거론한 것도 다 그대로 숨김없이 올리거라. 이 말은 내 말이 아니라 하나님의 명령이다.)

바벨론이 함락되고('함락하다'란 ①땅이 꺼져서 내려 앉음 ②성이나 요새 따위를 무너뜨림이라는 뜻이다. 저 아프가니스탄 나라를 보아라. 적들에 의해 함락되었다. 이제 저런 일이 귀신의 처소에, 세상에 일어난다는 뜻이다.

가장 먼저 성경을 사용하는 종교가 대적자들에게 함락된다. 성경을 성경대로 해석하지 않았으니 이미 코로나19로 정부, 곧 이 세상 권력자들에 의해 부분적으로 이미 함락된 상태다. 이는 하나님께서 하신 일이다. 땅이 꺼져서 싱크홀이 생기고, 건물이 내려앉아 버리는 일들이 부지 기수가 된다. 미국에 12층 아파트가 땅이 꺼져서 내려앉고,[32] 중국에도 그러했고, 최근 한국에는 싱크홀이 생기는 등 감옥 안이라 정보의 한계가 있지만 이미 귀신의 처소에서 사람들을 미혹하는 때가 끝났다.

하나님의 군대가 엄위하게 기를 세우고 일어날 때까지 기다리신 하나님이시다. 렘50:1~51:64절까지 교독하거라.

렘50:46 바벨론의 함락하는 소리에 땅이 진동하며 그 부르짖음이 열방 중에 들리리라 하시도다

이런 말씀을 두고 목사들은 저 고대 바벨론이라고만 한다. 그들은 이미 영적으로 죽은 자들이다. 온 세계를 귀신의 가르침으로 더 죄를 지어 타락하게 만든 미혹자들이 천주교 교황이요, 기독교 부자 목사들이다. 자신도 무슨 소리인지 모르는 귀신의 소리로 온 세계 교회 구석구석까지 유명해져서 단일 교회로 최고 큰 교회가 한국에 있다. 귀신이 가르친 방언이 성령받은 증거라고 새빨간 거짓말을 하여 교인들을 지옥 보낸 목사, "예수 이름으로 귀신아 떠날지어다" 하여 귀신이 떠난다고 거짓말로 속인 목사, 이들은 한국 교회뿐 아니라 전 세계 구석구석까지 미혹하여 멸망시킨 **마7:13~27절**에 예언된 멸망으로 인도하는 크고 넓은 문에 서 있는 자들이다. 용이요, 사단이요, 마귀다. **계시록 16, 17, 18장**에도 전 성경에도 다 예언된 무저갱의 사자요, 지옥의 사자들이다. 이들이 이제 가장 먼저 함락된다. 이렇게 심판하시는 이유가 바로 **렘51:24절**이다.

렘51:24 그들이 너희 목전에 시온에서 모든 악을 행한 대로 내가 바벨론과 갈대아 모든 거민에게 갚으리라 여호와의 말이니라

나를 통한 이 일, 곧 전대미문의 새 일을 훼방하고 이단이라 정죄하여 영원한 언약을 듣지 못하도록 훼방한 일에 대한 하나님의 심판이다. 회개하고 돌아서라고 분명히 광고했다. 회개치 아니하고 멸시한 모든 자들은 **렘51:25~26절** 말씀대로 실상이 된다.

렘51:25~26 [25]**나 여호와가 말하노라 온 세계를 멸한 멸망의 산아 보라 나는 네 대적이라 나의 손을 네 위에 펴서 너를 바위에서 굴리고 너로 불 탄 산이 되게 할 것이니** [26]사람이 네게서 집 모퉁이 돌이나 기촛돌을 취하지 아니할 것이요 너는 영영히 황무지가 될 것이니라 여호와의 말이니라

귀신의 처소에서 가르친 모든 말은 단 하나도 취하지 않는다는 것과 그곳에서 미쳐 있는 부목사, 자칭 사역자들도 아무도 취하지 않는다. 취할 수가 없음을 14년째 보았고, 지금도 불에서 꺼낸 자들의 실체를 우리 안에서 다 보았다. 얼마나 양심에 화인 맞았는지, 얼마나 게으르고 더러운지 다시 창조된 성도들 눈에도 다 보일 것이다.

혀로, 지옥 불의 소리로 설교한 대가가 얼마나 무서운지 다 보게 된다. 14년째 이 일을 훼방하여 나를, 은혜로교회를 혀로, 손가락으로 학대한 보응이 얼마나 무서운지 온 세상이 볼 것이다. 또 영영한 사역자

들, 다시 택한 이스라엘이 한 몫의 삶일 때 너희들을 자신들의 밥으로 삼고 성경과 다른 거짓말로 속여서 더 타락하고 부패하게 만든 징벌을 귀신의 처소에 내리시는 것이다. 이 송사, 곧 나와 성도들을 세상 법에 넘긴 이 죄에 대한 징벌이 얼마나 무서운지 보아라. '영원히 타는 불구덩이'에 들어간다. 그리고 결국 우리도 이 모든 죄를 같이 지었다. 그러나 우리는 하나님께서 긍휼히 여기신 것이다.

렘51:5~10 ⁵대저 이스라엘과 유다가 이스라엘의 거룩하신 자를 거역하므로 죄과가 땅에 가득하나 그 하나님 만군의 여호와에게 버림을 입지 아니하였나니 ⁶바벨론 가운데서 도망하여 나와서 각기 생명을 구원하고 그의 죄악으로 인하여 끊침을 보지 말지어다 이는 **여호와의 보수의 때니 그에게 보복하시리라** ⁷바벨론은 여호와의 수중의 온 세계로 취케 하는 금잔이라 열방이 그 포도주를 마시고 인하여 미쳤도다 ⁸바벨론이 졸지에 넘어져 파멸되니 이로 인하여 울라 그 창상을 인하여 유향을 구하라 혹 나으리로다 ⁹우리가 바벨론을 치료하려 하여도 낫지 아니한즉 버리고 각기 고토로 돌아가자 그 화가 하늘에 미쳤고 궁창에 달하였음이로다 ¹⁰여호와께서 우리 의를 드러내셨으니 오라 시온에서 우리 하나님 여호와의 일을 선포하자

그런데 **33~40절**에 나와 우리를 세상 법에 송사한 사건에 대한 예언이 기록되어 있고, 이 송사를 다 보시고 듣고 계신 하나님께서 보수, 곧 복수, 앙갚음을 하신다고 이미 **2621년 전**에 판결해 두셨다. 그래서

'기'를 들고 열방, 곧 온 세상에 광고하라, 공포하라, 기를 들라고 하신 것이다. 아직 귀신 노릇 하는 사람들은 두 눈을 똑바로 뜨고, 두 귀를 열어 전심을 다해 말씀을 받아라.

렘51:33~40절이다. "³³만군의 여호와 이스라엘의 하나님이 이같이 말씀하시되 딸 바벨론은 때가 이른 타작마당과 같은지라 미구에 추수 때가 이르리라 하시도다 ³⁴바벨론 왕 느부갓네살이 **나를 먹으며**(하나님의 말씀을 가지고 사람의 소리, 곧 사단의 소리, 세속적인 설교로 변개시킨 것을 두고 "나를 먹으며"라고 하시는 것이다. 지금 전 세계 교회가 이렇게 실상이 되어 있다.)

나를 멸하며(성경과 다른 거짓말로 교인들을 영적으로 죽이고 지옥으로 보내는 것을 두고 이렇게 말씀하셨다. 진실로 사실이다. 세상에서는 한 사람만 죽여도 감옥에 가두고 살인자라는 낙인이 찍혀 가족들까지 손가락질받는데, 성경을 가지고 하나님의 행하심과 아무 관계가 없는 새빨간 거짓말로 2021년간 아니, 창세 이래 얼마나 많은 사람을 지옥 보냈을까? 한국만 해도 한 교회가 수십만 명을 데리고 있는 목사가 얼마나 많은 사람을 지옥 보냈을까? 전 세계 천주교는 단 한 명도 천국 보내지 않았다. 이 일을 사실 그대로 알려야 한다. 전부 지옥 보내는 지옥 불의 설교를 한 자들이다. 이러니 "나를 먹으며 나를 멸하며"라고 하신 것이다.

이 본문은 절대 예레미야 당시에 저 이스라엘 백성이 바벨론에 포로가 되어 갔을 때 일을 두고 하신 말씀만이 아니다. 구약 당시, 곧 BC 600년에는 열방에 광고하고 공포하는 때가 아니다. 그래서 전 성경 기록 목적이 지금 이 세대임을 14년째 증명하고 있는 것이다. 특히 14년째 이 일은 창세 이래 단 한 세대도 없었던 하나님의 가르치심이며, 진리의 성령의 대언으로 온전한 복음이며, 전대미문의 새 언약이고, 영원한 언약이다. 따라서 이 말씀을 보고 듣고 믿고 지켜 실행한 이 일을 사람 생각으로 판단하여 대적하고, 이 세상 법에 고소하여 나와 성도들을 감옥에 가둔 것은 "나를 먹으며, 나를 멸하며"에 해당하는 죄다.

코로나19가 왜 하필 이 송사에 대한 대법원 판결이 난 2020년 2월 27일을 기준하여 전 세계에 확산되고, 2021년 8월 22일 현재까지 일어난 이 일은 그냥 일어난 것이 절대 아니다. 나를 통한 이 일을 훼방하고 송사한 죄에 대한 하나님의 보복하심이다. 진실로 맞다. 우리 안에서조차 대적하고 패역한 것 때문에 낙토에까지 재앙이 내렸다.

낙토도 피지 현지인 감리교회 총회에서 나를 이단이라고 교회 강단에서 말하여 2016년 2월 20일 태풍 윈스톤에 의해 피지인 46명이 사망하고 피지 전역에 30일 동안 비상사태가 선포되는 등 하나님께서 친히 징계하셨고, 지금도 이미 보수, 곧 되갚음, 앙갚음, 복수하시고 계신다. 피지 내 박상기 목사 외 자칭 선교사, 감리교회, 수바순복음교회 저들도 회개하고 돌아서지 아니하면 어찌 되는지 다 보게 될 것이다. 베트남, 중국, 일본, 미국, 호주 시드니, 멜버른 등 나를 두고 정죄하고 이 일을 가로막은 자들은 하나님께서 그들의 대적자가 되신 것이다.)

나로 빈 그릇이 되게 하며 용같이 나를 삼키며 나의 좋은 음식으로 그 배를 채우고 나를 쫓아내었으니(하나님의 이름, 예수 이름 사용하여 교인들을 모으고 일생 먹고, 호의호식하며 연락하면서 하나님의 행하심, 하나님의 뜻은 한 절도 모르고 설교하는 자들, 귀신이 가르치는 곳이며, 우상숭배를 하여 하나님께 제사한 것이 아니라 마귀에게 제사한 것이니까 이렇게 말씀하신 것이다. 그리고 실제 일본, 미국, 뉴욕, 호주 시드니, 멜버른, 베트남, 뉴질랜드, 한국, 중국 등에서 내가 교회를 세우지 못하게 하고 이 말씀을 받지 못하도록 한 일이 이 본문의 실상이 된 것이다.)

[35]나와 내 육체에 대한 잔학이(이 말이 무슨 뜻일까? '나와'는 하나님과 '내 육체에'는 호2:19~20절의 말씀이 실상이 된 자인 나에 대한 예언이며 이미 실상이 되었고, 하나님의 성전이 된 성도들도 이 말씀에 해당한다. 살아 계신 하나님의 말씀으로 다시 창조된 성도를 '성전'이라고 하신 이유다. 또 여러 부분, 여러 모양으로 말하면 해를 입은 여자, 현숙한 여자, 완전한 자, 성도, 거룩한 자, 하나님께서 영원히 거하실 처소, 새 예루살렘, 영영한 사역자, 하나님의 제사장이라고 한다. '잔학'이란 '잔인하고 포학하게 학대하다'라는 뜻이다. 나와 내 육체에 대한 잔학이)

바벨론에 돌아가기를 원한다고 시온 거민이 말할 것이요 내 피 흘린 죄가 갈대아 거민에게로 돌아가기를 원한다고 예루살렘이 말하리라 [36]그러므로 여호와께서 이같이 말씀하시되 **보라 내가 네 송사를 듣고 너를 위하여 보수하여**('보수하다'란 '복수하다, 보복하다, 앙갚음'을 뜻하는 것으로 해를 입힌 자에게 그 억울함을 풀어 주기 위한 징벌을 뜻한다. 목사에게 '이단, 사이비'라는 말은 죽이는 것과 같다. 자신들이 들어보지도 않고 이렇게 정죄하고 비방하여 많은 사람들로 하여금 나를, 우리를 잔인하게 짓밟게 했다.

죄명을 보면 나는 사람이 아닌 자로 잔인하게 짓밟았다. 육으로 보아도 나같이 목회하는 자가 있는지 찾아보아라. 자신들이 영적인 살인자요, 도적질하는 자요, 사기꾼들이며, 잔혹하게 교인들을 지옥 불에 던지는 자들이면서, 모두 반대로 나를 혀로, 손가락으로 학대했다. 법정에서 검사의 입에서 나온 이단이라는 말에 아연실색했다. 그보다 더 아팠던 것은 말씀을 다 듣고도 배반하는 자들이었다. 이 본문은 온 세상 사람들이 믿든, 믿지 않든 나에 대한 예언이 확실하다.

오죽하면 "나와 내 육체에 대한 잔학"이라고 하시고 "네 송사를 듣고 너를 위하여 보수하여"라고 하셨을까? 그래서 2021년 지금 이 세대가 하나님께서 대적들에게 원수를 갚는 보수일, 곧 복수하시는 날이다.

렘46:10 그날은 주 만군의 여호와께서 그 대적에게 원수 갚는 보수일이라 칼이 배부르게 삼키며 그들의 피를 가득히 마시리니 주 만군의 여호와께서 북편 유브라데 하숫가에서 희생을 내실 것임이로다

이날은 오직 하나님의 절대 주권에 의해 결정되어 있었고, 하나님께서 친히 모든 불의, 불법에서 돌이키고 영원한 언약을 하시고, 영원한 영생을 주시기 위해 14년째 하시고 계신 일이 나를 통한 이 일이다. 우리 안에서도 함부로 '이단'이라는 말을 하여 징벌을 받는 것을 다 보았다. 하물며 이 세상 법에 고소하여 감옥에 가두어 두었으니 이 일에 대한 징벌은 어찌 되겠느냐? 그렇게 혀로, 생각으로 함부로 말하지 말라고 했는데 귀신이 주인인 인간은 죽을 짓만 한다.

그래서 원수는 하나님께 맡기라고 하셨던 것이다. 첫 순교자 아벨부터 7년 대환난에 순교자들의 수가 찰 때까지 하나님의 자녀들은 핍박을 당하고 죽임을 당해야 했던 의문들, 마치 하나님께서 살아 계시지 않은 것 같은 답답함, 거짓말이 진실이 되고, 진실은 이기지 못하는 것 같은 이 세상이 이제 우리 세대에 다 밝혀지고, 이미 이 모든 것을 다 보시고 아시고 계신 하나님께서 너무 세미하고 정확하게 미리 말씀해 두셨고, 기록된 말씀대로 이미 사실이 되어 이루어지고 있다.

"보라 내가 네 송사를 듣고 너를 위하여 보수하며" 이 말씀이 2618년 후에야 땅에 사실이 되어 현재 2021년 8월 23일 이미 보수하시고 계신다. 창세 이래 모든 순교자들, 모든 사람들, 그 누구도 이 말씀이 나에 대한 예언이라고 말할 수 없어도 나, 신옥주 목사는 온 세상에 천명한다. 나에 대한 말씀이며 사실이 되었다고~ 우리에 대한 예언이 이제 실상이다.)

그 바다를 말리며(이 '바다'는 먼저는 **사57:20절**에 악인을 바다에 비유하셨고, 그래서 유1:8~13절에 이렇게 말씀하셨다.

유1:8~13 [8]그러한데 꿈꾸는 이 사람들도 그와 같이 육체를 더럽히며 권위를 업신여기며 영광을 훼방하는도다 [9]천사장 미가엘이 모세의 시체에 대하여 마귀와 다투어 변론할 때에 감히 훼방하는 판결을 쓰지 못하고 다만 말하되 주께서 너를 꾸짖으시기를 원하노라 하였거늘 [10]이 사람들은 무엇이든지 그 알지 못하는 것을 훼방하는도다 또 저희는 이성 없는 짐승같이 본능으로 아는 그것으로 멸망하느니라 [11]화 있을찐저 이 사람들이여, 가인의 길에 행하였으며 삯을 위하여 발람의 어그러진 길로 몰려갔으며 고라의 패역을 좇아 멸망을 받았도다 ¹²저희는 기탄없이 너희와 함께 먹으니 너의 애찬의 암초요 자기 몸만 기르는 목자요 바람에 불려가는 물 없는 구름이요 죽고 또 죽어 뿌리까지 뽑힌 열매 없는 가을 나무요 **¹³자기의 수치의 거품을 뿜는 바다의 거친 물결이요** 영원히 예비된 캄캄한 흑암에 돌아갈 유리하는 별들이라

성경을 가지고 사람이 본능적으로 아는 수준으로 보고 설교하는 자들을 두고 이성 없는 자라고 하며, 이들은 자신이 알지 못하는 것으로 도리어 진리를 훼방하는 목자들이며, 바다의 거친 물결이라고 하신다. 이들은 전부 가인의 길, 고라의 패역을 좇는 자들로 영원히 예비된 캄캄한 흑암, 곧 지옥 불구덩이에 가는 자칭 사제들, 목사들이다. 그래서 언약궤인 성경은 함부로 만지면 안 된다고 하신 것이다. 하나님의 말씀으로 거듭나지 않은 사람이 목사가 되어 성경을 가지고 가르치고 설교하는 것은 모두 이 본문에 해당한다.

영적인 잠에서 깨지 않은 상태가 어떤 것인지 이제는 보이느냐? 온 세상이 이런 자들에 의해 지금까지 이어져 왔다는 것을 온 세상은 몰라도 이제 은혜로교회 성도들은 다 알 것이다. 그래서 '바다'를 마13:47~50절에 악인이라고 예언해 두셨고, 이런 악인들을 두고 시107:23절에서는 바다에서 영업하는 자라고 하셨다.

마13:47~50 ⁴⁷또 천국은 마치 바다에 치고 각종 물고기를 모는 그물과

같으니 [48]그물에 가득하매 물가로 끌어 내고 앉아서 좋은 것은 그릇에 담고 못된 것은 내어 버리느니라 [49]세상 끝에도 이러하리라 천사들이 와서 의인 중에서 악인을 갈라 내어 [50]풀무 불에 던져 넣으리니 거기서 울며 이를 갊이 있으리라

시107:23 선척을 바다에 띄우며 큰 물에서 영업하는 자는

진실로 이 세상이 이러하다. 이제 하나님께서 정하신 때가 되어 이런 바다를 말리신다. 이런 악인들이 일할 시기가 끝났기 때문에 이런 자들에게 숨김없이 광고하고 공포하여 이르라고 하신 것이다. 지금 돌아서면 된다. 그래서 시148:7절에 "너희 용들과 바다여 땅에서 여호와를 찬양하라"라고 하신 것이다.

하나님께서는 죽는 자의 죽는 것도 기뻐하시지 않으시고, 살아서 여호와 하나님을 찬양하기를 바라시는 하나님이시다. 단 한 세대도 이 진리대로 땅에서 사실이 되어 이루어지지 않았지만, 2021년 지금 이 세대로부터는 이 세상 임금들인 용들, 곧 사단, 마귀, 옛 뱀, 아바돈, 아볼루온, 무저갱의 사자, 광명의 천사로 가장한 자들, 원수요 대적자들과 바다, 곧 악인들도 하나님을 하나님으로 바르게 알고 진리를 진리대로 깨달아 하나님을 찬양할 수 있도록 하시기 위해 열방에 기를 세우고, 광고하고 숨김없이 공포하여 세상에 널리 알리라고 하신 것이다. 바다, 곧 악인을 말리시는 이유도 죽이기 위한 것이 아니라 영원히 살리기 위한 것이다. 그 바다를 말리며)

그 샘을 말리리니('샘' 또한 성경을 가지고 성경과 다른 거짓말을 설교하는 자의 입을 '샘'이라고 하셨다. 벧후2:1~22절을 모두 찾아서 교독하거라.

벧후2:17~22 [17]이 사람들은 물 없는 샘이요 광풍에 밀려 가는 안개니 저희를 위하여 캄캄한 어두움이 예비되어 있나니 [18]저희가 허탄한 자랑의 말을 토하여 미혹한 데 행하는 사람들에게서 겨우 피한 자들을 음란으로써 육체의 정욕 중에서 유혹하여 [19]저희에게 자유를 준다 하여도 자기는 멸망의 종들이니 누구든지 진 자는 이긴 자의 종이 됨이니라 [20]만일 저희가 우리 주 되신 구주 예수 그리스도를 앎으로 세상의 더러움을 피한 후에 다시 그중에 얽매이고 지면 그 나중 형편이 처음보다 더 심하리니 [21]의의 도를 안 후에 받은 거룩한 명령을 저버리는 것보다 알지 못하는 것이 도리어 저희에게 나으니라 [22]참 속담에 이르기를 개가 그 토하였던 것에 돌아가고 돼지가 씻었다가 더러운 구덩이에 도로 누웠다 하는 말이 저희에게 응하였도다

그래서 **약3:6~11**절에 이렇게 말씀하신다.

약3:6~11 [6]혀는 곧 불이요 불의의 세계라 혀는 우리 지체 중에서 온 몸을 더럽히고 생의 바퀴를 불사르나니 그 사르는 것이 지옥 불에서 나느니라 [7]여러 종류의 짐승과 새며 벌레와 해물은 다 길들므로 사람에게 길들었거니와 [8]혀는 능히 길들일 사람이 없나니 쉬지 아니하는 악이요 죽

이는 독이 가득한 것이라 ^{9}이것으로 우리가 주 아버지를 찬송하고 또 이것으로 하나님의 형상대로 지음을 받은 사람을 저주하나니 ^{10}한 입으로 찬송과 저주가 나는도다 내 형제들아 이것이 마땅치 아니하니라 ^{11}**샘이 한 구멍으로 어찌 단물과 쓴물을 내겠느뇨**

성경을 가지고 가르치고 설교하는 자는 두 종류밖에 없다. 단물, 곧 살아 계신 하나님의 말씀을 진리 그대로 하느냐? 아니면 쓴물인 지옥불의 설교를 하느냐? 두 종류의 샘이다. 곧 의를 나타내느냐? 불의를 설교하느냐? 두 종류다. 따라서 진리의 성령이 실상이 되어 하나님의 가르치심을 대언하지 않을 때는 모두 죄 아래 가두어져 있었다. 그래서 사람에게서 증거를 취하지 아니하시고, 영광를 취하지 아니하신다고 하셨던 것이다. 그러므로 영원한 언약으로 돌아서지 아니하면 렘6:6~8절의 판결이 사실이 된다.

렘6:6~8 ^{6}나 만군의 여호와가 이같이 말하노라 너희는 나무를 베어서 예루살렘을 향하여 흉벽을 쌓으라 이는 벌 받을 성이라 그중에는 오직 포학한 것뿐이니라 ^{7}**샘이 그 물을 솟쳐냄같이 그가 그 악을 발하니 강포와 탈취가 거기서 들리며 질병과 창상이 내 앞에 계속하느니라** ^{8}예루살렘아 너는 훈계를 받으라 그리하지 아니하면 내 마음이 너를 싫어하고 너로 황무케 하여 거민이 없는 땅을 만들리라

이제 이런 샘, 곧 성경을 가지고 성경과 다른 거짓말로 변개시키고

왜곡하여 가르치는 자들이 있는 교회를 이미 심판하시고 계신다. 이런 샘은 전부 귀신의 가르치는 곳으로 귀신의 처소이며, 이런 곳을 본문에서 예루살렘이라고 하신다.

전대미문의 새 언약으로 돌아서지 아니하는 모든 교회는 이제 다 말리신다. 심판하신다. 이미 성전 문을 닫고 계시는 코로나19의 재앙이 이에 대한 징벌이다. 왜 마스크를 쓰게 하고, 가족이라도 여러 사람이 모이지 못하게 하는지 깨달아야 한다. 온 천하는 이제 하나님의 말씀에 귀를 기울이고, 교회 강단에서 성경과 다른 거짓말을 하는 설교는 입을 막고 잠잠해야 한다. 교인들은 더 이상 속지 않아야 한다. 목사는, 사제는 거짓말하는 설교를 하지 않아야 한다. 이것이 거룩한 금식이다.

이렇게 잠잠하여 입을 닫지 아니하면 렘6:9~15절의 판결대로 사실이 된다.

렘6:9~15 ⁹만군의 여호와께서 이같이 말씀하시되 포도를 땀같이 그들이 이스라엘의 남은 자를 말갛게 주우리라 너는 포도 따는 자처럼 네 손을 광주리에 자주자주 놀리라 하시나니 ¹⁰내가 누구에게 말하며 누구에게 경책하여 듣게 할꼬 보라 그 귀가 할례를 받지 못하였으므로 듣지 못하는도다 보라 여호와의 말씀을 그들이 자기에게 욕으로 여기고 이를 즐겨 아니하니 ¹¹그러므로 여호와의 분노가 내게 가득하여 참기 어렵도다 그것을 거리에 있는 아이들과 모인 청년들에게 부으리니 지아비와 지어미와 노인과 늙은이가 다 잡히리로다 ¹²여호와께서 말씀하시되 내가 그 땅 거민에게 내 손을 펼 것인즉 그들의 집과 전지와 아내가 타인의 소유로 이전되리니 ¹³이는 그들이 가장 작은 자로부터 큰 자까지 다 탐남하며 선지자로부터 제사장까지 다 거짓을 행함이라 ¹⁴그들이 내 백성의 상처를 심상히 고쳐 주며 말하기를 평강하다 평강하다 하나 평강이 없도다 ¹⁵그들이 가증한 일을 행할 때에 부끄러워하였느냐 아니라 조금도 부끄러워 아니할 뿐 아니라 얼굴도 붉어지지 않았느니라 그러므로 그들이 엎드러지는 자와 함께 엎드러질 것이라 **내가 그들을 벌하리니 그때에 그들이 거꾸러지리라** 여호와의 말이니라

그래서 호13:15~16절에 다음과 같이 말씀하신다.

호13:15~16 ¹⁵저가 비록 형제 중에서 결실하나 동풍이 오리니 곧 광야에서 일어나는 여호와의 바람이라 **그 근원이 마르며 그 샘이 마르고 그** 적축한 바 모든 보배의 그릇이 약탈되리로다 ¹⁶사마리아가 그 하나님을 배반하였으므로 형벌을 당하여 칼에 엎드러질 것이요 그 어린아이는 부쉬뜨리우며 그 아이 밴 여인은 배가 갈리우리라

이런 형벌을 전 세계에 알리는 경고가 바로 저 아프가니스탄이 탈레반에 의해 정복당한 일이다. 아이, 노인 할 것 없이 자신들에게 복종하지 아니하면 무차별로 잔인하게 죽이는 자들이 하는 말은 절대 믿으면 안 된다. 온 세상에 그 누구도 사람을 의지하는 자들은 모두 피할 수 없는 전 우주적인 심판 날이다. 오직 하나님만 참 신이시다. 이제 혀로 "주여 주여, 오직 예수여" 하며 진리는 단 한 절도 모르고 스스로 이미 잘

믿고 있다고 생각하는 데서 모두 돌아서야 한다.

혀로 "주여 주여" 말만 하는 악인들을 바다에 비유하시고, 그들의 입에서 나오는 성경과 다른 거짓말, 곧 쓴물, 지옥 불의 소리는 다 말리신다. 이렇게 말리시는 방법이 바로 14년째 **요6:45절**의 말씀이 실상이 되어 하나님께서 친히 가르치시는 말씀, 예수 그리스도께서 승천하시면서 약속하셨던 진리의 성령이 실상이 되어 하나님의 가르치심을 대언하는 이 말씀이다. 이는 전대미문의 새 일인 새 언약이라 이 양식을 먹고 지켜 실행하면 하나님과 동행하여 하나님처럼 영원히 살 수 있는 영생하는 양식이다.

만천하에 드러나는
이리, 절도, 강도의 정체

온 세상에 살고 있는 모든 사람은 이 말씀을 받고 하나님을 경외하고 찬양하면 이 재앙을 피하는 길이 있다.

다시 **렘51:36절**로 가서 보자. "³⁶그러므로 여호와께서 이같이 말씀하시되 보라 내가(네, 곧 신옥주 목사와 은혜로교회 성도들의 송사를 듣고) 너를 위하여 보수하여(곧 보복하여, 복수하여) 그 바다를 말리며(곧 진리를 한 절도 모르면서 성경과 다른 거짓말로 가르친 모든 자들이 하는 설교, 나를 이단이라 정죄하며 이 진리의 도, 여호와 하나님의 도, 영생하도록 있는 영혼의 양식인 영원한 언약, 살아 계신 하나님의 말씀을 듣고 구원에 이르지 못하도록 훼방한 악인들의 입을 말리시고 징벌하신다는 뜻이다.)

그 샘을 말리리니(따라서 나를 이 세상 법에 송사한 이 일은 **렘51: 35~36절**의 말씀대로 하나님을 멸하며, 하나님으로 빈 그릇이 되게 하며, 용같이 하나님을 삼키고, 하나님의 좋은 음식으로 자신들의 배를 채우고 도리어 하나님을 쫓아내었다고 하신 말씀이 땅에 사실이 되어 이루어진 것이다. 특히, 은혜로교회 성도들도 패역하여 결국 나를 감옥에 가두는 송사에 동조한 것이다. 그래서 '복수'라는 용어를 사용하지 않으시고, '보수'라고 하신 것이다. 악인들이 받을 벌이 우리에게 가득하나 하나님께 버림을 입지 아니하였다고 **렘51:5절**에 예언해 두셨던 것이다.

종합하면 **예레미야 50~51장**의 예언이 이미 땅에 사실이 되어 2021년 8월 23일 현재 **렘51:34~36절**이 실행되고 있다. 영원한 언약으로 유다와 이스라엘은 보수, 곧 고치시고 수리하시고 계시고, 귀신의 처소는 복수하시고 계신 징벌이 코로나19 전염병이다.)

[37]바벨론이 황폐한 무더기가 되어서 시랑의 거처와('시랑'은 '이리, 들개, 승냥이'를 말하는데 사람이 본능적으로 아는 짐승이 아니라 마7:15~27절에 이들에 대한 해답이 판결되어 있다.

마7:15 거짓 선지자들을 삼가라 양의 옷을 입고 너희에게 나아오나 속에는 노략질하는 이리라 예수 이름, 하나님의 이름 사용하여 "주여 주여" 하며 성경을 가지고 불법으로 사용하는 자들, 주의 이름으로 귀신도 쫓고, 선지자 노릇 하고, 많은 권능을 행하여 거짓 자랑하는 거짓 선지자들이 바로 교인들의 영혼을 노략질하는 '이리들'이다. 이들이 바로 거룩한 강단에 서 있는 자들이다. 자신들이 이단이고, 사이비다. 그래서 예수님께서 이렇게 말씀하셨던 것이다.

마10:16~22 ¹⁶보라 내가 너희를 보냄이 양을 이리 가운데 보냄과 같도다 그러므로 너희는 뱀같이 지혜롭고 비둘기같이 순결하라 ¹⁷사람들을 삼가라 저희가 너희를 공회에 넘겨주겠고 저희 회당에서 채찍질하리라 ¹⁸또 너희가 나를 인하여 총독들과 임금들 앞에 끌려가리니 이는 저희와 이방인들에게 증거가 되게 하려 하심이라 ¹⁹너희를 넘겨줄 때에 어떻게 또는 무엇을 말할까 염려치 말라 그때에 무슨 말할 것을 주시리니 ²⁰말하는 이는 너희가 아니라 너희 속에서 말씀하시는 자 곧 너희 아버지의 성령이시니라 ²¹장차 형제가 형제를, 아비가 자식을 죽는 데 내어 주며 자식들이 부모를 대적하여 죽게 하리라 ²²또 너희가 내 이름을 인하여 모든 사람에게 미움을 받을 것이나 나중까지 견디는 자는 구원을 얻으리라

이 예언도 예수님 당시에 실상이 되는 말씀이 아니라, 장차, 곧 장래 세대 다시 창조함을 받을 하나님의 백성들에 대한 예언이었고, 반드시 진리의 성령이 실상이 되는 때인 지금 이 세대에 대한 예언이었으며, 이미 사실이 되어 이루어지고 있다.

따라서 우리에 대한 예언이 명백하다. 거짓 선지자들이 가르친 성경과 다른 거짓말들 때문에 14년째 이렇게 송사까지 당하여 감옥에 갇힌 것은 이런 '이리'들 때문이었다. 불법을 행하는 자들에 의해 성경이 모든 것을 죄 아래 가두어 둔 이때, 진리를 진리대로 밝히니 모든 사람의 반대편에 서야 하고, 모든 이론을 다 파하는 강력이기에 모든 사람에게 미움을 받는 것이다. 이는 우리가 이 땅에 오기 전에 이미 우리에게 주어진 사명이요, 십자가다. 그래서 자기 십자가를 지고 예수 그리스도를 좇으라고 하신 것이다.

그리고 다음 눅10:1~3절의 기록이 영적인 추수 때인 지금 이때를 말씀하셨다.

눅10:1~3 ¹이후에 주께서 달리 칠십 인을 세우사 친히 가시려는 각동 각처로 둘씩 앞서 보내시며 ²이르시되 추수할 것은 많되 일군이 적으니 그러므로 추수하는 주인에게 청하여 추수할 일군들을 보내어 주소서 하라 ³갈찌어다 내가 너희를 보냄이 어린양을 이리 가운데로 보냄과 같도다

사람 생각대로 보면 당시의 일 같은데 예수 그리스도께서는 당시가 아님을 말씀하신 것이다. 추수 때, 추수하는 주인이신 하나님에 대해서 말씀하시고, 일군을 보내 달라고 하라 하신 것이 지금 이 세대를 지시하신 것이다.

진실로 이 진리대로 성경을 가지고 성경과 다른 거짓말을 가르치는 거짓 선지자들인 '이리'들로 인하여 핍박을 받고, 공회, 오늘날 사람들

이 만든 총회에 불려 갔고, 이단 시비가 일어났으며, 결국 감옥에까지 갇히게 된 이 일이 '이리'인 거짓 선지자들과 이방인들에게 증거가 되게 하려고 하신 말씀이 실상이 되었다.

'이리'에 대해서 또 가보자. 요10:7~12절이다. "⁷그러므로 예수께서 다시 이르시되 내가 진실로 진실로 너희에게 말하노니 나는 양의 문이라 ⁸나보다 먼저 온 자는 다 절도요 강도니(이 말씀은 저 유대교 랍비들이 충격을 받아야 한다. 자신보다 먼저 온 자는 다 절도, 곧 남의 재물을 몰래 훔치는 사람이며, 강도, 곧 폭행, 협박 등 강제 수단으로 남의 금품을 빼앗는 자라고 하신 것이다. 이렇게 이 본문만 보면 당시 세례 요한도, 유대인 대제사장, 서기관들, 바리새인들이 다 절도요 강도다. 유대인들이야 당연한데 예수님보다 앞서 복음을 전한 세례 요한은 어떻게 된 것일까? 누구도 이렇게 이 말씀대로 당시 세례 요한을 분별하는 사람이 없었을 것이다.

그런데 2021년이 지난 지금 우리는 분별해 보자. 당시 세례 요한은 예수 그리스도를 믿은 것이 아니다. 또한 하나님께서 온 세상의 역사를 통해서 증명하셨다. 예수님이 이 땅에 오시고 이전의 모든 땅의 역사를 무효로 하신 것이 이 말씀이 사실임을 증명하시는 하나님의 증거다. 이 말씀을 인정하지 않고 성경을 사용하는 모든 종교는 하나님 나라와 상관이 없는 절도요 강도다. 또한 이 말씀에는 지금 이 세대에 대한 예언도 감추어져 있다.) 양들이 듣지 아니하였느니라

⁹내가 문이니 누구든지 나로 말미암아 들어가면 구원을 얻고(예수 그리스도로 말미암아 들어가는 곳이 어디일까? 하나님 나라, 곧 천국이

다. 이 말씀에는 비밀이 감추어져 있다.) 또는 들어가며 나오며 꼴을 얻으리라 [10]도적이 오는 것은 도적질하고(거짓 선지자들, 곧 '이리'는 도적질하는 자들이다. 자신도 하나님 나라에 들어가지 않고 교인들도 못 들어가게 하는 절도요, 강도다. 하나님의 계명을 요약한 십계명 중 팔계명에 도적질하지 말라고 하신 것이 바로 이들 때문이다. 가룟 유다는 돈궤를 도적질했다. 이는 사람들의 생각대로 교회 재정을 보다가 은 삼십에 예수님을 팔아먹은 자만이 아니라, 오늘날 거짓 선지자, 곧 '이리'가 다 이에 해당한다. 성전에서 거룩한 척 까운을 입고 성경을 가지고 성경과 다른 거짓말을 하여 일생 목회하는 모든 자들이 절도요, 강도이며, 짐승인 '이리'다. 절대 하나님 나라에 자신도 못 들어가고, 교인들도 못 들어간다.

사42:22 이 백성이 도적 맞으며 탈취를 당하며 다 굴 속에 잡히며 옥에 갇히도다 노략을 당하되 구할 자가 없고 탈취를 당하되 도로 주라 할 자가 없도다

이 예언하신 이대로 전 세계 종교 지도자들이 다 이러하다. 이미 모세를 통해서 성경을 최초로 기록하게 하실 때인 3421년 전에 다 말씀해 두셨고, 전 성경에 도적질하는 자, 절도요 강도가 종교 지도자들이다. 이렇게 된 이유는 하나님의 말씀에 순종치 아니한 결과이며, 예수님께서 이미 모든 죄를 다 지시고 십자가에 죽으셨다고 거짓말을 가르친 거짓 선지자들에 의해 전 세계가 다 이런 자들 아래 가두어져 있다.

사42:23~25절에 이미 결과까지 판결해 두셨다.

사42:23~25 ²³너희 중에 누가 이 일에 귀를 기울이겠느냐 누가 장래사를 삼가 듣겠느냐 ²⁴야곱으로 탈취를 당케 하신 자가 누구냐 이스라엘을 도적에게 붙이신 자가 누구냐 여호와가 아니시냐 우리가 그에게 범죄하였도다 백성들이 그 길로 행치 아니하며 그 율법을 순종치 아니하였도다 ²⁵그러므로 여호와께서 맹렬한 진노와 전쟁의 위력으로 이스라엘에게 베푸시매 그 사방으로 불붙듯 하나 깨닫지 못하며 몸이 타나 마음에 두지 아니하는도다

진실로 전 세계 종교인들이 이러하다. 심판하실 수밖에 없다는 것을 다 보았고, 보고 있다. 이제 더 이상 시간이 없다. 오죽하면 산 채로 불에 던지겠느냐? 모든 종교 지도자들 중에 성경을 가지고 자신들의 원욕대로 보고 거짓말로 설교하고 돈으로 바꾸어 설교한 자들을 가장 먼저 심판하실 수밖에 없다. 그 누구도 몰라서 그랬다고 변명할 수 없다. 우리 안에서 자칭 목사, 사모들을 보며 양심에 화인 맞은 것이 어떤 것인지 뼈저리게, 뼈저리게 본다. 하나님의 말씀으로 거듭나지 않은 영적인 상태에 성경을 사용하면 할수록 자신을 자해하여 자살하는 행위였다.

3421년 전에 이미 **욥24:13~21절**에 이들이 이렇게 할 것과 결과까지 다 판결해 두셨다.

욥24:13~21 ¹³또 광명을 배반하는 사람들은 이러하니 그들은 광명의

길을 알지 못하며 그 첩경에 머물지 아니하는 자라 ¹⁴사람을 죽이는 자는 새벽에 일어나서 가난한 자나 빈궁한 자를 죽이고 **밤에는 도적같이 되며** ¹⁵간음하는 자의 눈은 저물기를 바라며 아무 눈도 나를 보지 못하리라 하고 얼굴을 변장하며 ¹⁶**밤에 집을 뚫는 자는 낮에는 문을 닫고 있은즉 광명을 알지 못하나니** ¹⁷그들은 다 아침을 흑암같이 여기니 흑암의 두려움을 앎이니라 ¹⁸그들은 물 위에 빨리 흘러가고 그 산업은 세상에서 **저주를 받나니** 그들이 다시는 포도원 길로 행치 못할 것이라 ¹⁹가뭄과 더위가 눈 녹은 물을 곧 말리나니 음부가 범죄자에게도 그와 같은 것인즉 ²⁰태가 그를 잊어버리고 구더기가 그를 달게 먹을 것이라 그는 기억함을 다시 얻지 못하나니 불의가 나무처럼 꺾이리라 ²¹그는 잉태치 못하므로 해산치 못한 여인을 학대하며 과부를 선대치 아니하는 자니라

2천 년을 이러한 불의한 재판관들이 거룩한 강단에 서서 하나님의 이름, 예수 이름 사용하여 사람들을 죽이고 도적질했다. 이렇게 기록한 말씀을 가지고 일생 이 판결이 자신들에 대한 판결인 줄 꿈에도 모르고 대접받고 교만하고 거만하여 '내가 목사인데~ 사모인데~' 하는 짐승들이다. 새벽 기도까지 만들어 부자가 되고 자랑하는 살인자, 도적질하는 자, 간음한 자가 강단에서 똥바가지를 쓰고도 부끄러운 줄 모른다. 이런 죄에 죄를 더한 자들이 부자가 되어 무덤 같은 궁전을 짓고, 교인들도 자신의 원욕에 이끌려 그 부자 목사처럼 되고 싶어서 그런 무덤 감옥에 있는 것이다. 강단에 살인자, 도적, 절도, 강도, 우상, 미운 물건, 구더기가 서 있는 줄은 모르고, "아멘" 하고, 살인자의 하인 노릇 하는 것이 무지

몽매한 교인들이다.

왜 눅16:19~31절의 부자가 음부, 곧 지옥 불구덩이에서 혀에 물 한 방울 없이 고통받는 영벌을 받는지 이런 자들은 눈으로 보고도 안 믿는다. 자신들은 이미 하나님께 복을 받아서 부자가 된 줄 안다. 그러고도 남도록 교만하고 거만할 수밖에 없다는 것을 교인 한 명 없이 아무한테 돈 주고, 아니면 공짜라서 목사 안수를 받고도 교만한 흉악한 귀신들을 우리 안에서 보면서 깨달았다. 왜 목사들은 돌아설 수 없는지 14년째 보고 있다.

진실로 귀신이 누군지, 어디에 있는지, 얼마나 교만하고 거만한지, 진저리 나도록 패역한 자들을 보면서 왜 내가 이 세상에 사람으로 태어나기 전에 이미 감옥에 갇혀서 이 진리를 온 세상에 광고하고 공포해야 하는지도 알았다.

왜 거지 나사로가 하나님께서 도우셔서 거지로 한 몫의 삶을 살게 하셨는지도 알게 하셨다. 우리 안에서 너희들을 보며 깨닫게 하시고 말하게 하셨다. 오죽하면 짐승이 사람 되지 않는다고 하겠나? 오죽하면 이기는 자는, 이기는 자는 이라고 하셨을까~ 예수 그리스도께서 왜 신령한 몸으로 부활하시고도 사망과 음부의 열쇠를 세세토록 받으셨는지 이 한 가지 사실만 알아도 온 세상 사람들이 기절해야 한다.

오죽하면 이 세상에 속한 자, 곧 기독교인이 아닌 인생이 신문에 "모든 종교는 사기다"라는 헤드라인으로 광고를 하더라. 맞다. 사기였다. 그러나 또 사기가 아니다. 우리가 증인이다. 창세 이래 그 누구도 몰랐던 천국의 비밀을 이미 14년째 받고 있고, 이미 전 성경 속에 감추어 두신 예언들이 사실이 되었으니 진실로 성경만이 참 진리라는 것을 영원히 육체도 죽지 아니하고 살아서 증거할 것이다.

이런 진리를 듣고도 귀신 노릇 하는 자는 티끌이다. 낙원에 간 자들이 우리 안에서 나오게 하신 이유도 하나님의 도를 나로 하여금 깨닫게 하여 광포하게 하시려고 눈으로 보게 하신 것이다. 우리 안에서는 티끌이라도 창세 이래 최고 축복자들이었다는 것 또한 너희들이 알게 되어 부끄러워할 것이다. 이런 진리를 멸시한 대가는 각자 자신들이 받으며 영원히 이를 갈며 살게 될 것이다.

그러나 '이리'들은 다음과 같이 행동한다. 이리에게 배운 귀신들도 이러하다.

욥24:21 그는 잉태치 못하므로 해산치 못한 여인을 학대하며 과부를 선대치 아니하는 자니라

이 예언은 나에 대한 예언이었다. 하나님께서 정하신 때가 되기 전에는 이러해서 가난하였고, 교인 한 명 없이 시작했으니 무시하고 멸시하여 이인규 같은 구더기, 박형택, 진용식, 오명옥, 탁지일 같은 구더기들이 손가락으로 글을 써서 학대하고, 그 더러운 혀로 학대했으며, 심지어 우리 안에서도 선대함을 받지 못해서 대체육체들, 구더기들에 의해 감옥에 갇힌 것이다.

그러나 나의 이 더러운 오명, 치욕을 이미 하나님께서 변호하시고 보수하시고 계신다. 그래서 다음과 같이 판결해 두셨다. 3421년 전에 이

미 이렇게 예언해 두신 대로 사실이 되어 실행되고 있다. 왜 안청환, 진인수 같은 자들을 너희들을 모으는 데 사용하셨는지 너희는 100년이 지나도 모른다.

욥24:22~25 ²²그러나 하나님이 그 권능으로 강한 자들을 보존시키시니 살기를 바라지 못할 자도 일어나는구나 ²³하나님이 그들을 호위하사 평안케 하시나 그 눈은 그들의 길에 있구나 ²⁴그들은 높아져도 잠시간에 없어지나니 낮아져서 범인처럼 제함을 당하고 곡식 이삭같이 베임을 입느니라 ²⁵가령 그렇지 않을찌라도 능히 내 말을 거짓되다 지적하거나 내 말이 헛되다 변박할 자 누구랴

욥기서의 뜻과 전도서의 뜻을 모르면 영원히 끝이다. 이제 시간이 없다. 이 말을 무시하는 자들은 지옥 불구덩이에 들어갈 지옥 자식들이다. 그래서 욥30:1~8절에서 이렇게 예언해 두셨고, 사실이 되었다.

"¹그러나 이제는 나보다 젊은 자들이 나를 기롱하는구나 그들의 아비들은(마귀다. 그들의 아비들은) 나의 보기에 나의 양 떼 지키는 개(몰각한 목자들을 개에 비유하셨다.) 중에도 둘만 하지 못한 자니라 ²그들은 장년의 기력이 쇠한 자니(그래서 반드시 **히브리서 8장**의 새 언약을 받고 다시 창조되지 아니하면 다 이렇게 된다.) 그 손의 힘이 내게 무엇이 유익하랴

³그들은 곧 궁핍과 기근으로 파리하매 캄캄하고 거친 들에서 마른 흙을 씹으며(영적으로 밤을 지나는 때, 곧 구약부터는 6일, 신약시대부

터는 2일간 이런 영적인 상태로 다 있었다. 2021년 지금 이 시간까지 혀로 "예수, 하나님" 하면서 성경을 사람이 본능적으로 아는 것으로 해석하여 교회생활을 하고 있는 사람들의 실상이 이러하다. 문제는 자신들은 이러한 영적인 상태라고 생각지 않고 도리어 착각을 하고 있다는 것이다. 교회를 다니니까 이미 구원을 받았고, 죽으면 천국 간다고 믿고 있다는 것이다.

2021년 8월 19일 뉴스에 나온 것인데 3월 21일 잠비아의 한 교회 목사가 '그리스도의 부활'을 재현하겠다며 신도들에게 생매장을 부탁하고 생매장한 지 3일째 되는 날 피투성이 상태로 죽은 채 발견되었다고 한다.[33] 이 목사는 자신이 "그리스도의 부활 이후 두 번째 부활의 기적을 증명하겠다"라며 자신에게는 예수 이후 3일 만에 부활할 수 있는 초자연적인 능력이 있다고 주장했다는 것이다. 귀신이 주인이 되어 이렇게 만든 것이다. 이는 극단적인 사건이지만, 히8:13절에 "새 언약이라 말씀하셨으매 첫 것은 낡아지게 하신 것이니 낡아지고 쇠하는 것은 없어져가는 것이니라"라고 하신 말씀대로 2021년까지 땅의 역사가 이를 증명해 주는 것이다.

그래서 지금 이대로 있으면 다음 예언이 실상이 된다.

욜1:2~12 ²늙은 자들아 너희는 이것을 들을지어다 땅의 모든 거민아 너희는 귀를 기울일지어다 너희의 날에나 너희 열조의 날에 이런 일이 있었느냐 ³너희는 이 일을 너희 자녀에게 고하고 너희 자녀는 자기 자녀에게 고하고 그 자녀는 후시대에 고할 것이니라 ⁴팟종이가 남긴 것을 메뚜기가 먹고 메뚜기가 남긴 것을 늦이 먹고 늦이 남긴 것을 황충이 먹었도다 ⁵무릇 취하는 자들아 너희는 깨어 울찌어다 포도주를 마시는 자들아 너희는 곡할찌어다 이는 단 포도주가 너희 입에서 끊어졌음이니 ⁶한 이족이 내 땅에 올라왔음이로다 그들은 강하고 무수하며 그 이는 사자의 이 같고 그 어금니는 암사자의 어금니 같도다 ⁷그들이 내 포도나무를 멸하며 내 무화과나무를 긁어 말갛게 벗겨서 버리니 그 모든 가지가 하얗게 되었도다 ⁸너희는 애곡하기를 처녀가 어렸을 때에 약혼한 남편을 인하여 굵은 베로 동이고 애곡함같이 할찌어다 ⁹소제와 전제가 여호와의 전에 끊어졌고 여호와께 수종드는 제사장은 슬퍼하도다 ¹⁰밭이 황무하고 토지가 처량하니 곡식이 진하여 새 포도주가 말랐고 기름이 다하였도다 ¹¹농부들아 너희는 부끄러워할찌어다 포도원을 다스리는 자들아 곡할찌어다 이는 밀과 보리의 연고라 밭의 소산이 다 없어졌음이로다 ¹²포도나무가 시들었고 무화과나무가 말랐으며 석류나무와 대추나무와 사과나무와 및 밭의 모든 나무가 다 시들었으니 이러므로 인간의 희락이 말랐도다

이 예언은 BC 850년경에 기록된 것이다. 예수 그리스도께서 이 땅에 오시기 전인 2871년 후인 여호와의 날이 되어야 이루어질 예언이었다. 지금 2021년 이때, 여호와의 날인 이때, 진실로 영적으로도 문자 그대로도 이 예언이 사실이 되어 땅에 이루어지고 있다. 세상 끝에 기독교인들이 된 한국은 아직 이 말씀이 피부로 와닿지 않아 하나님의 말씀을 무시하지만, 예수님의 제자들에 의해 기독교, 아니 천주교를 먼저 믿은 저 아프리카나 중동, 유럽을 보아라. 영적으로는 이미 전 세계가 이런 상

태고, 실상으로도 가뭄으로 인해 밭의 소산이 마르고, 아프간을 보아라. 저런 나라들은 **4절**의 말씀대로 현재 진행 중이다. 탈레반에 의해 점령 당하더니 어제 8월 24일 뉴스에는 'IS 이슬람 테러 단체'들의 등장도 나왔다.[34]

> **욜2:13~16** [13]제사장들아 너희는 굵은 베로 동이고 슬피 울찌어다 단에 수종드는 자들아 너희는 곡할찌어다 내 하나님께 수종드는 자들아 너희는 와서 굵은 베를 입고 밤이 맞도록 누울찌어다 이는 소제와 전제를 너희 하나님의 전에 드리지 못함이로다 [14]너희는 금식일을 정하고 성회를 선포하여 장로들과 이 땅 모든 거민을 너희 하나님 여호와의 전으로 몰수히 모으고 여호와께 부르짖을찌어다 [15]오호라 그날이여 여호와의 날이 가까왔나니 곧 멸망같이 전능자에게로서 이르리로다 [16]식물이 우리 목전에 끊어지지 아니하였느냐 기쁨과 즐거움이 우리 하나님의 전에 끊어지지 아니하였느냐

이 상태가 이미 2020년 3월부터 2021년 8월 25일 현재 실상이 되어 있다. 금방 끝날 것 같았던 코로나19가 1년 8개월째 지속되고, 방역 수칙을 어긴 서울 사랑제일교회는 교회 문을 시에서 강제 폐쇄하여 광화문, 서울역에서 온라인 예배로 모여 드리더라. 그들은 자신들이 복음 때문에 핍박을 받는다고 생각할 것이다. 거룩한 금식은 성경을 가지고 성경과 다른 거짓말을 하지 않고 교인들은 성경과 다른 거짓 선지자들의 설교를 듣지 않는 것이다.

욜1:17~20 ¹⁷씨가 흙덩이 아래서 썩어졌고 창고가 비었고 곳간이 무너졌으니 이는 곡식이 시들었음이로다 ¹⁸생축이 탄식하고 소 떼가 민망해 하니 이는 꼴이 없음이라 양 떼도 피곤하도다 ¹⁹여호와여 내가 주께 부르짖으오니 불이 거친 들의 풀을 살랐고 불꽃이 밭의 모든 나무를 살랐음이니이다 ²⁰들짐승도 주를 향하여 헐떡거리오니 시내가 다 말랐고 들의 풀이 불에 탔음이니이다

욜2:1~11 ¹시온에서 나팔을 불며 나의 성산에서 호각을 불어 이 땅 거민으로 다 떨게 할찌니 이는 여호와의 날이 이르게 됨이니라 이제 임박하였으니 ²곧 **어둡고 캄캄한 날이요** 빽빽한 구름이 끼인 날이라 새벽 빛이 산 꼭대기에 덮인 것과 같으니 이는 많고 강한 백성이 이르렀음이라 **이같은 것이 자고 이래로 없었고 이후 세세에 없으리로다** ³불이 그들의 앞을 사르며 불꽃이 그들의 뒤를 태우니 그 전의 땅은 에덴 동산 같았으나 그 후의 땅은 황무한 들 같으니 그 들을 피한 자가 없도다 ⁴그 모양은 말 같고 그 달리는 것은 기병 같으며 ⁵그들의 산꼭대기에서 뛰는 소리가 병거 소리와도 같고 불꽃이 초개를 사르는 소리와도 같으며 강한 군사가 항오를 벌이고 싸우는 것 같으니 ⁶그 앞에서 만민이 송구하여 하며 무리의 낯빛이 하얘졌도다 ⁷그들이 용사같이 달리며 무사같이 성을 더위잡고 오르며 각기 자기의 길로 행하되 그 항오를 어기지 아니하며 ⁸피차에 부딪히지 아니하고 각기 자기의 길로 행하며 병기를 충돌하고 나아가나 상치 아니하며 ⁹성중에 뛰어 들어가며 성 위에 달리며 집에 더위잡고 오르며 도적같이 창으로 들어가니 ¹⁰그 앞에서 **땅이 진동하며 하늘이 떨며** 일

월이 캄캄하며 별들이 빛을 거두도다 ¹¹여호와께서 그 군대 앞에서 소리를 발하시고 그 진은 심히 크고 그 명령을 행하는 자는 강하니 여호와의 날이 크고 심히 두렵도다 당할 자가 누구이랴

이 예언이 실상이 되는 때가 여호와의 날, 인자의 날이다. 이렇게 지금 전 세계 성경을 사용하는 모든 종교가 도적질한 '이리들'로 인해 영적으로 캄캄한 시대가 된 것이다. 이대로 전 세계 교회가 불의, 불법에서 하나님의 말씀으로 돌아서지 아니하면 전에도 없었고, 후에도 없는 이 말씀대로 땅에서 실상이 된다. 다시 욥30:4절로 가자.)

욥30:4~8 ⁴떨기나무 가운데서 짠 나물도 꺾으며 대싸리 뿌리로 식물을 삼느니라 ⁵무리는 도적을 외침같이 그들에게 소리 지름으로 그들은 사람 가운데서 쫓겨나서 ⁶침침한 골짜기와 흙 구덩이와 바위 구멍에서 살며 ⁷떨기나무 가운데서 나귀처럼 부르짖으며 가시나무 아래 모여 있느니라 ⁸그들은 본래 미련한 자의 자식이요 비천한 자의 자식으로서 고토에서 쫓겨난 자니라

영적인 도적질하는 자들, 곧 사람은 본래 하나님의 것인데 이런 사람들을 성경을 가지고 성경과 다른 거짓말로 설교하여 자기 하인으로 삼는 자, '이리'의 자식들이 다 이러하다. 이들이 저 밖에 있는 믿지 아니하는 불신자들이 아니라, 예수 이름 사용하는 자들로 교회 안에 실상이 되어 있다. 증명한다. 렘5:1~6절이다.

렘5:1~6 ¹너희는 예루살렘 거리로 빨리 왕래하며 그 넓은 거리에서 찾아보고 알라 너희가 만일 공의를 행하며 진리를 구하는 자를 한 사람이라도 찾으면 내가 이 성을 사하리라 ²그들이 여호와의 사심으로 맹세할찌라도 실상은 거짓 맹세니라 ³여호와여 주의 눈이 성실을 돌아보지 아니하시나이까 주께서 그들을 치셨을찌라도 그들이 아픈 줄을 알지 못하며 그들을 거의 멸하셨을찌라도 그들이 징계를 받지 아니하고 그 얼굴을 반석보다 굳게 하여 돌아오기를 싫어하므로 ⁴내가 말하기를 이 무리는 비천하고 우준한 것 뿐이라 여호와의 길, 자기 하나님의 법을 알지 못하니 ⁵내가 귀인들에게 가서 그들에게 말하리라 그들은 여호와의 길, 자기 하나님의 법을 안다 하였더니 그들도 일제히 그 멍에를 꺾고 결박을 끊은지라 ⁶그러므로 수풀에서 나오는 사자가 그들을 죽이며 사막의 이리가 그들을 멸하며 표범이 성읍들을 엿보온즉 그리로 나오는 자마다 찢기오리니 이는 그들의 허물이 많고 패역이 심함이니이다

그래서 예루살렘을 다시 택하신 것이다. 도적 '이리'에 대한 진리의 눈으로 다시 요10:10절로 가자. "도적이 오는 것은 도적질하고 죽이고" 이렇게 하나님의 이름, 예수 이름으로 교인들을 죽이고 있다고 이 세대에 누가 믿겠느냐? 진실로 사실이다. 요10:7~9절까지의 본문만 문자 그대로 보면 절대 천국의 비밀을 모르고, 사람의 소리로 가르친 귀신들의 가르침이 '맞구나~' 하고 아무 생각 없이 "오직 예수, 오직 예수" 하면 다 하나님의 교회인 줄 알고, 육체가 죽으면 천국 간다고 생각하고, 자신들은 이미 구원받은 사람들이라고 착각한다.

천국, 곧 하나님 나라는 죽어서 가는 곳이 아닌 육체가 살아서 살아 계신 하나님의 말씀으로 거듭나서 하나님의 뜻을 행하는 자들이 들어간다. 그래서 예수 그리스도께서 다시 재림하신다고 하셨던 것이다. 그런데 귀신들이 가르친 말대로라면 7~9절은 어떻게 해석할 것이냐? 지금 전 세계 천주교, 기독교인들은 예수 그리스도보다 먼저 온 자는 다 절도요 강도라고 하신 말씀은 어떻게 해석할 것인가? 다시 7~9절을 보자.

요10:7~9 ⁷그러므로 예수께서 다시 이르시되 내가 진실로 진실로 너희에게 말하노니 나는 양의 문이라 ⁸나보다 먼저 온 자는 다 절도요 강도니 양들이 듣지 아니하였느니라 ⁹내가 문이니 누구든지 나로 말미암아 들어가면 구원을 얻고 또는 들어가며 나오며 꼴을 얻으리라

이 말씀은 예수님 당시 유대교인들에게만 해당하는 말일까? 그렇다면 2021년 8월 25일 현재는 예수 이름, 하나님의 이름 사용하는 강도와 절도가 없어야 한다. 그런데 구약시대와는 비교할 수 없도록 강도와 절도, 도적질하는 자들과 거짓 선지자들인 '이리'가 너무 많은 이유는 어떻게 설명할 것인가?

갈3:23절의 말씀인 성경이 모든 것을 죄 아래 가두어 둔 것이라 하신 말씀은 어떻게 설명할 것이며, 요일5:18~19절에 "¹⁸하나님께로서 난 자마다 범죄치 아니하는 줄을 우리가 아노라 하나님께로서 나신 자가 저를 지키시매 악한 자가 저를 만지지도 못하느니라 ¹⁹또 아는 것은 우리는 하나님께 속하고 온 세상은 악한 자 안에 처한 것이며"라고 하신

이 말씀은 또 어떻게 해석할 것이냐?

그래서 **갈3:22~23절**을 이미 예언해 두신 것이고, 더욱 명백한 증거는 **히브리서 8장**의 새 언약인 영원한 언약을 할 때인 전 우주적인 일곱째 날, 여호와의 날, 인자의 날이 되어야 하나님께로서 난 자, 곧 거룩한 자들에게 다음 말씀이 실상이 된다.

롬8:14~19 ¹⁴무릇 하나님의 영으로 인도함을 받는 그들은 곧 하나님의 아들이라 ¹⁵너희는 다시 무서워하는 종의 영을 받지 아니하였고 양자의 영을 받았으므로 아바 아버지라 부르짖느니라 ¹⁶성령이 친히 우리 영으로 더불어 우리가 하나님의 자녀인 것을 증거하시나니 ¹⁷자녀이면 또한 후사 곧 하나님의 후사요 그리스도와 함께한 후사니 우리가 그와 함께 영광을 받기 위하여 고난도 함께 받아야 될 것이니라 ¹⁸생각건대 현재의 고난은 장차 우리에게 나타날 영광과 족히 비교할 수 없도다 ¹⁹피조물의 고대하는 바는 하나님의 아들들의 나타나는 것이니

이 말씀들은 이 말씀을 기록한 사도 바울 당시에 그들에게 실상이 아니라, 그때는 '장차'이지만 2021년 8월 25일 지금은 이미 장차, 곧 장래 일을 모든 진리 가운데로 인도하는 진리의 성령이 실상이 되어 나타난 지금 이 세대에 사실이 되어 땅에 그대로 이루어지는 말씀이었다.

따라서 **고전13:10~12절**에 "¹⁰온전한 것이 올 때에는 부분적으로 하던 것이 폐하리라 ¹¹내가 어렸을 때에는 말하는 것이 어린아이와 같고 깨닫는 것이 어린아이와 같고 생각하는 것이 어린아이와 같다가 장성

한 사람이 되어서는 어린아이의 일을 버렸노라 [12]우리가 이제는 거울로 보는 것같이 희미하나(라고 한 이때가 2천 년간 이어져 온 것이고, 이는 본래 하나님께서 계획하여 정해 두신 기간이었다. 그래서 사도 바울을 통하여 이렇게 말씀해 두신 것이다.)

그때에는 얼굴과 얼굴을 대하여 볼 것이요(라고 하신 이 예언이 2008년 6월 16일부터 사실이 되어 이루어진 것인데 너희들이 몰랐던 것이다. 본문의 '그때'가 14년째 이 일이다. 여러 군데가 아니고, **요6:45절**이 실상이 되어 하나님 아버지의 가르치심을 진리의 성령이 대언하는 나를 통한 이 일이다. "이제는"도 사도 바울 당시에는 2008년 6월 16일 이전까지가 '이제는'에 해당하는 기간이며, 다른 말로 밤에 속하는 기간이라 밤의 빛인 달과 별들에 의해서 그 아래 있을 때는 모두)

이제는 내가 부분적으로 아나(지금 전 세계 성경을 사용하는 모든 종교가 다 좋은 의미로 이 말씀에 해당한다. 부분은 다른 말로 하면 '조각'이다. 그래서 사람의 소리, 사람의 일로만 보게 되는 기간에 해당하여 희미했던 것이다. 이 말을 알아듣는 것은 그래도 영적인 잠에서 깨어난 것이다.) 그때에는 주께서 나를 아신 것같이 내가 온전히 알리라"라고 하신 이 말도 당시 바울이 본문의 '나'가 아니라 2021년 8월 25일 현재 나와 우리 각 성도들이 이 '나'의 실상의 주인공이다. 이렇게 성경을 성경으로 분별해 보니까 전 성경 기록 목적이 너무 명백하게 지금 이 세대를 지시하신 하나님의 뜻이 보일 것이다.

그래서 예수 그리스도는 반드시 '새 언약', 곧 **히브리서 8장**의 새 언약을 하고 있는 14년째 이 일의 중보로 오신 것이다. 따라서 **요10:8절**의 말씀은 문자 그대로는 예수 그리스도를 말씀하시지만, 말의 뜻은 삼 일째 되는 때, 곧 2천 년이 지나서 하나님께서 친히 **요6:45절**의 말씀대로 "선지자의 글에 저희가 다 하나님의 가르치심을 받으리라 기록되었은즉 아버지께 듣고 배운 사람마다 내게로 오느니라"라고 하신 말씀이 실상이 된 이때 이전의 모든 예수 이름 사용하는 자들은 다 **요10:8절** "나보다 먼저 온 자는 다 절도요 강도니 양들이 듣지 아니하였느니라"라고 하신 이 말씀이 사실이 되어 이어져 온 기간이었다. 그래서 본문의 '양들'도 지금 이 언약을 받고 있는 우리에 대한 예언이 명백하다. 증명한다.

일곱째 날에 실상이 된
하나님의 양 무리

시95:7절에 "대저 저는 우리 하나님이시요 우리는 그의 기르시는 백성이며 그 손의 양이라 너희가 오늘날 그 음성 듣기를 원하노라"라고 하신 예언이 바로 2008년 6월 16일에 실상이 된 것이다. 그때는 너희들이 전부 영적인 깊은 잠을 자고 있었지만 이제 13년이 지난 2021년 지금은 이 진리가 땅에 사실이 되었음을 사람과 하나님 앞에 시인할 수 있다.

그리고 **시107:41~43절**의 예언도 이제 사실이 되었다.

시107:41~43 ⁴¹궁핍한 자는 곤란에서 높이 드시고 그 가족을 양 무리 같게 하시나니 ⁴²정직한 자는 보고 기뻐하며 모든 악인은 자기 입을 봉하리로다 ⁴³지혜 있는 자들은 이 일에 주의하고 여호와의 인자하심을 깨달으리로다

이 예언은 이미 14년째 사실이 되어 이루어지고 있다. 의인 중에 악인을 골라내는 세상 끝, 곧 악인들이 일할 시기가 끝나는 지금 이때, 하나님의 가르치심을 받고 지켜 실행하여 영원하신 하나님의 권속이 된 우리를 하나님의 양 무리 같게 하신 것이다. 절대 다른 세대가 아닌 지금 2021년 이 세대에 예수 그리스도를 진실로 믿는 우리가 예수께서 "나는 양의 문이니"라고 하신 말씀이 사실이 되어 이루어진 영원한 가족이다. 그래서 마12:50절에 "누구든지 하늘에 계신 내 아버지의 뜻대로 하는 자가 내 형제요 자매요 모친이니라"라고 하신 것이다. 이렇게 기록된 말씀이 땅에 사실이 되어 그대로 이루어지는 것이 진리이며, 진리는 절대 상상이 아니라 반드시 '실상'이다.

또 증명한다. 시79:11~13절이다. "¹¹갇힌 자의 탄식으로 주의 앞에 이르게 하시며 죽이기로 정한 자를 주의 크신 능력을 따라 보존하소서 (너무 정확하게 나와 성도들이 진실로 하나님의 말씀대로 보고 듣고 믿고 지켜 실행한 일 때문에 감옥에 갇혔고, 이로 인하여 3년이 넘게 탄식하며 말씀과 기도로 간구하고 있다.) ¹²주여 우리 이웃이 주를 훼방한 그 훼방을 저희 품에 칠 배나 갚으소서 ¹³그러하면 주의 백성 곧 주의 기르시는 양 된 우리는 영원히 주께 감사하며 주의 영예를 대대로 전하리이다"

BC 1000~400년경에 기록된 이 예언은 3021년이 지난 2021년에

사실이 되었고, 하나님의 백성, 곧 하나님께서 친히 기르시는 양이 된 은혜로교회 성도들에 대한 예언이다.

하나님의 양들은 하나님께서 영원하시듯이 반드시 영원한 언약을 듣고 지켜 실행하므로 하나님께서 기르시는 양 된 우리는 영원히 살아 계신 하나님께 감사하며, 하나님의 영예를 대대로 영원히 전하는 영영한 사역자가 된다. 이 기이한 일을 온 세상에 알리시기 위해 감옥에 갇히는 이 일은 나와 성도들이 이 땅에 사람으로 태어나기 전에 이미 예정되어 있었던 일이다.

창섭 성도야, 두 눈으로 똑똑하게 보거라. 너에 대한 예언이 사실이 되어 있다. 전 은혜로교회 성도는 똑똑히 보고 듣거라. 이 사실을 안 믿는 것이 하나님을 안 믿는 것이고, 하나님께 패역하는 것이다. 이런 진리를 안 믿으면 귀신이 원하는 대로 자기의 원욕대로 살고 자기 소견대로 살다가 육체가 죽어 그 혼은 영원한 지옥 불구덩이에서 영원히 영벌을 받으며 고통 하며 살아야 한다. 이런 진리를 안 믿고 천국도 지옥도 없다고 하는 더러운 귀신은 너를 죽이려고 하는 것이다. 지금 깨닫고 버리면 된다. 증명한다.

시102:12~22절에도 명백하게 기록된 2021년 8월 25일 지금 우리에 대한 예언이 이미 이루어져서 현재 실행 중이다. 전 성경 기록이 정확하게 지금 이 세대 우리를 목적으로 기록되었고, 이에 대한 하나님의 증거가 감옥에 갇힌 자가 되어 3년이 지난 나와 성도들에 대한 예언이다. 모두 정신 차리고 하나님의 증거를 받거라.

시102:12~22 ¹²여호와여 주는 영원히 계시고 주의 기념 명칭은 대대에 이르리이다 ¹³주께서 일어나사 시온을 긍휼히 여기시리니 지금은 그를 긍휼히 여기실 때라 **정한 기한이 옴이니이다** ¹⁴주의 종들이 시온의 돌들을 즐거워하며 그 티끌도 연휼히 여기나이다 ¹⁵이에 **열방이 여호와의 이름을 경외하며 세계 열왕이 주의 영광을 경외하리니** ¹⁶**대저 여호와께서 시온을 건설하시고 그 영광 중에 나타나셨음이라** ¹⁷여호와께서 빈궁한 자의 기도를 돌아보시며 저희 기도를 멸시치 아니하셨도다 ¹⁸이 일이 장래 세대를 위하여 기록되리니 창조함을 받을 백성이 여호와를 찬송하리로다 ¹⁹여호와께서 그 높은 성소에서 하감하시며 하늘에서 땅을 감찰하셨으니 ²⁰**이는 갇힌 자의 탄식을 들으시며 죽이기로 정한 자를 해방하사** ²¹**여호와의 이름을 시온에서, 그 영예를 예루살렘에서 선포케 하려 하심이라** ²²**때에 민족들과 나라들이 모여 여호와를 섬기리로다**

이 예언은 창세 이래 단 한 세대도 이루어진 적이 없었고, 반드시 다시 택하신 새 예루살렘, 다른 말로 '시온'을 현재 건설하시고 계신다. 14년째 나를 통한 이 일에 대한 예언이 명백하다. **20절**에 "갇힌 자의 탄식을 들으시며 죽이기로 정한 자를 해방하사"라고 하신 예언의 주인공이 우리에 대한 하나님의 증거다. 곧 히9:27절에 "한 번 죽는 것은 사람에게 정하신 것이요 그 후에는 심판이 있으리니"라고 하신 말씀을 능가하는 자, 곧 어미인 만세 전에 육체도 죽지 아니하고 영생을 얻어 하나님 나라에 들어가는 또 다른 보혜사인 진리의 성령과 함께 영원한 가속이 된 자들을 지칭하신 것이다.

다시 말하면 모든 사람은 누구나 한 번 육체가 죽어야 하는데 그 말씀을 능가하여 하나님과 함께, 하나님처럼 사는 자들, 곧 **계3:7~13절**의 빌라델비아 교회의 사자, **호2:19~20절**의 예언이 실상이 된 자, 해를 입은 자, 따라서 육체가 살아서 하나님께로서 난 자가 되어 하나님께서 영원히 거하시는 성전이 된 자들을 말씀하시는 것이다. 이들이 있는 곳을 새 예루살렘, 다른 말로 시온을 건설하시고 이 시온에서 여호와 하나님의 영예를 선포케 하신다.

이미 시온을 세우시고 돌들을 떡덩이로 만들고 계신다. 따라서 이 본문은 명백하게 우리에 대한 예언이 사실이 되고 있다는 증거가 하나님의 말씀을 실행하다가 감옥에 갇힌 자가 된 이 일이다. 반드시 3년이 넘는 이 탄식 소리를 들으시고 죽이기로 정한 자를 해방하신다.

이렇게 하시는 이유는 **시100:1~5절**의 예언대로 이루시기 위함이다.

시100:1~5 [1]온 땅이여 여호와께 즐거이 부를찌어다 [2]기쁨으로 여호와를 섬기며 노래하면서 그 앞에 나아갈찌어다 [3]여호와가 우리 하나님이신 줄 너희는 알찌어다 그는 우리를 지으신 자시요 우리는 그의 것이니 그의 백성이요 그의 기르시는 양이로다 [4]감사함으로 그 문에 들어가며 찬송함으로 그 궁정에 들어가서 그에게 감사하며 그 이름을 송축할찌어다 [5]대저 여호와는 선하시니 그 인자하심이 영원하고 그 성실하심이 대대에 미치리로다 그러므로 반드시 **히브리서 8장**의 새 언약으로 다시 창조된 자들이 이 본문의 실상의 주인공들이다. 절대 다른 세대가 아닌 지금 이 세대, 예수 그리스도를 믿는 기독교인 중에 전대미문의 새 언약으로 하나님께서 다시 제조하셔서 죄를 짓지 아니하는 자들로 거듭난 영원한 가속, 하나님께서 친히 기르시는 양들이다.

이런 진리의 눈으로 요10:7~8절을 다시 읽자.

요10:7~8 ⁷그러므로 예수께서 다시 이르시되 내가 진실로 진실로 너희에게 말하노니 나는 양의 문이라 ⁸나보다 먼저 온 자는 다 절도요 강도니 양들이 듣지 아니하였느니라

이렇게 말씀하신 대로 14년째 나를 통한 이 일 전에 모든 자들이 다 "나보다 먼저 온 자는 다 절도며 강도니"라고 하신 예언에 해당한다. 곧 예수 그리스도께서 하신 말씀은 하나님의 말씀을 대언하신 것이다. 그 증거가 다음 말씀들이다.

계19:10 내가 그 발 앞에 엎드려 경배하려 하니 그가 나더러 말하기를 나는 너와 및 예수의 증거를 받은 네 형제들과 같이 된 종이니 삼가 그리하지 말고 오직 하나님께 경배하라 **예수의 증거는 대언의 영이라** 하더라

요14:10 나는 아버지 안에 있고 아버지는 내 안에 계신 것을 네가 믿지

아니하느냐 내가 너희에게 이르는 말이 스스로 하는 것이 아니라 아버지께서 내 안에 계셔 그의 일을 하시는 것이라

　　이런 영적인 눈으로 요10:7~8절의 말씀을 보면 명백하게 예수 그리스도께서 양의 문이다. 그런데 예수 그리스도로 말미암아 하나님 나라에 들어가는 때, 곧 하나님께서 정하신 때가 2천 년이 지나야 했다. 그래서 예수 그리스도께서 말씀하신 예언이 실상이 될 이때가 되어야 예수 그리스도를 진실로 믿는 자들이 나오게 된다.

요6:45 선지자의 글에 저희가 다 하나님의 가르치심을 받으리라 기록되었은 즉 아버지께 듣고 배운 자마다 내게로 오느니라

요15:26 내가 아버지께로서 너희에게 보낼 보혜사 곧 아버지께로서 나오시는 진리의 성령이 오실 때에 그가 나를 증거하실 것이요

요6:27 썩는 양식을 위하여 일하지 말고 영생하도록 있는 양식을 위하여 하라 이 양식은 인자가 너희에게 주리니 인자는 아버지 하나님의 인치신 자니라

　　그래서 요6:28~29절에 이렇게 말씀하신 것이다.

요6:28~29 [28]저희가 묻되 우리가 어떻게 하여야 하나님의 일을 하오리

이까 ^{29}예수께서 대답하여 가라사대 하나님의 보내신 자를 믿는 것이 하나님의 일이니라 하시니

　요6:28~29절의 말씀은 예수님 당시는 당연히 일 순위가 예수 그리스도가 하나님께서 보내신 자다. 따라서 중층의 소리까지는 '예수 그리스도에 대해서'라고 해석을 해야 한다. 그런데 여호와의 날인 지금 이 세대에는 예수께서 아버지께로서 보내시겠다고 약속하신 진리의 성령을 믿는 것이 하나님의 일이다. 이유는 진리의 성령이 실상이 되어 와야 예수 그리스도에 대해서 모든 진리 가운데로 인도하여 예수님이 하나님께서 이 땅에 보내신 아들이며, 보내신 목적은 새 언약의 중보로 보내셨다고 신령한 것을 신령한 것으로 온전히 해석하여 대언할 때, 진실로 하나님께로서 보냄을 받은 아들이시고, 아들을 통하여 하나님께서 당신의 뜻을 나타내시고 보내신 목적 또한 명백하게 알고 계명을 지켜 실행하므로 우리로 하여금 육체가 살아서 하나님 나라에 들어가게 하는 것이다.

　따라서 지금 이때가 되기 전까지는 천국의 비밀이 열리지 않았고, 이때 이전에 예수 이름을 사용한 자들은 시험하는 돌에 넘어져 있었다. 그래서 "누구든지 나를 인하여 실족하지 아니하는 자는 복이 있도다"라고 하신 것이다. 이렇게 진리를 진리대로 분별하면 요10:7~8절에 "절도요 강도니"라고 하신 말씀에 해당하는 자들은 예수 이름으로 실족한 것이다. 그래서 이들을 두고 '이리'라고 하신 것이다. 이 본문을 해답만 말하면 이해가 안 되어서 귀신들이 준동한다. 그러나 사실이다.

　더 이해를 돕기 위해 요6:35절의 말씀이 2008년 6월 16일 이전까

지 아무도 실상이 된 사람이 없었다는 것이 명백한 증거다. "예수께서 가라사대 내가 곧 생명의 떡이니 내게 오는 자는 결코 주리지 아니할 터이요 나를 믿는 자는 영원히 목마르지 아니하리라"라고 하신 이 말씀은 2021년 8월 25일 이제 우리에게 14년째 사실이 되었다. 이에 대해서는 은혜로교회 성도들이 증인들이다.

다른 모양으로 말하면 전대미문의 새 일, 새 언약인 영원한 언약이 바로 이 본문이 14년째 실상이 되어 영원히 목마르지 아니하는 영혼의 양식이고, 그래서 영생하여 하나님 나라에 들어간다. 이런 양식은 하나님의 인치신 자인 나를 사용하셔서 하나님께서 친히 먹이시는 영원한 언약이다.

그러므로 명확하고 명백하게 2008년 6월 16일부터 요10:7~8절의 말씀이 실상이 되었다. 너희가 은혜로교회에 오기 전에 귀신들이 가르친 성경과 다른 거짓말을 듣지 않았어야 했다. 그들은 다 절도요 강도였고, 그들로 인해 이렇게 오랫동안 말씀을 받고도 깨달음이 없는 것이 그 증거다. 귀신이 가르친 거짓말이 화인이 되어 양심이 지옥 불의 소리에 지져진 것이라 자신의 영적인 상태, 언행을 부끄러움도 모르고 치매 환자처럼 행동한다. 어떻게 죄가 죄인 줄 모르나? 거짓말을 하면서 거짓말인 줄 모른다는 것이 말이 되나? 온갖 부정적인 언행, 시기, 질투, 미움, 음란, 거짓말, 더러운 것을 옆에 있는 가족들은 너를 보고 분별하는데 왜 너만 모르나? 그래서 깨달음이 없는 것이 저주다.

육체가 살아서
천국에서 영생하는 길

　요10:9절에 "내가 문이니 누구든지 나로 말미암아 들어가면(혀로 "오직 예수" 하면서 교회 다니고 봉사하고 헌금한다고 천국에 들어가는 것이 아니다. 하나님께서 아들을 이 땅에 보내신 뜻이 무엇인지 알고 깨달아 예수 그리스도를 통해서 주신 계명을 지켜 실행하므로 들어간다. 그래서 마7:21절에 "나더러 주여 주여 하는 자마다 천국에 다 들어갈 것이 아니요 다만 하늘에 계신 내 아버지의 뜻대로 행하는 자라야 들어가리라"라고 하셨다.

　부자 관원, 오늘날 목사가 예수 그리스도께 찾아와서 내가 무엇을 하여야 영생을 얻겠느냐고 물었고, 예수님은 하나님의 계명을 지키라고 했다. 부자 관원은 자신은 다 지켰다고 한다. 하지만 그 생각은 부자 자신의 생각이고, 그 부자는 단 한 계명도 지키지 아니했고 모두 어겼다. 그런데 예수님은 당시에 부자에게 네가 계명을 다 어겼다고 말씀하시지 않았다. 그리고 오히려 한 가지 부족한 것이 있다고 하시며, 가서 너 있는 것을 다 팔아 가난한 자들을 주라고 하시고, 그리하면 하늘의 보화가 네게 있으리라 그리고 와서 예수님을 좇으로라고 하신다.

　그 사람은 재물이 많은 사람이라 이 말씀을 인하여 근심하며 돌아가고, 예수님은 제자들에게 재물이 있는 자는 하나님 나라에 들어가기 심히 어렵다고 하신다. 이 말씀을 들은 제자들은 사람 차원으로 들었으니 예수님의 말씀에 놀라는지라 또 말씀하신다. 하나님 나라에 들어가기가 어떻게 어려운지 약대, 곧 낙타가 바늘귀로 들어가는 것이 부자가 하나님 나라에 들어가는 것보다 쉽다고 하신다. 이에 제자들은 심히 놀라서 그런즉 누가 구원을 얻을 수 있을까 한다. 이에 예수님은 사람으로는 할 수 없으되 하나님으로는 다 하실 수 있다고 하시면서 영생과 하나님 나라에 들어가는 방법을 말씀하셨다. 마19:16~30절, 눅18:18~30절, 막10:17~31절의 예언이다. 이 중 막10:29~31절에 이렇게 말씀하신다.

막10:29~31 [29]예수께서 가라사대 내가 진실로 너희에게 이르노니 나와 및 복음을 위하여 집이나 형제나 자매나 어미나 아비나 자식이나 전토를 버린 자는 [30]금세에 있어 집과 형제와 자매와 모친과 자식과 전토를 백 배나 받되 핍박을 겸하여 받고 내세에 영생을 받지 못할 자가 없느니라 [31]그러나 먼저 된 자로서 나중 되고 나중 된 자로서 먼저 될 자가 많으니라

이 말씀대로 지켜 실행하는 자가 요10:9절의 말씀대로 실상이 되어 하나님 나라에 들어간다. 이미 창세 이래 유일하게 우리가 이대로 지켜 실행했다. 이렇게 정확하고 명확하게 진리대로 천국에 들어가는 것이다. 진리는 이런데 혀로 "오직 예수" 하며 교회만 다니면 죽어서 천국 간다고 속이는 자들은 다 '절도요 강도이며 도적질하는 자들이요 이리'다. 이렇게 진리대로 지켜 실행하여)

구원을 얻고(이 구원 또한 지금 이 세대 우리처럼 실상으로 온전히 구원을 얻는 것을 말한다.) 또는 들어가며 나오며 꼴을 얻으리라(천국이

하나님 나라가 죽어서 가는 곳이 아닌 증거가 바로 이 말씀이다. 육체가 살아서 구원을 얻어 들어가며 나오며 꼴을 얻는다.

'꼴'은 지극히 풍성하여 무엇 하나 부족함이 없이 만족한 영혼의 양식을 뜻한다. 문자 그대로는 짐승을 먹이는 풀, 특히 양이나 소 등 가축들이 먹기에 적합한 목초를 말한다. 이는 온전한 구원을 얻어 실상이 되는 땅이 이러하다는 비밀이 감추어져 있다. 진실로 이러하다. 낙토가 진실로 이러하여 대가족이 평안하고 안락하게 사는 땅, 하나님께서 예비하신 땅에 대한 비밀이 실상이 되어 이미 우리에게 이루어져 있다. 이런 진리를 안 믿는 자는 차라리 태어나지 않는 것이 그 사람에게 더 유익하다. '꼴'에 대해서 증명한다.

욥6:5 들나귀가 풀이 있으면 어찌 울겠으며 소가 꼴이 있으면 어찌 울겠느냐

문자 그대로는 들나귀, 소의 먹이가 꼴이고 영적으로는 사람을 들나귀와 소에 비유하신 것이다. 사람이 먹을 영혼의 양식을 꼴이라고 하고, 문자 그대로도 소에게 양식이다. 그리고 위 본문은 1400년 후에 예수 그리스도께서 이 땅에 오시고 사역하신 기간이 끝나도 2천 년이 지나야 꼴을 얻을 수 있음도 예언되어 있다. 또한 교회마다 이 산, 저 산 다니며 "주여" 하며 울 것을 감추어 두신 것이다. 그래서 이렇게 말씀하신다.

잠27:23~25 ²³네 양 떼의 형편을 부지런히 살피며 네 소 떼에 마음을

두라 ²⁴대저 재물은 영영히 있지 못하나니 면류관이 어찌 대대에 있으랴 ²⁵풀을 벤 후에는 새로 움이 돋나니 산에서 꼴을 거둘 것이니라

'산'에서 꼴을 거두는 것도 아무 산이 아니고, 거룩한 산, 시온산, 새 예루살렘에서 꼴을 거둘 것이라고 하신 것이다. 진실로 이 예언이 사실이었다. 인생 중에서는 꼴을 거둘 수 없고 반드시 하나님께서 정하신 때, 정하신 곳에서 꼴을 얻고 거둔다. 그래서 또 다음과 같이 예언해 두셨다.

애1:4~6 ⁴시온의 도로가 처량함이여 절기에 나아가는 사람이 없음이로다 모든 성문이 황적하며 제사장들이 탄식하며 처녀들이 근심하며 저도 곤고를 받았도다 ⁵저의 대적이 머리가 되고 저의 원수가 형통함은 저의 죄가 많으므로 여호와께서 곤고케 하셨음이라 어린 자녀들이 대적에게 사로잡혔도다 ⁶처녀 시온의 모든 영광이 떠나감이여 저의 목백은 꼴을 찾지 못한 사슴이 쫓는 자 앞에서 힘없이 달림 같도다

이 예언은 2621년이 지난 지금 이때, 전 세계 성경을 사용하는 교회의 실상을 예언해 두셨고, 이 예언대로 사실이 되어 있다. '목백'이란 문자 그대로는 '지도자, 주권자, 통치자'라는 뜻이고, 영적으로는 예수 이름, 하나님의 이름 사용하는 지도자, 설교자, 곧 제사장들, 다른 말로 '방백들'을 뜻한다. 하나님께서 정하신 때가 되어도 사람에게서 꼴을 찾을 수 없음을 예언해 두신 것이고, 진실로 이러하다. 더 직설적으로 말하면

14년째 나를 통한 하나님의 가르치심 외에 전 세계 교회들이 다 이러하다. 믿든 안 믿든 이는 사실이다.

더 증명한다. 겔34:1~31절을 모두 찾아서 교독하거라. 명백하게 지금 전 세계 교회들과 현재 우리에 대한 예언이 사실이 되어 있다. 이 예언 속에 나에게 이 세상 재판에서 씌운 죄명에 대한 예언도 감추어져 있고, 결국 온 세상에 치욕을 겪고 있는 이유가 양 떼를 찾기 위한 하나님의 완전한 지혜임도 감추어져 있다. 또한 잠27:23~25절의 말씀이 실상이 되는 때가 이미 이루어지고 있는 말씀이다.

겔34:1~16절을 다시 보자. "¹여호와의 말씀이 내게 임하여 가라사대 ²인자야 너는 이스라엘 목자들을 쳐서 예언하라 그들 곧 목자들에게 예언하여 이르기를 주 여호와의 말씀에 자기만 먹이는 이스라엘 목자들은 화 있을찐저 목자들이 양의 무리를 먹이는 것이 마땅치 아니하냐 ³너희가 살진 양을 잡아 그 기름을 먹으며 그 털을 입되 양의 무리는 먹이지 아니하는도다

⁴너희가 그 연약한 자를 강하게 아니하며 병든 자를 고치지 아니하며 상한 자를 싸매어 주지 아니하며 쫓긴 자를 돌아오게 아니하며 잃어버린 자를 찾지 아니하고 다만 강포로 그것들을 다스렸도다('강포'란 무자비하고 잔인하게 폭력을 휘두르다. 불의한 방법에 의해 자행되는 목자들의 압제, 성경을 가지고 성경과 다른 거짓말로 설교하는 행위를 뜻한다. 육체적인 압제나 탄압은 물론 결국 정신도, 육체도 일생 자신들의 종으로 살게 하다가 육체가 죽어서 영원한 지옥 불 속에 가게 하는 불의한 재판관들이 하는 목회를 강포로 교인들을 다스린다고 하신 것이다.

왜 타작마당이 수백 구절이나 예언되어 있고, 알곡과 쭉정이, 곡식과 가라지를 타작마당에서 골라내는지, 14년째 이 일이 어떤 일인지, 너희들이 다시 창조되고 나면 내 앞에 얼굴을 들 수 없을 것이다. 또한 나와 성도를 감옥에 가두고 악인을 사용하셔서 온갖 더러운 죄명을 붙여서 7년, 4년이라는 징역형을 판결하고, 온 세상에 짓밟고, 나를 완전히 죽이는 수치를 주고 있는지, 너희가 점 하나만큼만 알아도 절대 귀신 노릇하지 않는다.

현재 교회 안에 있는 너희들을 영원히 귀신에게서 자유케 하여 모든 죄에서 영속시키는 것은 당연한 일이고, 하나님의 말씀을 먹지 못해 울고 있는 양 떼를 찾는 일이며, 대체육체들은 합법적으로 심판을 받는 일이다. 또한 전 세계에 성경을 가르치고 설교하는 절도, 강도, 도적질하며 교인들을 학대하고, 영적인 살인을 하는 지도자들에게 자신들이 하고 있는 일, 곧 목회가 폭력이며 폭행이고, 교회라는 무덤, 감옥을 만들어 가두어 두고 살아 계신 하나님의 말씀을 먹지 못하게 하여 교인들을 학대하고 영적인 살인을 하고 있다는 것을 온 세상에 알리고 있는 하나님의 완전한 지혜이기도 하다.

또 잃어버린 양 떼를 찾는 일이며, 귀신을 쫓아내되 영원히 쫓아내는 일이고, 지옥에서 천국으로 옮기는 일이며, 물에서 불에서 건지는 일이고, 하나님의 예비하신 모든 복을 받게 하며, 병든 자를 고치는 일이다. 곧 한 번 죽어야 할 육체도 죽지 아니하고 영원히 살게 하는 전대미문의 새 일이다.

이 세상에 속한 자들이 나에게 씌운 죄명은 실상은 성경을 가지고 성경과 다른 거짓말로 설교하는 자들이 현재 저지르고 있는 언행들이 나에게 씌워진 죄명 속에 다 감추어져 있다. 또한 이 죄는 우리 안에서 그대로 다 너희 속에 감추어져 있는 귀신의 실체이기도 하다. 이 모든 패역을 돌이키는 하나님의 기이하고 자비하신 사랑이다. 창세 이래 단 한 세대도 없었던 하나님의 선한 일이며, 아무도 몰랐던 하나님의 완전한 지혜이고, 하나님만 아시는 하나님의 뜻, 하나님 나라의 비밀을 밝히시고 전 성경에 기록된 예언이 실상이 되게 하는, 땅에 있는 어떤 언어로도 다 표현을 할 수 없는 일이다.

이 진리를 한 절만 깨닫고 믿어도 절대 죄를 짓지 않는다. 진실로 사실이다. 이런 말씀을 받으며 너희들이 하는 패역은 얼마나 치명적인 죄인 줄 알면 누가 함부로 그렇게 더러운 혀로 지껄이고 귀신임을 자랑하겠나~ 이제는 왜 흉악한 이리 아래 교인들이 종살이하는지, 그렇게 허락하실 수밖에 없으신 하나님의 아픈 마음이 너무 이해가 되어 티끌을 떨어 버리라고 하신 말씀을 냉철하게 실행해야 함을 나도 지킨다. 죽을 자는 죽을 짓만 한다. 사람은 사람을 절대 변화시킬 수 없다. 사람에게는 절대 사랑이 없다. 병든 자도, 죽는 자도 자신이다. 자신이 자초한 것이다. 이 아픈 마음을 누가 알겠느냐?)

[5]목자가 없으므로 그것들이 흩어지며 흩어져서 모든 들짐승의 밥이 되었도다(들짐승 중에 뱀이 가장 간교하다. 곧 사단, 마귀, 들짐승들 중에 왕이 되어 있어서 '용'이라고 하신 것이다. 거짓 혀로 자신이 지옥으로 보내는 무저갱의 사자임을 성령받은 증거라고 가르치는 '용', 이 세상 임금이 온 세상을 미혹하여 교인들을 지옥으로 보냈고, 지금도 보내

고 있는데 사람들 눈에는 반대로 하나님께 복을 받아서 부자 목사인 줄 알게 하니 얼마나 간교하냐? 전 세계 구석구석까지 이런 뱀은 이름이 유명해서 존경받으며 사람들을 지옥 보내는데, 그 사람 아래 줄 서려고 얼마나 아부하고 아첨하며 또 교회를 세우고 하는지, 그러면서 하나님의 일이라고 속인다.

예수 이름으로 귀신도 쫓고, 병도 고친다고 속여서 자신의 집인 지옥 불구덩이에 얼마나 많은 사람을 보냈는지, 지금도 보내고 있는지, 이 사실을 알면서 '어떻게 하면 이 사실을 온 세상에 알릴까' 하는 근심을 이제 다시 창조된 성도들이 하고 있다. 왜 1분 1초도 낭비하지 말라고 했는지 과연 몇이나 알고 있는지~

성경에 기록된 짐승이 짐승 이야기가 아니다. 성경을 가지고 종교 생활 한다고 사기 치고 절도하고 강도 짓하며 살인하는 거짓 선지자들, 예수 이름 사용하는 무당들, 바리새인들, 원욕으로 가득 차서 하나님의 뜻은 보이지도 들리지도 않는 짐승들이 바로 2021년 지금 이 시간까지 성경을 가지고 자신들이 본능으로 아는 것으로 보고 자신의 원욕을 채우기 위한 수단으로 사용하는 사람들을 지칭하시는 것이다.

6일간 이 세상에 속한 자들이 종교 지도자의 탈을 쓰고 거룩한 척 가장하고 교인들을 다스리고 지배하는 기간에 사용되는 자들을 '들짐승'에 비유한 것이다. 이제 이런 들짐승들이 일하는 시기가 다 끝났다는 것을 그들에게 광고하고 광포하는 것이 내가 옥에 갇히는 이 사건이다. 진실로 사실이다.

이런 들짐승이 우상이 되어 교회 강단에 서 있는 종교 지도자들이라는 것을 한마디로 말씀하신 것이 요10:7~8절이다. "나는 양의 문이요 나보다 먼저 온 자는 절도요 강도니"라고 하신 말씀이다. 이런 절도, 강도, 도적질하는 자, 들짐승 중에 '이리'라고 비유하신 것이고, 이런 '이리'의 소굴이 귀신의 처소이며, 이런 귀신의 처소 바벨론에 하나님의 군대가 '기'를 들고 광고하고 광포하며 공포하는 일이 현재 유튜브에, 신문에 광고를 하는 일이다. 곧 온 세상에 광고하고 공포하는 14년째 이 일이다.

들짐승인 옛 뱀, 사단, 마귀, 용, 독사, 이리, 악어, 개, 여우에게 밥이 되어 있는 양들을 건지시는 이 일에 군대가 일어나서 외치니까 하나님께서 들짐승들을 죽이신 것이 바로 전 세계에 유명하다고 하는 목사, 사모들이 갑자기 죽은 것인데 그들은 모른다. 이 일을 돕는 척하고 이용한 대가로 코로나19 전염병으로 갑자기 죽은 자를 너희들이 다 보고도 계속 귀신 노릇 하면 어찌 되는지~ 경고다.)

⁶내 양의 무리가 모든 산과 높은 멧부리에 마다 유리되었고 내 양의 무리가 온 지면에 흩어졌으되 찾고 찾는 자가 없었도다 ⁷그러므로 목자들아 여호와의 말씀을 들을찌어다 ⁸주 여호와의 말씀에 내가 **나의 삶**을 두고 맹세하노라(라고 하신 이 예언은 이미 2008년 6월 16일부터 맹세하시고 계신 14년째 이 일이다. **호2:19~20절**의 말씀이 실상이 된 나를 사용하셔서 대언하게 하시는 이 일이다. 지금 맹세한다.)

내 양의 무리가 노략거리가 되고 모든 들짐승의 밥이 된 것은(성경이 모든 것을 죄 아래 가두어 두는 기간 6일, 신약시대는 3일째 되는 날까지 이런 영적인 상태가 되어 있었다. 모든 들짐승의 밥이 되어 있었는데 그런 들짐승의 밥들은 그곳으로 되돌아가더라. 이런 육의 가족을 둔

너희 한 사람 건지려고 겪는 대가가 어떤 것인 줄 알면 짐승이라도 사람이 되었을 시간인데~ 귀신들은 자신들의 정체를 그대로 기록해 둔 이런 하나님의 말씀을 구약은 율법이라는 말로 다 무시하고 멸시한 것이 지금 전 세계 종교 지도자들이다.

사실 신약성경은 더 직설적으로 판결해 두셨다. "죄를 짓는 자는 마귀에게 속하나니 마귀는 처음부터 범죄함이라"라고 해도 안 믿는다. 귀신의 혀가 만든 새빨간 거짓말인 예수님이 십자가에 죽으실 때 너의 과거, 현재, 미래의 죄까지 다 지시고 죽으셨다고 한 달콤한 말, 지옥 불의 소리가 귀신이 주인인 채 자신의 원욕대로 살고 있고, 죽어서 천국도 간다고 하는 거짓말이 게으르고 더러운 귀신에게는 너무 달콤하고 매끄러운 소리였다.

그래서 관원이 더러우면 그 하인도 악하고 더러운 자들이더라. 하나님의 양들은 그런 소리가 들리지 않았어야 했다. 하나님의 제사장들은 6일간에 나오지 않았다. 구약 4천 년, 신약시대 2천 년 동안 절도요 강도들이 하나님의 이름, 예수 이름 사용하여 강포를 행하고 있었던 기간이라 소도, 양도 먹을 꼴이 없었고, 이들이 일할 시기가 이제 끝나서 풀을 벤 후에 다시 움이 돋고 이 거룩한 산에서 꼴을 얻는다고 하신 예언이 사실이 되어 영육 간의 온전한 꼴을 먹고 다시 움 돋고 있는 곳이 바로 낙토다. 하나님의 양 떼가)

모든 들짐승의 밥이 된 것은 목자가 없음이라 내 목자들이 내 양을 찾지 아니하고 자기만 먹이고(교인들이 목자의 밥이 되어 목자들이 좋은 것을 다 누리고 사는 것을 자기만 먹는다고 하신 것이다. 원욕이 그대로인 채 목자가 되어 잘 먹고 잘 살기 위해 어떻게 하면 살찐 양, 곧 부자이고 권력이 있거나 세상에서 이름이 나 있는 사람들을 '자기 밥 삼을까' 하고, 기득권 세력이 된 살찐 양들이 있는 곳에 가난한 양들도 그곳에 가면 자신들도 그렇게 되고 싶어서 궁궐에 스스로 찾아간다. 그래서 살찐 양의 기름에 배부르고, 그들의 가진 돈, 권력, 명예가 그 목사의 털옷이 되어 일생 자신이 하는 일이 옳은 줄 속다가 육체가 죽어서야 자신이 간 곳이 음부, 곧 지옥 불구덩이라는 것을 깨닫는 것이 이런 들짐승들이다.

하지만 2021년 지금 이 세대는 이런 들짐승 중에도 하나님의 말씀으로 돌아오라고 온 열방, 곧 세상 모든 나라에 광고하라고 하신 것이다. 이런 목회를 그만 두는 것이 거룩한 금식이다. 이미 은혜로교회는 14년째 거룩한 금식과 하나님의 가르치심을 듣고 믿고 지켜 실행하고 있으며, 이렇게 계명을 지켜 실행하다가 감옥에 갇힌 것이다.) 내 양의 무리를 먹이지 아니하였도다

[9]그러므로 너희 목자들아 여호와의 말씀을 들을찌어다(그래서 온 천하는 잠잠하라고 하신 것이다. 한국만 해도 목사가 얼마나 많고 교인들은 다 교회를 다니는데 왜 이렇게 말씀하셨을까? 베트남에 교회를 세웠던 것도, 일본, 미국, 호주, 한국 각 지역에 세운 것도 양들에게 꼴을 먹이기 위해서였다. 여름만 있는 가난한 나라, 기온이 30도 이하인 나라를 찾으라고 다니엘 성도를 보낸 것도 연약한 양, 병든 양, 상한 자, 쫓긴 자, 잃어버린 자를 찾고 찾아서 푸른 초장, 하나님께서 약속하신 땅에 이주하기 위해서였다.

이런 하나님의 일을 마치 누구를 위해서 와 준 것처럼 하는 자들, 말은 맞지만 저렇게 하면 먹고 살지 못한다고 하는 자들, 교회를 세워서 보냈더니 자신들이 무엇이나 되는 것처럼 높은 자리에 앉아서 더 죄를 짓는 흉악한 귀신들, 교만하여 자신이 한 언행이 어떤 죄를 짓고 있는지도 모르고 사욕을 품고 더 죄를 지으며, 하나님의 말씀은 단 한 절도 안 믿는 자들이 자칭 목사들이고, 사모들이더라.)

[10]주 여호와의 말씀에 내가 목자들을 대적하여 내 양의 무리를 그들의 손에서 찾으리니 목자들이 양을 먹이지 못할 뿐 아니라 그들이 다시는 자기를 먹이지 못할찌라(이미 이 말씀이 실상이 된 지 14년째다. 다시는 영원히 양들을 목사들의 밥이 되지 못하게 하시는 일이 전대미문의 새 일인 이 일이다. 하나님께서 친히 목자들을 대적하시는 이 일은 요6:45절의 말씀이 실상이 되고, 27절의 영생하도록 있는 양식을 먹이는 하나님의 인치신 자, 그래서 여호와의 날이며, 인자의 날이다. 이날에 우상들, 대적자들이 나를 옥에 가둔 이 일에 대해 기록된 말씀을 보자.

사1:1~31절을 찾아서 교독하거라. 이 예언이 실상이 되어 현재 실행 중이다. 16~31절을 다시 보자. 나를 송사하여 감옥에 가두어 두고 이 일을 훼방한 결과 하나님께서 목자들의 대적자가 되어 다시는 양들을 먹이지 못할 뿐 아니라, 다시는 자신의 이익을 위해 하나님의 이름, 예수 이름을 사용하지 못하게 하신다. 정신을 차리고 보자.

"[16]너희는 스스로 씻으며 스스로 깨끗케 하여 내 목전에서 너희 악업을 버리며 악행을 그치고 [17]선행을 배우며(선한 분은 하나님 한 분밖에 없다. 따라서 이 말씀이 실상이 되는 때는 요6:45절의 말씀이 실상이 된 나를 통한 14년째 이 일이며, 그 증거는 14년째 천국의 비밀을 전대미문의 새 언약으로 대언했고, 모두 원본 그대로 보관이 되어 있으며, 거의 대부분 유튜브에 공개했다. 창세 이래 그 누구도 몰랐던 하나님의 뜻을 신령한 것은 신령한 것으로 해석해서 감추어 두신 천국의 비밀을 밝히는 이 일은 말로만이 아니고, 지켜 실행하여 열매로 증명하고 있다. BC 700년에 기록된 예언이 2708년 후 6월 16일부터 땅에 시작되어 2021년 8월 26일 현재뿐만 아니라 영원히 증명할 것이다.)

공의를 구하며(공의는 오직 하나님의 절대 권한으로서 선과 악을 정확하게 분별하는 하나님의 거룩한 성품 중에 하나다. 다른 말로 표현하면 '심판, 법, 권리, 정의' 등으로 표현한다. 이 본문이 일곱째 날인 지금 이 세대를 지시하시고, 나와 우리 이 세대에 대한 예언이 실상이 되어 세상에 드러난 기간이 이미 14년째이며, 이를 증명하는 말씀을 찾아가자.

시9:3~11절에 "³내 원수들이 물러갈 때에 주의 앞에서 넘어져 망함이니이다 ⁴주께서 나의 의와 송사를 변호하셨으며(2021년 8월 27일 이미 나의 송사에 대해 변호하시고 계신다. 이 말씀은 절대 다른 세대에 이 예언이 땅에서 이루어지는 것이 아니었다. 영원한 의가 되시는 하나님께서 진리의 성령이 실상이 되어 하나님의 말씀대로 보고 듣고 믿고 지켜 실행할 때인 일곱째 날, 하나님께서 정하신 심판 날인 지금 이때, 이 일을 훼방하여 이 세상 법에 송사하고, 3년이 넘게 감옥에 가두어 두고 흉악범 취급을 하여 온 세상에 치욕을 주고, 혀로 손가락으로 학대하고 멸시한 나의 송사를 말씀하신 것이 명백하다.)

보좌에 앉으사 의롭게 심판하셨나이다(그래서 시119:144절에 "주의 증거는(곧 하나님의 증거하심인 요일5:7~9절의 셋이 하나가 되어 하나님의 증거를 대언하는 14년째 이 증거가 온전한 주의 증거는) 영원히 의로우시니 나로 깨닫게 하사 살게 하소서"라고 하신 이 말씀이 실상이 되어 이루어지는 이때, 사52:1~2절의 예언대로 하나님의 공의의 심판하심을 대언하는 것을 뜻하신 것이다. 현재 이 말씀도 이미 땅에 이루어지고 있다.

그래서 사5:16~17절에 "16오직 만군의 여호와는 공평하므로 높임을 받으시며 거룩하신 하나님은 의로우시므로 거룩하다 함을 받으시리니 17그때에는 어린양들이 자기 초장에 있는 것같이 먹을 것이요(라고 하신 예언이 사실이 되어 오늘도 손주들이 푸른 초장에서 맨발로 뛰어 노는 사진들이 왔다. 얼마나 정확하게 요10:7~9절의 말씀이 2021년 8월 27일 이제야 사실이 되어 들어가며 나오며 꼴을 얻는 것을 온전하게 증명해 주시는 이 증거는 영원히 증명된다. 창세 이래 단 한 세대도 없었던 하나님의 의로우신 심판 날인 지금 이 세대에 전 성경에 기록된 모든 심판의 말씀이 진리의 성령을 통해서 죄에 대해서, 의에 대해서, 심판에 대해서 모든 진리 가운데로 인도할 때 시9:4절의 이 말씀이 땅에서 그대로 성취되는 것이다.

그러므로 이제는 예언이 아니라 실상이다. 사람들이 진리인 하나님의 말씀을 안 믿는 것은 기록된 진리가 사실이 되어 이루어지지 않으니까 안 믿는 것이다. 이제 온 세상의 모든 입이 두렵고 떨림으로 하나님께서 살아 계심을 인정할 수밖에 없을 것이다. 3021년이 지난 2021년

이 세대에 이 예언이 사실이 되어 이루어지고 있다. 이는 악인들이 지배하는 세상이 끝나고 의인의 세대인 오는 세상이 되는 것으로 온 세상에 공포하시는 '송사'이기 때문이다.

창세 이래 그 누구도 이루지 못한 온전한 구원인 육체도 죽지 아니하고 살아서 하나님 나라를 땅에서 이루는 이 일의 주인공들이 우리임을 증명하시는 하나님의 증거이고, 내가, 창섭 성도가 이 땅에 사람으로 태어나기 전에 이미 나를 송사하는 원수들에 대한 예언도 계획되어 있었고, 원수들의 결과까지도 이미 판결되어 있었으며, 우리에 대한 예언 또한 이미 계획되어 있었다. 그래서 "사람이 자기 길을 계획할찌라도 그 걸음을 인도하시는 분은 하나님이시라"라고 하신 것이다. 이 한 가지 사실만 알고 믿어도 절대 귀신 노릇 하지 않는다.

귀신이 주인이 되어 있을 때는 절대 믿는 것이 아니다. 새 술은 새 부대, 곧 하나님의 말씀으로 다시 거듭나야 말씀이 인지, 곧 마음과 생각에 기록되는 것이다. 그래서 **계시록2~3장**에 일곱 교회 사자에게 "이기는 자는, 이기는 자는"이라고 하셨고, 이기는 자에게 하나님의 성전에 기둥이 되어 영원히 나가지 않는다고 하신 것이며, 이기는 자에게 '이스라엘'이라고 하신 것이다.) 살찐 자의 황무한 밭의 소산은 유리하는 자들이 먹으리라")

[5]열방을 책하시고(이 말씀이 다른 세대가 절대 아님을 더 증거하신 것이다. 예수님 당시가 아님을 증명해 준다. 다윗의 자손으로 이 땅에 오신 예수 그리스도에 대한 예언이 아니라, 예수 그리스도를 진실로 믿어 다윗의 열쇠를 가지신 하나님께서 열면 닫을 사람이 없고 닫으면 열 사

람이 없는 빌라델비아 교회의 사자인 내가 실상이 되어 나타난 이때, 열방을 책하시고, 곧 열방인 온 세상 나라, 온 세상 민족을 책하시고, 다른 말로 하면 하나님께서 의롭게 심판하시고)

악인을 멸하시며(2천 년간, 더 넓게는 6천 년간 의인과 악인을 함께 공존하고 있게 하시다가 심판 날, 악인들이 일하는 시기가 끝나는 날인 이때, 의인 중에 악인을 골라내시고, 악인을 멸하신다.)

저희 이름을 영영히 도말하셨나이다(이 말씀 또한 온전히 사실이 된다. 성경은 그대로 있는데 '도말'이란 악인의 이름을 영영히 지워 없앤다는 뜻이다. 이는 이 땅에서 영영히 사라진다는 뜻이며, 영원히 있는 이 땅에서 악인의 이름, 곧 영원한 가족이 아니었으므로 낙토에 있는 명부에서 이름이 지워지고 사람들 기억에서도 영원히 지워진다.

기독교 신문사 국장도 코로나19로 죽은 2천 몇백 명 이름에 들어서 영원히 다시는 만나지 못하는 곳으로 갔다. 그 육의 가족도 그렇게 돈, 돈 하며 살다가 죽으면 마찬가지가 된다. 특히 본문의 저희, 곧 나를 거짓으로 송사하여 감옥에 가두고 자신들이 자유의지로 스스로 이 말씀이 맞다고 찾아왔고 스스로 낙토에까지 갔다가 저들 스스로 또 하나님의 말씀을 부인하고 배반하여 이 일을 훼방한 그들의 이름은 영원한 기업, 영원한 가족의 명부에서 영원히 지운다는 뜻이다. 사실이다. 그래서 성령을 훼방하는 자는 이 세상에서도, 오는 세상에서도 사함을 받지 못한다고 하셨던 것이다.

7년 대환난이 끝나고 온전히 온 세상 나라가 하나님께서 통치하시는 세상이 되면 현재 땅에 있는 죽은 사람들의 행적들은 다 없어진다.

예수 그리스도께서 이 땅에 오시니까 구약의 모든 역사를 무효로 하고 새로 시작했듯이, 악인이 지배하는 세상은 다 끝나고 의인의 세대, 곧 오는 세상에서는 악인의 이름은 영영히 도말된다. 반드시 다음 기도대로 실상이 된다.

시109:2~13 [2]대저 저희가 악한 입과 궤사한 입을 열어 나를 치며 거짓된 혀로 내게 말하며 [3]또 미워하는 말로 나를 두르고 무고히 나를 공격하였나이다 [4]나는 사랑하나 저희는 도리어 나를 대적하니 나는 기도할 뿐이라 [5]저희가 악으로 나의 선을 갚으며 미워함으로 나의 사랑을 갚았사오니 [6]악인으로 저를 제어하게 하시며 대적으로 그 오른편에 서게 하소서 [7]저가 판단을 받을 때에 죄를 지고 나오게 하시며 그 기도가 죄로 변케 하시며 [8]그 년수를 단촉케 하시며 그 직분을 타인이 취하게 하시며 [9]그 자녀는 고아가 되고 그 아내는 과부가 되며 [10]그 자녀가 유리 구걸하며 그 황폐한 집을 떠나 빌어먹게 하소서 [11]고리대금하는 자로 저의 소유를 다 취하게 하시며 저의 수고한 것을 외인이 탈취하게 하시며 [12]저에게 은혜를 계속할 자가 없게 하시며 그 고아를 연휼할 자도 없게 하시며 [13]그 후사가 끊어지게 하시며 후대에 저희 이름이 도말되게 하소서

14년째 이 일을 배반하고 대적한 자들은 이외에도 전 성경에 이들에 대한 판결대로 영원히 도말된다.)

[6]원수가 끊어져 영영히 멸망하였사오니 주께서 무너뜨린 성읍들을 기억할 수 없나이다(2021년 8월 26일 아프가니스탄을 보아라.[35] 미얀마

를 보아라.[36] 하나님을 의지하지 아니하는 나라들이 어찌 되는지 온 세상이 다 보게 될 것이다. 사람들이 빨리 왕래하며 지식이 더하는 이때인 2021년 이 세대로부터 전 성경에 기록된 예언들이 사실이 되어 하나하나 땅에 이루어진다.

나는 이런 일이 아니면 이 땅에 살아갈 아무 이유가 없다. 이런 일이 아니면 왜 너희들을 데리고 그 가난한 나라, 멀고 먼 곳으로 이주를 하나? 이런 하나님의 말씀을 땅에 이루는 일이 아니면 왜 너희가 마음대로 죄짓고 사단, 마귀, 뱀, 독사, 짐승의 하인 노릇 하든 말든, 귀신의 종노릇하든 말든 타작마당을 하나? 이성이 있으면 목사가 교인들 비위를 맞추고 혀로 "사랑한다"라고 해도 부흥이 안 되는 이때, 책망하고 티끌을 떨어 버리겠나? 생각이라는 것을 해 봐라, 너희 대부분 어떤 언행을 하고 왔는지~

다시는 생각조차 하고 싶지 않도록 더럽고 게으르고 교만하고 거만하며 저급하여 말하기도 부끄러운 언행을 기다려 주어야 하고, 고치려고 거룩한 근심, 아프고 슬픈 탄식을 해야 하나? 이런 일이 아니면, 이런 사명으로 이 땅에 보냄을 받은 사람이 아니면 왜? 나는 미치지도 않았고, 온 세상 사람들이 생각하듯이 바보가 아니다. 혀로 말만 하는 목회를 했으면 왜 감옥에 갇히겠나? 왜 이 더러운 송사를 당하여 치욕을 겪나? 귀신은 진실로 저 스스로 죽을 짓들을 한다. 이제 이 일을 대적한 원수들이 영원히 멸망하는 때, 하나님께서 정하신 때가 되어 친히 심판하여 보수하시는 것이다. 너희 두 눈으로, 두 귀로 보고 듣게 될 것이다.)

[7]여호와께서 영영히 앉으심이여 심판을 위하여 보좌를 예비하셨도

다(그래서 **호2:19~20**절의 말씀이 실상이 된 나를 사용하셔서 하나님께서 영원히 거하시는 처소를 삼으시고 심판하신다. 마13:36~50절의 말씀이 실상이 되는 14년째 이 일이다.

"³⁶이에 예수께서 무리를 떠나사 집에 들어가시니 제자들이 나아와 가로되 밭의 가라지의 비유를 우리에게 설명하여 주소서 ³⁷대답하여 가라사대 좋은 씨를 뿌리는 이는 인자요(이 인자가 하나님의 인치신 자, 나에 대한 예언이다. 사실이다. 모든 기독교인들이 인자를 예수 그리스도로만 생각하여 고착되어 있다. 이 예언은 예수님 당시에 실상이 되는 예언이 아니고, 악인이 지배하는 세상이 끝나는 2021년 지금 이 세대에 있을 예언을 하신 것이다. 곧 진리의 성령이 와서 예수 그리스도께서 당시 하신 이 말씀이 실상이 되게 하여 온전히 땅에 이루게 하시는 하나님의 일이었다.)

³⁸밭은 세상이요 좋은 씨는 천국의 아들들이요 가라지는 악한 자의 아들들이요 ³⁹가라지를 심은 원수는 마귀요 추수 때는 세상 끝이요 추숫군은 천사들이니 ⁴⁰그런즉 가라지를 거두어 불에 사르는 것같이 세상 끝에도 그러하리라 ⁴¹인자가 그 천사들을 보내리니 저희가 그 나라에서 모든 넘어지게 하는 것과 또 불법을 행하는 자들을 거두어 내어 ⁴²풀무 불에 던져 넣으리니 거기서 울며 이를 갊이 있으리라 ⁴³**그때에 의인들은 자기 아버지 나라에서 해와 같이 빛나리라** 귀 있는 자는 들으라 ⁴⁴천국은 마치 밭에 감추인 보화와 같으니 **사람이 이를 발견한 후 숨겨 두고 기뻐하여 돌아가서 자기의 소유를 다 팔아 그 밭을 샀느니라**(천국이 상상하는 저 하늘 어딘가가 아니라는 명백한 증거다. 이에 대해서도 영원히 증명이 된다. 그래서 들어가며 나오며 꼴을 얻

는다고 하신 것이다.

지금까지 교회를 다니며 이 말씀대로 자기의 소유를 다 팔아서 그 밭을 산 사람들, 기독교인들이 어디에 있느냐? 온 세상에 이 본문의 주인공들이 은혜로교회 성도들임을 광고하고 공포하시는 일이 악인들이 나를 고소하여 감옥에 갇힌 이 일이다. 그래서 천국, 곧 하나님 아버지 나라는 하나님의 뜻대로 행하는 자들이 이 땅에서 실상이 되어 이루는 것이다.

온 세상 사람들이 천국의 아들들, 곧 좋은 씨가 피지 나라 밭에 있는 줄 알게 될 날이 온다. 지금은 피지 나라 사람들도 우리가 누군지 모르지만, 피지 나라 사람들뿐만 아니라 온 세상 사람들이 밭에 감추어져 있는 보화들을 발견하고 기뻐하며 돌아가서 자신들의 소유를 다 팔아 밭을 사러 올 것이다. 이 일이, 이렇게 AD 55년경에 기록된 진리가 1966년이 지난 2021년 이 세대로부터 사실이 되어 이루어지는 것을 낙토에 있는 성도들이 다 볼 것이다.

모두 두 손을 가슴에 대고 따라 하거라.

"나는 하나님의 나라 밭에 감추인 보화다. 나 다니엘은 하나님 나라 하나님의 아들이다"라고 자신의 이름을 넣어 세 번을 하거라.

이렇게 하나님과 같이, 해와 같이 빛나며 영원히 사는 것이 온전한 영생이다. 그래서 영생에 대해서 예수 그리스도께 물었던 부자 관원에게 "네가 온전하고자 할찐대 가서 네 소유를 팔아 가난한 자들을 주라 그리하면 하늘에서 보화가 네게 있으리라 그리고 와서 나를 좇으라"라고 하신 것이다. 예수님 당시는 실상이 되는 일이 아니고, 삼 일째 되는 이때, 2천 년이 지나는 이때, **마13:36~50절**의 말씀이 실상이 되는 지금 이때 이루어지는 일이므로 예수님께서 "사람으로는 할 수 없으되 하나님으로서는 다 하실 수 있느니라"라고 하셨던 것이다.

이 진리가 사실이 되어 14년째 땅에 이루어지고 있는 것을 알면 어느 부자가 와서 밭을 사지 않겠느냐? 몰라서 부자가 못 사는 것이다. 그래서 온 세상에 공개하여 광고하고 공포해야 하는 일이 바로 이 일이다. 우리는 광고하고 공포하여 알릴 뿐 결과는 하나님께서 미리 말씀하신 언약대로 이루신다. 반드시 반드시 이루신다. **마태복음 13장**뿐만 아니라 전 성경의 예언이 2021년 이 세대로부터 땅에서 다 이루어진다. 현재 14년째 이루고 계신다.) ⁴⁵또 천국은 마치 좋은 진주를 구하는 장사와 같으니 ⁴⁶극히 값진 진주 하나를 만나매 가서 자기의 소유를 다 팔아 그 진주를 샀느니라"

이 예언을 그림자로 보여 준 사건이 예수님의 제자들의 당시에 행4:32~5:11절에 기록된 일이다.

행4:32~37 ³²믿는 무리가 한 마음과 한 뜻이 되어 모든 물건을 서로 통용하고 제 재물을 조금이라도 제 것이라 하는 이가 하나도 없더라 ³³사도들이 큰 권능으로 주 예수의 부활을 증거하니 무리가 큰 은혜를 얻어 ³⁴그중에 핍절한 사람이 없으니 이는 밭과 집 있는 자는 팔아 그 판 것의 값을 가져다가 ³⁵사도들의 발 앞에 두매 저희가 각 사람의 필요를 따라 나눠줌이러라 ³⁶구브로에서 난 레위족인이 있으니 이름은 요셉이라 사도들이 일컬어 바나바(번역하면 권위자)라 하니 ³⁷그가 밭이 있으매 팔아

값을 가지고 사도들의 발 앞에 두니라

당시에 이렇게 한 것은 그때 하나님의 나라가 임할 줄 알고 한 것이다. 그들은 하나님께서 정하신 날, 곧 여호와의 날, 인자의 날이 **다니엘 12장**에 예언된 사람들이 빨리 왕래하고 지식이 더하는 때, 곧 인터넷의 발달로 인해 온갖 지식을 학교에 가서 배우지 않아도 온라인으로 얼마든지 배워 사용할 수 있는 2021년 지금 이 세대가 되어야 한다는 것을 몰랐던 것이다. 그래서 이 공동체를 당시에 실상으로 이루는 데 앞장선 베드로는 약 20년 후 바리새인이 되어 외식하는 자가 되었고, 그는 순교를 한 것이다. 당시 같이 사도 역할을 한 바나바도 자신의 소유를 다 팔아 공동체에 헌신했는데 영원한 기업을 일으키라는 계명대로 하지 않고 헌신한 재물을 다 써버렸으니 어찌 되었겠느냐?

그래서 마5:20절에 이렇게 말씀하신 것이다. "내가 너희에게 이르노니 너희 의가 서기관과 바리새인보다 더 낫지 못하면 결단코 천국에 들어가지 못하리라"라고 하신 것이다. 반드시 천국은 이 땅에서 실상으로 이루어지는데 당시 같이 사도 역할을 한 바나바가 금방 다시 예수 그리스도께서 강림하셔서 하나님 나라가 이루어질 줄 알고 밭을 팔아서, 곧 자기의 소유를 다 팔아서 사도들의 발 앞에 두었던 것이다.

그런데 하나님 나라는 당시에 실상이 되는 일이 아니었으니 베드로와 사도들이 어떻게 되었겠느냐? 그래서 베드로가 외식하는 자들과 같이 되어 있었고, 사도 바울이 베드로를 모든 사람 앞에서 공개로 책망한 것이다. **갈2:11~14절**에 기록되어 있다. 곧 **마5:20절**에 "너희 의가 서

기관과 바리새인보다 더 낫지 못하면 결단코 천국에 들어가지 못하리라"라고 하신 말씀은 사도 시대 당시처럼 같은 사도일지라도 자신의 소유를 팔아 공동체를 하며 제 재물을 조금이라도 자기 것이라 하지 않은 것처럼, 영원한 가족이 되어 진리로 하나가 되고 하나님께서 약속하신 땅에 이사하여 영원한 기업을 이루는 자들이 천국의 상속자들이라는 명백한 증거다.

따라서 **행4:32~5:11절**의 기록이 없었다면 이 세대 우리가 거룩한 공동체를 절대 할 수 없었다. 성경이 모든 것을 죄 아래 가두어 두시는 기간 2천 년이 지나야 온전히 실상이 되는 예언이, 때가 되지 않았던 때에 먼저 그림자, 곧 모형들이 지켜 실행하여 실패한 것 같은 이 기록이 온전히 땅에서 이루어지는 것이다. 그래서 전 성경 기록 목적이 중요하다.

그런데 귀신이 주인인 사람들에게 이런 기록들이 도리어 그들에게 걸려 넘어지는 걸림돌이 되어 저 황금돔이 있는 이스라엘도 '기부츠'를 하여 지금까지 실패하였고, 특히 한국에는 '영생교'까지 만들어서 실패한 사례들이 세상에 드러나므로 도리어 진리를 진리대로 전하는 진리의 도를 훼방하는 것이다.

항상 진짜가 나타나기 전에 가짜가 먼저 판을 치고 진짜를 핍박하는 것은 아브라함에게 약속의 자식인 이삭이 태어나기 전에 먼저 종의 자식인 '이스마엘'이 태어나서 이삭을 희롱하고 괴롭힐 때, 이미 2021년 이 세대에 있을 실상을 예언해 두신 것이다. 이스마엘, 곧 종의 자식은 이삭과 함께 유업을 이을 수 없다고 하셨듯이 육체대로 주를 알고 있는 자칭 기독교인들이 먼저 기득권 세력이 되어 이 영원한 생명의 도, 생명의 길을 비웃고 훼방하는 것이다.

그래서 아무나, 누구나 하나님의 나라를 실상으로 상속하는 것이 아니다. 그 증거가 천국의 비밀을 모르도록 성경을 기록해 두신 것이다.

마13:47~50 [47]또 천국은 마치 바다에 치고 각종 물고기를 모는 그물과 같으니 [48]그물에 가득하매 물가로 끌어 내고 앉아서 좋은 것은 그릇에 담고 못된 것은 내어 버리느니라 [49]세상 끝에도 이러하리라 천사들이 와서 **의인 중에서 악인을 갈라내어** [50]풀무 불에 던져 넣으리니 거기서 울며 이를 갊이 있으리라

이 말씀이 땅에 이루어지는 때인 지금 이 세대가 하나님께서 영영히 보좌에 앉으시는 때다. 곧 악인들이 세상을 지배하는 때가 끝나는 세상 끝에 **시9:7절**의 말씀이 실상이 되는 것이다. 여호와께서 친히 이 세상을 심판하시되 진리의 성령을 사용하셔서 대언하게 하시는 14년째 이 일을 두고 **시9:7절**에 여호와께서 영영히 앉으심이여)

심판을 위하여 보좌를 예비하셨도다 [8]공의로 세계를 심판하심이여 정직으로 만민에게 판단을 행하시리로다"

따라서 이 예언은 전 우주적인 심판 때에 진리의 성령을 사용하셔서 14년째 이미 실행되고 있는 실상이다. 또한 **행17:30~31절**의 말씀도 AD 65년에 누가에 의해 기록되었지만, 당시에 이대로 이루어지는 말씀이 아니라 지금 이 세대를 예언하신 것이다.

"[30]알지 못하던 시대에는 하나님이 허물치 아니하셨거니와 이제는

어디든지 사람을 다 명하사 회개하라 하셨으니(사도들 당시에 이루어지는 말씀이 아니라는 명백한 증거다. 히8:11절의 말씀 "또 각각 자기 나라 사람과 각각 자기 형제를 가르쳐 이르기를 주를 알라 하지 아니할 것은 저희가 작은 자로부터 큰 자까지 다 나를 앎이니라"라고 하신 이 말씀이 실상이 되어 전 세계 구석구석까지 다 예수 이름, 하나님의 이름이 퍼져 있는 2021년 이 세대를 두고 예언하신 것이다. 또한 이때는 **에스겔 7장**의 예언대로 이스라엘 땅, 하나님께서 땅의 사방의 일이 다 끝났다고 하신 예언이 실상인 때다.

겔7:1~13 ¹여호와의 말씀이 또 내게 임하여 가라사대 ²너 인자야 주 여호와 내가 이스라엘 땅에 대하여 말하노라 끝났도다 이 땅 사방의 일이 끝났도다 ³이제는 네게 끝이 이르렀나니 내가 내 진노를 네게 발하여 네 행위를 국문하고 너의 모든 가증한 일을 보응하리라 ⁴내가 너를 아껴 보지 아니하며 긍휼히 여기지도 아니하고 네 행위대로 너를 벌하여 너의 가증한 일이 너희 중에 나타나게 하리니 너희가 나를 여호와인 줄 알리라 ⁵주 여호와께서 가라사대 재앙이로다, 비상한 재앙이로다 볼찌어다 임박하도다 ⁶끝이 났도다, 끝이 났도다, 끝이 너를 치러 일어났나니 볼찌어다 임박하도다 ⁷이 땅 거민아 정한 재앙이 네게 임하도다 때가 이르렀고 날이 가까왔으니 요란한 날이요 산에서 즐거이 부르는 날이 아니로다 ⁸이제 내가 속히 분을 네게 쏟고 내 진노를 네게 이루어서 네 행위대로 너를 심판하여 네 모든 가증한 일을 네게 보응하되 ⁹내가 너를 아껴 보지 아니하며 긍휼히 여기지도 아니하고 네 행위대로 너를 벌하여 너의 가증한 일이 너희 중에 나타나게 하리니 나 여호와가 치는 줄을 네가 알리라 [10]볼찌어다 그날이로다 볼찌어다 임박하도다 정한 재앙이 이르렀으니 몽둥이가 꽃 피며 교만이 싹났도다 [11]포학이 일어나서 죄악의 몽둥이가 되었은즉 그들도, 그 무리도, 그 재물도 하나도 남지 아니하고 그중의 아름다운 것도 없어지리로다 [12]때가 이르렀고 날이 가까왔으니 사는 자도 기뻐하지 말고 파는 자도 근심하지 말 것은 진노가 그 모든 무리에게 임함이로다 [13]판 자가 살아 있다 할찌라도 다시 돌아가서 그 판 것을 얻지 못하리니 이는 묵시로 그 모든 무리를 가리켜 말하기를 하나도 돌아갈 자가 없겠고 악한 생활로 스스로 강하게 할 자도 없으리라 하였음이로다

이 예언대로 사방, 곧 온 세상의 일이 이미 끝나는 여호와의 날, 인자의 날에 있을 전 우주적인 심판 날, 곧 악인들이 지배하는 이 세상이 끝나는 날에 대한 예언이다. 이때 이 재앙에 들지 않게 하기 위해 14년째 새 언약을 하고 있는데 이 진리의 도를 듣지 못하도록 훼방하고, 듣고도 배반하였으며 실상이 되어 이루어지고 있어도 귀신 노릇 하는 자들이 받을 보응이 어떠하겠느냐?

아프가니스탄을 보아라. 7년 대환난 전에 낙원에 갈 자들은 데리고 간다고 했고, 이미 우리 안에서 다 보고 있다. 이러해도 패역한 자는 티끌이다. 이미 전 성경이 한 권으로 묶여서 모두에게 주어졌고, 각 나라 언어로 다 번역되어 누구든지 성경을 사서 볼 수 있는 이때, 온 세상에 그 누구도 몰라서 죄를 지었다고 할 수 없으며 이를 두고 알지 못하던 시대에는 하나님이 허물치 아니하였거니와 2021년 8월 28일 이제는

어디든지 사람을 다 명하사 회개하라 하셨으니)

³¹이는(행7:30절의 말씀대로 사실이 되어 있는 지금 이때 성경이 모든 것을 죄 아래 가두어 두신 이유는) 정하신 사람으로 하여금 천하를 공의로 심판할 날을 작정하시고 이에 저를 죽은 자 가운데서 다시 살리신 것으로(온 천하를 공의로 심판하실 일곱째 날, 여호와의 날, 인자의 날을 하나님께서 미리 정하시고, 이때 또 다른 보혜사인 진리의 성령을 실상으로 보내시기로 예수 그리스도를 통하여 미리 예언하신 것이다. 따라서 본문에 정하신 사람은 나에 대한 예언이다.

> **사52:1~2** ¹시온이여 깰찌어다 깰찌어다 네 힘을 입을찌어다 거룩한 성 예루살렘이여 네 아름다운 옷을 입을찌어다 이제부터 할례받지 않은 자와 부정한 자가 다시는 네게로 들어옴이 없을 것임이니라 ²너는 티끌을 떨어 버릴찌어다 예루살렘이여 일어나 보좌에 앉을찌어다 사로잡힌 딸 시온이여 네 목의 줄을 스스로 풀찌어다

그래서 이 말씀의 예언이 실상이 되는 이날에 보좌에 앉는다는 말은 하나님께서 온 천하를 심판하시는 이날에 친히 진술하시지 않고, 거룩하게 된 자를 사용하셔서 대언하게 하시는 사람을 두고 '정하신 사람'이라고 하신 것이다.

그래서 **계20:4절**에 "또 내가 보좌들을 보니 거기 앉은 자들이 있어 심판하는 권세를 받았더라(심판은 하나님이 하시는데 하나님께서 사용하시는 그릇인 사람을 말씀하시는 것이다. 전 우주적인 심판 날인 지금 이

세대에 시작은 먼저 나를 사용하시지만, 현재 대언하는 성도들이 이미 다시 태어나서 사용하시고 계신다. 그래서 새 예루살렘, 거룩한 떡덩이들 중에 심판하는 권세를 받은 것이다. 2021년 이 세대 온 천하를 심판하시는 이날을 위해 예수 그리스도를 죽은 자 가운데서 다시 살리신 것으로)

모든 사람에게(지금 이 세대 여호와의 날, 인자의 날에 이 땅에 사는 모든 사람에게) 믿을 만한 증거를 주셨음이니라 하니라(너무 명백하게 전 성경 기록 목적이 온 천하를 심판하시는 이날을 위해서였고, 예수 그리스도를 이 땅에 보내신 것도 지금 이때, 오는 세상의 주인들, 곧 하나님 나라의 주인공들에게 이 진리를 믿으라고 증거로 주신 것이다. 그래서 전대미문의 새 언약인 영원한 언약의 중보로 오셨다고 하신 것이다.

14년째 하나님께서 친히 가르치시는 말씀인 '새 언약'을 대언하는 이 일의 크고 중요함은 이 세상의 어떤 언어로도 다 표현할 말이 없다. 성경에 기록된 일들을 그래서 사람 생각대로 보고 설교하면 죄에 죄를 더하는 것이다. 그런데 그들은 아무것도 모르니까 자신이 지옥 갈 짓을 담대하게 하는 것이다.

이제 온 세상 그 누구도 핑계할 수 없다. 원수에 의해 죽임을 당하셔도 미리 약속하신 대로 영원히 죽지 아니하는 신령한 몸으로 다시 살리시는 창조주 하나님의 가르치심을 믿으라고 미리 증거를 주셨고, 예수 그리스도께서 이 땅에 계실 때 이미 약속하신 진리의 성령이 본문의 정하신 사람으로 와서 천하를 공의로 심판하시는 이 일을 실상으로 이루실 것을 미리 약속하셨고, 이 예언들이 이미 사실이 되어 14년째 이루어지고 있는 것이다.

따라서 절대 여러 곳, 여러 사람이 아니다. 하나님께서 영영히 앉으신 처소, 영원히 거하시는 성전은 시작이 바로 **호2:19~20절**의 실상이어야 하고, 진리의 성령과 함께 본래 영원한 가속, 가족, 하나님의 권속, 거룩한 떡덩이들이 나타난 2021년 지금 이 세대가 명백하다.)"

이런 진리의 눈, 곧 영적인 눈으로 다시 **사1:17절**로 가자. "¹⁷선행을 배우며 공의를 구하며(이 말씀이 14년째 이 일을 예언하신 것임을 증명했다. 2721년이 지난 지금 이 예언이 사실이 되어 이제 진실로 전 세계 사람들이 선행이 어떤 것인지 배우고 공의를 구할 수 있도록 온 세상에 알리는 사건이 내가 감옥에 갇히는 이 사건이다. 이 온 세상 사람 중에 먼저 부르시고, 선행이 무엇인지 우리를 다시 제조하셔서 알게 하시는 것이다. 곧 나를 사용하셔서 '선행은 이런 것이다' 하고 너희들에게 실상으로 보이시고 계신 것이고, 이제 우리 모두를 사용하셔서 온 세상 사람들에게 하나님의 뜻을 땅에 실상으로 이루는 14년째 이 일이 선행이라는 것을 공포하시는 것이다.

참 과부의
가족, 가속, 권속은 누구인가?

딤전5:3~10절에 "³참 과부인 과부를 경대하라 ⁴만일 어떤 과부에게 자녀나 손자들이 있거든 저희로 먼저 자기 집에서 효를 행하여 부모에게 보답하기를 배우게 하라 이것이 하나님 앞에 받으실 만한 것이니라(고 하신 이 예언은 내가 감옥에 갇히고 2019년 12월 4일에 은혜, 평강이, 평안이, 희라, 기쁨이가 한국에 와서 실상으로 이룬 것이다. 그때 대적자들에게 애들을 보호하려고, 특히 은혜 성도를 현재 재판 중인 사건에 완전히 거짓말로 공소장, 곧 소송장에 이서연이가 기록해 넣어서 보호하기 위해 이 본문을 말하지 않은 것이다. 너무 명백하게 금방 왔다가 가려고 했는데 코로나19 전염병으로 낙토에 들어갈 수 없도록 환경을 만드셔서 이 말씀을 지켜 실행하게 하셨다.

손주들이 태어나서 너무 정확하게 어떤 과부, 참 과부가 문자 그대로도 나에 대한 예언이고, 은혜 성도, 희라 성도, 손주들 기쁨이, 평강이, 평안이에 대한 예언도 AD 50~70년경에 사도 바울을 사용하셔서 예언해 두셨고, 1949년이 지난 후인 2019~2020년에 이 예언이 사실이 되어 이루어졌다. 절대 온 세상에 창세 이래 다른 사람이 아닌 나와 자녀, 손자들에 대한 예언이다. 그래서 이 본문도 이제 예언이 아니고 실상이 되어 이루어졌다.

진리는 이런 것이다. 이렇게 성경만이 참 예언이며, 참 진리인 것을, 땅에 사실이 되어 그대로 이루어진 것을 하나님께서 증거하시는 것이다. 이러니 이는 내 말이 아니고 살아 계신 하나님의 말씀이다.

성경은 아무나 누구나에게 해당하는 것이 아니라, 반드시 그 본문의 실상의 주인공들이 있다. 이런 진리를 14년째 대언하고 있는데, 이 진리의 도를 훼방하는 송사를 한 불신자, 원수들은 예수님 당시 가룻 유다가 바로 그들의 그림자요 모형이다. 그리고 나를 송사한 실상의 주인공들이다. 그들 또한 이 세상에 사람으로 태어나기 전에 이미 그렇게 사용될 것을 미리 정해 두셨고, 그대로 이 땅에서 이루어진 것이다. 그리고 낙토의 명부에서 지워지는 자들이 이름이 도말되는 자들이다. 하나님의 나라는 이렇게 실상이 되는 것이다. 절대 상상이 아니다.

따라서 상상에서 깨는 때가 바로 2021년 지금 이 세대다. 이런 실상이 나타날 때, 온 세상에 있는 사람들로 하여금 의심하지 말고 믿으라고 예수 그리스도를 미리 보내시고 죽은 자 가운데서 다시 살리신 것이다. 예수님 당시에 누가 믿었느냐? 하나님의 아들이 이 땅에 사람의 몸을 입고 나타나실 줄을 아무도 안 믿었다.

그런 사실을 성경에 기록해 두신 이유가 진리의 성령이 사람으로 실상이 되어 나타날 때 믿으라고 예수 그리스도를 미리 보내시고 성경에 기록해 두신 것이다. 한 절에만 해당하는 것이면 참 과부가 아니다. 여러 부분, 여러 모양으로 명백하게 전 성경에 예언되어 온전하게 문자 그대로도 사실이 되는 자가 진리의 성령이다. 감옥에 가두어 두시고 나 자신이 나에 대해서 하나님과 사람 앞에 명백하게 증거하고 시인하게 하시는 하나님의 완전하신 지혜다.

그래서 지금 전 세계 성경을 사용하는 모든 사람들이 이 진리로 돌아서지 아니하면 안 된다. 무슨 배짱으로 온 세상에 내린 코로나19 재앙을 나에 대한 핍박, 송사, 나를 통한 하나님의 선하고 크고 기이하신 일을 훼방하고 멸시한 원수들과 온 세상 사람들에게 하나님께서 변호하시는 일이라고 돈을 들여서 신문에 광고하겠느냐? 내가 미치지 않았다. 무식하게 믿음 좋은 척하는 것이 절대 아니다. 나에 대한 예언만 있으면 안 믿을까 봐 실제 육의 자녀, 손자들에 대한 예언도 이렇게 명백하게 예언되어 있지 않느냐? 평강이, 평안이, 여수룬이에 대한 예언, 더 넓게는 기쁨이에 대한 예언, 희라, 은혜에 대한 예언도, 전 성도들에 대한 예언도 명백하게 기록이 되어 있지 않느냐? 이래도 귀신 노릇 하고 패역할래?

일은 하기 싫고 천국은 가고 싶은 귀신들한테 이제 절대 안 속을 것이며, 믿고 기다려 준다고 짐승이 사람 되지 않는 것도 14년째 보고 있다. 자칭 모태 신앙이라고 하는 자들의 교만하고 거만하며 더럽고 게으른 흉악한 귀신들이 누군지 다 드러났고, 진실로 하나님의 은혜가 아니면 낙원에 갈 수도 없다는 것을 14년째 보았다.

악인이 받을 벌이 가득하여 하나님의 집에서부터 14년째 심판을 먼저하고 계셨고, 실상의 모태 신앙은 기쁨이부터 시작이었다. 자칭 모태 신앙인 병준, 영주, 한나, 지원부터 모두 보아라. 거룩한 척, 잘 믿는 척 가장의 달인들의 실상이 어떤 것인지, 그 열매가 어떠한지 최근에도 다 드러나고 있다. 자칭 목사, 사모들의 실체가 얼마나 더러운지 다 드러나서 자신들이 무슨 언행을 했는지도 모르고 사심만 가득한 채 14년째 귀신 노릇 한 자들이더라. 어떻게 이 진리를 받고 자신을 안 보는지, 그런 자들이 어떻게 입으로 목사, 사모들이라고 하는지 경악한다. 책 제목만 보아도 자신이 무슨 죄를 지었는지 자신을 볼 줄 알았다.

그 누구도 예외가 없이 하나님의 가르치심 이전에 이미 직분자들이 되어 있었던 자들의 상상, 더러움, 패역을 너무 명백하게 다 보았다. 한 몫의 삶을 버리게 하신 것은 자신들을 영원히 지옥 불구덩이에서 꺼내시고 영원히 살리시는 일인데 '배워서 써먹어야겠다~ 나를 왜 세워주지 않나~' 하는 교만함, 거만함에 아연실색한다. 집사 수준은커녕 사람 수준도 아닌 말순, 수옥, 원숙, 재성, 재동, 신자, 순덕, 계순 등등을 보며 망연자실했다.

똑똑히 보아라, **디모데전서 5장**이 누구에 대한 예언인지. 아무 과부나 이 본문의 실상의 주인공이냐? 아무나 성경을 보고 "하나님 아버지" 한다고 본문 **4절**의 어떤 과부의 자녀나 손자들이냐? 이래도 시기, 질투하고, 이래도 이 진리를 안 믿고 귀신이 주인임을 자랑할래?

이 예언은 내 말이 아니다. 모든 기독교인들이 사모하는 사도 바울이 기록한 것이고, 사도 바울이 기록했지만 모든 성경은 성경을 기록한 저자들인 사람에게 하나님께서 감동을 주셔서 하나님의 뜻을 비밀로 감추시고 기록하게 하셨고, 당시 사도 바울도 이 말씀의 뜻, 문자 속에 감추어 두신 천국의 비밀을 몰랐다.

순교자들도 육체가 살아서 하나님의 일을 한 것이 아니다. 자신 속에 있는 귀신과 싸우며 피 흘려 죽기까지 싸워서 죽음으로 증명한 것이다. 이는 인간을 죄짓게 하는 원수 귀신의 정체를 이 세대 우리로 하여금 알게 하여 죽지 말고 육체가 살아서 구원을 받으라고, 영생을 얻으라고, 천국에 들어가라고 교훈하시는 하나님의 사랑이다.

너를 너로 인정하지 않는 것은 하나님을 인정하지 않는 것이고, 그 자체가 패역이다. 하나님을 알면 진실로 죄를 짓지 아니한다. 예수 그리스도께서 하신 말씀을 지켜 실행하지 않는 것은 예수 그리스도를 안 믿는 대적자다. 미워하는 것은 살인이다. 14년째 아니, 이미 1900년 전에 하나님께서 하신 말씀을 안 믿는 대적자다. 점도 흠도 없어야 한다고 하셨다. 생명책에 이름이 기록되어 있음을 3년이 넘게 보이고 들려주어도 안 믿는 너는 원수요 귀신이다.)

⁵참 과부로서 외로운 자는 하나님께 소망을 두어 주야로 항상 간구와 기도를 하거니와(참 과부는 여럿이 아니라 혼자니까 외로운 것이고, 하나님을 하나님으로 모르면서 다 안다고 하는 우상들과 홀로 싸워야 하니까 외로운 것이다. 다른 말로 고독한 것이다. 여출일구 동일하게 거짓말로 설교하는 모든 자들과 영적인 전쟁을 해야 하니까 외로운 것이다.)

⁶일락을 좋아하는 이는 살았으나 죽었느니라('일락'이란 제멋대로 놀며 즐기는 자, 편안히 놀며 죄를 먹고 마시며 향락하는 자, 자신의 원욕대로 쾌락을 즐기며 멋대로 놀다라는 뜻이다. 이런 자들은 2008년 6월 16일부터 하나님의 전대미문의 새 언약으로 씨를 뿌릴 때 실상이 되는 예언의 주인공들이라는 것을 증명한다. 곧 일락을 좋아하는 자는 육체는 살아 있으나 영적으로 죽은 자라는 명백한 증거다.

눅8:9~14 ⁹제자들이 이 비유의 뜻을 물으니 ¹⁰가라사대 하나님 나라의 비밀을 아는 것이 너희에게는 허락되었으나 다른 사람에게는 비유로 하

나니 이는 저희로 보아도 보지 못하고 들어도 깨닫지 못하게 하려 함이
니라 [11]이 비유는 이러하니라 씨는 하나님의 말씀이요 [12]길가에 있다는
것은 말씀을 들은 자니 이에 마귀가 와서 그들로 믿어 구원을 얻지 못하
게 하려고 말씀을 그 마음에서 빼앗는 것이요 [13]바위 위에 있다는 것은
말씀을 들을 때에 기쁨으로 받으나 뿌리가 없어 잠간 믿다가 시험을 받
을 때에 배반하는 자요 **[14]가시떨기에 떨어졌다는 것은 말씀을 들은 자니
지내는 중 이생의 염려와 재리와 일락에 기운이 막혀 온전히 결실치 못
하는 자요**

씨 뿌리는 비유 세 군데 **마태복음 13장, 마가복음 4장, 누가복음 8장**은
참 과부인 나를 통해서 대언하는 살아 계신 하나님의 말씀을 14년째 전
하는 중에 떨어진 자들에 대한 예언들이었다. 이런 진리를 저 가라지 추
수하는 신천지가 흉내를 내고 먼저 사용하여 씨 뿌리는 말씀, 하나님의
뜻, 비유, 추수라는 말만 하면 귀신들이 "신천지니~" 하며 발작하여 난
리를 하는 것이다. 이는 구더기가 무서워 장을 못 담그는 어리석은 자들
과 같다.

그래서 마귀는 단어만 사용할 뿐 시작부터 거짓말만 하는 자들이
고, **요일2:21절**에 "모든 거짓은 진리에서 나지 않음을 인함이라"라고 하신
것이다. 곧 성경을 가지고 거짓말을 가르치고 설교하는 자들은 진리의
성령이 실상이 되어 모든 진리 가운데로 인도할 때 그들의 실체가 다 드
러나는 것이다.

이 때문에 참 과부는 홀로 외로운 것이고, 모든 민족들에게 미움을

받는 것이다. 오죽하면 **딤전5:4~5절**에 "참 과부를 경대하라"라고 하고 그 자녀나 손자들에 대해서도 명백하게 예언해 두셨겠나~ 그리고 6절에 "일락을 좋아하는 이는 살았으나 죽었느니라"라고 하셨겠나?

　　이렇게 신령한 것을 신령한 것으로 분별하여 구슬을 꿰지 아니하면 이 한 본문만 가지고는 절대 누가 이 본문의 실상인지 모른다. 그런 설교는 '진리'가 아니고 살아 계신 하나님의 말씀이 아니다. 그래서 **눅 8:9~14절**에 일락을 좋아하는 자들, 사람이 보기에 살아 있으나 하나님이 보시기에는 죽은 자들이 누군지 14년째 내 눈으로 보았다. 그들의 얼굴, 이름들도 다 안다. 이 예언이 이미 14년째 실상이 되어 이루어지고 있고, 현재 은혜로교회에 남아 있는 성도는 **눅8:15절**에 기록된 예언이 실상이 된 자들이다. "좋은 땅에 있다는 것은 착하고 좋은 마음으로 말씀을 듣고 지키어 인내로 결실하는 자니라"라고 하셨고, 이는 **계3:7~13 절**에 빌라델비아 교회 사자와 성도들인 우리에 대한 예언이 성취된 것이다.

　　계3:9~10절에 "[9]보라 사단의 회(예장합신 총회, 감리교 총회 등 나를 이단이라 하는 목사들이 사단의 회이며, 이인규, 박형택, 박상기 등등 다 이에 해당하는 실상이다.) 곧 자칭 유대인이라 하나(곧 자칭 기독교인이라 하나) 그렇지 않고 거짓말하는 자들 중에서 몇을 네게(빌라델비아 교회 사자인 나 신옥주 목사에게) 주어 저희로 와서 네 발 앞에 절하게 하고 내가 너를 사랑하는 줄을 알게 하리라(반드시 이대로 된다.) [10]네가(2021년 감옥에 갇혀 있는 네가) 나의 인내의 말씀을 지켰은즉 내가 또한 너를 지키어 시험의 때를 면하게 하리니 이는 장차 온 세상에 임하여 땅에 거하는 자들을 시험할 때라"

이렇게 명백하게 실제 빌라델비아 교회도 했고, 현재 인내의 말씀을 지키고 있다. 이 모든 예언들이 나와 우리에 대한 예언이었다. 이런 영적인 눈, 마음, 생각으로 다시 **딤전5:6절**을 보자.) "일락을 좋아하는 이는 살았으나 죽었느니라"라고 갑자기 왜 참 과부와 자녀, 손자에 대해 말씀하다가 6절에 이렇게 말씀하셨는지 보이고 들리고 깨달아지느냐?

14년째 대언하는 영생하도록 있는 양식을 믿고 지키어 하나님 나라, 곧 천국의 상속자들이라는 명백한 사실을 믿으라고 지금 말씀하시는 것이다. 이렇게 진리의 도는 명백하게 실상이 된다. 살아 있으나 영적으로 죽은 자들도 실상이고, 하나님의 이름, 예수 그리스도의 이름 때문에 원수, 적그리스도에 의해 송사를 당한 것도, 감옥에 갇혀 있는 것도 실상이다.

그리고 **딤전5:7~9절**에 "⁷네가 또한 이것을 명하여 그들로 책망받을 것이 없게 하라 ⁸누구든지 자기 친족 특히 자기 가족을 돌아보지 아니하면 믿음을 배반한 자요(이 본문을 가지고 몇 년 전에 박찬문이 인용하는 것을 보며 그가 얼마나 교만한지~ 이 말은 내가, 참 과부가 송사에 걸려 감옥에 갇히고 영원한 가족이 아니면 이 몇 년 동안 어찌 되었겠느냐? 다니엘 성도는 공범으로 몰아서 이곳에 올 수도 없게 만들고, 창섭 성도도 육으로 동생이라는 것 때문에 4년 징역형을 판결한 것이다. 성경은 아무나 이용하는 것이 아니다.

본문의 '믿음'은 **갈3:22~23절**에 "믿음이 올 때까지"의 주인공인 나에 대한 예언이며, 결국 내가 원수들에 의해 창섭 성도와 함께 감옥에 갇히니까 '믿음을 배반한 자들'이 누군지 정확하게 다 드러난 것이다. 자신이 믿음을 배반한 자이면서, 우리에게서 나간 적그리스도요 대적자이면서 이 본문을 이용하여 문자를 했고, 그 문자를 보고 또 믿음을 배반한 서요셉 등등이 나오더라.

사람 차원도 그렇게는 할 수 없다. 예수 그리스도를 믿는 자면 예수 그리스도께서 분명히 "누가 내 형제이며 자매요 모친이냐"라고 하시며 "하나님의 뜻대로 행하는 자가 예수 그리스도께 형제요 자매이며 모친이라"라고 하신 말씀도, 전 성경을 단 한 절도 안 믿는 자가 이 본문을 가지고 미혹하니까 바로 배반하는 자들이 나오더라.

자기 가족, 곧 하나님을 아버지라 부르고 예수 그리스도를 믿는다고 하는 자들이 예수님이 육의 아버지 요셉을 아버지라 하지 않고, 육의 어미 마리아, 동생들을 가족이라고 하지 않고, 예수 그리스도를 이 땅에 보내신 하나님 아버지를 아버지라 부르며, 하나님 아버지의 뜻대로 행하는 자가 예수 그리스도의 형제요 자매이며 모친이라고 하신 말씀을 안 믿는 육에 속한 자들이다.

지금 전 세계 성경을 사용하는 모든 종교인들이 다 혀로 말은 "하나님 아버지"라 부르면서 형제인 예수 그리스도를 "성자 하나님, 주여, 오직 예수여" 혀로만 부르고 진실로 하나님 아버지께서 하신 말씀, 아들을 통해서 하신 일을 누가 믿느냐? 믿으면 말씀대로 지켜 실행한다. 예수님을 믿으면 예수님이 말씀하신 형제, 자매, 모친이 누군지 믿어야 하는 것이다.

그런데 예수님의 형제는 당시 육의 형제요 자매이며 모친은 마리

아이고, 아버지는 요셉이라고 믿는다. 이는 믿는 것이 아니다. 전부 육체대로 예수 그리스도를 아는 것이다. 그 결과 2008년 6월 16일까지 온 세상에 하나님께 속한 자가 한 사람도 나오지 않았다는 것을 역사가 증명해 준 것이다.)

'불신자보다 더 악한 자들'이 누군지 내가 감옥에 갇히고 명백하게 나타나고 드러났다. '믿음을 배반한 자, 불신자보다 더 악한 자들'이 누군지 3년이 지나면서 실체가 명백하게 드러났다. 이런 진리를 혀로 말만 하면 다 죽어서 천국 간다고 한다. 문자를 싫어하고 문자 때문에 교회를 나가 버린 자들은 문자가 얼마나 가족을 돌보고 가족을 아끼는지 그들은 모른다. 내가 왜 문자를 세웠는지 악인들은 모른다. 다시 창조되지 않아서 모난 것은 다시 제조되면 되지만, 불신자보다 더 악한 자라고 하시는 판결은 안 믿는 자들, 전 성경 단 한 말씀도 안 믿는 악한 자들이 2018년 7월 24일부터 나왔다.

당연히 14년째도 나왔지만, **딤전5:8절**에 해당하는 자는 내가 감옥에 갇히고 2021년 8월 28일 지금까지 나왔다. 문자 성도는 반드시 본을 보여서 가족이 어떤 것인지 보이거라. 고쳐질 때까지 태욱 성도의 권면을 받고 다시 제조되거라. 나는 단 한 번도 네 중심을 의심한 적 없고, 100% 믿는다. 과천도 철저하게 가족이 누군지 언행으로 보여라. 고치지 아니하면 낙토에 못 들어간다. 과천도 문자 성도만큼만 되면 못할 일이 없다. 그러니 반드시 태욱 성도 지시를 따르고, 문자 성도를 인정하고, 질서를 지키거라.

너희를 징계하는 것은 살리기 위해서다. 귀신이 떠나지 않으면 절대 낙토에도 이제 믿지 않는 자는 들어갈 수 없다. 혀로 말만 하고 더러운 언행, 게으른 자는 하나님의 나라에 합당치 않다. 그래서 일하기 싫거든 먹지도 말라고 하신 것이다.

　모두 따라 하거라. "우리 모두는 영원한 가족이다. 하나님 나라의 권속이다."라고 세 번 따라 하거라.

　그리고 5절에 "참 과부로서 외로운 자는 하나님께 소망을 두어 주야로 항상 간구와 기도를 하거니와"라고 하신 말씀처럼 나는 야(夜), 곧 밤을 지나는 기간에도 "하나님의 말씀, 말씀" 하며 지냈다. 다니엘 성도가 증인이다. 그리고 반드시 내가 영적인 밤의 기간에 한 몫의 삶을 살았다는 증거가 이 말씀이고, 증거가 또 있다.

아5:2 내가 잘찌라도 마음은 깨었는데 나의 사랑하는 자의 소리가 들리는구나 문을 두드려 이르기를 나의 누이, 나의 사랑, 나의 비둘기, 나의 완전한 자야 문 열어 다고 내 머리에는 이슬이, 내 머리털에는 밤 이슬이 가득하였다 하는구나

　영적인 밤을 지날 때를 두고 "내가 잘찌라도"라고 하셨고, 그러나 그때도 "마음은 깨었는데"라고 하신 것이다. 이를 두고 **딤전5:5절**에 "주야로 항상 간구와 기도를 하거니와"라고 하신 것이고, 또 이 말씀에는 항상 영원히 영영한 사역자가 되어 영원한 언약을 영원히 전할 것도 예언되어 있다. 믿든 안 믿든 진실로 사실이다. 이미 영생하기로 작정되어 이 땅에 보냄을 받은 진리의 성령이 맞다. 해를 입은 여자가 맞고, 참 과

부가 맞다.

그러므로 8절의 말씀도 그래서 "누구든지 자기 친족 특히 자기 가족을 돌아보지 아니하면 믿음을 배반한 자요 불신자보다 더 악한 자니라"라고 하신 것이다. 사람들이 본능적으로 아는 자기 친족, 자기 가족을 두고 하신 말씀이 아니다. 말씀을 확정해야 하니까 이에 대해서 증명한다. 신령한 것은 신령한 것으로 해석해서 이 말씀이 나에 대한, 우리에 대한 예언임을 증명한다. 성도들에게 내가 친족이고, 가족이다.

먼저 '친족'이란 촌수가 가까운 겨레붙이, 법률에서 배우자, 혈족, 인척 등을 통틀어 이르는 말이라고 국어학적으로는 이렇다. 이는 사람 생각이고, 하나님께서 말씀하시는 친족은 성경 속에 해답이 있다.

잠7:1~4 ¹내 아들아 내 말을 지키며 내 명령을 네게 간직하라 ²내 명령을 지켜서 살며 내 법을 네 눈동자처럼 지키라 ³이것을 네 손가락에 매며 이것을 네 마음판에 새기라 ⁴지혜에게 너는 내 누이라 하며 명철에게 너는 내 친족이라 하라

'명철'이란 총명하고 사리에 밝다는 뜻이다. 그래서 명철은 하나님께 속한 것이다. 욥12:12절에 "늙은 자에게는 지혜가 있고 장수하는 자에게는 명철이 있느니라"라고 하셨다. 그럼 어떻게 해야 명철할까? 누구든지 자기 친족, 곧 명철한 자가 친족이라고 하셨으므로 하나님께서 말씀하시는 친족은 반드시 하나님께 속한 자여야 하며, 그런 곳은 어디일까? 해답을 계속 찾아가 보자.

욥28:12~28절이다. "¹²그러나 지혜는 어디서 얻으며 명철의 곳은 어디인고 ¹³그 값을 사람이 알지 못하나니 사람 사는 땅에서 찾을 수 없구나(이 말씀을 문자 그대로 보면 지혜와 명철을 상상만 하게 된다. 사람이 사는 땅에서 찾을 수 없는 지혜, 곧 이 지혜는 완전한 지혜를 말한다. 진실로 이 말씀대로 BC 1400년경에 기록하고도 이 지혜는 땅에서 찾을 수 없었다. 이 증거가 딤전5:8절 말씀의 실상의 주인이 나타날 때까지 하나님께 속하신 분은 하나님께서 이 땅에 보내신 분인 하나님의 아들 예수 그리스도밖에 없으셨다.

증거는 하나님께서 행하신 일은 영원히 있어야 하는데 예수 그리스도께서 원수에 의해 죽임을 당하셔도 하나님께서 말씀하신 대로 영원히 죽지 아니하시는 신령한 몸으로 다시 살아나셨고, 2021년 8월 29일 이때까지 하나님 우편에 계신다. 이는 지혜와 명철은 하나님께 속해 있음을 증명하신 일이다. 그래서 예수 그리스도께서 사람 사는 땅에 본래 계신 분이 아니고, 하나님께로부터 하늘에서 보내심을 입고 이 땅에 오신 분이시라는 명백한 증거다.

그때로부터 말미암아 땅의 역사는 1년 1월 1일로 다시 시작하여 예수 그리스도께서 하나님의 아들이시고, 하늘에 속한 분이며, 그래서 지혜롭고 명철하셨다. 사람으로 이 땅에 태어나셨지만 땅에 있는 모든 사람과 달리 사셨고, 그래서 죽어도, 죽임을 당하셔도 약속하신 대로 삼일 만에 다시 살아나셨으며, 지금은 온 천하에 예수 그리스도를 모르는 사람이 없을 정도로 오직 예수님을 따르고 닮기를 원하는 분이 되셨으니 창세 이래 사람 중에 지금까지는 예수 그리스도만 최고 지혜이며, 명철하심을 부인할 자가 아무도 없다.

그런데 왜 예수 그리스도의 가르침을 받은 당시 사도들도 아직 신령한 몸으로 부활하지 못하고 있을까? 이는 지혜와 명철의 권한은 하나님께만 있다는 증거다. 그래서 지혜와 명철의 곳은 어디인지 사람 사는 땅에서는 찾을 수 없구나 하고, 지혜와 명철의 값은 사람이 알지 못한다고 한 것이다. 그래서 하나님 나라도 상상하고, 아무도 사람 차원을 뛰어넘을 수 없었던 것이다. 예수 이름만 가지고는 안 된다는 뜻이다. 그러므로 지혜와 명철의 곳은 어디인가? 사람 사는 땅에서 영원히 찾을 수 없을까? 이 또한 하나님께서 이미 말씀해 두셨는데 하나님께서 은혜를 주셔야 찾을 수 있고 만날 수 있다.)

[14]깊은 물이 이르기를 내 속에 있지 아니하다 하며 **바다가 이르기를 나와 함께 있지 아니하다 하느니라**(바다, 곧 악인에게는 지혜와 명철이 없다는 뜻이다. '깊은 물' 또한 영적으로 악인이 하는 말, 가르침, 설교를 말하고 그래서 이를 두고 '음부'라고 한다.

시69:1~2, 14~15 [1]하나님이여 나를 구원하소서 물들이 내 영혼까지 흘러 들어왔나이다 [2]내가 설 곳이 없는 깊은 수렁에 빠지며 깊은 물에 들어가니 큰 물이 내게 넘치나이다… [14]나를 수렁에서 건지사 빠지지 말게 하시고 나를 미워하는 자에게서와 깊은 물에서 건지소서 [15]큰 물이 나를 엄몰하거나 깊음이 나를 삼키지 못하게 하시며 웅덩이로 내 위에 그 입을 닫지 못하게 하소서 따라서 '깊은 물, 깊음, 큰 물'은 다윗의 자손으로 이 땅에 오신 예수 그리스도를 미워하는 자요, 다윗의 집의 열쇠를 받은 빌라델비아 교회 사자를 미워하고 훼방하는 자들이며, 이들이 서 있는 곳이 하나님이 말씀하시는 깊은 수렁이며, 웅덩이다. 더 직설적으로 말하면 바다, 곧 악인이 하나님의 이름, 예수 이름 사용하며 성경을 가지고 성경과 다른 거짓말, 세속적인 말, 사람의 교훈으로 하는 설교가 깊은 물, 큰 물이며, 이들이 교회 강단에 서 있는 곳이 깊은 수렁이고, 깊음이다.

지금 전 세계 성경을 사용하는 교회 지도자들이 성경을 가지고 이런 언행을 하고 있다. 이런 교회에 다니는 자들이 깊은 수렁에, 웅덩이에 빠져 있다. 문제는 거짓말로 설교하는 지도자도, 그 설교를 듣는 교인들도 그곳이 하나님을, 예수 그리스도를 미워하는 원수, 대적자들이라는 사실을 모른다는 것이다. 도리어 자신들은 이미 잘 믿고 있고 죽어서 천국 간다고 생각하고 기득권 세력이 되어 진리의 도를 훼방하며, 이들이 내는 큰 물, 곧 창수, 홍수로 인하여 나와 성도들은 옥에 갇혔고, 재판을 받고 있다.

시69:1~36절을 찾아서 교독하거라. 확실하게 마음에, 생각에 깊은 물, 큰 물, 깊음이 무슨 뜻인지 보고 듣고 깨달아야 그들이 내는 물로 인해 지금 온 세상에 있는 교인들이 이 수렁에서 고통받고 있음을 보고, 이런 깊은 데서, 큰 물에서 너희들은 이미 건짐을 받았다는 것이 보이고 들리고 깨달아진다.

이런 바다, 곧 악인들이 내는 말, 성경과 다른 거짓 설교가 하나님께서 말씀하시는 깊은 수렁, 큰 물, 깊음이 하나님의 아들 예수 그리스도께 드리는 식물이며, 갈할 때 마시우는 초였다. 지금 2021년 이때까지 대적자, 원수들, 크고 넓은 문에서 멸망으로 인도하는 자들이 예수 이름, 하나님의 이름으로 이렇게 하고 있다. 이 원수들이 예수님이 이 땅에 오셨을 때 실제로 이렇게 했다.

시69:19~28절에 "¹⁹주께서 나의 훼방과 수치와 능욕을 아시나이다 내 대적이 다 주의 앞에 있나이다 ²⁰훼방이 내 마음을 상하여 근심이 충만하니 (2021년 8월 29일 현재도 진실로 이러하다. 이 예언대로 예수 그리스도께서 결국 이들에 의해 당시 가장 잔인하게 사형당하셨으며, 지금 이 세대까지 이런 대적자들에 의해 훼방을 받고 수치와 능욕으로부터 성도들을 '어찌하면 한시라도 다시 창조, 제조하여 귀신에게서 영원히 자유하게 하며, 온 세상이 살아 계신 하나님의 말씀으로 돌아오게 할까' 하는 거룩한 근심이 14년째 떠나지 않는다.)

긍휼히 여길 자를 바라나 없고 안위할 자를 바라나 찾지 못하였나이다 (그래서 속히 온 세상에 광고하고 광포해야 한다, 지혜와 명철의 곳이 은혜로교회라는 것을~ 이미 완전한 지혜이신 하나님의 가르치심을 받고 있고 악을 떠난 명철한 자들, 곧 성도들이 있는 곳이 낙토이며, 악인들의 훼방을 받고 있어 감옥에 갇혀 있지만 이는 하나님의 완전한 지혜와 모략으로 온 세상에 지혜와 명철의 곳이 어디인지 알리시는 일이다. 이미 너희들은 긍휼히 여김을 받았고 안위함을 받아 이런 깊은 수렁, 웅덩이에서 건짐을 받은 것이다. 이런 곳이 어디인지 이미 알고 있으면서 알리지 아니하는 것은 선을 알고도 행치 아니하는 죄다.)

²¹저희가 쓸개를 나의 식물로 주며 갈할 때에 초로 마시웠사오니(지금

이 시간까지 예수 이름, 하나님의 이름 사용하여 이렇게 하고 있는 곳이 바다, 곧 악인이 강단에서 더러운 물, 홍수, 창수를 내는 설교를 하여 교인들에게 이렇게 하고 있는 곳이고, 용, 큰 악어, 옛 뱀, 사단, 마귀, 가르치는 귀신, 미운 물건, 우상, 무저갱의 열쇠를 받은 무저갱의 사자, 지옥 불의 소리를 하는 곳, 광명의 천사로 가장하는 자들이 다 이렇게 하고 있다. 이런 자들은 이 기도대로 실상이 되어 있다.)

^{22}저희 앞에 밥상이 올무가 되게 하시며 저희 평안이 덫이 되게 하소서 ^{23}저희 눈이 어두워 보지 못하게 하시며 그 허리가 항상 떨리게 하소서 ^{24}주의 분노를 저희 위에 부으시며 주의 맹렬하신 노로 저희에게 미치게 하소서 ^{25}저희 거처로 황폐하게 하시며 그 장막에 거하는 자가 없게 하소서 ^{26}대저 저희가 주의 치신 자를 핍박하며 주께서 상케 하신 자의 슬픔을 말하였사오니 ^{27}저희 죄악에 죄악을 더 정하사 주의 의에 들어오지 못하게 하소서 ^{28}저희를 생명책에서 도말하사 의인과 함께 기록되게 마소서"라고 하신 이 기도가 지금 이 세대에 온전히 사실이 되어 이루어진다.

이미 악인들, 하나님의 원수들, 깊은 물, 큰 물, 깊음, 수렁, 웅덩이에 황폐하여 거하는 자들이 없게 하시는 징조가 바로 코로나19 온역 재앙이다. 2020년에 이탈리아 천주교 성당에 사람이 죽은 시체가 담긴 관으로 가득 찼었고,[37] 이는 평화의 상징이라고 말하는 천주교 음녀들의 어미인 교황과 온 세상에 교훈하시고 경고하신 것이다. 사람의 수단과 방법으로 막으려고 해도 1년 8개월째 계속되고 있다. 저 아프간의 사태를 보아라. 미국이 지켜 줄 것 같으냐? 온 세상 그 누구도 이제 사람이 사람을 지킬 수 있는 세상이 아님을 교훈하시는 것이다. 미얀마를 보아라. 민족이 같은 민족을 백주에 총으로 쏘아 죽이고, 테러로 죽이는 지옥이 지금 이 세상이다. 악인들이 지배하는 이 세상은 모양만 다를 뿐 동일하다.

명철의 곳을 찾아라

그래서 하나님께로 돌아서야 한다. 예수 이름, 하나님의 이름 혀로 말만 한다고 그곳이 지혜와 명철의 곳이 아니다. 멸망으로 인도하는 크고 넓은 문에서 빨리 나와야 한다. 애굽에서, 귀신의 처소 바벨론에서 빨리 나와야 한다. 생명으로 인도하는 좁은 문, 하나님의 계명을 지켜 실행하는 곳이 지혜와 명철의 곳이다. 이런 바다, 곧 악인이 서 있는 곳이 성경을 가지고 남의 말, 남의 이야기로 설교하는 곳이다.

잠18:8~9 ⁸남의 말하기를 좋아하는 자의 말은 별식과 같아서 뱃속 깊은 데로 내려가느니라 ⁹자기의 일을 게을리하는 자는 패가하는 자의 형제니라

그래서 예수 그리스도께서 누가 내 형제요 자매요 모친이냐고 하셨고, 하늘에 계신 내 아버지, 곧 하나님 아버지의 뜻대로 하는 자들이 예수님의 형제요 자매이며 모친이라고 하셨다. 하나님의 말씀을 가지고 마치 우화같이 저 이스라엘 나라 이야기로 설교하고, 자신들과 아무 관

계가 없는 남의 이야기처럼 설교하고 가르치는 곳이 바로 영원히 패가하는 지옥 불의 설교요, 그들은 음부의 형제들이다.

이들은 전부 혀로 남의 말만 하고 혀로 "주여 주여" 하며 영원히 깊은 수렁, 구덩이에 빠져 생명책이 무엇인지, 하나님이 어떤 분이신지, 하나님이 원하시는 뜻은 무엇인지 아무것도 모르고 남의 말하는 자들이고, 하나님 나라와 예수 그리스도와 아무 상관이 없는 대적자들이며, 원수들이라 이런 자들에게 지혜와 명철이 무엇인지 모르도록 기록된 것이 하나님의 말씀인 성경이다.

그래서 깊은 물이, 바다도 지혜와 명철이 나와 함께 있지 아니하다고 하신 것이다. 곧 성경을 가지고 남의 이야기로 설교하는 것을 두고 '깊은 물, 바다, 깊음, 큰 물', 다른 말로 '창수, 홍수'라고 한다. 신약성경에는 문자 그대로도 사단의 깊은 것이라고 하신다.

계2:24절인데 20~24절이다. 지금 전 세계 교회 중에 이런 교회가 얼마나 많은지 알면 경악할 것이다.

계2:20~24 [20]그러나 네게 책망할 일이 있노라 자칭 선지자라 하는 여자 이세벨을 네가 용납함이니 그가 내 종들을 가르쳐 꾀어 행음하게 하고 우상의 제물을 먹게 하는도다 [21]또 내가 그에게 회개할 기회를 주었으되 그 음행을 회개하고자 아니하는도다 [22]볼찌어다 내가 그를 침상에 던질 터이요 또 그로 더불어 간음하는 자들도 만일 그의 행위를 회개치 아니하면 큰 환난 가운데 던지고 [23]또 내가 사망으로 그의 자녀를 죽이리니 모든 교회가 나는 사람의 뜻과 마음을 살피는 자인 줄 알찌라 내가 너희

각 사람의 행위대로 갚아 주리라 ^{24}두아디라에 남아 있어 이 교훈을 받지 아니하고 소위 사단의 깊은 것을 알지 못하는 **너희에게 말하노니** 다른 짐으로 너희에게 지울 것이 없노라

두아디라 교회도 사단이 거룩한 강단에 서서 지옥 불의 소리를 하여 우상의 제물을 먹게 하는 '이세벨'(시돈 왕 바알 제사장인 엣바알의 딸로서 북이스라엘의 7대 왕인 아합왕의 아내가 된 자)은 가증스러운 우상숭배자이며, 성경 역사상 가장 잔인하고 타락한 여인으로서 남편 아합왕을 맹신적인 바알 숭배자로 만들었고, 예수 이름 사용하는 자칭 사역자들을 꾀어 바알을 숭배하게 만든 자다.

북이스라엘 수도 사마리아에 바알 제단과 아세라 우상을 세웠다. 이세벨 이름의 뜻이 '고상하다'는 뜻으로 문자 그대로 당시 두아디라 교회만의 실상이 아니라, 예수 이름이 온 세상에 퍼지는 이때 겨울이 있는 북방에 해당하는 나라에서 실상이 되는 예언이다. 곧 부부가 다 목사가 되어 목사들을 가르치는 세미나를 하고, 가난한 목사들은 아합왕처럼 부자 목사가 되고 싶어서 이세벨 같은 거짓 선지자의 가르침을 받는 것을 예언한 것이다.

대한민국에도 여의도순복음교회 사모였던 자가 이러했고, 현재 살아 있는 이세벨도 있다. 이런 이세벨에게 가르침을 받고 안수받아 자칭 강도사, 목사가 되어 이 말씀을 받고도 배반하여 적그리스도라는 바알 숭배자가 바로 송종완, 장춘화다. 이세벨같이 되게 하고 그렇게 소원했던 자들이 바로 두아디라 교회의 실체, 곧 사단의 깊은 것을 알지 못한

자들이며, 결국 자신들의 행위대로 하나님께서 갚으신다. 이런 이세벨, 아합왕 같은 지도자가 있는 교회가 두아디라 교회다. 이렇게 바알에게 무릎 꿇은 자들은 결국 자기 행위대로 회개할 기회를 주어도 회개치 않는다.

그 실체를 14년째 보았고, 송종완, 장춘화가 그 실상이다. 자신들의 입으로 나한테 이세벨한테 가르침받은 자라고 실토했다. 큰 교회만이 아니고, 개척 교회도 이런 자칭 이세벨 같은 자가 얼마나 많은지 말로 다 할 수 없다. 사모 목사는 기도원 원장을 하고, 남편 목사는 교회를 하여 기도원에 찾아가는 교인을 혀로 무당 노릇 해서 자기 남편이 하는 교회로 보내는 이세벨들의 실상을 이미 2009년에 겪기도 했다. 이런 자들이 전 세계에서 가장 많이 나온 나라가 한국이다. 이런 이세벨, 아합왕이 있는 곳을 두고 '음부 깊은 곳'이라고 하셨다.

잠9:13~18절에 이들이 하는 행위가 그대로 예언되어 있고, 이미 이 예언이 사실이 되었다.

잠9:13~18 ¹³미련한 계집이 떠들며 어리석어서 아무것도 알지 못하고 ¹⁴자기 집 문에 앉으며 성읍 높은 곳에 있는 자리에 앉아서 ¹⁵자기 길을 바로 가는 행객을 불러 이르되 ¹⁶무릇 어리석은 자는 이리로 돌이키라 또 지혜 없는 자에게 이르기를 ¹⁷도적질한 물이 달고 몰래 먹는 떡이 맛이 있다 하는도다 ¹⁸오직 그 어리석은 자는 죽은 자가 그의 곳에 있는 것과 그의 객들이 음부 깊은 곳에 있는 것을 알지 못하느니라 그래서 눅16:19~31절에 날마다 호화로이 연락하고 잔치하다가 갑자기 죽어 그는 음부인 지옥 불구덩이에 그 혼이 떨어진 것이다. 그는 자신이 살아 있을 때 음부, 곧 지옥 불의 소리로 설교하여 일생 교인들을 지옥 불구덩이에 보낸 자신이 행한 그대로 보응, 곧 심판을 받아서 혀에 물 한 방울 없어 먹지 못하는 구덩이에 빠진 자이며, 바로 절도요 강도요 도적질하는 자들이다.

이들은 전부 혀로 주의 이름으로 선지자 노릇 하고 귀신도 쫓아내고 많은 권능을 행했다고 스스로 자랑하고 자긍하는 자들이다. 자신이 본능으로 아는 것으로 성경을 보고 설교한 자들이며, 불의한 재판관, 불법하는 자들이다. 이들이 목회하는 곳이 하나님께서 보시기에 음부요, 깊은 물, 깊음, 수렁, 웅덩이다.

그러니 이런 음부를 두고 롬8:38~39절에 예언해 두신 말씀이 진실로 사실이었다.

롬8:38~39 ³⁸내가 확신하노니 사망이나 생명이나 천사들이나 권세자들이나 현재 일이나 장래 일이나 능력이나 ³⁹높음이나 **깊음이나** 다른 아무 피조물이라도 우리를 우리 주 그리스도 예수 안에 있는 **하나님의 사랑에서 끊을 수 없으리라**

욥28:14절부터 다시 보자. "¹⁴깊은 물이 이르기를 내 속에 있지 아니하다 하며 바다가 이르기를 나와 함께 있지 아니하다 하느니라(이들에게는 절대 완전한 지혜와 명철이 없다.) ¹⁵정금으로도 바꿀 수 없고 은을 달아도 그 값을 당치 못하리니 ¹⁶오빌의 금이나 귀한 수마노나 남보석으로도 그 값을 당치 못하겠고 ¹⁷황금이나 유리라도 비교할 수 없고 정금 장식으로도 바꿀 수 없으며 ¹⁸산호나 수정으로도 말할 수 없나니 지혜의 값은 홍보석보다 귀하구나 ¹⁹구스의 황옥으로도 비교할 수 없고 순금으로도 그 값을 측량하지 못하리니 ²⁰그런즉 지혜는 어디서 오며 명철의 곳은 어디인고 ²¹모든 생물의 눈에 숨겨졌고('모든 생물'은 모든 사람을 뜻한다. 하나님께서 말씀하시는 지혜와 명철은 사람 차원으로는 절대 알 수 없다. 그래서 사람에게서 증거를 취하지 않으시고, 사람에게 영광을 취하지 않으신다고 하셨다. 창세 이래 2008년 6월 16일까지 이 말씀이 사실이 되어 있었다고 누가 믿겠느냐? 그래서 성경이 모든 것을 죄 아래 가두어 두었다고 하신 것이다.)

공중의 새에게 가리워졌으며('공중의 새'도 악한 자, 곧 하나님의 말씀을 마음에 받아 구원에 이르지 못하도록 훼방하는 자를 공중의 새라고 하신다. 다른 말로 하면 '마귀요 사단이며 가르치는 귀신'을 뜻한다. 이들에게는 절대 지혜와 명철이 없다. 그런데 문제는 이들이 예수 이름 사용하는 것이다. 이들은 절대 예수 그리스도에게 친족이 아니다. 관원이 악하면 그 하인, 곧 교인들도 악하다. 그러니 그들 모두는 친족이 아니다.)

²²멸망과 사망도 이르기를 우리가 귀로 그 소문은 들었다 하느니라(지혜는 어디서 오며 명철의 곳은 어디인지 그 소문을 들었다고 한다. 사망의 세력 잡은 자, 마귀들은 소문만 듣고 절대 실상을 만날 수도 없고 실상이 될 수 없다.)

²³하나님이 그 길을 깨달으시며 있는 곳을 아시나니(그래서 반드시 하나님께서 정하신 때에 **호2:19~20절**의 말씀이 실상이 된 자, 해를 입은 여자, 진리의 성령이 나타나서 **요6:45절**의 말씀대로 하나님의 가르치심을 대언할 때 지혜는 어디서 구하며, 명철의 곳이 어디인지 알게 된다. 이때 구하고 찾으라고 하셨다.)

²⁴이는 그가 땅끝까지 감찰하시며 온 천하를 두루 보시며 ²⁵바람의 경중을 정하시며 물을 되어 그 분량을 정하시며 ²⁶비를 위하여 명령하시고 우뢰의 번개를 위하여 길을 정하셨음이라 ²⁷그때에 지혜를 보시고 선포하시며 굳게 세우시며 궁구하셨고('궁구하다'라는 말은 '어떤 사실이나 진리를 알아내기 위해 열심히 찾고 연구하다'라는 뜻이다. 이렇게 정확하게 14년째 하시고 계신다. 나를 사용하셔서 선포하시고, 굳게 세우시고, 궁구하시고 계신다.) ²⁸또 사람에게 이르시기를 주를 경외함이 곧 지혜요 악을 떠남이 명철이라 하셨느니라"

이 예언이 실상이 되어 하나님을 진실로 경외하여 계명을 지켜 실행하여 악을 떠나되 영원히 떠나고 명철의 길을 가고 있다. 그래서 하나님께로서 난 자는 절대 죄를 짓지 아니한다.

또 '명철'은 **잠9:10절**에 "여호와를 경외하는 것이 지혜의 근본이요 거룩하신 자를 아는 것이 명철이니라"라고 하셨고, 이를 두고 **요17:3절**에서는 "영생은 곧 유일하신 참 하나님과 그의 보내신 자 예수 그리스도를 아는 것이니이다"라고 하셨다. 창세 이래 왜 아무도 영생을 온전히 이룬 자가 없었는지, 왜 반드시 한 몫의 삶을 버리고 하나님의 계명을 따라 지켜 실행하는지 이제 보이고 들리느냐? 그래서 14년째 이 길이 '명철'이다. 명철의 길은 반드시 일곱째 날이 되어야 알 수 있도록 하나님께서 미리 정해 두셨던 것이다.

그러므로 **요일5:18~20절**에 "¹⁸하나님께로서 난 자마다 범죄치 아니하는 줄을 우리가 아노라 하나님께로서 나신 자가 저를 지키시매 악한 자가 저를 만지지도 못하느니라 ¹⁹또 아는 것은 우리는 하나님께 속하고(이렇게 되었을 때 실상의 명철이며, 이를 두고 '친족'이라고 하신 것이다.) 온 세상은 악한 자 안에 처한 것이며 ²⁰또 아는 것은 하나님의 아들이 이르러 우리에게 지각을 주사 우리로 참된 자를 알게 하신 것과 또한 우리가 참된 자 곧 그의 아들 예수 그리스도 안에 있는 것이니 그는 참 하나님이시요 영생이시라"

이렇게 우리는 14년째 하나님과 하나님의 아들 예수 그리스도에 대해서 하나하나 하나님의 뜻을 알아가고 알 뿐만 아니라, 하나님을 경외하므로 계명을 지켜 실행하여 우리에게 영생이 있음을 알고 영생을 위한 일을 하고 있다. 이는 명철의 곳이라는 명백한 증거다.)"

잠9:6 어리석음을 버리고 생명을 얻으라 명철의 길을 행하라 하느니라

따라서 명철의 길이 바로 생명의 길이며, 우리는 이미 생명을 얻었다. 바꾸어 말하면 영생을 이미 얻은 길이 바로 명철의 길이다.

잠1:2, 5 ²이는 지혜와 훈계를 알게 하며 명철의 말씀을 깨닫게 하며⋯ ⁵지혜 있는 자는 듣고 학식이 더할 것이요 명철한 자는 모략을 얻을 것이라

이미 우리는 대체육체를 통해서 영원히 대속하시는 하나님의 완전한 지혜와 모략을 얻었다.

그래서 **잠3:13~26절**에 이미 언약해 두셨다. "¹³지혜를 얻은 자와(이 '지혜'는 완전한 지혜를 뜻한다. 이 지혜를 가진 자를 여러분들은 이미 얻었다.) 명철을 얻은 자는 복이 있나니(영원히 악에서 떠나고 이미 명철의 길을 가고 있으니, 명철 또한 명철의 말씀을 깨닫고 대언하는 나에 대한 예언이다. 그래서 '명철'을 네 친족이라 하라고 **잠7:4절**에 말씀하셨다. 따라서 내가 여러분들에게 '친족'이다. 하나님께서 말씀하시는 친족이다. 이러니 명철, 곧 친족을 이미 얻은 복된 자들이 은혜로교회 성도들이다. 이렇게 신령한 것을 신령한 것으로 분별해야 하나님의 뜻, 곧 친족에 대한 하나님 나라의 비밀이 드러나는 것이다.)

¹⁴이는 지혜를 얻는 것이 은을 얻는 것보다 낫고('은'은 돈 값, 기독교인들에게 은은 예수 이름을 얻는 것을 뜻한다. 이 때문에 14년째 이 일은 **히12:24절**에 "새 언약의 중보이신 예수와 아벨의 피보다 더 낫게 말하는 뿌린 피니라"라고 하신 것이다. 첫 순교자 아벨부터 예수 그리스도께서 십자가에서 흘린 피보다 더 낫게 말하는 뿌린 피라고 하신 것은 전대미문의 새 언약을 지켜 실행하는 이 일은 우리에게 영원히 육체도 죽지 않고 영생을 얻는 길이지만, 반드시 대체육체들의 희생이 따르고, 감옥에 갇히고, 온 세상에 치욕을 당하고 어떤 희생을 치르는지 이미 14년째 경험하고 있기 때문이다.

이 일은 전 우주적인 심판의 말씀이라 이 일을 훼방한 대적자들을 하나님께서 친히 대적하시고 징벌하시니 1년 8개월을 보아라. 7년 대환난에 있을 희생은 사람들이 세상에 일어날 일로 인하여 기절할 것이라고 하셨다. 심지어 한 집에 열 사람이 남는다 하여도 다 죽을 것이라고 하셨으며, 네 가지 중한 벌을 내리면 그중에 노아, 욥, 다니엘이 있다 해도 그들은 자기의 의로 자기만 구원을 받는다고 하셨으니 이 때문에 '더 낫게 말하는 뿌린 피'라고 하신 것이다.

택함을 입은 우리에게는 영원히 대속하는 복, 그래서 육체도 죽지 아니하고 영원히 영생을 하는 창세 이래 최고 축복자들이 되지만, 악인들에게는 영원히 영벌을 받는 패망이 되기 때문이다. 그래서 '더 낫게 말하는 뿌린 피'라고 하신 것이다.

또한 우리를 연단하시나 은같이 연단하시지 않는다고 하셨다. 곧 예수 그리스도처럼 연단하지 않으시고 죽음에 붙이지 않으시며, 악인이 받을 벌이 가득하여 경책을 받으나 **시118:17~18절**에 "¹⁷내가 죽지 않고 살아서 여호와의 행사를 선포하리로다 ¹⁸여호와께서 나를 심히 경책하셨어도 죽음에는 붙이지 아니하셨도다"라고 이미 언약하셨고, **사49:10절**에서도 "그들이 주리거나 목마르지 아니할 것이며 더위와 볕이 그들을 상하지 아니하리니 이는 그들을 긍휼히 여기는 자가 그들을 이끌되 샘물 근원으로 인도할 것임이니라"라고 이미 2721년 전에 약속해 두셨다. 반드시 이 고난의 풀무에서 건지신다. 그래서 **시58:10~11절**의 말씀대로 이루신다.

시58:10~11 ¹⁰의인은 악인의 보복당함을 보고 기뻐함이여 그 발을 악인의 피에 씻으리로다 ¹¹때에 사람의 말이 진실로 의인에게 갚음이 있고 진실로 땅에서 판단하시는 하나님이 계시다 하리로다 이 말씀이 14년째 이 일이 왜 첫 순교자 아벨의 피보다, 하나님의 아들 예수 그리스도께서 흘리신 피보다 더 낫게 말하는 뿌린 피라고 하셨는지 진실로 믿느냐? 이 일은 **요11:26절**의 말씀을 온전히 이루시는 일이기 때문에 지혜, 곧 완전한 지혜를 얻는 것이 은을 얻는 것보다 낫다고 하신 것이다. 또한 이 지혜는 영원히 다시 창조, 곧 제조하는 일이다. 온전한 것이다. 그래서 욥기서에서도 이에 대한 값을 당치 못한다고 하신 것이다. 지혜를 얻는 것이 은을 얻는 것보다 낫고)

그 이익이 정금보다 나음이니라 ¹⁵지혜는 진주보다 귀하니(이제 왜 한 몫의 삶을 버려야 하는지, 이 일이 어떤 일인지 인정하느냐? 이런 일을 어찌 안 믿고 쟁기를 잡고 가다가 뒤를 돌아보고 개가 토한 것을 다시 먹는 그들이 무슨 짓을 했는지, 어떤 치명적인 죄를 지은 것인지 인정하느냐? 그래서 영생을 얻는 이 길은 온 세상 그 어떤 것으로도 바꿀수가 없고, 모든 소유를 다 팔아서도 이 보화를 사야 하는 길이다. 이미 이 지혜와 명철을 얻은 자들이 은혜로교회 성도들이다.)

너의 사모하는 모든 것으로 이에 비교할 수 없도다(이 일의 가치는 땅에 있는 어떤 것으로도 비교할 수 없고 표현을 할 말이 없다. 이런 진리를 어떻게 무시하고 멸시하나? 왜 명철을 네 친족이라고 하셨는지, 왜 자기 가족이라고 하셨는지 인정하느냐? '누구든지'는 누구냐? **딤전5:8절**에 "누구든지 자기 친족 특히 자기 가족을"이라고 하신 '누구든지'는 누구이며, '자기 친족'은 누구냐? 모두 답하거라.

누구든지 너의 사모하는 모든 것으로 지혜와 명철을 얻은 이것에 비교할 수 없다. 이 지혜와 명철이 너의 친족이며, 너의 가족이다. 비록 흉악범이 되어 감옥에 갇혀 있어도 반드시 하나님께서 언약하신 대로 하나하나 다 이루시고 계신다. 그래서 **잠29:3절**에 "지혜를 사모하는 자는 아비를 즐겁게 하여도 창기를 사귀는 자는 재물을 없이 하느니라"라고 하셨다.

왜 너의 사모하는 모든 것으로도 비교할 수 없다고 하셨을까? 지혜와 명철을 얻는 것은 창세 이래 모든 사람들이 사모하는 모든 것을 다 얻고 누리고 다스리고 정복하기 때문이다. 오죽하면 '명철'을 너의 친족이라고 하셨겠나?)

[16]그 우편 손에는 장수가 있고 그 좌편 손에는 부귀가 있나니(악을 영원히 떠난 명철의 길이 아니면서 이 본문을 얼마나 많은 기독교인들이 자기들 마음대로 사용했는지~ 그들에게 해당하는 복이 절대 아니다. 왜 너희를 타작마당을 해서라도 그토록 죄 짓지 말라고 했는지 아느냐? 알면 귀신 노릇을 하겠나~ 절대 아무한테나 이 말씀이 실상이 되는 것이 아니다. 반드시 '명철'의 길에 주신 복이다.)

[17]그 길은 즐거운 길이요 그 첩경은 다 평강이니라('첩경'이란 지름길, 어떤 일을 함에 있어서 흔히 그렇게 되기가 쉬움을 뜻하는 말, 곧 명철의 길은 영원히 즐거운 길이며, 다 평강이다. 애들 이름 하나도 그냥 지은 것이 없다.)

[18]지혜는(**잠3:13절** 지혜부터 이 지혜는 지혜의 원천이신 하나님과 동행하므로 이 지혜는 나에 대한 예언이 확실하다. 그래서 영어 성경에 "그녀(her)"라고 되어 있다고 했느냐?

[13]How blessed is the man who finds wisdom And the man who gains

understanding. (지혜를 얻은 자와 명철을 얻은 자는 복이 있나니)

[14]For **her** profit is better than the profit of silver And **her** gain better than fine gold. (이는 지혜를 얻는 것이 은을 얻는 것보다 낫고 그 이익이 정금 보다 나음이니라)

[15]**She** is more precious than jewels; And nothing you desire compares with **her**. (지혜는 진주보다 귀하니 너의 사모하는 모든 것으로 이에 비교할 수 없도다)

[16]Long life is in **her** right hand; In **her** left hand are riches and honor. (그 우편 손에는 장수가 있고 그 좌편 손에는 부귀가 있나니)

[17]**Her** ways are pleasant ways And all **her** paths are peace. (그 길은 즐거운 길이요 그 첩경은 다 평강이니라)

[18]**She** is a tree of life to those who take hold of **her**, And happy are all who hold **her** fast. (지혜는 그 얻은 자에게 생명 나무라 지혜를 가진 자는 복되도다)

영어 성경이 아니라도 이 지혜는 나에 대한 예언이 확실하다. 지혜의 근본이신 하나님의 가르치심이라서 이런 것이다. 또 **호2:19~20절**의 말씀이 실상이 된 사람이 이 본문의 지혜, 곧 완전한 지혜이기 때문에 나에 대한 예언이 확실하다.

그래서 완전한 자는 **아6:9절**에 "나의 비둘기, 나의 완전한 자는 하나뿐이로구나 그는 그 어미의 외딸이요 그 낳은 자의 귀중히 여기는 자로구나 여자들이 그를 보고 복된 자라 하고 왕후와 비빈들도 그를 칭찬하는구나"라고 하셨고, 또한 다음과 같이 말씀하신다.

잠2:1~11절에 "¹내 아들아 네가 만일 나의 말을 받으며 나의 계명을 네게 간직하며 ²네 귀를 지혜에 기울이며 네 마음을 명철에 두며 ³지식을 불러 구하며 명철을 얻으려고 소리를 높이며 ⁴은을 구하는 것같이 그것을 구하며 감추인 보배를 찾는 것같이 그것을 찾으면 ⁵여호와 경외하기를 깨달으며 하나님을 알게 되리니(그래서 명철이 있어야 진실로 하나님을 알게 되고, 알게 되어야 깨달아 마음을 명철에 둘 수 있다. 그래서 구하라 주실 것이요, 찾으라 찾을 것이라고 하신 것이다. 그런데 누가 지혜와 명철을 구하느냐? 각자 자신들이 원하는 소욕, 원욕대로 달라고 혀로 기도만 하지~ 하나님을 모르는데 어떻게 마음에 하나님을 알고 찾으며 명철을 마음에 두겠나? 그래서 먼저는 영혼, 곧 생각과 마음이 하나님의 말씀으로 다시 제조되어야 마음이 하나님이 거하시는 성전이 된다.)

⁶대저 여호와는 지혜를 주시며 지식과 명철을 그 입에서 내심이며(그래서 명철은 반드시 하나님께서 만세 전에 이미 정해 두셔서 하나님께서 친히 가르치실 때 대언하는 자라야 한다. 예수 그리스도를 대언의 영이라고 기록해 두시지 않았다면 진리의 성령이 실상임을 누가 믿었겠느냐?

전 세계 기독교, 천주교인들은 다 상상한다. 각 시대마다 진리인 성경을 기록하실 때 각 사람 저자를 사용하셨고, 그들이 하나님의 말씀을 오늘날 교인들한테 전하는데 왜 다 상상할까? 그래서 요한복음에는 "진리의 성령이 오시면"이라고 하신 것이다. 온 세상이 나에 대해서 인정하지 아니하면 안 된다. 이는 영원히 증명된다.)

⁷그는 정직한 자를 위하여 완전한 지혜를 예비하시며(먼저 **호2: 19~20절**의 말씀을 실상이 되게 하시고, 완전한 지혜이신 하나님께서 내 주하시는 성전이 되어 친히 가르치시고, 사람이 보기에는 사람이 하나님의 가르치심을 대언하는 것이다. 완전한 지혜를 달라고 기도한다고 주시는 것이 아니라, 전적으로 하나님의 뜻에 달려 있다.)

행실이 온전한 자에게 방패가 되시나니(절대 혀로 "주여 주여" 한다고 하나님께서 지키시는 것이 아니다. 반드시 하나님께로서 다시 창조되어야, 곧 완전한 자가 되어야 하나님께서 지키신다. 이렇게 모든 진리 가운데로 너희를 인도하여 죄가 무엇인지, 의가 누군지, 심판에 대해서도 명확하게 알고, 이렇게 알 때 너희 생각이 헛된 상상을 안 하고 귀신이 떠나는 것이다. 그래서 타작마당은 아무 감각이 없는 사람, 강퍅한 사람에게 심폐소생술이다. 너희들을 살리기 위해 어떤 희생을 치르고 있는지 언제나 알게 될까? 아무나 누구나 "주여 주여" 혀로 부르면 들어주시는 하나님이 아니시다.

사실 문제는 신약성경을 사람의 시각으로 보고 들은 것을 기록했으니 그것을 거듭나지 않은 사람이 자기가 본능적으로 아는 것으로 보면 귀신이 혀로 말만 이용하기 좋도록 되어 있는 구절들이 많다는 것이다. 그래서 성경이 모든 것을 죄 아래 가두어 두었다고 한 것이다.)

⁸대저 그는 공평의 길을 보호하시며 그 성도들의 길을 보전하려 하심이니라 ⁹그런즉 네가 공의와 공평과 정직 곧 모든 선한 길을 깨달을 것이라 ¹⁰곧 지혜가 네 마음에 들어가며 지식이 네 영혼에 즐겁게 될 것

이요 ¹¹근신이 너를 지키며 명철이 너를 보호하여(그래서 명철을 너의 친족이라고 하신 것이다. 반드시 완전한 자는 하나님께서 영원히 있게 만드신 땅에 남아 있다.)… ²¹대저 정직한 자는 땅에 거하며 완전한 자는 땅에 남아 있으리라(따라서 이 예언은 예수 그리스도에 대한 예언이 아니다. 그러므로 잠2:1절 "내 아들아"라고 하신 말씀은 피조물들이 고대하는 하나님의 아들이 이 세대에 실상이 되는 말씀이었다. 정직한 자, 완전한 자도 다른 세대가 절대 아니고, 지금 이 세대 진리의 성령이 실상이 될 때 이루어지는 예언이었으며, 여러 군데, 여러 사람이 아닌 먼저는 반드시 하나뿐이다.

그러므로 완전한 자는 영생이 실상이 되는 자, 땅에 남아 있는 자라야 한다. 따라서 아6:9절의 완전한 자는 외모로 여자이며, 진리의 성령을 뜻하고 명백하게 나에 대한 예언이다. 이미 하나님의 성전이 된 자, 하나님과 하나가 된 자일 것을 예수 그리스도를 통하여 예언하신 것이다. 이런 나를 여러 부분, 여러 모양으로 예언해 두신 것이 2021년 이제는 온전히 실상이 된 지 14년째 이 예언들이 사실이 되어 증명하는 것이다.

창세기에 노아는 당세에 완전한 자로 그림자요, 모형이다. 성경에 기록된 의인은 진실로 하나님의 가르치심을 진리의 성령이 대언하는 이 세대에 온전히 실상이 되는 것이다. 이때 의인은 명철의 친족, 특히 가족이 되어 영원하신 하나님의 권속이 되는 것이다. 그래서 딤전5:8절 "누구든지 자기 친족 특히 자기 가족을 돌아보지 아니하면 믿음을 배반한 자요 불신자보다 더 악한 자니라"라고 하신 것이다.

딤전 5장만 보며 참 과부, 다른 말로 '믿음'을 두고 친족, 특히 가족이라고 하신 것이다. 이는 영원한 가족인 성도들을 타작하고, 하나님의 계명을 지켜 실행한 것 때문에 감옥에 갇힌 나에 대한 예언이 명백한 증거다. 곧 악을 떠나 주야로 마음을 하나님께만 두는 자, 그래서 너희한테까지 미움을 받아야 하고, 홀로 진리를 진리대로 전해야 하니 외로울 수밖에~ 그래서 완전한 자는 하나뿐이라고 하시고, 악을 떠나 선한 행실이 있는 자, 그가 명철이니 친족이라고 하신 것이다.

아무나 자신이 완전한 자라고 할까 봐 완전한 자는 하나뿐이라고 한 것이고, 그래서 전 성경 기록 목적이 이 세대 우리를 위한 것이다. 이렇게 경영하신 이유는 의인의 세대, 곧 오는 세상인 천년왕국을 위해서다. 우리가 이 땅에 나타나기 전에 아무도 완전한 자가 없었다는 증거가 땅에 남아 있는 사람이 없다는 역사가 증명한다.)"

그러나 2021년 8월 30일 지금 이때, 악인들은 **잠2:22절**의 예언이 실상이 된다. "그러나 악인은 땅에서 끊어지겠고 궤휼한 자는 땅에서 뽑히리라"라고 하신 이 땅도 하나님께서 약속하신 땅에서 뽑히고, 뽑아내시고 한 몫의 삶이 끝나면 영원히 이 온 세상 땅에서 끊어지고 뽑힌다.

그래서 의인은 없나니 하나도 없다고 하신 때는 '믿음이 오기 전에'에 해당한다. 다른 말로 하나뿐인 완전한 자가 오기까지 의인은 하나도 없었다는 뜻이다. 우리도 한 몫의 삶을 반드시 버려야 하는 것은 우리 또한 예외가 아니었다는 것을 증명해 주시는 것이다. 그래서 낙토에 가서 의인과 악인이 결판난다고 한 것이다.

완전한 자는 그래서 **잠11:5~9절**에 "⁵완전한 자는 그 의로 인하여 그 길이 곧게 되려니와 악한 자는 그 악을 인하여 넘어지리라 [6]정직한 자는 그 의로 인하여(곧 영원한 의이신 하나님으로 인하여 길이 곧게 되고, 정직하게 되고, 이렇게 정직하고 완전한 자는 하나님으로 인하여) 구원을 얻으려니와(그래서 "내가 완전하니 너희도 완전하라"라고 하신 것이다. 너무 명백하게 영생을 얻어야 구원이라는 말을 사용하는 것이다. 아무나 누구나 혀로 "예수여, 주여" 한다고 구원을 얻어 땅에 남아 있는 것이 절대 아니다. 혀로 "주여 주여" 하는 자는 하나님 나라와 아무 관계가 없는 불법을 행하는 자들이다. 온 세상이 다 악한 자 아래 가두어져 있는 중에 비로소 온전히 구원을 얻는 자들이 실상이 된 것이 은혜로교회 성도들이다. 믿든 안 믿든 이는 명백한 사실이다.

진리는 이렇게 땅에서 사실이 되어야 온 세상이 살아 계신 하나님을 오직 참 신이라고 인정하고, 사람이 만든 모든 종교를 다 버리고 하나님께로 돌아오는 것이다. 이 일은 그래서 온 세상에 그 누구도 막을 수가 없다. 대적자들이 나를 감옥에 가두어 두어도 이 일은 더 잘되어 현재 진행 중이다. 대적자들도 무릎을 꿇을 수밖에 없는 하나님의 선한 일이다.

귀신은 진실로 불순종하는 자들이다. 정직을 훈련하자고 해도 절대 안 듣는다. 바빠서 교통하지 못하는 척 가장하지 마라. 너의 그 강퍅하고 교만한 것을 하나님은 이미 다 알고 계신다. 명철을 친족이라고 해도 안 믿고, 누구든지 자기 친족, 특히 자기 가족이라고 해도 안 믿는 불신자보다 더 악한 자가 우리 안에 있다. 얼마나 교만한지, 얼마나 강퍅한지 언제까지 자신이 귀신임을 자랑할래? 너는 그래서 아직 귀신이다. 낙토에까지 재앙이 와도, 하나님의 징계를 받아도 듣기 싫고, 순종하기 싫으면서 왜 의인 중에 함께 거하나? 이 귀신들아~ 흉악한 귀신들은 항상 자신을 자해한다.

죄와 상관이 없이 살아야 구원에 이른다. 이런 진리를 한 절도 안 믿으면서 귀신은 자신은 이미 구원받았다고 저 스스로 자긍한다. 귀신이 주인인 자는 일하는 것이 아니다. 상상에서 깬 것이 아니다. 정직한 자는 그 의, 곧 하나님으로 인하여 구원을 얻으려니와)

사특한 자는 자기의 악에 잡히리라(진실로 이러하다. '사특한 자'는 '못되고 악하다, 부정하게 행동하다, 불경건하다, 타락한 본성과 자신의 욕심, 원욕에 따라 자행하는 자, 다른 말로 하면 간교하다, 경건하지 못하다, 사악하다'는 뜻이다. 귀신이 주인인 자는 그래서 자기의 악에 잡혀 있고, 이로 인하여 아무리 진리를 진리대로 증명해 주어도 한 절도 안 믿는다.)

[7]악인은 죽을 때에 그 소망이 끊어지나니 불의의 소망이 없어지느니라(그래서 의인을 의인 만드실 이때까지 함께 공존하고 있었다. 하나님께서 정하신 때가 될 때인 지금 이 세대에 의인과 악인을 나누어 분리시키는 것이고, 악인은 대체육체가 된다.)

[8]의인은 환난에서 구원을 얻고 악인은 와서 그를 대신하느니라(잠 21:18절에 이미 판결해 두셨다. "악인은 의인의 대속이 되고 궤사한 자는 정직한 자의 대신이 되느니라" 이래도 혀로 "오직 예수" 하면 네 죄가 다 사해지더냐? 더 더럽고, 더 부패한 자들이 성경을 사용하여 종교생활 하는 자들이다.

예수 그리스도가 악인이냐? 심지어 다른 사람을 죽인 연쇄살인범도 혀로 예수 믿는다고 말만 하면 다 용서받는다고 가르치는 미친 귀신이 자신은 살인자에게도 전도했다고 저 스스로 자랑한다. 이렇게 귀신들이 가르쳐서 부자가 된 한국의, 전 세계의 기독교를 보아라, 얼마나 미쳤는지. 자살한 가롯 유다가 천국에 갔나? 그런데 왜 자살해도 천국 갔다고 가르치나? 이 흉악한 목사들아~ 교도소 선교한다는 자들을 보아라, 얼마나 미쳤는지~ 자신이 귀신이면서 예수 이름으로 귀신 쫓아낸다고 하여 미친 짓하고, 마7:13~27절의 말씀을 부인하는 흉악한 귀신을 보아라.

아무도 하나님 나라와 상관없이 불의, 불법을 하여 더 타락하고 부패하고 있었다고 지금 온 세상의 천주교, 기독교인들 중 누가 믿느냐? 이런 참 진리가 사실이 되어 이루어지는 것을 저 자신이 다 보면서도 자해하는 너는 대답해라. 예수님이 네 죄를 위해서 돌아가셨나? 너의 과거의 죄, 현재 짓고 있는 죄, 미래에 지을 죄까지 이미 십자가에서 다 지시고 죽으셨기 때문에 너는 혀로 "예수 믿습니다" 하고 말만 하면 이미 구원받은 것이냐? 죽어서 천국 가나? 반드시 대답해라.

"의인은 환난에서 구원을 얻고 악인은 와서 그를 대신하느니라"라고 하신 이 말씀들은 어떻게 말할래? 그래서 또 시58:10절에 이렇게 말씀하신 것이다. "의인은 악인의 보복당함을 보고 기뻐함이여 그 발을 악인의 피에 씻으리로다"라고 하신 대로 씻을래? 그래서 14년째 이 일이 아벨이 순교당하며 흘린 피와 예수 그리스도께서 흘리신 피보다 "더 낫게 말하는 뿌린 피니라"라고 하신 것이다.)

다시 **잠11:8절**을 보자.

잠11:8 의인은 환난에서 구원을 얻고 악인은 와서 그를 대신하느니라

그래서 의인은 **잠20:7절**에 "완전히 행하는 자가 의인이라 그 후손에게 복이 있느니라"라고 하신 이 예언도 예수 그리스도에 대한 예언이 아니다.

또 의인은 **시37:18절**에 "여호와께서 완전한 자의 날을 아시니 저희 기업은 영원하리로다…" 37절 "완전한 사람을 살피고 정직한 자를 볼찌어다 화평한 자의 결국은 평안이로다"

또한 **골1:26~28절**도 우리에 대한 예언이다. "²⁶이 비밀은 만세와 만대로부터 옴으로 감취었던 것인데 이제는(2008년 6월 16일부터 시작하여 2021년 8월 30일 이제는) 그의 성도들에게 나타났고 ²⁷하나님이 그들로 하여금(이 '그들이' 바로 이 말씀을 받고 지켜 실행하는 우리로 하여금) 이 비밀의 영광이 이방인 가운데 어떻게 풍성한 것을 알게 하려 하심이라 이 비밀은 너희 안에 계신 그리스도시니 곧 영광의 소망이니라 ²⁸우리가 그를 전파하여 각 사람을 권하고 모든 지혜로 **각 사람**을 가르침은 각 사람을 그리스도 안에서 완전한 자로 세우려 함이니"

이렇게 해서 **요11:26절**을 땅에 성취하시려는 것이다. 그래서 전 성경 기록 목적은 지금 이 세대다. 그래서 **창17:1절**에 "아브람의 구십구 세 때에 여호와께서 아브람에게 나타나서 그에게 이르시되 나는 전능한 하나님이라 너는 내 앞에서 행하여 완전하라"라고 하셨고, **신18:13절**에도

"너는 네 하나님 여호와 앞에 완전하라"라고 하셨으며, 신32:1~4절의 말씀이 2008년 6월 16일에야 비로소 땅에 실상이 된 것이다.

"¹하늘이여 귀를 기울이라 내가 말하리라(14년째 하나님께서 나를 사용하셔서 말씀하시고 계신다.) 땅은 내 입의 말을 들을찌어다 ²나의 교훈은 내리는 비요 나의 말은 맺히는 이슬이요 연한 풀 위에 가는 비요 채소 위에 단비로다 ³내가 여호와의 이름을 전파하리니 너희는 위엄을 우리 하나님께 돌릴찌어다 ⁴그는 반석이시니 그 공덕이 완전하고 그 모든 길이 공평하며 진실무망하신 하나님이시니 공의로우시고 정직하시도다"

시41:12절에 "주께서 나를 나의 완전한 중에 붙드시고 영영히 주의 앞에 세우시나이다"라고 하셨다.

그래서 완전한 자는 절대 다른 세대가 아님을 온 세상에 있는 그 누구도 반박을 못 한다. 여러 군데가 아니고 하나다. 예수 그리스도를 이 땅에 보내신 목적도 2021년 지금 이때 완전한 지혜로 영영히 하나님 앞에 세우시기 위해서였다. 따라서 14년째 이 일은 눅13:32절에 "제삼일에는 완전하여지리라 하라"라고 하셨던 것이다.

반드시 2천 년이 지나야 신약시대로는 삼 일, 구약시대부터 다 합하여 6천 년이 지난 일곱째 날, 여호와의 날, 인자의 날인 지금 하나님께서 인 치시고 인정하신 인자의 날이 되어서 하나님의 증거, 곧 셋(성부, 성자, 성령)이 하나 되어 진리의 성령이 대언하는 이 증거가 14년째 이 일이고, 그러므로 이 일은 하나님의 증거다.

그래서 요17:14~25절의 예언이 사실이 되어 이미 땅에서 이루어지고 있고, 이루어질 것이다. "¹⁴내가 아버지의 말씀을 저희에게 주었사오매(이 '저희'는 누구냐? 모두 대답하거라. 아버지의 말씀을 받은 자들이다. 너희들은 한 몫의 삶일 때 다른 교회에서 아버지의 말씀을 받았느냐? 이 말씀은 반드시 또 다른 보혜사인 진리의 성령이 실상으로 와서 **요6:45**절의 말씀이 이루어질 때, 아버지의 말씀을 받는 것이다. 이렇게 아버지의 말씀을 받은 저희는 반드시 이 세상에 속한 자들에게 미움을 받는다.

어떤 성도는 자신은 "교회 다닐 때 가는 교회마다 사랑을 받고, 육의 남편에게도, 가족에게도 사랑을 받았는데 나는 어떻게 되느냐?"라고 의문하더라. 아버지의 말씀을 유튜브에서 듣고 나를 초청해서 말씀을 받을 때부터 너는 핍박을 받았고, 지금 2021년 8월 30일까지도 핍박을 받고 있지 않느냐? 한 몫의 삶은 영적인 잠을 잘 때였다. 쉽게 비교하면 사람이 밤에 잠을 자면서 꿈에 시집가고, 장가가고, 교회 다니고, 집사가 되고, 자식 낳고, 교회 봉사하고 그랬던 것이다. 그대로 있었다면 너는 천국과 예수 그리스도와 아무 관계가 없었다.

지금 전 세계 성경을 사용하는 모든 종교인들이 그렇게 신앙생활을 하고 있다. 이런 영적인 상태에 하나님께서 정하신 때가 되어 너에게 영혼의 갈급함을 느끼게 하셨고, 너는 인터넷으로 실제로 교회를 찾았고, 말씀을 찾다가 유튜브에서 아버지의 말씀을 듣고 지혜와 명철을 찾아온 것이다. 그때부터 너는 핍박, 곧 미움이 시작되었다. 그러니 당연히 하나님의 아들들이고, 성도다.

내가 감옥에 갇히고 마음에 의심했느냐? 네 가족, 한 몫의 삶일 때

가족은 하나님께서 말씀하시는 가족이 아니다. 그래서 살리는 것은 영이니 육은 무익하다고 하신 것이다. 이런 네 가족이 낙토에 찾아와도 너는 이 말씀이 맞다고 하고, 육의 가족을 따라가지 않았다. 사람이 보기에는 그를 버린 것 같아도 절대 아니다. 반드시 성경대로 현재 땅에 실행되고 있으니 대환난 때 그들이 찾아오면 그때 그들도 하나님의 살아 계심을 인정하고 돌아올 것이다. 이렇게 실상으로 아버지의 말씀을 받고 나타나는 실상이 바로 다음 말씀대로 사실이 된 것이다.)

세상이 저희를 미워하였사오니(당시 사도들도 예수님 당시 세상에 속한 자들인 자칭 유대인들이 미워하여 감옥에 갇히고 결국 죽임을 당했다. 그러나 그들은 이 세대 우리에 대한 그림자요, 모형이었다. 그때는 완전하게 되는 때가 아니었다. 따라서 온전하게 아버지의 말씀을 받는 때는 예수님께서 보내시마 약속하신 진리의 성령이 와서 아버지의 말씀을 대언할 때인 지금 이때, 우리에 대한 예언이 명백하다.)

이는 내가 세상에 속하지 아니함같이(예수 그리스도께서 이 세상에 속하지 아니함같이, 예수 그리스도와 우리는 현재 이 세상이 아니라 오는 세상, 곧 의인의 세대에 속한 것이다. 이를 모르면 전부 상상한다. 저 하늘에 있다고 상상한다. 따라서 예수 그리스도께서 이 세상에 속한 것이 아니고, 예수 그리스도께 속한 자들, 예수 그리스도를 믿는 사람들이라면 반드시 이 세상에 속한 자들에게 미움을 받아야 한다. 지금 이 말씀에 이미 우리에 대해서 예언되어 있지 않느냐? 이 저희가 명백하게 2021년 이때 은혜로교회 성도들에 대한 예언이 사실이 되었다.)

저희도 세상에 속하지 아니함을 인함이니이다(2021년 현재 우리에 대한 예언이다. 하늘에 속했고, 하나님 아버지에게 속한 우리다. 그래서 하나님께서 예비해 두신 땅에 이사했고, 이는 하나님의 말씀을 따라 지켜 실행한 것이다. 온 세상을 하나님께서 만드셨지만, 창세 이래 지금 이 시간까지 악인들에게 허락하신 기간이라 악인들이 기득권 세력이 되어 있었고, 이들에게 보수하시고 심판하실 때 같이 있으면 같이 겪어야 하니까 우리로 피난할 수 있는 땅에 이사하라고 하셨던 것이다. 이는 명백하게 우리가 하나님께 속한 자들임을 증명한 것이다.

또한 먼저는 예수 그리스도께 속했다. 한 몫의 삶을 버리고 예수 그리스도를 믿어 말씀을 지킨 것이다. 이 일로 인하여 같은 기독교인들, 우리에게서 나간 자들, 후욕하는 그들에 의해 감옥에 갇힌 이 일이 우리가 이 세상에 속한 자들이 아니라는 증거다. 이렇게 우리는 이 본문이 온 세상에서 그 누구도 아닌 우리에 대한 예언이 사실이 되어 이미 이루어지고 있다. 창세 이래 누가 이 본문의 주인공들이라고 자신 있게 말할 수 있었느냐? 온 세상에 천명한다. 이 본문은 은혜로교회 성도들인 우리에 대한 예언이고, 이미 이루어진 사실이라고~

진리는 이런 것이고, 이렇게 생명책에 이름이 기록되어 있어야 구원을 받는다. 하나님 나라는 절대 상상이 아니고, 실상이다. 성경은 사람의 말이 아니라 창조주 하나님의 말씀이며, 말씀이 하나님이시고, 하나님은 영원히 살아 계신 하나님이시다. 따라서 하나님의 말씀은 혀로 말만 하는 것이 아니라 반드시 지켜 실행하는 것이고, 이로 말미암아 우리가 하나님 나라 상속자들임을 온 세상에 천명한다.)

¹⁵내가 비옵는 것은(예수 그리스도께서 하나님께 기도하신다. 그래

서 기도와 말씀으로 거룩해지는 것이다. 기도는 이런 것이다. 그러나 또 우리에게 앞으로 영원토록 하나님의 말씀이며 살아 계신 말씀이다.)

저희를 세상에서 데려가시기를 위함이 아니요(이 말씀이, 이 기도가 바로 당시 사도들은 물론이요, 2008년 6월 16일 이전 그 누구도 이 본문의 실상의 주인공들이 없었다는 것을 2021년까지 이 땅의 역사가 증명해 준다. 명백하게 이미 이 땅에 사람으로 태어나기 전에, 2천 년 전에 하나님의 아들을 통해서 미리 말씀하시고 계셨던 예언의 뜻은 영생을 얻기로 예정되어 있는 진리의 성령과 함께 한 저희인 우리를 위한 기도였다. 반드시 육체가 살아서 영생을 얻은 자들이 이 예언의 실상이며, 우리에 대한 기도다.)

오직 악에 빠지지 않게 보전하시기를 위함이니이다(악에서 우리를 건지시고 악에 빠지지 않고 온전히 보전하시기 위해 땅도 예비해 두셨던 것이다. 이 기도가 응답된 것이고, 말씀이 실상이 되고 있다.)

[16]내가 세상에 속하지 아니함같이 저희도 세상에 속하지 아니하였삽나이다 [17]저희를 진리로 거룩하게 하옵소서 아버지의 말씀은 진리니이다(이렇게 분명하게 아버지의 말씀을 받고 지켜 실행하므로 거룩하게 된다. 그래서 **요6:45절**의 말씀대로 하나님께서 친히 가르치고 진리의 성령이 실상이 되어 대언하며 지켜 실행하여 거룩해지는 것이다. 타작마당도 아버지의 말씀이다. 아버지의 말씀이 진리인 성경에 기록되어 있고, 이렇게 전 성경에 기록된 대로 예수 그리스도께서 이 땅에 오셨으며, 진리대로 삶을 사셨기에 예수께서 내가 길이요 진리요 생명이라고 하셨으며, 진리의 성령도 진리인 아버지의 말씀에 미리 기록된 대로 사

실이 되어 삶을 살고 있고 아버지의 말씀을 대언하므로 '진리의 성령'이라고 하신 것이다.)"

그래서 **요일5:7~9절**에 "⁷증거하는 이는 성령이시니 성령은 진리니라 ⁸증거하는 이가 셋이니 성령과 물과 피라 또한 이 셋이 합하여 하나이니라(고 하신 것이다. 따라서 나를 통한 이 증거는) ⁹만일 우리가 사람들의 증거를 받을찐대 하나님의 증거는 더욱 크도다(라고 하신 대로 14년째 이 증거는 하나님의 증거다. 그래서 진리의 하나님이라고 하셨고, 아버지의 말씀인 진리를 진리대로 모든 진리 가운데로 인도하는 이 증거가 내가 진리의 성령이라는 명백한 증거다. 또한 진리의 성령이 실상이 되어야 예수 그리스도에 대해서 온전히 증거하는 것이므로) 하나님의 증거는 이것이니 그 아들에 관하여 증거하신 것이니라"라고 하셨고,

요15:26절에 "내가 아버지께로서 너희에게 보낼 보혜사 곧 아버지께로서 나오시는 진리의 성령이 오실 때에 그가 나를 증거하실 것이요"라고 하신 예언이 이미 14년째 사실이 되어 이루어지고 있으니, 이는 모두 지금 이 세대에 이루어질 예언이었다. 이런 증거가 진리의 성령이 상상하는 성령이 절대 아니라는 뜻이고, 명백하게 또 증거하는 말씀 중 하나가 **27절**에 당시 예수 그리스도께 직접 가르침을 받고 보았던 사실을 제자들이 증거하여 성경에 기록된 것이다. "너희도 처음부터 나와 함께 있었으므로 증거하느니라"라고 하신 이대로 사도들이 증거한 것이 신약성경이고, 이는 사람들의 증거였다.

그래서 하나님의 증거인 셋이 하나 되어 증거한 14년째 이 일 이전에는 하나님께 취하심을 받지 못한 것을 역사가 증명해 주었다. 신약성

경 기록도, 구약성경도, 다 6일간은 사람들의 증거에 해당하는 것이다. 그래서 아무도 거룩한 자가 없이 모두 하나님께서 정하신 때까지 죄 아래 가두어져 있었던 것이다. 다른 말로 하면 아무도 거룩한 자가 되지 못하여 의인은 없나니 하나도 없다는 **롬3:9~18절**의 예언이 사실이 되어 있었던 것이다.

또 다른 말로 하면 **롬3:19절**의 말씀대로 실상이 되어 있었다.

롬3:19 우리가 알거니와 무릇 율법이 말하는 바는 율법 아래 있는 자들에게 말하는 것이니 이는 모든 입을 막고 온 세상으로 하나님의 심판 아래 있게 하려 함이니라

6일, 곧 6천 년간은 그래서 거룩한 자가 나오지 못한 것이다. 따라서 반드시 예수 그리스도의 예언대로 진리의 성령이 실상이 되어 하나님의 가르치심을 대언하고 지켜 실행할 때인 일곱째 날이 되어야 진리로 거룩한 자들이 실상이 되는 것이다. 그래서 진리의 성령이 와서 '죄에 대하여, 의에 대하여, 심판에 대하여' 모든 진리 가운데로 인도할 때 사실이 되어 진리인 아버지의 말씀으로 거룩한 자들이 되는 것이니, 모든 성경은 이 세대를 목적으로 기록된 것이 확실하고, 다시 창조받을 백성들, 곧 하나님의 백성들을 위해서였다. 그래서 **고전14:26~30절**에 이렇게 예언해 두신 것이다.

고전14:26~30 [26]그런즉 형제들아 어찌할꼬 너희가 모일 때에 각각 찬

송시도 있으며 가르치는 말씀도 있으며 계시도 있으며 방언도 있으며 통역함도 있나니 모든 것을 덕을 세우기 위하여 하라 [27]만일 누가 방언으로 말하거든 두 사람이나 다불과 세 사람이 차서를 따라 하고 한 사람이 통역할 것이요 [28]만일 통역하는 자가 없거든 교회에서는 잠잠하고 자기와 및 하나님께 말할 것이요 [29]예언하는 자는 둘이나 셋이나 말하고 다른 이들은 분변할 것이요 [30]만일 곁에 앉은 다른 이에게 계시가 있거든 먼저 하던 자는 잠잠할찌니라

이제 악인들이
일하는 때가 끝났다

여자는 교회에서 잠잠하라

이제 온 천하는 잠잠해야 한다. 이미 둘, 곧 전반부 칠 년 동안 '예수는 그리스도'라고 대언할 때는 중층의 영적인 단계였고, 셋이 말하는 영적인 단계 상층, 곧 삼 층의 소리는 온 천하는, 곧 하늘에 속한 자나 땅에 속한 자들이나 다 잠잠해야 한다는 것을 하나님께서 나를 위해 변호해 주시는 사건이 바로 1년 8개월째 사실이 되어 온 세상에 내린 코로나19 재앙이다.

어제 2021년 8월 30일 받은 청년 상현 성도 편지에 이 본문을 깨닫고 있고, 34절의 뜻을 알고 있었다.

고전14:34 모든 성도의 교회에서 함과 같이 여자는 교회에서 잠잠하라 저희의 말하는 것을 허락함이 없나니 율법에 이른 것같이 오직 복종할 것이요

이 말씀 때문에 전 세계에 얼마나 많은 사람들이 죄를 짓고 죽는지 아느냐? 이 말씀을 문자 그대로, 사람이 본능적으로 아는 것으로 보고 해석하여 절대 여자 목사를 인정하지 않는 한국 예장합동 총회이고, 전 세계에 얼마나 많은 기독교인들이 죄를 짓고 있는지 셀 수가 없다. 저 아프간을 점령한 탈레반이 이슬람 복장인 망사를 통해 눈만 보이도록 디자인 된 부르카를 입도록 강요하는 것은 여성을 학대하는 것이다. 전 세계에서 여자의 인권을 무시하고 말살하여 공개적으로 학대하고 죽이는 저 이슬람교의 율법이 왜 생기도록 하나님께서 허락하셨을까? 이에 대한 문제와 문제 해결에 대한 답이 이 본문이다.

전 세계 모든 나라들의 역사, 종교, 문화, 사상이 전부 여성의 교육, 성별의 평등함, 여성의 인권을 말살하고 짓밟고 학대하며 2021년 이 세대까지 이어져 온 것의 극단적인 실상이 이슬람주의자들 탈레반이나 알카에다 무리들이다.

이인규 같은 자가 나를 손가락으로 학대하고 교인 한 명 없는 자칭 목사 박형택과 자칭 신학교 교수라는 탁지일 등등이 나를 학대하고 "이단이니~ 사이비니~" 정죄하여 오늘의 사건인 감옥에 가둔 치명적인 죄를 지은 것도 경중만 다를 뿐 모든 기독교인들이 사모하는 사도 바울이 기록한 서신 **고전14:35절** "만일 무엇을 배우려거든 집에서 자기 남

편에게 물을찌니 여자가 교회에서 말하는 것은 부끄러운 것임이라"라고
한 말씀 때문이다.

또 **딤전2:11~12절** "¹¹여자는 일절 순종함으로 종용히 배우라 ¹²여
자의 가르치는 것과 남자를 주관하는 것을 허락지 아니하노니 오직 종
용할찌니라"라고 한 이 말씀들 때문이다. 이 말씀은 사도 바울도 사람들
의 증거에 해당하는 명백한 증거이며, 현재 저 아프간만의 문제가 아닌
전 세계의 문제를 근본부터 해결하는 해답도 함께 감추시고 기록하게
하신 하나님의 모략이다.

지금 전 세계 성경을 사용하는 모든 종교가 이대로 있으면 이슬람
교도인 탈레반, 알카에다, IS에 의해 가장 먼저 천주교, 기독교가 말살당
한다는 것을 '아프간의 탈레반 점거'로 온 세상에 경고하는 것이다. 악인
을 징벌하는 도구도 그보다 더 악한 자들을 몽둥이로 사용하시는 것이
하나님의 모략이다.

따라서 온 세상에 있는 모든 문제와 해답은 이미 성경 속에 있다.
사람이 빨리 왕래하고 지식이 더하는 2021년 이때이고 감옥 안이라 이
슬람교 율법을 본 적이 없지만, 저들의 언행으로 보여 주는 것으로 분별
하여 하나님의 법으로 문제와 해답을 판결한다.

먼저 '여자'는 사람이 본능적으로 아는 '여자'만이 아니다. 그래서
사람의 생각과 하나님의 생각이 다르다. 하나님께서 말씀하시는 여자에
대한 해답을 먼저 말하면 '교회와 목사, 곧 성경을 가르치는 지도자'를
뜻한다. 증명한다.

엡5:22~33절이다. 예수 그리스도를 남편에 비유하시고 교회를 아

내들에 비유하여 기록하고 32절에 "이 비밀이 크도다 내가 그리스도와 교회에 대하여 말하노라"라고 한 것이다. 그래서 기록한 말씀 속에 감추어진 천국의 비밀인 비유의 뜻을 모르면 모두 죄에 죄를 더하고 부패하여 타락하게 된 것이다.

또 **고후11:2절**에도 "내가 하나님의 열심으로 너희를 위하여 열심내노니 내가 너희(곧 모든 천주교인, 기독교인들이 다 이 너희에 해당한다. 남녀노소 불문하고 예수 그리스도를 믿는다는 모든 종교인들이 다 이 너희다. 너희)를 정결한 처녀로 한 남편인 그리스도께 드리려고 중매함이로다"라고 하셨다.

곧 '여자, 아내, 정결한 처녀'는 예수 그리스도를 믿는 모든 자를 뜻한다. 사제, 목사도, 교인들도 다 아내, 처녀, 여자로 비유한 것이고, 예수 그리스도를 '한 남편'에 비유하신 것이다. 그래서 또 이렇게 미리 예언해 두셨다.

갈3:28 너희는 유대인이나 헬라인이나 종이나 자주자나 남자나 여자 없이 다 그리스도 예수 안에서 하나이니라

이 말씀을 모두 모르고 안 믿은 것이다. 그래서 어느 한 본문만 보면 절대 천국의 비밀인 하나님의 뜻을 알 수 없고, 부분적으로 보던 것은 다 폐해야 하는 것이다. 부분은 다른 말로 하면 '조각'이다. 조각을 받으면 사단이 들어가서 생각을 잡고, 결과는 가룟 유다같이 되는 것이다. 2021년까지 전 세계 성경을 사용하는 모든 종교가 하나가 되지 못한 것

은 바로 성경을 문자 그대로, 그것도 사람 생각대로 보고 듣고 믿어 왔기 때문이며, 이는 하나님의 나라와 아무 상관이 없는 사단의 일이 된다. 그래서 썩는 양식이 되었고, 결과는 역사가 증명해 주고 있다. 이 때문에 하나님께서 이런 결과를 또 예언해 두셨다, 사도 바울을 통해서~ 이 한 절 말씀만 믿어도 한국에 유교 사상은 폐해야 한다. 구약성경도 아닌 신약성경에 이렇게 기록해 두어도 안 믿고 성차별을 하는 것이다.)

갈3:28절을 다시 보자. "너희는 유대인이나 헬라인(곧 전 세계 이방인)이나 종이나 자주자(남의 도움이나 간섭을 받지 않고 자신의 일을 스스로 처리하는 자. 그래서 이렇게 예언해 두셨다. 계6:15~17절에 "15땅의 임금들과 왕족들과 장군들과 부자들과 강한 자들과 각 종과 자주자가 굴과 산 바위틈에 숨어 16산과 바위에게 이르되 우리 위에 떨어져 보좌에 앉으신 이의 낯에서와 어린양의 진노에서 우리를 가리우라 17그들의 진노의 큰 날이 이르렀으니 누가 능히 서리요 하더라" 이러한 자주자)나 남자나 여자 없이 다 그리스도 예수 안에서 하나이니라(라는 말은 모두 한 남편 예수 그리스도 안에서 '여자'에 해당한다는 뜻이다. 다시 말하면 영적으로 본문 고전 14:34~35절, 딤전2:11~12절의 '여자'는 예수 그리스도를 믿는 모든 사람, 모든 지도자들, 모든 교회를 여자에 비유하신 것이다.

그래서 고전11:12절에 "여자가 남자에게서 난 것같이(모든 그리스도인들인 여자가 남자인 예수 그리스도에게서 난 것같이) 남자도 여자로 말미암아 났으나(이 남자 또한 예수 그리스도를 뜻하고, 예수 그리스도도 이 땅에 사람으로 태어나실 때 여자인 어머니 마리아에게서 나셨고, 또 이 말씀 속에는 영영한 사역자들, 하나님의 아들들이 '여자'로 말미암아 났으니라고 하신 대로 신령한 교회의 표상이며 해를 입은 여자, 현숙한 여자, 아들을 해산하는 여자, 다윗 집의 열쇠를 받은 빌라델비아 교회의 사자, 곧 목사인 나를 사용하셔서 이 세대에 있을 일에 대한 예언이었다. 그러므로 이 '남자'는 하나님의 아들들이며 영영한 사역자들을 뜻하고, '여자'는 진리의 성령인 나를 뜻한다. 그리고 앞에 '여자'는 문자 그대로는 나에 대한 예언이며, 남자인 한 남편 예수 그리스도를 믿는 여자인 진리의 성령을 뜻한다. 그러나 다음 말씀이 해답이다. 곧 온전한 해답이다. 정신을 차리고 들어야 한다. 남자나 여자나 다) 모든 것이 하나님에게서 났느니라"

"남자도 여자로 말미암아 났으니"에 대해서 더 증명을 하면 **갈4:4절**에 하나님께서 당신에 대해 이렇게 말씀하셨다.

갈4:4 때가 차매 하나님이 그 아들을 보내사 여자에게서 나게 하시고 율법 아래 나게 하신 것은

렘3:14, 20 [14]나 여호와가 말하노라 배역한 자식들아 돌아오라 나는 너희 남편임이니라 내가 너희를 성읍에서 하나와 족속 중에서 둘을 택하여 시온으로 데려오겠고… [20]그런데 이스라엘 족속아 마치 아내가 그 남편을 속이고 떠남같이 너희가 정녕히 나를 속였느니라 여호와의 말이니라

렘31:31~32 [31]나 여호와가 말하노라 보라 날이 이르리니 내가 이스라엘 집과 유다 집에 새 언약을 세우리라 [32]나 여호와가 말하노라 이 언약

은 내가 그들의 열조의 손을 잡고 애굽 땅에서 인도하여 내던 날에 세운 것과 같지 아니할 것은 **내가 그들의 남편이 되었어도** 그들이 내 언약을 파하였음이니라

곧 하나님을 남편으로, 유다 집과 이스라엘 집을 아내로 비유하신 것이다. 이 예언대로 14년째 전대미문의 새 언약을 하고 있고, **32절**은 저 유대인들인 이스라엘을 두고 언약을 배반했다고 하신 것이다. 이 예언은 **히브리서 8장**에도 예언되어 있고, 이미 14년째 다시 택하신 이스라엘인 우리에게 실상이 된 것이다.

사54:4~5 ⁴두려워 말라 네가 수치를 당치 아니하리라 놀라지 말라 네가 부끄러움을 보지 아니하리라 네가 네 청년 때의 수치를 잊겠고 과부 때의 치욕을 다시 기억함이 없으리니 ⁵**이는 너를 지으신 자는 네 남편이시라** 그 이름은 **만군의 여호와**시며 네 구속자는 이스라엘의 거룩한 자시라 온 세상의 하나님이라 칭함을 받으실 것이며

문자 그대로 본문의 '너'는 나에 대한 예언이며, 다시 택하신 이스라엘 집과 유다 집인 우리에 대한 예언이었고, 하나님을 남편이라고 하신다.

잠31:10~12, 23, 28 ¹⁰누가 현숙한 여인을 찾아 얻겠느냐 그 값은 진주보다 더 하니라 ¹¹**그런 자의 남편의 마음은 그를 믿나니** 산업이 핍절치

아니하겠으며 [12]그런 자는 살아 있는 동안에 그 **남편**에게 선을 **행하고** 악을 행치 아니하느니라… [23]그 **남편**은 그 땅의 장로로 더불어 성문에 앉으며 사람의 아는 바가 되며… [28]그 자식들은 일어나 사례하며 그 남편은 칭찬하기를

현숙한 여인인 나와 남편, 곧 하나님에 대해서 실상이 될 것을 예언하셨고, 현재 실상이 되어 영원히 이루어질 것이다.

그래서 **계21:2절**에 "또 내가 보매 거룩한 성 새 예루살렘이 하나님께로부터 하늘에서 내려오니 그 예비한 것이 **신부**가 **남편**을 위하여 단장한 것 같더라"라고 하셨고, **22:17절**에서는 "성령과 신부가 말씀하시기를 오라 하시는도다 듣는 자도 오라 할 것이요 목마른 자도 올 것이요 또 원하는 자는 값없이 생명수를 받으라 하시더라"라고 하셨다.

여자와 남자, 곧 남편에 대한 진리의 눈으로 다시 **고전14:34~35절**로 가서 보자.

고전14:34~35 [34]모든 성도의 교회에서 함과 같이 **여자**는 교회에서 잠잠하라 저희의 말하는 것을 허락함이 없나니 율법에 이른 것같이 오직 복종할 것이요 [35]만일 무엇을 배우려거든 집에서 자기 남편에게 물을찌니 **여자**가 교회에서 말하는 것은 **부끄러운 것임이라**

이 여자는 먼저 영적으로는 교회의 목사, 사제가 이에 해당한다. 지금 전 세계 성경을 가지고 가르치고 설교하는 남자 목사나 사제, 여자

목사나 모두 이 말씀을 어기고 있다. 성경은 살아 계신 하나님의 말씀이 되어야 하는데 모두 성경을 각자 자신들이 아는 지식, 곧 본능으로 아는 것으로 보고 설교하는 것이 바로 여자가 교회에서 말하는 것이다. 그래서 "저희의 말하는 것을 허락함이 없나니"라고 복수를 쓴 것이다.

그리고 실제 영, 육의 여자인 나는 이 말씀대로 지켜 실행한 지 14년째다. 증거가 나는 **요6:45절**의 말씀이 실상이 되어 하나님의 가르치심을 대언할 뿐이니까 내 말을 하지 않는 것이다. 이는 **계22:17절**에 예언되어 있었고 이미 사실이 되었으며, 예수 그리스도께서 미리 예언해 두신 대로 진리의 성령이 와서 죄에 대하여, 의에 대하여, 심판에 대하여 모든 진리 가운데로 인도할 것이며, 예수 그리스도에 대해서 증거할 것이라고 하신 대로 이루어지고 있고, **요16:21절**에 "여자가 해산하게 되면"이라고 하신 대로 14년째 성취되고 있다.

그래서 천국은 비밀이다. 무엇보다 **호2:19~20절**의 말씀이 실상이 되었고, **요일5:7~9절**의 예언이 실상이 되어 셋이 하나가 된 영적인 상태로 대언하는 것이니 내 말이 아니고 하나님의 말씀이며, 하나님의 증거이니 여자이면서 목사인 나는 **고전14:34~35절**의 말씀도 지키고 있고, **딤전2:11~12절**의 말씀도 실상이 되어 지켜 실행하고 있다.

또한 "배우려거든 집에서 자기 남편에게 물을찌니"라고 하신 말씀도 전 세계에서 나와 우리가 이 말씀을 땅에 이루고 있는 것이다. 그러니 상현(진) 성도가 깨달은 것이 정확하게 맞다. 이렇게 하나님의 가르치심을 받는 이때, 그래서 "이제 온 천하는 잠잠하라"라고 헤드라인으로 광고하고 있는 것이다.

습1:7 주 여호와 앞에서 잠잠할찌어다 이는 여호와의 날이 가까왔으므로 여호와가 희생을 준비하고 그 청할 자를 구별하였음이니라

이렇게 답만 말하면 "너만 잘났느냐? 너 혼자 다 해 먹을 거냐? 그러니까 이단이다~" 등등 귀신들이 준동하니까 왜 여자들의 말하는 것을 허락지 않으시는지 해답을 찾아가 보자. 이렇게 해야 사도 바울이 얼마나 많은 사람들이 실족케 하는 데 역할을 했는지 분별이 된다. 그래서 사람들의 증거는 취하지 않으신다고 하신 것이다.

민수기 6장 나실인의 법에 남자와 여자에 대한 예언이 있다. **2절**이다. "이스라엘 자손에게 고하여 그들에게 이르라 남자나 여자가 특별한 서원 곧 나실인의 서원을 하고 자기 몸을 구별하여 여호와께 드리거든" 이렇게 이미 남자나 여자가 다 나실인이 될 수 있음을 이미 예언해 두셨다. '나실인'이란 '구분된 자, 구별된 자'라는 뜻으로 하나님께 자신을 봉헌한 자라는 뜻이다. 사실 이 본문은 전 우주적인 일곱째 날인 지금 이 세대 영영한 사역자들에 대한 예언이다. 그래서 지금 일곱째 날, 여호와의 날에는 반드시 모든 자들, 하늘에 속한 자들, 땅에 속한 자들 모두 여호와 하나님 앞에 잠잠해야 한다.

'특별한 서원'은 **출35:2절**에 제칠일은 너희에게 성일이니 여호와께 특별한 안식일이라고 하셨다. 그래서 **말3:17절**에 "만군의 여호와가 이르노라 내가 나의 정한 날에 그들로 나의 특별한 소유를 삼을 것이요 또 사람이 자기를 섬기는 아들을 아낌같이 내가 그들을 아끼리니"라고 하신 예언도 이미 이루어졌으니 실상이 된 것이다. 따라서 지금 2021년 이

때, 특별한 소유가 된 하나님의 제사장에 대해 예언한 것이 민6:2절이다.

사도 바울도 이런 말씀은 안 보고 여자만 잠잠하라고 한 것이다. 그래서 또 예언해 두셨던 것이다. "네 오른눈이 너로 실족케 하거든 빼어 내버리라 네 백체 중 하나가 없어지고 온 몸이 지옥에 던지우지 않는 것이 유익하며"라고 한 것이다. 얼마나 많은 사람들을 실족케 했는지 영원토록 증명된다.

남자와 여자가 특별한 서원, 곧 나실인의 서원을 하는 이때 실상이 되는 예언이다. 왜 잠잠해야 하는지 다음 말씀에 예언해 두셨다.

민6:3~4 ³포도주와 독주를 멀리하며 포도주의 초나 독주의 초를 마시지 말며 포도즙도 마시지 말며 생포도나 건포도도 먹지 말찌니 ⁴자기 몸을 구별하는 모든 날 동안에는 포도나무 소산은 씨나 껍질이라도 먹지 말찌며

이 법은 남자나 여자나 다 동일하다. 그래서 한 몫의 삶을 버리고 계명을 따라 완전히 새로 시작하여 다시 창조하시는 것이다. 성경이 모든 것을 죄 아래 가두어 두었다는 갈3:22~23절의 말씀은 영원히 증명된다. 왜 하나님께서 온 천하, 곧 하늘에 속한 자나 땅에 속한 자나 다 잠잠하라고 하셨는지 또 가보자.

사3:11~12절에 "¹¹악인에게는 화가 있으리니 화가 있을 것은 그 손으로 행한 대로 보응을 받을 것임이니라 ¹²내 백성을 학대하는 자는 아이요(성경을 가지고 성경과 다른 거짓말을 가르치고, 일생 헛된 종교생

활을 하게 하고, 육체가 죽어 영원한 지옥 불구덩이에 가게 하니 학대 정도가 아니라 영적인 살인자다. 우상들에 의해 송사를 당하여 나에게 씌운 죄명이 하나님께서 보시기에 실상은 전 세계 종교 지도자들이 현재 짓고 있는 죄들이다. 오죽하면 나보다 먼저 온 자는 절도며 강도요 도적질하는 자들이며, '이리'라고 하셨을까? 문자 그대로 보면 남자 사제, 목사들은 자신들에 대한 예언인 줄 절대 모른다. 그래서 죄가 어떤 것인지, 의가 무엇인지, 누가 심판의 대상인지 아무것도 모르고 가르치고 설교하고 있는 것이다.

수없이 말했다. 전 세계에 14년째 진리를 진리대로 말하는 곳이 있는지 찾아보라고~ 왜 한 몫의 삶이 죄 아래 있었는지, 왜 전부 무효해야 하는지, 왜 하나님의 백성을 학대하는 자는 아이라고 하셨는지, 이 본문만 해도 어느 아이가 하나님의 백성을 학대하나? 사람이 본능으로 아는 수준으로도 말이 안 되는 말을 왜 기록해 두었는지 아무 생각이 없이 성경을 가르치고 설교하고 있다.

사3:4~5절에 "⁴그가 또 아이들로 그들의 방백을 삼으시며 적자들로 그들을 다스리게 하시리니 ⁵백성이 서로 학대하며 각기 이웃을 잔해하며 아이가 노인에게, 비천한 자가 존귀한 자에게 교만할 것이며(라고 하신 이 예언대로 2021년 9월 1일 현재 전 세계가 이러한 실상이다. 아이를 방백, 곧 지도자로 세운다는 이 예언은 결국 누구든지 알 수 있도록 이미 한국 기독교에서는 주일학교 교사로 아이들을 실상으로 세우는 지경까지 이르러도 아무 생각 없는 모태 신앙인들, 오래 교회 다닌 교인들의 영적인 무감각을 14년째 다 보았다.

이는 자신들도 모르게 아이가 방백, 곧 지도자 노릇 하고 언약궤인 성경에 손을 대고, 또 다른 아이들에게 가르치게 하는 지경까지 이른 것이다. 이들의 교만, 거만함, 더럽고 게으른 언행을 진저리 나도록 지금도 보고 있다. 진실로 이 말씀대로 이러했다. 이 보응이 얼마나 무서운지, 끔찍하리만큼 깨달음이 없고, 뿐만 아니라 도리어 자신들은 잘 믿고 있다고 착각하더라. 치매 환자같이 행동을 하고도 자신은 모르고 도리어 분격하는 귀신이더라. 거울을 보고도 더러움을 씻지 아니하는 이유가 진실로 양심에 화인 맞은 보응이었다.)

관할하는 자는 부녀라(교회 담임 목사를 '부녀'에 비유하신 것이다. 이 예언이 한국 기독교의 실상이다. 영아부, 유년부부터 실제로 이렇게 아이들을 세워서 하나님의 말씀에 손을 대고 죄를 짓게 했으니 골 2:20~23절의 말씀이 실상이 된 것이다.

골2:20~23 [20]너희가 세상의 초등 학문에서 그리스도와 함께 죽었거든 어찌하여 세상에 사는 것과 같이 의문에 순종하느냐 [21]곧 붙잡지도 말고 맛보지도 말고 만지지도 말라 하는 것이니 [22](이 모든 것은 쓰는 대로 부패에 돌아가리라) 사람의 명과 가르침을 좇느냐 [23]이런 것들은 자의적 숭배와 겸손과 몸을 괴롭게 하는 데 지혜 있는 모양이나 오직 육체 좇는 것을 금하는 데는 유익이 조금도 없느니라

전 세계 종교인들이 다 이러하다. 진실로 이러했다. 모태 신앙인이라고 하는 자들, 주일학교 교사부터 목사에 이르기까지 무슨 짓을 하고

있는지 14년째가 되어도 분별을 못 하는 자들을 보고 있다. 오죽하면 성전 문 닫을 자가 있었으면 좋겠다고 하셨을까~ 남자 목사도, 여자 목사도 다 부녀라고 하신 것이다.)

나의 백성이여 너의 인도자가 너를 유혹하여 너의 다닐 길을 훼파하느니라(이 한 말씀만 믿어도 "내가 목산데~ 내가 모태 신앙인데~ 내가 사몬데~" 하는 미친 소리는 안 한다. 이런 자들이 그 더러운 입으로 "이단이니~ 회개파 이단이니~ 사이비니~" 하며 지껄이고, 결국 감옥에 가두는 역할을 한 자들이 다 자칭 기독교인들이다. 더 불쌍한 인생들, 대체육체들은 이런 자들의 말이 맞다고 자신을 영원한 지옥 불구덩이에서 건지시는 하나님의 말씀을 배반하고 대적하여 거짓 증인들이 되는 자들이다. 이런 원수가 너희 육의 가족이라는 자들 중에 나와도 너는 너 자신을 안 보고 존귀에 처하나 깨닫지 못하는 멸망하는 짐승이다. 기독교, 천주교가 다 이런데 다른 종교 지도자들은 더 말할 필요가 없다.)

¹³여호와께서 변론하러 일어나시며 백성들을 심판하려고 서시도다 ¹⁴여호와께서 그 백성의 장로들과 방백들을 국문하시되 포도원을 삼킨 자는 너희며 가난한 자에게서 탈취한 물건은 너희 집에 있도다(그래서 성경을 가지고 성경 속에 감추어 두신 하나님의 나라 비밀, 하나님의 뜻을 모르면 다 절도요 강도이며, 하나님의 물건인 교인들을 삼키는 '이리'들이다. 14년째 나를 통해서 하나님께서 친히 교회 지도자들을 국문하시고 계신다. 이 예언대로 예수 이름 사용하는 전 세계 교회가 2021년 9월 1일 이 시간까지 이런 영적인 상태이다. 사실이다.

전대미문의 새 일인 새 언약, 곧 영원한 언약을 하시고 계시는 이 일이 여호와 하나님께서 변론하시고 계신 것이며, 하나님의 백성들을 심판하려고 서신 일이다. 진리의 성령을 사용하셔서 대언하게 하시고, 죄에 대하여 의에 대하여 심판에 대하여 성경을 가지고 성경과 다른 거짓말을 가르치고 설교하는 자들을 부녀에 비유하시고, 장로, 방백이라고 하시며, 이들을 사용하여 나를 감옥에 가두는 것도 허락하시고, 나에게 씌운 죄명이 바로 그들이 교인들에게 실상으로 짓고 있는 죄라는 사실을 온 세상에 알리시는 것이다.

당시 가장 잔인한 판결을 하여 사형시킨 예수 그리스도의 죽으심이 예수 그리스도께서 이 땅에 오시기 전에 이미 예정되어 있었듯이, 나와 성도들의 송사 또한 이미 만세 전에 예정되어 있었던 하나님의 모략이며, 완전한 지혜였다. 이에 대해서도 영원히 증명된다.

대체육체들이 지은 죄를 통해 결국 우리 안에 있었던 너희들의 죄를 거울로 다 보여 주어도 깨닫지 못하듯이, 지금 이 온 세상도 이러하다. 지옥 불에 보내는 설교를 듣고 수천, 수만, 수십만 명이 자신들의 원욕대로 귀신이 주인이 된 채 "아멘" 하며 은혜받았다고 절하고 경배하는 교인들을 보아라. 자신들이 하나님이 아닌 '다른 신'인 우상을 섬기는 줄 모르고 죽어서 천국 간다는 거짓말을 예수 이름, 하나님의 이름으로 하니까 다 받아먹는 교인들도 마찬가지로 서로 속이고 서로 학대하는 거다. 오죽하면 하나님의 집에서부터 심판을 하시겠나~

허경영 사기꾼은 실제 흰 말을 타고 나타나서 대통령 후보 등록을 했단다.[38] 신문은 그런 사람 기사를 써서 광고해 주더라. 이 세상이 이렇다. 심판받을 수밖에 없는 것이 이 세상에 속한 자들이다. 우리는 이 온 세상의 모든 문제를 해결하고 영원히 살 수 있는 '생명의 도'를 전하는데도 돈을 내야 하고, 돈을 낸다고 해도 이단이라고 안 해 주는데, 진짜 살인자들, 강도, 절도, 사기꾼들은 저렇게 드러내 놓고 자신의 정체를 나타내도 기사까지 써 주고 광고해 준다.)

[15]어찌하여 너희가 내 백성을 짓밟으며 가난한 자의 얼굴에 맷돌질 하느뇨 주 만군의 여호와 내가 말하였느니라 하시리로다" 이 가난한 자는 예수 그리스도에 대한 예언으로는 중층의 소리이고, 온전한 하나님의 뜻은 나에 대한 예언이며, 이미 실상이 된 지 14년째이고, 3년이 넘게 내 얼굴에 맷돌질하고 있다. 여자는 교회에서 잠잠하라고 한 사도 바울이 지은 죄가 어떠한 줄 아느냐?

저 '아프가니스탄' 사태는 전 세계에 경고다.[39] 저들은 종교라는 탈을 쓴 살인자들인데 저들이 섬기는 이슬람교 경전을 보지 않았지만, '이슬람'이란 '신에게 복종한다'라는 뜻으로 세계 3대 종교의 하나다. 7세기 초에 아라비아의 마호메트가 알라의 계시를 받았다고 하며 비롯된 종교로, 계시를 기록한 코란을 경전으로 삼고 알라를 유일신, 전능의 신으로 믿는 것이다. 다른 말로는 '마호메트교, 모하메트교, 회교, 회화교'라고 한다. 그들이 섬기는 '알라'란 '유일, 절대, 전지전능의 신'이란 뜻으로 이들이 믿는 것은 그들의 경전을 보지 않아도 성경을 사람의 생각대로 보고 만들었을 것이다. '유일, 절대, 전지전능'이라는 단어는 창조주 하나님께만 사용되는 것이다.

그들이 율법이라고 정한 법 중에 가장 악한 것이 **고전14:34~35절**과 **딤전2:11~12절**의 말씀이다. 이는 사도 바울의 본성이 유대교인이었고, 회심하고 돌아섰다고 해도 근본 바탕이 다시 창조되지 않은 채 유대교 랍비 사상이 그대로였다는 명백한 증거다. '랍비'라는 말은 유대교에서 율법사를 높여 일컫는 말로 번역하면 '선생'이라는 뜻이다.

마23:1~39절을 찾아서 교독하거라. 다시 1~10절을 보자.

마23:1~10 [1]이에 예수께서 무리와 제자들에게 말씀하여 가라사대 [2]서기관들과 바리새인들이 모세의 자리에 앉았으니 [3]그러므로 무엇이든지 저희의 말하는 바는 행하고 지키되 저희의 하는 행위는 본받지 말라 저희는 말만 하고 행치 아니하며 [4]또 무거운 짐을 묶어 사람의 어깨에 지우되 자기는 이것을 한 손가락으로도 움직이려 하지 아니하며 [5]저희 모든 행위를 사람에게 보이고자 하여 하나니 곧 그 차는 경문을 넓게 하며 옷술을 크게 하고 [6]잔치의 상석과 회당의 상좌와 [7]시장에서 문안받는 것과 사람에게 랍비라 칭함을 받는 것을 좋아하느니라 [8]그러나 너희는 랍비라 칭함을 받지 말라 너희 선생은 하나이요 너희는 다 형제니라 [9]땅에 있는 자를 아비라 하지 말라 너희 아버지는 하나이시니 곧 하늘에 계신 자시니라 [10]또한 지도자라 칭함을 받지 말라 너희 지도자는 하나이니 곧 그리스도니라

이렇게 말씀하신 예수님께서 당신을 랍비라고 하는 말을 제자들이 했는데 왜 가만히 계셨을까? 예수 이름으로 2천 년간 불가불, 곧 어쩔 수 없이 왕 노릇 하셔야 할 일이 감추어져 있다. 랍비, 곧 지도자, 선생은 '하나'라고 하신 것은 당신 자신을 두고 하신 말씀이었다. 그런데 이 속

에도 비밀이 있다. "너희 지도자는 하나이니 곧 그리스도니라"라고 하셨다. 왜 예수 그리스도라고 하시지 않고, 그리스도라고 하셨을까? 이 말씀의 뜻을 깨달은 성도는 편지로 답을 하거라. 다른 성도들에게 묻지 말고 정직하게 답을 하거라.

이 답 속에 고전14:34~35절과 딤전2:11~12절의 해답이 감추어져 있다. 또 왜 하나님께서 포도나무로는 제조에 합당치 않다고 하셨는지에 대한 해답도 감추어져 있다. 한 남편, 곧 남자이신 예수 그리스도께 땅에 있는 모든 교회, 교회 지도자들인 목사, 천주교 사제, 유대교 랍비 등 성경을 가르치고 설교하여 교인들을 관할하는 자들을 '여자'라고 했는지에 대한 해답도 감추어져 있다. 상현 성도는 알아듣는다. 두 상현 성도가 다 알아듣는다.

왜 이렇게 말씀하셨는지 마음에 확정하게 하기 위하여 증명한다. '목사'라는 말은 전 성경에 문자 그대로는 한 군데 있다. 일반적으로 '목자'라고 한다. 사도 바울은 처음으로 목사라는 말을 사용한다.

엡4:11절에 "그가 혹은 사도로, 혹은 선지자로, 혹은 복음 전하는 자로, 혹은 목사와 교사로 주셨으니"라고 하셨으니 이에 더 꾀를 내어 구역장, 전도사, 강도사, 평신도, 사역자, 선교사 등등 부자가 되기 위해 얼마나 머리를 쓰는지~ 미국 캘리포니아 산불이 2주째 계속되고 있다고 나온다. 건물 600여 채가 불에 탔고, 서울시의 1.3배가 다 탔단다(9월 1일 뉴스).[40] 저렇게 되어도 깨닫지 못한다. 하나님께서 정하신 때가 언제인지 모르니까~ 그래서 마음이 급하다.

이렇게 '사도, 선지자, 복음 전하는 자, 목사, 교사'를 세운 이유는 엡

4:12~13절에 기록되어 있다. "¹²이는 성도를 온전케 하며 봉사의 일을 하게 하며 그리스도의 몸을 세우려 하심이라 ¹³우리가 다 하나님의 아들을 믿는 것과 아는 일에 하나가 되어 온전한 사람을 이루어 그리스도의 장성한 분량이 충만한 데까지 이르리니"라고 하셨는데 이렇게 실상이 되었느냐? 온전케 된 사람이 하나도 없었다.

왜 이렇게 되었을까? 예수 그리스도께 직접 가르침받은 사도들도 온전케 되지 않았고, 지금 이 세대까지 이어져 왔다. 성경이 모든 것을 죄 아래 가두어 두었다고 하신 그대로 실상이었다. 해답은 **누가복음 24장**에 있었다.

곧 전 성경을 가지고 예수 그리스도에 대해서 자세히 풀어 해석해야 했었다. 그런데 당시 사도들, 사도 바울까지 당시는 구약성경밖에 없었고, 구약성경을 가지고 신령한 몸으로 다시 부활하신 예수 그리스도처럼 자세히 풀어 해석하지 않았다. 증거가 신약성경이다. 그리고 무엇보다도 그때는 때가 아니어서 신약성경이 없었기 때문에 사도들은 그렇게 할 수가 없었다.

그러므로 전 성경을 통해서 '목자'에 대해서 성경대로 분별을 해 보아야 한다. **시23:1절**에 "여호와는 나의 목자시니 내가 부족함이 없으리로다"라고 하셨는데, '여호와'는 유일하신 참 하나님의 이름이다. 그런데 예수 그리스도께서도 땅에 계실 때 하나님에 대해서 말씀하시기보다 자신에 대해서 하신 말씀이 많다. 신약성경을 기록한 사도들 또한 예수 그리스도를 통해서 하나님께서 행하신 일을 신령한 것을 신령한 것으로 해석하여 당시 사람들에게 하나님을 만나게 했어야 했다. 그런데 문자 그대로만 보면 예수 그리스도에 대해서만 증거를 하는 것으로 보도록 기록되어 있었던 것이다. 곧 여호와 하나님을 진리대로 알도록 하지 못했다는 뜻이다. 그래서 만들어 가르친 말이 '성자 하나님'이었다.

마지막 때
물가에서 일어나는 일

여호와 하나님께서 당신이 정하신 때가 될 때까지 사람들에게 하나님의 뜻, 하나님의 나라에 대해서 모르도록 하셨던 것이다. 따라서 여호와 하나님에 대해서 진리대로 알게 되는 때가 **요6:45절**의 말씀이 실상이 될 때이며, 진리의 성령이 실상이 되어야 **시23:1절**의 말씀이 실상이 되는 것이다. 증거가 **시23:2~3절**이다.

시23:2~3 [2]그가 나를 푸른 초장에 누이시며 쉴 만한 물가으로 인도하시는도다 [3]내 영혼을 소생시키시고 자기 이름을 위하여 의의 길로 인도하시는도다

이 말씀은 이미 은혜로교회 성도들에게 실상이 되었다. '푸른 초장'은 하나님께서 약속하신 땅에 대한 비밀도 감추어져 있고, 이때는 일곱째 날, 전 우주적인 큰 안식일 날에 실상이 될 것과 이때에 대한 해답은

이미 전 성경에 예언되어 있었다. 그중에 '쉴 만한 물가'가 바로 악인들이 지배하는 이 세상이 끝나는 지금 이 세대를 지시하신다. 증명한다. 마 13:47~50절이다.

마13:47~50 **47**또 천국은 마치 바다에 치고 각종 물고기를 모는 그물과 같으니 **48**그물에 가득하매 물가로 끌어 내고 앉아서 좋은 것은 그릇에 담고 못된 것은 내어 버리느니라 **49**세상 끝에도 이러하리라 천사들이 와서 의인 중에서 악인을 갈라내어 **50**풀무 불에 던져 넣으리니 거기서 울며 이를 갊이 있으리라

그래서 낙토에 가서 의인과 악인이 결판난다고 한 것이고, 이미 사실이 되었다. 이 모든 말씀을 안 믿은 악인들은 결국 이 말씀대로 실상이 된다. 모두 '설마~' 했을 것이다. 그 많은 말씀을 증명했는데 귀신이 주인인 인간은 단 한 절도 안 믿더라. 믿든 안 믿든 이 일은 명백하게 사실이 되었다. 그리고 천국은 전 세계 모든 기독교인들이 상상하듯이 죽어서 가는 곳이 아니다. 낙원에 가 있는 사람들도 천년왕국이 끝나면 반드시 육체가 부활한다. 그래서 '낙원'이라는 단어를 사용한 것이다. 이 부분은 너무 중요한 기독교 교리의 핵심이다. 악인들이 이 온 세상을 지배하는 세상 끝에 의인은 하나님께서 창조하신 땅에 영원히 거한다. 이에 대해서는 계속 영원히 증명이 된다.

'물가'에 대해서 더 가보자. 렘17:1~8절이다.

"**1**유다의 죄는 금강석 끝 철필로 기록되되('유다의 죄'는 지금 전 세

계 성경을 사용하는 모든 기독교, 천주교인들의 죄를 지칭한다. 히7:14 절에 "예수 그리스도께서 유다로 좇아나신 것이 분명하도다"라고 하셨 으므로 예수 그리스도를 믿는 모든 자들이 이에 해당한다.

'금강석 끝 철필'의 '금강석'은 대제사장의 흉패에 달린 12보석 중 가장 경도가 높고 광택이 뛰어나 아름답고 단단한 것을 뜻한다. 그러나 이는 문자적인 의미이고, 하나님께서 말씀하시는 뜻은 다음 말씀 속에 기독되어 있다.

> **슥7:9~12** [9]만군의 여호와가 이미 말하여 이르기를 너희는 진실한 재판 을 행하며 피차에 인애와 긍휼을 베풀며 [10]과부와 고아와 나그네와 궁핍 한 자를 압제하지 말며 남을 해하려하여 심중에 도모하지 말라 하였으나 [11]그들이 청종하기를 싫어하여 등으로 향하며 듣지 아니하려고 귀를 막 으며 [12]그 마음을 금강석 같게 하여 율법과 만군의 여호와가 신으로 이전 선지자를 빙자하여 전한 말을 듣지 아니하므로 큰 노가 나 만군의 여호 와께로서 나왔도다

성경을 가지고 하나님을, 예수 그리스도를 믿는다고 하는 사람의 마음이 강퍅한 것을 두고 '금강석'에 비유하신 것이다. 본문에 여호와의 신으로 이전 선지자를 빙자하여 전한 말을 듣지 아니한다는 말씀은 전 성경이 한 권으로 주어져서 누구나 다 볼 수 있는 지금 이 세대, 기독교 인들, 천주교인들의 생각, 마음, 곧 영혼이 거듭나지 않은 원욕 그대로인 채 자신들은 이미 교회를 다니고 혀로 "주여 주여" 하고 있으니까 다 잘

믿는다고 착각하고, 목사들이 하나님의 말씀을 절대 듣지 아니하는 자들이 '금강석' 같기 때문에 비유하신 것이다. 특히 하나님께서 친히 가르치시는 전대미문의 새 언약을 듣지 아니하고 도리어 이단이라 정죄하는 이때의 실상을 예언한 것이다.

증거가 "너희는 진실한 재판을 행하여"라고 하셨으니 이 세대 목사, 천주교 사제들을 지칭하신 것이다. 14년째 전해도 진실로 이들의 마음은 교만하고 거만하여 하나님의 말씀을 듣기 싫어했다. 이로 인하여 현재 '큰 노'인 코로나19 전염병이 온 세상에 1년 8개월째 내리고 있다.

'금강석'이 대제사장의 가슴 흉패에 붙이는 보석인데, 왜 이 보석에 비유했을까? 예수 그리스도를 믿는다고 하는 목사, 선교사, 사역자들이 스스로 택함을 받았다고 하면서 마음은 교만하고 자긍하여 하나님의 말씀은 듣기 싫어하는 자들을 뜻하기 때문이다.

'여호와의 신'은 진리의 성령을 뜻하고, 다른 말로 하면 '하나님의 영, 진리의 영, 주의 신, 그의 신, 성신, 해를 입은 여자'를 지칭하시는 것이다. '선지자를 빙자하여 전한 말'은 성경을 기록한 저자들을 사용하여 하신 하나님의 말씀을 하나님께서 친히 말씀하시고, 진리의 성령은 대언하는 말씀을 뜻한다. 이미 14년째 마음이 금강석같이 강퍅하여 단단한 자들을 보고 왔고, 경험하고 있다. 이로 인하여 하나님의 큰 노가 임한 것이 2021년 9월 2일 현재 일이다.

이 결과를 슥7:13~14절에 이렇게 말씀하셨다.

슥7:13~14 [13]만군의 여호와가 말하였었노라 내가 불러도 그들이 듣지 아니하였은즉 그들이 불러도 내가 듣지 아니하고 ¹⁴회리바람으로 그들을 그 알지 못하던 모든 열국에 헤치리라 한 후로 이 땅이 황무하여 왕래하는 사람이 없었나니 이는 그들이 아름다운 땅으로 황무하게 하였음이니라 하시니라

또 '금강석'에 대한 해답이 기록된 **겔28:1~26절**을 교독하거라.

'두로 왕'에 대한 예언으로 이름의 뜻은 '바위'라는 뜻이다. 또 시돈은 '어장, 고기 잡는 곳'을 뜻하므로 오늘날 예수 이름 사용하여 자신이 하나님 자리에 앉아 있는 이 세상에 속한 왕, 이 세상 임금을 뜻한다. 곧 하나님께서 정하신 때가 되기 전에 자신의 원욕 그대로인 채 지도자가 되어 하나님 자리에 앉아 부자가 된 자를 뜻한다.

2~8절에 "²인자야 너는 두로 왕에게 이르기를 주 여호와의 말씀에 네 마음이 교만하여 말하기를 나는 신이라 내가 하나님의 자리 곧 바다 중심에 앉았다 하도다(악인들의 마음에 이런 지도자가 부러워서 자신들도 그런 부자 지도자처럼 되고 싶은 정욕의 눈으로 보고, 하나님께서 복을 주셔서 그런 부자가 된 줄 알고 마음에 사모하는 우상이 되어 있다. 이를 두고 바다 중심에 앉았다고 한 것이다. 사람은 하나님께서 창조하셨고, 따라서 사람의 영혼, 곧 생각과 마음은 하나님께서 좌정하시는 성전이 되어야 하는데 교인들의 마음에 완전한 사람같이 보인 것은 하나님께 복을 받아서 수만, 수십만 사람을 모아 거룩한 척 가장하는 지도자가 교인들의 마음에 자리한 것이다.

천주교 교황을 보아라. 그는 진실로 악인들의 마음에 자리 잡고 신

이 되어 있다. 그는 온 세상 나라 대통령들, 수상, 온 세상 사람들이 그를 신처럼 모시고 있지 않느냐? 그래서 BC 550년경 당시 세상에서 부강하여 오늘날 미국처럼, 영국처럼 다른 나라들을 속국으로 거느리고 자신들이 지키고 보호하는 것처럼 하는 것을 '두로 왕, 시돈 왕'에 비유한 것이다.)

네 마음이 하나님의 마음 같은 체 할찌라도 너는 사람이요 신이 아니어늘 ³네가 다니엘보다 지혜로와서 은밀한 것을 깨닫지 못할 것이 없다 하고(BC 550년경 당시 다니엘도 동시대 사람이었다. 따라서 당시의 일로만 말하면 성경적인 방언만 된다. 오늘날 2021년 현재 일로 보아야 하나님은 죽은 자의 하나님이 아니라 살아 있는 산 자의 하나님이 되신다. 당시 에스겔 선지자에게 하나님께서 '인자, 곧 하나님께서 인치신 자'라고 하신 말씀도 마찬가지다. 따라서 본문 또한 당시에 실상이 되는 일이 아닌 지금 이 세대를 두고 예언하신 일이다.)

⁴네 지혜와 총명으로 재물을 얻었으며 금, 은을 곳간에 저축하였으며 ⁵네 큰 지혜와 장사함으로 재물을 더하고 그 재물로 인하여 네 마음이 교만하였도다 ⁶그러므로 나 주 여호와가 말하노라 **네 마음이 하나님의 마음 같은 체 하였으니** ⁷그런즉 내가 외인 곧 열국의 강포한 자를 거느리고 와서 너를 치리니 그들이 칼을 빼어 네 지혜의 아름다운 것을 치며 네 영화를 더럽히며 ⁸또 너를 구덩이에(지옥 불구덩이) 빠뜨려서 너로 바다 가운데서 살륙을 당한 자의 죽음같이 바다 중심에서 죽게 할찌라… ¹²인자야 두로 왕을 위하여 애가를 지어 그에게 이르기를(지금 이 세대 애가, 곧 슬픈 노래는 이미 진리인 성경에 기록되어 있다.)

주 여호와의 말씀에 너는 완전한 인이었고(하나님이 보시기에 완전한 사람이 아니고 사람들 눈에 예수 그리스도를, 하나님을 잘 믿어 땅에서도 부귀영화를 누리고 온 세상에 이름이 유명하고 존경받으며 부러움을 사는 자인데, 죽어서도 천국을 가는 천주교인, 기독교인이므로 완전한 복을 다 받은 자로 보이는 사람을 지칭하시는 것이다. 현재 대통령 중에도 천주교인, 기독교인이 있지 않느냐? 영적으로는 부자 교회 지도자를 뜻한다. 그래서 완전한 인이었고)

지혜가 충족하며 온전히 아름다웠도다 ¹³네가 옛적에 하나님의 동산 에덴에 있어서 각종 보석 곧 홍보석과 황보석과 금강석과 황옥과 홍마노와 창옥과 청보석과 남보석과 홍옥과 황금으로 단장하였었음이여 네가 지음을 받던 날에 너를 위하여 소고와 비파가 예비되었었도다 ¹⁴너는 기름 부음을 받은 덮는 그룹임이여 내가 너를 세우매(그래서 성경을 사용하는 지도자로 예수 이름, 하나님의 이름으로 설교를 하는 자, 신약 용어로 말하면 옛 뱀인 용이라고도 하는 사단, 마귀, 무저갱의 사자, 하늘에서 땅에 떨어진 별을 뜻한다.)

네가 하나님의 성산에 있어서 화광석 사이에 왕래하였었도다 ¹⁵네가 지음을 받던 날로부터 네 모든 길에 완전하더니(혀로 "하나님, 예수님" 하며 성경을 가지고 설교하고 왕 노릇 하고 있지만 하나님과 예수 그리스도와 아무 상관이 없이 썩는 양식을 위해 일하는 때에 멸망으로 인도하는 크고 넓은 문에 서 있는 미운 물건, 우상, 불의한 재판관을 뜻한다. 이 기간이 이제 끝났으므로 이들에 대한 정체, 곧 실상이 다 드러나는 것이다. 사람의 눈에는 보이지 않는데 하나님께서는 다 알고 계신다. 이들을 사용하여 큰 날, 곧 여호와의 날, 인자의 날, 전 우주적인 심판 날을 위하여 온 세상에 실상이 되어 있을 일을 예언하신 것이다.

진실로 이 예언대로 "랄랄라 따따따" 하는 귀신의 소리를 성령받은 것이라고 속여서 그 소리는 성경적인 방언이 아니라고 하니까 그 아래 교인들이 하는 말이 "하나님의 사자이고, 하나님이 복을 주셔서 수십만 교인, 수만 교인을 데리고 있는데" 하며, 도리어 나를 이단이라 정죄하고 듣지 않더라. 이들이 일하는 때에 그들이 하는 말은 듣거나 그들의 행위는 본받지 말라고 이미 다 말씀해 두셨다. 바리새인, 서기관들 같은 이 세상에 속한 지도자는 하나님의 이름, 예수 이름 사용하나 자기 일을 하는 것이다. 하나님께서 보시기에 완전한 사람이 절대 아니다. 앞으로 계속 증명한다. 이런 자들에게 이제 잠잠하라고 하신다.)

마침내 불의가 드러났도다(혀로 영원한 의이신 하나님, 의로 믿는 예수님 하고 성경을 사용하여 설교하지만 불의한 재판관을 두로 왕, 시돈 왕에 비유하신 것이다. '불의'는 다른 말로 불법이다. 눅18:6절에 "불의한 재판관의 말한 것을 들으라"라고 하셨고, 이런 재판관들이 있는 곳이 마7:13~27절에 멸망으로 인도하는 크고 넓은 문이며, 이들은 강도요 절도다. 불법을 행하는 자들이 주의 이름으로 귀신도 쫓아내고 선지자 노릇 하고 많은 권능을 행했다고 거짓 자랑하는 거짓 선지자들이며, 마귀의 세력들이다. 그러나 결국 이들이 일하는 시기가 끝나는 2008년 6월 16일부터 이런 두로 왕 같은 자들의 실체를 드러내고 계시고, 나는 대언을 하는 것이다. 이를 두고 마침내, 곧 결국 불의가 드러났도다.)

[16]네 무역이 풍성하므로(예수 이름, 하나님의 이름을 사용하여 돈으

로 바꾸고 매매하는 자이므로 무역이라고 하신 것이다. 다른 말로 하면 '장사한다'고 한다. 마13:45~46절에 "⁴⁵또 천국은 마치 좋은 진주를 구하는 장사와 같으니 ⁴⁶극히 값진 진주 하나(예수 그리스도)를 만나매 가서 자기의 소유를 다 팔아 그 진주를 샀느니라"라고 하셨던 것이고, 이는 중층의 소리에 해당한다.

그래서 잠31:18절에 "자기의 무역하는 것이 이로운 줄을 깨닫고 밤에 등불을 끄지 아니하고"라고 현숙한 여인이 하는 일을 '무역, 장사'라고 하신 것이다. 이미 실상이 되어 이루어지고 있으니 에스겔 28장 두로 왕에 대한 예언은 2021년 지금 이 세대 예수 이름, 하나님의 이름 사용하는 교회 지도자, 곧 자신이 하나님 자리에 앉아 거룩한 척 가장하여 목회라고 하는 자들에 대한 예언이 명백하다.

그래서 '금강석 끝 철필' 또한 지금 이 세대에 실상이 된 예언이며, 에스겔 28장 또한 2021년 지금 이 세대에 실상이 되어 있는 사실이다. 네 무역이 풍성하므로)

네 가운데 강포가 가득하여('강포'란 무자비하고 잔인하게 폭력을 휘두름, 불의한 방법에 의해 자행되는 압제, 육체적인 폭행이나 탄압은 물론 정신적인 압박을 뜻한다. 곧 불의한 재판관이 하는 목회는 강포라는 뜻이다. 일생 성경을 가지고 성경과 다른 거짓말을 설교하여 자신의 원욕을 채우는 데 사용하는 하인으로 살다가 한 몫의 삶이 끝나면 육체는 흙으로 돌아가서 죽고, 그 혼은 지옥 불구덩이에서 영원히 고통받게하는 것이므로 강포 정도가 아니라 살인자들이다.

예수 그리스도께서 요10:7~9절에 "⁷…내가 진실로 진실로 너희에게 말하노니 나는 양의 문이라 ⁸나보다 먼저 온 자는 다 절도요 강도니 양들이 듣지 아니하였느니라 ⁹내가 문이니 누구든지 나로 말미암아 들어가면…" 그래서 반드시 예수 그리스도를 믿는 자 중에 여호와의 문에 들어가고 다른 말로 하면 '의의 문'에 들어가서 하나님 나라인 천국에 들어가는 것이다.

이미 2008년 6월 16일부터 실상이 된 말씀이다. 진리는 이렇게 명백한 사실이다. 절대 상상이 아니다. "구원을 얻고 또는 들어가며 나오며 꼴을 얻으리라" 구원은 이렇게 실상으로 얻는 것이다. 천국 또한 육체가 죽어서 가는 곳이 아니라 들어가며 나오며 꼴을 얻는 실상이다. 그러므로 이 진리는 처음부터 하층, 중층, 상층의 소리로 차례로 듣는 것이고, 지켜 실행하는 것이며, 인내의 말씀이라고 하는 것이다.

진리인 성경을 남의 이야기가 되게 설교하는 것과, 그런 설교를 듣는 것은 천국과 아무 관계가 없다. 때문에 불의, 불법을 행하는 자를 두고 예수 그리스도께서 "나는 도무지 너를 모른다 불법을 행한 자여 내게서 떠나가라"라고 하신 것이다. 이런 목사, 사제를 두로 왕에 비유하신 것이다. 이렇게 사람의 생각과 하나님의 생각, 곧 하나님의 뜻은 지옥과 천국의 차이이고, 성경을 가지고 당시 두로 왕에 대한 이야기로 보고 설교하는 자들은 다 천국과 아무 관계가 없는 자들이며, 예수 그리스도께서 말씀하시는 절도요 강도이고 도적질, 곧 부모의 것을 도적질한 자들이며, '이리'라고 하신 것이다. 이 본문에 해당하는 '나보다 먼저 온 자들'이다.

그래서 **마23:10절**에 "또한 지도자라 칭함을 받지 말라 너희 지도자는 하나이니 곧 그리스도니라"라고 하셨던 것이다. 이 말 또한 2천 년간 실상이 되지 않고 있었다. 진리의 성령이 실상으로 와서 예수는 그리스도라고 모든 진리 가운데로 인도할 때 온전히 땅에 이루어지는 말씀이었다.

전 성도가 다 알아듣지 못해도 영원히 증명되니까 결국 다 알아듣게 된다. 다시 요10:9절 말씀도 2021년 9월 2일 현재 이미 이루어지고 있는 실상이다. 이미 양들, 하나님의 양들인 성도들이 들어오며 나가며 꼴을 얻고 있다. 이것이 곧 영생을 위해 일하는 하나님의 권속들이다. 이렇게 설교하고 가르치고 실상이 되게 아니하는 자들이 바로 불법을 행하는 자들이고, 불의한 재판관들이다. 그래서 우리의 한 몫의 삶을 육체가 살아서 완전히 버리고 하나님의 계명을 좇아 새로 시작하는 것이다.

전대미문의 새 언약을 받고 지켜 실행하여 진리대로 실상이 되게 하므로 14년째 이 일은 하나님의 가르치심이요, 진리의 성령의 대언이며, 하나님의 인도하심이다. 영영한 사역자들은 예수 그리스도를 믿고 계명을 지켰으니 요10:7, 9절의 예언이 실상이 된 것이다. 그래서 진리의 영, 곧 진리의 성령이며, 귀신의 영인 강도, 절도, 이리, 불의한 재판관인 두로 왕, 멸망으로 인도하는 크고 넓은 문이 절대 아니라는 것이고, 불의한 재판관들도 성경의 실상이다.

따라서 미혹의 영, 귀신의 영인 강도, 절도, 도적질하는 자, 이리, 두로 왕, 랍비, 용, 옛 뱀, 사단, 마귀, 가르치는 귀신, 무저갱의 사자, 우상, 미운 물건, 거짓 선지자들, 적그리스도, 광명의 천사로 가장한 자들이 성경을 가지고 성경과 다른 거짓말을 가르친 것을 두고 '금강석 끝 철필로 기록한 죄'라고 하는 것이다.

미리 전 성경을 요약해서 해답을 하고 계속 어느 선까지 증명하고 앞으로 영원히 증명한다. 이것이 마귀를 대적하는 것이며, 온전한 것이 와서 실상이 되어 부분적으로 하던 사단의 소리, 곧 사람의 소리를 완전히 폐하는 것이다. 다른 말로 모든 이론, 곧 사람이 만든 지식, 지혜를 다 파하는 강력이다.

그리고 **요10:10절** "도적이 오는 것은 도적질하고 죽이고 멸망시키려는 것뿐이요" 진실로 이러했고, 이러하다. 2021년 9월 2일 현재 전 세계 성경을 사용하는 모든 종교가 다 이러하다. 사실이다. 믿고 안 믿고는 이제 각자 자신들에게 주어진 자유의지에 달려 있다. 만세 전에 택한 자녀들은 반드시 믿을 것이고, 진리인 성경이 남의 이야기로 설교하고 그런 설교를 듣고 "아멘" 하는 자들은 불신자들이며 불택자들이다. 이들은 혀로 "오직 예수, 하나님" 하고 말만 할 뿐, 하나님의 나라와 절대 상관이 없다. 불의한 재판관이요, 불법하는 자들이다.

이런 자들이 일하는 시기가 다 끝났기에 자신이 스스로 자긍하여 하나님 자리에 앉아 거룩한 척 하는 자들, 곧 금강석같이 단단하고 강팍한 자들, 교만한 자들, 절도, 강도, 도적, 이리 같은 자들에 대한 비밀이 다 드러나는 것이다. "이들이 온 것은 다 교인들을 멸망시키려는 것뿐이요"라고 하신 것이다. 그래서 **마10:16~23절**에(**막13:9~13절, 눅 21:12~19절**에) 예언해 두신 것이고, 지금 14년째 실상이 되어 이들에게 미움을 받고 감옥에 갇힌 것이다.

또 **행20:29절**에서도 "내가 떠난 후에 흉악한 이리가 너희에게 들어와서 그 양 떼를 아끼지 아니하며"라고 하신 이대로 2천여 년이 흐른 것이다. '이리'에 의해 양 떼는 짐승의 밥이 되었다. 이런 절도, 강도, 도적, 강 포한 자, 이리를 두고 **습3:1~8절**에도 명백하게 불의한 재판관들, 방백들 이라고 예언해 두셨고, 이들을 형벌하는 날이 2021년 지금 이 세대다.

습3:1~8 [1]패역하고 더러운 곳, 포학한 그 성읍이 화 있을찐저 [2]그가 명 령을 듣지 아니하며 교훈을 받지 아니하며 여호와를 의뢰하지 아니하 며 자기 하나님에게 가까이 나아가지 아니하였도다 [3]그 가운데 **방백들 은 부르짖는 사자요 그 재판장들은 이튿날까지 남겨 두는 것이 없는 저 녁 이리요** [4]그 선지자들은 위인이 경솔하고 간사한 자요 그 제사장들은 성소를 더럽히고 율법을 범하였도다 [5]그중에 거하신 여호와는 의로우사 불의를 행치 아니하시고 아침마다 간단없이 자기의 공의를 나타내시거 늘 불의한 자는 수치를 알지 못하는도다 [6]내가 열국을 끊어 버렸으므로 그 망대가 황무하였고 내가 그 거리를 비게 하여 지나는 자가 없게 하였 으므로 그 모든 성읍이 황폐되며 사람이 없으며 거할 자가 없게 되었느 니라 [7]내가 이르기를 너는 오직 나를 경외하고 교훈을 받으라 그리하면 내가 형벌을 내리기로 정하기는 하였거니와 너의 거처가 끊어지지 아 니하리라 하였으나 그들이 부지런히 그 모든 행위를 더럽게 하였느니라 [8]나 여호와가 말하노라 그러므로 내가 일어나 벌할 날까지 너희는 나를 기다리라 내가 뜻을 정하고 나의 분한과 모든 진노를 쏟으려고 나라들 을 소집하며 열국을 모으리라 온 땅이 나의 질투의 불에 소멸되리라

이 예언대로 현재 이미 이루어지고 있다. 이 예언 또한 구약 당시,

곧 스바냐 선지자 당시인 BC 650년경에 실상이 되는 예언이 아니다. 예수님 당시도 절대 아니고, 열국, 곧 전 세계 모든 나라에 예수 이름이 퍼지고 각 나라 언어로 성경이 주어진 2021년 지금 이때, 일곱째 날, 여호와의 날에 온전히 이루어지는 예언이었고, 이미 사실이 되어 이루어지고 있다.

그래서 **요10:7~12절**의 예언도 예수님 당시가 아닌 지금 이 세대에 대한 예언이었다. 이때 두로 왕, 시돈 왕 같은 자들, 저녁 이리 같은 절도요 강도, 도적질하는 자칭 지도자들이 예수 이름으로 2021년 이때까지 교인들을 죽이고 멸망시키는 것이라고 예언하셨던 것이다. 그래서 진리의 성령이 와서 예수 그리스도에 대해서 증거할 때 비로소 '양의 문'이 그리스도가 되시고, 중층을 지나 상층인 여호와의 문으로 들어가 천국을 실상으로 이루는 것이다.

그러니 이 일을 훼방하고 말씀을 받지 못하도록 나를 이단이라 정죄하고 자신들의 망대, 곧 교회 강단에서 마귀가 되어 교인들이 말씀을 받고 구원에 이르지 못하게 방해하는 것이다. 이런 자칭 목사, 사제들을 여러 부분, 여러 모양으로 말씀해 둔 것을 요약해서 해답을 말하는 것이다.

이들이 일생 목회, 선교라고 하는 일이 강포다. 곧 나에게 이 세상 법에서 씌운 죄목이 사실은 하나님께서 보실 때 우상, 용, 뱀, 독사, 악어, 사단, 마귀, 가르치는 귀신들이 하는 언행, 곧 범죄를 온 세상에 드러내시는 것이다. 그래서 이런 악인들이 나를 감옥에 가두고 온 세상에 치욕을 주고 핍박하고 얼굴에 맷돌질하는 것은 다 자신들의 꾀에 빠진 것이다.

시10:2~4, 14~15 ²악한 자가 교만하여 가련한 자를 심히 군박하오니 저희로 자기의 베푼 꾀에 빠지게 하소서 ³악인은 그 마음의 소욕을 자랑하며 탐리하는 자는 여호와를 배반하여 멸시하나이다 ⁴악인은 그 교만한 얼굴로 말하기를 여호와께서 이를 감찰치 아니하신다 하며 그 모든 사상에 하나님이 없다 하나이다… ¹⁴주께서는 보셨나이다 잔해와 원한을 감찰하시고 주의 손으로 갚으려 하시오니 외로운 자가(참 과부인 내가) 주를 의지하나이다 주는 벌써부터 고아를 도우시는 자니이다 ¹⁵악인의 팔을 꺾으소서 악한 자의 악을 없기까지 찾으소서

내가 감옥에 갇히고 3년이 넘게 우리 안에 함께 있었던 악인과 귀신이 주인이 되어 귀신 노릇 하는 너희 안에 '악'을 없기까지 찾으시고 계신다. 악인이 받을 벌이 은혜로교회 내에 너희들에게도 가득하여 이런 너희들의 악을 없기까지, 곧 귀신이 다 떠날 때까지 찾아 밝히 드러내시고 계신다. 너무나 정확하게 살아 계신 하나님의 말씀 앞에 하나하나 드러내시고 계신다.

대체육체를 통해서 소송장에 기록해 두시고, 거짓말로 모해한 원수의 정체도 시간이 아무리 흘러도 단 한 절도 안 믿는 흉악한 귀신이었음도 다 드러나서 그들의 혀로 고소한 고소장에도 드러나게 하고, 육의 가족을 통해서도 다 드러내시고, 이제 스스로 죄에 대하여 분별하고 버리게도 하시고, 영원한 가족 안에서 감출 수가 없도록 밝히 찾아내시고 계신다. 온 세상의 모든 문제와 해답은 이렇게 전 성경에 예언되어 있고, 14년째 하나님께서 친히 목자가 되셔서 미리 예언된 대로 이루시고 계신다.

이렇게 말씀 앞에 있는 악인도 하나님 앞에 숨을 수가 없고, 온 세상의 악인도 그 악을 찾아 다 드러나게 하시고 형벌하신다. 그래서 악인은 하나님을 피해 숨을 곳이 천하에 아무 데도 없다. 증명한다.

암9:1~4 ¹내가 보니 주께서 단 곁에 서서 이르시되 기둥 머리를 쳐서 문지방이 움직이게 하며 그것으로 부숴져서 무리의 머리에 떨어지게 하라 내가 그 남은 자를 칼로 살륙하리니 **그중에서 하나도 도망하지 못하며 그중에서 하나도 피하지 못하리라** ²저희가 파고 음부로 들어갈찌라도 내 손이 거기서 취하여 낼 것이요 하늘로 올라갈찌라도 내가 거기서 취하여 내리울 것이며 ³갈멜산 꼭대기에 숨을찌라도 **내가 거기서 찾아낼 것이요** 내 눈을 피하여 바다 밑에 숨을찌라도 내가 거기서 뱀을 명하여 물게 할 것이요 ⁴그 원수 앞에 사로잡혀 갈찌라도 내가 거기서 칼을 명하여 살륙하게 할 것이라 내가 **저희에게 주목하여 화를 내리고** 복을 내리지 아니하리라 하시니라

이 예언이 얼마나 무서운지 보아라. 하나님의 가르치심을 훼방하고 거절하여 배반한 자는 육체가 죽어 음부, 곧 지옥 불구덩이에 들어가도 천년왕국 후에 부활하여 영원한 영벌을 받는다. 더 직설적으로 말할까? 코로나19는 여호와의 칼의 형벌이다. 백신을 두 번이나 맞아도 돌파 감염에 결국 죽는 자들은 왜 그럴까? 사람들은 아무 생각이 없이 한 몫의 삶을 산다. 그래서 이런 인생을 안개, 티끌, 구더기, 지푸라기, 나무, 풀, 쭉정이, 가라지에 비유하신 것이다. 단 한 세대도 이루어지지 않았던 이

예언이 이 세대에 곧 여호와의 날, 인자의 날, 전 우주적인 심판 날에 실상이 된다.

이어서 **암9:5~10절**에도 이렇게 판결해 두셨다.

암9:5~10 [5]주 만군의 여호와는 땅을 만져 녹게 하사 무릇 거기 거한 자로 애통하게 하시며 그 온 땅으로 하수의 넘침같이 솟아오르며 애굽 강같이 낮아지게 하시는 자요 [6]그 전을 하늘에 세우시며 그 궁창의 기초를 땅에 두시며 바다 물을 불러 지면에 쏟으시는 자니 그 이름은 여호와시니라 [7]여호와께서 가라사대 이스라엘 자손들아 너희는 내게 구스 족속같지 아니하냐 내가 이스라엘을 애굽 땅에서, 블레셋 사람을 갑돌에서, 아람 사람을 길에서 올라오게 하지 아니하였느냐 [8]보라 주 **여호와 내가 범죄한 나라에 주목하여 지면에서 멸하리라** 그러나 야곱의 집은 온전히 멸하지는 아니하리라 이는 여호와의 말씀이니라 [9]내가 명령하여 이스라엘 족속을 만국 중에 체질하기를 곡식을 체질함같이 하려니와 그 한 알갱이도 땅에 떨어지지 아니하리라 [10]**내 백성 중에서 말하기를 화가 우리에게 미치지 아니하며 임하지 아니하리라 하는 모든 죄인은 칼에 죽으리라**

이제 영원한 언약으로 돌아서지 아니하면 온 세상 어디에도 하나님의 심판에서 피할 길이 없다. 온 세상에 치욕을 당하는 이 일이 다시 택한 이스라엘을 만국, 곧 '온 나라, 온 세상 모든 나라' 중에서 체질하시고 계신 것이다. 곧 의인 중에 악인, 티끌을 골라내는 것을 뜻하신다.

2018년 7월 24일 나와 성도들이 구속되니까 티끌, 악인들이 떨어지는 것이 바로 실상이 된 것이다. 3년이 넘게 체질하신 것이다.

이는 시10:15절의 "악인의 팔을 꺾으소서 악한 자의 악을 없기까지 찾으소서"라고 하신 말씀이 땅에 이루어지는 중 다시 택하신 이스라엘인 우리에게는 암9:9절의 말씀이 온전히 이루어지고 있는 것이다. 이는 만국을 다스리는 권세를 주시기 위해서다. 곧 하나님께서 온 세상 나라를 통치하시는 오는 세상의 주인이라는 뜻이기도 하다.

계2:26~27 ²⁶이기는 자와 끝까지 내 일을 지키는 그에게 만국을 다스리는 권세를 주리니 ²⁷그가 철장을 가지고 저희를 다스려 질그릇 깨뜨리는 것과 같이 하리라 나도 내 아버지께 받은 것이 그러하니라

이렇게 만국을 다스리는 자를 계12:1~6절에 예언해 두셨다.

계12:1~6 ¹하늘에 큰 이적이 보이니 해를 입은 한 여자가 있는데 그 발 아래는 달이 있고 그 머리에는 열두 별의 면류관을 썼더라 ²이 여자가 아이를 배어 해산하게 되매 아파서 애써 부르짖더라 ³하늘에 또 다른 이적이 보이니 보라 한 큰 붉은 용이 있어 머리가 일곱이요 뿔이 열이라 그 여러 머리에 일곱 면류관이 있는데 ⁴그 꼬리가 하늘 별 삼분의 일을 끌어다가 땅에 던지더라 용이 해산하려는 여자 앞에서 그가 해산하면 그 아이를 삼키고자 하더니 ⁵**여자가 아들을 낳으니 이는 장차 철장으로 만국을 다스릴 남자라** 그 아이를 하나님 앞과 그 보좌 앞으로 올려가더

라 ⁶그 여자가 광야로 도망하매 거기서 일천이백육십 일 동안 저를 양육하기 위하여 하나님의 예비하신 곳이 있더라

그리고 **계15:2~4절**에도 다음과 같이 예언되어 있다.

계15:2~4 ²또 내가 보니 불이 섞인 유리 바다 같은 것이 있고 짐승과 그의 우상과 그의 이름의 수를 이기고 벗어난 자들이 유리 바다 가에 서서 하나님의 거문고를 가지고 ³하나님의 종 모세의 노래, 어린양의 노래를 불러 가로되 주 하나님 곧 전능하신이시여 하시는 일이 크고 기이하시도다 만국의 왕이시여 주의 길이 의롭고 참되시도다 ⁴주여 누가 주의 이름을 두려워하지 아니하며 영화롭게 하지 아니하오리이까 오직 주만 거룩하시니이다 주의 의로우신 일이 나타났으매 **만국이 와서 주께 경배하리이다 하더라**

이 말씀을 실상으로 이루시려고 만국, 곧 온 세상에 다시 택하신 이스라엘인 우리를 체질하시고 우리가 누군지 알리시는 것이다. 지금은 치욕을 겪지만 이 또한 악인의 악을 없기까지 찾으시는 과정이다. 이 본문이 실상이 되기 전에 만국, 온 세상 나라는 **계16:17~21절**의 예언이 사실이 된다.

계16:17~21 ¹⁷일곱째가 그 대접을 공기 가운데 쏟으매 큰 음성이 성전에서 보좌로부터 나서 가로되 되었다 하니 ¹⁸번개와 음성들과 뇌성이 있

고 또 큰 지진이 있어 어찌 큰지 사람이 땅에 있어 옴으로 이같이 큰 지진이 없었더라 [19]큰 성이 세 갈래로 갈라지고 만국의 성들도 무너지니 큰 성 바벨론이 하나님 앞에 기억하신 바 되어 그의 맹렬한 진노의 포도주 잔을 받으매 [20]각 섬도 없어지고 산악도 간 데 없더라 [21]또 중수가 한 달란트나 되는 큰 우박이 하늘로부터 사람들에게 내리매 사람들이 그 박재로 인하여 하나님을 훼방하니 그 재앙이 심히 큼이러라

그래서 겨울이 없는 곳으로 도망하라고 하신 것이다. 이 예언들은 앞으로 우리 세대에 있을 판결들이다. 이렇게 심판받는 이유는 귀신의 처소 바벨론이 만국을 미혹했기 때문이다.

계18:21~24 [21]이에 한 힘센 천사가 큰 맷돌 같은 돌을 들어 바다에 던져 가로되 큰 성 바벨론이 이같이 몹시 떨어져 결코 다시 보이지 아니하리로다 [22]또 거문고 타는 자와 풍류하는 자와 퉁소 부는 자와 나팔 부는 자들의 소리가 결코 다시 네 가운데서 들리지 아니하고 물론 어떠한 세공업자든지 결코 다시 네 가운데서 보이지 아니하고 또 맷돌 소리가 결코 다시 네 가운데서 들리지 아니하고 [23]등불 빛이 결코 다시 네 가운데서 비취지 아니하고 신랑과 신부의 음성이 결코 다시 네 가운데서 들리지 아니하리로다 **너의 상고들은 땅의 왕족들이라 네 복술을 인하여 만국이 미혹되었도다** [24]선지자들과 성도들과 및 땅 위에서 죽임을 당한 모든 자의 피가 이 성중에서 보였느니라 하더라

창세 이래 하나님의 원수요 대적자들은 성경을 가지고 성경과 다른 거짓말로 가르쳐서 온 세상 나라, 곧 만국을 미혹시켜서 하나님의 진노를 쌓았고, 이들 귀신의 처소의 지도자들에 의해 죽임을 당한 순교자들뿐만 아니라 교인들을 일생 헛된 종교생활을 하게 하고 결국 지옥 불구덩이에 보낸 악한 자들이요, 살인자들이다. 그래서 하나님의 집에서부터 심판을 하시는 것이다.

아무나 자원하면 목사 안수를 주고, 아무나 누구나 영아부터 교사들을 통하여 성경을 가르치고 영적인 살인을 하고, 절도요 강도이면서 죄가 죄인 줄 모르고 한 모든 언행을 말씀을 몰라서 그랬다고 핑계할 수 없다. 흉악한 귀신들은 그것이 도리어 하나님을 잘 섬기는 일이라고 거짓말로 가르치고, 하나님의 일을 하는 것이라고 한다. 핑계하는 너에게 묻는다. 너는 눈을 가지고 왜 성경을 보지 않았나? 미워하는 것은 살인이고, 죄를 짓는 자는 마귀에게 속하고 마귀의 자식이라고 했는데, 왜 네 눈에는 안 보였을까? 그래서 속이는 지도자도, 속아서 범죄한 너도 다 마찬가지다.

말과 말 탄 자들의 실체

온 세상 나라, 곧 만국을 복술로 미혹한 흉악한 귀신들이면서, "예수 이름으로 귀신아 떠날지어다"라고 하며 미친 짓을 한 목사가 온 세상을 미혹하고 자신의 원욕을 그대로 가지고 혀로 "하나님, 예수님" 하며 거룩한 척 가장하는 자가 교황이요, 사제들이며, 목사들이다. 이들은 하나님 자리에, 예수 그리스도 자리에 자신들이 앉아서 하나님 마음 같은 체, 광명의 천사 노릇 한 자들이다.

'복술'이란 원어로 보면 '약을 복용하다'라는 뜻으로 환각에 빠지는 약을 먹고 환상을 보고, 점을 치는 일을 가리킨다. 하나님 이름, 예수 이름을 사용하여 무당 노릇 하는 자들뿐만 아니라 성경을 가지고 성경과 다른 거짓말로 설교하는 모든 자들은 다 복술가들이다. 온 세상에 있는 교회에 이곳저곳 돌아다니며 부흥회를 하고, 돈을 받고 다니며 자신이 복을 주는 사람인냥 "축복받을지어다" 하고 교인들에게 사기 치고, 머리에 손을 얹고 안수하고, 전부 일만 악의 뿌리인 돈으로 바꾸어 자신들의 원욕을 채우기 위해 설교하고, 헌금을 많이 거두는 지도자들은 더 인기가 많아서 여기저기 불려 다니며 악을 쏟아 내는 귀신의 처소, 가르치는 귀신들이 만국을 미혹한 것이다. 이들에게 속아서 따라다니는 교인들도 다 자신들의 원욕에 의해 그와 같이 되고 싶어서 헌금하고 따라다닌다.

14년째 보았다. 자신의 죄를 보고 회개하며 따라오는 것이 아니라 배워서 돈 벌고 유명해지고 높은 자리에 앉고 지배하고 싶어서 따라온 자들의 뻔뻔함, 교만하고 거만함에 왜 더러운 귀신이라고 하셨는지 다 보았다. 재앙을 내릴 수밖에 없는 흉악한 귀신들의 실체를 다 보았다.

이제 이런 귀신들이 그 더러운 입으로 "예수님, 하나님" 하며 복술로 미혹하는 자들이 일하는 시기는 다 끝났다. 이런 자들과 영적으로 싸우는 14년째 이 일은 미혹된 만국과의 전쟁이다. 1930년 전에 기록된 이 예언이 이제 실상이 되어 이루어지고 있다. 계19:11~16절이다.

"¹¹또 내가 하늘이 열린 것을 보니 보라 백마와 탄 자가 있으니 그 이름은 충신과 진실이라 그가 공의로 심판하며 싸우더라(이런 흉내를 실상으로 내는 자가 저 북한 김정은이와 한국에 허경영이더라. 이 말씀의 뜻을 모르고 그 본문을 문자 그대로 흉내 내는 살인자요, 사기꾼이 자신의 정체를 스스로 드러내도 영적인 소경들은 이들에게 미혹되어 하인 노릇 한다.

'백마'를 분별하려면 '말'에 대해서 신령한 것은 신령한 것으로 분별해야 한다. 답을 말하면 '사람'을 말에 비유하신 것이다. 이 말의 비밀을 알면 저 북한 살인자 김정은이와 사기꾼 허경영이의 실체가 다 드러나고, 성경을 가지고 성경과 다른 거짓말하는 귀신의 처소 바벨론의 실체도 다 드러난다. 지면의 한계상 핵심을 찾아가 보자.

사31:1~3 ¹도움을 구하러 애굽으로 내려가는 자들은 화 있을찐저 그들은 말을 의뢰하며 병거의 많음과 마병의 심히 강함을 의지하고 이스라엘의 거룩하신 자를 앙모치 아니하며 여호와를 구하지 아니하거니와 ²여호와께서도 지혜로우신즉 재앙을 내리실 것이라 그 말을 변치 아니하시고 일어나사 악행하는 자의 집을 치시며 행악을 돕는 자를 치시리니 ³애굽은 사람이요 신이 아니며 그 말들은 육체요 영이 아니라 여호와께서 그 손을 드시면 돕는 자도 넘어지며 도움을 받는 자도 엎드러져서 다 함께 멸망하리라 따라서 성경에 기록된 말은 사람이 본능적으로 아는 말이 아니라 육체를 입은 사람 이야기다. 그래서 유1:10~13절에 "¹⁰이 사람들은 무엇이든지 그 알지 못하는 것을 훼방하는도다 또 저희는 이성 없는 짐승 같이 본능으로 아는 그것으로 멸망하느니라(이들은 전부 성경을 가지고 사람 차원으로 보고 자신의 원욕을 가진 그대로 보고 믿는 것을 뜻한다. '본능'이란 국어학적으로 말하면 '동물이 경험이나 학습 등을 통하여 후천적으로 터득한 것이 아닌, 타고난 성질이나 능력, 곧 동물의 종에 따른 고유한 행동 양식'을 뜻하는 것이다. 그래서 존귀에 처하나 깨닫지 못하는 자, 곧 혀로 "하나님, 예수님" 하면서 기록된 성경 속에 감추어 두신 진리는 단 한 절도 깨닫지 못하는 자를 두고 멸망하는 짐승 같다고 하신 것이다.

성경이 모든 것을 죄 아래 가두어 둔 기간에는 모두 이런 본능, 다른 말로 하면 본성으로 보고 설교하고 믿는다고 착각하여 죄에 죄를 더한 것이다. 그러나 이제 여호와의 날, 인자의 날인 2021년 지금 이 세대는 자신들의 실체를 다 드러내게 하신다. 그래서 이렇게 예언해 두었고, 이미 이 예언 그대로 사실이 되어있다.

롬2:11~16 ¹¹이는 하나님께서 외모로 사람을 취하지 아니하심이니라 ¹²무릇 율법 없이 범죄한 자는 또한 율법 없이 망하고 무릇 율법이 있고 범죄한 자는 율법으로 말미암아 심판을 받으리라 ¹³하나님 앞에서는 율법을 듣는 자가 의인이 아니요 오직 율법을 행하는 자라야 의롭다 하심을 얻으리니 ¹⁴(율법 없는 이방인이 본성으로 율법의 일을 행할 때는 이 사람은 율법이 없어도 자기가 자기에게 율법이 되나니 ¹⁵이런 이들은 그 양심이 증거가 되어 그 생각들이 서로 혹은 송사하며 혹은 변명하여 그 마음에 새긴 율법의 행위를 나타내느니라) ¹⁶곧 내 복음에 이른 바와 같이 하나님이 예수 그리스도로 말미암아 사람들의 은밀한 것을 심판하시는 그날이라

이 예언이 사실이 되어 각자 자신들의 실체를 다 드러내고 있다. 나를 송사한 이들도 본능으로 아는 그것으로 나를 두고 "여자는 교회서 잠잠하라"라고 했다는 **고전14:34~35절**과 **딤전2:11~12절**의 예언을 자신들의 본성, 곧 본능으로 보고, 무시하고, 곡해하고, 자기 마음대로 이단이라 정죄하며 송사했고, 백마를 실제 타고 나타나서 자신의 실체를 드러내는 김정은, 허경영이도 다 이 세대 우리에게, 온 세상 사람들에게 저들이 누군지 교훈하시는 것이다. 지금 온 세상이 이러하다.

그래서 하나님의 말씀으로 영혼, 곧 생각과 마음이 다시 창조되지 아니하면 하나님 나라와 아무 관계가 없고, 이성 없는 짐승같이 되어 본능으로 안다고 생각하는 그것으로 다 멸망한다. 이는 하나님의 말씀으로 거듭나지 아니하면 '이성'이 없고, 따라서 선, 악이 무엇인지 분별이 안 되고 영원히 멸망하는 것이다.)

¹¹화 있을찐저 이 사람들이여, 가인의 길에 행하였으며 삯을 위하여(돈을 위하여) 발람의 어그러진 길로 몰려갔으며(복술가들은 다 돈을 위하여 점치는 자들이며, 발람의 어그러진 길을 가는 자들이다. 성경을 가지고 성경과 다른 거짓말을 가르치는 것도 점치는 것이다. 점을 치되

신령한 것은 신령한 것으로 분별하지 않고, 사람이 본능으로 아는 것으로 가르치고 설교하는 것이 복술이다.

'발람'은 발락을 가르친 스승이고, 발락이 발람을 초대해서 오늘날로 말하면 부흥회나 헌신 예배를 하는 것을 뜻한다. 이 발람은 바른 길, 정로를 가르치는 것이 아니라, 어그러진 길, 곧 성경을 본능으로 보고 사람의 소리, 곧 사단의 소리를 하는 것을 뜻하며, 이를 두고 '복술'이라고 한다. 귀신의 처소에서 하는 모든 일은 결국 다 복술이다. 이세벨도 복술가요, 예수 이름 사용하는 무당이다. 온 세상, 곧 만국이 이런 복술에 미혹된 것이다. 혀로 "주여 주여" 한다고 하나님께서 주시는 복을 받는 것이 아니고, 천국에 가는 것이 결코 아니다.)

고라의 패역을 좇아 멸망을 받았도다('고라'의 이름의 뜻은 '얼음'이다. 모세의 사촌인 고라는 광야에서 르우벤 자손인 '다단, 아비람, 온'과 무리, 곧 당을 짓고 족장 250명을 동원하여 모세의 지도권에 도전하다 땅이 갈라져 고라, 다단, 아비람, 온은 죽임을 당하고, 250명은 하나님의 불에 태워져 죽임을 당했다. 이를 두고 고라의 패역을 좇아 멸망을 받았다고 하는 이 본문은 2021년 9월 3일 현재까지 예수 이름 사용하여 자신들이 지어낸 거짓말로 성경 한 절 읽고 본능으로 아는 것으로 설교하는 모든 지도자들이 다 이에 해당한다.

그러한 고라당의 세 아들들은 죽지 않고 살아 남아 후에 성전 문지기, 찬송하는 자, 빵을 굽는 성전 요리사로 하나님을 섬겼다. 그래서 시편에는 고라 자손의 시가 여러 편 기록되어 있다. 선지자 사무엘, 시인 헤만 등은 모두 고라 자손들이다. 이는 지금 이 세대에 대한 그림자요,

모형이다.

모세는 예수 그리스도의 모형이요 그림자이며, 모세의 사촌 '고라' 또한 지금 이 세대 자신이 예수 그리스도의 자리에 앉아 왕 노릇 하면서 혀로 "오직 예수, 하나님" 하고 이름을 이용하여 당을 짓고 반역하는 지도자들의 모형이다. 그래서 네 부모, 형제, 친척, 본토를 떠나라고 하신 것이다. 그래서 겨울이 없는 곳으로 낙토를 예비해 두신 것이다. 또한 목자들은 도망할 수 없다고 하셨다.

그러나 이런 기둥 머리를 치면 고라의 세 아들이 그 재앙에도 살아남아 후에 하나님의 성전 문지기가 되고, 찬송하는 자, 빵 굽는 자들이 되듯이 이는 이 세대에 실상이 된다.

욥38:29 얼음은 뉘 태에서 났느냐 공중의 서리는 누가 낳았느냐

잠25:13 충성된 사자는 그를 보낸 이에게 마치 추수하는 날에 얼음 냉수 같아서 능히 그 주인의 마음을 시원케 하느니라

곧 고라의 패역을 좇아 멸망을 받은 자도, 영적인 추수 때에 충성된 사자도 다 북방에서 나올 것을 예언하신 것이다. 모두 고라의 패역을 한 자들 가운데 있었지만, 악인들은 고라의 패역을 좇아 멸망을 받지만, 반대로 하나님의 마음을 시원케 하는 충성된 사자도 다 겨울이 있는 나라, 땅에서 나온다는 뜻이다.

이 중에 **유다서** 본문은 고라의 패역을 그대로 하여 결국은 영원히

멸망을 받는 자들로, 바로 이성 없이 본능으로 성경을 보고 가르치므로 멸망을 받는 자들에 대한 예언이다.

그리고 이 예언은 진실로 사실이었다. 우리도 똑같이 예수 이름으로 패역했고, 그래서 악인의 받을 벌이 가득해도 징책, 곧 타작마당을 통해서 악인의 악을 찾아내어 영원히 악에서 대속함을 받고 죽음에는 붙이지 아니하신다고 하신 그대로 타작마당을 통해서 악인의 악을 찾아내시고 계신다.

온 세상에 악인들이 누군지, 악인들이 어디에 있는지, 악인들의 악이 어떤 죄를 지었는지, 그 결과는 어떠한 심판을 받는지에 대해서 알리는 사건이 바로 나와 성도들을 감옥에 가둔 이 사건이다. 고라당의 패역에서 깨닫고 돌아서라고 기호를 세우시는 일이 또한 이 사건이다.

이런 멸망에 들지 않게 하기 위해 타작마당을 한 것이다. 내가 타작하면, 영원한 가족이 타작하면 영원히 살리기 위한 징책이지만, 하나님께서 친히 타작하시면 코로나19 전염병을 보아라. 물 심판, 불 심판을 보아라. 영원히 돌이킬 수 없는 멸망으로 끝난다.)

[12]저희는(불택자들인 가인 같은 자들, 발람 같은 탐식가, 복술자들, 고라의 패역을 하는 자들은) 기탄없이 너희와 함께 먹으니(같은 기독교 안에서 가인의 길, 발람의 길, 고라의 패역인 어그러진 길을 가는 자들이다 "하나님, 예수님" 하며 우리와 함께 기독교 안에 있다는 뜻이다.)

너의 애찬의 암초요(이들에 의해 14년째 암초에 걸려 감옥에까지 들어오게 되었다. 이 새 언약은 온 세상의 모든 문제를 해결할 뿐만 아니라 창세 이래 모든 인간이 소망하는 영원한 행복과 영원한 성공의 길이며, 땅에 있는 어떤 말로도 이 가치를 다 설명할 단어가 없다. 이런 애찬, 곧 사랑의 하나님께서 친히 가르치시는 14년째 영원한 언약을 대언하는 이 일에 대한 예언이었고, 이제 사실이 된 것이다.

이런 전대미문의 새 일인 새 언약을 받지 못하게 가로막는 암초는 진리인 성경을 하나님의 말씀으로 거듭나지 아니한 멸망하는 자들이 사람이 본능으로 아는 것으로 가르친 결과가 치명적인 암초가 되었다. 자신들이 가르친 거짓말을 인정하고 싶지 아니한 본능, 그보다 더 견고한 것은 자신들은 이미 잘 믿고 있다고 생각한다는 것이다.)

자기 몸만 기르는 목자요 바람에 불려 가는 물 없는 구름이요 죽고 또 죽어 뿌리까지 뽑힌 열매 없는 가을 나무요 [13]자기의 수치의 거품을 뿜는 바다의 거친 물결이요 영원히 예비된 캄캄한 흑암에 돌아갈 유리하는 별들이라(육체가 살아 있는데 왜 "죽고 또 죽어"라고 하셨을까? **눅9:60절**에 "가라사대 죽은 자들로 자기의 죽은 자들을 장사하게 하고 너는 가서 하나님의 나라를 전파하라 하시고" 예수 그리스도께서 나를 좇으라고 하실 때 그가 나로 먼저 가서 내 부친이 돌아가셔서 장사 지내고 와서 따르겠으니 허락해 달라고 하는 말에 예수님이 하신 대답이다.

그런데 '죽은 자들로'라고 하신 이 '죽은 자'는 영적으로 죽은 자들을 뜻한다. 곧 사람이 보기에는 살아 있는 자들이나, 하나님께서 보시기에 창조주 하나님을 모르면 살아 있으나 죽은 자들이라는 뜻이고, 그래서 실제 사람이 보기에 영적으로 죽은 자들이 육체가 죽은 자를 장사하게 하라는 뜻이다. 땅에 있는 현재 모든 사람들은 사람이 볼 때는 살아 있는데 하나님께서 보시기에는 죽은 자들과 영적인 잠을 자는 자들이라는 사실을 육체가 살아 있을 때 반드시 깨달아야 한다.

> **엡5:14** 그러므로 이르시기를 잠자는 자여 깨어서 죽은 자들 가운데서
> 일어나라 그리스도께서 네게 비취시리라 하셨느니라

이 예언대로 2008년 6월 16일부터 시작하여 은혜로교회 성도들을, 교회를 다니고 직분자들이 되어 있어도 영적으로 잠을 자고 있던 너희들을 하나님께서 나를 사용하시고, 창섭 성도를 사용하셔서 유튜브에 말씀을 편집하여 올려서 깨우신 것이다. 따라서 이 본문은 이미 은혜로교회 성도들에게는 실상이 되어 영적인 잠에서 깨어 일어났고, 2021년 9월 4일 현재도 깨우고 있다.

앞에 **눅9:60절**의 말씀이 낙토에 있는 여러 성도들이 이미 실상이 되었다. 이는 쟁기를 잡고 뒤를 돌아보지 말라고 하신 예수 그리스도의 말씀을 지킨 것이다. 최근에도 자식이 미국에서 병으로 죽었는데 이미 쟁기를 잡고 가고 있어서 뒤돌아보지 않은 성도가 있다.

따라서 지금 전 세계 성경을 사용하여 신앙생활 하는 자들 중에 영적으로 죽은 자들이 있고, 그중에 영적인 잠을 자는 자들이 있다. 이 중에 잠자는 자들은 신문이나 유튜브를 통해 말씀을 받고 깨어 일어날 자들이 있다. 극히 드물지만 반드시 있다.

그들을 영적인 잠에서 깨우시는 하나님의 사랑이 나와 성도들이 구속된 이 사건이다. 자신들은 무관하게 여기는데도 하나님께서는 말씀하시고 또 말씀하셔서 사람들로 하여금 구덩이, 곧 지옥 불구덩이에 빠

지지 않게 하시기 위해서 인치시고 교훈하시는 일이 14년째 이 일이다.

수많은 천주교, 기독교인들 가운데 **계3:1절** "사데 교회의 사자에게 편지하기를 하나님의 일곱 영과 일곱 별을 가진 이가 가라사대 내가 네 행위를 아노니 네가 살았다 하는 이름은 가졌으나 죽은 자로다"에 해당하는 자들은 지금 나를 통해서 하시는 하나님의 말씀을 알아듣지 못하고 생각하기를 자신들은 이미 예수 그리스도를 믿고 교회를 다니고 사제나 목사가 되어 성경을 가지고 설교도 하고 있고, 죽으면 천국도 간다고 생각하고 있지만 그들이 바로 살았다고 하는 예수 이름을 가지고 있으나 영적으로 죽은 자들이다.

더 직설적으로, 영적으로 '죽고 또 죽은 자들'은 이 영원한 언약을 듣고도 깨닫지 못하고 도리어 나를 이단이라고 정죄하고, 세상 법에 고소하여 감옥에 가둔 자들이다. 죽고 또 죽은 자들, 곧 예수 이름을 가지고 교회를 다니고 있고, 육체가 죽으면 자신들은 천국에 간다고 믿는 자들이 바로 '죽고 또 죽은 자들'이다. 사람이 보기에는 살아 있는데 하나님이 보시기에는 사망과 음부의 열쇠인 줄 모르고 교회만 다니고, 혀로 "주여 주여" 하는 자들이 둘째 사망인 영원한 지옥 불구덩이에 갈 사람으로 이미 정해진 자들이다.

다른 말로 표현하면 하나님도, 예수님도, 성령도, 천국과 지옥도 전부 상상하며 교회 다니는 사람들이 다 **계3:1절과 엡5:14절과 유1:12~13절**이 실상이 되어 있는 자들이다. 영적인 추수 때인 2021년 지금 자기 몸만 기르는 목자요, 바람, 곧 말씀이 없는 거짓 선지자들의 말만 믿고 따라다니는 물 없는 구름인 육체뿐인 사람들이다. 교회를 다니고 헌금하고 봉사하지만 영적인 소경이요, 귀머거리이며, 벙어리인 목사가 바로 지옥 불의 소리로 설교하고, 그 설교가 맞다고 아멘하며 교회 다니고 있는 자들이다. '죽고 또 죽은 자들'이다.

이들 중에 영적인 소경, 귀머거리를 고치고 다시 창조된 자들이 바로 새 언약의 말씀으로 다시 창조된 성도들이다. 그래서 진리인 성경 말씀이 남의 이야기가 아니라 우리들의 이야기였고, 예언이 실상이 된 것이다. '상상'과 '실상'은 지옥과 천국의 차이다. 귀신이 주인일 때는 다 상상에 있다. 이런 상상에서 깨어 일어나서 실상이 된 것이다.

그래서 생명책에 이름이 기록되어 있어야 구원을 받는다고 하신 것이고, 하나님의 뜻을 행하는 자들이 들어가는 곳이 천국이라고 하신 것이다. 모든 인간은 한 몫의 삶을 살 때 하나님의 말씀으로 영적인 잠에서 깨지 아니하면 반드시 영원히 예비된 캄캄한 흑암, 곧 지옥 불구덩이에 들어간다. 영원한 불의 형벌을 육체가 살아 있을 때 받은 자들이 바로 성경을 본능으로 알고 일생 교회 다니거나 다른 종교생활을 하는 자들이다.

요즘은 친부모가 자식을, 그것도 어린아이를 낳아서 쓰레기통에 넣어 두는 친엄마, 올해 이 더운 여름에 보일러를 켜두고 어린아이를 집에 두고 집을 나가서 다른 남자를 만나고 며칠 후 집에 돌아가서 아이가 죽었다는 친엄마, 학대해서 죽인 친부모 등 도저히 사람이라고 할 수 없는 자들이 뉴스에 나온다.[41] 짐승도 그렇게는 안 하는데~ 항소할 때 3개월 정도 수원 구치소 다인실에 두 달 있을 때도 이런 30대 여자가 한 방에 있었다. 지금 이 세상은 지옥이다.

진실로 천국은 마치 바다에 치고 각종 물고기를 그물에 모은 것과 같다. 이런 지옥에게 '죽고 또 죽은 자들'이 용, 옛 뱀, 사단, 마귀, 가르치는 귀신, 벨리알, 아볼루온, 아바돈, 광명의 천사로 가장한 무저갱의 사자, 곧 지옥 불의 설교를 하는 지도자들이며, 이들은 **마7:13~27절**의 예언이 실상이 된 멸망으로 인도하는 크고 넓은 문에 서 있는 교회 지도자들이다. 다른 말로 영적으로 애굽 같고, 귀신의 처소인 바벨론에서 혀로 "하나님, 예수님" 하면서 지옥 불의 설교를 듣고 자신들은 죽어서 천국 간다고 속고 속이는 곳이 교회인 줄 알면 어찌 될까?

이런 교회에서 종교생활 하는 자들이 바로 하나님의 말씀인 성경을 가지고 사람 수준으로 성경을 보고 본능으로 아는 그것으로 멸망하는 자들이다. 이런 사망에서 영원한 생명으로 옮긴 자들이 은혜로교회 성도들이다. 한 몫의 삶은 이런 지옥에서 너희들을 하나님께서 건지신 것이다. 그래서 이 세상에 속한 자들은 반드시 한 번 육체가 죽어야 하는 것이다.

이런 이 세상에서 이제 진실로 살아 계신 하나님을 믿어서 사망에서 영원한 생명으로 옮긴 자들인 우리가 바로 육체도 죽지 아니하고 하나님을 기쁘시게 하므로 죽음을 보지 아니하고 옮기운 '에녹, 엘리야'다. 곧 모형, 그림자가 실상이 된 것이다.

따라서 창세 이래 2021년 9월 4일 이 시간까지 단 한 세대도 실상이 되지 않았던 '영생'을 온전히 얻은 사람이 지금 이 세대에 실상이 된 것이 바로 나와 우리 성도들이다. 이런 진리가 참 진리이며, 성경만이 참 진리이고, 진리의 하나님이시고, 예수 그리스도는 진실로 살아 계신 하나님께서 보내신 하나님의 아들이셨고, "내가 곧 길이요 진리요 생명이라"라고 하셨던 것이다. 나 또한 진리의 성령이라는 명백한 증거이며, 이 새 언약으로 다시 창조된 성도들이 하나님의 아들들, 곧 지존자의 아들들이다. 피조물들이 고대하는 하나님의 아들들이 이제 세상에 나타나서 하나님의 뜻을 좇아 지켜 실행하고 있는 것이다.

진리는 그래서 반드시 남의 이야기가 되면 안 된다. 육체가 살아 있을 때 진리를 진리대로 깨닫고 하나님의 말씀으로 영원한 둘째 사망인 지옥 불에서 해방하는 자들이 바로 우리들이며, 이렇게 사망에서 생명으로 옮기는 자들이 온전히 영생을 얻은 자들이며, 이런 자들이 영원한 가족, 곧 영원하신 하나님의 권속들이다.

이런 진리인 성경을 가지고 남의 이야기로 설교하고 이미 육체가 죽은 아브라함, 이삭, 야곱, 사도들, 성경을 기록한 저자들에 대한 이야기나 하고, 이 세상에 속한 자들이 좋아하는 돈 이야기나 하며 마치 자신이 복을 주는 사람처럼 손을 교인들의 머리에 얹어 안수하고, "예수 이름으로 축복받을지어다, 예수 이름으로 병 고침 받을지어다" 하고 혀로 속이는 교회가 귀신의 처소이며, 그 교회 지도자는 '귀신의 영, 가르치는 귀신'이다. 믿든 안 믿든 사실이다.

그래서 주신 계명이 바로 **마19:16~30절과 막10:17~31절, 눅18: 18~30절**이다. 이 계명을 지켜 실행한 우리는 이미 우리가 이 땅에 사람으로 태어나기 전에 영생을 이미 얻은 자로 하나님께서 이 땅에 보내신 것이다. 이런 진리를 단 한 절도 모르는 사람을 두고 하나님께서 '말'에 비유하신 것이다. 이런 영적인 눈을 가지고 다시 **사31:3절**을 보자.

사31:3 애굽은 사람이요 신이 아니며 그 말들은 육체요 영이 아니라 여호와께서 그 손을 드시면 돕는 자도 넘어지며 도움을 받는 자도 엎드러져서 다 함께 멸망하리라

이제 '말'이 사람을 지칭하신 것이 보이고 들리느냐? 백마를 타고 뉴스에 나온 김정은 살인자, 허경영 사기꾼이 얼마나 미친 자들인지 보이느냐? 그런 자를 돕는 자들도 다 함께 멸망한다. 지금 이 세대는 아니 본래부터 인간은, 자신을 만드신 하나님 여호와를 의지하지 않는 모든 자들은 반드시 다 육체가 죽는다. 죽는 것으로 끝나는 것이 아니라, 그 '혼'은 영원히 영벌을 받는다. 그래서 '성자 하나님, 성령 하나님'이라고 하고 혀로 "오직 예수, 예수의 피, 피" 하며 종교생활 하는 자들이 얼마나 미쳐 있는지 이제는 보이느냐?

이 말도 알아듣지 못하고 계속 이 말씀 앞에 죄만 짓고 게으르고 더러운 귀신 노릇 하는 너는 성도가 아니다. 아직 상상에서 깨지 않은 것이다. '백마' 수준도 아니다. 귀신이 주인일 때는 하나님께서 보시기에 사람이 아니다. 그래서 사람이 희소하고 희귀하다고 하신 것이다. '교회를 다니니까 천국 가겠지~' 하고 육의 가족을 그냥 두는 너는 영적인 잠에서 깨지 않았다. 그 가족을 사랑하면 이 진리를 전해야 하고, 듣지 아니하거든 너라도 행동해야 했다. 수년, 10년을 들어도 한 절도 안 믿고 쟁기를 잡고 뒤를 돌아본 자들은 하나님 나라에 절대 합당치 않은 자들이다. 그래서 행함이 없는 믿음은 죽은 믿음이라 하신 것이다.

애굽의 왕 바로의 군대가 홍해 바다에 죽었고, 그 말 탄 자도 다 죽

었다고 하신 기록이 그때로 끝난 것이 아니었음도 이제 보이느냐? 사람을 의지하는 것은 하나님을 믿는 자가 아니다. 말을 의지하고 말 탄 자를 의지하는 것이다. 그래서 또 이렇게 예언해 두셨다. 시32:8~11절이다.

"⁸내가(하나님께서) 너의 갈 길을 가르쳐 보이고 너를 주목하여 훈계하리로다(이 말씀의 '너'는 누구냐? 대답하거라. 대답을 주위 가족들에게 묻지 말고 너 스스로 대답하거라. 미츠오, 나미꼬 성도도 말씀을 믿는다고 대답하는데 너는 아직 영적인 잠을 자느냐? 나이와도 상관이 없다. 땅에 있는 모든 사람들이 이 본문의 '너'에 해당하면 나를 통한 이 말씀이 '하나님의 가르치심이구나~' 하고 들리고, 마음에 믿어지고 행동한다. 주목하여 훈계하는 것을 방금도 미츠오 성도, 나미꼬 성도 이름을 부른 것이다. 이런 물음에 나미꼬, 미츠오 성도가 대답해서 편지가 왔다. 사랑의 줄인 딸로 인해 저렇게 재앙을 받는 일본에서 건지시고, 딸과 사위가 사랑의 줄이 되어 저 나이에 건강하게 하나님께서 약속하신 땅에 이사하여 살고 있다.

왜 말씀에 성령과 교통하라고 하셨는지 지금 너의 언행, 곧 귀신이 주인이 되어 자신의 실체를 들키지 않으려고 말씀에 순종하지 않는 너는 '말'이구나~ 교만하고 거만하여 너를 영원히 살리시는 하나님의 가르치심을 너는 귀가 있어도 들리지 않고, 눈이 있어도 보이지 않는 죽은 자구나~ 너는 귀신이 주인인 채 그대로 있으면 하나님 나라가 너와 상관이 없어서 그렇게 게으르고 더러운 것을 계속하는 말이냐? 노새냐?)

⁹너희는(전대미문의 새 언약을 듣고 있는 모든 사람 너희는) 무지한 말이나 노새같이 되지 말찌어다(사람이 본능적으로 아는 짐승 말이

나 노새를 두고 하시는 말씀이 아니다. '사람'에게 말씀하신다. 그런데 하나님의 말씀을 알아듣지 못하고 있는 사람이 바로 하나님께서 말씀하시는 '말'이나 '노새'다.

노새는 말과에 속하는 짐승이다. 수나귀와 암말 사이에서 나온 중간 잡종이다. 노새는 조악한 음식도 잘 먹고 힘이 세며 튼튼하여 짐을 나르거나 왕족이나 귀족들의 교통 수단으로 이용되었다. 말이나 나귀보다 수명이 길지만 생식력은 없다. 곧 성경을 가지고 종교생활 하면서도 진리에 대해서 무지한 인생을 뜻하신 것이다. 김정은, 허경영이를 따라다니는 사람들이 말이나 노새다. 말 탄 자나 말이나 둘 다 영원히 멸망한다는 것이다. 이래서 "너희는 무지한 말이나 노새같이 되지 말찌어다"라고 하신 것이다.

지금 이렇게 모든 문명이 발달한 이 세대에 자기의 수치인지도 모르고 말이나 노새를 의지하는 자들이 북한 김정은을 찬양하는 한국 사람들이고, 허경영이를 따라다니는 인생들이다. 이 세상에 속한 자들을 의지하고 사는 자들에게 교훈하시는 것이다. 이런 김정은이 무서워서 벌벌 떨고 온갖 욕을 하고 무시해도 비굴하게 당하는 한국은 사람이 살 곳이 아니다.

온 세상을 보아라. 중국 시진핑, 러시아 푸틴, 미국 바이든 대통령을 보아라. 이들이 부러워서 서로 대통령 하겠다는 사람들이 하는 언행을 보면 얼마나 저급한지~ 서로 싸우고 자신들이 잘났다고 대통령이 되겠다는 사람들에게 무슨 기대할 것이 있느냐? 최소한의 기본 인격도 안 되어 있는 자들이 이 세상 나라 최고 지도자들이다.

예수 이름 사용한 부자들을 보아라, 얼마나 미쳐 있는지~ 이런 온 세상을 다 볼 수 있는 지금 이 세대에 살면서 이 모든 것을 없는 것같이 미리 다 예언해 두시고 계신 전지전능하신 분이 오직 유일하신 여호와 하나님이시다. 이미 BC 1000~400년 전에 미리 이 말씀을 받고 있는 너희에게 말씀하신다. 말이나 노새같이 되지 말라고)

그것들은 자갈과('자갈'이란 말이나 노새를 제어하기 위하여 입에 가로로 물리는 쇠토막, '재갈'의 다른 표현이다. **잠26:3절**에 "말에게는 채찍이요 나귀에게는 자갈이요 미련한 자의 등에는 막대기니라"라고 하신 것이다. 곧 미련한 자를 '말, 나귀, 곧 노새'에 비유하신 것이다.

지금 14년째 이런 미련한 자들에게 먹이신 재갈, 곧 자갈이 무엇인지 밝히고 있다. 또 증명한다. 다음 말씀에 기록된 예언이 2021년 9월 4일 이 세대에 사실이 되어 땅에 이루어지고 있다. 나를 통한 이 일을 훼방하면 이 예언대로 실상이 된다.

모두 정신을 차리고 **왕하19:1~37절**을 찾아서 교독하거라. 이 본문은 **이사야 37장**에 또 예언되어 있다. 이사야 선지자를 통해서 또 예언한 것이다. 열왕기하는 예레미야 선지자를 통해서 BC 600년에 기록한 것이다. 먼저 앗수르 왕 산헤립에 대한 판결이다. 문자 그대로는~

'앗수르'는 노아의 아들인 셈의 둘째 아들이며, 니느웨에 인접한 도시 국가 앗수르의 주된 구성원인 앗수르인의 조상이며, 이들이 사는 땅이 문자 그대로는 오늘날 '이라크'다. 이 앗수르의 주신이며 전쟁을 주관하는 신 '앗슈르'에서 유래된 말이고, 티그리스강 상류 지역을 무대로 BC 3천 년경에 형성된 국가다. 이때 앗수르 왕이 산헤립이었다. 이는 문자적인 것을 말하는 것으로 사람이 본능적으로 알 수 있는 '앗수르, 앗수르 왕 산헤립'이고, 하나님께서 말씀하시는 앗수르는 온 세상에 있는 셈의 후손들을 뜻한다.

'산헤립'은 '신은 형제들을 증가시켜 주신다'는 뜻으로 앗수르 왕 사르곤의 아들이다. 당시 유다 왕 히스기야 14년에 유다를 침공하여 모든 견고한 성읍들을 취했고, 이에 히스기야는 화해의 공물을 바치기 위해 성전 내의 모든 보화를 내주어야 했다. 얼마 후 산헤립이 랍사게를 보내 다시 선전포고를 하였는데 이 소식을 들은 히스기야는 성전에서 기도하였고, 이사야 선지자를 통해서 유다가 멸망하지 않을 것을 예언하는 말을 들었다. 그 예언대로 하나님에 의해 앗수르 군대 십팔만 오천 명이 다 죽었고, 산헤립은 자기 나라로 퇴각하였으나(대하32:21, 사37:36~37) **왕하19:37절**에 왕위 계승자로 에살핫돈을 지명한 데 앙심을 품은 두 아들 아드람멜렉과 사르셀에 의해 살해되었다.

이는 문자적인 기록이고, 이 예언 속에 감추어 둔 하나님의 뜻은 유다, 곧 **히7:14절**에 유다의 후손으로 이 땅에 오신 대제사장 예수 그리스도, 곧 하나님의 아들을 믿는 자들 중에 유다 집과 이스라엘 집에 새 언약을 할 때 실상이 되는 언약이 감추어져 있다. 곧 유다 집을 괴롭히는 대적자 앗수르 왕 산헤립의 군대는 '말'에 해당한다.

지금은 '말'에 대해서 보고, 말 재갈을 물리는 것에 대한 하나님의 뜻을 보자. 그리고 나를 통한 이 일을 멸시한 자들에 대한 판결이 있다.

왕하19:20~28절을 보자. "²⁰아모스의 아들 이사야가 히스기야에게 기별하여 가로되 이스라엘 하나님 여호와의 말씀이 네가 앗수르 왕 산헤립 까닭에 내게 기도하는 것을 내가 들었노라 하셨나이다 ²¹여호와께서 앗수르 왕에게 대하여 이같이 말씀하시기를 처녀 딸 시온이 너를 멸시하며 너를 비웃었으며 딸 예루살렘이 너를 향하여 머리를 흔들었느니라 ²²네가 누구를 꾸짖었으며 훼방하였느냐 누구를 향하여 소리를 높였으며 눈을 높이 떴느냐 이스라엘의 거룩한 자에게 그리하였도다 ²³네가 사자로 주를 훼방하여 이르기를 내가 많은 병거를 거느리고 여러 산꼭대기에 올라가며 레바논 깊은 곳에 이르러 높은 백향목과 아름다운 잣나무를 베고 내가 그 지경 끝에 들어가며 그 동산의 무성한 수풀에 이르리라 ²⁴내가 땅을 파서 이방의 물을 마셨고 나의 발바닥으로 애굽의 모든 하수를 말렸노라 하였도다 ²⁵네가 듣지 못하였느냐 이 일은 내가 태초부터 행하였고 상고부터 정한 바라 이제 내가 이루어 너로 견고한 성들을 멸하여 돌무더기가 되게 함이니라 ²⁶그러므로 그 거한 백성의 힘이 약하여 두려워하며 놀랐나니 저희는 마치 들의 풀 같고 나물 같고 지붕의 풀 같고 자라기 전에 마른 곡초 같으니라(사실 온 세상의 모든 사람들은 다 이와 같다. '들의 풀, 나물, 지붕의 풀, 자라기 전에 마른 곡초'같다. 그러니 두려워할 대상이 아니라는 뜻이다. 문자 그대로는 앗수르 왕 산헤립과 그 군대, 백성들에 대한 말 같지만 하나님은 죽은 자 히스기야와 당시 백성들의 하나님이 아니시고, 2021년 현재 살아 있어 새 언약을 받고 있는 이때 살아 계신 하나님이시다.

사람 차원은 뛰어넘어야 한다. 이 온 세상에 77억의 사람이 있는데 우리같이 이 적은 무리가 어떻게 모든 이론을 다 파할까~' 하는 생각, 현재 너 자신을 네가 판단하고 결정하는 생각은 본능적인 생각이다. 이 본능적인 생각, 마음을 하나님의 말씀을 믿고 지켜 행하는 실상으로 바꾸는 것이 다시 창조되는 것이다.

현재 이 시간에도 '말'에 대해서 온 세상의 모든 사람들이 알고 있는 생각, 지식이 아닌 전 우주 만물을 창조하신 여호와 하나님께서 말씀하시는 '말'은 무슨 뜻인지 하나님의 증거를, 다른 말로 하나님의 가르치심을, 또 다른 말로는 하나님의 말씀을 받고 있다. 온 세상에 앗수르 왕 산헤립과 그 군대가 많지만, 그들은 '풀, 나물, 지붕에 풀, 자라기 전에 이미 마른 곡초'라고 하신다.)

²⁷네 거처와 네 출입과 네가 내게 향한 분노를 내가 다 아노니 ²⁸네가 내게 향한 분노와 네 교만한 말이 내 귀에 들렸도다(대적자, 원수가 하는 모든 언행, 그들의 거처, 그들의 출입, 그들이 유다 집과 이스라엘 백성들한테 한 언행인데 하나님께서는 그들이 하나님을 향한 분노라고 하신다. 악인들은 이 사실을 모른다. 귀신이 주인인 인간은 이런 사실을 절대 안 믿는다. 이 한 가지 사실만 믿어도 절대 귀신 노릇 할 수 없고, 함부로 삶을 살거나 죄를 짓지 않는다. 이런 진리는 안 믿고 귀신들이 가르친 거짓말, 지어낸 말은 너무 잘 믿는 자들, 그래서 악인도, 악인을 돕는 교인들도 다 같은 심판을 받고 함께 멸망한다.)

그러므로 내가 갈고리로 네 코에 꿰고 자갈을 네 입에 먹여 너를 오던 길로 끌어 돌이키리라 하셨나이다 ²⁹또 네게 보일 징조가 이러하니 너희가 금년에는 스스로 자라난 것을 먹고 명년에는 그것에서 난 것을 먹되 제삼 년에는 심고 거두며 포도원을 심고 그 열매를 먹으리라 ³⁰유다 족속의 피하고(명백하게 우리에 대한 예언이다. **히브리서 8장**의 새 언약을 받고 하나님의 도를 지켜 실행한 우리가 하나님께 피한 것이다.

시18:20~31 [20]여호와께서 내 의를 따라 상 주시며 내 손의 깨끗함을 좇아 갚으셨으니 [21]이는 내가 여호와의 도를 지키고 악하게 내 하나님을 떠나지 아니하였으며 [22]그 모든 규례가 내 앞에 있고 내게서 그 율례를 버리지 아니하였음이로다 [23]내가 또한 그 앞에 완전하여 나의 죄악에서 스스로 지켰나니 [24]그러므로 여호와께서 내 의를 따라 갚으시되 그 목전에 내 손의 깨끗한 대로 내게 갚으셨도다 [25]자비한 자에게는 주의 자비하심을 나타내시며 완전한 자에게는 주의 완전하심을 보이시며 [26]깨끗한 자에게는 주의 깨끗하심을 보이시며 사특한 자에게는 주의 거스리심을 보이시리니 [27]주께서 곤고한 백성은 구원하시고 교만한 눈은 낮추시리이다 [28]주께서 나의 등불을 켜심이여 여호와 내 하나님이 내 흑암을 밝히시리이다 [29]내가 주를 의뢰하고 적군에 달리며 내 하나님을 의지하고 담을 뛰어 넘나이다 [30]하나님의 도는 완전하고 여호와의 말씀은 정미하니 저는 자기에게 피하는 모든 자의 방패시로다 [31]여호와 외에 누가 하나님이며 우리 하나님 외에 누가 반석이뇨

이 예언은 예수 그리스도에 대한 예언이 아니고, 따라서 예수님 당시에 이루어지는 일이 아니었다. 14년째 나를 통한 이 일을 예언하셨고, 현재 앞으로 이루어질 예언이다. 이미 우리는 하나님께 피하여 기초가 세워지고 있다. 이래서 **왕하19:30**절에 "유다 족속의 피하고"라는 이 예언이 2621년이 지난 2021년 9월 4일 현재 이루어지고 있는 실상이다.)

³¹남은 자는(이 '남은 자' 또한 확실하게 우리에 대한 예언이다. 미 4:6~8절에 "⁶여호와께서 말씀하시되 그날에는 내가 저는 자를 모으며 쫓겨 난 자와 내가 환난받게 한 자를 모아(이래서 하나님 나라에 들어가려면 많 은 환난을 겪어야 할 것이라고 미리 예언해 두셨고, 그 예언하신 대로 14년째 사실이 되어 겪고 있다. 여호와 하나님의 이름, 예수 그리스도의 이름 때문에 같은 기독교인들이라고 하는 자들에게 이처럼 핍박을 받고 온 세상에 치욕을 겪고 있으며, 바른 길, 곧 정로가 아니었으니 영적으로 다리 저는 자, 한 몫의 삶에서 육의 가족들에게 쫓겨난 자, 강제로 이혼 을 당하고 이단이라 멸시를 받으며 말씀을 지켜 실행한 우리에 대한 예 언이 맞다.

하나님의 나라는 진실로 **행14:22절**의 말씀이 사실이었다. 그러나 이 환난은 우리를 영원히 살리시기 위한 하나님의 지극하신 사랑이다. 우리를 죄짓게 하고 지옥 불구덩이에 영원히 영벌받게 하는 원수인 귀 신에게서 영원히 자유하게 하시며 대속하시는 하나님의 완전한 지혜였 다.) ⁷그 저는 자로 남은 백성이 되게 하며 멀리 쫓겨났던 자로 강한 나라가 되 게 하고 나 여호와가 시온산에서 이제부터 영원까지 그들을 치리하리라 하셨 나니 ⁸너 양 떼의 망대요 딸 시온의 산이여 이전 권능 곧 딸 예루살렘의 나라 가 네게로 돌아오리라"

하나님께서 영원히 통치하시는 나라, 곧 하나님 나라, 천국은 절대 상상이 아니다. 2021년 9월 5일 이날도 감옥에 있으며, 영적인 전쟁을 하는 이유는 이 말씀들을 땅에 실상으로 이루기 위해서다. "이제부터"라 는 말씀이 2008년 6월 16일부터 땅에 시작이 되어 영원까지 하나님께서 치리하시는 하나님의 성전 된 우리에 대한 예언이 명백하다. 이렇게 환난을 받으며 남은 자가 되는 것이다.

또 롬11:5절에서도 "그런즉 이와 같이 이제도 은혜로 택하심을 따라 남은 자가 있느니라"라고 하신 이 말씀을 이루시기 위해 온 세상에 나에 대해서 알리고 계신 것이다. 이렇게 '남은 자'는 반드시 **히브리서 8장**의 새 언약으로 계명을 좇아 하나님께서 약속하신 땅으로 피하여 의인 중에 악인을 골라내고, 끝까지 남은 자는 하나님께서 예비해 주신 땅에서 뿌리를 내리고 심기워서 위로 열매를 맺고 있다.

이렇게 신령한 것은 신령한 것으로 분별하니까 **왕하19:30절**의 예언이 정확하게 2021년 9월 5일 현재 우리에 대한 예언이었음을 2621년이 지난 지금 명백하게 눈으로 보고, 귀로 듣고, 마음에 심기워 확정된 참 사실이 된 것이다. 이렇게 기록된 성경대로 남은 자는)

예루살렘에서부터 나올 것이요(반드시 **히브리서 8장**의 예언이 실상이 되어 다시 택함을 받은 새 예루살렘에서부터 나온다. 절대 온 세상 사람들이 알고 있는 저 황금돔이 있는 예루살렘이 아니다. 저 예루살렘도 반드시 하나님께서 은혜를 주시고 사람들이 빨리 왕래하고 지식이 더하는 지금 이 세대에 자신들이 아닌 이방 나라라고 생각했던 곳에서 나온다고 미리 예언하신 대로 사실이 되었음을 알게 된다.

그래서 광고하고 광포하며 공포해야 하는 것이다. 온 세상에 우리가 누군지 하나님과 사람 앞에 시인해야 하는 것이다. 이렇게 실상이 되어 마음으로 믿어 입으로 시인하는 것이다.)

피하는 자는 시온산에서부터 나오리니 여호와의 열심이 이 일을 이루리라 하셨나이다(그러므로 14년째 이 일은 우리가 하는 것이 아니라 창조주 하나님께서 우리가 이 땅에 사람으로 태어나기 전에 계획해 두신 진리대로 하나님께서 경영하시고 계신다. 우리는 하나님께서 마음대로 쓰시도록 우리 자신이 하나님의 성전, 곧 거룩한 자가 되는 것일 뿐 하나님께서 하시는 일이다. 반드시 이루신다. 따라서 우리는 우리 각자에게 주신 자유의지로 깨끗한 그릇이 되어 하나님께서 쓰시기에 합당한 자가 되어야 한다.)

[32]그러므로 여호와께서 앗수르 왕을 가리켜 이르시기를 저가 이 성에 이르지 못하며 이리로 살을 쏘지 못하며 방패를 성을 향하여 세우지 못하며 치려고 토성을 쌓지도 못하고 [33]오던 길로 돌아가고 이 성(새 예루살렘 성, 거룩한 성, 시온산, 하나님께서 이미 통치하시기로 예정되어 있는 나라, 이 성)에 이르지 못하리라 하셨으니 이는 여호와의 말씀이시라 [34]내가 나와 나의 종 다윗을 위하여 이 성을 보호하여 구원하리라 하셨나이다 하였더라"

이렇게 신령한 것을 신령한 것으로 분별하니까 '재갈, 곧 자갈'을 물리는 것이 어떤 뜻인지 보인다. 곧 하나님의 택한 자들, 새 예루살렘이 된 우리를 치고 환난받게 하는 원수들이 하나님께서 말씀하신 '말'이다.

이 '말'은 무지하여 아무것도 알지 못하고 본능으로 아는 것으로 하나님의 일을 훼방하고, 택함을 받은 자들인 우리를 통해서 하나님께서 친히 행하시는 일을 괴롭히고 교만하여 혀로, 손가락으로, "이단이니" 하면서 치고 온 세상에 치욕을 주어 짓밟아 이 일을 대적하는 그들에게 하나님께서 이미 그들의 결과까지 미리 다 판결해 두신 것이다. 자신들이 힘이라고 생각한 이 세상 권력이 절대 이길 수 없음을 하나님께서 친히 대적하심으로 두려워 그들이 혀로 비방하는 것, 환난을 받게 하는 모든 것을 영원히 입을 닫게 하는 재갈 중의 하나가 코로나19 재앙이다.

이제 낙토에서도, 한국에서도 나를, 우리를 절대 짓밟을 수 없다는 것을 온 세상에 천명한다. 같은 셈 족속이 우리에게서 나간 자들을 이용해서 감옥에까지 가둔 이 일은 이미 결과까지 다 판결이 되어 있다. 하나님께서 14년째 이 일을 대적한 원수들의 모든 언행을 이미 다 알고 계신다. 악인들 자신만 모를 뿐이다.

이런 악인들이 우리 안에 같이 있을 때, 감옥에 있게 된 2018년 7월 24일 이후에 하나님의 말씀을 그때 전하지 않은 이유가 있다. 예를 들어 박찬문이 **딤전5:8절**을 가지고 희롱하며, 당시 박정숙과 서요셉이 낙토에 있을 때도 더 자세히 말하지 않은 이유도 이미 진리인 성경에 예언되어 있다. 이는 무지한 말이나 노새에게 알게 하시지 않는 하나님의 모략이었다. 증명한다.

시39:1~2 [1]내가 말하기를 나의 행위를 조심하여 내 혀로 범죄치 아니하리니 악인이 내 앞에 있을 때에 내가 내 입에 자갈을 먹이리라 하였도다 [2]내가 잠잠하여 선한 말도 발하지 아니하니 나의 근심이 더 심하도다

진실로 이러했다. 감옥에 갇히기 전까지 특히 베트남에서 진실로 힘들었다. 천국의 비밀을 악인들에게는 알게 하지 않으신 하나님이심을 경험하면서 잠잠해야 했다. 꼭 악인이 떨어지고 나면 더 넓고 깊은 하나

님의 뜻을 밝히시는 것을 2021년 6월 이전까지 경험했다. 이제는 우리 안에서든, 온 세상이든 있는 그대로 밝히시는 것을 경험하고 있다. 악인들이 함께 있을 때는 진실로 이러했다. 이 예언은 예수 그리스도께서도 이러하셨고, 이 세대 진리의 성령이 실상이 된 때도 이러할 것을 다 예언해 두신 이대로 이미 사실이 되었다. '말, 노새'에게는 천국의 비밀인 하나님의 뜻을 모르게 하시는 것이 선한 말도 하지 아니하고 잠잠한 것이며, 이것이 말에 재갈을 먹이는 하나님의 뜻이다.

코로나19 전염병 예방을 위한 최고 방역이 입에 마스크를 쓰는 것인 이유가 '말, 노새' 등 심지어 온 천하는 하나님 앞에 잠잠하라는 하나님의 징벌하심이다. 다른 말로 말이나 노새 같은 자들의 입에 재갈을 먹이시고 계신 것이다. 악인들이 자신들 마음대로 지껄이는 성경과 다른 거짓말, 하나님의 선한 일을 훼방하여 우리를 이단이라 지껄인 원수들의 입에 1년 8개월이 넘도록 재갈을 물리시는 것이며, 하나님의 징벌이다.

온 천하에 천명한다. 다시는 무지한 말, 노새 같은 자들이 하나님의 일을 훼방할 수 없으며, 이미 자신들은 성경을 다 알고, 믿고 있다고 하는 모든 자들아, 이 세상의 권력, 명예, 돈이 힘이 되어 하나님의 일을 멸시하는 모든 불신자들아, 창조주 하나님 앞에 잠잠하라.

코로나19 전염병에 걸려 죽지 않으려고 마스크는 쓰면서, 성경을 가지고 하나님 나라 비밀인 하나님의 뜻은 단 한 절도 모르고 성경을 가지고 자신들의 원욕대로 해석하여 교인들을 속이고, 자신도 자신 속에 귀신에게 속고 있는 모든 자들은 이미 하나님께서 재갈을 먹이고 계셨던 것이다. 곧 말이나 노새에 해당하는 자들이라는 뜻이다. 이제부터 다시는 영원히 그 입을 열 수 없다. 이래서 온 천하는 잠잠해야 한다. 이를 두고 여자는 교회에서 잠잠하라고 하신 것이다. 곧 **고전14:34~35절**과 **딤전2:11~12절**의 말씀을 지켜 실행하라는 뜻이다.

사람이 보기에 외모로 '여자'인 나는 이미 2008년 6월 16일부터 하나님 앞에 잠잠하여 지켜 실행하고 있다. 사람이 보기에는 여자인 내가 가르치는 것 같지만 하나님이 보시기에는 이미 **고전14:34~35절**과 **딤전2:11~12절**의 말씀을 실행하여 지키고 있는 것이다. 곧 내 말을 지어내서 하는 것이 아니라 하나님의 가르치심을 대언하는 것이기 때문이다. 그래서 천국은 비밀이다. 이 사실을 상현 성도가 깨달아 알았던 것이다.

성경은 열려 있는 닫힌 문서요, 닫혀 있는 열린 천국의 비밀이다. '말이나 노새'한테는 알게 하지 않는 것이 하나님의 뜻이다. 다른 말로 하면 사람에게는 하나님의 뜻을 알게 하지 않는다는 뜻이다. 반드시 하나님께서 정하신 때에 정해 두신 사람을 사용하셔서 하나님께서 친히 가르치시고 은혜를 주시고 깨닫게도 하시며 지켜 실행하게 하시는 것이다.

앗수르, 곧 셈의 둘째 아들을 하나님께서 자갈을 먹이시고 이를 사용하셔서 여러 민족들을 미혹하게 하신 것이 한국의 목사를 들어서 "랄랄라 따따따" 하는 귀신의 가르치는 방언, 곧 말을 성령받은 증거라고 속여서 미혹하고, 육으로 금식하는 것을 온 세상에 퍼뜨렸으며, 예수 이름으로 귀신 쫓고 병 고치고 많은 권능을 행하는 것처럼 거짓 이적으로 미혹할 것을 이미 BC 700년에 이사야 선지자를 통해서 예언해 두셨다.

사30:27~33절이다. "²⁷보라 여호와의 이름이 원방에서부터 오되 그의 진노가 불붙듯 하며 **빽빽한** 연기가 일어나듯 하며 그 입술에는 분노가 찼으며 그 혀는 맹렬한 불 같으며(그래서 **야고보서 3장**의 지옥 불의 소리로 하는 설교를 혀의 불이라고 하시고, 그 혀의 거짓 설교가 불이 되어 많은 나무를 태운다고 하신 것이다. 절대 한 사람의 혀에서 쓴물과 단물이 같이 나올 수 없다. 쓴물은 곧 저주요, 교인들을 영원히 지옥 불에 보내는 지옥 불의 소리다. 그래서 죽고 사는 것이 혀의 권세에 달려 있다고 하신 것이다.

이번 주는 미국 뉴욕, 뉴저지에 홍수가 나서 난리가 났다.[42] 지하철이 물바다가 되고, 가난한 자들이 있었던 지하 방에서 사람이 죽고, 차 안에서 못 빠져 나와서 죽고, 캘리포니아는 2주째 불이 나서 타고 난리다. 뉴욕과 뉴저지에는 처음 있는 홍수란다. 그곳에 왜 하필 났을까? 이 세상에 속한 자들은 아무 생각이 없다. 이런 자들은 혀로 재앙을 자초한 것이다. 예수 이름으로 이렇게 형벌받을 것을 이미 BC 1400년경에 예언해 두셨다.

욥20:12~29절이다. 일만 악의 뿌리인 돈으로 다 바꾸어 예수 이름으로 가장하고 매매한 자들에 대하여 예언하신 이 예언을 이사야서에도 예언했고, 2021년 지금 이 세대에 사실이 되어 있다. 이들이 받을 결과인 형벌까지 이미 판결해 두셨다.

욥20:12~29 12그는 비록 악을 달게 여겨 혀 밑에 감추며 13아껴서 버리지 아니하고 입에 물고 있을찌라도 14그 식물이 창자 속에서 변하며(귀신이 가르친 성경과 다른 거짓말이 이렇게 된 것이다.) 뱃속에서 독사의 쓸개가 되느니라 15그가 재물을 삼켰을찌라도 다시 토할 것은 하나님이 그 배에서 도로 나오게 하심이니 ¹⁶그가 독사의 독을 빨며 뱀의 혀에 죽을 것이라 ¹⁷그는 강 곧 꿀과 엉긴 젖이 흐르는 강을 보지 못할 것이요 ¹⁸수고하여 얻은 것을 도로 주고 삼키지 못할 것이며 매매하여 얻은 재물로 즐거워하지 못하리니 ¹⁹이는 그가 가난한 자를 학대하고 버림이요 자기가 세우지 않은 집을 빼앗음이니라 ²⁰그는 마음에 족한 줄을 알지 못하니 그 기뻐하는 것을 하나도 보존치 못하겠고 ²¹남긴 것이 없이 몰수히 먹으니 그런즉 그 형통함이 오래지 못할 것이라 ²²풍족할 때에도 곤액이 이르리니 모든 고통하는 자의 손이 그에게 닿으리라 ²³그가 배를 불리려 할 때에 **하나님이 맹렬한 진노를 내리시리니** 밥 먹을 때에 그의 위에 비같이 쏟으시리라 ²⁴그가 철 병기를 피할 때에는 놋활이 쏘아 꿸 것이요 ²⁵몸에서 그 살을 빼어낸즉 번쩍번쩍하는 촉이 그 쓸개에서 나오고 큰 두려움이 그에게 임하느니라 ²⁶모든 캄캄한 것이 그의 보물을 위하여 쌓이고 사람이 피우지 않은 불이 그를 멸하며 그 장막에 남은 것을 사르리라 ²⁷하늘이 그의 죄악을 드러낼 것이요 땅이 일어나 그를 칠 것인즉 ²⁸그 가산이 패하여 하나님의 진노하시는 날에 흘러가리니 ²⁹이는 악인이 하나님께 받을 분깃이요 하나님이 그에게 정하신 산업이니라

이 예언이 2021년 이 세대로부터 다 드러나서 악인들을 맹렬한 불로 사르시고 계신 것이다. 영원히 증명된다.

다시 **사30:28절**로 가자. 그 입술에는 분노가 찼으며 그 혀는 맹렬한 불같으며) ²⁸그 호흡은 마치 창일하여 목에까지 미치는 하수 같은즉 그가 멸하는 키로 열방을 까부르며('멸하는 키'가 바로 하나님의 말씀으

로 자신이 거듭나지 않은 영적인 상태, 곧 원욕 그대로인 채 목사, 사제가 되어서 선생 노릇 하는 자들이 **야고보서 3장** 말씀대로 혀로 성경과 다른 거짓말로 설교하는 것을 뜻하신 것이다. 이미 이 예언대로 예수 이름으로 전 세계 모든 나라, 모든 민족인 열방을 까부르며 2021년까지 이어져 온 것이 성경을 사용하는 모든 종교, 유대교, 천주교, 기독교에 전해져 온 것이다. 진실로 사실이다.

진리는 이러한데 이 실상이 된 자칭 기독교는 더 교만하여 자신들은 이미 알고 믿고 있다고 자신 속에 들어온 금강석 끝 철필로 기록된 촉을 빼지 않는다. 생각과 마음에 박힌 짐승이 예수 이름으로 뿌린 씨를 버리지 않는다. 자신의 혀로 일생 영적인 살인을 하며 남의 물건을 강탈하여 지옥 불구덩이에 보내는 것인 줄 인정하지 않는다. 그러면서 '내가 목산데~ 사모인데~ 내가 누군데~' 하며 거만하고 교만하다.

'영원'은 각자 자신들의 혀로 결정되는 것이다. 이런 일이 목회인 줄 알면 누가 목회를 한다고 자랑하겠나? 누가 몇대째 모태 신앙이라고 자랑하겠나? 이런 멸망하고 멸망케 하는 혀들에게 잠잠하라고 하시며 재갈을 먹이신 것이다. 그런데 이들은 도리어 미혹하는 자들이 되어 교인들을 미혹되게 하는 자갈을 온 세계 여러 민족에게 먹여서 마침내 온 땅에 코로나19 재앙이 임하여 강제로 입을 닫게 하고 계신다. 이런 자들에 대한 실체를 14년째 하나하나 밝히 드러내시고 계신 일이 나를 통한 이 일이다.

이들은 진실로 새빨간 거짓말로 마치 미국 캘리포니아에 산불이 하루에 4km나 세차게 번지듯이 몇십 년 동안 맹렬히 불게 하신 것이 바로 하층에 속한 자들의 입에서 나오는 귀신의 소리 방언, "예수 이름으로 귀신아 떠날지어다, 예수 이름으로 병 고침 받을지어다, 예수 이름으로 축복받을지어다, 심는 대로 거둔다, 무엇이든지 예수 이름으로 구하면 다 주신다, 예수님이 십자가에 죽으시면서 너의 모든 죄를 이미 다 지시고 죽으셨다, 오직 예수, 예수의 피로 씻음 받을지어다~, 혀로 '주여' 말만 하면 죽어서 천국 간다~ 예수 이름으로 무엇이든지 원하는 대로 구하면 다 주신다~ 주실 때까지 기도하라~ 성찬식에 참여하여 떡과 포도주 혹은 빵과 포도주를 마시면 모든 죄가 사해진다~" 등등 헤아릴 수없는 많은 말로 온 세상을 미혹한 것이다.

이런 일을 '말, 노새, 약대' 같은 자들에게는 알게 하지 않으시고, 예수 이름인 사망과 음부의 열쇠로 다른 사람들을 미혹한 것이다. 이들이 하는 언행이 하나님의 맹렬한 진노를 일으키는 언행이다. 이렇게 하시는 이유가 이런 자들을 돌이키기에 염증이 나셨기 때문이다.

렘15:1~9절에도 예언해 두셨다. 이제 네 가지 중한 벌로 심판하시고 계신다. "¹여호와께서 내게 이르시되 모세와 사무엘이 내 앞에 섰다 할찌라도 내 마음은 이 백성을 향할 수 없나니 그들을 내 앞에서 쫓아내치라 ²그들이 만일 네게 말하기를 우리가 어디로 나아가리요 하거든 너는 그들에게 이르기를 여호와의 말씀에 사망할 자는 사망으로 나아가고 칼을 받을 자는 칼로 나아가고 기근을 당할 자는 기근으로 나아가고 포로 될 자는 포로 됨으로 나아갈찌니라 하셨다 하라(현재 이미 이렇게 하고 있다. 죽을 자는 죽음으로 나아가고, 여호와의 칼을 받은 자들은 그리로 나아갔으며, 마귀에게 포로 된 자도 그리로 나아가는 것을 14년째 다 보았다.)

³나 여호와가 말하노라 **내가 그들을 네 가지로 벌하리니** 곧 죽이는 칼과 찢는 개와 삼켜 멸하는 공중의 새와 땅의 짐승으로 할 것이며 ⁴유다 왕 히스기야의 아들 므낫세가 예루살렘에 행한 바를 인하여 내가 그들을 세계 열방 중에 흘으리라 ⁵예루살렘아 너를 불쌍히 여길 자 누구며 너를 곡할 자 누구며 돌이켜 네 평안을 물을 자 누구뇨 ⁶여호와께서 가라사대 네가 나를 버렸고 내게서 물러갔으므로 네게로 내 손을 펴서 너를 멸하였노니 이는 내가 뜻을 돌이키기에 염증이 났음이로다 ⁷내가 그들을 그 땅의 여러 성문에서(**'여러 교회에서**'라는 뜻이다.) **키로 까불러 그 자식을 끊어서 내 백성을 멸하였나니** 이는 그들이 그 길에서 돌이키지 아니하였음이라(14년째 선포되는 이 말씀으로 돌이키지 아니하면 전 세계 교회가 이렇게 된다. 이미 네 가지 중한 벌은 영적으로는 실상이 되어 있고, 이제 실상으로도 벌하시고 계신다. 14년째 자신들을 지옥 불구덩이에서 영생으로 돌이키는 이 진리를 거절하며 배반한 악인들이 하나님의 진노에서 피할 길은 그 어디에도 없다.) ⁸그들의 과부가 내 앞에 바다 모래보다 더 많아졌느니라 내가 대낮에 훼멸할 자를 그들에게로 데려다가 그들과 청년들의 어미를 쳐서 놀람과 두려움을 그들에게 졸지에 임하게 하였으며 ⁹일곱 자식을 생산한 여인으로는 쇠약하여 기절하게 하며 오히려 백주에 그의 해로 떨어져서 그로 수치와 근심을 당케 하였느니라 그 남은 자는 그 대적의 칼에 붙이리라 여호와의 말이니라"

멸하는 키, 곧 혀로 열방을 까부르고 미혹되게 하는 자갈로 여러 민족의 입에 먹이시면 네 가지 중한 벌이 실상이 되어 피할 자가 없다. 이유는 하나님께서 돌이키시기에 염증이 나셔서 하나님의 이름, 예수 이름을 부르는 자들을 멸하신다. 14년째 영원한 복음을 이렇게 외쳐도 어그러진 길에서 돌이키지 아니하는 자칭 기독교인들이 네 가지 중한 벌을 부른 것이다. 이제 이 일을 시작하신 것이다.

이런 진리의 눈으로 다시 **사30:29절**로 돌아가서 설명하면 '자갈'을 여러 민족들에게 먹이실 때 우리에게 이렇게 말씀하신다.) [29]너희가 거룩한 절기를 지키는 밤에와 같이 노래할 것이며 저를 불며 여호와의 산으로 가서 이스라엘의 반석에게로 나아가는 자같이 마음에 즐거워할 것이라 [30]여호와께서 그 장엄한 목소리를 듣게 하시며 혁혁한 진노로('장엄하다'란 엄숙하고 위엄이 있다는 뜻이고, '혁혁하다'는 말의 뜻은 밝고 뚜렷하다는 뜻이다. 하나님의 심판의 말씀을 온 세상이 듣게 하시고 하나님의 진노하심이 실상이 되어 뚜렷하게 드러난다는 뜻이다. 이렇게 되면 다음 말씀이 사실이 되어 땅에 이루어진다.

사10:1~34절을 찾아서 교독하거라. 이 세대에 온 세상에 일어날 예언이다. 셈의 둘째 아들 앗수르와 현재 우리에 대한 예언이다.

12~19절에 "[12]이러므로 주 내가 나의 일을 시온산과 예루살렘에 다 행한 후에 앗수르 왕의 완악한 마음의 열매와 높은 눈의 자랑을 벌하리라 [13]그의 말에 나는 내 손의 힘과 내 지혜로 이 일을 행하였나니 나는 총명한 자라 열국의 경계를 옮겼고 그 재물을 약탈하였으며 또 용감한 자같이 위에 거한 자를 낮추었으며 [14]나의 손으로 열국의 재물을 얻은 것은 새의 보금자리를 얻음 같고 온 세계를 얻은 것은 내어 버린 알을 주움 같았으나 날개를 치거나 입을 벌리거나 지저귀는 것이 하나도 없었다 하는도다 [15]도끼가 어찌 찍는 자에게 스스로 자랑하겠으며 톱이 어찌 켜는 자에게 스스로 큰 체 하겠느냐 이는 막대기가 자기를 드는 자를

움직이려 하며 몽둥이가 나무 아닌 사람을 들려 함과 일반이로다 ¹⁶그러므로 주 만군의 여호와께서 살찐 자로 파리하게 하시며 그 영화의 아래에 불이 붙는 것같이 맹렬히 타게 하실 것이라 ¹⁷이스라엘의 빛은 불이요 그 거룩한 자는 불꽃이라 하루 사이에 그의 형극과 질려가 소멸되며 ¹⁸그 삼림과 기름진 밭의 영광이 전부 소멸되리니 병인이 점점 쇠약하여 감 같을 것이라

¹⁹그 삼림에 남은 나무의 수가 희소하여 아이라도 능히 계산할 수 있으리라(코로나19 전염병으로 1년 8개월째 이 예언이 사실이 되어 있다. '하루'가 사람이 본능으로 아는 하루가 아니라, 이미 만세 전에 하나님께서 정해 두신 여호와의 날, 인자의 날, 심판 날인 지금 이 세대를 뜻한다. 혀로 "주여 주여" 하는 모든 자들이 말만 하고 하나님의 행하심과 아무 관계가 없는 자들, 마7:13~27절에 해당하는 크고 넓은 문에서 멸망으로 인도하는 불법을 행하는 자들이 다 이에 해당한다. '앗수르', 셈의 둘째 아들이 사람이 본능으로 아는 앗수르 당시 나라가 아니라 예수님을 믿는다고 하는 동양인들, 전 세계 열국들이 이에 해당한다. 귀신의 소리로 온 세계 열국, 열방을 미혹하여 주의 이름으로 성경과 다른 거짓말로 가르치고 미혹하고도 자신들은 죽어서 천국에 간다고 스스로 믿는 자들이 다 이에 해당한다. 그래서 다음과 같이 예언해 두셨다. 사 10:20~27절에)

²⁰그날에 이스라엘의 남은 자와 야곱 족속의 피난한 자들이 다시는 자기를 친 자를 의뢰치 아니하고 이스라엘의 거룩하신 자 여호와를 진실히 의뢰하리니(이제 우리 중 누구도 너희 한 몫의 삶일 때 부러워하고

따라다니고 섬겼던 목사들, 사제들을 의뢰하지 않을 것이다. 따라서 본문의 '그날에'는 2021년 9월 6일 지금 이 세대를 지칭하신 예언이 사실이 되었다.

진리를 진리대로 알고 나니 이제 성경만이 참 진리, 곧 사실이요, 진실임이 보이느냐? 이스라엘의 남은 자가 전대미문의 새 언약으로 14년째 다시 택하여 하나님의 계명대로 지켜 실행하여 이미 낙토에 이사한 우리에 대한 예언이 명백하다. '야곱 족속의 피난한 자'는 이 새 언약을 듣고 돌아올 택한 자들에 대한 예언이다. 택함을 받은 자들이지만 아직 하나님의 말씀으로 거듭나지 아니하여서 '야곱'이라고 하신 것이다. 혀로 "오직 예수, 예수"라고 말만 하는 자들은 아직 상상 속에 있는 자들이다. 다시 택하신 우리에게 하나님께서 하실 일이 다 끝나면 앗수르 사람들, 혀로 "주여 주여" 하는 자들, 진리는 한 절도 모르면서 자신들은 이미 잘 알고 잘 믿고 있다고 착각하여 하나님의 선한 일을 이단이라 정죄하고 자신들이 하나님 자리, 예수님 자리에 앉아 있는 자들의 완악한 마음 그대로인 채 교만한 자들을 벌하는 때가 지금 이 세대다. 이렇게 온 세상과 함께 재앙을 받지 아니하게 하려고 14년째 하나님의 말씀으로 돌이키고 지켜 실행하고 있는 것이다.)

[21]남은 자 곧 야곱의 남은 자가 능하신 하나님께로 돌아올 것이라 (2021년 9월 6일 이 시간에 땅에 살아 있는 자들 중에 만세 전에 택한 자들이 영원한 복음을 듣고 하나님께로 돌아올 것이라는 이 예언, 이 진리가 온 세상 77억의 사람 중에 은혜로교회 성도들은 참임을 안다. 예수 이름 믿는다고 하는 기독교인 중에 진실로 살아 계신 여호와 하나님께

로 돌아왔고, 이처럼 돌아올 것이다.

그래서 광고하고 공포해야 한다. 이렇게 돌아오게 하시려고 대체육체들인 이 세상에 속한 자들을 사용하셔서 나와 성도들을 감옥에 가두고 온 세상에 자신들 방법, 힘으로 짓밟고 치욕을 주고 하지만 이는 하나님의 완전하신 지혜와 모략이다. 야곱의 남은 자들을 하나님께로 돌아오게 하시는 하나님의 사랑이 감추어져 있다.

자신들이 이단이요 사이비이며 강포하여 절도하고 강도짓 하는 영적인 살인자들이라는 증거가 나에게 씌운 죄명대로 자신들이 교회를 세워 놓고 거룩한 강단에서 한 언행들이다. 마치 예수님 당시에 귀신이 쫓겨나가니까 자칭 유대인들이 귀신의 왕 바알세붑을 힘입어서 귀신을 쫓아낸다고 하며 결국 이 세상 법으로 사형시킨 그들처럼, 동일한 죄를 이 세대 셈 족속에 해당하는 한국 기독교가 나한테 저지른 것이다. 이들 아래에 있는 하나님께 택하심을 입은 남아 있는 그들을 하나님께로 돌아오게 하시려는 하나님의 사랑인 줄 자신들이 새 언약으로 돌아오면 깨닫고 알게 된다. 그러나 아무나 누구나 돌아오는 것이 절대 아니다. 그래서 이렇게 예언해 두셨다.)

²²이스라엘이여 네 백성이 바다의 모래 같을찌라도 남은 자만 돌아오리니 넘치는 공의로 훼멸이 작정되었음이라('훼멸'이란 상을 당하여 몹시 상심하여 몸이 쇠약해지고 마음이 약해짐, 몹시 슬퍼함, 헐고 깨뜨려 없애다라는 뜻이다. 지금 이미 실상이 되어 있다. 나이와 관계없이 하나님의 집에서부터 심판을 하면 이렇게 사실이 된다.)

²³이미 작정되었은즉 주 만군의 여호와께서 온 세계 중에 끝까지

행하시리라(이 예언이 2721년이 지난 이 세대에 이미 시작되었다. 그래서 때를 아는 것이 너무 중요하다. 기록된 예언이 사실이 되어 이루어지고 있는데도 이 진리를 안 믿는 죄는 영원히 끝나는 심판을 이미 받은 것이다. 그래서 성령을 훼방하면 이 세상에서도 오는 세상에서도 사함을 받지 못하고 영원한 죄에 처하는 것이다. 이 일은 공의의 하나님께서 이미 작정하여 계획하신 대로 땅에서 사실이 되어 이루어지고 있는 2021년 9월 6일 현재 실상이다. 하나님은 거짓말하시는 분이 아니시다. 반드시 온 세계 중에 행하신다. 이때를 두고 **다니엘 12장**에 사람들이 빨리 왕래하고 지식이 더할 때라고 한 것이다.)

[24]**주 만군의 여호와께서 가라사대**(이제 '주'는 오직 살아 계신 여호와 하나님이시고 하나님께서 지금 가라사대) **시온에 거한 나의 백성들아 앗수르 사람이 애굽을 본받아 막대기로 너를 때리며 몽둥이를 들어 너를 칠찌라도 그를 두려워 말라**(우리를 "이단이니~ 사이비니~ 이단에 빠졌느니~" 하면서 사람 막대기, 인생 채찍, 귀신의 처소에 있어 성경을 가지고 성경과 다른 거짓말로 가르치는 대적자들을 두고 막대기, 몽둥이라고 하신 것이다. **삼하7:14절**에 기록되어 있다.

사10:5절에 "화 있을진저 **앗수르 사람**이여 그는 나의 진노의 막대기요 그 손의 몽둥이는 나의 분한이라"라고 하셨다. 또 **사11:4절**에 "공의로 빈핍한 자를 심판하며 정직으로 세상의 겸손한 자를 판단할 것이며 **그 입의 막대기로 세상을 치며** 입술의 기운으로 악인을 죽일 것이며"라고 하셨다.

사14:29절에도 "블레셋 온 땅이여 **너를 치던 막대기가 부러졌다고** 기뻐하지 말라 뱀의 뿌리에서는 독사가 나겠고 그 열매는 나는 불뱀이 되리라"라고 하셨으며, 렘48:17절에서는 모압 사람, 곧 근친상간하여 난 자들을 두고 '강한 막대기, 아름다운 지팡이'라고 하셨다.

렘48:16~17절에 "16모압의 재난이 가까웠고 그 고난이 속히 임하리로다 17그의 사면에 있는 모든 자여, 그 이름을 아는 모든 자여, 그를 위하여 탄식하여 말하기를 어찌하여 **강한 막대기, 아름다운 지팡이가 부러졌는고** 할찌니라"라고 하셨다.

호4:11~12절에서 막대기를 "11음행과 묵은 포도주와 새 포도주가 마음을 빼앗느니라 12**내 백성이 나무를 향하여 묻고 그 막대기는 저희에게 고하나니** 이는 저희가 음란한 마음에 미혹되어 그 하나님의 수하를 음란하듯 떠났음이니라"라고 하셨다. 진실로 이러하다.

예수 이름으로 무당짓 하는 사람을 나무와 막대기에 비유하신 것이다. 2771년 전에 한 이 예언대로 지금 2021년, 전 세계 성경을 사용하여 하나님을, 예수님을 믿는다고 하는 자들이 다 이러하다. 예수님께서 이 땅에 오시기도 전에 예수 이름으로 전 세계 기독교인들이 이런 죄를 지을 것을 이미 예언해 두셨다.

입시철만 되면 목사가 예언 기도해 준다고 전화로 돈을 받고 무당짓 하는 것을 부끄러움도 모르고 신문에 광고하는 한국 기독교다. 서사라 목사를 보아라. 그는 막대기요 나무다. 이런 자들이 한둘이냐? 나이지리아 조슈아 목사라는 죽은 자가 나무요 막대기에 비유한 것이고, 그가 죽었으니 막대기가 부러진 것이다. 개척 교회 목사는 아니냐? 우리 안에도 이런 무당짓을 한 자들이 바로 말순, 계순, 은수 등등 자칭 목사들이고, 사모들이며 집사, 권사 중에도 얼마나 많을까? 그래서 심판 날인 이때 악인이 받을 벌이 너희에게도 가득하다고 하신 것이다.

시온산, 예루살렘에서 하나님의 하실 일이 끝나면 앗수르인들을 벌하신다고 하신 이대로 우리에게 14년째 먼저 진리를 진리대로 알게 하신 것이다. 그런 하나님의 사랑을 너희들은 어찌했느냐? 얼마나 패역했느냐? 몰라서 너를 낙토에 둔 줄 아느냐?

그리고 '몽둥이'도 사14:3~9절에 "³여호와께서 너를 슬픔과 곤고와 및 너의 수고하는 고역에서 놓으시고 안식을 주시는 날에 ⁴너는 바벨론 왕에 대하여 이 노래를 지어 이르기를 학대하던 자가(귀신의 처소 지도자, 성경을 가지고 성경과 다른 거짓말을 가르치는 목사, 사제를 '바벨론 왕'이라고 하시고, 교인들을 학대하는 자라고 하신다. 이래도 너희들 한 몫의 삶일 때 다니던 교회 목사가 너를 학대하는 막대기, 몽둥이가 아니냐? 이래도 '내가 목사인데~ 사모인데~' 할래? 왜 타작마당을 하는지 너희들은 모른다. 그런데 너희들은 어떻게 생각하고 정죄했느냐? 너를 학대하고 죽이고 영원히 지옥에 보내는 사제들, 목사들을 섬기고 그들처럼 되고 싶어서 그 아래 부복하고 일생 우상을 숭배하고 우상을 만든 자들이 너희들이다. 그러면서 교만하고 거만하여 무슨 패역을 했는지 몰라서 기다리고 금이야 옥이야 한 줄 아느냐?

왜 악인들을 사용하셔서 나를 감옥에 가두고, 나에게 폭행, 특수폭행, 감금, 특수 감금, 중감금, 아동학대, 유기 방임 교사, 사기 죄를 씌워서 7년형을 때리고 온 세상에 치욕을 주며 학대하는지 너희들은 아느냐? 3년이 넘도록 2021년 9월 6일 현재도 귀신 노릇 하는 너는 아느냐? 너는 짐승이나 다를 바 없다는 것을 너는 아느냐? 영적인 절도, 강도, 도적질, 살인한 자칭 목사 너희들을 미국에, 호주에, 일본에, 베트남에, 중국에 보내 준 이유를 너희들은 아느냐? 너희들의 종이 되어 세워 주니까 네가 의인인 줄 아느냐? 이 패역한 자들아~ 오죽하면 100년이 지나도 너희들은 모른다고까지 했을까? 그렇게 보냈더니 너 같은 자 단 한 명이라도 건진 자가 있느냐? 병준, 범섭, 말순, 대선, 갑진, 애신, 순자, 영문 너희들이 입이 있거든 변명해 보아라, 무슨 짓을 했는지~ 왜 나에게 악인들이 이런 죄를 씌웠는지 자칭 사모 너희들은 아느냐? 아직 이 사랑을 너희들은 모른다.

귀신의 처소가 그렇게 좋으냐, 이 패역한 자들아~ 나를 낙토에서 쫓아낸 것이 너희들이고, 나를 옥에 가둔 자들이 너희들이다. 너희들을 지옥에서 건져 하나님의 나라로 옮겨 놓아도 귀신 노릇 하는 너희들이 사람이냐? 14년째다. 병준, 말순, 성경이의 교만, 자칭 모태 신앙이라고 하는 자들의 교만이 이 말씀을 받고도 어떤 패역을 했는지 너희 자신들이 아느냐? 이 흉악한 귀신들아~

학대하던 자가) 어찌 그리 그쳤으며 강포한 성이 어찌 그리 폐하였는고 [5]여호와께서 악인의 몽둥이와 패권자의 홀을 꺾으셨도다(귀신의 처소 최고 지도자는 몽둥이요 패권자의 홀이다. 귀신의 처소 아래 있는 모든 자들은 악인이다. 몽둥이한테 학대받고 있던 너희들을 건진 것이 14년째 나를 통한 이 일이다. 사제, 목사가 하나님의 말씀으로 거듭나지 않은 영적인 상태로 목회를 한 것은 몽둥이로 사용되는 것이다. 그 아래 신앙생활 하는 것이 바로 학대와 강포, 곧 폭력, 압제당하고 육체가 죽으면 살인당하여 영원한 지옥 불구덩이에 가는 것이다.

이런 악행을 하면서 거룩한 척하고 온 세상 위에 서 있는 천주교 교황과 그 아래 사제들, 곧 신부들을 보아라. 유대인들의 선생 노릇 하는 랍비들'을 보아라. 기독교 목사들을 보아라. 그들이 악인의 몽둥이다. 고대 바벨론인 이라크 대통령 후세인의 말로를 보았으면서 어느 사제가, 어느 기독교 목사가, 어느 유대교 랍비가 자신을 향한 하나님의 교훈인 줄 알았느냐? 이 교만하고 패역한 자들아~

저 북한 김일성, 김정일, 김정은 아래 있는 사람들이 바로 악인의 몽둥이 아래 학대당하고 일생 하인 노릇 하다가 육체가 죽어서 영원한 지옥 불구덩이에 가는데 저런 악인의 몽둥이를 들어 하나님의 이름, 예수 이름 사용하는 지도자들이 자신들에게 교훈하시는 하나님의 사랑을 깨달은 자가 이 천지에 어디 있더냐? 온 세상 나라 대통령도 천주교 교황을 평화의 사도라고 그 아래 부복하고 경배하면서 자신을 향한 하나님의 교훈을 깨달은 자가 어디 있으며, 그 교황이 악인의 몽둥이라는 것을 깨달아 알고 있는 자가 어디에 있었느냐?

그들 악인의 몽둥이들은 혀로 "하나님, 예수님" 하면서 도리어 교인들을 하나님을 못 만나게 하고, 지옥 불구덩이로 보내는 무저갱, 곧 지옥의 사자인 줄 이 천지에 누가 알았느냐? 그런 악인의 몽둥이에게 사제 서품을 받는 것을 자랑하는 한국 사제에 대한 기사를 보며 하나님의 마음이 어떠하실지 너희들은 아느냐?

왜 혁혁한 진노로 심판하실 수밖에 없는 것이 지금의 이 세상인 줄 너는 아느냐? 이런 심판의 말씀을 받고도 게으르고 더러운 귀신 노릇 하는 너는 누구냐? 너 같은 짐승을 돌이키기에 염증이 나서 저 북한에 버렸으면 하는 말을 해야 하는 이 아픔을 너는 아느냐? 너희들이 한 짓을 목사인 나도 다 아는데 하나님이 모르시겠느냐, 이 패역한 족속들아~ 몽둥이 아래 학대받는 자들도 다 악인이다. 그래서 악인이 받을 벌이 너에게 가득하다고 하신 것이다. 이 귀신들아~

관원이 악하면 그 하인도 다 그러하다고 하셨는데 그 증거가 바로 귀신의 처소 바벨론의 왕인 지도자와 그 아래 있는 자들을 두고 '악인의 몽둥이'라고 하신 것이다. 온 세상이 악한 자 아래 있다고 하신 하나님의 판결도 안 믿는 자가 우리 안에 귀신들이다. 의인은 없나니 하나도 없다는 말씀 속에 예수님이 십자가를 지시고 무덤에 계시다가 삼 일 만에 부활하신 그 시간 이전에 하신 일까지 다 해당하며 십자가에 죽으신 것이다.

'엘리 엘리 라마 사박다니의 비밀' 속에 의인은 없나니 하나도 없다는 말씀이 감추어져 있었다. 막대기 아래 지나는 십분의 일이 하나님께 택함을 입은 야곱의 남은 자요, 이스라엘의 남은 자다. 단 한 절도 안 믿는 것이 귀신이 주인인 자들이다. 이런 자들이 "하나님, 예수님" 혀로 말만 하는 자들이 되어 종교생활 하는 곳이 바로 귀신의 처소 바벨론이다. '악인의 몽둥이'가 바로 귀신의 처소 대장이며, 그 아래서 경배하는 자들이 악인들이다. 그들은 자칭 교인들이며 악인들이요, 몽둥이한테 학대받고 있는 것이다. 하나님께서는 온 세상을 들어 택한 자녀들에게 진리를 깨닫게 하시고 진실로 하나님께로 돌아서라고 하시는 것이 바로 현재 온 세상이다.

이런 사망에서 하나님의 나라로 옮기는 것이 이 세상에서 '오는 세상'으로 옮기는 것이고, 이를 두고 에녹, 엘리야를 모형으로 주신 것이다. 이 온 천하에 누가 이런 하나님의 뜻을 알았느냐? 이 교만하고 거만한 귀신들아, 잘났거든 또 계속 귀신 노릇 하여 이 일을 훼방하므로 네가 스스로 자해하거라. 이 더러운 귀신들아~

귀신들은 정말 아무것에도 쓸 수가 없는 존귀에 처하나 깨닫지 못하는 멸망하는 짐승이다. 하늘에서 이 땅에 보내신 아들도 육체를 입은 한 몫의 삶은 시험하는 돌밖에 안 되었다. 영원히 병들지도 아니하고, 죽지도 아니하는 육체로 다시 부활하고도 아무 일도 못하고 쉬고 계신 이유를 너는 아느냐? 아들의 이름 사용하는 자들이 예수님이 십자가에서 쓰신 가시면류관 속에 감추어져 있는 천국의 비밀인 줄 너는 아느냐? 이 천하에 패역한 귀신들아~

온 세상의 어떤 피조물이 하나님의 뜻을 14년째 전하는 이 하나님의 도를 깨달아 전하고 가르치며 악행에서 너를 돌이키더냐? 충성이라는 이름을 마음에 싫어하는 저 모태 신앙이라는 교만한 자, 가증한 자들을 보아라. 자신들이 낙토에서 무슨 패역을 저지르고 있는지도 모르고 감사하기는커녕 마치 나무가 사람을 들려하고, 자신의 사욕대로 살려고 가장한 저들을 보아라. 저들이 믿는 자들이라고 자칭한 자들이다.

이런 너희들의 실체를 다 보면서 인내했다. 기다리고 기다려 주었다. 단 한 말씀도 안 믿으면서 얼마나 잘 믿는 척하는지~ 죽었던 너희들을 살린 하나님의 사랑에 너희들이 무슨 짓을 했는지 아느냐?

교인 몇 사람 데리고 학대하고 하인 삼은 절도자요 강도가, 우편 강도가 누구냐? 귀신이 저밖에 불신자들이 말하는 폐가에서 보았다고 하는 머리 풀고 흰 소복 입거나 검은 옷을 입은 자, 곧 상상하여 만든 것이 귀신이냐?

귀신의 처소 지도자를 여러 부분, 여러 모양으로 말씀하신 것이 '용, 옛 뱀, 사단, 마귀, 독사, 벨리알, 아볼루온, 아바돈, 무저갱의 사자, 본문의 몽둥이, 나쁜 의미로 막대기, 나무' 등으로 비유하신 것이다. 이들이 바로 눅16:19~31절에 예언된 부자이며, 음부, 곧 지옥 불에 떨어져 혀에 물 한 방울 먹지 못하고 고통하는 자들이다. 히1:1절의 진리대로 분별해서 감추어 두신 하나님의 나라 비밀을 밝히시는 하나님의 증거요 진리의 성령의 대언이다.

'패권'이란 패가하여 영원히 멸망하는 자들의 우두머리가 가진 권리를 뜻한다. 하나님, 예수님의 자리에 앉아서 하나님의 이름, 예수 이름으로 가장하여 영원히 멸망하는 자들의 우두머리인 패권자의 홀은 하나님께서 2021년 이 세대로부터 꺾으신다. 이들은 자신들의 원욕 그대로 한 몫의 삶을 살고 영원히 지옥 불구덩이에 떨어지는 자들이며, 이런 패권자들의 우두머리도 이제 꺾으신다.)

[6]그들이 분내어 여러 민족을 치되 치기를 마지 아니하였고 노하여 열방을 억압하여도 그 억압을 막을 자 없었더니(이렇게 전 세계 열방, 곧 모든 나라, 모든 민족들이 패권자의 홀, 곧 악한 자인 몽둥이 아래 학대받고 있었고, 악인들이 왕 노릇 하는 억압 아래 있어도 아무도 막을 자가 없었다. 2008년 6월 16일에 예장통합 측 건물인 종로 5가 100주년 기념관에서, **히브리서 8장**의 새 언약을 처음으로 선포하여 악인의 몽둥이와 패권자의 홀에서 억압당하는 너희들을 건져낸 것이다. 곧 이들

의 억압에서 자유하게 한 것이다.

아무것도 모르는 영적으로 죽은 자로 깊이 잠자는 자들인 너희들에게 하나님 나라 국정을 논한 것이다. 지금 전 세계가 패권자의 홀과 악인의 몽둥이 아래 다 억압당하고 있다. 아프간, 미얀마, 북한, 중국, 러시아 저들만이 아니라 민주주의자들이라고 하는 자들도 다 이렇게 억압당하고 있다. 공개적인 살인자, 악인의 몽둥이인 김정은을 찬양하는 대한민국에 있는 위정자들을 보아라. 이런 나라가 나라냐? 온 세상을 보아라. 모든 종교인들을 보아라.

그중에 제일 불쌍한 자들이 하나님의 이름, 예수 이름으로 가장한 패권자의 홀 아래 억압당하는 자들이다. 일생 이런 가장한 용, 옛 뱀, 사단, 마귀, 가르치는 귀신에게 하인 노릇 하고 육체가 죽어서 천국 간다고 생각하는 교인들이다.

이들의 이런 억압을 막을 분은 오직 창조주 하나님이시다. 나는 하나님의 증거를 대언만 할 뿐 내가 하는 것이 아니고, 하나님께서 나를 사용하셔서 지금도 너희 생각, 마음을 잡고 죄를 짓고 하나님의 말씀대로 살기 싫어하는 귀신의 억압에서 너를 영원히 자유하게 하는 것이다.

이런 선한 일, 사람이 육체가 살아서 영원히 죽지 아니하는 기이하고 기이한 하나님의 행하심을 훼방하고, 대면하여 말씀을 받지 못하도록 나를 감옥에 가둔 자들이 누구냐? 자신들이 행한 일로 인하여 자신들도 대면해서 예배를 드리지 못하게 된 것이 코로나19 바이러스 재앙이다. 그런데도 아무 감각 없는 너희들도 이 시간까지 귀신의 종노릇 하는 너는 티끌이냐? 짐승이냐? 악인의 몽둥이요, 패권자의 홀 아래 던져 버릴까? 어디서 귀신 노릇 하고 게으르고 더러운 언행을 하느냐? 이런 억압이 좋다고 도로 돌아간 자들을 보고도 깨닫지 못하는 너는 누구냐?)

^{7}이제는 온 땅이 평안하고 정온하니 무리가 소리질러 노래하는도다(이 말씀은 7년 대환난이 끝나고 온전히 실상이 된다. 앞으로 온 땅이 이렇게 되는 세상이 도래한다. 이 세상을 두고 의인의 세대, 오는 세상, 천년왕국이라고 하는 것이다. 이런 세상의 왕 노릇 할 자로 14년째 왕족 교육을 하는 것이다. 지금 온 세상 사람들이 누리고 사는 모든 것을 다 누리고 살되 영원히 사는 자들이 바로 영생을 실상으로 얻는 우리들이며, 이런 세상이 반드시 우리를 통하여 온 땅에 이루어지게 하신다.

이를 믿으라고 2천 년 전, 정확히 2025년 전 BC 4년에 예수 그리스도께서 이 땅에 오셨고, 예수님이 이 땅에 오시고 창세 이래 모든 시간, 세월을 다 무효하고 다시 1년 1월 1일로 땅의 역사를 시작하신 것이 현재 AD 2021년 9월 6일 지금 이 세대다. 이런 이 세상은 이제 하나님께서 정하신 시간에 끝이 난다.

이때 이 새 일인 영원한 언약을 믿으라고 예수 그리스도를 이 땅에 보내신 것이다. 이를 두고 새 언약의 중보라고 하신 것이고, 그때 이 세상이 지나간 시간은 다 무효하고 새로 시작하신 것은 창세 이래 이 세대까지 악인들이 이 세상을 지배하고 다스리는 기간이 영원히 끝나고 오는 세상인 의인이 왕 노릇 하는 세상이 다시 시작되어 1년 1월 1일이 될 것을 믿으라고 교훈하시는 천국의 비밀이 감추어져 있다.

이 본문 **7절**은 7년 대환난이 끝나고 이 온 세상에 실상이 되는 예언이다. 이때를 두고 **사14:1~2절**에도 예언되어 있고, 이미 기초가 세워지고 있다.

사14:1~2 ¹여호와께서 야곱을 긍휼히 여기시며 이스라엘을 다시 택하여 자기 고토에 두시리니 나그네 된 자가 야곱 족속에게 가입되어 그들과 연합할 것이며 ²민족들이 그들을 데리고 그들의 본토에 돌아오리니 이스라엘 족속이 여호와의 땅에서 그들을 얻어 노비를 삼겠고 전에 자기를 사로잡던 자를 사로잡고 자기를 압제하던 자를 주관하리라

이 예언대로 여호와의 땅, 예비해 두신 땅, 낙토, 고토에서 이미 일으키고 있다. 이 예언이 2721년이 지난 지금 사실이 되어 이루어지고 있는 실상이며, 나에 대한 예언들이 이미 14년째 사실이 되어 진행되고 있고, 3년이 넘게 감옥에 갇혀 있는 이 일이 전 성경에 기록된 말씀들이 사실이 되어 땅에 이루어질 것에 대한 경고이며, 징조다. 열방을 억압하는 자, 악인의 몽둥이가 귀신의 처소 바벨론 왕이며, 온 세계를 미혹한 자들이라는 것을 미리 예언한 이대로 반드시 다 이루신다. 그러니 **27절**까지 다 보자.

⁸향나무와 레바논 백향목도 너로 인하여 기뻐하여 이르기를 네가 넘어뜨리웠은즉 올라와서 우리를 작벌할 자 없다 하는도다 ⁹아래의 음부가(지옥 불구덩이가) 너로 인하여(귀신의 처소 바벨론 왕으로 인하여) 소동하여 너의 옴을 영접하되 그것이 세상에서의 모든 영웅을 너로 인하여 동하게 하며 열방의 모든 왕으로 그 보좌에서 일어서게 하므로(이

예언은 치명적인 판결이다. 곧 귀신의 처소 바벨론 왕이 죽어서 아래의 음부, 곧 지옥 불구덩이에 먼저 가 있던 이 세상의 모든 영웅, 곧 열방인 세상 모든 나라의 왕들이 소동하고 영접한다는 것이다. '영웅'이란 문자 그대로는 재주와 지혜, 담력, 무용이 특별히 뛰어난 인물, 보통 사람으로는 엄두도 못 낼 큰일을 이루어 대중으로부터 칭송받는 사람을 말한다. 따라서 문자 그대로는 열방, 곧 세상에 있는 모든 나라 왕을 뜻한다. 그리고 신령한 것을 신령한 것으로 분별하기 위하여 해답을 가보자.

나는 그들의 상상하는 바를 아노라

삼하17:10 비록 용감하여 사자 같은 자의 마음이라도 저상하리니 이는 이스라엘 무리가 **왕의 부친은 영웅이요** 그 종자들도 용사인 줄 앎이니이다

이 본문의 왕은 다윗왕의 아들 압살롬인데 다윗왕에게 반기를 들어 반역하였고, 아히도벨이 한 말이다. 본문의 '영웅'은 다윗왕을 지칭한다. 따라서 '영웅'은 다윗왕의 자손으로 이 땅에 오신 예수 그리스도에 대한 예언이 감추어져 있고, 지금 이 세대는 예수를 믿는다고 하는 기독교 지도자들을 지칭하는 것이다. 온 세상 열방, 곧 당시 이스라엘 사람들이 볼 때에는 이방인들인 오늘날 기독교인들, 천주교인들에게 유명하여

우상이 된 지도자들, 한 나라의 대통령들 중에도 예수 그리스도를 믿는다고 하는 종교인들은 전부 혀로 말만 하고, 실상은 하나님과 예수 그리스도와 아무 관계가 없는 이 세상에 속한 왕들이다. 그래서 육체가 죽어서 음부, 곧 지옥 불구덩이에 떨어진 자들이다.

이런 진리의 눈으로 출15:1~18절을 모두 찾아서 교독하거라. 계15:3절에 예언된 하나님의 종 모세의 노래가 바로 이 본문이다. 이 노래는 온 천하 만국이 다 하나님께 돌아와서 영원히 하나님만 참 신이심을 찬양할 때 온전히 이루어지는 예언이다. 곧 7년 대환난이 끝나고 오는 세상이 되어 만국이 하나님을 찬양하게 된다.

그러니까 이사야서의 예언이 실상이 되어 귀신의 처소 바벨론 왕, 아침의 아들 계명성, 악인의 몽둥이가 죽어서 음부에 내려가서 그곳에 먼저 가 있던 영웅들이 소동하며 너도 이곳에 왔느냐고 하는 예언 중에 '영웅'에 대한 해답이 이 말씀에 예언되어 있다. 앞에 1~10절까지를 문자 그대로 보면 저 모세 당시 애굽을 떠나 홍해를 건널 때 있었던 일을 말씀하시는 것 같다. 그러나 그 뒤 출15:11~18절을 보자.

"11여호와여 신 중에 주와 같은 자 누구니이까 주와 같이 거룩함에 영광스러우며 찬송할 만한 위엄이 있으며 기이한 일을 행하는 자 누구니이까 12주께서 오른손을 드신즉 땅이 그들을 삼켰나이다 13주께서 그 구속하신 백성을 은혜로 인도하시되 주의 힘으로 그들을 주의 성결한 처소에 들어가게 하시나이다(모세 당시에 실상이 되는 말씀이 아니고 일곱째 날인 지금 이 세대에 땅에서 온전히 이루어지는 예언이다. 주의 힘, 곧 하나님의 힘 또한 이 본문을 문자 그대로만 보면 상상하여 혀로 기도만 하고 있으면 하나님께서 주의 성결한 처소에 옮겨 놓으신 줄 안다. 이런 것이 아니고 이미 기록된 십자가의 도 속에 감추어 두셨고, 14년째 우리가 걸어온 길, 곧 계명대로 지켜 실행하여 하나님께서 예비하신 땅으로 이주하는 것을 함축하여 하신 말씀이다.

2021년 9월 6일 현재에 이루어지고 있고, 이루어 가실 예언이다. 지금은 아직 영적인 전쟁 중이라 우리에 대한 소문이 악평으로 나 있지만 반드시 온 세상에 소문이 난다. 그때 다음 말씀대로 사실이 된다.)

[14]열방이 듣고 떨며 블레셋 거민이 두려움에 잡히며 [15]에돔 방백이 놀라고 모압 영웅이 떨림에 잡히며 가나안 거민이 다 낙담하나이다 [16]놀람과 두려움이 그들에게 미치매 주의 팔이 큼을 인하여 그들이 돌같이 고요하였사오되 여호와여 주의 백성이 통과하기까지 곧 주의 사신 백성이 통과하기까지였나이다 [17]주께서 백성을 인도하사 그들을 주의 기업의 산에 심으시리이다 여호와여 이는 주의 처소를 삼으시려고 예비하신 것이라(하나님께서 영원히 거하실 처소를 삼으시려고 예비해 두신 곳이며, 하나님께서 친히 가르치시고 인도하시려고 이미 3421년 전 최초의 성경 기록자인 모세를 통해서 언약하신 것이다. 영적으로 주의 처소, 곧 영원하신 하나님의 처소는 반드시 **호2:19~20절**의 말씀이 실상이 된 사람이어야 한다. 하나님은 영이시고 말씀이 하나님이시기에 신약에서는 이를 두고 고전3:16~17절에 예언하신 대로 실상이 되는 일곱째 날이 되어야 하나님이 거하시는 거처가 된다.

고전3:16~17 [16]너희가 하나님의 성전인 것과 하나님의 성령이 너희 안에 거하시는 것을 알지 못하느뇨 ¹⁷누구든지 하나님의 성전을 더럽히면 하나님이 그 사람을 멸하시리라 하나님의 성전은 거룩하니 너희도 그러하니라

이래서 요14:16~17절에 하나님의 성령, 곧 하나님의 영을 다른 말로 진리의 영이라고 하신 것이다. 이렇게 여러 부분, 여러 모양으로 말씀하신 것은 하나님께서 정하신 때가 될 때까지 악인들에게는 모르게 하시려고 이렇게 기록하게 하신 것이다.

"¹⁶내가 아버지께 구하겠으니 그가 또 다른 보혜사를 너희에게 주사 영원토록 너희와 함께 있게 하시리니 ¹⁷저는 진리의 영이라(곧 진리인 성경에 기록된 대로 이 땅에서 실상이 될 것이라는 뜻이다. 이때 믿으라고 하나님의 아들도 미리 진리인 성경에 예언해 두신 그대로 이 땅에 실상으로 오신 것이다. 이래서 새 언약의 중보시다. 또한 이 본문만 보면 예수 그리스도께서 하나님께 구해서 보내시는 줄 알게 된다. 그래서 전 성경을 통으로 보지 아니하면 절대 천국의 비밀인 하나님의 뜻을 알 수가 없다. 이미 구약성경에 감추어 두셨고, 각 시대에 사람을 사용하셔서 예언해 두셨다.

따라서 예수 그리스도께서 하나님 아버지께 기도해서 보내시는 것이 아니라, 하나님께서 미리 보내실 것을 다 계획해 두셨다. 그런데 왜 이렇게 말씀하셨을까? 반드시 예수 그리스도의 이름을 진실로 믿는 그리스도인으로 오실 것을 또 감추어 두신 것이다. 또한 이 본문에 이미 또 다른 보혜사인 진리의 성령과 함께 거하는 너희들도 영원히 영생할

것을 언약하신 것이다. 그래서 **고전3:16~17절**에 "너희가 하나님의 성전인 것과"라고 하신 것이다.

나와 우리에 대한 예언은 이미 창세기부터 요한계시록까지 다 예언되어 있다. 2021년 9월 7일 지금 이 세대에 온 땅에 거하는 77억의 사람 중에 반드시 이 본문에 예언된 택한 자녀들은 영생을 믿는다. 하나님은 본래 영원히 계신 분이시다. 그렇다면 하나님의 성전 된 사람도 본래 영원히 살아야 한다. 그래서 하나님의 아들들, 지존자의 아들들이라고 하셨고, 피조물들이 하나님의 아들들이 나타나기를 고대한다고 예언해 두신 것이다.

그러나 아무 때나, 아무나 영생하는 것이 아니고, 반드시 하나님께서 정하신 때에 하나님께서 정하신 사람들이어야 하고, 이에 대해서 반드시 하나님의 말씀이 기록된 성경에 미리 예언되어 있는 사람들이어야 한다. 이때 이 영생을 믿으라고 1600여 년간 인간 저자 40여 명을 사용하셔서 성경을 기록해 두셨던 것이다. 이에 대해서는 영원히 증명된다.

이 진리는 절대 그 누구도 막을 수가 없고, 나를 통한 이 일을 훼방하는 자들은 영원한 영벌에 처하는 것이다. 그래서 전 성경 기록 목적이 너무 중요하다. 진리의 성령만 영생을 이미 얻어서 이 땅에 보내신 것이 아니라 영원히 함께 거하는 '너희들'도 이미 영생을 얻기로 미리 정해 두신 것이다. 그래서 하나님의 아들들, 지존자의 아들들은 범인, 곧 일반 사람들처럼 죽지 아니하고, 범인들처럼 살지 아니한다.

따라서 '진리의 영'과 '너희'는 우리에 대한 예언이 명백하고, 그래서 "하나님이 거룩하니 너희도 거룩하라"라고 하셨으며, 사단은 이를 알고 예수 그리스도께서 이 땅에 사역하실 때 "돌들로 떡덩이가 되게 하라"라고 시험을 한 것이다. 그 돌들이 바로 우리들에 대한 예언이다. 영생이 성경을 사용하는 신앙인들의 기초 교리가 되어야 한다. 그런데 누가 이 영생을 하였으며, 믿었느냐?

귀신들은 하나님의 성전인 사람을 더럽게 하여 죄를 지어 죽게 만드는 것이다. 예수 이름으로 혀로 말만 '믿습니다' 하게 만들어서 2021년 이때까지 단 한 사람도 온전히 영생하는 사람이 없도록 한 것이다. 하나님께서 정하신 때가 될 때까지 천국의 비밀은 아무도 모르게 하신 것이다. 이는 하나님만이 참 신이시며, 유일하신 하나님이시라고 모든 피조물들이 시인하고 하나님 앞에 굴복하게 하시기 위함이다.

하나님께서 정하신 때가 될 때까지 하나님의 뜻을 아무도 온전히 알 수 없었다. 이는 예수 그리스도께서도 마찬가지다. 그래서 누구든지 나를 인하여 실족하지 아니하는 자가 복이 있다고 하신 것이다. 모두 두 손을 가슴에 대고 세 번 따라 하거라.

"나는 이미 영생을 받고 이 땅에 보내졌다"

이런 너를 이 영생의 복을 받지 못하게 하는 원수가 너에게 성경과 다른 거짓말을 가르친 자들이고, 그들이 가르친 거짓말이 네 생각, 네 마음에 금강석 끝 철필이 되어 귀신이 주인인 채 죄를 먹고 마시는 것이 더 좋아서 영생을 위해 주신 영육의 양식을 먹기 싫어하고, 네 마음대로 살고 싶어 하는 것이다. 이런 귀신의 정체를 모르면 계속 죽을 짓만 하여 너를 영생의 복을 못 받게 하는 것이다. 이 원수는 네가 너를 자해하는 귀신의 종살이를 더 원하는 것이다. 본래 영생을 얻고 이 땅에 보냄을 받았는데 네가 안 믿는 것이다.

이 복을 받으라고 지금도 너를 돕는 역할을 하는 자가 진리의 영, 곧 진리의 성령이다. 이런 진리의 성령을 다른 말로 여러 부분, 여러 모양으로 기록해 두셨고, 또한 너에 대해서도 여러 부분, 여러 모양으로 기록해 두셨다. 이런 말씀을 믿는 것이 하나님을 믿는 것이고, 믿으면 귀신이 주는 언행을 안 하는 것이다.)

[17]저는 진리의 영이라 세상은 능히 저를 받지 못하나니 이는 저를 보지도 못하고 알지도 못함이라 그러나 너희는 저를 아나니 저는 너희와 함께 거하심이요 또 너희 속에 계시겠음이라(라고 하신 이 말씀이 육신이 된 사람이 우리다. 이렇게 하나님의 말씀으로 다시 태어나는 것이고, 이런 우리가 하나님의 성전이다.

이때 이를 믿으라고 에녹, 엘리야에 대한 기록을 해 두셨고, 이를 믿으라고 예수 그리스도도 이 땅에 보내신 것이다. 예수 그리스도를 진짜 믿는 사람은 예수 그리스도께서 하신 말씀을 믿고 지켜 실행하는 것이고, 진실로 하나님을 믿는 사람은 하나님의 말씀을 믿어 지켜 실행하는 것이다.

따라서 모든 인간은 하나님께서 창조하신 피조물로서 이런 진리로 거듭나지 아니하면 천국과 아무 관계가 없다. 반드시 한 몫의 삶을 살 때 '영원한 천국이냐, 영원히 지옥 불구덩이에서 영벌을 받느냐'를 자신의 자유의지로 결정하는 것이다. 그래서 인간에게만 자유의지를 주신 것이다. 이를 깨닫는 것이 하나님의 도이며, 하나님의 도는 기록된 진리인 성경 속에 감추어 두셨다. 이런 하나님의 도를 각각 본인이 깨닫고 지켜 실행하여 실상이 된 사람이 영생을 하는 것이고, 이런 사람이 하나님의 종들이며, 다른 말로 영영한 사역자인 것이다.

이렇게 하나님 나라는 기록된 진리대로 실상이 되는 것이다. 이는 상상, 곧 현재의 지각 속에는 없는 사물이나 현상을 과거의 경험, 관념에 근거하여 재생시키거나 만들어 내는 마음의 작용으로, 머리 속으로 그려서 생각하는 것과 '실상', 곧 실제의 상태, 실제의 상황, 실제의 모습, 만물이 있는 그대로의 모습을 말하는 것을 하나님께서는 이렇게 비교하셨다.

상상은 하나님도, 하나님 나라도, 하나님의 아들도, 성령도, 천사도, 영생도, 반대로 용, 사단, 마귀, 귀신, 지옥도 다 상상만 한다. 이렇게 상상하여 영화, 드라마, 소설 등을 만들고, 다른 사람이 상상하여 만든 것을 또 다른 사람들이 보고 열광하며 일생 자신은 실상의 주인공이 되지 못하고 상상만 하는 것이다. 성경을 사용하는 모든 종교인들이 다 이렇게 상상하여 말하고, 그런 말, 곧 설교를 듣고 믿는다고 하면서 교회를 다니는 것이다. 이런 사람들을 이미 하나님께서 다 아시고 이렇게 말씀하셨다.

신31:21절인데 모세 당시에 이미 저 이스라엘 백성들이 하나님께서 영원히 거하시는 처소, 영원한 기업, 영원한 나라가 실상이 안 될 것을 이미 예언하셨고, 2021년 9월 7일 이 시간까지 사실이 되어 있다. 증명한다.

신31:16~21절이다. "¹⁶여호와께서 모세에게 이르시되 너는 너의 열조와 함께 자려니와 이 백성은 들어가 거할 그 땅에서 일어나서 이방신들을 음란히 좇아 나를 버리며 내가 그들과 세운 언약을 어길 것이라 [17]그때에 내가 그들에게 진노하여 그들을 버리며(이래서 언약을 반드시 지켜 실행해야 하는 것이다. 혀로 말만 하는 것은 결코 믿음이 아니다. 이 예언대로 지금 이 시간까지 전 세계에 성경을 사용하며 종교생활 하는 모든 사람들이 다 이러하다. 이는 상상하는 자들의 실체다. 혀로 말만 하는 자들의 실체가 다 이러하다.

저 이스라엘 사람들은 이 말씀만 깨달아도 자신들이 지은 죄가 얼마나 치명적인 결과를 낳았는지 알 텐데, 2021년 9월 7일 이때까지 아무도 모르고 있다. 유대교인들이 이 시간까지 무슨 악행을 하고 있는지 모르고 있다. '유대인의 천재 교육'이라는 말이 얼마나 악행하는 말인지 유대교인들은 모른다. 이러니 전 세계 이방인들이 어찌 알며, 다른 종교인들, 비종교인들이 어찌 알겠나?

사람들이 생각하듯이 모든 이론을 다 파하는 것이 결코 어려운 일이 아니다. 너희들이 하나만 되면 못할 일이 없다. 비진리에서 진리로 돌이키는 것은 경한 일이라고 하셨다. 너희가 못 깨달으니까 깨닫는 만큼 천국의 비밀을 여시는 것이고, 지금은 거듭나서 잘 알아듣는 성도들이 있으니까 그 성도들을 성장시키는 위주로 비밀을 여는 것이다.

이미 모세를 통해서 하신 이 말씀이 사실이 되어 있는 상태에 **히브리서 8장**의 새 언약을 실행한 첫날이 바로 2008년 6월 16일이었다. 그때 이미 실상이 되어 진행되고 있었는데 너희들이 못 깨달았던 것이다. 그래서 상상은 다른 말로 하면 '영적인 소경, 귀머거리, 벙어리'라고 하셨다. 곧 영이신 하나님께서 보실 때 눈이 있으나 소경이요, 귀가 있으나 귀머거리이며, 입이 있어 설교하고 말을 하나 벙어리라고 하신 것이다. 이런 영적인 소경, 귀머거리, 벙어리가 강단에서 성경을 가지고 설교하고, 그 설교를 맞다고 "아멘" 하며 듣고 있는 것이 지금 전 세계 교회들이다.

그중에 나를 '믿음'으로 보내시고, '믿음은 이런 것이 실상이다'라고 보이시고, 여러분들을 영적인 잠에서 깨우시는 것이다. 다른 말로 하면 영적인 소경을 고치시고, 귀머거리를 고치시며, 벙어리를 고치시고 계신다. 영적인 소경, 귀머거리, 벙어리는 귀신 들려서 소경이요 귀머거리요 벙어리 된 것이라고 하셨다. 그러니까 상상은 다 귀신이 주인이 되어 죄를 짓고, 결국은 죽게 만들어서 음부, 곧 지옥 불구덩이에 가는 것이다.

귀신은 귀신이 주인이 되어 귀신을 상상하여 만들어 낸 것이 현재 모든 사람들이 알고 있다고 생각하는 귀신이고, 이런 귀신이 지어내서 만든 말이 예수님을 흉내 내어 "예수 이름으로 귀신아 떠나갈지어다"라고 하는 귀신론이다. 이런 귀신이 가르치고 그 말이 맞다고 몰려들은 곳이 성락교회이며, 그 교회 김기동 자칭 목사가 악인의 몽둥이요, 패권자의 홀 역할을 했고, 그곳이 귀신의 처소다.

이런 "귀신아 떠날지어다"라는 말을 예수 이름으로 하니까 믿었고, 교회를 세워 놓으니까 다 믿는다고 생각하게 만들어 혀로 따라 하고, 전 세계가 미혹되어 흉내 내는 것이다. 또 악인의 몽둥이는 귀신이 가르친 말 "랄랄라 따따따"라고 혀가 돌아가서 혀에 붙어서 하는 귀신의 소리인데 성령받은 증거라고 새빨간 거짓말로 속였다. 그 말이 전 세계를 예수 이름으로 미치게 하여 미혹한 것이 흉악한 귀신 들린 조용기 목사였다.

이 또한 악인의 몽둥이요, 패권자의 홀이다. 이들이 다 셈 족인 동양인이며, 한국에서 나왔다. '앗수르'는 셈의 둘째 아들이며, 이들이 사는 곳을 앗수르라고 하신 것인데 이렇게 이해가 되어 인정하려면~

이런 나라는 같은 셈 족인데 이렇게 죄를 많이 지은 이 나라에 또 하나님의 성령, 곧 진리의 성령, 진리의 영과 함께 이미 영생을 받은 하나님의 아들들이 나온 것이다. 그래서 죄가 많은 곳에 하나님의 은혜도 많다는 것이 2021년 9월 7일 현재 실상이 되었다.

영적인 추수 때에 가라지를 먼저 거두는 신천지가 나타나서 가라지를 거둔 것이다. 가라지 추수도 이제 끝났다. 이유는 실상이 나타났기 때문이다. 그러니 지금 이때는 누구든지 영원한 언약의 말씀을 받고 돌아서면 된다. 그리고 육체가 살아서 자신이 지은 죄의 보응을 갚아야 한다. 이렇게 상상에서 실상이 되게 하는 것이 성경이며, 성경만이 참 진리다.

하나님께서 하신 말씀, 곧 언약을 사람이 버리고 지키지 아니하면 하나님도 그 사람을 버리신다. 이렇게 돼서 하나님의 진노하심에 들어가는 것은 자신들이 언약을 버려서 받는 심판이다. 이런 진리를 다 무시하고 귀신은 혀로 "주여 주여" 하면 이미 구원받았고 죽어서 천국 간다고 가르치고, 죽을 때까지 교인들은 속고 하인이 되어 육체가 죽어서 간 곳이 음부였고, 먼저 가 있던 자들이 귀신의 처소 바벨론 왕이 죽어서 음부에 내려가니까 지하, 곧 음부에서 너도 왔느냐고 소동한 것이 **이사야 14장**의 예언이다.

그러니 2008년 6월 16일 이전까지 너희들도 상상에 있었고, 그럴 때 너는 귀신이 주인이었다. 아직 더럽고 게으른 자는 바로 자신이 귀신임을 너 스스로 나타내서 증명하는 것이며, 그래서 네가 너를 자해하는 것이라고 판결한 것이다. 네 주인이 악인의 몽둥이, 패권자의 홀이냐?

진리는 절대 변치 아니하는 사실이며, 참된 도리이고, 바른 이치이며, 기록된 명제가 사실과 일치하거나 논리의 법칙에 맞는 것이다. 진리는 사실, 곧 실상이 되어 언제나 누구에게나 인정되는 것이다. 따라서 진리는 절대 상상이 아니고, 실상이 되는 것이다. 그래서 진리의 하나님이시라고 하셨고, 하나님께서 이 땅에 보내신 아들 예수 그리스도께서도 자신을 진리라고 하셨으며, 자신의 이름으로 보내실 성령도 진리의 성령이라고 하신 것이다. 이런 진리를 믿는 자, 곧 실상이 된 자가 갈3:23절의 '믿음'이며, 고전13:10절의 '온전한 것'이고 아6:9절의 '완전한 자'이며 호2:19~20절의 말씀이 실상이 된 자다.

이렇게 실상이 되어 하나님은 진실로 살아 계신 하나님이심을 성전된 자인 진리의 성령과 성전 된 자들인 하나님의 아들들이 영영한 사역자들이 되어서 온 세상 사람들에게 하나님만이 참 신이심을 영원히 증거하고, 영광을 돌리는 것이 천국의 삶이다. 절대 상상이 아닌 실상이다.

이런 언약이 바로 조상 아브라함에게 하신 언약이었고, 이삭, 야곱, 곧 이스라엘에 이어 다윗에게 영원한 언약을 하셨고, 다윗의 자손으로 오신 예수님은 사람으로 왔으나 하나님의 아들이시라 온 땅의 모든 사람하고 다른 삶인 하나님의 말씀대로 지켜 실행하신 것이다. 육신에 속한 예수님은 십자가를 지기 싫었고, 그래서 제자들을 데리고 산에 가서 기도하신 것인데 그 행위로 말미암아 얼마나 오랜 세월, 2천 년이 다 되어 가는 2021년 이때까지 각자 자신들이 원하는 기도만 하게 만든 것이다. 귀를 돌이켜 말씀을 받지 아니하는 자들의 기도도 가증하다고 하신 말씀을 안 믿고 무엇이든지 기도만 강조한다. 이런 기도는 죄가 되어 자신들에게 보응이 있다는 것을 보지도 않고 기록된 말씀을 믿지 않는다.

하나님 앞에 죄를 지으면 진노하여 버리시고 얼굴을 가리우신다. 곧 성경을 가지고 눈으로 보아도 하나님 나라의 비밀이 보이지 아니하여 영적인 소경이 되고, 귀머거리가 되어서 하나님의 가르치심이 들리지 아니한다. 이런 자들이 전부 상상하는 자들이다. 따라서 하나님의 언약을 어긴 결과가 상상이다. 이래서 언약을 어기면 그때에 내가 그들에게 진노하여 그들을 버리며)

내 얼굴을 숨겨 그들에게 보이지 않게 할 것인즉(하나님의 얼굴을 어떻게 숨기시고, 어떻게 보이지 않게 하실까? 저 황금돔이 있는 이스라엘 사람들은 들어가 거할 땅에서 이방신들을 음란히 좇아 하나님을 버리고, 하나님의 언약을 어겨서 하나님의 진노를 일으킬 것이고, 그때에 하나님께서 그들에게 진노하여 그들을 버리실 것과 그들에게 하나님의 얼굴을 숨기실 것을 모세에게 말씀하신 그대로 사실이 되었다. 이는 모두 하나님의 언약, 곧 말씀을 어긴 결과다. 곧 말씀이 하나님이시라는 뜻도 감추어져 있다.

선지자 모세를 통하여 애굽에서 출애굽 할 때 온갖 기사와 이적을 체험하고도 그들은 하나님의 말씀을 지켜 실행하지 아니한 것이다. 이런 영적인 상태는 사실 하나님의 아들이 이 땅에 오시고도 2천여 년이 흐르도록 이어져 온 것이다. 이렇게 하나님께서 얼굴을 숨기시면 다음 말씀이 사실이 된다. 그때에 그들에게 진노하여 그들을 버리며 내 얼굴

을 숨겨 그들에게 보이지 않게 할 것인즉)

그들이 삼킴을 당하여 허다한 재앙과 환난이 그들에게 임할 그때에 그들이 말하기를 이 재앙이 우리에게 임함은 우리 하나님이 우리 중에 계시지 않은 까닭이 아니뇨 할 것이라 [18]그들이 돌이켜 다른 신을 좇는 모든 악행을 인하여 내가 그때에 반드시 내 얼굴을 숨기리라(하나님께서 얼굴을 가리우시고 숨기실 때는 다른 신을 섬길 때이며, 이때는 재앙과 환난이 임한다.)

[19]그러므로 이제 너희는 이 노래를 써서 이스라엘 자손에게 가르쳐서 그 입으로 부르게 하여 이 노래로 나를 위하여 이스라엘 자손에게 증거가 되게 하라(이래서 하나님께서 말씀하시는 노래는 하나님의 말씀을 진리대로 선포하는 것이다. 지금 이 세대는 반드시 새 노래로 오직 하나님을 위하여 불러야 하는 것이다.)

[20]내가 그들의 열조에게 맹세한 바 젖과 꿀이 흐르는 땅으로 그들을 인도하여 들인 후에 그들이 먹어 배부르고 살찌면 돌이켜 다른 신들을 섬기며 나를 멸시하여 내 언약을 어기리니 [21]그들이 재앙과 환난을 당할 때에 그들의 자손이 부르기를 잊지 아니한 이 노래가 그들 앞에 증인처럼 되리라 나는 내가 맹세한 땅으로 그들을 인도하여 들이기 전 오늘날에 나는 그들의 상상하는 바를 아노라(이렇게 명백하게 모세 당시 이스라엘이 출애굽 하여 젖과 꿀이 흐르는 땅에 들어가 거할 때 하나님의 언약인 말씀을 어기고 멸시하며 다른 신을 섬길 것을 다 알고 계셨고, 이런 영적인 상태는 다 상상하는 것이다. 당시 이 일은 1400년이 흐른 후 하나님의 아들이 이 땅에 오셨을 때도 상상하는 그대로였고, 결국

상상하는 영적인 상태는 하나님을 안 믿는 것이라는 사실을 이스라엘의 역사가 증명해 주고, 예수 그리스도 당시나 지금이나 가장 잔인하게 사형을 시킨 것이다.

이는 예수 그리스도께서 십자가에 죽으시고 부활하시고 40일 동안 구약성경을 가지고 자신에 대해서 자세히 풀어 해석하여 증거하시고 승천하신 후에도 마찬가지로 상상하는 영적인 상태였다는 것을 전 은혜로교회 성도들이 알고 증인들이다. 상상하는 영적인 상태는 하나님과 아무 관계가 없고, 성경을 가지고 눈으로 보아도 하나님의 뜻은 무엇인지 아무것도 모르는 영적인 소경이요 귀머거리이며 벙어리였다는 것은, 2021년 9월 8일 현재 전 세계 성경을 사용하는 모든 종교가 다 이렇다는 것은 명백한 실상이다.

우리 또한 마찬가지인 채 상상하는 가운데 한 몫의 삶을 살았고, 그런 영적인 상태는 하나님께서 얼굴을 숨기시고 사람들은 재앙과 환난을 당하며 하나님께서 그중에 계시지 아니하다고 말씀하신 그대로였다. 진리는 이러한데 사람들은 혀로 "오직 예수, 하나님" 하며 자신들 스스로 하나님을 잘 믿고 있다고 착각하는 교만함과 거만함이 예수 이름을 가졌다고 하는 기독교인들이라고 하는 자들임을 14년째 보고 있다. 하나님과 예수 그리스도와 아무 관계가 없는 것이었다는 것을 이 교만하고 흉악한 자들아, 아니라고 나는 잘 믿고 왔다고 반박해 보아라. 이는 하나님을 거짓말하는 분으로 만들고 대적하며 멸시하는 언행이다.

하나님과 예수 그리스도에 대해서 단 한 절도 모르면서 성경과 다른 거짓말을 듣고 믿는다고 착각하고 일생 살았고, 그런 자들이 스스로 모태 신앙이며 몇 대째 기독교 집안이라고 자랑하는 자들이었다. 귀신을 왜 더러운 귀신이라고 하는지 아느냐? 하나님의 말씀을 보고 듣고 자신의 생각, 마음, 몸이 지은 더러운 죄를 씻어야 하는데, 겉으로 보이는 외모는 물로 씻고 살면서 생각, 마음은 일생 자신의 죄를 예수님께서 십자가에 죽으실 때 이미 다 지시고 죽으셨다고 하며 지옥 불의 소리가 양심을 마비시켜서 아예 죽은 자가 된 것이다.

새 언약의 중보로 오신 예수

전대미문의 새 언약인 하나님의 가르치심을 받고도 돌처럼 강퍅한 상태인데도 10년이 지나도 더러움을 씻지 아니하고, 원욕 그대로인 채 자신은 잘 믿고 있다고 착각하며, 자신의 사심에 끌려 오늘까지 따라온 것이다. 배워서 한자리해 먹으려고 하는 상태였으니 더러움을 씻기는커녕 더 흉악한 귀신이 되어 있었던 것이다. 더 증명한다. 상상하는 자들이었던 저 이스라엘만의 일이었는지~ **신31:22절**부터 계속 보자.)

²²모세가 당일에 이 노래를 써서 이스라엘 자손에게 가르쳤더라 ²³여호와께서 또 눈의 아들 여호수아에게 명하여 가라사대 너는 이스라엘 자손을 인도하여 내가 그들에게 맹세한 땅으로 들어가게 하리니 마음을 강하게 하고 담대히 하라 내가 너와 함께 하리라 ²⁴모세가 이 율법의 말씀을 다 책에 써서 마친 후에 ²⁵여호와의 언약궤를 메는 레위 사람

에게 명하여 가로되 ²⁶이 율법책을 가져다가 너희 하나님 여호와의 언약궤 곁에 두어 너희에게 증거가 되게 하라 ²⁷내가 너희의 패역함과 목이 곧은 것을 아나니 오늘날 내가 생존하여 너희와 함께 하여도 너희가 여호와를 거역하였거든 하물며 내가 죽은 후의 일이랴 ²⁸너희 지파 모든 장로와 유사들을 내 앞에 모으라 내가 이 말씀을 그들의 귀에 들리고 그들에게 천지로 증거를 삼으리라(이 말씀대로 2021년 9월 8일인 지금 이 시간에 하나님께서 증거하신다. '천'에 해당하는 너희들도, 지금 온 세상 중에 하나님께 택하심을 입은 백성들도, '지'에 해당하는 창세 이래 모든 사람들도 다 이 말씀대로 사실이 되어 '상상'하며 한 몫의 삶을 살다가 다 죽었다.

이들 중 하늘에서 이 땅에 보내신 아들 예수 그리스도만 언약하신 그대로 삼 일 만에 영원히 죽지 아니하는 육체로 부활하셨다. 에녹, 엘리야는 구약에 인물이었고, 2021년 이 세대 우리에 대한 모형이었다. 그 외 하늘에 속했다고 하는 자들도 순교했거나 거지 나사로같이 살다가 육체가 다 죽었다. 이는 하나님의 얼굴을 숨기시고 그들은 언약을 지키지 않았다는 명백한 증거다. '천'에 해당하는 자들이 다 이러한데, '지'에 해당하는 사람들은 더 말할 필요가 없어서 안 하는 것이다.

그래서 하나님께서 인간에게 세우신 장막을 떠나신다. 이렇게 되어 이스라엘 백성들은 재앙과 환난이 닥친 것이다.

시78:56~64 ⁵⁶그럴찌라도 저희가 지존하신 하나님을 시험하며 반항하여 그 증거를 지키지 아니하며 ⁵⁷저희 열조같이 배반하고 궤사를 행하여 속이는 활같이 빗가서 ⁵⁸자기 산당으로 그 노를 격동하며 저희 조각한 우상으로 그를 진노케 하였으매 ⁵⁹하나님이 들으시고 분내어 이스라엘을 크게 미워하사 ⁶⁰실로의 성막 곧 인간에 세우신 장막을 떠나시고 ⁶¹그 능력된 자를 포로에 붙이시며 자기 영광을 대적의 손에 붙이시고 ⁶²그 백성을 또 칼에 붙이사 그의 기업에게 분내셨으니 ⁶³저희 청년은 불에 살라지고 저희 처녀에게는 혼인 노래가 없으며 ⁶⁴저희 제사장들은 칼에 엎드러지고 저희 과부들은 애곡하지 못하였도다

저 이스라엘의 언행과 결과를 기록하신 목적은 지금 이 세대에게 교훈하시고 전대미문의 새 언약을 믿고 지켜 실행하여 육체도 죽지 아니하고 영원히 살리시기 위함이었다. 당시 이스라엘뿐만 아니라 2021년 지금 이 세대까지 하나님의 증거하신 언약을 지켜 실행하지 아니했고 역사가 이를 증거해 준다. 이래서 이 온 땅의 역사는 재앙과 환난이 반복되어 왔다. 천지를 창조하신 여호와 하나님의 언약을 배반하고 하나님께서는 하나님의 얼굴을 숨기신 것이다.

이렇게 이어져 오다가 1400년 후에 이 땅에 보내신 예수 그리스도를 알아보지 못하고 계속 죄를 지을 것을 당시 욥을 통해서 예언하시고 증거를 삼으셨다. **욥16:6~22절**이다.

"⁶내가 말하여도 내 근심이 풀리지 아니하나니 잠잠한들 어찌 평안하랴 ⁷이제 주께서 나를 곤고케 하시고 나의 무리를 패괴케 하셨나이다 ⁸주께서 나를 시들게 하셨으니 **이는 나를 향하여 증거를 삼으심이라** 나의 파리한 모양이 일어나서 대면하여 나의 죄를 증거하나이다 ⁹그는 진

노하사 나를 찢고 군박하시며 나를 향하여 이를 갈고 대적이 되어 뾰족한 눈으로 나를 보시고 [10]무리들은 나를 향하여 입을 벌리며 나를 천대하여 뺨을 치며 함께 모여 나를 대적하는구나(이 예언은 예수 그리스도께서 1430년이 지난 후에 자칭 하나님을 섬기고 믿는다고 하는 유대인들에게 실상으로 겪으실 고난을 예언하신 것이다. 이 예언은 사실이 되었다. 이는 유대인들을 하나님께서 버리신 결과로 인하여 더 큰 죄, 더 큰 악행을 저지른 것이다. 이 죄로 인해 2021년 9월 8일 현재까지 저 이스라엘, 유대인들을 보아라. 아무도 하나님의 얼굴을 보지 못하며 전 세계에 나그네가 되어 핍박과 멸시, 천대, 조롱을 받았고, 지금도 저 후손들은 보응을 받고 있다. 유다의 자손으로 하나님의 아들을 보내신 하나님의 사랑을 보지도 듣지도 못하고 도리어 가장 잔인하게 죽인 것이다. 그리하고도 지금까지 악행을 한다.)

[11]하나님이 나를 경건치 않은 자에게 붙이시며 악인의 손에 던지셨구나 [12]내가 평안하더니 그가 나를 꺾으시며 내 목을 잡아던져 나를 부숴뜨리시며 나를 세워 과녁을 삼으시고 [13]그 살로 나를 사방으로 쏘아 인정 없이 내 허리를 뚫고 내 쓸개로 땅에 흘러나오게 하시는구나(이 예언대로 그대로 십자가에서 겪으셨다. 이렇게 이미 1430년 전에 예언해 두셨어도 당시 유대인 대제사장들, 곧 오늘날 교회 목사들은 성경을 보고 가르치면서 믿지 않았고, 그 증거가 예수 그리스도를 죽인 것이며, 지금 이 시간까지 예수 그리스도를 믿지 아니한 자들이 바로 유대교인들, 곧 전 세계 유대인들이다. 이들은 유대교에서 예수 그리스도를 믿는 천주교, 기독교로 개종하면 육으로 가족이라도 호적에서 빼버리고 사람

취급을 하지 않고 핍박하고 버렸다. 지금 현재 저 황금돔이 있는 이스라엘 나라에 기독교인들은 유대인들에게 핍박을 당하고 있다.

왜 이렇게 되었나? 전 세계 중에 유일하게 하나님의 선민으로 택함을 입었는데 자신들의 영원한 복, 영원한 의이신 하나님의 언약을 멸시하고 패역하여 믿지 아니함으로 하나님께서도 그들을 버리시고 그들에게 심판하신 결과로 인한 것이다. 그 증거가 **히8:9절**이다.

히8:9 또 주께서 가라사대 내가 저희 열조들의 손을 잡고 애굽 땅에서 인도하여 내던 날에 저희와 세운 언약과 같지 아니하도다 저희는 내 언약 안에 머물러 있지 아니하므로 내가 저희를 돌아보지 아니하였노라

저 유대인들은 2021년 9월 8일 지금 이 시간까지도 이 판결을 안 믿고 무시하고 멸시한다. 지금도 교만하여 혀로 "하나님" 하며 자신들은 하나님께 복을 받고 있다고 자긍하고, 지금도 유대교 선생들은 자신들만이 정통 유대인, 곧 선민이라고 하며 '랍비'라 칭하고 있다. 하나님의 판결은 자신들을 버리시고 돌아보지 아니하시고 재앙을 내려 심판하시고 그들과 아무 관계가 없는데도 말이다.

또 **호4:6~10절**에도 BC 650년경에 이미 판결해 두셨다. "⁶내 백성이 지식이 없으므로 망하는도다 네가 지식을 버렸으니 나도 너를 버려 내 제사장이 되지 못하게 할 것이요 네가 네 하나님의 율법을 잊었으니 나도 네 자녀들을 잊어버리리라 ⁷저희는 번성할수록 내게 범죄하니 내가 저희의 영화를 변하여 욕이 되게 하리라 ⁸저희가 내 백성의 속죄 제

물을 먹고 그 마음을 저희의 죄악에 두는도다 ⁹장차는(이 '장차'는 2671
년이 지난 2021년 지금 이 세대이며, 땅에서 성경을 사용하는 모든 종
교 유대교, 천주교, 기독교 그 외 모든 종교인들이 다 이에 해당한다. 곧
유대인들이나 헬라인이나 이방인들이나 다 동일하게 이 예언대로 범죄
하고 있었다. 장차는)

백성이나 제사장이나 일반이라(진실로 지금 이러하다. 너희들도
14년째 이 새 언약을 받기 전에 다 이러했다. 이 진리를 받으면서 이러
한 자는 그래서 이인규, 박형택이보다 더 악하다는 것이다.)

내가 그 소행대로 벌하며 그 소위대로 갚으리라 ¹⁰저희가 먹어도
배부르지 아니하며(성경을 가지고 성경과 다른 거짓말을 듣고 "아멘" 하
여 마음에 받고 실제 떡과 포도주로 회개하며 성찬식에서 먹고 마셔도,
썩는 양식을 먹고 마셨기 때문에 일생 설교를 들어도 영적으로 배부르
지 않을 것을 미리 예언하셨고, 이 말씀대로 은혜로교회 성도들은 이미
경험했으며, 그로 인해 하나님의 말씀을 찾고 찾았던 것이다.

문제는 먹어도 배부르지 않은 썩는 양식을 먹으면서 배부르지 않
다는 것, 곧 영혼이 갈급하여 죽을 것 같다는 생각을 안 한다는 것이다.
이는 하나님과 예수 그리스도와 아무 관계가 없는 악인이며, 그런 악인
의 몽둥이인 귀신의 처소 바벨론에 있는 자들, 애굽의 바로왕 아래 압제
당하고 있는 자들인데도 귀신들에게 속아서 죽어서 천국 간다고 착각하
고 있는 것이다.

그래서 귀신의 정체, 원수, 대적자의 정체를 모르면 아들 예수님이
라도 그들의 손에 사형당한다는 것을 증거로 주셔도 모르고 있는 명백

한 증거다. 따라서 귀신의 처소 바벨론 왕, 곧 악인의 몽둥이 아래 있는 자들은 하나님의 얼굴을 보지 못할 뿐만 아니라, "예수, 예수"라고 혀로 아무리 말해도 그 기도도 듣지 아니하시고 악인이 되어 몽둥이 아래 폭행당하고 살해당하고 있는 것이다.

'애굽' 왕 바로 아래도 마찬가지로 강포를 당하여 하나님과 상관이 없이 상상하고 있는 것이다. 그래서 바벨론에서 도망하라고 하신 것이다. 이들은 번성할수록 점점 더 악으로 달려간다. 이런 세상이 바로 2021년 지금 이 세대다. 성경이 모든 것을 죄 아래 가두어 둔 기간 6일에 속할 때였고, 다른 말로 하면 영적인 밤을 지날 때, 바로 우리의 한 몫의 삶이었다. 그래서 낙토에 가서 의인과 악인이 결판난다고 한 것이고, 사실이 되었다. 다시는 너희 입에서 유대인의 천재 교육이라는 말을 쓰지 마라. 왜 저 무슬림들을 들어 기독교인들을 죽이는 것을 보고 계시는지 하나님의 본마음을 사람들이 모른다. 다시 저희가 먹어도 배부르지 아니하며)

행음하여도 수효가 더하지 못하니 이는 여호와 좇기를 그쳤음이니라(하나님을 좇는 것은 언약을 믿고 지켜 실행하는 것이다. 하나님의 언약, 다른 말로 계명을 사람이 버리면 하나님께서도 그 사람을 버리시고 그 자식을 버리신다. 이런 진리를 구약은 율법이라고 하여 무시, 멸시하고 버렸으니 하나님께서도 그들을 버리신 것이고, 그 자식들도 다 버린 것이고, 성경을 사용하고 "주여 주여" 해도 하나님과 예수 그리스도와 아무 관계가 없다.

이 증거가 **마7:13~27절**의 예언이고, 멸망으로 인도하는 문은 크고 넓어서 그리로 들어가는 자들은 전부 불법을 행하는 자들로 예수 그리스도께서도 나는 도무지 너를 모른다고 하시고 내게서 떠나가라고 하신 말씀이 명백한 증거다.

그러므로 2021년 이 세대까지 성경을 가지고도 천국의 비밀을 단 하나도 모르고 불법으로 주의 이름으로 귀신 쫓고, 병 고치고 많은 권능을 행하였다고 하는 자들은 악인들이며, 크고 넓은 문에 있는 멸망으로 인도하는 교회들이다. 이런 영적인 상태에 은혜로교회가 생명으로 인도하는 좁고 협착한 문이 된 것은 히9:10절의 성경적인 온전한 개혁을 하나님께서 친히 하시기 때문이다.

하나님께서 당신의 얼굴을 가리실 때에는 사람들이 하나님의 언약을 버리고, 다른 말로 계명을 버리고, 혀로 "주여 주여" 말만 하는 불법하는 자요, 귀신의 처소이며, 애굽 왕 바로의 압제 아래 귀신의 왕, 용이요, 옛 뱀이며, 사단이며, 마귀의 세력이요, 악인의 몽둥이 아래 강포를 당하고 있는 것이다.)"

이런 진리의 눈으로 다시 욥16:14절 "¹⁴그가 나를 꺾고(이 예언이 예수 그리스도께서 십자가에 죽으실 것을 예언하신 것이다.) 다시 꺾고(이 예언은 3408년이 지난 2008년 6월 16일에 하나님께서 친히 일어나셔서 나를 그릇으로 사용하셔서 현재 2021년 9월 8일 이 시간에도 다시 꺾으시고 계신다.) 용사같이 내게 달려드시니(전대미문의 새 언약으로 지금 돌아서지 아니하면 악인의 몽둥이보다 더 악한 자들을 사용하셔서 심판하신다.

시78:65~66 ⁶⁵때에 주께서 자다가 깬 자같이, 포도주로 인하여 외치는 용사같이 일어나사 ⁶⁶그 대적을 쳐 물리쳐서 길이 욕되게 하시고

이 예언대로 14년째 전대미문의 새 언약으로 택한 자들인 너희들을 일으켜 깨우시고 귀신의 처소, 애굽 같은 곳에서 건져 내신 것이다. 따라서 이 일을 훼방하는 자들은 길이, 곧 영원히 욕되게 하신다. 나와 이미 영생을 얻은 자로 이 땅에 보내신 우리를 욕하고 이단이라 정죄한 자들은 결국 교회 안에 혀로 "주여 주여" 하는 악인들이었다.

"오직 예수" 하며 자신들은 이미 예수를 잘 믿고 있다고 생각하고, 하나님의 가르치심을 거절하는 자들을 다시 꺾고 계신다. 따라서 BC 1400년에 예언하신 이 예언이 2021년 9월 8일 현재, 3421년이 지난 이 때 실상이 되는 예언이었다. 그러니 당시 욥도, 예수 그리스도께서도 예수 이름 사용하고 있는 이 세대에까지 이 예언이 이제 사실이 되어 이루어지는 실상인지 모르는 천국의 비밀이었다.)

¹⁵내가 굵은 베를 꿰어매어 내 피부에 덮고 내 뿔을 티끌에 더럽혔구나(이래서 '티끌'을 연휼히 여긴 것이고, 이제 티끌을 떨어 버리라고 하신 것이다. 이런 티끌들은 모두 "주여, 예수여" 하며 원욕 그대로인 채 영적으로 아예 죽은 자가 되어 영원한 언약을 받고도 배반하여 회개치 아니하는 자들이다. 이들이 다 사망과 음부의 열쇠만 믿고 교만하고 거만한 귀신이 주인인 자들이다. 이런 티끌이 하는 언행이 예수 이름으로 미쳐 있어서 예수 그리스도를 욕먹이고, 하나님을 욕먹이는 것을 이렇게 말씀하신 것이다.)

^{16}내 얼굴은 울음으로 붉었고 내 눈꺼풀에는 죽음의 그늘이 있구나 ^{17}그러나 내 손에는 포학이 없고 나의 기도는 정결하니라('정결한 기도'는 성경대로 하는 기도다. 그리고 "내 눈꺼풀에는 죽음의 그늘이 있구나"라는 예언은 예수 그리스도의 십자가 죽으심과 예수 이름으로 모두 육체가 한 번 죽을 것을 뜻하는 것이다.

이해를 위해 해답을 가보자. 하나님께서는 미리 말씀해 두셨다. 택한 자녀들은 계명대로 기도하고 지켜 실행해야 한다.

잠4:20～27 ^{20}내 아들아 내 말에 주의하며 나의 이르는 것에 네 귀를 기울이라 ^{21}그것을 네 눈에서 떠나게 말며 네 마음 속에 지키라 ^{22}그것은 얻는 자에게 생명이 되며 그 온 육체의 건강이 됨이니라 ^{23}무릇 지킬 만한 것보다 더욱 네 마음을 지키라 생명의 근원이 이에서 남이니라 ^{24}궤휼을 네 입에서 버리며 사곡을 네 입술에서 멀리하라 ^{25}**네 눈은 바로 보며 네 눈꺼풀은 네 앞을 곧게 살펴** ^{26}네 발의 행할 첩경을 평탄케 하며 네 모든 길을 든든히 하라 ^{27}우편으로나 좌편으로나 치우치지 말고 네 발을 악에서 떠나게 하라

이 말씀으로 분별하면 "내 눈꺼풀에는 죽음의 그늘이 있구나"라는 말은 예수 그리스도께서는 하나님 우편에 앉아 계시므로 **잠4:27절**의 말씀대로 우편으로나 좌편으로나 치우치지 않고 바른 길, 곧 정로를 가면 육체도 죽지 아니하는 온전한 생명에 이름을 말씀하신다. 그런데 예수님 당시는 하나님께서 정하신 때가 아니어서 그랬지만, 우편에 속한 자

도 반드시 육체가 한 번 죽어야 한다. 따라서 예수 이름 사용하는 우측, 오른편, 우편에 속한 자들은 순교자들과 거지 나사로같이 살다가 낙원에 가 있는 사람들이다. 그래서 중층까지는 반드시 육체가 한 번 죽는다는 것을 **욥16:16절**에 예언해 두신 것이다.

또한 예수 그리스도께서 신령한 몸으로 부활하신 후에 하나님께 세세토록, 곧 영원토록 받으신 열쇠가 '사망과 음부의 열쇠'라는 말씀의 뜻과 같다.

마5:29 만일 네 오른눈이 너로 실족케 하거든 빼어 내버리라 네 백체 중 하나가 없어지고 온 몸이 지옥에 던지우지 않는 것이 유익하며

이유가 우편으로 치우쳐도 영생과 관계가 없기 때문이다. 성경을 기록한 저자들도 다 우편에 해당한다. 예수 그리스도께서도 우편이다.

마18:7~9 ⁷실족케 하는 일들이 있음을 인하여 세상에 화가 있도다 실족케 하는 일이 없을 수는 없으나 실족케 하는 그 사람에게는 화가 있도다 ⁸만일 네 손이나 네 발이 너를 범죄케 하거든 찍어 내버리라 불구자나 절뚝발이로 영생에 들어가는 것이 두 손과 두 발을 가지고 영원한 불에 던지우는 것보다 나으니라 ⁹만일 네 눈이 너를 범죄케 하거든 빼어 내버리라 한 눈으로 영생에 들어가는 것이 두 눈을 가지고 지옥 불에 던지우는 것보다 나으니라

예수 그리스도의 이름으로 좌편에 치우친 불법하는 자들이 나올 것과 우편에 치우치는 자들 또한 얼마나 많은 사람들을 실족하게 하였는지 예수님도 모르셨고, 신약성경을 기록한 저자들도 몰랐다. 이렇게 될 것을 욥16:16절에 "내 눈꺼풀에는 죽음의 그늘이 있구나"라고 하신 말씀 속에 감추어 두신 천국의 비밀이다. 그래서 잠6:1~5절에서도 이렇게 예언해 두셨고, 이 세대 우리에게 하신 계명이다. 곧 아들에게 하시는 아버지의 계명이다.

> 잠6:1~5 [1]내 아들아 네가 만일 이웃을 위하여 담보하며 타인을 위하여 보증하였으면 [2]네 입의 말로 네가 얽혔으며 네 입의 말로 인하여 잡히게 되었느니라 [3]내 아들아 네가 네 이웃의 손에 빠졌은즉 이같이 하라 너는 곧 가서 겸손히 네 이웃에게 간구하여 스스로 구원하되 [4]**네 눈으로 잠들게 하지 말며 눈꺼풀로 감기게 하지 말고** [5]노루가 사냥군의 손에서 벗어나는 것같이, 새가 그물 치는 자의 손에서 벗어나는 것같이 스스로 구원하라

잠6:1~5절의 말씀은 목회를 하는 지도자에게 하신 말씀이다. 성경을 가지고 천국의 비밀을 모르고 가르치고 설교하면 이웃을 위하여 자신이 담보한 것이며, 타인을 위하여 보증한 것이다. 사람은 사람을 변화시킬 수도 없고 구원할 수도 없다. 하나님은 창조주시라 당신의 뜻대로 천지 만물을 경영하시는데 하나님의 뜻을 알지 못하면서 교회만 나오면 다 구원받았다고 가르치고, 예수님을 믿는다고 입으로 말만 하면 이미

"예수님이 당신 속에 계신다"라고 거짓말하고 "죽어서 천국 간다, 어떤 죄를 지어도, 심지어 연쇄살인자도 혀로 '믿습니다' 하면 구원받았다"라고 설교하는 자들은 다 이웃의 손에 빠진 것이다.

'담보'란 장차 남에게 끼칠지도 모르는 손해의 보상이 되는 것, 또는 그 보상이 되는 것을 제공하는 일을 뜻한다.

창43:1~9절을 찾아서 합독하거라. 야곱, 곧 이스라엘이 기근을 만나서 요셉이 총리로 있는 곳에 가서 양식을 구하였고, 그 양식이 떨어져서 다시 구하러 갈 때 요셉의 요구가 동생 베냐민을 데리고 오라고 한 것이다. 양식이 떨어지자 다시 양식을 사러 가야 할 때 아버지 이스라엘, 곧 야곱에게 유다가 하는 말이다.

창43:8~9 [8]유다가 아비 이스라엘에게 이르되 저 아이를 나와 함께 보내시면 우리가 곧 가리니 그러면 우리와 아버지와 우리 어린 것들이 다 살고 죽지 아니하리이다 [9]내가 그의 몸을 담보하오리니 아버지께서 내 손에 그를 물으소서 내가 만일 그를 아버지께 데려다가 아버지 앞에 두지 아니하면 내가 영원히 죄를 지리이다

곧 담보로 요셉의 동생 베냐민을 같이 가게 해 달라고 한다. 다른 말로 하면 '약조물, 보증물'이라고 한다. 창38:17~18절에 유다가 창녀로 분장한 며느리 다말과 동침 후 대가로 준 도장과 끈 지팡이가 약조물이었고, 욥17:3절에서 "청컨대 보증물을 주시고 친히 나의 보주가 되옵소서 주 외에 나로 더불어 손을 칠 자가 누구리이까"라고 욥은 하나님께

보증물을 달라고 한다.

히7:20~25절을 보자. "²⁰또 예수께서 제사장 된 것은 맹세 없이 된 것이 아니니(이 말은 예수 그리스도를 하나님께서 보내시겠다고 이미 언약해 두신 것을 뜻한다.

히6:13~20 ¹³하나님이 아브라함에게 약속하실 때에 가리켜 맹세할 자가 자기보다 더 큰 이가 없으므로 자기를 가리켜 맹세하여 ¹⁴가라사대 내가 반드시 너를 복 주고 복 주며 너를 번성케 하고 번성케 하리라 하셨더니 ¹⁵저가 이같이 오래 참아 약속을 받았느니라 ¹⁶사람들은 자기보다 더 큰 자를 가리켜 맹세하나니 맹세는 저희 모든 다투는 일에 최후 확정이니라 ¹⁷하나님은 약속을 기업으로 받는 자들에게 그 뜻이 변치 아니함을 충분히 나타내시려고 그 일에 맹세로 보증하셨나니 ¹⁸이는 하나님이 거짓말을 하실 수 없는 이 두 가지 변치 못할 사실을 인하여 앞에 있는 소망을 얻으려고 피하여 가는 우리로 큰 안위를 받게 하려 하심이라 ¹⁹우리가 이 소망이 있는 것은 영혼의 닻 같아서 튼튼하고 견고하여 휘장 안에 들어가나니 ²⁰그리로 앞서 가신 예수께서 멜기세덱의 반차를 좇아 영원히 대제사장이 되어 우리를 위하여 들어가셨느니라

이렇게 말씀하신 것은 이미 아브라함에게 하나님께서 맹세하신 대로 너를 반드시 복 주고 복 주며 번성케 하고 번성케 하리라고 하신 대로 하나님께서 아브라함의 자손으로 예수 그리스도를 보내실 것을 약속하셨고, 그 약속대로 예수 그리스도를 이 땅에 보내셨다. 이는 2021년 9

월 9일 이 시간까지 전 세계에 예수 이름이 퍼졌고, 셀 수 없는 많은 사람이 예수 그리스도를 믿는다고 하는 천주교, 기독교인들이 예수 이름으로 예배를 드리고 기도한다. 따라서 예수 그리스도는 어느 날 갑자기 대제사장이 된 것이 아니라, 미리 하나님께서 구약성경에 약속, 곧 맹세하신 그대로 이 땅에 오셔서 대제사장이 된 것을 두고 히7:20절에 이렇게 말씀하신 것이다.

곧 예수께서 제사장 된 것은 맹세 없이 된 것이 아니고, 하나님께서 미리 우리 조상 아브라함에게 맹세하시고 당신이 정하신 때가 되어 이 땅에 오셨고, 정하신 뜻대로 대제사장이 되신 것이다. 이는 욥17:3절에 욥이 하나님께 보증물을 달라고 기도한 그대로 예수께서 보증물로 이 땅에 오신 것이다. 따라서 예수 그리스도는 더 좋은 언약인 히브리서 8장의 새 언약의 보증으로 이 땅에 오신 것이다. 알아듣고 있느냐?

맹세는 사람들이 다투는 모든 일에 최후 확정이다. 그래서 예수 그리스도께서 이 땅에 오시고 구약의 모든 역사, 시간을 다 무효하고, 1년 1월 1일로 다시 땅의 역사가 시작된 것이다. 이는 하나님께서 당신이 하신 말씀은 불변하는 진리임을 증거하시는 보증물이다. 다시 말하면 절대 변하지 않고 거짓말하시는 하나님이 아니심을, 약속을 지키신다는 것을 증거로 주신 것이다. 이는 더 좋은 언약인 14년째 하나님께서 친히 하시고 계시는 영원한 언약을 믿으라고 주신 보증이었다.

이렇게 예수 그리스도를 보증물로 주신 이유는 하나님의 약속을 기업으로 받는 자들에게 하나님의 뜻이 절대 변치 아니하심을 믿으라고 아들을 이 땅에 보내신 것이다. 이는 진실로 사실이 되었다. 하나님의 뜻은 사람이 하나님의 계명을 지켜 행하면 하나님처럼 영원히 사는 영생을 주신 것과 하나님께서 행하신 일은 영원히 있고, 이렇게 영생을 얻은 자가 들어가는 곳이 하나님 나라, 곧 천국이다.

이런 약속, 곧 언약이 영원한 언약이며, 이 언약을 아브라함에게 하셨고, 그 약속은 아들 이삭에게 이어졌으며, 이삭은 두 아들이 있었으나 야곱에게 이어지고, 이스라엘, 곧 야곱이 하나님의 말씀으로 거듭나면 이름을 '이스라엘'이라 하셨으며, 하나님의 약속, 곧 영원한 언약은 다윗에게 이어진다. 그래서 예수 그리스도는 아브라함, 이삭, 야곱, 곧 이스라엘, 다윗의 자손으로 이 땅에 오신 것이다. 약속이 실상이 되었으니 구약뿐만 아니라 창세 이래 하나님만 아시는 모든 세월, 시간을 다 무효하고 다시 1년 1월 1일로 시작한 것이 현재 땅에서 온 세상 사람들이 사용하고 있는 2021년 9월 9일이라는 역사가 된 것이다.

이는 온 천지 만물이 다 하나님께서 창조주이심을 증명하는 것이므로 온 천지에 있는 다른 모든 종교는 다 무효하고 없어져야 할 헛된 것임을 증명하시는 하나님의 증거다. 그런데 왜 실상의 아브라함, 이삭, 야곱, 이스라엘, 다윗은 약속은 받았는데 그들에게 이루어지지 않았을까? 이에 대한 해답은 이미 14년째 증명하고 있고, 영원히 증명한다. 이래서 전 성경 기록 목적을 알아야 하고, 하나님의 정하신 때가 있음을 성경대로 분별하여 알고 믿어야 하는 것이다.

다시 **히7:21절**로 가자.) ²¹저희는 맹세 없이 제사장이 되었으되(이 저희에 해당하는 자들이 다 **잠6:1절**에 이웃을 위하여 담보하며 타인을 위하여 보증한 자들이다. 사실, 이 말은 너무 엄청난 뜻을 담고 있는 말이다. 예수 그리스도께서 요10:7~12절에 예수 그리스도보다 먼저 온 자들인 절도요 강도요 도적질하는 자들이며, '이리'라고 하신 말씀의 주인공들이다. 또 다른 말로 하면 하나님께서 보내신다고 약속하신 제사장들이 아니다.

문자 그대로 말하면 구약의 제사장들을 지칭하시는 것이다. 주인이신 예수 그리스도가 이 땅에 오실 때까지 사용된 사람들이고, 이에 대한 증거가 실상의 주인이 이 땅에 오시니까 그때까지의 모든 역사는 다 무효하신 것이 명백한 증거다. 왜 이렇게 하시느냐고 그 누구도 반문할 수 없다. 이는 창조주 하나님의 마음이며, 하나님께서 그렇게 정하신 것이다.

심지어 예수 그리스도께서도 한 몫의 삶일 때 하신 일들은 다 무효하신다. 이에 대해서도 미리 다 말씀해 두셨다. 그래서 달도 무색하다고 하셨고, 포도나무는 제조에 합당치 않다고 하셨으며, 온전한 것이 올 때에는 부분적으로 하던 것은 다 폐할 것이라고 하셨고, 히브리서 8장의 새 언약을 시작하실 때까지 보증으로 주신 것이다.

그러므로 14년째 이 일은 전대미문의 새 언약이며, 새 일이고, 온전한 것이며, 온전한 지혜다. 이때가 될 때까지 하나님께서 보증물로 주셔서 예수 그리스도께서 불가불, 곧 어쩔 수 없이 하나님께서 정하신 때가 될 때까지 왕 노릇 하시고 계신 것이다. 이렇게 경영하실 것을 이미 욥기에, 구약성경에 다 예언해 두셨던 것이다. 이래서 예수께서 "내 나라는 이 세상이 아니라"라고 하셨던 것이고, 하나님의 나라는 하나님의 뜻을 행하는 자라야 들어간다고 하셨던 것이다.

그래서 성경이 모든 것을 죄 아래 가두어 두셨다고 하셨고, 믿음이 올 때까지 예수 그리스도를 통한 약속은 실상이 되지 않고 있었던 것이다. 따라서 나를 통한 이 일은 히9:10절의 말씀대로 개혁할 때까지 맡겨 둔 것이라고 하신 말씀을 땅에 실상으로 이루시는 전대미문의 새 일이다. 나에 대해서도 하나님께서 미리 약속해 두셨고, 성도들에 대해서도 이미 약속해 두신 것이며, 이는 다른 말로 하면 하나님께서 이 세대 우리를 영원한 제사장으로 쓰시려고 아들 예수 그리스도를 보증물로 주신 것이다.

그러므로 반드시 생명책에 이름이 기록된 자들이 온전히 구원을 받고 영생을 얻어 하나님의 나라를 땅에서 이루는 것이다. 이렇게 되라고 계속 "네 눈으로 잠들게 말며 눈꺼풀로 감기게 하지 말라"라고 하신 것이다. 이렇게 계명을 받아 지켜 행할 자는 하나님의 아들들이다. 그래서 "내 아들아"라고 하신 것인데 욥16:16절에 "내 눈꺼풀에는 죽음의 그늘이 있구나"라고 하신 예언은 명백하게 예수 그리스도에 대한 예언이었고, 혀로 "오직 예수" 하는 순교자와 거지 나사로같이 육체가 한 번 죽어서 정하신 때에 신령한 몸으로 다시 부활하는 자들과, 반대로 혀로 살았다 하는 예수 이름을 가졌으나 영적으로 완전히 죽은 자들도 다 이에 해당한다.

현재 '눈꺼풀'에 대해서 비밀을 밝히는 중이다. 그래서 욥16:14절에 "나를 꺾고 다시 꺾고"라고 하신 것이다. 알아듣고 있느냐?

따라서 예수 그리스도께서 이 땅에 오시기 전에 이미 십자가에 죽으실 것을 다 예언해 두셨고, 나도, 우리도 이 땅에 오기 전에 다 예언해 두신 것이다. 또 악인들도 마찬가지다. 하나님께서 미리 정하신 뜻대로 온 세상 천지 만물을 경영하시는 것이다. 하지만 이는 하나님의 뜻이고, 사람은 사람에게 주어진 자유의지로 하나님의 뜻대로 살아야 할 의무가 있고, 이렇게 할 때 하나님께서 약속하신 뜻이 자신들에게 사실이 되는 것이다.

하나님의 뜻은 아무 때나, 아무한테나 알게 하시지 않는다. 그래서 "내 아들아"라고 하시고, 아들에게 주신 계명이기에 하나님의 아들로 이미 이 땅에 보냄을 받은 너희들은 하나님의 가르치심이 맞다고 믿고 지켜 실행하고 있는 것이다.

예수 이름으로
실족해 있는 자들

'저희는 맹세 없이 제사장이 되었으니'에 해당하는 사람들은 아무도 하나님의 뜻을 알지 못했고, 결국 다 죽은 것이다. 이러니 "내 눈꺼풀에 죽음의 그늘이 있구나"라고 하는 것은 예수님이 하나님께 세세토록 받으신 사망과 음부의 열쇠인 줄 모르고, "오직 예수" 하며 너도나도 성경을 가르치고 설교하는 지도자들이 되어 '이웃을 위하여 담보하고 타인을 위하여 보증'한 자가 된 것이다.

이렇게 2021년 9월 9일인 지금 이 시간까지 성경을 가지고 성경과 다른 거짓말로 설교하여 교인들의 보증이 된 자는 **잠6:3절**에 네 이웃의 손, 곧 예수 그리스도께서 오른손이 되어 그 손에 빠진 것이다. 또한 잠 6:2절에 "네 입의 말로 네가 얽혔으며 네 입의 말로 인하여 네가 잡히게 되었느니라"라고 하신 말씀이 사실이 되어 있다는 뜻이다. 곧 예수 이름에 잡혀서 실족한 것이다. 다른 말로 하면 사망과 음부의 열쇠 안에 갇힌 것이고, 또 다른 말로 하면 영원한 결박으로 캄캄한 흑암에 갇힌 것이다.

그래서 "누구든지 나를 인하여 실족하지 아니하는 자는 복이 있도다"라고 하신 것이고, '네 오른눈이 너로 실족케 하거든'에 해당하여 성경을 눈으로 보아도 천국의 비밀이 보이지 않았고, 하나님께서 친히 가르치시고 나를 통해 대언하시는 말씀을 받아도 알아 들리지 않고, 그러니 깨닫지 못하는 것이다. 이는 치명적인 심판을 받고 있는 것이다.

그리고 14년째 너희들에게서 오른눈을 빼고 있다. 오른발은 이미 빼어 버렸는데 귀신은 계속 부인하고 거절하여 혀로 말만 하는 한 몫의 삶이 좋아서 일하기 싫어하고 죄를 지어도 '이미 예수님이 내 죄를 다 지시고 죽으셨는데~' 하고 귀신의 뿌린 씨를 자신이 가지고 있는 것이다. 이런 자는 영적인 잠에서 깨지 않은 것이고, 계속 그대로 있으면 너는 하나님의 나라와 아무 관계가 없다. 이렇게 계속 패역하면 하나님께서 은혜를 거두신다. 그 경고가 티끌을 떨어 버리라고 하신 말씀이다.

그러므로 지금 이 세대 성경을 사용하는 모든 종교인들은 혀로 하나님, 예수님만 부르면 이미 구원을 받았다고 하는 거짓말에서 참 진리인 영원한 언약으로 돌아서야 한다. 예수 이름으로 실족케 되어 있는 자들은 이제 바른 길, 곧 정로로 돌아서야 한다.

바꾸어 말하면 예수 이름으로 실족케 되어 있는 자는 지옥에 들어

간다. 이미 구덩이에 빠져 있다. 이들은 다 맹세 없이 자신들이 스스로 자원하여 자칭 목사가 된 자들이다. 이들을 두고 히7:21절에 "저희는 맹세없이 제사장이 되었으되"라고 하신 것이다. 이런 자들을 교황, 사제, 신부, 목사라고 하며 섬기고 있으니 그들의 예배, 헌신, 헌금을 받지 않으신다. 다 헛된 일이고, 썩는 양식을 위해 일한 것이다. 이래서 다 무효하는 것이고, 한 몫의 삶을 완전히 버리는 것이다.)

오직 예수는 자기에게 말씀하신 자로 말미암아 맹세로 되신 것이라(예수님이 대제사장이 되신 것은 이미 하나님께서 미리 말씀하신 대로 이 땅에 오셨고, 혀로 말만 하시고 가만히 계신 것이 아니라 하나님의 뜻대로 지켜 자신을 온전히 드림으로, 곧 십자가를 지심으로 하나님의 뜻대로 되신 것이다.)

주께서 맹세하시고 뉘우치지 아니하시리니 네가 영원히 제사장이라 하셨도다(이렇게 영원히 제사장이신데 왜 실상으로 계셔서 하나님께 실제로 제사, 곧 예배를 드리시지 않는 것일까?) [22]이와 같이 예수는 더 좋은 언약의 보증이 되셨느니라"

예수 그리스도께서 이 땅에 오시기 전에 목회를 하고 있었던 당시 유대인들, 대제사장들, 서기관들, 바리새인들은 다음 예언이 실상이다.

잠17:18 지혜 없는 자는 남의 손을 잡고 그 이웃 앞에서 보증이 되느니라

이는 예수님 당시 그들만이 아니라, 예수님께서 승천하시고 하나님

의 가르치심을 대언하는 진리의 성령이 실상이 될 때까지 이어져 온 것이다. 그래서 또 이렇게 말씀하신다.

잠22:26 너는 사람으로 더불어 손을 잡지 말며 남의 빚에 보증이 되지 말라

이 말씀을 사람이 본능적으로 아는 것으로 보면 하나님 나라와 아무 관계가 없다. 그래서 사람에게서 증거를 취하지 않으신다고 한 것이다. 예수 그리스도는 더 좋은 언약의 보증으로 하나님께서 이 땅에 보내셨다는 것은 반드시 전대미문의 새 언약인 영원한 언약을 하실 때가 있고, 그 언약을 하실 때 언약을 받는 사람들로 하여금 믿으라고 보증하신 것이다.

그래서 다음과 같이 예언하셨다. **고후1:20절**이다. "하나님의 약속은 얼마든지 그리스도 안에서 예가 되니(하나님의 약속은 본래 영원한 약속이다. 그런데 아브라함, 이삭, 야곱, 이스라엘, 다윗에게 약속하신 언약이 당시에 땅에서 실상으로 이루어진 약속이 아니었다. 이는 이미 증명된 사실이다. 그런데 다윗에 이어 다윗의 자손으로 하나님의 아들이 이 땅에 오셨을 때도 실상으로 이루어지는 때가 아니었기에 당시 제자들도 영생을 실상으로 이룬 자들이 없다.

그래서 이 영원한 언약을 예수 그리스도를 통해 또 약속하신다. 요 14:16~17절, 26절, 15:26절, 16:7~15절에 또 다른 보혜사인 진리의 성령을 보내겠다고 하셨고, 이 약속을 갈3:22~23절에 또 예언하셨다. 진

리의 성령을 다른 모양으로 약속하신 것이다.) 그런즉 그로 말미암아 우리가 아멘 하여 하나님께 영광을 돌리게 되느니라"

갈3:22~23절에 "²²그러나 성경이 모든 것을 죄 아래 가두었으니 (이렇게 하신 이유가 롬11:25~32절에 해답이 있다. 곧 성경이 모든 것을 죄 아래 가두어 두신 이유는 반드시 신령한 것은 신령한 것으로 분별해야 한다.

롬11:25~32 ²⁵형제들아 너희가 스스로 지혜 있다 함을 면키 위하여 이 비밀을 너희가 모르기를 내가 원치 아니하노니 이 비밀은 이방인의 충만한 수가 들어오기까지 이스라엘의 더러는 완악하게 된 것이라 ²⁶그리하여 온 이스라엘이 구원을 얻으리라 기록된 바 구원자가 시온에서 오사 야곱에게서 경건치 않은 것을 돌이키시겠고 ²⁷내가 저희 죄를 없이 할 때에 저희에게 이루어질 내 언약이 이것이라 함과 같으니라 ²⁸복음으로 하면 저희가 너희를 인하여 원수 된 자요 택하심으로 하면 조상들을 인하여 사랑을 입은 자라 ²⁹하나님의 은사와 부르심에는 후회하심이 없느니라 ³⁰너희가 전에 하나님께 순종치 아니하더니 이스라엘에 순종치 아니함으로 이제 긍휼을 입었는지라 ³¹이와 같이 이 사람들이 순종치 아니하니 이는 너희에게 베푸시는 긍휼로 이제 저희도 긍휼을 얻게 하려 하심이니라 ³²하나님이 모든 사람을 순종치 아니하는 가운데 가두어 두심은 모든 사람에게 긍휼을 베풀려 하심이로다

이 본문만 보면 하나님께서 저 유대인들, 곧 황금돔이 있는 유대인

들을 하나님께서 순종치 아니하게 하신 것이고, 이는 이방인들, 곧 전 세계 구석구석까지 복음이 퍼지게 하시기 위함이었다고 보고 사람들은 자신들의 불순종을 도리어 합리화할 수 있다. 그래서 더 증명한다.

롬10:19~21절에 "¹⁹그러나 내가 말하노니 이스라엘이 알지 못하였느뇨 먼저 모세가 이르되 내가 백성 아닌 자로써 너희를 시기나게 하며 미련한 백성으로써 너희를 노엽게 하리라 하였고(이 말씀은 **신32:21절**의 예언을 인용한 것이다. 그러니까 이미 저 이스라엘이 다른 신을 섬기므로 하나님께서 진노하셔서 이렇게 하시겠다고 하신 것이다.) ²⁰또한 이사야가 매우 담대하여 이르되 내가 구하지 아니하는 자들에게 찾은 바 되고 내게 문의하지 아니하는 자들에게 나타났노라 하였고 ²¹이스라엘을 대하여 가라사대 순종치 아니하고 거스려 말하는 백성에게 내가 종일 내 손을 벌렸노라 하셨느니라 (고 이미 구약성경에 미리 말씀해 두셨다. 그때나 지금이나 하나님께서는 변함없이 말씀하셨고, 말씀하신 그대로 지켜 실행하시고 계신다. 순종을 하고 아니하고는 결국 각자 자신들한테 책임이 있는 것이다. 하나님 편에서는 때를 정해 두셨지만 사람 편에서는 그 누구도 변명할 수가 없다는 뜻이다. 또한 모든 것을 죄 아래 가두어 두는 기간에는 예수 그리스도께서도 **고전15:25~28절**의 예언대로 실상이 되어 불가불 왕 노릇 하시고 계신다.

고전15:25~28 ²⁵저가 모든 원수를 그 발 아래 둘 때까지 불가불 왕 노릇 하시리니 ²⁶맨 나중에 멸망받을 원수는 사망이니라 ²⁷만물을 저의 발 아래 두셨다 하셨으니 만물을 아래 둔다 말씀하실 때에 만물을 저의 아래 두신 이가 그중에 들지 아니한 것이 분명하도다 [28]만물을 저에게 복종하게 하신 때에는 **아들 자신도 그때에 만물을 자기에게 복종케 하신 이에게 복종케 되리니** 이는 하나님이 만유의 주로서 만유 안에 계시려 하심이라

다시 **갈3:22~23절**로 가서 그러나 성경이 모든 것을 죄 아래 가두었으니) 이는 예수 그리스도를 믿음으로 말미암은 약속을 믿는 자들에게 주려 함이니라 [23]믿음이 오기 전에 우리가 율법 아래 매인 바 되고 계시될 믿음의 때까지 갇혔느니라"

이래서 **갈라디아서 3장**으로 말하면 믿음이 실상으로 올 때까지 모든 것을 다 죄 아래 가두어 두었고, **요14, 15, 16장**으로 말하면 진리의 성령이 실상이 될 때 예수 그리스도를 믿는 자들에게 주시는 하나님의 약속이었던 것이다. 이렇게 명백하게 2021년 9월 9일 현재 이 세대를 지시하시고 그대로 지켜 실행하시고 계신 하나님이시다.

14년째 이 일은 창세 이래 단 한 세대도, 어느 한 그룹도, 한 사람도 온전히 실상이 되지 못했던 하나님의 약속이었는데 이제 우리에게는 약속이 아니라 이미 사실이 되어 이루어지고 있는 실상이다. 이 일의 가치는 진실로 온 세상 어떤 언어로도 다 표현을 할 수 없다. 이제 너 자신을 너 스스로 자해하는 어리석은 언행은 다시 하면 안 된다. 더 이상 패역은 안 된다. 은혜를 거두시면 영원히 끝난다.

따라서 진실로 성경만이 참 진리다. 창조주 하나님의 약속은 **고후 1:20절** "얼마든지 그리스도 안에서 예가 되니" 이 말씀에 대해서 증명한

다. 왜 '예수 그리스도 안에서'라고 안 하시고 '그리스도 안에서' 예가 된다고 하셨을까? 모두 정신을 차리고 받거라. 오른눈, 오른손이 완전히 지금 빠지고 찍혀 나갈 테니까 온 마음과 생각을 모아서 받고 깨달아 마음에 인치는 것이다. 2008년 6월 16일부터 성경은 성경으로 해석해야 한다고 2021년 9월 9일 현재까지 거의 매일 말했다. 이에 대한 해답이 "하나님의 약속은 얼마든지 그리스도 안에서 예가 되니"라고 하신 이 예언이 실상이 되게 하는 것이다.

다시 말하면 고전2:9~16절의 말씀대로 성취되게 하는 방법이 하나님의 약속은 얼마든지 그리스도 안에서 예가 되게 하는 길이었다. "[9]기록된 바 하나님이 자기를 사랑하는 자들을 위하여 예비하신 모든 것은 눈으로 보지 못하고 귀로도 듣지 못하고 사람의 마음으로도 생각지 못하였다 함과 같으니라(고 하신 이 말씀 이대로 하나님께서 하신 약속인 '영생, 영원한 기업, 하나님의 권속, 하나님의 나라, 곧 천국, 왕 노릇 하는 영영한 사역자들, 하나님의 아들들'에 대해서 여러분들 중 누구도 눈으로 보지도 못하고, 귀로도 듣지 못하고 그러니 마음으로 생각했던 성도가 있으면 손을 들어 보아라. 아무도 없었다.

너희들이 안다고 하는 것은 다 귀신의 처소에서 성경과 다른 거짓말로 들었던 거짓 지식이었고, 하나님과 예수 그리스도와 아무 관계가 없는 거짓말들이었다. 이 때문에 치른 값은 말로 다 할 수 없다. 이제 이 말씀이 진실로 사실이었음을 인정하느냐? 모두 답을 하거라. 이렇게 아무것도 모르고 영적인 소경이요 귀머거리이며 벙어리요 악인의 몽둥이인 귀신의 처소 아래 있었는데)

¹⁰오직 하나님이 성령으로 이것을 우리에게 보이셨으니(라고 하신 이 말씀이 이루어져서 하나님께서 하나님을 진실로 사랑하는 자들인 우리를 위해서 예비하신 모든 것을 여러분들에게 하나님의 성령인 나를 사용하셔서 보이시고 계신다. 사도 바울 당시가 아니고, 성령이 '상상'이 아니고, 실상이 되어 본문의 우리는 여러분들이며, 여러분들 또한 상상이 아니고 다른 어느 세대가 아닌 2021년 지금 이 세대 여러분들에게 보이시고 계신 분이 살아 계신 하나님이시고, 하나님의 말씀이 사실이 되어 이루어지고 있는 것이다.

진리는 이런 것이다. 하나님을 믿는 것은 이렇게 사실이다. 절대 상상이 아니고 기록된 말씀이 남의 이야기가 아니고 우리의 이야기고, 우리 집안 이야기다. 이래도 우리가 하나님의 권속이 아니냐? 이러해도 우리가 영원한 가족이 아니냐? 이래도 하나님께서 살아 계신 하나님이 아니냐? 이런 진리를 같은 시대에 살면서 왜 전 세계 모든 다른 교회에서는 모르고 있을까? 이래도 내가 이단이냐?

이런 참 진리를 믿지 못하도록 훼방한 그들이 이단이라 정죄하고, 자신들을 영원히 영생하여 하나님 나라 주인공들이 되게 하는 이 진리를 지켜 실행한 일을 두고 세상 법에 고소하고 감옥에 가두어 둔 그들이 사이비요 이단이며 귀신의 처소요 악인이며, 악인들은 몽둥이인 귀신의 처소 아래 두는 것이다. 그들은 하나님의 나라와 아무 관계가 없는 영적인 절도요 강도며 도적이요 이리다.

'하나님의 성령'도 절대 상상이 아니다. 이렇게 생명책에 명백하게 우리에 대해서 기록되어 있어야 하나님 나라 주인공들이다.) 성령은 모든 것 곧 하나님의 깊은 것이라도 통달하시느니라"라고 하신 이대로 '통달'이란 '진리인 하나님의 도를 꿰뚫어 알다, 막히는 것이나 거치는 것이 없이 훤히 알다'라는 뜻이다.

전7:24절에서는 "무릇 된 것이 멀고 깊고 깊도다 누가 능히 통달하랴"라고 솔로몬왕이 말했고, 욥13:1절에서는 "나의 눈이 이것을 다 보았고 나의 귀가 이것을 듣고 통달하였느니라"라고 하였는데 욥이 당시에 통달하였느냐? 아니면 예수 그리스도께서 통달하셨느냐? 또 단1:4절에 "곧 흠이 없고 아름다우며 모든 재주를 통달하며 지식이 구비하며"라고 기록되었는데 당시 다니엘이 통달하였느냐?

그래서 이렇게 말씀하셨다.

사40:13~14 [13]누가 여호와의 신을 지도하였으며 그의 모사가 되어 그를 가르쳤으랴 [14]그가 누구로 더불어 의논하셨으며 누가 그를 교훈하였으며 그에게 공평의 도로 가르쳤으며 지식을 가르쳤으며 통달의 도를 보여 주었느뇨

본문의 '여호와의 신'은 성신, 성령, 하나님의 영, 진리의 영, 진리의 성령, 주의 신, 주의 영을 뜻하신 것이고, 나에 대한 예언이다. 성령이 상상이 아닌 명백한 증거다. 여러 부분, 여러 모양으로 말씀하신 것이다. 아무도 나를 가르친 것이 아니고, 나와 함께 하신 하나님께서 친히 말씀하시고 가르치시고 사용하시는 것이다. 그래서 다니엘도, 욥도 통달했다고 하는 것은 성령을 상상하지 말라는 뜻과 함께 지금 이 세대의 모형과

그림자다.

'여호와의 신'에 대해 **요10:35절**에 "성경은 폐하지 못하나니 하나님의 말씀을 받은 사람들을 신이라 하셨거든"이라고 하셨고, **시82:6절**에 "내가 말하기를 너희는 신들이며 다 지존자의 아들들이라 하였으나"라고 하셨다. 이는 성령을 상상하지 말라고 기록해 두신 것이다.

그러나 너희는 신들이라, 말씀을 받은 사람들을 신이라고 하신 것은 하나님의 말씀으로 다시 창조되어 귀신에게서 영원히 자유하고, 거룩하신 하나님이 좌정하셔서 영원히 거하시는 성전이 되었을 때 하나님처럼 영원히 사는 자들인 하나님의 아들들의 모형과 그림자를 감추시고 하신 말씀이다.

따라서 하나님의 말씀으로 다시 창조되지 않은 사람을 신이라 하면 안 되고, 하나님의 성전이 되어도 "내가 신이다" 하면 안 된다. '신'은 오직 하나님 한 분뿐이시다. 다른 사람들이 보기에 진실로 하나님과 동행하는 사람이 되어 불신자들 눈에 '신 같구나~' 하고 인정이 되어 모두 하나님을 찬양하게 되는 오는 세상에서 이렇게 된다.

이에 대한 증거가 **시82:7~8절**이다.

시82:7~8 [7]너희는 범인같이 죽으며 방백의 하나같이 엎더지리로다 [8]하나님이여 일어나사 세상을 판단하소서 모든 열방이 주의 기업이 되겠음이니이다

하나님의 말씀을 받은 지존자의 아들들, 곧 여호와 하나님의 아들

들은 육체도 죽지 아니하고 거룩한 자로 점도, 흠도 없이 아름다운 사람이 되어 범인, 곧 일반 사람들 눈에 진실로 '신의 아들들이구나~', 진실로 신들이구나~' 하게 된다는 뜻이다. 그러므로 자신들 입에서 "내가 신이다" 하면 절대 안 된다. 그래서 성경이 모든 것을 죄 가운데 가두어 두었다고 한 것이다.

출7:1 여호와께서 모세에게 이르시되 볼찌어다 내가 너로 바로에게 신이 되게 하였은 즉 네 형 아론은 네 대언자가 되리니

출애굽기 말씀을 예수님이 인용하여 말씀하신 것이다. 사람을 신으로 섬기게 된 근거가 된 것이다. 불교도 **사28:16절**을 근거로 생긴 것이다.
모세를 바로의 눈에 신이 되게 하신 이 말씀은 1400년 후에 이 땅에 오시는 신의 아들, 곧 하나님의 아들 예수 그리스도에 대한 예언이 감추어져 있다. 모세가 바로의 눈에 신처럼 보이게 된 것은 하나님께서 모세를 통해서 하나님의 살아 계심을 보이기 위해 열 가지 재앙을 내리시고 나타내시는 이적 때문에 애굽 왕 바로가 두 손을 들게 하신 것이다. 이렇게 이스라엘 백성을 애굽 왕 바로, 다른 말로 하면 '큰 악어'의 압제에서 해방시키시는 하나님의 역사하심이 애굽 왕 바로의 눈에 모세가 '신'같이 보이게 된 것이다. 이는 예수 그리스도의 모형이 감추어져 있다. 2021년 9월 10일 이 시간까지 전 세계 기독교인들이 '성자 하나님, 성령 하나님'이라고 할 것을 이미 모세를 통해서 보여 주신 것이다.
예수 그리스도께서도 하나님께서 함께 하시므로 죽은 자도 살리시

고, 물 위로 걸으시고, 귀신이 떠나고 하는 모든 이적이 나타난 것은 하나님께서 아들을 통해서 하신 일이었다. 그런데 지금까지 온 세상은 하나님의 말씀은 멸시하고 안 믿으면서 "오직 예수, 성자 하나님"이라고 하며 신처럼 경배하고, 천주교는 예수님을 낳은 마리아 상을 만들고 우상화한 것이다.

예수 그리스도께 친히 가르치심을 받은 제자들을 부러워하고 우상화하게 된 것도 다 이 때문이다. 신약성경을 사람이 본능으로 아는 것으로 보면 예수님이 구원자요 왕으로 볼 수밖에 없도록 기록된 것 또한 하나님께서 정하신 때가 될 때까지 일반 사람들이 하나님의 뜻을 모르도록 성경을 기록한 저자들을 사용하신 것이다. 곧 천국의 비밀을 하나님 외에 모르도록 각 시대마다 사람을 사용하신 것이다.

그러나 또 한편으로 성경을 가지고도 상상할까 봐 호2:19~20절에 "¹⁹내가 네게 장가들어 영원히 살되 의와 공변됨과 은총과 긍휼히 여김으로 네게 장가들며 ²⁰진실함으로 네게 장가들리니 네가 여호와를 알리라"라고 하신 것이다. 따라서 여호와의 신은 진리의 성령을 다른 모양으로 말씀하신 것이다. 반드시 육체도 죽지 아니하고 하나님의 성전이 되어 여호와 하나님을 진리대로 알고, 요6:45절의 말씀대로 하나님의 가르치심을 대언하여 영생하도록 영혼의 양식을 온전히 먹이는 자가 실상이 되는 이때, 하나님의 말씀으로 다시 창조되는 하나님의 아들들, 곧 지존자의 아들들이 실상이 되는 것이다. 이에 대해서는 영원히 증명이 된다.

그래서 2021년, 전 우주적인 일곱째 날, 여호와의 날, 하나님께서 인치신 자인 인자의 날인 이때 말3:17절에 "내가 나의 정한 날에 그들로 나의 특별한 소유를 삼을 것이요"라고 하신 것이다. 범인, 곧 일반 사람이 아닌 특별한 사람이 되어 육체도 죽지 아니하고 살아서 영영한 제사장, 멜기세덱 반차의 제사장이 되어 오는 세상을 다스리고 누리고 정복하게 하기 위해 14년째 다시 창조하시고 계신 것이다.

이제야 진리의 성령을 여러 부분, 여러 모양으로 기록해 두신 말씀의 뜻이 하나하나 밝혀지고, 이는 하나님께서 나를 사용하셔서 당신의 뜻을 친히 드러내시는 것이다. 이를 두고 **사40:13~14절**에 여호와의 신인 진리의 성령을 하나님께서 지도하시고 가르치시며 의논하시고 교훈하시며 통달하게 하셨다는 뜻이다. "[13]누가 여호와의 신을 지도하였으며 그의 모사가 되어 그를 가르쳤으랴 [14]그가 누구로 더불어 의논하셨으며 누가 그를 교훈하였으며 그에게 공평의 도로 가르쳤으며 지식을 가르쳤으며 통달의 도를 보여 주었느뇨"라고 말씀하신 것은 여호와의 신인 진리의 성령을 하나님께서 지도하시고 가르치시며 의논하시고 교훈하시며 통달하게 하셨다는 뜻이다.

기독교인들이 진리의 성령, 성신, 여호와의 신, 주의 신, 그의 신, 하나님의 영, 하나님의 성령을 상상할 것을 다 아시는 하나님께서 미리 다 예언해 두시고, 욥도, 다니엘도 사람을 두고 통달했다고 기록하게 하신 것 또한 마찬가지다. 상상이 아니라 지존자의 아들들, 곧 신들이라고 하신 이유도 이 때문이다. 그러니 절대 우리는 '내가 신이다'라는 생각을 하거나 말하면 안 된다. 오직 하나님께만 영광을 돌려야 한다. 하나님 한 분만 참 신이고, 유일한 신이시다. 우리는 그릇일 뿐이다. 이렇게 하나님의 뜻을 알고 나서 하나님에 대해서 진리대로 바르게 알고 대언을 하는 자들이 사역하는 세상이 바로 천년왕국이요, 오는 세상이다. 이런 천년왕국에서 왕 노릇 하게 하려고 현재 다시 창조하시는 것이다.

그래서 하나님의 말씀으로 다시 태어나는 것을 두고 해산한다고 하신 것이다. 이렇게 될 때 **대하30:22절**에 "히스기야는 **여호와를 섬기는 일에 통달한 모든 레위 사람에게 위로하였더라 이와 같이 절기 칠 일 동안에 무리가 먹으며 화목제를 드리고 그 열조의 하나님 여호와께 감사하였더라**"라고 하신 예언이 실상이 된다.

이 예언은 BC 450년에 에스라에 의해 기록된 예언이고, 2471년이 지난 지금 이 세대에 실상이 되게 하시려고 **말3:1~6절**에 BC 430년에 이미 예언해 두셨고, 이 예언이 실상이 되어 14년째 이루어지고 있는 우리에 대한 사실이다.

"¹만군의 여호와가 이르노라 보라 내가 내 사자를 보내리니 그가 내 앞에서(하나님께서 하나님의 사자인 나를 실상으로 보내셔서 하나님의 뜻을 땅에 이루시는 것을 이렇게 말씀하신 것이다.) 길을 예비할 것이요 또 너희의 구하는 바 주가 홀연히 그 전에 임하리니 곧 너희의 사모하는 바 언약의 사자가 임할 것이라(이래서 예수 그리스도가 목자로 오셨고, 진리의 성령도 반드시 목사라야 한다. 언약, 곧 이미 성경에 기록된 대로 이 땅에 보냄을 입었고 하나님께서 내주하시는 사람, 곧 성전된 사람, 하나님의 종, 하나님의 사자라야 한다.)

²그의 임하는 날을 누가 능히 당하며(하나님께서 친히 임하셔서 사용하시는 사람이라 이렇게 말씀하신 것이다. 이때 믿으라고 보증으로 예수 그리스도를 미리 보내신 것이다. 그래서 지금 2021년 이 세대가

여호와의 날이며, 하나님께서 인을 치신 인자의 날이다. 온 천하에 그 누구도 범인, 곧 일반 사람들이 당할 수가 없고, 이 일을 막을 수가 없다.)

그의 나타나는 때에 누가 능히 서리요(14년째 이 말씀을 받고 사심을 가지고 배워서 해 먹으려고 하는 너는 단 한 절의 말씀도 안 믿는 패역자다. 불신자보다 더 나쁜 자가 바로 이 말씀을 받고 '왜 나를 세워주지 않느냐? 나는 언제 세울 것이냐?' 하며 패역한 병준, 성경, 말순, 선주, 재성 등등 너희들이 더 악한 패역자들이다. 너희들이 무슨 죄를 지었는지 아느냐? 얼마나 악하고 나쁜 짓을 한 자들인지 가슴 찢으며 부끄러워해야 하는 악인들이다. 어떻게 이 말씀을 받고 흉악한 귀신이 계산하고 따라올 수 있는지 수없이 수없이 아연실색했다. 알고도 인내한 이유는 티끌도 연휼히 여겼기 때문이다. 한 몫의 삶일 때 집사이면서 목사가 되려고 계산하고 따라온 자들이 무슨 패역을 저지르는 흉악한 귀신들이었는지, 자신이 자신을 자해한 자들이었는지 너희 자신이 뼈저리게 받을 것이고, 우리 모두 보게 될 것이다.

이인규, 박형택 같은 자들보다 더 악하고 패악하는 자들이 배워서 해 먹으려고 따라온 자들이며, 베트남, 중국에 교회를 세운 이유가 한꺼번에 이런 자들이 누군지 다 드러내기 위한 하나님의 모략이었다. 김호민은 이런 흉악한 자칭 집사들, 대체육체의 모형이다. 그는 목사가 되려고 따라온 것이다. 한 몫의 삶일 때 자칭 목사들, 사모들, 집사들이 대다수 이러했다. 한 명이 예외가 없었다. 해외에서 온 집사들 중에도 몇 명 빼고 다 이러했다. 교회를 하려고 사심을 가지고 따라오니 게으르고 더러워서 이루 말로 다 할 수 없었다. 너희 계속 귀신이라고 자랑하면 어느 날 은혜를 거두시면 끝난다, 영원히~ 더 이상 자해하면 그 누구도 안 된다.

더러운 귀신임을 계속 자랑하는 자는 그래서 티끌을 떨어 버리라고 하신 것이다. 귀신의 처소에 있었던 것은 악인이라는 뜻이다. 이래서 악인의 몽둥이가 귀신의 처소 바벨론 왕이었고, 애굽 왕 바로라고 비유하신 것이다. 14년째 이 말씀을 받고도 우리 안에서 하나님을 안 믿고 미친 언행을 드러내는 것은 불신자보다 더 악한 자다. 수없이 새로 시작하자고 하며 또 기다리고 또 기다리는데도 얼마나 교만한지 이제 그 이름들도 말하고 싶지 않을 만큼 염증이 나게 한 자들이 이들이다. 단 한 절의 말씀도 안 믿는 자들, 교만하고 거만한 자들이다.

마지막 경고다. 그 자식들까지 다 버리는 징계를 받고도 더러운 귀신 노릇 하는 자는 죽어서 지옥 불구덩이에 던짐 받는 길, 악인의 몽둥이 아래 다시 던짐 받아 살다가 지옥 구덩이에 던지시는 심판밖에 없다. 더 이상 희롱하지 마라. 나도 너희들의 실체를 다 아는데, 같은 성도들이 다 아는데, 하물며 하나님을 속이려고 하는 교만한 자를 그냥 두시겠느냐? 이미 본문 "그의 나타나는 때에 누가 능히 서리요" 하신 이 예언은 2438년 후, 곧 2008년 6월 16일부터 땅에 실상이 되었다. 롯의 사위들, 롯의 처처럼 농담으로 여기고 멸시하는 자는 그와 같이 된다.) 그는 금을 연단하는 자의 불과(그래서 "내 말이 불 같지 아니하냐"라고 하신 것이다.) 표백하는 자의 잿물과 같을 것이라"

참고자료

[1] 손진석, 「'1000년만의 독일 폭우' 사망자 160명 넘었다」, 조선일보, 2021년 7월 18일, https://www.chosun.com/international/europe/2021/07/18/NO6TCSUDO5C7TNXY2CPBBGZINU/

[2] 김효섭, 「메르켈, 홍수 피해현장 방문…"표현할 수 없는 폐허" / 연합뉴스TV(YonhapnewsTV)」, 유튜브 비디오, 1:45, 연합뉴스TV, 2021년 7월 19일, https://www.youtube.com/watch?v=PlCsJD8TN7w

[3] 김세희, 「펄펄 끓고 불타는 미국…폭염 이은 산불로 서울 면적 5배 불타」, KBS, 2021년 7월 13일, https://news.kbs.co.kr/news/view.do?ncd=5232034

[4] 나운채, 「어린이 시신 1000구 쏟아졌다…교황도 경악한 캐나다 충격과거」, 중앙일보, 2021년 7월 1일, https://www.joongang.co.kr/article/24095544#home

[5] 김지연, 「美 서부 대형산불로 10㎞ 높이 '불구름' 치솟아」, 연합뉴스, 2021년 7월 17일, https://www.yna.co.kr/view/

AKR20210717051800009

[6] 유현민, 「청해부대 34진 부대원 전원 공군 수송기로 조기 귀국한다」, 연합뉴스, 2021년 7월 16일, https://www.yna.co.kr/view/AKR20210716005400504

[7] 배지현, 「사상초유 검찰총장 감찰 현실화…추-윤 갈등 파국 치닫나」, 한겨레, 2020년 11월 19일, https://www.hani.co.kr/arti/society/society_general/970498.html

[8] 김홍범, 「에어컨 필요없던 캐나다 50도 폭염, 1주새 719명 돌연사」, 중앙일보, 2021년 7월 5일, https://www.joongang.co.kr/article/24097755#home

[9] 문지연, 「달걀 깨니 그대로 프라이가…캐나다 살인 더위, 700여명 돌연사」, 조선일보, 2021년 7월 4일, https://www.chosun.com/international/international_general/2021/07/04/YNUDSY42UVDE5MD45SABIYKVAY/

[10] 김기용, 「"中서 1000년에 한번 볼 폭우"… 지하철 침수로 12명 사망」, 동아일보, 2021년 7월 22일, https://www.donga.com/news/Inter/article/all/20210722/108081892/1

[11] 이귀전, 「중국 정저우 홍수로 12명 사망… 댐 붕괴 위험도」, 세계일보, 2021년 7월 21일, https://www.segye.com/newsView/20210721506136

[12] 강지원, 「"100년 중 최악의 홍수"…독일 최소 42명 사망」, 한

국일보, 2021년 7월 15일, https://m.hankookilbo.com/News/Read/A2021071520590003279

[13] 이재영, 「영국 내각 1·2인자 존슨 총리·수낙 재무장관 '자가격리'」, 연합뉴스, 2021년 7월 18일, https://www.yna.co.kr/view/AKR20210718049600009

[14] 이슬기, 「'우세종'된 美 델타변이…하루 확진자 4만명 넘었다」, 조선일보, 2021년 7월 23일, https://biz.chosun.com/international/international_general/2021/07/23/TE2F2CDJCZFOFLYUWYLVKUNG3Q/

[15] 김귀수, 「화마 피해 섬 탈출…산불로 신음하는 남부 유럽 / KBS 2021.08.09.」, 유튜브 비디오, 2:27, KBS, 2021년 8월 10일, https://www.youtube.com/watch?v=X2Isd4VDxb0

[16] 김아영, 「베트남, 코로나 신규 확진 1만 명 육박…'하루 최다'」, SBS, 2021년 8월 9일, https://news.sbs.co.kr/news/endPage.do?news_id=N1006422796&plink=SEARCH&cooper=SBSNEWSSEARCH

[17] 김경희, 「배 타고 그리스 섬 긴급 탈출…"공포영화 같아요"」, 유튜브 비디오, 2:04, SBS, 2021년 8월 10일, https://www.youtube.com/watch?v=S6mS85BaYbA

[18] 이현우, 「알제리 산불 피해 확산에 65명 사망…그리스는 잡히기 시작」, 아시아경제, 2021년 8월 12일, https://cm.asiae.co.kr/article/2021081210451322500

[19] 김상훈, 「북아프리카도 산불로 몸살…군인 25명 등 알제리 42명 사망(종합)」, 연합뉴스, 2021년 8월 11일, https://www.hankyung.com/international/article/202108117510Y

[20] 이재영, 「미국 캘리포니아 산불, 서울 3배 불태워 역대 두번째 규모」, 연합뉴스, 2021년 8월 9일, https://www.yna.co.kr/view/AKR20210809096100009

[21] 「가뭄으로 울상 된 아메리칸드림 농장들 / KBS 2021.08.12.」, 유튜브 비디오, 1:08, KBS, 2021년 8월 12일, https://www.youtube.com/watch?v=XqIi71-rz-o

[22] 문병원 국장은 기독교 신문사 국장으로 신옥주 목사님과 10년 이상 알고 지냈으며, 낙토에도 두 차례 방문하였다. 그러나 신옥주 목사님과 성도들이 구속되기 전에 이미 경찰이 조사하고 있다는 사실을 알았으면서도 함구하였고, 형(刑)이 확정된 후에는 도와주는 척 가장하고 돈을 목적으로 은혜로교회를 이용하려다가 코로나19에 걸려 사망하였다.

[23] 김정원, 「"터키 북부에서 홍수…11명 사망·900여명 긴급 대피"」, MBC, 2021년 8월 13일, https://imnews.imbc.com/news/2021/world/article/6293152_34880.html

[24] 이재영, 「전세계 코로나 누적 확진자 2억명 넘어…1년 7개월 만(종합)」, 연합뉴스, 2021년 8월 4일, https://www.yna.co.kr/view/AKR20210804009052009

[25] 문지연, 「차 4대 현금 꽉채운 아프간 대통령, 못 실은 돈 활주로 버리고 탈출」, 조선일보, 2021년 8월 17일, https://www.chosun.com/international/international_general/2021/08/17/OXBVAPMIEJFF5PJSEQ2D2MYGVU/

[26] 문 대통령은 최근 상황에 안타까움을 표시하면서도 대화와 인내를 통한 해결 의지를 나타냈다고 한다. 한 참석자는 "문 대통령이 김여정 북한 노동당 제1부부장이 원색적인 비난을 쏟아낸 것에 관해 '표현이 좀 과했다. 아무리 그래도 좀 너무한 것 아니냐'고 아쉬움을 표시하더라"고 말했다. 성연철, 노지원, 황금비, 「원로 만난 문 대통령 "국민들 굉장히 실망했을까 걱정"」, 한겨레, 2020년 6월 18일, https://www.hani.co.kr/arti/politics/bluehouse/949865.html

[27] 신기섭, 「아이티 지진 사망자 1297명…"감염병.코로나 확산 우려"」, 한겨레, 2021년 8월 17일, https://www.hani.co.kr/arti/international/international_general/1007811.html

[28] 현혜란, 「'아수라장' 아프간 카불 공항…비행기에 매달렸다가 추락사(종합3보)」, 연합뉴스, 2021년 8월 17일, https://www.yna.co.kr/view/AKR20210816038353104

[29] 홍희경, 「석유 몰래 빼내려다 연료탱크 폭발… 최악 불황 '레바논의 비극'」, 서울신문, 2021년 8월 16일, https://www.seoul.co.kr/news/newsView.php?id=20210816014023

[30] 신기섭, 「'카불 입성' 탈레반 "전쟁 끝났다"…아프간 대통령 국외 도피」, 한겨레, 2021년 8월 16일, https://www.hani.co.kr/arti/international/international_general/1007807.html

[31] 고미혜, 「강진·폭풍 지나간 후 죽음의 냄새…아이티 사망자 2천명 육박(종합)」, 연합뉴스, 2021년 8월 18일, https://www.yna.co.kr/view/AKR20210817181551087

[32] 채민석, 「美 플로리다주 아파트 붕괴참사 사망자 90명으로… 일부 수색팀 철수 중」, 조선일보, 2021년 7월 12일, https://biz.chosun.com/international/international_general/2021/07/12/M57CLIEKPFBRJCHRULX72USJEM/

[33] 정채빈, 「"예수처럼 부활하겠다"…스스로 생매장된 잠비아 목사 결국 사망」, 한겨레, 2021년 8월 17일, https://www.chosun.com/international/international_general/2021/08/17/S4GGNJ5IFNCZPCUKR2IVAVICBY/

[34] 정지섭, 「IS·알카에다·이슬람운동… 테러단체, 아프간으로 총집결」, 조선일보, 2021년 8월 23일, https://www.chosun.com/international/international_general/2021/08/23/KMGVNHE6WBH6ZPVTXQBPYXAU6Y/

[35] 최현준, 「아프간 탈출 대기자 숙소에 '펑'…IS 테러로 90여명 사망」, 한겨레, 2021년 8월 27일, https://www.hani.co.kr/arti/international/international_general/1009386.html

[36] 김범수, 「미얀마 군부 쿠데타 200일…"살해된 민간인 1천 명 넘어"」, 연합뉴스, 2021년 8월 18일, https://www.yna. co.kr/view/AKR20210818044700084

[37] 전성훈, 「'30분에 1명씩 사망'…성당까지 시신 들어찬 이탈 리아의 비극」, 연합뉴스, 2020년 3월 17일, https://www. yna.co.kr/view/AKR20200317194200109

[38] 김명진, 「갑옷 입고 백마 탄 허경영, 세 번째 대선 출마… "모 든 성인 1억원 지급"」, 조선일보, 2021년 8월 18일, https:// www.chosun.com/politics/politics_general/2021/08/18/5 5UVW2XNZ5FOJJBK7AFPG6N6GM/

[39] 황범준, 「미 "아프간 철군·대피 완료"…20년 아프간전쟁 끝」, 한겨레, 2021년 9월 1일, https://www.hani.co.kr/arti/ international/international_general/1009803.html

[40] 임민지, 「미국 캘리포니아 또 대형 산불…2만2천 명 관광 도시 전체 대피령 / KBS 2021.09.01.」, 유튜브 비디오, 2:19, KBS, 2021년 9월 1일, https://www.youtube.com/ watch?v=_NmfSD9ck2s

[41] 고석현, 「숨진 3살 여아母 "보일러 고온 올라가있었다"…이 날 찜통더위」, 중앙일보, 2021년 8월 12일, https://www. joongang.co.kr/article/24126101#home

[42] 김진방, 「뉴욕·뉴저지에 허리케인 강타…기록적 폭우로 최 소 9명 사망(종합2보)」, 연합뉴스, 2021년 9월 2일, https://

www.yna.co.kr/view/AKR20210902135551009

출간도서

내 생각은 너희 생각과 다르고 "방언"

하나님의 생각과 사람의 생각은 실로 다르다. 이 사실을 아무도 제대로 알지 못하고 천국의 비밀이 기록된 성경을 함부로, 자의적으로, 사람 수준으로 해석하고 있다. 이것은 치명적인 결과를 초래했다. "랄랄라 따따따" 하는 소리가 성령받은 증거라고 가르치는 교회는 귀신의 처소 바벨론이며, 그 목사는 영혼 살인을 저지르는 지옥의 사자이다. 이 책은 성경은 비유로 기록되어 있는 하늘나라 말(방언)이며, 반드시 성경은 성경으로 해석해서 방언통역해야 한다는 사실을 성경으로 증명한 모든 그리스도인의 필독서이다.

신옥주 | 2009

방언통역과 방언 (증보판)

성경은 문자적으로 기록된 하늘나라 말, 곧 하늘나라 방언이다. 성경은 성경으로, 신령한 것은 신령한 것으로 통역해야 그 뜻을 알 수 있다. 그래서 통역하는 자가 없으면 잠잠하라고 하신다. "랄랄라 따따따"는 성경에서 말하는 방언이 아니라 개구리 같은 세 더러운 영의 입에서 나오는 지옥 불의 소리. 방언이 무엇인지, 방언통역은 어떻게 하는지 성경대로 알아야 하나님을 아는 온전한 지식으로 나아갈 수 있다. 방언통역과 방언에 대해 2천 년 만에 처음으로 성경대로 밝힌 성도들을 위한 필독 지침서이다.

신옥주 | 2012

성경과 다른 거짓말 (증보판)

십자가를 걸고 교회라는 간판을 달았다고 해서 다 교회가 아니다. 교회는 성경과 다른 거짓말을 하지 않고 하나님을 아는 지식으로 교인들을 인도하는 곳이다. 그러나 일생 성경을 사용하면서 입으로 하나님, 예수 그리스도, 성령이라고 말은 하지만 성경과 다른 거짓말로 설교하는 목사나 그 설교를 듣고 아멘 하는 교인들이나 모두 육체가 죽으면 천국 가는 것이 아니라 둘째 사망인 지옥 영벌에 처하게 된다. 육체가 살아서 성경과 다른 거짓말이 어떤 것인지 성경대로 분별하여 진리의 도로 나아가야 한다.

신옥주 | 2014

교회 안에 무당

하나님께서 무당은 죽이라고 하셨다. 교회 안에서 거짓 몽사를 말하며 헛된 자만으로 교인들을 미혹하는 무당들이 너무 많다. 이들은 예수 이름 사용하여 사람의 앞길과 길흉화복을 기도해서 받았다고 거룩한 척 가장하며 속이는 자들이며, 천국과 지옥을 보았다고 간증하는 거짓 선지자들이다. 이들은 모두 하나님의 이름을 망령되이 일컫는 자들로서, 하나님께서는 사람에게 장래사를 알게 하지 않으셨다. 장래사는.오직 전 우주적인 일곱째 날, 사람으로 오신 진리의 성령을 통해서만 알게 하신다.

신옥주 | 2014

이단 조작자들에 대한 성경적인 판결

성경 한 절 모르면서 돈을 목적으로 "이단" 운운하며 성령을 훼방하는 자들의 실체를 밝힌다. 이들이 바로 적그리스도이며, 다른 복음을 전파하는 자들로 이단이며, 사이비이다. 예수 그리스도를 세상 법에 고소한 자들이 바로 오늘날 자칭 기독교인, 자칭 목사, 사단의 회인 예장합신 총회이며, 이단 조작자들이다. 그들의 실체를 낱낱이 성경대로 판결한다.

신옥주 | 2015

그 피고가 와서 밝히느니라 [참 과부의 송사]

"송사에 원고의 말이 바른 것 같으나 그 피고가 와서 밝히느니라" [잠18:17] 진리의 성령을 훼방하는 자들은 이 세상에서도, 오는 세상에서도 영원히 사함을 받지 못한다. 교회 안에 우상들이 일으킨 소송을 성도들이 일어나 변론하며, 우상들의 실체를 밝힌다. '참 과부의 송사'는 여호와의 날, 인자의 날, 심판 날인 지금 이때 누가 의인인지, 누가 악인인지 밝히시는 하나님의 모략이며, 온 천하에 진리의 성령께서 오셨음을 알리시는 사건이다.

은혜로교회 성도 일동 | 2019

열매들이 증명한다

"하나님은 모든 사람이 구원을 받으며 진리를 아는 데 이르기를 원하시느니라"[딤전2:4] 은혜로교회 성도들이 신옥주 목사님께 올리는 편지글이다. 그 나무가 생명나무인지 아닌지는 열매를 보면 알 수 있다. 영원한 복음인 새 언약의 말씀을 통해 다시 창조함을 받은 성도들이 진리의 성령께서 오셨음을 증거하는 증인이 되어 밝힌다. 죄의 허물을 벗고 성도로 나아가는 과정을 하나님 앞에, 사람 앞에 시인하는 편지들을 모아 책으로 엮었다.

은혜로교회 성도 일동 | 2019

이제 온 천하는 잠잠하라 1, 2, 3

"너희는 열방 중에 광고하라 공포하라 기를 세우라 숨김이 없이 공포하여 이르라"[렘50:2] 이 말씀대로 진리의 성령 신옥주 목사님께서 2021년 6월 16일부터 전 세계를 향해 선언하셨다. 그리고 열매들이 일어나 진리의 성령께서 전대미문의 새 언약을 선포하고 계심을 알리기 위해 2021년 6월 16일부터 조선일보와 동아일보에 광포하신 말씀을 정리하여 책으로 출간했다.

성도 다니엘, 성도 진선, 성도 성진 | 2022

영원한 생명, 생명책 1

기독교 구원의 핵심은 영생이다. 진리의 성령께서 오시면 영생이 실상이 된다. '영생'이란 영원히 삶, 또는 영원한 생명, 천국의 복락을 길이 누리는 생활을 이르는 말이다. 신령한 것은 신령한 것으로, 영적인 것은 영적인 것으로 해석하여 성경 속에 감추어 두신 천국의 비밀을 밝히신 생명책이다. 단언컨대 이 책을 보지 않고는 절대 성경 속에 감추어 두신 하나님의 뜻과 계획을 알 수 없다. 하나님의 명령인 영생, 곧 육체도 죽지 않고 영원히 사는 영생이 절대 실상이 될 수 없다.

성도 다니엘, 성도 진선, 성도 성진 | 2022

영원한 생명, 생명책 2

초판 1쇄 발행 2023년 1월

지은이 성도 다니엘, 성도 진선, 성도 성진

펴낸곳 바른기업

주소 서울특별시 서초구 매헌로 16 하이브랜드 13층 12호(양재동)

전화 070-8064-7386

이메일 graceroadchurchfiji@gmail.com

홈페이지 gr-church.org

ISBN 979-11-977187-4-8(04230)

ISBN 979-11-977187-8-6(세트)